陝西省二十二家公共圖書館古籍普查登記目録

（下）

索引

全國古籍普查登記目録

國家圖書館出版社
National Library of China Publishing House

《陝西省西安圖書館古籍普查登記目録》
書名筆畫字頭索引

二畫

三畫

五畫

七畫

八畫

九畫

十畫

十一畫

十二畫

十三畫

十五畫

十六畫

十七畫

二十二畫

《陝西省西安圖書館古籍普查登記目録》
書名筆畫索引

二畫

三畫

五畫

七畫

八畫

九畫

十畫

十一畫

十二畫

十三畫

十五畫

十六畫

十七畫

二十二畫

《陝西省西安市盩厔縣圖書館古籍普查登記目録》
書名筆畫字頭索引

二畫

三畫

四畫

五畫

六畫

七畫

十三畫

十四畫

十五畫

十六畫

十七畫

十八畫

十九畫

二十一畫

二十二畫

二十三畫

二十四畫

《陝西省西安市盩厔縣圖書館古籍普查登記目録》
書名筆畫索引

二畫

三畫

四畫

五畫

六畫

七畫

八畫

九畫

十畫

十一畫

十二畫

十三畫

十四畫

十五畫

十六畫

十七畫

十八畫

十九畫

二十一畫

二十二畫

二十三畫

二十四畫

《陝西省西安市藍田縣圖書館古籍普查登記目録》
書名筆畫字頭索引

二畫

三畫

四畫

五畫

六畫

七畫

八畫

九畫

十畫

十一畫

十二畫

十三畫

十四畫

十五畫

十六畫

十七畫

十八畫

十九畫

二十畫

二十一畫

二十二畫

二十三畫

二十四畫

《陝西省西安市藍田縣圖書館古籍普查登記目録》
書名筆畫索引

二畫

三畫

四畫

五畫

六畫

七畫

八畫

九畫

十畫

十一畫

十二畫

十三畫

十四畫

十五畫

十六畫

十七畫

十八畫

十九畫

二十畫

二十一畫

二十二畫

二十三畫

二十四畫

《陕西省西安市臨潼區圖書館古籍普查登記目録》
書名筆畫字頭索引

二畫

三畫

四畫

五畫

六畫

七畫

八畫

九畫

十畫

十一畫

十二畫

十三畫

十四畫

十五畫

十六畫

十七畫

十八畫

十九畫

二十畫

二十一畫

二十二畫

《陕西省西安市臨潼區圖書館古籍普查登記目録》
書名筆畫索引

二畫

三畫

四畫

五畫

六畫

七畫

八畫

九畫

十畫

十一畫

十二畫

十三畫

十四畫

十五畫

十六畫

十七畫

十八畫

十九畫

二十畫

二十一畫

二十二畫

《陝西省咸陽圖書館古籍普查登記目録》
書名筆畫字頭索引

二畫

三畫

四畫

五畫

六畫

七畫

八畫

九畫

十畫

十一畫

十二畫

十三畫

十四畫

十五畫

十六畫

十七畫

十八畫

十九畫

二十一畫

二十二畫

《陝西省咸陽圖書館古籍普查登記目録》
書名筆畫索引

二畫

三畫

四畫

五畫

六畫

七畫

八畫

九畫

十畫

十一畫

十二畫

十三畫

十四畫

十五畫

十六畫

十七畫

十八畫

十九畫

二十一畫

二十二畫

《陕西省咸陽市禮泉縣靳寶善圖書館古籍普查登記目録》

書名筆畫字頭索引

二畫

三畫

四畫

五畫

六畫

七畫

八畫

九畫

十畫

十一畫

十二畫

十三畫

十四畫

十五畫

十六畫

十七畫

十九畫

二十一畫

《陝西省咸陽市禮泉縣靳寶善圖書館古籍普查登記目録》

書名筆畫索引

二畫

三畫

四畫

五畫

六畫

七畫

八畫

九畫

十畫

十一畫

十二畫

十三畫

十四畫

十五畫

十六畫

十七畫

十九畫

二十一畫

《陝西省咸陽市乾縣圖書館古籍普查登記目録》
書名筆畫字頭索引

二畫

三畫

四畫

五畫

六畫

七畫

八畫

九畫

十畫

十一畫

十二畫

十三畫

十四畫

十五畫

十六畫

十七畫

十九畫

二十二畫

《陜西省咸陽市乾縣圖書館古籍普查登記目録》
書名筆畫索引

二畫

三畫

四畫

五畫

六畫

七畫

八畫

九畫

十畫

十一畫

十二畫

十三畫

十四畫

十五畫

十六畫

十七畫

十九畫

二十二畫

《陝西省渭南市臨渭區圖書館古籍普查登記目録》
書名筆畫字頭索引

二畫

三畫

四畫

五畫

六畫

七畫

八畫

九畫

十畫

十一畫

十二畫

十三畫

十四畫

十五畫

十六畫

十七畫

十八畫

十九畫

二十一畫

二十二畫

二十三畫

二十四畫

《陝西省渭南市臨渭區圖書館古籍普查登記目録》
書名筆畫索引

二畫

三畫

四畫

五畫

六畫

七畫

八畫

九畫

十畫

十一畫

十二畫

十三畫

十四畫

十五畫

十六畫

十七畫

十八畫

十九畫

二十一畫

二十二畫

二十三畫

二十四畫

《陝西省渭南市華陰市圖書館古籍普查登記目録》
書名筆畫字頭索引

二畫

三畫

四畫

五畫

六畫

七畫

八畫

九畫

十畫

十一畫

十二畫

十三畫

十四畫

十五畫

十六畫

十七畫

十八畫

十九畫

二十一畫

二十二畫

《陝西省渭南市華陰市圖書館古籍普查登記目録》
書名筆畫索引

七畫

八畫

九畫

十畫

十一畫

十二畫

十三畫

十四畫

十五畫

十六畫

十七畫

十八畫

十九畫

二十一畫

二十二畫

#《陝西省渭南市潼關縣圖書館古籍普查登記目録》
書名筆畫字頭索引

二畫

三畫

四畫

五畫

六畫

七畫

八畫

九畫

十畫

十一畫

十二畫

十三畫

十四畫

十五畫

十六畫

十七畫

十八畫

十九畫

二十畫

二十一畫

二十二畫

《陝西省渭南市潼關縣圖書館古籍普查登記目録》
書名筆畫索引

二畫

三畫

四畫

五畫

六畫

七畫

八畫

九畫

十畫

十一畫

十二畫

十三畫

十四畫

十五畫

十六畫

十七畫

十八畫

十九畫

二十畫

二十一畫

二十二畫

《陝西省渭南市蒲城縣圖書館古籍普查登記目録》
書名筆畫字頭索引

九畫

十畫

十一畫

十二畫

十三畫

十四畫

十五畫

十六畫

十七畫

十八畫

十九畫

二十一畫

二十二畫

二十四畫

《陝西省渭南市蒲城縣圖書館古籍普查登記目録》
書名筆畫索引

二畫

三畫

四畫

五畫

六畫

七畫

八畫

九畫

十畫

十一畫

十二畫

十三畫

十四畫

十五畫

十六畫

十七畫

十八畫

十九畫

二十一畫

二十二畫

二十四畫

《陝西省韓城市司馬遷圖書館古籍普查登記目録》
書名筆畫字頭索引

二畫

三畫

四畫

五畫

六畫

七畫

八畫

九畫

十畫

十一畫

十二畫

十三畫

十四畫

十五畫

十六畫

十七畫

十八畫

十九畫

二十畫

二十一畫

二十二畫

二十四畫

二十五畫

《陜西省韓城市司馬遷圖書館古籍普查登記目録》
書名筆畫索引

二畫

三畫

四畫

五畫

六畫

七畫

八畫

九畫

十畫

十一畫

十二畫

十三畫

十四畫

十五畫

十六畫

十七畫

十八畫

十九畫

二十畫

二十一畫

二十二畫

二十四畫

二十五畫

《陝西省延安市圖書館古籍普查登記目録》
書名筆畫字頭索引

二畫

三畫

四畫

五畫

六畫

七畫

八畫

九畫

十畫

十一畫

十二畫

十三畫

十四畫

十五畫

十六畫

十七畫

十八畫

十九畫

二十畫

二十一畫

二十二畫

二十三畫

二十四畫

二十五畫

《陝西省延安市圖書館古籍普查登記目録》
書名筆畫索引

二畫

三畫

四畫

五畫

六畫

七畫

八畫

九畫

十畫

十一畫

十二畫

十三畫

十四畫

十五畫

十六畫

十七畫

十八畫

十九畫

二十畫

二十一畫

二十二畫

二十三畫

二十四畫

二十五畫

《陝西省榆林市綏德縣子洲圖書館古籍普查登記目録》
書名筆畫字頭索引

二畫

三畫

四畫

五畫

六畫

七畫

八畫

九畫

十畫

十一畫

十二畫

十三畫

十四畫

十五畫

十六畫

十七畫

十九畫

二十一畫

二十二畫

二十四畫

《陝西省榆林市綏德縣子洲圖書館古籍普查登記目録》
書名筆畫索引

二畫

三畫

四畫

五畫

六畫

七畫

八畫

九畫

十畫

十一畫

十二畫

十三畫

十四畫

十五畫

十六畫

十七畫

十九畫

二十一畫

二十二畫

二十四畫

《陝西省榆林市星元圖書樓古籍普查登記目録》
書名筆畫字頭索引

一畫

二畫

三畫

四畫

五畫

六畫

七畫

八畫

九畫

十畫

十一畫

十二畫

十三畫

十四畫

十五畫

十六畫

十七畫

十八畫

十九畫

二十畫

二十一畫

二十二畫

二十三畫

《陝西省榆林市星元圖書樓古籍普查登記目録》
書名筆畫索引

一畫

二畫

三畫

四畫

五畫

六畫

七畫

八畫

九畫

十畫

十一畫

十二畫

十三畫

十四畫

十五畫

十六畫

十七畫

十八畫

十九畫

二十畫

二十一畫

二十二畫

二十三畫

《陝西省榆林市佳縣國楨圖書館古籍普查登記目録》
書名筆畫字頭索引

二畫

三畫

四畫

五畫

六畫

七畫

八畫

九畫

十畫

十一畫

十二畫

十三畫

十四畫

十五畫

十六畫

十七畫

十八畫

十九畫

二十一畫

二十二畫

二十四畫

《陜西省榆林市佳縣國楨圖書館古籍普查登記目録》
書名筆畫索引

二畫

三畫

四畫

五畫

六畫

七畫

八畫

九畫

十畫

十一畫

十二畫

十三畫

十四畫

十五畫

十六畫

十七畫

十八畫

十九畫

二十一畫

二十二畫

二十四畫

《陝西省寶鷄市圖書館古籍普查登記目録》
書名筆畫字頭索引

一畫

二畫

三畫

四畫

五畫

六畫

七畫

八畫

九畫

十畫

十一畫

十二畫

十三畫

十四畫

十五畫

十六畫

十七畫

十八畫

十九畫

二十畫

二十一畫

二十二畫

二十三畫

二十四畫

《陝西省寶鷄市圖書館古籍普查登記目録》
書名筆畫索引

一畫

二畫

三畫

四畫

五畫

六畫

七畫

八畫

九畫

十畫

十一畫

十二畫

十三畫

十四畫

十五畫

十六畫

十七畫

十八畫

十九畫

二十畫

二十一畫

二十二畫

二十三畫

二十四畫

《陝西省寶鷄市隴縣圖書館古籍普查登記目録》
書名筆畫字頭索引

二畫

三畫

四畫

五畫

六畫

七畫

八畫

九畫

十畫

十一畫

十二畫

十三畫

十四畫

十五畫

十六畫

十七畫

十八畫

十九畫

《陝西省寶鷄市隴縣圖書館古籍普查登記目録》
書名筆畫索引

二畫

三畫

四畫

五畫

六畫

七畫

八畫

九畫

十畫

十一畫

十二畫

十三畫

十四畫

十五畫

十六畫

十七畫

十八畫

十九畫

《陝西省寶鷄市陳倉區圖書館古籍普查登記目録》
書名筆畫字頭索引

三畫

四畫

五畫

六畫

八畫

九畫

十畫

十一畫

十二畫

十三畫

十四畫

十五畫

十七畫

十九畫

二十畫

二十二畫

《陝西省寶鷄市陳倉區圖書館古籍普查登記目録》
書名筆畫索引

三畫

四畫

五畫

六畫

八畫

九畫

十畫

十一畫

十二畫

十三畫

十四畫

十五畫

十七畫

十九畫

二十畫

二十二畫

《陝西省寶鷄市岐山縣圖書館古籍普查登記目録》
書名筆畫字頭索引

二畫

三畫

四畫

五畫

六畫

七畫

八畫

九畫

十畫

十一畫

十二畫

十三畫

十四畫

十五畫

十六畫

十七畫

十八畫

十九畫

二十畫

二十一畫

二十二畫

二十三畫

二十四畫

《陝西省寶鷄市岐山縣圖書館古籍普查登記目録》書名筆畫索引

二畫

三畫

四畫

五畫

六畫

七畫

八畫

九畫

十畫

十一畫

十二畫

十三畫

十四畫

十五畫

十六畫

十七畫

十八畫

十九畫

二十畫

二十一畫

二十二畫

二十三畫

二十四畫

《陕西省漢中市勉縣圖書館古籍普查登記目録》

書名筆畫字頭索引

一畫

二畫

三畫

四畫

五畫

六畫

七畫

八畫

九畫

十畫

十一畫

十二畫

十三畫

十四畫

十五畫

十六畫

十七畫

十八畫

十九畫

二十畫

二十一畫

二十二畫

二十三畫

二十四畫

《陝西省漢中市勉縣圖書館古籍普查登記目録》
書名筆畫索引

一畫

二畫

三畫

四畫

五畫

六畫

七畫

八畫

九畫

十畫

十一畫

十二畫

十三畫

十四畫

十五畫

十六畫

十七畫

十八畫

十九畫

二十畫

二十一畫

二十二畫

二十三畫

二十四畫

《陕西省安康市漢濱區少年兒童圖書館古籍普查登記目録》
書名筆畫字頭索引

二畫

三畫

四畫

五畫

六畫

七畫

八畫

九畫

十畫

十一畫

十二畫

十三畫

十四畫

十五畫

十六畫

十七畫

十八畫

十九畫

二十畫

二十一畫

二十二畫

二十三畫

二十四畫

其他

《陝西省安康市漢濱區少年兒童圖書館古籍普查登記目録》
書名筆畫索引

二畫

三畫

四畫

五畫

九畫

二十畫

二十一畫

二十二畫

二十三畫

二十四畫

其他

中華古籍保護計劃

ZHONG HUA GU JI BAO HU JI HUA CHENG GUO

·成果·

陝西省二十二家公共圖書館古籍普查登記目録（上）

全國古籍普查登記目録

國家圖書館出版社
National Library of China Publishing House

圖書在版編目(CIP)數據

陝西省二十二家公共圖書館古籍普查登記目録(全二册)/《陝西省二十二家公共圖書館古籍普查登記目録》編委會編. --北京:國家圖書館出版社,2018.3
(全國古籍普查登記目録)
ISBN 978－7－5013－6324－7

Ⅰ.①陝… Ⅱ.①陝… Ⅲ.①公共圖書館—古籍—圖書館目録—陝西 Ⅳ.①Z838

中國版本圖書館 CIP 數據核字(2017)第 299665 號

書　　名 陝西省二十二家公共圖書館古籍普查登記目録(全二册)
著　　者 《陝西省二十二家公共圖書館古籍普查登記目録》編委會　編
責任編輯 李　强

出　　版 國家圖書館出版社(100034　北京市西城區文津街 7 號)
(原書目文獻出版社　北京圖書館出版社)
發　　行 010－66114536　66126153　66151313　66175620
66121706(傳真)　66126156(門市部)
E-mail nlcpress@ nlc. cn(郵購)
Website www. nlcpress. com→投稿中心
經　　銷 新華書店
印　　裝 河北三河弘翰印務有限公司
版　　次 2018 年 3 月第 1 版　2018 年 3 月第 1 次印刷

開　　本 787×1092(毫米)　1/16
印　　張 49.75
字　　數 1045 千字

書　　號 ISBN 978－7－5013－6324－7
定　　價 450.00 圓

《全國古籍普查登記目録》

工作委員會

主　任：周和平

副主任：張永新　詹福瑞　劉小琴　李致忠　張志清

委　員（按姓氏筆畫排序）：

于立仁　王水喬　王　沛　王紅蕾　王筱雯

方自今　尹壽松　包菊香　任　競　全　勤

李西寧　李　彤　李忠昊　李春來　李　培

李曉秋　吴建中　宋志英　努　木　林世田

易向軍　周建文　洪　琰　倪曉建　徐欣禄

徐　蜀　高文華　郭向東　陳荔京　陳紅彦

張　勇　湯旭巖　楊　揚　賈貴榮　趙　嫄

鄭智明　劉洪輝　歷　力　鮑盛華　韓　彬

魏存慶　鍾海珍　謝冬榮　謝　林　應長興

《全國古籍普查登記目録》

序　言

全國古籍普查登記工作是“中華古籍保護計劃”的首要任務，是全面開展古籍搶救、保護和利用工作的基礎，也是有史以來第一次由政府組織、参加收藏單位最多的全國性古籍普查登記工作。

2007年國務院辦公廳發佈《關於進一步加强古籍保護工作的意見》（國辦發［2007］6號），明確了古籍保護工作的首要任務是對全國公共圖書館、博物館和教育、宗教、民族、文物等系統的古籍收藏和保護狀況進行全面普查，建立中華古籍聯合目録和古籍數字資源庫。2011年12月，文化部下發《文化部辦公廳關於加快推進全國古籍普查登記工作的通知》（文辦發［2011］518號），進一步落實了全國古籍普查登記工作。根據文化部2011年518號文件精神，國家古籍保護中心擬訂了《全國古籍普查登記工作方案》，進一步規範了古籍普查登記工作的範圍、内容、原則、步驟、辦法、成果和經費。目前進行的全國古籍普查登記工作的中心任務是通過每部古籍的身份證——“古籍普查登記編號”和相關信息，建立古籍總臺賬，全面瞭解全國古籍存藏情况，開展全國古籍保護的基礎性工作，加强各級政府對古籍的管理、保護和利用。

《全國古籍普查登記工作方案》規定了全國古籍普查登記工作的三個主要步驟：一、開展古籍普查登記工作；二、在古籍普查登記基礎上，編纂出版館藏古籍普查登記目録，形成《全國古籍普查登記目録》；三、在古籍普查登記工作基本完成的前提下，由省級古籍保護中心負責編纂出版本省古籍分類聯合目録《中華古籍總目》分省卷，由國家古籍保護中心負責編纂出版《中華古籍總目》統編卷。

在黨和政府領導下，在各地區、各有關部門和全社會共同努力下，古籍普查登記工作得以扎實推進。古籍普查已在除臺、港、澳之外的全國各省級行政區域開展，普查内容除漢文古籍外，還包括各少數民族文字古籍，特别是於2010年分别啓動了新疆古籍保護和西藏古籍保護專項，因地制宜，開展古籍普查登記工作；國家古籍保護中心研製的“全國古籍普查登記平臺”已覆蓋到全國各省級古籍保護中心，並進一步研發了“中華古籍索引庫”，爲及時展現古籍普查成果提供有力支持；截至目前，已有11375部古籍進入《國家珍貴古籍名録》，浙江、江蘇、山東、河北等省公佈了省級《珍貴古籍名録》,古籍分級保護機制初步形成。

《全國古籍普查登記目録》是古籍普查工作的階段性成果,旨在摸清家底,揭示館藏,反映古籍的基本信息。原則上每申報單位獨立成册,館藏量少不能獨立成册者,則在本省範圍内幾個館目合併成册。無論獨立成册還是合併成册,均編製獨立的書名筆畫索引附於書後。著録的必填基本項目有:古籍普查登記編號、索書號、題名卷數、著者(含著作方式)、版本、册數及存缺卷數。其他擴展項目有:分類、批校題跋、版式、裝幀形式、叢書子目、書影、破損狀况等。有條件的收藏單位多著録的一些擴展項目,也反映在《全國古籍普查登記目録》上。目録編排按古籍普查登記編號排序,内在順序給予各古籍收藏單位較大自由度,可按分類排列古籍普查登記編號,也可按排架號、按同書名等排列古籍普查登記編號,以反映各館特色。

此次全國古籍普查登記工作,克服了古籍數量多、普查人員少、普查難度大等各種困難,也得到了全國古籍保護工作者的極大支持。在古籍普查登記過程中,國家古籍保護中心、各省古籍保護中心爲此舉辦了多期古籍普查、古籍鑒定、古籍普查目録審校等培訓班,全國共1600餘家單位參加了培訓,爲古籍普查登記工作培養了大量人才。同時在古籍普查登記工作中,也鍛煉了普查員的實踐能力,爲將來古籍保護事業發展奠定了良好的基礎。

《全國古籍普查登記目録》的出版,將摸清我國古籍家底,爲古籍保護和利用工作提供依據,也將是古籍保護長期工作的一個里程碑。

國家古籍保護中心

2013年10月

《全國古籍普查登記目録》

編纂凡例

一、收録範圍爲我國境内各收藏機構或個人所藏，産生於 1912 年以前，具有文物價值、學術價值和藝術價值的文獻典籍，包括漢文古籍和少數民族文字古籍以及甲骨、簡帛、敦煌遺書、碑帖拓本、古地圖等文獻。其中，部分文獻的收録年限適當延伸。

二、以各收藏機構爲分册依據，篇幅較小者，適當合併出版。

三、一部古籍一條款目，複本亦單獨著録。

四、著録基本要求爲客觀登記、規範描述。

五、著録款目包括古籍普查登記編號、索書號、題名卷數、著者、版本、册數、存缺卷等。古籍普查登記編號的組成方式是：省級行政區劃代碼—單位代碼—古籍普查登記順序號。

六、以古籍普查登記編號順序排序。

七、編製各館藏目録書名筆畫索引附於書後，以便檢索。

《陜西省古籍普查登記目録》

工作委員會

主　任： 劉寬忍

副主任： 顧勁松　馬民玉　張海翔　楊居讓

委　員（按姓氏筆畫排序）：

王小芳　郎　菁　侯藹奇　姜　妮

張志鵬　綦勝利　劉　穎　藺　晨

《陝西省二十二家公共圖書館古籍普查登記目録》

編委會

《陝西省二十二家公共圖書館古籍普查登記目録》

前言

2014 年 8 月,《陝西省圖書館古籍普查登記目録》正式出版。時隔三年,我省第二部古籍普查登記目録——《陝西省二十二家公共圖書館古籍普查登記目録》即將付梓,我們倍感歡欣鼓舞。在這裏,首先要感謝所有參加陝西古籍保護工作的同仁們,是大家的努力工作,纔有了今天的可喜成果。

據調查統計,陝西省共有 72 家古籍存藏單位,古籍存藏量約爲 11 萬部。其中,公共圖書館共 40 家藏有古籍,省古籍保護中心同這些收藏單位均建立了業務關係,一直在積極指導、敦促其開展古籍普查等相關工作。按照陝西省古籍保護整體規劃,2017 年將基本完成陝西省古籍普查工作。此後將陸續出版全省收藏單位的古籍普查登記目録,並啓動《中華古籍總目》(陝西卷)的編纂工作。

這次即將出版的《陝西省二十二家公共圖書館古籍普查登記目録》共收録西安、咸陽、渭南、韓城、延安、榆林、寶雞、漢中、安康等 9 個地市 22 家公共圖書館古籍目録 9612 條。這 22 家圖書館是繼陝西省圖書館之後最早完成古籍普查登記並通過省古籍保護中心、國家古籍保護中心及國家圖書館出版社審核驗收的一批單位。同時,這些單位也都完成了古籍普查平臺完整項著録,較登記目録著録的項目更多、内容更細緻。很多基層圖書館,在人員、經費、設備、資源等有限的情况下,克服困難,積極部署安排古籍普查工作,並配合省中心多次復審核查,修改數據,直至最終通過。毫無疑問,這是一部凝聚了衆多古籍工作者汗水和心血的目録。

在這 22 家單位中,有 13 家單位都有古籍曾經入選《中國古籍善本書目》,如咸陽圖書館、延安市圖書館、寶雞市圖書館、盩厔縣圖書館等。還有一些單位的古籍在當時歸文化館所有,現在也都歸入了各地的圖書館,如勉縣圖書館、藍田縣圖書館、韓城市司馬遷圖書館等。在 2007 年"中華古籍保護計劃"正式啟動後,寶雞市圖書館、安康市漢濱區少年兒童圖書館各有 1 部古籍入選《國家珍貴古籍名録》,8 家單位的 36 部古籍入選《陝西省珍貴古籍名録》。其中,寶雞市圖書館、勉縣圖書館、安康市漢濱區少年兒童圖書館古籍藏量較多,均在千部萬册以上。寶雞市圖書館、勉縣圖書館還於 2015 年入選"第一批陝西省古籍重點保護單位"。安康市漢濱區少年兒童圖書館古籍藏量亦較多,但非常痛惜的是在 1983 年漢江特大洪灾中,該館古籍受到嚴重損害，有的已經無法閱覽。慶幸的是，該館部分善本保存較好，没有受到洪水浸泡，其中一部清康熙二十四年（1685）刻四色套印本《古文淵鑒》（六十四卷）書品上佳，已入選第一批《國家珍貴古籍名録》。

未入選《中國古籍善本書目》的單位有9家，在20世紀七八十年代經濟、人力等條件有限的情況下，不排除一些偏遠單位可能没有參與當年的善本古籍普查申報工作。這些單位古籍藏量相對較少，從幾十部到數百部不等。不管其藏量多少，都被納入了我省此次古籍普查的範圍内，我們争取全面摸底，一家也不漏掉。在這些單位中，常常也會有一些讓人驚喜的發現，比如榆林市星元圖書樓所藏的一部清雍正印本《永樂南藏》，即是在此次全面普查中發現的一部珍貴典籍。此部大藏經係清雍正年間榆林定慧寺請印，雖然該館所藏還不足全藏的六分之一，但整體保存尚好，且此部印本有大量清初補版，版心處鐫有助刊人名，卷末也常有施經願文等，另外在兩紙相接處一般還陰刻有募者、書者、刻工姓名等，信息量很大，具有較高的文獻價值。對於區縣圖書館來説，能收藏這樣一部大藏經，實屬難得。

當然，除公共圖書館系統外，還有一些單位也陸續完成了古籍普查，其數據也通過了審核，衹是我們總體的出版計劃是按各單位所屬系統來进行歸攏劃分，因此，其他單位的目録出版衹能推後，將陸續出版。

在國家和各級政府對古籍保護事業的大力推進下，在各單位領導的重視和支持下，在衆多古籍工作者辛勤忘我的工作下，陝西省古籍普查即將全面完成。我們希望這些古籍普查登記目録在爲古籍保護工作奠定基礎的同時，能爲廣大讀者和專業研究者提供研讀方便，更爲公共文化服務體系建設增輝添彩。

陝西省古籍保護中心

2017年9月

目　録

上冊

下冊

陝西省西安圖書館古籍普查登記目録

全國古籍普查登記目録

國家圖書館出版社
National Library of China Publishing House

610000－1032－0000001　G0000001－G0000006
康熙字典十二集總目一卷檢字一卷辨似一卷等韻一卷備考一卷補遺一卷　(清)張玉書等纂修　清光緒三十三年(1907)上海鴻文書局石印本　六冊

610000－1032－0000002　G0000007－G0000045
康熙字典十二集檢字一卷辨似一卷備考一卷補遺一卷　(清)張玉書等纂修　清刻本　三十九冊

610000－1032－0000003　G0000046－G0000069
欽定周官義疏四十八卷首一卷　(清)允祿等撰　清同治刻御纂七經本　二十四冊

610000－1032－0000004　G0000070－G0000073
奎壁書經六卷　(宋)蔡沈集傳　清光緒五年(1879)刻本　四冊

610000－1032－0000005　G0000074
三輔黃圖六卷　(漢)□□撰　明末清初刻本　一冊

610000－1032－0000006　G0000075－G0000130
潛確居類書一百二十卷　(明)陳仁錫纂輯　明崇禎刻本　五十六冊　存一百四卷(一至四十六、六十三至一百二十)

610000－1032－0000007　G0000131－G0000135
[道光]藍田縣志十六卷文徵錄四卷　(清)胡元煐修　(清)蔣湘南纂　清道光二十二年(1842)刻本　五冊

610000－1032－0000008　G0000136－G0000137
增訂南詔野史二卷　(明)楊慎編輯　(清)胡蔚訂正　清光緒六年(1880)雲南書局刻本　二冊

610000－1032－0000009　G0000138－G0000145
綏寇紀畧十二卷　(清)吳偉業纂輯　(清)宋琬參定　(清)鄒漪校　清康熙鄒式金刻本　八冊

610000－1032－0000010　G00000146－G0000159
十國春秋一百十四卷附拾遺一卷備考一卷　(清)吳任臣撰　(清)牛奐閱　(清)周昂重刊　清末刻本　十四冊　存七十八卷(一至六、十八至八十九)

610000－1032－0000011　G0000160－G0000163
史記一百三十卷　(漢)司馬遷撰　(南朝宋)裴駰集解　(唐)司馬貞索隱　(唐)張守節正義　清光緒八年(1882)上海點石齋石印本　四冊

610000－1032－0000012　G0000164－G0000178
讀書雜誌八十二卷餘編二卷　(清)王念孫撰　清同治九年(1870)金陵書局刻本　十五冊　缺三十二卷(史記一至六、漢書一至十六、墨子一至三、淮南內篇五至十一)

610000－1032－0000013　G0000179－G0000180
近思錄十四卷　(宋)朱熹　(宋)呂祖謙撰　清光緒十年(1884)刻本　二冊

610000－1032－0000014　G0000181－G0000182
近思錄十四卷　(宋)朱熹　(宋)呂祖謙撰　清光緒十年(1884)刻本　二冊

610000－1032－0000015　G0000183－G0000184
近思錄十四卷　(宋)朱熹　(宋)呂祖謙撰　清光緒十年(1884)刻本　二冊

610000－1032－0000016　G0000185－G0000186
近思錄十四卷　(宋)朱熹　(宋)呂祖謙撰　清光緒十年(1884)刻本　二冊

610000－1032－0000017　G0000187－G0000188
近思錄十四卷　(宋)朱熹　(宋)呂祖謙撰　清光緒十年(1884)刻本　二冊

610000－1032－0000018　G0000189－G0000190
近思錄十四卷　(宋)朱熹　(宋)呂祖謙撰　清光緒十年(1884)刻本　二冊

610000－1032－0000019　G0000191－G0000192
近思錄十四卷　(宋)朱熹　(宋)呂祖謙撰　清光緒十年(1884)刻本　二冊

610000－1032－0000020　G0000193－G0000194
近思錄十四卷　(宋)朱熹　(宋)呂祖謙撰　清光緒十年(1884)刻本　二冊

610000－1032－0000021　G0000195－0000196

近思錄十四卷　（宋）朱熹　（宋）呂祖謙撰　清光緒十年（1884）刻本　二册

610000－1032－0000022　G0000197－G0000198
近思錄十四卷　（宋）朱熹　（宋）呂祖謙撰　清光緒十年（1884）刻本　二册

610000－1032－0000023　G0000199－G0000200
近思錄十四卷　（宋）朱熹　（宋）呂祖謙撰　清光緒十年（1884）刻本　二册

610000－1032－0000024　G0000201－G0000202
近思錄十四卷　（宋）朱熹　（宋）呂祖謙撰　清光緒十年（1884）刻本　二册

610000－1032－0000025　G0000203－G0000204
近思錄十四卷　（宋）朱熹　（宋）呂祖謙撰　清光緒十年（1884）刻本　二册

610000－1032－0000026　G0000205－G0000206
小學六卷　（宋）朱熹撰　清光緒十年（1884）刻本　二册

610000－1032－0000027　G0000207－G0000216
小學句讀記六卷　（明）陳選點　（清）王建常記　（清）上官汝恢等校閲　清同治十二年（1873）刻本　十册

610000－1032－0000028　G0000217－G0000219
農桑輯要七卷　（元）司農司撰　清光緒葉伯英陝西節署刻本　三册

610000－1032－0000029　G0000220－G0000223
育正堂重訂幼學須知句解四卷　（清）程登吉撰　（清）錢元龍校梓　清乾隆京江錢恕齋刻本　四册

610000－1032－0000030　G0000224－G0000229
紀效新書十八卷首一卷　（明）戚繼光撰　清道光十年（1830）刻本　六册

610000－1032－0000031　G0000230－G0000237
校正增廣驗方新編十六卷首一卷續集三卷　（清）鮑相璈輯　清宣統三年（1911）上海會文堂石印本　八册

610000－1032－0000032　G0000238－G0000341
子書百家　（清）崇文書局輯　清光緒元年（1875）湖北崇文書局刻本　一百四册

610000－1032－0000033　G0000342－G0000346
重訂文選集評十五卷首一卷末一卷　（南朝梁）蕭統選　（清）于光華編次　清同治刻本　五册　存六卷（二、六至七、十一、十五，末一卷）

610000－1032－0000034　G0000347－G0000348
唐試律探源集四卷　（清）黄爵滋選註　清嘉慶十九年（1814）刻本　二册

610000－1032－0000035　G0000349－G0000354
唐詩三百首註疏六卷　（清）蘅塘退士編　（清）章燮註　（清）孫孝根校正　清道光掃葉山房刻本　六册

610000－1032－0000036　G0000355－G0000358
劍南詩鈔六卷　（宋）陸游著　（清）楊大鶴選　清刻本　四册

610000－1032－0000037　G0000359－G0000368
秘書廿一種　（清）汪士漢輯　清嘉慶九年（1804）新安汪氏刻本　十册　存十六種

610000－1032－0000038　G0000369
重校舊本湯頭歌訣一卷增補本草備要八卷　（清）汪昂編輯　清末石印本　一册　存八卷（重校舊本湯頭歌訣一卷、增補本草備要一至七）

610000－1032－0000039　G0000370－0000372
詩經五卷　（宋）朱熹集傳　清光緒九年（1883）掃葉山房刻本　三册

陝西省西安市盩厔縣圖書館古籍普查登記目録

全國古籍普查登記目録

國家圖書館出版社
National Library of China Publishing House

610000－1019－0000001　0009
唐詩三百首注釋六卷續選一卷　(清)蘅塘退士編　清光緒十六年(1890)石渠山房刻本　六册

610000－1019－0000002　0011
中國江海險要圖誌二十二卷首一卷補編五卷圖五卷　(清)陳壽彭譯　清光緒二十七年(1901)石印本　十五册

610000－1019－0000003　0020
五代史七十四卷　(宋)歐陽修撰　清光緒十七年(1891)味經書院刻本　十册

610000－1019－0000004　0021
評論出像水滸傳二十卷　(元)施耐庵撰　清刻本　十四册　存十四卷(三至四、八至十五、十七至二十)

610000－1019－0000005　0024
五子近思錄十四卷　(清)汪佑編　清刻本　四册　存九卷(一至二、八至十四)

610000－1019－0000006　0027
新譯日本法規大全二十五卷首一卷　劉崇傑譯　清光緒三十三年(1907)商務印書館鉛印本　五册　存五卷(四、十七、十九、二十二、二十四)

610000－1019－0000007　0029
列國政要一百三十二卷　(清)戴鴻慈　(清)端方輯　清光緒三十三年(1907)石印本　五册　存十六卷(二十四至二十五、四十二至四十四、四十九至五十一、六十三至六十七、八十七至八十九)

610000－1019－0000008　0030
欽定儀禮義疏四十八卷首二卷　(清)允祿等撰　清刻本　二十四册　存三十卷(三至十二、十六至二十一、二十七、三十五至四十七)

610000－1019－0000009　0031
[光緒]靖邊志稿四卷　(清)丁錫奎纂修　(清)白翰章等纂　清光緒二十五年(1899)刻本　二册　存二卷(一至二)

610000－1019－0000010　0032
新撰亞細亞洲大地誌七章　(日本)山上萬次郎編　(清)葉瀚譯　清光緒二十七年(1901)上海正記書局石印本　四册

610000－1019－0000011　0034
五洲圖考不分卷　(清)龔柴撰　清光緒二十八年(1902)上海徐家匯印書館鉛印本　四册

610000－1019－0000012　0035
吾學錄初編二十四卷　(清)吳榮光撰　清光緒七年(1881)三原李氏桐蔭軒刻本　六册

610000－1019－0000013　0036
五大洲圖說五卷首一卷　(意大利)艾儒略撰　(清)錢熙祚校　清光緒二十四年(1898)上海書局石印本　二册

610000－1019－0000014　0049
三角數理十二卷　(英國)海麻士輯　(英國)傅蘭雅口譯　(清)華蘅芳筆述　清江南製造總局刻本　六册

610000－1019－0000015　0051
衢原草堂刊定廣文選二十五卷　(明)馬維銘編次　清刻本　四册　存九卷(二至八、二十一至二十二)

610000－1019－0000016　0054
武經七書匯解七卷末一卷　(清)黎利賓　(清)曹日瑋　(清)夏仲齡纂輯　(清)孟芬条校　清康熙四十四年(1705)三畏堂、光啟堂刻本　十二册

610000－1019－0000017　0055
對數表說四卷　(清)賈步緯校述　清末江南製造局鉛印本　四册

610000－1019－0000018　0056
靈峽學則一卷　(清)薛于瑛著　(清)秦魁炎　(清)陳維江校刊　清刻本　一册

610000－1019－0000019　0057
聖朝名公奏議八卷　(清)陳弢輯　清光緒二十七年(1901)上海宏文閣石印本　四册　存四卷(一、四至六)

610000－1019－0000020　0058
修正刑律案語□□編　(□)□□撰　清鉛印本　二冊　存一編(二)

610000－1019－0000021　0060
至聖先師孔子年譜三卷首一卷　(清)楊方晃編釋　(清)俞鴻馨鑒定　清刻本　四冊

610000－1019－0000022　0064
理學宗傳二十六卷　(清)孫奇逢輯　清刻本　四冊　存四卷(二十三至二十六)

610000－1019－0000023　0066
理學宗傳二十六卷　(清)孫奇逢輯　清刻本　二冊　存五卷(三至七)

610000－1019－0000024　0067
三魚堂文集十二卷外集六卷　(清)陸隴其著　清光緒柏經正堂刻本　七冊

610000－1019－0000025　0068
[乾隆]西安府志八十卷首一卷　(清)舒其紳編　清乾隆四十四年(1779)陝西西安府刻本　二十三冊　存六十四卷(一、五至二十二、三十七至八十、首一卷)

610000－1019－0000026　0071(1)
張子全書十五卷　(宋)張載撰　(宋)朱熹注　清刻本　七冊

610000－1019－0000027　0071(2)
文選五卷首一卷攷異一卷　(南朝梁)蕭統撰　(唐)李善注　(清)胡克家校刊　清光緒二十五年(1899)石印本　六冊

610000－1019－0000028　0072(1)
[光緒]武進陽湖縣志三十卷首一卷　(清)王其淦　(清)吳康壽修　(清)湯成烈等纂　清刻本　八冊　存十二卷(一至二、九至十、十六至二十二、二十八)

610000－1019－0000029　0072(2)
張子全書十五卷　(宋)張載撰　清同治九年(1870)刻本　六冊　存十卷(一至四、十至十五)

610000－1019－0000030　0072(3)
張子全書十五卷　(宋)張載撰　清同治九年(1870)刻本　一冊　存一冊(序跋、目錄、列傳、行狀等)

610000－1019－0000031　0073
[道光]武進陽湖縣合志三十六卷首一卷　(清)孫琬　(清)王德茂修　(清)李兆洛　(清)周儀暐纂　清刻本　六冊　存九卷(十六、十八、二十一至二十三、二十七至二十八、三十二至三十三)

610000－1019－0000032　0074
孔子家語八卷　(明)何孟春註　(清)盧文超校補　清光緒十八年(1892)刻本　四冊

610000－1019－0000033　0075
形學備旨十卷　(美國)狄考文譯　(清)鄒立文筆述　(清)劉永錫參閱　清光緒二十三年(1897)上海美華書館刻本　一冊　存四卷(一至四)

610000－1019－0000034　0076(1)
重訂王鳳洲先生綱鑑會纂四十六卷續宋元二十三卷　(明)王世貞纂　(明)陳仁錫訂　(明)吕一經校　清光緒二十九年(1903)上海經香閣石印本　七冊

610000－1019－0000035　0076(2)
列仙傳二卷　(漢)劉向撰　(清)汪士漢校　清刻本　一冊

610000－1019－0000036　0078
欽定周官義疏四十八卷首一卷　(清)鄂爾泰等撰　清刻本　二十八冊

610000－1019－0000037　0079(1)
新刻五七言千家詩輯鈔四卷　(清)崇雲閣重輯　清光緒九年(1883)刻本　一冊

610000－1019－0000038　0079(2)
三蘇策論十二卷　(宋)蘇洵等著　清光緒二十七年(1901)鍊石書局石印本　六冊

610000－1019－0000039　0082
[正德]武功縣志三卷首一卷　(明)康海纂　(清)孫景烈評註　清乾隆二十六年(1761)瑪

星阿刻本　一冊

610000－1019－0000040　0084
唐詩解五十卷　(清)唐汝詢選釋　(清)毛先舒　(清)沈賦𥿄校　清萬笈堂刻本　十二冊

610000－1019－0000041　0085
形學備旨十卷　(美國)狄考文譯　(清)鄒立文筆述　(清)劉永錫參閱　清光緒二十八年(1902)上海美華書館刻本　一冊　存四卷(一至四)

610000－1019－0000042　0086
康熙字典十二集附等韻一卷檢字一卷　(清)張玉書等纂修　清光緒三十三年(1907)上海鴻文書局石印本　三冊　存七集(子、丑、寅、卯、辰、酉、戌)

610000－1019－0000043　0087－0088
西堂全集　(清)尤侗撰　清刻本　十五冊　存十六種

610000－1019－0000044　0094
俄史輯譯四卷　(清)徐景羅譯　清光緒二十三年(1897)湖南新學書局刻本　六冊

610000－1019－0000045　0095
代數通藝錄十六卷　(清)方愷撰　清光緒二十四年(1898)上海著易堂石印本　五冊

610000－1019－0000046　0096
秘書廿一種　(清)汪士漢輯　清刻本　六冊　存九種

610000－1019－0000047　0098
孟子要略五卷　(宋)朱熹著　清光緒十年(1884)三原劉氏刻本　一冊

610000－1019－0000048　0099
經傳釋詞十卷　(清)王引之著　清嘉慶二十四年(1819)鉛印本　一冊　存五卷(一至五)

610000－1019－0000049　0100
司馬溫公文集八十二卷　(宋)司馬光撰　清刻本　二十四冊

610000－1019－0000050　0101
洋務經濟通考十六卷　(清)應祖錫纂定　清光緒二十七年(1901)鴻寶齋石印本　十二冊

610000－1019－0000051　0102
四書凝道錄十九卷　(清)劉紹攽撰　(清)劉蔭元錄　清刻本　六冊　存六卷(孟子集註凝道錄二至七)

610000－1019－0000052　0103
鼎鍥趙田了凡袁先生編纂古本歷史大方綱鑑補三十九卷首一卷　(宋)司馬光通鑑　(宋)朱熹綱目　(明)袁黄編纂　(明)余象斗梓行　清刻本　一冊　存一卷(十)

610000－1019－0000053　0105
輿地學課程不分卷戊戌遊記不分卷　(清)姚炳奎著　清光緒湖北經心書院刻本　十一冊

610000－1019－0000054　0106
陝西師範學堂完全經學不分卷　(清)丁信甫編　清光緒三十四年(1908)油印本　二冊

610000－1019－0000055　0107
陝西師範學堂經學講義不分卷　(清)許銘彝編　清光緒三十三年(1907)油印本　二冊

610000－1019－0000056　0108
鼎鍥趙田了凡袁先生編纂古本歷史大方綱鑑補三十九卷首一卷　(宋)司馬光通鑑　(宋)朱熹綱目　(明)袁黄編纂　(明)余象斗梓行　清刻本　三冊　存三卷(三十七至三十九)

610000－1019－0000057　0109
衛道編二卷　(清)劉紹攽編註　清光緒元年(1875)帶經堂刻本　二冊

610000－1019－0000058　0110
初學行文語類□□卷　(清)孫埏輯　清刻本　一冊　存二卷(三至四)

610000－1019－0000059　0112
山堂肆考二百二十八卷補遺十二卷　(明)彭大翼纂著　(明)張幼學編輯　明末刻本　五十冊　存二百二十三卷(宮集一至三十八、四十四至四十八,商集一至二十四、三十四至四十八,角集一至二十二、二十六至四十八,徵集一至四十八,羽集一至四十八)

610000－1019－0000060　0115

衢原草堂刊定廣文選二十五卷　（明）馬維銘編次　清刻本　四冊　存十六卷（一至六、九至十三、十六至二十）

610000－1019－0000061　0116

核定現行刑律不分卷　（清）奕劻編　清宣統元年（1909）鉛印本　八冊

610000－1019－0000062　0117

涇野先生毛詩説序六卷　（明）呂柟著　（清）李錫齡校刊　清刻本　二冊

610000－1019－0000063　0119

子史精華一百六十卷　（清）吳士玉等編　清刻本　九冊　存三十六卷（三至六、十至十八、三十二至三十五、七十三至七十五、一百三至一百五、一百九至一百十一、一百十九至一百二十一、一百五十四至一百六十）

610000－1019－0000064　0120

後村雜著三卷　（清）王文治著　清挹香居刻本　三冊

610000－1019－0000065　0122

子史精華一百六十卷　（清）吳士玉等編　清刻本　四十八冊

610000－1019－0000066　0123

欒城集五十卷後集二十四卷三集十卷應詔集十二卷　（宋）蘇轍著　清道光十二年（1832）刻本　六冊　存四十六卷（後集一至二十四、三集一至十、應詔集一至十二）

610000－1019－0000067　0124（1）

山海經十八卷　（晉）郭璞傳　（明）吳中珩校　清刻本　二冊

610000－1019－0000068　0124（2）

山海經十八卷　（晉）郭璞傳　（明）吳中珩校　清刻本　二冊

610000－1019－0000069　0126

豐川續集三十四卷　（清）王心敬撰　清刻本　三冊　存五卷（三、二十一至二十二、二十五至二十六）

610000－1019－0000070　0163

九章算術細草圖説九卷附海島算經細草圖説一卷　（三國魏）劉徽注　（唐）李淳風等注釋　（清）李潢譔　清光緒二十二年（1896）上海文淵山房石印本　二冊

610000－1019－0000071　0166

支那通史四卷　（日本）那珂通世編　清光緒味經官書局鉛印本　三冊　存二卷（三至四）

610000－1019－0000072　0168

九畹古文十卷　（清）劉紹攽撰　清同治十二年（1873）刻本　十二冊

610000－1019－0000073　0169

莊子三卷　（清）吳世尚注評　（清）湯奠邦參訂　清康熙五十四年（1715）刻本　四冊

610000－1019－0000074　0170

南齊書五十九卷　（南朝梁）蕭子顯撰　清刻本　三冊　存三十六卷（二十四至五十九）

610000－1019－0000075　0171

九數通考十一卷首一卷末一卷　（清）屈曾發輯　清光緒二十三年（1897）陝西味經刊書處刻本　八冊

610000－1019－0000076　0172（1）

大清現行刑律案語不分卷　沈家本編　清宣統元年（1909）鉛印本　三十冊

610000－1019－0000077　0172（2）

大清現行刑律案語不分卷　沈家本編　清宣統元年（1909）鉛印本　十冊

610000－1019－0000078　0173（1）

增補左傳易讀六卷　（清）司徒修輯　清刻本（卷三配清刻本）　六冊

610000－1019－0000079　0173（2）

左傳易讀六卷　（清）司徒修輯　清刻本　一冊　存一卷（四）

610000－1019－0000080　0173（3）

左傳易讀六卷　（清）司徒修輯　清刻本　一冊　存一卷（四）

610000－1019－0000081　0173（4）

左傳易讀六卷 (清)司徒修輯 清刻本 一冊 存一卷(五)

610000－1019－0000082 0174
校邠廬抗議二卷 (清)馮桂芬著 清刻本 二冊

610000－1019－0000083 0175
增訂古文集解八卷 (清)程潤德評註 清刻本 七冊 存七卷(一至三、五至八)

610000－1019－0000084 0178
左傳舊疏考證八卷 (清)劉文淇撰 清光緒三年(1877)湖北崇文書局刻本 四冊

610000－1019－0000085 0181
四言閨鑑二卷 (清)馮樹森編 (清)段象離校 清光緒三十四年(1908)刻女學七種本 一冊

610000－1019－0000086 0182
左傳易讀六卷 (清)司徒修選訂 清末上海廣益書局石印本 五冊

610000－1019－0000087 0183
雙柏齋女史吟三卷 (清)劉世奇著 清光緒三年(1877)三原劉傳經堂刻女學七種本 一冊

610000－1019－0000088 0186
力餘說書答友草四編 (清)王禹堂撰 清刻本 二冊 存一編(二)

610000－1019－0000089 0187
御選古文淵鑒六十四卷 (清)徐乾學編注 清光緒二十九年(1903)蜚英書局石印本 十六冊

610000－1019－0000090 0189(1)
詩法初津三卷 (明)葉弘勳輯 (清)張葩 (清)朱熿整 清刻本 二冊

610000－1019－0000091 0189(2)
聲調三譜十二卷 (清)□□撰 清光緒十八年(1892)關中書院刻本 一冊 存七卷(一至七)

610000－1019－0000092 0189(3)
賦則四卷首一卷 (清)鮑桂星評選 (清)余炳堃等校刊 清道光十四年(1834)刻本 二冊

610000－1019－0000093 0189(4)
遠西奇器圖說錄最三卷 (明)王徵譯繪 (德國)鄧玉函口授 清道光十年(1830)來鹿堂刻本 三冊

610000－1019－0000094 0189(5)
新製諸器圖說一卷 (明)王徵著 清道光十年(1830)來鹿堂刻本 一冊

610000－1019－0000095 0190(1)
大清律例總類六卷 清刻本 四冊 存五卷(一至五)

610000－1019－0000096 0190(2)
大清律三十卷 清刻本 四冊 存十卷(一至三、九至十二、十五至十七)

610000－1019－0000097 0192
儒興堂唐詩合解十二卷 (清)王堯衢注 清刻本 五冊

610000－1019－0000098 0194
古文析義十六卷 (清)林雲銘評註 清乾隆四十年(1775)刻本 十冊 存十卷(一至三、六、十至十一、十三至十六)

610000－1019－0000099 0195
古文喈鳳新編八卷 (清)汪基輯 (清)鮑澄校 (清)江蕖校 清刻本 五冊 存五卷(二至四、七至八)

610000－1019－0000100 0196
萬國新史簡要三卷 (清)薛福成輯 清光緒二十三年(1897)鉛印本 三冊

610000－1019－0000101 0197
胡敬齋先生文集三卷 (明)胡居仁撰 清同治八年(1869)刻本 二冊

610000－1019－0000102 0199
胡敬齋先生居業錄四卷 (明)胡居仁撰 清同治八年(1869)刻本 四冊

610000－1019－0000103 0200

胡敬齋先生文集三卷　(明)胡居仁撰　清同治八年(1869)刻本　二冊

610000－1019－0000104　0203
楊忠愍公全集四卷　(明)楊繼盛撰　(清)毛大可鑒定　(清)朱永輝參訂　(清)章鈺參訂　清三樂齋刻本　二冊

610000－1019－0000105　0204
楊忠愍公全集四卷　(明)楊繼盛撰　(清)毛大可鑒定　(清)柏森校刊　清光緒二十一年(1895)柏經正堂刻本　四冊

610000－1019－0000106　0205
檉華館試帖彙鈔輯注十卷　(清)路德編　清道光十四年(1834)刻本　五冊

610000－1019－0000107　0206
檉華館試帖彙鈔輯注十卷　(清)路德編　清道光十四年(1834)刻本　八冊　存八卷(一至二、四至六、八至十)

610000－1019－0000108　0207
萬國近政考略十六卷　(清)鄒弢編輯　清光緒二十七年(1901)石印本　四冊

610000－1019－0000109　0210
孝經本義不分卷　(清)劉光蕡著　(清)柏惠民校刊　清光緒三十一年(1905)柏經正堂刻本　一冊

610000－1019－0000110　0211
萬國通鑑四卷首一卷　(美國)謝衛樓著　清光緒二十八年(1902)上海書局石印本　六冊

610000－1019－0000111　0212
萬國史略四卷　(清)呂海環纂　清光緒二十八年(1902)上海文林書局石印本　二冊

610000－1019－0000112　0216
謹擬甘肅省城模範監獄暫行章程不分卷　清刻本　一冊

610000－1019－0000113　0217
萬國輿圖不分卷　(清)陳兆桐原本　(清)彊藝齋主重繪　清光緒十二年(1886)刻本　一冊

610000－1019－0000114　0218
後漢書一百二十卷　(南朝宋)范曄撰　清刻本　一冊　存四卷(七十二至七十五)

610000－1019－0000115　0220
楚辭集註八卷末一卷辨證二卷末一卷後語六卷後一卷　(清)朱熹集註　清光緒十八年(1892)刻本　四冊

610000－1019－0000116　0221
梅氏叢書輯要六十二卷　(清)梅文鼎著　清光緒十四年(1888)上海龍文書局石印本　六冊

610000－1019－0000117　0222
松陽講義十二卷　(清)陸隴其著　清光緒十四年(1888)涇陽柏經堂刻本　五冊

610000－1019－0000118　0224(1)
松陽講義十二卷　(清)陸隴其著　清光緒十四年(1888)涇陽柏經堂刻本　四冊

610000－1019－0000119　0224(2)
松陽講義十二卷　(清)陸隴其著　清光緒十四年(1888)涇陽柏經堂刻本　四冊

610000－1019－0000120　0225(1)
松陽鈔存二卷　(清)陸隴其著　(清)楊開基編次　清刻本　一冊

610000－1019－0000121　0225(2)
東萊先生音註唐鑑二十四卷　(宋)范祖禹譔　(宋)呂祖謙註　清光緒十六年(1890)柏經正堂刻本　四冊

610000－1019－0000122　0226
讀書錄十一卷續錄十二卷　(明)薛瑄　(清)柏森校刊　清光緒二十年(1894)柏經正堂刻本　六冊

610000－1019－0000123　0227
薛仁齋先生遺集八卷附錄一卷　(清)薛于瑛撰　清光緒十四年(1888)刻本　八冊

610000－1019－0000124　0228
蒲編堂訓蒙草不分卷　(清)路德撰　清道光二十一年(1841)刻本　一冊

610000－1019－0000125　0300

夢松軒訂正綱鑑玉衡□□卷　(明)劉孔敬彙訂　明末刻本　十册　存六十卷(十三至七十二)

610000－1019－0000126　0302

地理全志四卷　(英國)慕維廉著　清光緒二十八年(1902)上海書局石印西學新政叢書本　一册

610000－1019－0000127　0303

地文學問答十一章　(清)邵羲譯述　清光緒二十九年(1903)商務印書館鉛印本　一册

610000－1019－0000128　0304

中國大勢論　(□)□□撰　清抄本　一册

610000－1019－0000129　0306

中國地理學教科書三卷　(清)屠寄纂　清光緒三十二年(1906)鉛印本　一册　存二卷(一至二)

610000－1019－0000130　0307

昌黎先生文集四十卷外集十卷遺文一卷　(唐)韓愈撰　(宋)朱熹考異　(宋)王伯大音釋　清光緒十八年(1892)刻本　十二册

610000－1019－0000131　0309

植物學教案□□章　(清)□□撰　清光緒石印本　一册　存二章(一至二)

610000－1019－0000132　0312

古文辭類纂七十五卷　(清)姚鼐編　清光緒二十五年(1899)秦中官書局鉛印本　八册

610000－1019－0000133　0313

大學衍義四十三卷　(宋)真德秀撰　清光緒十三年(1887)柏經正堂刻本　十册

610000－1019－0000134　0314

大學衍義四十三卷　(宋)真德秀撰　清光緒十三年(1887)柏經正堂刻本　十册

610000－1019－0000135　0316

大學古本質言不分卷　(清)劉沅著　清同治十三年(1874)刻本　一册

610000－1019－0000136　0317(1)

樊山批判十四卷　樊增祥撰　清光緒二十三年(1897)刻本　六册

610000－1019－0000137　0317(2)

樊山公牘三卷　樊增祥著　清光緒二十年(1894)刻本　三册

610000－1019－0000138　0318

[嘉慶]葭州志二卷　(清)高珣修　(清)龔玉麟纂　清嘉慶十五年(1810)刻本　二册

610000－1019－0000139　0319

戡定新疆記八卷　(清)魏光燾撰　清光緒二十五年(1899)鉛印本　二册

610000－1019－0000140　0320

地球韻言四卷　(清)張士瀛撰　清光緒二十四年(1898)鄂垣務急書館刻本　二册

610000－1019－0000141　0321

大學衍義四十三卷　(宋)真德秀撰　清光緒十三年(1887)柏經正堂刻本　十二册

610000－1019－0000142　0322

地球韻言四卷　(清)張士瀛編　清光緒二十九年(1903)柏經正堂刻本　二册

610000－1019－0000143　0340

平三角舉要五卷　(清)梅文鼎著　清光緒十四年(1888)陝西求友齋刻本　二册

610000－1019－0000144　0348

四書章句本義匯參不分卷首一卷　(清)王步青輯　(清)王士鼇編　清光緒三十一年(1905)上海宏文閣鉛印本　十二册

610000－1019－0000145　0349

甲乙丙動物不分卷　(□)□□撰　清末石印本　二册

610000－1019－0000146　0350

續藏書二十七卷　(明)李贄撰　清刻本　十二册　存十四卷(九至十二、十八至二十七)

610000－1019－0000147　351

化學教案不分卷　王長春編　清光緒三十四年(1908)石印本　二册

610000－1019－0000148　0352
甲乙丙物理不分卷　(□)□□撰　清末石印本　一册

610000－1019－0000149　0354－0355
朱子遺書十五種　(宋)朱熹撰　清光緒十二年(1886)傳經堂刻本　十九册

610000－1019－0000150　0356
朱子遺書十五種　(宋)朱熹撰　清光緒十二年(1886)傳經堂刻本　二十四册

610000－1019－0000151　0357
朱子大全文集一百卷目錄二卷續集五卷別集七卷正僞一卷　(宋)朱熹撰　(清)賀瑞麟輯　清光緒二年(1876)傳經堂刻本　四十八册

610000－1019－0000152　0358
朱子語類一百四十卷附正譌一卷　(宋)朱熹著　清光緒二年(1876)刻本　四十七册　存一百三十七卷(一至一百三、一百八至一百四十,朱子語類正譌一卷)

610000－1019－0000153　0359
續資治通鑑二百二十卷　(清)畢沅編　清光緒二十八年(1902)上海積山書局石印本　二十二册

610000－1019－0000154　0361(1)
讀史方輿紀要十卷　(清)顧祖禹著　清光緒二十八年(1902)湖南書局刻本　六册

610000－1019－0000155　0361(2)
河南程氏經説八卷　(宋)程顥　(宋)程頤著　清光緒十八年(1892)劉傳經堂刻河南二程全書本　二册

610000－1019－0000156　0362(1)
尺木堂綱鑑易知錄二十卷　(清)吳乘權輯　清光緒二十五年(1899)上海鴻寶齋石印本　七册　存十七卷(一至十七)

610000－1019－0000157　0362(2)
伊川文集八卷附錄二卷　(宋)程頤撰　清光緒十八年(1892)劉傳經堂刻本　三册

610000－1019－0000158　0363(1)
律賦會新四卷　(□)□□著　清嘉慶二十五年(1820)三益堂刻本　三册　存三卷(一至二、四)

610000－1019－0000159　0363(2)
二程粹言二卷　(宋)程顥　(宋)程頤著　清光緒十八年(1892)劉傳經堂刻本　二册

610000－1019－0000160　0364(1)
袁王綱鑑合編三十九卷附明紀綱目二十卷　(明)袁黄輯　(明)王世貞編　清光緒三十年(1904)上海商務印書館鉛印本　九册　存三十二卷(綱鑑合編一至二十三、明紀綱目一至九)

610000－1019－0000161　0364(2)
河南程氏外書十二卷　(宋)程顥　(宋)程頤著　清光緒十八年(1892)劉傳經堂刻河南二程全書本　二册

610000－1019－0000162　0365(1)
朱子家禮八卷首一卷附四禮初稿一卷約言一卷　(宋)朱熹撰　清刻本　八册

610000－1019－0000163　0365(2)
河南程氏遺書二十五卷　(宋)程顥　(宋)程頤著　清光緒十八年(1892)劉傳經堂刻河南二程全書本　六册

610000－1019－0000164　0366(1)
續弘簡錄元史類編四十二卷　(清)邵遠平輯　清康熙四十五年(1706)刻本　八册　存二十二卷(一至二十二)

610000－1019－0000165　0366(2)
程明道先生行狀不分卷　(宋)程頤撰　清光緒十二年(1886)劉傳經堂刻本　一册

610000－1019－0000166　0367
積古齋鐘鼎彝器款識九卷　(清)阮氏編錄　清刻本　一册　存二卷(一至二)

610000－1019－0000167　0368(1)
元亨療牛集二卷　(明)喻本元　(明)喻本亨集　(明)袁希濂校　清永順堂刻本　一册

610000－1019－0000168　0368(2)

新刻繡像療牛馬經□□卷　(明)喻本元　(明)喻本亨撰　清刻本　一册　存一卷(五)

610000－1019－0000169　0369
御撰資治通鑑綱目三編六卷　(清)張廷玉等纂修　清光緒二十五年(1899)上海萃文齋石印本　二册

610000－1019－0000170　0373
朱子原訂近思録十四卷　(宋)朱熹撰　(清)江永集注　(清)王鼎校次　清光緒十五年(1889)刻本　四册

610000－1019－0000171　0374
讀史方輿紀要一百三十卷　(清)顧祖禹著　清刻本　六册　存五卷(六至十)

610000－1019－0000172　0376
白虎通二卷　(漢)班固纂　(清)汪士漢校　清刻本　一册　存一卷(下)

610000－1019－0000173　0377
紀效新書十八卷首一卷　(明)戚繼光撰　清京都琉璃廠刻本　二册　存二卷(一、十八)

610000－1019－0000174　0378
佩文詩韻釋要五卷　(清)林重輯　清光緒十二年(1886)刻本　一册

610000－1019－0000175　0379
名法指掌新例增訂四卷　(清)沈辛田輯　清刻本　一册　存一卷(一)

610000－1019－0000176　0382
白芙堂算書廿一種　(清)吳嘉善述　(清)丁取忠補　清末關中味經官書局刻本　四册

610000－1019－0000177　0383
[乾隆]白水縣志四卷首一卷　(清)梁善長纂修　清刻本　三册　存四卷(一至三、首一)

610000－1019－0000178　0384
魏書一百十四卷　(北齊)魏收撰　清同治十一年(1872)金陵書局刻本　四册　存四十四卷(一至四十四)

610000－1019－0000179　0386
綱鑑總論二卷　(□)□□編輯　清光緒二十八年(1902)刻本　二册

610000－1019－0000180　0387
御選語録十九卷　(清)世宗胤禛選　清刻本　八册　存十二卷(一至六、十二至十五、十七至十八)

610000－1019－0000181　0388
字學舉隅不分卷　(清)龍啟瑞撰　清同治十三年(1874)義興堂刻本　一册

610000－1019－0000182　0389
微積溯源八卷　(英國)華里司輯　(英國)傅蘭雅口譯　(清)華蘅芳筆述　清刻本　六册

610000－1019－0000183　0390
復齋録六卷　(清)王建常撰　(清)賀瑞麟校　(清)劉質慧栞　清光緒元年(1875)刻本　四册

610000－1019－0000184　0391
宋史四百九十六卷　(元)托克托纂修　清刻本　五册　存六十一卷(八十至一百四十)

610000－1019－0000185　0392(1)
中外經世緒言續編八卷　(清)海上閒鷗輯　清光緒二十四年(1898)石印本　八册

610000－1019－0000186　0392(2)
中外經世緒言三編二十卷　(清)廬山老人輯　清光緒二十四年(1898)上海文盛書局石印本　八册

610000－1019－0000187　0393
欽定儀禮義疏四十八卷首二卷　(清)允祿等撰　清刻本　二册　存二卷(首二卷)

610000－1019－0000188　0394
儀禮經傳通解續二十九卷　(宋)黄幹撰　清傳經堂刻本　十六册

610000－1019－0000189　0395
欽定儀禮義疏四十八卷首二卷　(清)允祿等撰　清刻本　二十册　存二十九卷(一至二、十七至四十二、四十八)

610000－1019－0000190　0396
儀禮經傳通解三十七卷首一卷　(宋)朱熹撰

清光緒十七年(1891)三原東里劉氏刻本　八册

610000－1019－0000191　0397
儀禮約編二卷　(清)汪基撰鈔　(清)江永較纂　清光緒三十二年(1906)陝西學務公所鉛印本　二册

610000－1019－0000192　0399
福永堂彙鈔二卷　(清)賀瑞麟輯　(清)柏森校刊　清光緒二十六年(1900)柏經正堂刻本　二册

610000－1019－0000193　0400
欽定禮記義疏八十二卷首一卷　(清)鄂爾泰等撰　清乾隆十九年(1754)刻本　二十九册　存四十八卷(十三至十五、二十二至二十六、四十三至八十二)

610000－1019－0000194　0402
法蘭西史五卷　商務印書館編譯　清光緒二十九年(1903)商務印書館鉛印本　一册

610000－1019－0000195　0403
五朝名臣言行錄前集十卷後集十四卷續集八卷別集二十六卷外集十七卷　(宋)朱熹集　(宋)李衡校正　清刻本　十一册

610000－1019－0000196　0404
池陽吟草二卷池陽續草一卷　(清)余庚陽撰　清傳經堂刻本　三册

610000－1019－0000197　0405
沈文忠公集十卷　(清)沈兆霖撰　清同治八年(1869)刻本　四册

610000－1019－0000198　0406
周禮講義不分卷　(清)丁保樹編輯　清刻本　一册

610000－1019－0000199　0407
補註洗冤錄集證四卷　(宋)宋慈撰　清刻三色套印本　四册

610000－1019－0000200　0408
[光緒]定遠廳志二十六卷首一卷　(清)余修鳳纂修　清刻本　一册　存六卷(十二至十七)

610000－1019－0000201　0409
宋宗忠簡公文集四卷首一卷補遺一卷遺事二卷　(宋)宗澤撰　清同治十二年(1873)刻本　四册

610000－1019－0000202　0410
五朝名臣言行錄前集十卷後集十四卷續集八卷別集二十六卷外集十七卷　(宋)朱熹集　(宋)李衡校正　清光緒十三年(1887)刻本　十二册

610000－1019－0000203　0411
[光緒]江陰縣志三十卷首一卷　(清)盧思誠等修　(清)李念詒等纂　清刻本　九册　存十五卷(一至十、十二至十四、十七至十八)

610000－1019－0000204　0412(1)
禮記約編五卷　(清)汪基鈔撰　(清)江永校纂　(清)叔熙閱訂　清光緒三十二年(1906)陝西學務公所鉛印本　五册

610000－1019－0000205　0412(2)
禮記約編五卷　(清)汪基鈔撰　清光緒三十二年(1906)陝西學務公所鉛印本　三册　存三卷(三至五)

610000－1019－0000206　0414
遼史一百十五卷　(元)托克托等纂修　清刻本　五册　存二十卷(二十八至四十七)

610000－1019－0000207　0415
寄嶽雲齋試體詩選評註四卷　(清)張學蘇箋　(清)聶銑敏藁　清刻本　一册　存二卷(一至二)

610000－1019－0000208　0417
欽定禮記義疏八十二卷首一卷　(清)鄂爾泰等撰　清乾隆十九年(1754)刻本　九册　存十七卷(一至十六、首一卷)

610000－1019－0000209　0418
漱芳軒合纂禮記體註四卷　(清)范翔参訂　清刻本　一册　存一卷(四)

610000－1019－0000210　0419(1)

力餘說書答友草四編　（清）王禹堂草　清道光二十八年(1848)刻本　一册　存一編(初編)

610000－1019－0000211　0419(2)
力餘說古答客草四編　（清）王禹堂草　清道光二十八年(1848)刻本　一册　存一編(初編)

610000－1019－0000212　0420
二南遺音四卷續集一卷　（清）劉紹攽編輯　清同治十二年(1873)刻本　五册

610000－1019－0000213　0421
小學書六卷　（宋）朱熹撰　清光緒十年(1884)刻本　二册

610000－1019－0000214　0422
治家格言繹義二卷首一卷　（清）戴翊清注　清石印本　一册

610000－1019－0000215　0423
治平大略四卷　（清）張秉直著　（清）賀瑞麟校　清光緒元年(1875)刻本　二册

610000－1019－0000216　0424
真文忠公心經一卷政經一卷　（宋）真德秀撰　（清）劉質慧重刊　清光緒元年(1875)劉述荊堂刻本　二册

610000－1019－0000217　0426
禮器圖說一卷　（清）汪基編　清光緒三十三年(1907)陝西學務公所鉛印本　一册

610000－1019－0000218　0427
禮記易讀四卷　（清）□□撰　清刻本　一册　存一卷(三)

610000－1019－0000219　0428
清麓文集二十三卷清麓日記五卷　（清）賀瑞麟著　（清）劉嗣曾校刊　清光緒二十五年(1899)劉傳經堂刻本　二十三册

610000－1019－0000220　0429
禮記易讀二卷　（清）□□輯　清光緒二十一年(1895)刻本　五册

610000－1019－0000221　0430
重刻活幼心法大全二卷　（明）聶尚恒著　（清）黃光會校　清咸豐元年(1851)刻本　一册　存一卷(上)

610000－1019－0000222　0431
許文正公遺書十二卷首一卷末一卷　（元）許衡撰　清光緒十三年(1887)傳經堂刻本　四册

610000－1019－0000223　0433
程氏家塾讀書分年日程三卷　（清）程端禮述　（清）柏森校刊　清光緒二十三年(1897)柏經正堂刻本　一册

610000－1019－0000224　0434
試帖詩十卷　（清）鄧雲航編　清光緒二十年(1894)褒海山房石印本　十一册

610000－1019－0000225　0435
新增詩經補註附考備旨八卷　（清）鄒聖脉纂輯　清光緒十年(1884)澹雅局刻本　一册　存二卷(一至二)

610000－1019－0000226　0436
詩經八卷　（宋）朱熹集傳　清刻本　四册

610000－1019－0000227　0437
詩經八卷　（宋）朱熹集傳　清同治十年(1871)刻本　四册

610000－1019－0000228　0438
談天十八卷　（英國）侯失勒撰　（英國）偉烈亞力口譯　（清）李善蘭刪述　（清）徐建寅續述　清光緒二十二年(1896)上海著易堂石印本　四册

610000－1019－0000229　0439
詩集傳八卷首一卷　（宋）朱熹集傳　清光緒十三年(1887)刻本　五册

610000－1019－0000230　0441
御纂詩義折中二十卷　（清）傅恒等修　清光緒十二年(1886)刻本　十册

610000－1019－0000231　0442
欽定詩經傳說彙纂二十一卷首二卷詩序二卷　（清）王鴻緒等撰　清刻本　十六册　存二

十卷(二至二十一)

610000－1019－0000232　0443

禮記十卷　(元)陳澔集說　清光緒二十六年(1900)劉傳經堂刻本　十件

610000－1019－0000233　0444

課蒙引伸二卷　(清)唐李杜撰　清刻本　一冊　存一卷(下)

610000－1019－0000234　0445

通鑑論三卷稽古録論一卷　(宋)司馬光撰　清光緒二十九年(1903)陕西官運書局鉛印本　四冊

610000－1019－0000235　0446(1)

欽定詩經傳說彙纂二十一卷首二卷詩序二卷　(清)王鴻緒等撰　清雍正五年(1727)刻本　四冊　存五卷(欽定詩經傳說彙纂一、首二卷,詩序上至下)

610000－1019－0000236　0446(2)

明道文集五卷　(宋)程顥　(宋)程頤著　清光緒十八年(1892)劉傳經堂刻河南二程全書本　一冊

610000－1019－0000237　0447

伊川易傳四卷　(宋)程頤著　清傳經堂刻本　四冊

610000－1019－0000238　0447&0473

續資治通鑑綱目二十七卷　(明)陳仁錫評閱　清刻本　十一冊　存十二卷(一至四、九至十一、十七至二十一)

610000－1019－0000239　0448

資治通鑑綱目五十九卷　(宋)朱熹撰　(明)陳仁錫評閱　清刻本　十九冊　存十八卷(一、三、五、八、十、二十四至二十五、二十七至二十九、三十六至三十七、三十九至四十、四十五至四十六、四十九至五十)

610000－1019－0000240　0449

通典二百卷　(唐)杜佑纂修　清咸豐九年(1859)崇仁謝氏刻本　四十九冊　存一百卷(一至一百)

610000－1019－0000241　0450

資治通鑑綱目前編二十五卷　(明)陳仁錫評閱　清醉經文刻本　一冊　存二卷(一至二)

610000－1019－0000242　0451

資治通鑑綱目五十九卷　(宋)朱熹編　清光緒二年(1876)刻本　三十冊

610000－1019－0000243　0453

通商約章類纂三十五卷首一卷　(清)徐宗亮輯　清光緒十二年(1886)刻本　七冊　存十一卷(一至三、六至八、十四至十七、二十九)

610000－1019－0000244　0454

詩經八卷　(宋)朱熹集傳　清咸豐六年(1856)稻香齋刻本　一冊　存四卷(一至四)

610000－1019－0000245　0457&0472

資治通鑑綱目五十九卷　(宋)朱熹編　清光緒二年(1876)刻本　二十五冊　存四十九卷(一至二十九、三十四至三十七、四十四至五十九)

610000－1019－0000246　0458

冶金録三卷　(美國)阿發滿撰　(英國)傅蘭雅口譯　(清)趙元益筆述　清刻本　二冊

610000－1019－0000247　0461

詩韻集成十卷　(清)余照輯　清同治十二年(1873)刻本　二冊

610000－1019－0000248　0462

御纂詩義折中二十卷　(清)傅恒纂修　清刻本　十冊

610000－1019－0000249　0465

鼎鋟鍾伯敬訂正資治綱鑑正史大全七十四卷　(宋)司馬光通鑑　(宋)朱熹綱目　(明)王世貞補遺　(明)鍾惺訂正　(明)余應虬彙閱　明刻本　一冊　存五卷(七至十一)

610000－1019－0000250　0466

洋務備考十六卷　(清)沈維埫撰　清光緒二十二年(1896)山海書局石印本　六冊

610000－1019－0000251　0467

文選六十卷　(南朝梁)蕭統輯　(唐)李善注

清刻本　十五册　存五十七卷（一至五十七）

610000－1019－0000252　0468

御撰資治通鑑綱目三編二十卷　（清）張廷玉等修　清刻本　四册

610000－1019－0000253　0470

洋務時事彙編八卷　（清）葛子源輯　清光緒二十四年（1898）上海書局石印本　十二册

610000－1019－0000254　0471（1）

海國圖志一百卷　（清）魏源撰　清光緒二十八年（1902）文賢閣石印本　十四册

610000－1019－0000255　0471（2）

海國圖志續集二十五卷首一卷　（英國）麥高爾輯著　（美國）林樂知　（清）瞿昂來譯　清光緒二十一年（1895）上海書局石印本　二册

610000－1019－0000256　0472

資治通鑑綱目五十九卷　（宋）朱熹撰　清刻本　二册　存四卷（三十至三十三）

610000－1019－0000257　0474

滿洲名臣傳一百二十本　（清）國史館編　清抄本　一百十册　缺十一本（三十至四十）

610000－1019－0000258　0475

春秋穀梁傳十二卷　（晉）范甯集解　清同治七年（1868）金陵書局刻本　二册

610000－1019－0000259　0476

初等農業學堂教科書十二章　（清）王世鏜編纂　清宣統二年（1910）陝西圖書館鉛印本　七册

610000－1019－0000260　0477

東華續錄一百卷（同治朝）　王先謙編　張式恭校　清光緒二十四年（1898）文瀾書局石印本　二十四册

610000－1019－0000261　0478

東萊博議四卷　（宋）吕祖謙撰　清光緒八年（1882）崇明馮泰松刻本　四册

610000－1019－0000262　0481

農桑輯要七卷　（元）司農司撰　清刻本　一册　存三卷（一至三）

610000－1019－0000263　0482

春秋公羊經傳解詁十二卷　（漢）何休注述　清刻本　二册

610000－1019－0000264　0483

春秋十六卷首一卷　（□）□□編　清同治十年（1871）刻本　十二册

610000－1019－0000265　0484

東坡詩選十二卷　（明）袁宏道閲　（明）譚元春選　明天啟元年（1621）文盛堂刻本　六册

610000－1019－0000266　0485

東坡先生文集七十五卷　（宋）蘇軾著　清刻本　八册　存十七卷（二十二至二十三、三十至三十三、四十二至四十三、四十七至五十、五十五至五十九）

610000－1019－0000267　0486

東坡集八十四卷　（宋）蘇軾著　清刻本　六册　存十二卷（二十二至三十四）

610000－1019－0000268　0487

折獄龜鑑八卷首一卷　（宋）鄭克撰　清光緒元年（1875）陝西湖廣會館刻本　二册

610000－1019－0000269　0489

拾遺記十卷　（晉）王嘉撰　（南朝梁）蕭綺錄　清刻本　一册

610000－1019－0000270　0490

春秋左傳句解六卷　（清）韓菼重訂　清鉛印本　一册　存一卷（五）

610000－1019－0000271　0491

春秋左傳句解六卷　（清）韓菼重訂　清鉛印本　一册　存一卷（一）

610000－1019－0000272　0492

中外經世緒言十六卷　余貽範撰　清光緒二十一年（1895）上海文盛堂石印本　七册　存十四卷（一至十四）

610000－1019－0000273　0493

中東戰紀本末八卷首一卷末一卷續編四卷文學興國策二卷　（美國）林樂知著譯　蔡爾康

纂輯　清光緒二十三年(1897)圖書集成局鉛印本　十二册

610000－1019－0000274　0494
［光緒］無錫金匱縣志四十卷首一卷殉難紳民表二卷列女姓氏録四卷　(清)裴大中等修　(清)秦緗業等纂　清光緒七年(1881)刻本　二册　存五卷(二十四至二十六、列女姓氏録一至二)

610000－1019－0000275　0495
［嘉慶］扶風縣志十八卷首一卷　(清)宋世犖修　(清)吳鵬翱　(清)王樹棠纂　清嘉慶二十四年(1819)扶風縣官署刻本　四册

610000－1019－0000276　0496
伊川擊壤集二十卷　(宋)邵雍著　清光緒三年(1877)三原劉述荊堂刻本　六册

610000－1019－0000277　0500
春秋四卷附録一卷　(宋)胡安國傳　清光緒十三年(1887)傳經堂刻本　二册

610000－1019－0000278　0501
整飭仕途疏三卷　(清)周恒其等撰　清石印本　一册　存二卷(二至三)

610000－1019－0000279　0503
春秋通論六卷　(清)劉紹攽著　清同治十二年(1873)刻本　二册

610000－1019－0000280　0504
史記一百三十卷　(漢)司馬遷撰　清刻本　二册　存五卷(一至三、六至七)

610000－1019－0000281　0505
史通削繁四卷　(清)紀昀撰　清光緒元年(1875)刻本　二册　存二卷(一、四)

610000－1019－0000282　0506
史鑑節要便讀六卷　(清)鮑東里撰　清光緒二十九年(1903)陝西官運書局鉛印本　二册

610000－1019－0000283　0507
史記一百三十卷　(漢)司馬遷撰　清刻本　二十二册　存八十二卷(一至二十七、四十八至八十一、一百十至一百三十)

610000－1019－0000284　0508
春秋筆削微旨二十六卷　(清)劉紹攽著　清同治十二年(1873)刻本　六册

610000－1019－0000285　0509
書經六卷書序傳一卷　(宋)蔡沈集傳　清光緒十三年(1887)刻本　四册

610000－1019－0000286　0510
書經六卷　(宋)蔡沈集傳　清刻本　四册

610000－1019－0000287　0511
書經體註大全合叅六卷　(宋)蔡沈集傳　(清)范翔鑒定　(清)錢希祥纂輯　清致和堂刻本　四册

610000－1019－0000288　0512(1)
書經體註大全合叅六卷　(宋)蔡沈集傳　(清)范翔鑒定　(清)錢希祥纂輯　清光緒十年(1884)刻本　四册

610000－1019－0000289　0512(2)
書經體註大全合叅六卷　(宋)蔡沈集傳　清刻本　一册　存二卷(二至三)

610000－1019－0000290　0513
春秋說志五卷　(明)呂柟著　清刻本　二册

610000－1019－0000291　0514(1)
庚辰集五卷附唐人試律說一卷　(清)紀昀編　清刻本　六册

610000－1019－0000292　0514(2)
庚辰集五卷　(清)紀昀編　清太和堂刻本　一册　存一卷(二)

610000－1019－0000293　0516
咸同以來中俄交涉記三卷　(清)江標譯　清光緒二十一年(1895)味經刊書處刻本　一册

610000－1019－0000294　0518
本草從新十八卷　(清)吳儀洛撰　清刻本　一册　存一卷(三上下)

610000－1019－0000295　0519
泰西新史攬要二十四卷　(英國)馬懇西著　(英國)李提摩太譯　蔡爾康述稿　清光緒二十九年(1903)秦中書局石印本　八册

610000－1019－0000296　0520
泰西新史攬要二十四卷　(英國)馬懇西撰　清刻本　一冊　存十二卷(二至七、十至十三、十八至十九)

610000－1019－0000297　0522
欽定書經傳說彙纂二十一卷首二卷書序一卷　(清)王頊齡等纂　清雍正八年(1730)刻本　二十一冊

610000－1019－0000298　0523
陳臥子先生兵垣奏議二卷　(明)陳子龍撰　清宣統二年(1910)上海時中書局鉛印本　二冊

610000－1019－0000299　0524
陳臥子先生安雅堂稿十八卷　(明)陳子龍撰　清鉛印本　三冊　存八卷(六至十三)

610000－1019－0000300　0525
北溪字義二卷附嚴陵講義一卷　(宋)陳淳著　(清)李錫齡校刊　清刻本　二冊

610000－1019－0000301　0526
北溪字義二卷附嚴陵講義一卷　(宋)陳淳著　清光緒十三年(1887)傳經堂刻本　二冊

610000－1019－0000302　0527
陳北溪先生文集十四卷　(宋)陳淳著　(清)張伯行編　清光緒九年(1883)劉傳經堂刻本　四冊

610000－1019－0000303　0528
墨緣彙觀四卷　(清)安岐撰　清光緒二十六年(1900)鉛印本　六冊

610000－1019－0000304　0529
困學紀聞注二十卷首一卷　(清)翁元圻輯　清光緒十五年(1889)上海積山書局石印本　六冊

610000－1019－0000305　0530
四書章句集註十九卷　(宋)朱熹注　清光緒十二年(1886)傳經堂刻本　三冊　存十二卷(大學一、中庸一、論語一至十)

610000－1019－0000306　0531
國朝先正事略正編八卷續編四卷　(清)李元度纂　(清)朱孔彰撰　清光緒二十八年(1902)廣益書局石印本　十冊　存十卷(正編八卷、續編三至四)

610000－1019－0000307　0532
四書集疏二十二卷　(清)張秉直著　清光緒三十四年(1908)柏經正堂刻本　六冊　存六卷(大學一至三、中庸一至三)

610000－1019－0000308　0534
墨池編二十卷附印典八卷　(宋)朱長文纂　清雍正就閒堂刻本　十二冊

610000－1019－0000309　0535
困學紀聞集證二十卷首一卷末一卷　(宋)王應麟撰　(清)萬希槐輯　清嘉慶八年(1803)聚秀堂刻本　十二冊

610000－1019－0000310　0536
四書集疏附正二十二卷　(清)張秉直著　清同治十二年(1873)刻本　十冊

610000－1019－0000311　0537
國學講義二卷　(清)王蘭生著　(清)劉紹攽校訂　清同治十二年(1873)刻本　二冊

610000－1019－0000312　0538
四大奇書第一種五十一卷　(明)毛宗崗評　(清)鄒梧岡条訂　清刻本　二冊　存五卷(三十至三十二、四十七至四十八)

610000－1019－0000313　0541
四書味根錄三十七卷　(清)金澂撰　清刻本　一冊　存三卷(論語十一至十三)

610000－1019－0000314　0542
周子全書四卷　(宋)周敦頤撰　清光緒十三年(1887)刻本　一冊

610000－1019－0000315　0543
周易本義十二卷　(宋)朱熹本義　清光緒元年(1875)刻本　二冊

610000－1019－0000316　0544
御纂周易折中二十二卷首一卷　(清)李光地撰　清刻本　十二冊

610000－1019－0000317　0546
四書凝道錄十九卷　(清)劉紹攽撰　(清)劉蔭元錄　清光緒二十年(1894)涇陽劉文在堂刻本　十二册　存十三卷(大學一、中庸一、論語一至十、孟子一)

610000－1019－0000318　0549
呻吟語六卷　(明)吕坤著　清刻本　一册　存一卷(二)

610000－1019－0000319　0550&0562
新刻來瞿唐先生易註十五卷首一卷末一卷　(清)高雪君鑒定　(清)凌厚子原點　清同治十年(1871)刻本　十册

610000－1019－0000320　0551
寄傲山房塾課纂輯御案易經備旨七卷　(清)鄒聖脈纂輯　清刻本　二册　存五卷(三至七)

610000－1019－0000321　0552
易學啟蒙四卷　(宋)朱熹著　清光緒元年(1875)刻本　一册

610000－1019－0000322　0554
四書考輯要二十卷　(清)陳宏謀輯　清乾隆三十六年(1771)刻本　十册

610000－1019－0000323　0555
四書反身錄十四卷　(清)李顒口授　(清)王心敬錄　清光緒八年(1882)刻本　四册

610000－1019－0000324　0556
四書講義大全二十六卷　(清)史可亭輯　清刻本　六册

610000－1019－0000325　0557(1)
四書述要十九卷　(清)楊玉緒著　清刻本　一册　存五卷(論語一至五)

610000－1019－0000326　0557(2)
四書述要十九卷　(清)楊玉緒著　清刻本　七册

610000－1019－0000327　0558
獸醫學大意不分卷　(□)□□撰　清末石印本　一册

610000－1019－0000328　0559
明夷待訪錄一卷　(清)黄宗羲撰　清光緒二十六年(1900)復邠學舍刻本　一册

610000－1019－0000329　0560
御纂醫宗金鑑九十卷首一卷　(清)吳謙等纂　清刻本　五册　存十二卷(三十六至四十四、四十八至五十)

610000－1019－0000330　0561
文選六十卷　(南朝梁)蕭統輯　(唐)李善注　清乾隆四十九年(1784)刻本　十二册

610000－1019－0000331　0563
禮記傳十六卷　(宋)吕大臨著　清刻本　四册

610000－1019－0000332　0565
周易詳說十八卷　(清)劉紹攽著　清劉傳經堂刻本　八册

610000－1019－0000333　0566
御纂周易述義十卷　(清)傅恒等纂　清同治十二年(1873)刻本　八册

610000－1019－0000334　0567
[光緒]鳳縣志十卷　(清)朱子春修　(清)段澍霖纂　清光緒十八年(1892)刻本　四册

610000－1019－0000335　0568
醫門法律六卷　(清)喻昌著　清刻本　二册　存二卷(五至六)

610000－1019－0000336　0569
國朝六家詩鈔八卷　(清)劉執玉撰　清乾隆三十二年(1767)汗青簃刻本　六册

610000－1019－0000337　0570
汲冢周書十卷　(晉)孔晁注　清刻本　一册　存八卷(三至十)

610000－1019－0000338　0571
周禮政要四卷　(清)孫詒讓著　清光緒三十年(1904)西安官書局鉛印本　二册

610000－1019－0000339　0572
周禮易讀六卷　(清)司徒修訂　清道光十五年(1835)三益堂刻本　一册

610000－1019－0000340　0573

周官精義十二卷　(清)連斗山編　清嘉慶二年(1797)致和堂刻本　三册

610000－1019－0000341　0574

周禮約編六卷　(清)汪基撰　(清)江永慎校纂　(清)陳世謙參訂　清光緒三十二年(1906)陝西學務公所鉛印本　五册

610000－1019－0000342　0575

御纂醫宗金鑑九十卷首一卷　(清)吳謙等纂　清刻本　一册　存一卷(六十四)

610000－1019－0000343　0576

周易本義正解二十二卷首一卷　(清)丁鼎時纂輯　清康熙三十一年(1692)賜書堂刻本　二十册

610000－1019－0000344　0577

臨陣傷科捷要四卷附圖一卷　(英國)帕脱編　(清)舒高第　(清)鄭昌棪譯　清上海江南製造局鉛印本　四册

610000－1019－0000345　0580

御批歷代通鑑輯覽一百二十卷　(清)傅恒等撰　清光緒三十一年(1905)上海商務印書館鉛印本　三十九册　存一百十七卷(一至七十八、八十二至一百二十)

610000－1019－0000346　0581

御批歷代通鑑輯覽一百二十卷　(清)傅恒等撰　清鉛印本　三册　存十二卷(十九至二十二、三十一至三十四、六十五至六十八)

610000－1019－0000347　0583

岳石帆先生鑒定四六宙函三十卷　(明)李自榮輯　(明)王世茂釋　(明)曹可明選　(明)蔣時機較　明天啟六年(1626)刻本　十五册

610000－1019－0000348　0584

四聲切韻表不分卷　(清)江永撰　清宣統二年(1910)清麓精舍刻本　一册

610000－1019－0000349　0585

歷代史論十二卷續編一卷左傳論一卷明史論一卷　(明)張溥撰　清光緒鉛印本　六册

610000－1019－0000350　0586

重訂王鳳洲先生綱鑑會纂四十六卷續宋元二十三卷　(明)王世貞纂　(明)陳仁錫訂　(明)呂一經校　清光緒二十年(1894)宏道堂石印本　十八册

610000－1019－0000351　0588

歷代名將事略二卷　(清)北洋陸軍編譯局輯　清光緒三十二年(1906)鉛印本　一册

610000－1019－0000352　0590

興平縣鄉土志六卷　(清)張元際編　清光緒三十三年(1907)木活字印本　五册　存五卷(一至四、六)

610000－1019－0000353　0591

歷代職官表六卷　(清)黃本驥紀　清光緒二十四年(1898)柏經正堂刻本　三册

610000－1019－0000354　0595

[乾隆]鳳翔府志十二卷首一卷　(清)達靈阿修　(清)周方炯等纂　清刻本　六册　存七卷(二至五、十至十二)

610000－1019－0000355　0596(1)

曾文正公書札三十三卷　(清)曾國藩撰　清鉛印本　三册　存九卷(四至九、十三至十五)

610000－1019－0000356　0596(2)

賦學仙丹不分卷　(清)徐斗光彙選　清刻本　一册

610000－1019－0000357　0598

分韻青雲詩集四卷　(清)楊逢春輯　(清)蕭應槐輯　清刻朱墨印本　二册

610000－1019－0000358　0599

八銘塾鈔二集□□卷　(清)吳懋政編　清刻本　一册　存一卷(下孟)

610000－1019－0000359　0601

分類絨腋四卷　(清)涂謙著　清嘉慶二十五年(1820)同文堂刻本　一册　存一卷(一)

610000－1019－0000360　0604

鍼灸大成十卷 (明)楊繼洲著 清刻本 一冊 存二卷(三至四)

610000－1019－0000361 0605
[光緒]無錫金匱縣志四十卷首一卷殉難紳民表二卷列女姓氏録四卷 (清)裴大中等修 (清)秦緗業等纂 清光緒七年(1881)刻本 十三冊 存三十一卷(八至十七、二十一至二十六、二十九至三十六、三十九至四十、殉難紳民表一卷、列女姓氏録四卷)

610000－1019－0000362 0606
歐洲列國戰事本末二十二卷 王樹枏撰 清光緒二十九年(1903)陝西官運書局石印陶廬叢刻本 六冊

610000－1019－0000363 0608
養蒙書十三種 (清)賀瑞麟編 清刻西京清麓叢書本 四冊 存九種

610000－1019－0000364 0609
養蒙書九種附二種 (清)賀瑞麟輯 清同治十二年(1873)刻本 二冊

610000－1019－0000365 0611
恥言一卷 (明)徐禎著 清光緒十六年(1890)柏經正堂刻本 一冊

610000－1019－0000366 0615
關帝聖跡全書十八卷 (清)張鎮東彙輯 清光緒四年(1878)鉛印本 六冊

610000－1019－0000367 0617
關學原編四卷首一卷 (明)馮從吾著 **關學續編三卷** (清)王心敬著 清光緒十七年(1891)澧西草堂刻本 二冊

610000－1019－0000368 0618(1)
慎盦詩鈔二卷 (清)左宗植著 清光緒元年(1875)刻本 一冊

610000－1019－0000369 0618(2)
慎盦詩鈔二卷 (清)左宗植著 清光緒元年(1875)刻本 一冊 存一卷(下)

610000－1019－0000370 0619
御纂性理精義十二卷 (清)李光地編 清光緒元年(1875)刻本 六冊

610000－1019－0000371 0620
人譜一卷 (明)劉宗周撰 清光緒三十二年(1906)陝西學務公所鉛印本 一冊

610000－1019－0000372 0621
開知錄十四卷 (清)張秉直著 清光緒元年(1875)刻本 一冊 存三卷(一至三)

610000－1019－0000373 0622
學韻紀要二卷 (清)劉紹攽著 (清)王信芳鑒定 (清)鄭方城 (清)張文葢校 清乾隆五年(1740)刻本 一冊

610000－1019－0000374 0624
小兒藥證真訣三卷 (宋)錢乙撰 (清)李錫齡校刊 清刻本 二冊

610000－1019－0000375 0625
唐陸宣公翰苑集二十四卷首一卷末一卷 (唐)陸贄著 (清)張佩芳注釋 清光緒十八年(1892)柏經正堂刻本 八冊

610000－1019－0000376 0626
[光緒]米脂縣志十二卷 (清)高照煦纂修 清光緒三十三年(1907)鉛印本 二冊 存六卷(七至十二)

610000－1019－0000377 0627
唐陸宣公翰苑集二十四卷首一卷末一卷 (唐)陸贄著 (清)張佩芳注釋 清光緒十八年(1892)柏經正堂刻本 十三冊

610000－1019－0000378 0628
常郡八邑藝文志十二卷 (清)盧文弨纂定 清刻本 四冊 存四卷(二至三、五、十二)

610000－1019－0000379 0629
陸氏三傳釋文音義十六卷 (唐)陸德明音義 清刻本 二冊

610000－1019－0000380 0631
數學啟蒙二卷 (英國)偉烈亞力撰 清刻本 一冊 存一卷(二)

610000－1019－0000381 0632
尚書說要五卷 (明)呂柟著 (清)李錫齡校

刊　清刻本　二冊

610000－1019－0000382　0633

尚絅堂詩集五十二卷詞集二卷駢體文二卷　(清)劉嗣綰撰　清刻本　四冊　存二十一卷(詩集二十四至三十、四十一至五十二,駢體文二卷)

610000－1019－0000383　0634

小石帆亭著錄□□卷　(清)翁方綱撰　清刻本　一冊　存六卷(八至十三)

610000－1019－0000384　0636(1)

增訂小學體注說約大全凌雲解六卷附忠經集註一卷附小學大全六卷　(清)沈士衡輯注　清康熙三十六年(1697)刻本　二冊

610000－1019－0000385　0636(2)

小學集註六卷　(宋)朱熹撰　(明)陳選集註　清刻本　一冊　存一卷(六)

610000－1019－0000386　0637

小學淺解六卷　(清)薛于瑛著　清刻本　三冊　存五卷(二至六)

610000－1019－0000387　0638(1)

小學句讀記六卷　(明)陳選點　(清)王建常記　清同治十二年(1873)刻本　五冊

610000－1019－0000388　0638(2)

小學句讀記六卷　(明)陳選點　(清)王建常記　清同治十二年(1873)刻本　一冊　存一卷(二)

610000－1019－0000389　0639

欽定大清會典一百卷首一卷　(清)崑岡等修　清宣統元年(1909)商務印書館石印本　十冊

610000－1019－0000390　0644

欽定大清會典事例一千二百二十卷首一卷　(清)德宗載湉敕修　清宣統元年(1909)商務印書館石印本　一百五十冊

610000－1019－0000391　1456

通鑑策論經世編二十七卷　(清)魏裔介纂　清光緒二十七年(1901)上海書局石印本　六冊

610000－1019－0000392　1472

聖祖仁皇帝庭訓格言一卷　(清)世宗胤禛著　清光緒十六年(1890)柏經正堂刻本　一冊

610000－1019－0000393　1522－1535

辨學七種　(清)賀瑞麟輯　清光緒十八年至二十年(1892－1894)刻西京清麓叢書本　十四冊

610000－1019－0000394　1745

音學辨微不分卷　(清)江永著　清宣統二年(1910)陝西正誼書院敬義堂刻本　一冊

610000－1019－0000395　2407(1)

痘疹定論四卷　(宋)朱純嘏編輯　清刻本　一冊　存一卷(四)

610000－1019－0000396　2407(2)

醫方集解三卷　(清)汪昂著　清刻本　一冊　存一卷(一)

610000－1019－0000397　2460－2467

張子全書　(宋)張載撰　清光緒十七年(1891)傳經堂刻本　八冊　存八種

610000－1019－0000398　2799

新疆游記地理□□章　(清)劉崑玉編　清鉛印本　一冊　存一章(十八)

610000－1019－0000399　3219

三才紀要不分卷　(清)□□輯　清江南製造總局刻本　一冊

610000－1019－0000400　5050

西藥大成十卷首一卷　(英國)來拉撰　(英國)海德蘭撰　(英國)傅蘭雅口譯　(清)趙元益筆述　清刻本　十六冊

610000－1019－0000401　6041

註釋八銘塾鈔初集不分卷　(清)吳懋政編次　清刻本　四冊

陝西省西安市藍田縣圖書館古籍普查登記目録

全國古籍普查登記目録

國家圖書館出版社
National Library of China Publishing House

610000－1035－0000001　101/000179
涇野先生四書因問六卷　（清）魏延萱會集　清刻本　七册　存五卷（二至六）

610000－1035－0000002　101/000376
伊川經說八卷　（宋）程頤撰　清光緒十八年（1892）傳經堂刻本　二册

610000－1035－0000003　101/000376（b）
伊川經說八卷　（宋）程頤撰　清刻本　二册

610000－1035－0000004　101/000559
國學講義二卷　（清）王蘭生著　清同治十二年（1873）刻本　二册

610000－1035－0000005　101/000713
皇清經解一千四百八卷　（清）阮元輯　清道光九年（1829）學海堂刻咸豐十年（1860）補刻本　一百十八册　存六十八種

610000－1035－0000006　102/000211
孟子集注本義匯參十四卷首一卷　（清）王步青輯　清敦復堂刻本　十册　存十卷（一至四、六至八、十一至十三）

610000－1035－0000007　110/000097
古文周易參同契註八卷　（漢）魏伯陽著　（清）袁仁林撰　清道光二十六年（1846）宏道書院刻惜陰軒叢書本　二册

610000－1035－0000008　110/000097（a）
古文周易參同契註八卷　（漢）魏伯陽著　（清）袁仁林撰　清道光二十六年（1846）宏道書院刻惜陰軒叢書本　二册

610000－1035－0000009　110/000339
周易備旨一見能解六卷　（明）黄淳耀撰　（清）鄒聖脉輯　清乾隆五十五年（1790）刻本　四册　存四卷（一至四）

610000－1035－0000010　110/000386
易傳三卷關氏易傳一卷　（漢）京房著　（漢）呂林育校　（北魏）關朗撰　清刻本　一册

610000－1035－0000011　110/000476
易經恒解五卷首一卷　（清）劉沅註釋　清同治十一年（1872）刻本　一册　存二卷（一、首一卷）

610000－1035－0000012　111/000089
周易外傳七卷　（清）王夫之撰　清同治四年（1865）刻本　三册　存五卷（一至五）

610000－1035－0000013　111/000090（a）
易經體註大全合參四卷　（清）范翔鑑　（清）李兆賢輯著　（清）來木臣參　清刻本　四册

610000－1035－0000014　111/000090（b）
易經體註大全合參四卷　（清）李兆賢緝著　清刻本　二册　存三卷（二至四）

610000－1035－0000015　111/000090（c）
易經大全會解四卷　（清）來爾繩纂　清乾隆七年（1742）刻本　二册　存二卷（一至二）

610000－1035－0000016　111/000090（d）
易經體註大全合參四卷　（清）范翔鑑　（清）李兆賢輯著　（清）來木臣參　清刻本　二册　存二卷（一至二）

610000－1035－0000017　111/000090（e）
易經體註大全合參四卷　（清）李兆賢緝著　清刻本　一册　存三卷（二至四）

610000－1035－0000018　111/000090（f）
易經體註大全合參四卷　（清）李兆賢緝著　清刻本　一册　存二卷（三至四）

610000－1035－0000019　111/000090（g）
易經體註大全合參四卷　（清）范翔鑑　（清）李兆賢輯著　（清）來木臣參　清刻本　一册　存一卷（一）

610000－1035－0000020　111/000091（a）
御纂周易折中二十二卷　（清）李光地纂修　清光緒二十年（1894）刻本　一册　存一卷（十一）

610000－1035－0000021　111/000091（b）
御纂周易折中二十二卷首一卷　（清）李光地纂修　清光緒十九年（1893）刻本　十二册

610000－1035－0000022　111/000091（c）
御纂周易折中二十二卷首一卷　（清）李光地纂修　清光緒二十年（1894）刻本　六册　存

十三卷(一至五、十至十三、十八至二十,首一卷)

610000－1035－0000023　111/000094
周易兼義九卷　(三國魏)王弼注　(唐)孔穎達正義　明崇禎刻本　七冊

610000－1035－0000024　111/000098
伊川易傳四卷　(宋)程頤撰　清刻本　四冊

610000－1035－0000025　111/000115
涇野先生周易説翼三卷　(明)呂柟撰　清道光二十六年(1846)宏道書院刻惜陰軒叢書本　一冊　存一卷(一)

610000－1035－0000026　111/000147
周易本義爻徵二卷　(清)吳日慎著　清道光二十六年(1846)宏道書院刻惜陰軒叢書本　二冊

610000－1035－0000027　111/000148
學易記五卷　(明)金賁亨撰　清道光二十六年(1846)宏道書院刻惜陰軒叢書本　二冊

610000－1035－0000028　111/000235
周易恆解□□卷　(清)劉沅註釋　清刻本　三冊　存四卷(二至五)

610000－1035－0000029　111/000265
周易集注十六卷　(明)來知德撰　清刻本　一冊　存一卷(四)

610000－1035－0000030　111/000395(a)
周易四卷　(宋)朱熹本義　清刻本　二冊

610000－1035－0000031　111/000395(b)
周易四卷　(宋)朱熹本義　清刻本　三冊　存三卷(一、三至四)

610000－1035－0000032　111/000395(c)
周易四卷　(宋)朱熹本義　清刻本　一冊　存一卷(二)

610000－1035－0000033　111/000395(d)
周易四卷　(宋)朱熹本義　清光緒十三年(1887)刻本　二冊　存二卷(一至二)

610000－1035－0000034　111/000395(e)
周易四卷　(宋)朱熹本義　清刻本　一冊　存一卷(一)

610000－1035－0000035　120/000088(a)
書經近旨六卷　(清)孫奇逢纂　清康熙十五年(1676)刻本　四冊

610000－1035－0000036　120/000088(b)
新刻書經備旨善本輯要六卷　(清)馬大猷手輯　(清)汪右衡鑒定　清刻本　一冊　存一卷(一)

610000－1035－0000037　120/000206(f)
書經六卷　(宋)蔡沈集傳　清李光明家刻本　四冊　存四卷(二至三、五至六)

610000－1035－0000038　120/000206(g)
書經六卷　(宋)蔡沈集傳　清李光明家刻本　二冊　存二卷(三、六)

610000－1035－0000039　120/000206(h)
書經六卷　(宋)蔡沈集傳　清慎詒堂刻本　四冊　存四卷(一至三、五)

610000－1035－0000040　120/000206(i)
書經體註大全合參六卷　(清)錢希祥參　清刻本　二冊　存二卷(二至三)

610000－1035－0000041　120/000206(j)
書經六卷　(宋)蔡沈集傳　清刻本　三冊　存四卷(二至三、五至六)

610000－1035－0000042　120/000206(k)
書經六卷　(宋)蔡沈集傳　清刻本　一冊　存二卷(五至六)

610000－1035－0000043　120/000206(l)
書經六卷　(宋)蔡沈集傳　清刻本　一冊　存二卷(五至六)

610000－1035－0000044　120/000206(m)
書經體註大全合參六卷　(清)錢希祥參　清刻本　一冊　存二卷(五至六)

610000－1035－0000045　120/000206(n)
書經體註大全合參六卷　(清)錢希祥纂輯　(清)范翔鑒定　清嘉慶二十一年(1816)文盛堂刻本　四冊

610000－1035－0000046　120/000206(o)
書經體註大全合參六卷　(清)錢希祥纂輯　清刻本　一册　存二卷(五至六)

610000－1035－0000047　120/000206(p)
書經體註大全合參六卷　(清)范翔撰　(清)錢希祥參　清雍正三年(1725)刻本　二册　存三卷(一、五至六)

610000－1035－0000048　120/000206(q)
書經體註大全合參六卷　(清)錢希祥撰　清雍正三年(1725)刻本　三册　存四卷(一至四)

610000－1035－0000049　120/000206(r)
學源堂書經體注六卷　(清)錢希祥撰　清刻本　二册　存三卷(一至三)

610000－1035－0000050　120/000206(s)
書經體註六卷　(清)錢希祥纂輯　清刻本　三册　存三卷(四至六)

610000－1035－0000051　120/000206(t)
書經體注六卷　(清)范翔鑒定　清康熙四十三年(1704)刻本　一册　存一卷(一)

610000－1035－0000052　121/000099(a)
欽定書經傳説彙纂二十一卷首二卷　(清)王頊齡纂　清光緒十九年(1893)湖南寶慶淑芳閣刻本　六册　存十一卷(一至五、十二至十五,首二卷)

610000－1035－0000053　121/000099(b)
欽定書經傳説彙編二十一卷首二卷　(清)王頊齡纂　清同治七年(1868)刻本　十二册

610000－1035－0000054　121/000645
尚書註疏二十卷　(漢)孔安國撰　(唐)孔穎達疏　清刻本　十册

610000－1035－0000055　130/000095(a)
詩經體注八卷　(清)高朝瓔考訂　清康熙刻本　四册

610000－1035－0000056　130/000095(b)
詩經體注八卷　(清)高朝瓔考訂　清康熙刻本　二册　存三卷(一至二、五)

610000－1035－0000057　130/000095(c)
詩經體註八卷　(清)高朝瓔考訂　清刻本　三册　存三卷(三、五、七)

610000－1035－0000058　130/000095(d)
詩經體註八卷　(清)高朝瓔考訂　清刻本　二册　存二卷(□、三)

610000－1035－0000059　130/000095(e)
詩經體註八卷　(清)高朝瓔考訂　清刻本　一册　存一卷(三)

610000－1035－0000060　130/000095(f)
詩經體註圖考□□卷　(清)高朝瓔考訂　清刻本　二册　存三卷(三至五)

610000－1035－0000061　130/000118
詩經世本古義二十八卷首一卷末一卷　(明)何楷撰　清文林堂刻本　六册　存六卷(十至十五)

610000－1035－0000062　130/000185(#)
詩經八卷　(宋)朱熹集傳　清刻本　一册　存三卷(六至八)

610000－1035－0000063　130/000185($)
詩經八卷　(宋)朱熹集傳　清刻本　一册　存三卷(六至八)

610000－1035－0000064　130/000185(@)
詩經八卷　(宋)朱熹集傳　清樹德堂刻本　一册　存二卷(一至二)

610000－1035－0000065　130/000185(a)
詩經八卷圖考一卷　(宋)朱熹集傳　清咸豐七年(1857)稻香齋刻本　四册

610000－1035－0000066　130/000185(b)
詩經八卷圖考一卷　(宋)朱熹集傳　清咸豐六年(1856)稻香齋刻本　四册

610000－1035－0000067　130/000185(c)
詩經八卷　(宋)朱熹集傳　清宣統元年(1909)文明堂刻本　四册

610000－1035－0000068　130/000185(d)
詩經八卷　(宋)朱熹集傳　清光緒三十二年(1906)存心堂刻本　四册

610000－1035－0000069　130/000185(g)
詩經八卷　(宋)朱熹集傳　清道光十一年(1831)興盛堂刻本　三册　存七卷(一至四、六至八)

610000－1035－0000070　130/000185(h)
詩經八卷　(宋)朱熹集傳　清寶寧堂刻本　二册　存四卷(一至四)

610000－1035－0000071　130/000185(i)
詩經八卷　(宋)朱熹集傳　清寶寧堂刻本　二册　存三卷(一至二、五)

610000－1035－0000072　130/000185(j)
詩經八卷　(宋)朱熹集傳　清刻本　二册　存四卷(三、六至八)

610000－1035－0000073　130/000185(k)
詩經融註大全體要八卷　(清)高朝瓔定　(清)沈世楷輯　(清)沈存仁糸　清嘉慶十三年(1808)刻本　三册　存七卷(一至四、六至八)

610000－1035－0000074　130/000185(n)
詩經八卷　(宋)朱熹集傳　清義盛堂刻本　三册　存五卷(一至五)

610000－1035－0000075　130/000185(o)
詩經體註大全八卷　(清)高朝瓔定　(清)沈世楷輯　清刻本　二册　存四卷(五至八)

610000－1035－0000076　130/000185(p)
詩經八卷　(宋)朱熹集傳　清刻本　一册　存三卷(六至八)

610000－1035－0000077　130/000185(q)
詩經體註大全八卷　(清)高朝瓔定　(清)沈世楷輯　清刻本　一册　存二卷(一至二)

610000－1035－0000078　130/000185(r)
詩經體註大全合糸八卷　(清)高朝瓔定　清刻本　一册　存三卷(六至八)

610000－1035－0000079　130/000185(s)
詩經體註大全體要八卷　(清)高朝瓔定　(清)沈世楷輯　清刻本　一册　存三卷(六至八)

610000－1035－0000080　130/000185(u)
詩經八卷　(宋)朱熹集傳　清末錦章圖書局石印本　四册

610000－1035－0000081　130/000185(v)
詩經八卷　(宋)朱熹集傳　清宣統三年(1911)章福記石印本　四册

610000－1035－0000082　130/000185(w)
詩經八卷　(宋)朱熹集傳　清章福記石印本　三册　存六卷(三至八)

610000－1035－0000083　130/000185(z)
詩經八卷　(宋)朱熹集傳　清龍威閣刻本　一册　存二卷(一至二)

610000－1035－0000084　130/000198
三字經一卷百家姓一卷　(□)□□撰　清末刻本　一册

610000－1035－0000085　130/000287
庚訂古詩直解十二卷　(清)葉羲昂選解　(清)詹廷對校閲　清刻本　一册　存四卷(五至八)

610000－1035－0000086　130/000370
詩□□卷　(宋)朱熹集傳　清刻本　五册　存七卷(三至八、六)

610000－1035－0000087　130/000370(a)
詩□□卷圖説一卷　(宋)朱熹集傳　清刻本　二册　存五卷(一至五)

610000－1035－0000088　130/000370(b)
詩□□卷　(宋)朱熹集傳　清刻本　三册　存五卷(一至五)

610000－1035－0000089　130/000374
博雅十卷　(三國魏)張輯纂輯　(三國魏)李嘉言校　清刻本　一册

610000－1035－0000090　130/000380(b)
新增詩經補註附考備旨八卷　(清)鄒聖脉纂輯　(清)鄒廷猷編次　清光緒刻本　一册　存三卷(六至八)

610000－1035－0000091　130/000410
詩集傳八卷首一卷　(宋)朱熹集傳　清光緒

三年(1877)刻本　一冊　存三卷(一至二、首一卷)

610000－1035－0000092　130/000715
試律淺説易知集四卷　(清)任兆松撰　清嘉慶十三年(1808)刻本　一冊　存一卷(一)

610000－1035－0000093　131/000102
詩經八卷首一卷詩序一卷　(宋)朱熹集傳　清光緒十三年(1887)刻本　五冊

610000－1035－0000094　131/000108
毛詩註疏二十卷　(漢)鄭玄箋　(唐)孔穎達疏　明崇禎汲古閣刻本　二十二冊　存十九卷(二至二十)

610000－1035－0000095　131/000165(a)
欽定詩經傳説彙纂二十一卷　(清)王鴻緒編　清同治七年(1868)刻本　九冊　存十四卷(一至三、五至十三、二十一,首一卷)

610000－1035－0000096　131/000165(b)
欽定詩經傳説彙纂二十一卷　(清)王鴻緒編　清刻本　六冊　存十二卷(三至八、十四至十九)

610000－1035－0000097　131/000176
詩經稗疏四卷　(清)王夫之撰　清同治四年(1865)刻本　三冊

610000－1035－0000098　131/000185(e)
詩經體註大全合条八卷　(清)高朝瓔定　清刻本　三冊　存六卷(三至八)

610000－1035－0000099　131/000185(f)
詩經體註大全合条八卷　(清)高朝瓔定　(清)沈世楷輯　清刻本　一冊　存二卷(三至四)

610000－1035－0000100　131/000264
御纂詩義折中二十卷　(清)傅恒等撰　清末石印本　二冊　存七卷(五至十一)

610000－1035－0000101　132/000367
韓詩外傳十卷　(漢)韓嬰撰　**毛氏草木鳥獸蟲魚疏二卷**　(三國吳)陸機撰　清刻本　二冊

610000－1035－0000102　140/000086
欽定大清通禮二十七卷　(清)來保纂修　清刻本　八冊

610000－1035－0000103　140/000220(a)
朱子家禮八卷首一卷　(宋)朱熹撰　(明)丘濬輯　清刻本　三冊　存七卷(一至三、五至八)

610000－1035－0000104　140/000220(b)
家禮五卷附錄一卷　(宋)朱熹撰　清光緒五年(1879)刻本　三冊

610000－1035－0000105　140/000220(c)
家禮五卷　(宋)朱熹撰　清刻本　一冊　存一卷(五)

610000－1035－0000106　140/000233
典禮楷模八卷　(清)篤行道人輯　清光緒三十二年(1906)宏道堂刻本　四冊　存四卷(一至三、五)

610000－1035－0000107　141/000092
周禮注疏四十二卷　(漢)鄭玄注　(唐)賈公彦疏　明崇禎元年(1628)刻本　二十冊

610000－1035－0000108　141/000123(a)
欽定周官義疏四十八卷首一卷　(清)鄂爾泰撰　清末刻本　二十四冊

610000－1035－0000109　141/000123(b)
欽定周官義疏四十八卷　(清)鄂爾泰撰　清末刻本　九冊　存十八卷(一至十、三十七至四十四)

610000－1035－0000110　141/000266
周禮集解會条□□卷　(清)高紫超編　(清)鄧愷纂訂　清刻本　一冊　存六卷(一至六)

610000－1035－0000111　142/000087
儀禮經傳通解三十七卷首一卷續二十九卷　(宋)朱熹　(宋)黄幹撰　清光緒十七年(1891)三原劉氏傳經堂刻本　二十二冊　缺二卷(續一至二)

610000－1035－0000112　142/000156
欽定儀禮義疏四十八卷首二卷　(清)允禄等

撰　清刻本　二冊　存四卷(三十七至四十)

610000－1035－0000113　142/000183
儀禮註疏十七卷　(漢)鄭玄註　(唐)賈公彦疏　明末刻本　八冊　存九卷(九至十七)

610000－1035－0000114　143/000016
禮記註疏六十三卷　(漢)鄭玄註　(唐)孔穎達疏　清汲古閣刻本　三十冊

610000－1035－0000115　143/000085(a)
禮記十卷　(元)陳澔集說　清光緒二十六年(1900)劉傳經堂刻本　十冊

610000－1035－0000116　143/000085(b)
禮記十卷　(元)陳澔集說　清刻本　十冊

610000－1035－0000117　143/000085(c)
禮記十卷　(元)陳澔集說　明崇禎刻本　六冊　存六卷(二、五至七、九至十)

610000－1035－0000118　143/000129
欽定禮記義疏八十二卷首一卷　(清)鄂爾泰撰　清同治刻本　四十三冊

610000－1035－0000119　143/000169
禮記恆解四十九卷　(清)劉沅輯注　清同治十一年(1872)刻本　八冊

610000－1035－0000120　143/000173
禮記章句四十九卷　(清)王夫之撰　清刻本　九冊　存二十八卷(十五至四十二)

610000－1035－0000121　143/000180
禮記心典傳本三卷　(清)胡瑤光手輯　清大文堂刻本　四冊

610000－1035－0000122　143/000212
禮記約編五卷　(清)汪基鈔撰　(清)江永校纂　清光緒三十二年(1906)陝西學務公所鉛印本　三冊　存三卷(一、三至四)

610000－1035－0000123　143/000213
禮記易讀□□卷　(清)志遠堂主人輯　清刻本　二冊　存二卷(三至四)

610000－1035－0000124　143/000213(a)
禮記易讀□□卷　(清)志遠堂主人輯　清光緒十八年(1892)刻本　二冊　存二卷(一、四)

610000－1035－0000125　143/000213(b)
禮記易讀□□卷　(清)志遠堂主人輯　清刻本　一冊　存一卷(三)

610000－1035－0000126　143/000215(a)
禮記體注大全四卷　(清)范翔參訂　清康熙刻本　三冊　存三卷(一、三至四)

610000－1035－0000127　143/000215(b)
禮記體注四卷　(清)范翔參訂　清康熙五十二年(1713)刻本　四冊

610000－1035－0000128　143/000215(c)
潄芳軒合纂禮記體註四卷　(清)范翔參訂　(清)朱光斗等校　清嘉慶十三年(1808)刻本　二冊　存二卷(一至二)

610000－1035－0000129　143/000215(d)
禮記體注大全四卷　(清)范翔參訂　清道光二十八年(1848)刻本　四冊

610000－1035－0000130　143/000309
大戴禮記十三卷　(漢)戴德著　(清)劉聘珍校　清刻本　二冊

610000－1035－0000131　145/000190
白虎通四卷　(漢)班固撰　清嘉慶九年(1804)抱經堂刻本　三冊

610000－1035－0000132　145/000192
四禮翼八卷　(明)呂坤著　清咸豐十年(1860)刻本　一冊

610000－1035－0000133　145/000487
儀小經不分卷　(清)李因篤著　清光緒十年(1884)刻本　一冊

610000－1035－0000134　150/000077(a)
春秋□□卷　(□)□□撰　清同治十年(1871)刻本　一冊

610000－1035－0000135　150/000077(b)
春秋四卷　(□)□□撰　清光緒十三年(1887)刻本　二冊

610000－1035－0000136　150/000084
續春秋左氏傳博議上下卷　(明)王夫之譔　清刻本　一册

610000－1035－0000137　150/000177
春秋恒解八卷　(清)劉沅輯　清末刻本　六册　存七卷(二至八)

610000－1035－0000138　150/000178
欽定春秋傳説彙纂三十八卷首二卷　(清)王掞纂　清同治刻本　十八册　存三十六卷(一至三十五、首下)

610000－1035－0000139　150/000468
春秋稗疏二卷　(清)王夫之撰　清刻本　一册

610000－1035－0000140　151/000080(a)
春秋左傳五十卷　(晉)杜預著　(宋)林堯叟補　清石印本　一册　存三卷(三十九至四十一)

610000－1035－0000141　151/000080(b)
春秋左傳五十卷　(晉)杜預注　清刻本　四册　存十八卷(三至六、十六至二十四、三十九至四十三)

610000－1035－0000142　151/000083
春秋左傳註疏六十卷　(晉)杜預註　(唐)孔穎達疏　明崇禎十一年(1638)刻本　二十八册　存五十六卷(一至三十二、三十五至三十六、三十九至六十)

610000－1035－0000143　151/000133(a)
左傳句解彙雋六卷　(清)韓菼重訂　清刻本　五册　存五卷(二至六)

610000－1035－0000144　151/000133(b)
左傳句解彙雋六卷　(清)韓菼重訂　清刻本　一册　存一卷(二)

610000－1035－0000145　151/000154
太史張天如詳節春秋綱目句解左傳彙雋六卷　(清)韓菼重訂　清刻本　一册　存一卷(四)

610000－1035－0000146　151/000154(a)
太史張天如詳節春秋綱目句解左傳六卷　(清)韓菼重訂　清刻本　一册　存二卷(三、六)

610000－1035－0000147　151/000154(b)
太史張天如詳節春秋綱目句解左傳彙雋六卷　(清)韓菼重訂　清刻本　一册　存一卷(四)

610000－1035－0000148　151/000219
春秋經傳集解三十卷　(晉)杜預撰　(唐)陸德明音釋　清刻本　五册　存十一卷(二至三、八至十、十五至十八、二十三至二十四)

610000－1035－0000149　151/000315
增補左傳易讀不分卷　(□)□□撰　清刻本　一册

610000－1035－0000150　152/000082
漢董子春秋繁露十七卷附録一卷漢廣川董子集一卷下馬陵詩文集二卷　(漢)董仲舒著　(明)孫鑛評　清刻本　四册　存十六卷(漢董子春秋繁露一至四、十至十七,附録一卷,漢廣川董子集一卷,下馬陵詩文集二卷)

610000－1035－0000151　152/000112
春秋公羊註疏隱公二十八卷　(漢)何休學　清汲古閣刻本　十二册

610000－1035－0000152　152－000081
春秋繁露十七卷　(漢)董仲舒著　清刻本　二册

610000－1035－0000153　153/000320
春秋穀梁傳注疏二十卷　(晉)范甯集解　(唐)楊士勛疏　清刻本　五册　存十七卷(一至十七)

610000－1035－0000154　154/000078(a)
春秋筆削微旨二十六卷　(清)劉紹攽集註　清乾隆十九年(1754)刻本　三册　存十四卷(一至十四)

610000－1035－0000155　154/000078(b)
春秋筆削微旨二十六卷　(清)劉紹攽集註　清同治十二年(1873)刻本　六册

610000－1035－0000156　154/000079
春秋通論六卷　（清）劉紹攽著　清同治十二年（1873）刻本　二册

610000－1035－0000157　154－000078
春秋筆削微旨二十六卷　（清）劉紹攽撰　清同治十二年（1873）刻本　六册

610000－1035－0000158　160/000103（a）
增補鄧退菴先生家藏遵註四書講義備旨□□卷　（明）鄧林著　清刻本　三册　存三卷（孟子一至二、論語四）

610000－1035－0000159　160/000103（b）
新訂四書補註備旨十卷　（明）鄧林著　（清）杜定基增訂　清刻本　一册　存二卷（大學一、中庸一）

610000－1035－0000160　160/000104
經元堂四書旁訓貫解□□卷　（清）朱良玉纂輯　清刻本　四册　存十一卷（大學一、中庸一、論語一至五、孟子四至七）

610000－1035－0000161　160/000125
酌雅齋增註四書合講附人物考□□卷　（清）翁復編　（清）詹文煥參定　清光緒三十年（1904）石印本　三册　存六卷（大學一、中庸一、孟子四至七）

610000－1035－0000162　160/000136（a）
漱芳軒合纂四書體註十九卷内附人物考　（清）范翔參訂　清寶寧堂刻本　四册　存十五卷（大學一、中庸一、孟子一至三、論語一至十）

610000－1035－0000163　160/000136（b）
漱芳軒合纂四書體註十九卷内附人物考　（清）范翔參訂　清致和堂刻本　四册　存九卷（大學一、中庸一、孟子一至七）

610000－1035－0000164　160/000136（c）
漱芳軒合纂四書體註十九卷内附人物考　（清）范翔參訂　清光緒十九年（1893）三講堂刻本　三册　存九卷（大學一、中庸一、孟子四至五、論語一至五）

610000－1035－0000165　160/000136（d）
漱芳軒合纂四書體註十九卷内附人物考　（清）范翔參訂　清文盛堂刻本　三册　存七卷（孟子一至七）

610000－1035－0000166　160/000136（e）
漱芳軒合纂四書體註十九卷内附人物考　（清）范翔參訂　清致和堂刻本　三册　存七卷（大學一、中庸一、孟子一至五）

610000－1035－0000167　160/000136（f）
漱芳軒合纂四書體註十九卷内附人物考　（清）范翔參訂　清文光堂刻本　一册　存三卷（孟子一至三）

610000－1035－0000168　160/000137
漱芳軒合纂四書體註十九卷内附人物考　（清）范翔參訂　清慎詒堂刻本　六册　存十九卷（大學一、中庸一、孟子一至七、論語一至十）

610000－1035－0000169　160/000138（a）
新訂四書補注備旨十卷　（明）鄧林撰　（清）杜定基增訂　清刻本　五册　存八卷（大學一、中庸一、孟子一至四、論語三至四）

610000－1035－0000170　160/000138（b）
新訂四書補注備旨十卷　（明）鄧林撰　（清）杜定基增訂　清刻本　一册　存二卷（孟子一至二）

610000－1035－0000171　160/000138（c）
新訂四書補注備旨十卷　（明）鄧林著　（清）杜定基增訂　清乾隆二十七年（1762）刻本　六册　存十卷（大學一、中庸一、論語一至四、孟子一至四）

610000－1035－0000172　160/000138（d）
新訂四書補注備旨十卷　（明）鄧林撰　（清）杜定基增訂　清刻本　三册　存六卷（孟子一至二、論語一至四）

610000－1035－0000173　160/000138（e）
四書補註備旨十卷　（明）鄧林著　清刻本　四册　存四卷（孟子一至四）

610000－1035－0000174　160/000140
四書大全摘要二十卷　(清)李武纂輯　清煥文堂刻本　十四册　存十三卷(大學一,中庸一至二,孟子二至五、七,論語一、三至四、六至七)

610000－1035－0000175　160/000150(a)
四書述要旁訓十九卷　(清)楊玉緒著　清永順堂刻本　六册

610000－1035－0000176　160/000150(b)
四書述要十九卷　(清)楊玉緒著　清松盛堂刻本　三册　存十卷(大學一、中庸一、論語六至十、孟子一至三)

610000－1035－0000177　160/000153(a)
增補四書精繡圖像人物備考十二卷　(清)陳仁錫增訂　清刻本　二册　存三卷(中庸二至三、論語四)

610000－1035－0000178　160/000153(b)
增補四書精繡圖像人物備考十二卷　(清)陳仁錫增訂　清刻本　一册　存二卷(孟子九至十)

610000－1035－0000179　160/000191
四書章句集註大學一卷中庸一卷孟子七卷　(宋)朱熹集註　清光緒十二年(1886)刻本　四册

610000－1035－0000180　160/000196(d)
大學一卷中庸一卷　(宋)朱熹章句　清光緒刻本　一册

610000－1035－0000181　160/000196(e)
大學一卷中庸一卷　(宋)朱熹章句　清光緒二十二年(1896)刻本　一册

610000－1035－0000182　160/000196(f)
大學一卷中庸一卷　(宋)朱熹章句　清光緒刻本　一册

610000－1035－0000183　160/000196(g)
大學一卷中庸一卷　(宋)朱熹章句　清光緒刻本　一册

610000－1035－0000184　160/000196(h)
大學一卷中庸一卷　(宋)朱熹章句　清光緒刻本　一册

610000－1035－0000185　160/000207
四書凝道錄十八卷　(清)劉紹攽撰　清光緒二十年(1894)涇陽劉文在堂刻本　十八册

610000－1035－0000186　160/000221(a)
四書讀書樂不分卷　(明)辛全著　清光緒二十四年(1898)柏經正堂刻本　二册

610000－1035－0000187　160/000221(b)
四書讀書樂不分卷　(明)辛全著　清光緒二十四年(1898)柏經正堂刻本　一册

610000－1035－0000188　160/000385
慎詒堂四書□□卷　(宋)朱熹章句　清刻本　一册

610000－1035－0000189　160/000390(a)
四書人物類典串珠四十卷　(清)臧志仁編輯　清刻本　一册　存七卷(十九至二十五)

610000－1035－0000190　160/000390(b)
增補四書精繡圖像人物備考十二卷　(清)陳仁錫增訂　清刻本　二册　存四卷(五至八)

610000－1035－0000191　160/000390(c)
增補四書精繡圖像人物備考十二卷　(清)陳仁錫增訂　清刻本　二册　存四卷(五至六、十一至十二)

610000－1035－0000192　160/000392
四書疏註撮言大全三十七卷　(宋)朱熹章句　(清)胡蓉芝輯　清刻本　一册　存一卷(十三)

610000－1035－0000193　160/000490
酌雅齋增註四書合講附人物考□□卷　(清)翁復編　清光緒三十年(1904)石印本　一册　存三卷(孟子一至三)

610000－1035－0000194　160/000492
四書反身錄□□卷　(清)李顒口授　(清)王心敬錄　清刻本　一册　存五卷(六至十)

610000－1035－0000195　160/000494
圖書四書白話解□□卷　(清)陳善　(清)施

崇恩校訂　清四色套印本　一册　存二卷(九至十)

610000－1035－0000196　160/000680
四書人物類典串珠四十卷　(清)臧志仁編輯　清刻本　二册　存六卷(二十八至三十三)

610000－1035－0000197　160/000704(a)
四書集疏附正二十二卷論語緒言一卷　(清)張秉直撰　清同治十二年(1873)刻本　十册

610000－1035－0000198　160/000704(b)
四書集疏□□卷　(清)張秉直訂　清光緒三十四年(1908)刻本　四册　存四卷(中庸一至三、大學三)

610000－1035－0000199　161/000128
大學衍義補輯要十二卷首一卷　(明)邱濬著　(清)陳弘謀纂　清乾隆元年(1736)刻本　六册　存十二卷(大學衍義補輯要十二卷)

610000－1035－0000200　161/000130
大學衍義四十三卷　(宋)真德秀著　清光緒十三年(1887)柏經正堂刻本　十二册

610000－1035－0000201　161/000130(b)
大學衍義四十三卷　(宋)真德秀著　清光緒十三年(1887)柏經正堂刻本　十册

610000－1035－0000202　161/000131
大學衍義補一百六十卷首一卷　(明)丘濬著　(明)陳仁錫評閱　清刻本　四十八册

610000－1035－0000203　161/000437
大學章句本義匯參三卷首一卷　(清)王步青輯　清刻本　一册　存一卷(二)

610000－1035－0000204　162/000184(a)
中庸章句本義匯參□□卷　(清)王步青輯　清刻本　四册　存六卷(一至六)

610000－1035－0000205　162/000184(b)
中庸章句本義匯參□□卷　(清)王步青輯　清刻本　三册　存五卷(一至二、四至六)

610000－1035－0000206　162/000389
中庸□□卷　(宋)朱熹章句　清刻本　一册　存二卷(二至三)

610000－1035－0000207　163/000139(e)
增訂二論詳解四卷　(清)劉忠輯　清刻本　一册　存二卷(一至二)

610000－1035－0000208　163/000217(b)
論語□□卷　(宋)朱熹注　清刻本　一册　存六卷(十五至二十)

610000－1035－0000209　163/000217(c)
論語□□卷　(宋)朱熹注　清刻本　一册　存一卷(十一)

610000－1035－0000210　163/000217(d)
論語□□卷　(宋)朱熹注　清刻本　一册　存五卷(六至十)

610000－1035－0000211　163/000217(e)
論語□□卷　(宋)朱熹注　清刻本　一册　存二卷(六至七)

610000－1035－0000212　163/000217(f)
四書貫解不分卷　(清)朱良玉纂輯　清刻本　一册

610000－1035－0000213　163/000217(g)
論語□□卷　(宋)朱熹集注　清刻本　一册　存五卷(六至十)

610000－1035－0000214　163/000217(h)
論語□□卷　(宋)朱熹集注　清刻本　二册　存五卷(六至十)

610000－1035－0000215　163/000217(i)
論語□□卷　(宋)朱熹注　清刻本　一册　存五卷(一至五)

610000－1035－0000216　163/000217(j)
論語□□卷　(宋)朱熹注　清刻本　一册　存五卷(六至十)

610000－1035－0000217　163/000217(l)
論語最豁集□□卷　(清)劉珍輯　清光緒三十二年(1906)上海章福記石印本　一册　存四卷(一至四)

610000－1035－0000218　163/000350(a)
論語集註本義匯參□□卷　(清)王步青撰　清刻本　六册　存七卷(五至七、十二至十

三、十五至十六)

610000－1035－0000219　163/000350(b)
論語集註本義匯条□□卷　(清)王步青撰　清刻本　二册　存三卷(二至三、六)

610000－1035－0000220　163/000655
論語說二卷　(明)辛全書　清刻本　二册

610000－1035－0000221　164/000110(a)
孟子七卷　(宋)朱熹集註　清刻本　二册　存五卷(一至三、六至七)

610000－1035－0000222　164/000110(c)
孟子七卷　(宋)朱熹集註　清刻本　三册

610000－1035－0000223　164/000110(d)
新註孟子白話解說□□卷　(清)江希張注　清末上海書業公所石印本　三册　存六卷(五至八、十三至十四)

610000－1035－0000224　164/000110(e)
孟子七卷　(宋)朱熹集註　清榮慶堂刻本　三册　存四卷(四至七)

610000－1035－0000225　164/000110(f)
孟子七卷　(宋)朱熹集註　清刻本　二册　存四卷(四至七)

610000－1035－0000226　164/000110(g)
孟子七卷　(宋)朱熹集註　清明新堂刻本　二册　存四卷(四至七)

610000－1035－0000227　164/000110(h)
孟子七卷　(宋)朱熹集註　清樹德堂刻本　三册

610000－1035－0000228　164/000110(i)
孟子七卷　(宋)朱熹集註　清刻本　三册

610000－1035－0000229　164/000110(j)
孟子七卷　(宋)朱熹集註　清刻本　四册　存六卷(一至四、六至七)

610000－1035－0000230　164/000110(k)
孟子七卷　(宋)朱熹集註　清永順堂刻本　二册　存五卷(一至五)

610000－1035－0000231　164/000110(l)
孟子七卷　(宋)朱熹集註　清九經堂刻本　二册　存五卷(一至三、六至七)

610000－1035－0000232　164/000110(m)
孟子七卷　(宋)朱熹集註　清育文書局石印本　二册　存二卷(四至五)

610000－1035－0000233　164/000110(p)
孟子七卷　(宋)朱熹集註　清餘慶堂刻本　一册　存二卷(四至五)

610000－1035－0000234　164/000110(q)
孟子七卷　(宋)朱熹集註　清文盛堂刻本　一册　存二卷(四至五)

610000－1035－0000235　164/000110(r)
孟子七卷　(宋)朱熹集註　清刻本　一册　存三卷(一至三)

610000－1035－0000236　164/000110(s)
孟子七卷　(宋)朱熹集註　清刻本　一册　存二卷(六至七)

610000－1035－0000237　164/000110(t)
孟子七卷　(宋)朱熹集註　清刻本　一册　存二卷(四至五)

610000－1035－0000238　164/000110(u)
孟子七卷　(宋)朱熹集註　清刻本　一册　存二卷(四至五)

610000－1035－0000239　164/000110(v)
孟子七卷　(宋)朱熹集註　清刻本　一册　存二卷(一至二)

610000－1035－0000240　164/000110(w)
孟子七卷　(宋)朱熹集註　清掃葉山房刻本　一册　存二卷(四至五)

610000－1035－0000241　164/000110(z)
孟子七卷　(宋)朱熹集註　清光緒三十二年(1906)鉛印本　一册　存三卷(一至三)

610000－1035－0000242　164/000694
孟子要略五卷　(宋)朱熹原編　(清)曾國藩重編　清光緒十年(1884)三原劉氏傳經堂刻本　一册

610000－1035－0000243　170/000124
孝經直解一卷　(清)劉沅註釋　清同治二年(1863)刻本　一冊

610000－1035－0000244　170/000126
孝經本義不分卷　(清)劉光蕡著　清光緒三十一年(1905)柏經正堂刻本　一冊

610000－1035－0000245　170/000175
孝經注疏十一卷　(宋)邢昺較　清刻本　二冊

610000－1035－0000246　180/000174(a)
爾雅注疏十一卷　(晉)郭璞　(宋)邢昺疏　明末汲古閣刻本　三冊　存六卷(二至三、六至九)

610000－1035－0000247　180/000174(b)
爾雅注疏十一卷　(晉)郭璞註　(宋)邢昺疏　清嘉慶七年(1802)刻本　六冊

610000－1035－0000248　180/000414
小雅□□卷　(□)□□撰　清刻本　一冊　存一卷(五)

610000－1035－0000249　190/000127
蒙養書十三種　(□)□□撰　清光緒十七年(1891)刻本　四冊

610000－1035－0000250　190/000132
養正叢編二十種　(清)賀瑞麟輯　清同治、光緒柏經正堂刻本　九冊　存十九種

610000－1035－0000251　190/000149(a)
小學句讀記六卷　(明)陳選點　(清)王建常記　清同治十二年(1873)刻本　五冊

610000－1035－0000252　190/000149(b)
小學句讀記六卷　(明)陳選點　(清)王建常記　清同治七年(1868)刻本　五冊

610000－1035－0000253　190/000149(c)
小學句讀記六卷　(明)陳選點　(清)王建常記　清同治七年(1868)刻本　五冊

610000－1035－0000254　190/000160
小學書六卷　(清)賀瑞麟輯　清光緒十年(1884)刻本　二冊

610000－1035－0000255　190/000194
方言十三卷　(漢)揚雄紀　清刻本　一冊

610000－1035－0000256　190/000203(c)
重訂小學集註六卷　(漢)鄭玄集　(明)陳選集註　清光緒三十二年(1906)宏道堂刻本　一冊

610000－1035－0000257　190/000317
繪圖四千字文不分卷　(清)□□撰　清光緒三十二年(1906)石印本　一冊

610000－1035－0000258　190/000440
字學舉隅不分卷　(清)龍啟瑞撰　清光緒十年(1884)刻本　一冊

610000－1035－0000259　190/000450
字不離譜不分卷　(清)董常義編集　清光緒二十四年(1898)刻本　一冊

610000－1035－0000260　190/000637
小學淺解六卷　(清)薛于瑛著　清宣統二年(1910)刻本　四冊

610000－1035－0000261　192/000145(a)
文成字彙十二集首一卷末一卷　(明)梅膺祚音釋　清嘉慶十八年(1813)啟元堂刻本　十三冊　缺一卷(末一卷)

610000－1035－0000262　192/000145(b)
字彙十二集首一卷末一卷　(明)梅膺祚音釋　清刻本　七冊　存七集(丑至辰、未、戌至亥)

610000－1035－0000263　192/000145(c)
字彙十二集首一卷末一卷　(明)梅膺祚音釋　清刻本　十三冊　缺一卷(首一卷)

610000－1035－0000264　192/000145(d)
字彙十二集首一卷末一卷　(明)梅膺祚音釋　明刻本　八冊　存八集(子至寅、巳至申、戌)

610000－1035－0000265　192/000145(e)
字彙十二集首一卷末一卷　(明)梅膺祚音釋　清道光八年(1828)刻本　十二冊　存十一集一卷(子至酉、亥,首一卷)

610000－1035－0000266　192/000145(f)
字彙十二集首一卷末一卷　(明)梅膺祚音釋　清刻本　十二册　存十二集(字彙十二集)

610000－1035－0000267　192/000145(g)
文成字彙十二集首一卷末一卷　(明)梅膺祚音釋　清同文堂刻本　八册　存七集一卷(子至寅、未至申、戌至亥,首一卷)

610000－1035－0000268　192/000145(h)
字彙十二集首一卷末一卷　(明)梅膺祚音釋　清刻本　九册　存八集一卷(子至寅、巳至酉,末一卷)

610000－1035－0000269　192/000145(i)
字彙十二集首一卷末一卷　(明)梅膺祚音釋　清刻本　一册　存一集(酉)

610000－1035－0000270　192/000145(k)
字彙十二集首一卷末一卷　(明)梅膺祚音釋　清刻本　一册　存一集(丑)

610000－1035－0000271　192/000158
虚字説一卷　(清)袁仁林著　清道光二十六年(1846)宏道書院刻惜陰軒叢書本　一册

610000－1035－0000272　192/000167(a)
康熙字典　(清)張玉書纂　清刻本　五册

610000－1035－0000273　192/000167(b)
康熙字典　(清)張玉書纂　清刻本　一册

610000－1035－0000274　192/000167(d)
康熙字典　(清)張玉書纂　清刻本　二册

610000－1035－0000275　193/000109
五車韻瑞一百六十卷　(明)凌稚隆輯　明文茂堂刻本　十七册　存八十七卷(七至八、十七至二十、二十七至三十二、三十六至五十六、七十三至七十七、一百至一百二十六、一百三十三至一百四十五、一百五十二至一百六十)

610000－1035－0000276　193/000146
詩韻含英十八卷　(清)劉文蔚輯　清乾隆二十三年(1758)三成堂刻本　六册

610000－1035－0000277　193/000161
學韻紀要二卷　(清)劉紹攽學　清乾隆五年(1740)刻本　一册

610000－1035－0000278　193/000187(a)
詩韻集成□□卷　(清)余照輯　清刻本　一册　存三卷(五至七)

610000－1035－0000279　193/000187(b)
詩韻集成□□卷　(清)余照輯　清刻本　一册　存三卷(八至十)

610000－1035－0000280　193/000188
韻法直圖不分卷　(明)梅膺祚撰　清刻本　一册

610000－1035－0000281　193/000351
經書字音辨要九卷　(清)楊名颺輯　清道光二十七年(1847)金德堂刻本　二册

610000－1035－0000282　193/000482
四書正韻不分卷　(清)李若浩輯　清光緒十年(1884)刻本　一册

610000－1035－0000283　194/000152(a)
正蒙會稿四卷　(明)劉璣撰　清道光二十六年(1846)宏道書院刻惜陰軒叢書本　三册　存三卷(一、三至四)

610000－1035－0000284　194/000152(b)
正蒙會稿四卷　(明)劉璣撰　清道光二十六年(1846)宏道書院刻惜陰軒叢書本　四册

610000－1035－0000285　194/000377(a)
三字經注解備要二卷　(宋)王應麟著　(清)賀興思注　(清)岳朗軒校　清同治十二年(1873)刻本　二册

610000－1035－0000286　194/000377(b)
三字經注解備要二卷　(宋)王應麟著　(清)賀興思注　(清)岳朗軒校　清光緒十八年(1892)刻本　一册

610000－1035－0000287　194/000377(c)
三字經注解備要二卷　(宋)王應麟著　(清)賀興思注　(清)岳朗軒校　清石印本　一册　存一卷(上)

610000－1035－0000288　201//000027(a)

宋書一百卷　(南朝梁)沈約撰　清光緒三十四年(1908)鉛印本　十一冊　存九十一卷(十至一百)

610000－1035－0000289　201/000028(b)
南齊書五十九卷　(南朝梁)蕭子顯撰　清光緒三十四年(1908)鉛印本　六冊

610000－1035－0000290　201/000029(a)
梁書五十六卷　(唐)姚思廉撰　清光緒三十四年(1908)影印本　四冊

610000－1035－0000291　201/000030(a)
陳書三十六卷　(唐)姚思廉撰　清光緒三十四年(1908)影印本　四冊

610000－1035－0000292　201/000031(b)
魏書一百十四卷　(北齊)魏收撰　清光緒三十四年(1908)石印本　十六冊

610000－1035－0000293　201/000032(c)
北齊書五十卷　(唐)李百藥撰　清光緒三十四年(1908)鉛印本　六冊

610000－1035－0000294　201/000033
周書五十卷　(唐)令狐德棻撰　清光緒三十四年(1908)鉛印本　四冊

610000－1035－0000295　201/000033(b)
周書五十卷　(唐)令狐德棻撰　清光緒三十四年(1908)鉛印本　二冊

610000－1035－0000296　201/000035(b)
南史八十卷　(唐)李延壽撰　清光緒三十四年(1908)鉛印本　十二冊

610000－1035－0000297　201/000036(a)
北史一百卷　(唐)李延壽撰　清光緒三十四年(1908)鉛印本　十六冊

610000－1035－0000298　201/000037(b)
舊唐書二百卷　(五代)劉昫等撰　清光緒三十四年(1908)鉛印本　十五冊　存一百二卷(一至二十八、七十九至九十七、一百四十三至一百八十六、一百九十至二百)

610000－1035－0000299　201/000038
唐書二百二十五卷　(宋)歐陽修撰　清光緒三十四年(1908)鉛印本　二十七冊　存一百八十四卷(一至二十二、三十七至六十五、七十至一百五十二、一百七十六至二百二十五)

610000－1035－0000300　201/000040(b)
舊五代史一百五十卷　(宋)薛居正等撰　清鉛印本　一冊　存十三卷(一百至一百十二)

610000－1035－0000301　201/000043(b)
宋史四百九十六卷附錄一卷　(元)脱脱等修　清光緒三十四年(1908)鉛印本　六十一冊　存四百七十一卷(一至二百九、二百十五至三百六十七、三百七十八至四百八十六)

610000－1035－0000302　201/000044(b)
遼史一百十六卷　(元)脱脱等奉敕撰　清光緒三十四年(1908)鉛印本　八冊

610000－1035－0000303　201/000046(a)
元史二百十卷　(明)宋濂等修　清光緒三十四年(1908)鉛印本　二十四冊

610000－1035－0000304　201/000047(a)
明史三百三十二卷目錄四卷　(清)張廷玉等修　清光緒三十四年(1908)鉛印本　四十冊

610000－1035－0000305　201/00045(a)
金史一百三十五卷　(元)脱脱等修　清光緒三十四年(1908)鉛印本　十六冊

610000－1035－0000306　202/000023(a)
御批歷代通鑑輯覽一百二十卷　(清)傅恒撰　清同治十三年(1874)刻本　三十九冊　存七十六卷(一至七十二、七十七至八十)

610000－1035－0000307　202/000049
欽定大清會典圖一百卷　(清)劉啟端　(清)允祹等纂修　清刻本　十六冊　缺三十二卷(三十一至六十二)

610000－1035－0000308　202/000054
鼎鐫趙田了凡袁先生編纂古本歷史大方綱鑑補三十九卷首一卷　(明)袁黄撰　明刻本　十冊　存十三卷(二、六至八、十三、十九至二十一、二十五、三十、三十四至三十六)

610000－1035－0000309　202/000055

增評加批歷史綱鑑補三十九卷　(明)袁黄　(明)王世貞編　清末民初石印本　五册　存十四卷(七至十七、三十七至三十九)

610000－1035－0000310　202/000075
御撰資治通鑑綱目三編二十卷　(清)張廷玉纂修　清光緒石印本　一册　存四卷(一至四)

610000－1035－0000311　202/000076
袁王綱鑑合編三十九卷　(明)袁黄輯　(明)王世貞編　清光緒末年鉛印本　一册　存二卷(二十九至三十)

610000－1035－0000312　202/000331
綱鑑擇語十卷　(清)司徒修輯　清同治六年(1867)刻本　六册　存六卷(一、六至十)

610000－1035－0000313　202/000488
綱鑑擇語□□卷　(清)司徒修輯　清來鹿堂刻本　一册　存二卷(二至三)

610000－1035－0000314　202/000541(a1)
資治通鑑綱目前編二十五卷　(明)陳仁錫評閲　清刻本　十三册

610000－1035－0000315　202/000541(a2)
資治通鑑綱目五十九卷　(明)陳仁錫評閲　清春明堂刻本　一百七册

610000－1035－0000316　202/000541(a3)
續資治通鑑綱目二十七卷末一卷　(明)陳仁錫評閲　清春明堂刻本　四十册

610000－1035－0000317　202/000541(b1)
資治通鑑綱目前編二十五卷　(明)陳仁錫評閲　清嘉慶九年(1804)刻本　九册　存二十三卷(一至二十三)

610000－1035－0000318　202/000541(b2)
資治通鑑綱目五十九卷　(明)陳仁錫評閲　清嘉慶九年(1804)刻本　六十九册　存五十三卷(五至三十七、三十九至五十、五十二至五十九)

610000－1035－0000319　202/000541(b3)
續資治通鑑綱目二十七卷　(明)陳仁錫評閲　清刻本　二十五册　存二十三卷(一至十、十三至二十五)

610000－1035－0000320　204/000018
衛衢編二卷　(清)劉紹攽編　清光緒元年(1875)刻本　二册

610000－1035－0000321　204/000144
東西洋考十二卷　(明)張燮著　清道光二十六年(1846)宏道書院刻惜陰軒叢書本　四册

610000－1035－0000322　204/000366
吴越春秋六卷　(漢)趙曄撰　清刻本　二册

610000－1035－0000323　205/000334
元經薛氏傳十卷　(隋)王通經　(唐)薛收撰　清刻本　二册　存八卷(一至八)

610000－1035－0000324　205/000435
石渠意見四卷附拾遺上下卷補缺一卷　(明)王恕著　清道光二十六年(1846)宏道書院刻惜陰軒叢書本　二册

610000－1035－0000325　205/000686
唐語林八卷　(宋)王讜撰　清道光二十六年(1846)宏道書院刻惜陰軒叢書本　四册

610000－1035－0000326　206/000296
節本泰西新史攬要八卷　(英國)李提摩太譯　(清)周慶雲節録　清光緒二十七年(1901)夢坡室刻本　二册

610000－1035－0000327　207/000302
華陽國志十二卷附江原士女志一卷　(晉)常璩著　清刻本　三册

610000－1035－0000328　207/000400
戰國策校註十卷　(宋)鮑彪撰　(元)吴師道重校　清刻本　八册

610000－1035－0000329　207/000443
十六國春秋不分卷　(北魏)崔鴻撰　(清)謝家蘭校　清刻本　一册

610000－1035－0000330　208/000004
朱子[熹]年譜不分卷　(清)鄭士范編　清光緒六年(1880)刻本　二册

610000－1035－0000331　208/000007
陸清獻公[隴其]年譜不分卷　(清)吴光西撰　清光緒刻本　一册

610000－1035－0000332　208/000008
王山史[弘撰]先生年譜一卷附遺事一卷　(清)王凌霄著　清光緒二十二年(1896)華陰王敬義堂刻本　一册

610000－1035－0000333　208/000009
曾文正公[國藩]年譜十二卷　(清)黎庶昌　(清)曹耀湘編　清光緒二年(1876)傳忠書局刻本　六册

610000－1035－0000334　208/000011
關中同官録不分卷　(□)□□撰　清光緒刻本　七册

610000－1035－0000335　208/000014
明良志略不分卷　(清)劉沅撰　清道光刻本　一册

610000－1035－0000336　208/000058
二先生行狀不分卷　(宋)黄榦撰　清同治六年(1867)劉氏傳經堂刻本　一册

610000－1035－0000337　208/000058(b)
二先生行狀不分卷　(宋)黄榦撰　清同治六年(1867)劉氏傳經堂刻本　一册

610000－1035－0000338　208/000060
列女傳校注八卷　(漢)劉向纂　(清)梁端校注　清光緒十七年(1891)陝西咸寧劉氏刻本　四册

610000－1035－0000339　208/00008
王氏宗祠志一卷　(清)王凌霄修　清光緒二十一年(1895)刻本　一册

610000－1035－0000340　208/000299
高士傳三卷附蓮社高賢傳一卷　(晉)皇甫謐撰　清刻本　一册

610000－1035－0000341　208/000301
濂學編六卷　(清)黄嗣東編　清光緒二十三年(1897)刻本　二册　存二卷(二至三)

610000－1035－0000342　208/000368
關學原編四卷首一卷　(明)馮從吾著　清光緒十七年(1891)刻本　二册

610000－1035－0000343　208/000524(a)
宋名臣言行録前集十卷後集十四卷續集八卷别集二十六卷外集十七卷　(宋)朱熹撰　清光緒十三年(1887)傳經堂刻本　十二册　缺九卷(别集五至十三)

610000－1035－0000344　208/000524(b)
宋名臣言行録前集十卷後集十四卷續集八卷别集二十六卷外集十七卷　(宋)朱熹纂　清光緒十三年(1887)傳經堂刻本　十二册

610000－1035－0000345　208/000697
新安朱氏宗譜□□卷　(□)□□撰　清刻本　一册　存一卷(十一)

610000－1035－0000346　208－000074
歷代名臣言行録二十四卷　(清)朱桓編　清刻本　十三册　存十二卷(五至六、八至十、十一上、十三至十八)

610000－1035－0000347　210/000002
欽定大清會典圖二百七十卷　(清)劉啟端　(清)夏孫桐纂修　清光緒刻本　七十二册　存二百六十卷(一至四十五、五十至一百七十七、一百七十九至一百八十二、一百八十四至二百五十五、二百六十至二百七十)

610000－1035－0000348　210/000197
徐試可地理琢玉斧四卷　(明)徐之鏌撰　(清)張鳳藻注　清刻本　二册　存二卷(撥砂一、鑑水一)

610000－1035－0000349　210/000273
居濟一得八卷　(清)張伯行著　清刻本　四册

610000－1035－0000350　210/000283
水經上下卷　(□)□□撰　清刻本　一册

610000－1035－0000351　212/000209
大清壹統輿圖三十一卷　(清)胡林翼編　清末刻本　二十六册

610000－1035－0000352　213/000024

曾文正公大事記四卷　(清)王定安著　清光緒二年(1876)刻本　二冊

610000－1035－0000353　213/000025(a)

[雍正]陝西通志一百卷首一卷　(清)劉於義修　(清)沈青崖纂　清雍正十三年(1735)刻本　九冊　存十卷(一至二、三十一、三十五、六十六、七十六、八十九、九十二、九十七,首一卷)

610000－1035－0000354　213/000025(b)

[雍正]陝西通志一百卷首一卷　(清)劉於義修　(清)沈青崖纂　清雍正十三年(1735)刻本　九十一冊　存九十二卷(一至十三、十五至四十三、四十五、五十一至七十二、七十四至七十五、七十七至一百,首一卷)

610000－1035－0000355　213/000050

[道光]寶慶府志一百四十三卷首二卷末三卷　(清)黃宅中等修　(清)鄭顯鶴等纂　清道光二十九年(1849)刻本　十五冊　存四十九卷(一至四十七、五十五、六十六)

610000－1035－0000356　213/000059

[嘉慶]扶風縣志十八卷首一卷　(清)宋世犖修　(清)吳鵬翔　(清)王樹棠纂　清嘉慶二十四年(1819)刻本　二冊　存九卷(六至十四)

610000－1035－0000357　213/000062(a)

[光緒]三原縣新志八卷　(清)焦雲龍修　(清)賀瑞麟纂　清光緒六年(1880)刻本　三冊　存六卷(一至五、六上中)

610000－1035－0000358　213/000062(b)

[光緒]三原縣新志八卷　(清)焦雲龍修　(清)賀瑞麟纂　清光緒六年(1880)刻本　三冊　存六卷(一至三、六中、七至八)

610000－1035－0000359　213/000062(c)

[光緒]三原縣新志八卷　(清)焦雲龍修　(清)賀瑞麟纂　清光緒六年(1880)刻本　一冊　存三卷(六下、七至八)

610000－1035－0000360　213/000067(a)

[正德]武功縣志三卷首一卷　(明)康海纂　(清)孫景烈評註　清乾隆二十六年(1761)瑪星阿刻本　二冊

610000－1035－0000361　213/000067(b)

[正德]武功縣志三卷首一卷　(明)康海纂　(清)孫景烈評註　清乾隆二十六年(1761)瑪星阿刻本　一冊

610000－1035－0000362　213/000068

[道光]仁壽縣新志八卷　(清)馬百齡修　(清)魏崧　(清)鄭宗垣纂　清道光十八年(1838)刻本　七冊　存七卷(二至八)

610000－1035－0000363　213/000071(a)

[乾隆]合陽縣全志四卷　(清)席奉乾修　(清)孫景烈纂　清乾隆三十四年(1769)刻本　四冊

610000－1035－0000364　213/000071(b)

[乾隆]合陽縣全志四卷　(清)席奉乾修　(清)孫景烈纂　清乾隆三十四年(1769)刻本　三冊

610000－1035－0000365　213/000119

[光緒]新續渭南縣志十二卷　(清)嚴書麐修　(清)焦聯甲纂　清光緒十八年(1892)刻本　十冊

610000－1035－0000366　213/000201

[乾隆]醴泉縣志十四卷圖一卷　(清)蔣騏昌修　(清)孫星衍纂　清乾隆四十九年(1784)刻本　一冊　存五卷(一至五)

610000－1035－0000367　213/000330

雲南機務抄黃不分卷　(明)張紞編　清道光二十六年(1846)宏道書院刻惜陰軒叢書本　一冊

610000－1035－0000368　214/000268

華嶽志八卷　(清)李榕纂輯　(清)楊翼武評閱　清刻本　三冊　存三卷(二、五至六)

610000－1035－0000369　218/000256

西歸日札一卷　(清)王弘撰撰　(清)李夔龍評　清光緒二十六年(1900)刻本　一冊

610000－1035－0000370　218/000257

北行日札一卷　(清)王宏撰撰　清光緒二十年(1894)刻本　一冊

610000－1035－0000371　218/000550
西輶瑣記四卷附伊江行記一卷　(清)宋伯魯撰　清末醴泉宋伯魯海棠仙館刻本　二冊

610000－1035－0000372　218/000722
待菴日札一卷　(清)王弘撰撰　(清)李夔龍評　清刻本　一冊

610000－1035－0000373　219/000304
伽藍記五卷　(北魏)楊衒之著　清刻本　一冊

610000－1035－0000374　220/000461
焚餘草二卷　(清)宋伯魯撰　清光緒石印本　二冊

610000－1035－0000375　221/000723
雍正硃批諭旨不分卷　(清)世宗胤禛撰　清乾隆三年(1738)内府刻朱墨印本　十二冊

610000－1035－0000376　222/000143
曾文正公奏議十卷首一卷末一卷　(清)曾國藩撰　(清)薛福成編　清同治十三年(1874)刻本　十六冊

610000－1035－0000377　230/000157
荒政輯要九卷首一卷　(清)汪志伊纂　清同治八年(1869)崇文書局刻本　二冊

610000－1035－0000378　230/000162(a)
歷代職官表六卷　(清)黄本驥紀　清光緒二十四年(1898)刻本　三冊

610000－1035－0000379　230/000162(b)
歷代職官表六卷　(清)黄本驥紀　清光緒二十四年(1898)刻本　二冊

610000－1035－0000380　230/000349
督捕則例附纂二卷　(清)王又槐　(清)曲光熙纂定　清嘉慶刻本　一冊

610000－1035－0000381　231/000393(a)
吾學錄初編二十四卷　吳榮光撰述　清光緒七年(1881)刻本　六冊

610000－1035－0000382　231/000393(b)
吾學錄初編二十四卷　吳榮光撰述　清同治九年(1870)江蘇書局刻本　六冊

610000－1035－0000383　231/000622(a)
文獻通考輯要二十四卷　湯壽潛編輯　清光緒二十五年(1899)鉛印本　十冊

610000－1035－0000384　231/000622(b)
欽定續文獻通考輯要二十六卷　湯壽潛輯　清通雅堂鉛印本　十冊

610000－1035－0000385　231/000622(c)
皇朝文獻通考輯要二十六卷　湯壽潛輯　清通雅堂鉛印本　十冊

610000－1035－0000386　232/000230
籌濟編三十二卷首一卷　(清)楊景仁輯　清光緒六年(1880)刻本　十冊

610000－1035－0000387　232/000536
重刊救荒補遺書二卷　(宋)董煟編著　(清)朱熊補遺　清同治八年(1869)楚北崇文書局刻本　二冊

610000－1035－0000388　232/000689
救荒百策不分卷　(清)寄湘漁夫輯　清光緒二十四年(1898)刻本　一冊

610000－1035－0000389　233/000065
文廟通考六卷首一卷末一卷　(清)牛樹梅編　清光緒十四年(1888)刻本　四冊

610000－1035－0000390　233/000401
文廟祀位不分卷　(□)□□撰　清同治八年(1869)刻本　二冊

610000－1035－0000391　233/000701
皇朝祭器樂舞錄二卷　(清)嚴樹森等輯　清同治十年(1871)刻本　二冊

610000－1035－0000392　233/000706
中祀合編不分卷　(清)徐暢達輯　清同治刻本　一冊

610000－1035－0000393　235/000141
大清宣統新法令不分卷　商務印書館編譯所編纂　清宣統二年(1910)鉛印本　十四冊

存十四冊(八至二十一)

610000－1035－0000394　235/000186

大清律例刑案彙纂集成四十卷　(清)姚雨薌纂輯　(清)胡仰山增修　清道光刻本　七冊　存八卷(一、五、十八至二十一、二十三至二十四)

610000－1035－0000395　235/000444

新刻法筆驚天雷四卷　(□)□□撰　清道光二十七年(1847)刻本　一冊　存三卷(一至三)

610000－1035－0000396　235/000720

庸吏庸言二卷　(清)劉衡輯　清同治七年(1868)刻本　一冊　存一卷(一)

610000－1035－0000397　241/000155

陣紀四卷　(明)何良臣著　清道光二十六年(1846)宏道書院刻惜陰軒叢書本　二冊

610000－1035－0000398　250/000262

石墨鐫華八卷　(明)趙崡著　清光緒鉛印本　二冊

610000－1035－0000399　250/000430

石索不分卷　(清)馮雲鵬　(清)馮雲鵷輯　清刻本　一冊

610000－1035－0000400　251/000063

雍州金石記十卷　(清)朱楓撰　清道光二十六年(1846)宏道書院刻惜陰軒叢書本　二冊

610000－1035－0000401　252/000070

忠武侯祠墓志七卷首一卷末一卷　(清)李復心彙輯　清同治五年(1866)刻本　四冊

610000－1035－0000402　260/000489

後秦錄不分卷　(三國魏)崔鴻撰　清光緒刻本　一冊

610000－1035－0000403　271/000114

經史百家簡編二卷　(清)曾國藩纂　清末刻本　一冊　存一卷(上)

610000－1035－0000404　272/000017

東萊先生音註唐鑑二十四卷考異一卷　(清)范祖禹著　清光緒十六年(1890)柏經正堂刻本　四冊

610000－1035－0000405　272/000245

東萊博議四卷　(宋)呂祖謙撰　清光緒二十四年(1898)刻本　一冊

610000－1035－0000406　300/000294

說苑二十卷　(漢)劉向著　清刻本　四冊

610000－1035－0000407　300/000402

新序十卷　(漢)劉向著　(清)陳用光校　清刻本　二冊

610000－1035－0000408　300/000699

王文中子中說十卷　(隋)王通撰　(宋)阮逸註　清道光二年(1822)刻本　四冊

610000－1035－0000409　301/000013

孔子家語十卷　(三國魏)王肅撰　清乾隆四十九年(1784)刻本　一冊　存五卷(一至五)

610000－1035－0000410　301/000053

朱子語類一百四十卷　(宋)黎靖德著　清光緒刻本　四十七冊　存一百三十八卷(一至十六、十九至一百四十)

610000－1035－0000411　301/000170

養蒙書九種附二種　(清)賀瑞麟輯　清同治十二年(1873)刻本　二冊

610000－1035－0000412　301/000182

朱子為學次第考二卷　(清)童能靈著　清光緒十九年(1893)刻本　二冊

610000－1035－0000413　301/000202

養蒙鍼度五卷　(清)潘子聲　(清)孫蒼璧撰　清刻本　二冊　存四卷(一至四)

610000－1035－0000414　301/000203(a)

小學集註六卷　(宋)朱熹撰　(明)陳選集註　清光緒十三年(1887)刻本　二冊

610000－1035－0000415　301/000204

育正堂重訂幼學須知句解四卷　(清)程登吉著　清乾隆寶寧堂刻本　四冊

610000－1035－0000416　301/000214

小學集解六卷　(清)張伯行輯注　(清)李蘭

汀校訂　清光緒十三年(1887)陝西布政司刻本　五冊　存五卷(一、三至六)

610000－1035－0000417　301/000228
學蔀通辨十二卷　(清)陳建著　清光緒十八年(1892)刻本　四冊

610000－1035－0000418　301/000237
漢學商兑四卷　(清)方東樹撰　清光緒二十年(1894)傳經堂刻本　四冊

610000－1035－0000419　301/000239
辨學七種　(清)程曈輯　清光緒十八年(1892)刻本　十三冊

610000－1035－0000420　301/000240(a)
河南程氏外書十二卷　(宋)朱熹編　清光緒十八年(1892)刻本　二冊

610000－1035－0000421　301/000240(b)
河南程氏外書十二卷　(宋)朱熹編　清刻本　二冊

610000－1035－0000422　301/000242
明辨錄一卷　(清)陳法撰　清光緒十八年(1892)三原劉氏傳經堂刻本　一冊

610000－1035－0000423　301/000307(a)
北溪字義二卷　(宋)陳淳著　清光緒十三年(1887)傳經堂刻本　二冊

610000－1035－0000424　301/000307(b)
北溪字義二卷　(宋)陳淳著　清道光二十六年(1846)宏道書院刻惜陰軒叢書本　一冊　存一卷(上)

610000－1035－0000425　301/000307(c)
北溪先生字義二卷　(宋)陳淳著　清道光二十六年(1846)宏道書院刻惜陰軒叢書本　一冊　存一卷(下)

610000－1035－0000426　301/000307(d)
北溪字義二卷　(宋)陳淳著　清道光二十六年(1846)宏道書院刻惜陰軒叢書本　一冊　存一卷(上)

610000－1035－0000427　301/000322
宋四子抄釋二十一卷　(明)呂楠撰　清道光二十六年(1846)宏道書院刻惜陰軒叢書本　八冊

610000－1035－0000428　301/000342
西銘講義一卷　(清)羅澤南撰　清光緒十七年(1891)涇陽柏經正堂刻本　一冊

610000－1035－0000429　301/000348
正學隅見述一卷　(清)王弘撰著　清光緒刻本　一冊

610000－1035－0000430　301/000364
真文公心經不分卷　(宋)真德秀撰　清光緒元年(1875)述荊堂刻本　四冊

610000－1035－0000431　301/000387
告君錄一卷　(清)仁齋先生輯　清光緒十四年(1888)刻本　一冊

610000－1035－0000432　301/000424
思辨錄輯要前集二十二卷後集十三卷　(清)陸世儀撰　清刻本　三冊　存十八卷(四至二十一)

610000－1035－0000433　301/000425(b)
二論詳解□□卷　(□)□□撰　清刻本　一冊　存二卷(三至四)

610000－1035－0000434　301/000426
二論漸通□□卷　(□)□□撰　清刻本　一冊　存二卷(三至四)

610000－1035－0000435　301/000453(a)
二程粹言二卷　(宋)張栻編次　(宋)楊時訂定　清光緒十八年(1892)傳經堂刻本　二冊

610000－1035－0000436　301/000453(b)
二程粹言二卷　(宋)張栻編次　(宋)楊時訂定　清刻本　二冊

610000－1035－0000437　301/000455
新纂氏族箋釋□□卷　(清)熊峻運著　清刻本　一冊　存二卷(一至二)

610000－1035－0000438　301/000458
小學韻語不分卷　(清)羅澤南著　清光緒三十二年(1906)刻本　一冊

610000－1035－0000439　301/000473
闔閣録不分卷　(清)□□撰　清刻本　二冊

610000－1035－0000440　301/000491
思辨録輯要前集二十二卷後集十三卷　(清)陸世儀著　清光緒三年(1877)刻本　五冊　存十六卷(前集一至三、後集十三卷)

610000－1035－0000441　301/000509(a)
開知録十四卷　(清)張秉直撰　(清)賀瑞麟校勘　清光緒元年(1875)刻本　四冊

610000－1035－0000442　301/000509(b)
開知録十四卷　(清)張秉直撰　(清)賀瑞麟校勘　清光緒元年(1875)刻本　三冊　存十一卷(一至十一)

610000－1035－0000443　301/000542
孔叢子二卷　(漢)孔鮒著　(宋)裘紹謨校　清刻本　一冊

610000－1035－0000444　301/000543
中説二卷　(隋)王通著　(隋)邊祚游校　清刻本　一冊

610000－1035－0000445　301/000558
信好録四卷　(清)賀瑞麟編　清光緒十六年(1890)柏經正堂刻本　二冊

610000－1035－0000446　301/000566
閑闢録十卷　(明)程曈著　清光緒十八年(1892)傳經堂刻本　二冊

610000－1035－0000447　301/000567
程氏家塾讀書分年日程三卷　(清)程端禮編　清光緒十一年(1885)刻本　一冊

610000－1035－0000448　301/000573(a)
張子全書十五卷　(宋)張載撰　(清)朱軾輯　清光緒十一年(1885)刻本　八冊

610000－1035－0000449　301/000573(b)
張子全書十五卷　(宋)張載撰　(宋)朱熹注　(清)李慎輯　清同治九年(1870)刻本　五冊

610000－1035－0000450　301/000573(c)
張子全書十五卷　(宋)張載撰　(清)朱軾輯　清刻本　四冊　存十一卷(三至十、十三至十五)

610000－1035－0000451　301/000577
朱子增損呂氏鄉約不分卷　(宋)呂大忠撰　清光緒十六年(1890)傳經堂刻本　一冊

610000－1035－0000452　301/000578(a)
朱子原訂近思録集注十四卷　(清)江永集注　(清)王鼎校次　清刻本　二冊　存八卷(三至四、九至十四)

610000－1035－0000453　301/000578(b)
朱子原訂近思録集注十四卷　(清)江永集注　(清)王鼎校次　清刻本　三冊　存十二卷(三至十四)

610000－1035－0000454　301/000586
王學質疑五卷附録一卷　(清)張烈撰　(清)張伯行重訂　清光緒十八年(1892)傳經堂刻本　一冊

610000－1035－0000455　301/000606
呻吟語六卷首一卷補遺一卷　(明)呂坤著　清光緒二十一年(1895)味經刊書處刻本　六冊　存六卷(一至五、首一卷)

610000－1035－0000456　301/000630
朱子五書五卷　(宋)朱熹撰　(清)賀瑞麟編　清光緒十年(1884)刻本　一冊

610000－1035－0000457　301/000635
御纂性理精義十二卷　(清)李光地編　清光緒元年(1875)刻本　六冊

610000－1035－0000458　301/000636
近思續録十四卷　(清)劉源淥編　清光緒三十一年(1905)刻本　一冊

610000－1035－0000459　301/000700
周子全書四卷　(宋)周敦頤撰　清光緒十三年(1887)刻本　一冊

610000－1035－0000460　301/000703
聖人家門喻原編不分卷　(□)□□撰　清光緒十二年(1886)刻本　一冊

610000－1035－0000461　301/000716

新鐫增補重訂解學士詩集不分卷 （明）解縉撰 **增訂七言三字經不分卷** 清同治十二年(1873)刻本 一冊

610000－1035－0000462 302/000311

道德經解二卷 （□）純陽帝君釋義 （□）雲門魯史纂述 清刻本 二冊

610000－1035－0000463 302/000358

沖虚至德真經八卷 （晉）張湛注 清光緒五年(1879)刻本 一冊 存四卷（一至四）

610000－1035－0000464 302/000500

演玉歷鈔不分卷 （□）□□撰 清光緒三十二年(1906)刻本 一冊

610000－1035－0000465 302/000544

神僊傳十卷 （晉）葛洪著 （晉）龔學聲校 清刻本 一冊

610000－1035－0000466 302/000681

老子集解二卷考異一卷 （明）薛蕙撰 清道光二十六年(1846)宏道書院刻惜陰軒叢書本 二冊

610000－1035－0000467 305/000290

農政全書六十卷 （明）徐光啟著 清道光二十三年(1843)刻本 二十四冊

610000－1035－0000468 305/000314

南方草木狀三卷 （晉）嵇含著 清刻本 一冊

610000－1035－0000469 305/000495

見物五卷 （明）李蘇撰 清道光二十六年(1846)宏道書院刻惜陰軒叢書本 二冊

610000－1035－0000470 306/000163

曾文正公水陸行軍練兵誌四卷 （清）王定安纂 清光緒二十六年(1900)刻本 二冊

610000－1035－0000471 306/000579

奇門遁甲統宗十二卷 （三國蜀）諸葛亮撰 清光緒二十四年(1898)刻本 六冊

610000－1035－0000472 307/000116

達磨祖師相訣秘傳□□卷 （□）□□撰 清刻本 一冊 存二卷（四至五）

610000－1035－0000473 307/000199

鐵板神數不分卷 （宋）邵雍撰 清刻本 一冊

610000－1035－0000474 307/000259

梅花易數一卷 （宋）邵雍著 清刻本 一冊

610000－1035－0000475 307/000272

六壬神課金口訣七卷 （宋）楊守一校正 清刻本 一冊 存四卷（一至四）

610000－1035－0000476 307/000274(a)

新鐫曆法遍覽象吉備要通書大全二十九卷 （清）魏鑑彙述 清康熙五十一年(1712)刻本 六冊 存十卷（一至四、七至十二）

610000－1035－0000477 307/000274(b)

新鐫曆法遍覽象吉備要通書大全二十九卷 （清）魏鑑彙述 清康熙六十年(1721)刻本 二冊 存八卷（一至八）

610000－1035－0000478 307/000274(c)

象吉備要通書二十九卷 （清）魏鑑彙述 清上海校經山房石印本 一冊 存四卷（六至九）

610000－1035－0000479 307/000280(a)

寄岳雲齋試帖詳註四卷 （清）聶銑敏著 清刻本 一冊 存二卷（二至三）

610000－1035－0000480 307/000280(b)

寄岳雲齋試帖詳註三卷 （清）聶銑敏著 清刻本 一冊 存二卷（三至四）

610000－1035－0000481 307/000289

地理孝思集十五卷首一卷 （清）舒鳳儀纂 清雍正光德堂刻本 三冊 存十一卷（一至十、首一卷）

610000－1035－0000482 307/000291

新增命學津梁不分卷 （明）程明遠著 清刻本 一冊

610000－1035－0000483 307/000362

鼎鍥卜筮鬼谷便讀易課源流大全三卷 （□）□□撰 清刻本 二冊 存二卷（中、下）

610000－1035－0000484 307/000379

嚴陵張九儀增釋地理琢玉斧巒頭歌括不分卷　（清）張鳳藻撰　清刻本　一冊

610000－1035－0000485　307/000384

新鐫曆法便用合節鰲頭通書大全□□卷　（明）熊宗立輯　清刻本　一冊　存二卷（七至八）

610000－1035－0000486　307/000388

新鐫碎工剖秘地理不求人穴法□□卷　（□）□□撰　清刻本　一冊　存一卷（二）

610000－1035－0000487　307/000396（a）

新訂崇正闢謬通書十四卷　（清）李奉來輯　清光緒二年（1876）刻本　二冊　存七卷（一至七）

610000－1035－0000488　307/000396（b）

新訂崇正闢謬通書十四卷　（清）李奉來輯　清刻本　四冊　存九卷（一至七、九至十）

610000－1035－0000489　307/000404

滾盤珠不分卷　（清）劉光遠訂　（清）呂天玉選　清刻本　一冊

610000－1035－0000490　307/000420

增補地理直指原真大全三卷首一卷　（清）釋如玉撰　清刻本　二冊　存三卷（上、中，首一卷）

610000－1035－0000491　307/000436（a）

增刪卜易六卷　（清）野鶴老人著　（清）李坦鑒定　清嘉慶五年（1800）刻本　五冊　存五卷（一至五）

610000－1035－0000492　307/000436（b）

增刪卜易六卷　（清）野鶴老人著　（清）李坦鑒定　（清）李文輝增刪　清刻本　三冊　存三卷（三至五）

610000－1035－0000493　307/000445

地理五訣八卷　（清）趙廷棟撰　清咸豐元年（1851）刻本　一冊　存二卷（一至二）

610000－1035－0000494　307/000456（a）

增補原真□□卷　（清）徹瑩著　清康熙三十五年（1696）刻本　五冊　存五卷（一、三至六）

610000－1035－0000495　307/000456（b）

增補地理原真上下卷　（清）徹瑩著輯　清刻本　一冊

610000－1035－0000496　307/000485

新鐫曆法總覽合節鰲頭通書大全十卷　（明）熊宗立纂輯　清末刻本　一冊　存二卷（一至二）

610000－1035－0000497　307/000501

精巧演禽三世相法不分卷　（□）□□撰　清刻本　一冊

610000－1035－0000498　307/000502

新刻合併官板音義評註淵海子平五卷　（宋）徐升編　清刻本　一冊　存三卷（三至五）

610000－1035－0000499　307/000503

雪心賦正解四卷　（唐）卜應天著　（清）孟浩注　清刻本　二冊

610000－1035－0000500　307/000506

高批山法全書□□卷　（清）葉泰輯　（清）高其倬批註　清刻本　一冊　存一卷（二）

610000－1035－0000501　307/000621

陰陽五行不分卷　（□）□□撰　清刻本　一冊

610000－1035－0000502　307/000677

欽定協紀辨方書□□卷　（清）允祿　（清）何國宗等著　清刻本　一冊　存四卷（二十九至三十二）

610000－1035－0000503　307/000688

乾坤二十四卷　（□）□□撰　清抄本　二十三冊　缺一卷（乾西）

610000－1035－0000504　307/000708

陽宅集成八卷　（清）姚廷鑾著　清石印本　一冊　存一卷（二）

610000－1035－0000505　308/000021

神農本草經讀四卷　（清）陳念祖著　清光緒二十一年（1895）刻本　一冊

610000－1035－0000506　308/000057
傷寒醫訣串解六卷　(清)陳修園撰　清光緒二十一年(1895)刻本　一冊

610000－1035－0000507　308/000218
傷寒論條辨八卷　(明)方有執撰　清初浩然樓刻本　二冊　存五卷(四至六、七至八)

610000－1035－0000508　308/000276
辨證錄十四卷　(清)陳士鐸著　清刻本　十四冊

610000－1035－0000509　308/000278
本草綱目五十二卷　(明)李時珍撰　清刻本　二冊　存二卷(十五、二十六)

610000－1035－0000510　308/000279
新增醫書七種　(清)劉至喜書　清光緒三十二年(1906)刻本　一冊

610000－1035－0000511　308/000288
靈素集注節要十二卷　(清)陳修園集注　清光緒二十一年(1895)刻本　五冊

610000－1035－0000512　308/000316
春溫三字訣不分卷　(清)張子培著　(清)鄧其章校　清刻本　一冊

610000－1035－0000513　308/000352(a)
重訂外科正宗十二卷　(清)陳實功撰　(清)張鷟翼重訂　清乾隆刻本　六冊

610000－1035－0000514　308/000352(b)
重訂外科正宗十二卷　(清)陳實功撰　(清)張鷟翼重訂　清刻本　二冊　存六卷(四至五、九至十二)

610000－1035－0000515　308/000353
衛生寶鑑二十五卷　(元)羅天益著　清道光二十六年(1846)宏道書院刻惜陰軒叢書本　八冊

610000－1035－0000516　308/000354(a)
時方歌括二卷　(清)陳念祖著　清光緒二十一年(1895)刻本　一冊

610000－1035－0000517　308/000354(b)
時方歌括二卷　(清)陳念祖著　清光緒十三年(1887)刻本　一冊

610000－1035－0000518　308/000355
急救喉痧要法不分卷　(□)□□輯　清刻本　一冊

610000－1035－0000519　308/000371
丹臺玉案□□卷　(明)孫文胤著　(清)屠壽徽較正　清刻本　一冊　存一卷(二)

610000－1035－0000520　308/000372
新刊良朋彙集五卷　(清)孫偉輯　清善成堂刻本　一冊　存三卷(二至三、五)

610000－1035－0000521　308/000373(a)
御纂醫宗金鑑□□卷　(清)吳謙輯　清末石印本　一冊　存六卷(十一至十六)

610000－1035－0000522　308/000373(b)
御纂醫宗金鑑□□卷　(清)吳謙輯　清刻本　一冊　存二卷(六至七)

610000－1035－0000523　308/000373(c)
御纂醫宗金鑑□□卷　(清)吳謙輯　清刻本　一冊　存一卷(十三)

610000－1035－0000524　308/000373(d)
御纂醫宗金鑒□□卷　(清)吳謙輯　清刻本　一冊　存一卷(五)

610000－1035－0000525　308/000378(a)
壽世保元十卷　(明)龔廷賢編　清同治四年(1865)刻本　二冊　存二卷(一、五)

610000－1035－0000526　308/000378(b)
壽世保元十卷　(明)龔廷賢編　清刻本　一冊　存一卷(九)

610000－1035－0000527　308/000378(c)
新刊醫林狀元壽世保元十卷　(明)龔廷賢編　(清)周亮登校　清刻本　一冊　存一卷(三)

610000－1035－0000528　308/000378(d)
壽世保元十卷　(明)龔廷賢編　清同治四年(1865)刻本　一冊　存一卷(十)

610000－1035－0000529　308/000378(e)

校正醫林狀元壽世保元十卷　(明)龔廷賢編　(清)周亮登校　清刻本　二冊　存二卷(六至七)

610000－1035－0000530　308/000378(f)
較正醫林狀元壽世保元十卷　(明)龔廷賢編　清刻本　四冊　存四卷(二、四至五、九)

610000－1035－0000531　308/000378(g)
較正醫林狀元壽世保元十卷　(明)龔廷賢編　清刻本　一冊　存一卷(十)

610000－1035－0000532　308/000413
張仲景傷寒論原文淺注六卷　(清)陳念祖集註　清末石印本　一冊

610000－1035－0000533　308/000423
醫方集解三卷　(清)汪昂著輯　清刻本　一冊　存二卷(中、下)

610000－1035－0000534　308/000459
溫病條辨六卷首一卷　(清)吳瑭著　清同治十年(1871)刻本　三冊　存六卷(一至五、首一卷)

610000－1035－0000535　308/000460
鼎鍥幼幼集成六卷　(清)陳復正輯訂　清刻本　一冊　存一卷(六)

610000－1035－0000536　308/000462
金匱方歌括六卷　(清)陳念祖著　清光緒二十一年(1895)刻本　二冊

610000－1035－0000537　308/000463
急救奇痧方附内外經驗百病一卷　(清)陳念祖原評　清刻本　一冊

610000－1035－0000538　308/000580
御纂醫宗金鑑十六卷首一卷　(清)吳謙纂　清末刻本　六冊　存八卷(一至四、七至九，首一卷)

610000－1035－0000539　308/000588
小兒藥證直訣三卷　(宋)錢乙撰　清道光二十六年(1846)宏道書院刻惜陰軒叢書本　二冊

610000－1035－0000540　308/000592
刪註脈訣規正二卷　(清)沈鏡刪註　清刻本　一冊　存一卷(下)

610000－1035－0000541　308/000609
增訂本草備要四卷醫方集解三卷　(清)汪昂著　(清)汪桓參訂　**醫方集解三卷**　(清)汪昂輯　(清)汪桓參閲　清刻本　三冊

610000－1035－0000542　308/000676
鍼灸大成十卷　(明)楊繼洲撰　清刻本　八冊　存九卷(一至四、六至十)

610000－1035－0000543　308/000682
痘科辯證四卷　(清)陳堯道編集　清刻本　四冊

610000－1035－0000544　309/000020(a)
讀近思錄類編十四卷　(清)牛兆濂撰　清光緒三十一年(1905)蕓閣精舍活字印本　二冊

610000－1035－0000545　309/000020(b)
讀近思錄類編十四卷　(清)牛兆濂撰　清光緒三十一年(1905)蕓閣精舍活字印本　二冊

610000－1035－0000546　309/000052
曾文公雜著二卷　(清)李瀚章編　清光緒二年(1876)刻本　二冊

610000－1035－0000547　309/000066
事物紀原十卷　(宋)高承撰　(明)李果考訂　清道光二十六年(1846)宏道書院刻惜陰軒叢書本　十冊

610000－1035－0000548　309/000106
藝餘集覽□□卷　(□)□□撰　清刻本　一冊　存一卷(下)

610000－1035－0000549　309/000135(a)
河南程氏遺書二十五卷附錄一卷　(宋)程顥撰　(宋)程頤撰　(宋)朱熹輯　清光緒三十四年(1908)傳經堂刻本　六冊

610000－1035－0000550　309/000135(b)
河南程氏遺書二十五卷附錄一卷　(宋)程顥撰　(宋)程頤撰　(宋)朱熹輯　清光緒三十四年(1908)傳經堂刻本　六冊

610000－1035－0000551　309/000210(a)

治平大略四卷　(清)張秉直著　清光緒元年(1875)傳經堂刻本　二册

610000－1035－0000552　309/000210(b)
治平大略四卷　(清)張秉直著　清光緒元年(1875)傳經堂刻本　二册

610000－1035－0000553　309/000250
天禄閣外史八卷　(漢)黄憲著　清刻本　二册

610000－1035－0000554　309/000261
力餘説書答友草四編　(清)王禹堂草　(清)樊鳳三校梓　清道光二十八年(1848)鉛印本　三册

610000－1035－0000555　309/000275
少林寺拳棍刀鎗譜四卷　(宋)□□編　清咸豐六年(1856)來鹿堂刻本　一册

610000－1035－0000556　309/000293
白虎通德論四卷　(漢)班固纂　清光緒刻本　二册

610000－1035－0000557　309/000295
求闕齋讀書録十卷　(清)曾國藩著　(清)王啟原輯　清光緒二年(1876)傳忠書局刻本　四册

610000－1035－0000558　309/000300
繪圖七言雜字不分卷　(□)□□撰　清石印本　一册

610000－1035－0000559　309/000306
顔氏家訓二卷　(北齊)顔之推著　清刻本　一册

610000－1035－0000560　309/000308
增訂二論詳解四卷　(清)劉忠輯　清刻本　一册　存二卷(一至二)

610000－1035－0000561　309/000312
廣野歸元寶筏不分卷　(□)□□撰　清光緒二十年(1894)刻本　一册

610000－1035－0000562　309/000318
文昌帝君孝經不分卷　(□)□□撰　清刻本　一册

610000－1035－0000563　309/000335
星經二卷　(漢)石申著　清光緒刻本　一册

610000－1035－0000564　309/000337
書敘指南二十卷　(宋)任廣編　清道光二十六年(1846)宏道書院刻惜陰軒叢書本　三册　存十五卷(六至二十)

610000－1035－0000565　309/000357
宜雨宜晴山舘文存不分卷　(□)張煒著　清光緒二十四年(1898)刻本　一册

610000－1035－0000566　309/000394
直省闈墨十卷　(□)□□輯　清光緒石印本　一册　存一卷(七)

610000－1035－0000567　309/000394(b)
直省闈墨十卷　(□)□□輯　清光緒三十年(1904)石印本　一册　存四卷(一、四至六)

610000－1035－0000568　309/000412
宣講拾遺□□卷　(□)□□撰　清光緒二十九年(1903)刻本　一册　存三卷(三至五)

610000－1035－0000569　309/000417
孝弟録二卷　(清)李文耕輯　清嘉慶十九年(1814)刻本　一册

610000－1035－0000570　309/000421(b)
指迷金鍼□□卷　(□)□□撰　清同治七年(1868)刻本　一册　存一卷(一)

610000－1035－0000571　309/000432
古格言十二卷　(清)梁章鉅輯　清末刻本　二册

610000－1035－0000572　309/000439
雲林别墅新輯酬世錦囊十九卷　(清)謝梅林　(清)鄒可庭定　(清)鄒景揚輯　清刻本　四册　存七卷(啓合編初集三至四、七至八,姓氏集成二集四,詩文集成二集六至七)

610000－1035－0000573　309/000493
涇野子内篇二十七卷　(明)呂柟撰　清光緒七年(1881)刻本　六册

610000－1035－0000574　309/000496
四篇註解□□卷　(清)呂信士撰　清光緒六

年(1880)刻本　一冊　存一卷(下)

610000－1035－0000575　309/000510
表異錄二十卷　(明)王志堅輯　清道光二十六年(1846)宏道書院刻惜陰軒叢書本　二冊

610000－1035－0000576　309/000515
龍文鞭影四卷　(明)蕭良有著　(明)楊臣諍增訂　清光緒十八年(1892)刻本　二冊

610000－1035－0000577　309/000517
風俗通義十卷　(漢)應劭撰　(宋)陳嘉猷校　**人物志三卷**　(三國魏)劉劭著　(清)羅蘭玉校　清刻本　二冊

610000－1035－0000578　309/000520
聖祖仁皇帝庭訓格言不分卷　(清)世宗胤禛撰　清光緒十六年(1890)柏經正堂刻本　一冊

610000－1035－0000579　309/000552
豫教三書不分卷　(清)賀瑞麟輯　清光緒八年(1882)刻本　一冊

610000－1035－0000580　309/000556(a)
許文正公遺書十二卷首一卷末一卷　(元)許衡撰　清光緒十三年(1887)刻本　四冊

610000－1035－0000581　309/000556(b)
許文正公遺書十二卷首一卷末一卷　(元)許衡撰　清光緒十三年(1887)刻本　四冊

610000－1035－0000582　309/000581
完穀山房寱語鈔存三卷　(清)白遇道著　清刻本　三冊

610000－1035－0000583　309/000584
清麓逸語四卷逸事一卷　(清)賀瑞麟口訓　(清)謝化南編輯　清光緒三十一年(1905)刻本　四冊

610000－1035－0000584　309/000593
兩山墨談十八卷　(明)陳霆著　清道光二十六年(1846)宏道書院刻惜陰軒叢書本　四冊

610000－1035－0000585　309/000610
法言十卷　(漢)揚雄著　**申鑒五卷**　(漢)荀悦著　清刻本　一冊

610000－1035－0000586　309/000613
完穀山房館課詩存不分卷　(清)白遇道著　清刻本　一冊

610000－1035－0000587　309/000614
完穀山房館課賦鈔不分卷　(清)白遇道著　清刻本　一冊

610000－1035－0000588　309/000615(a)
宗聖學規錄要不分卷　(□)□□撰　清光緒三年(1877)鉛印本　一冊

610000－1035－0000589　309/000615(b)
宗聖學規錄要不分卷　(□)□□撰　清光緒三年(1877)鉛印本　一冊

610000－1035－0000590　309/000617
二語合編二卷　(清)牛樹梅原編　清光緒十七年(1891)刻本　一冊

610000－1035－0000591　309/000625
暗室燈二卷　(清)深山居士撰　清嘉慶十二年(1807)刻本　一冊

610000－1035－0000592　309/000628
新論十卷　(南朝梁)劉勰撰　清刻本　一冊　存九卷(二至十)

610000－1035－0000593　309/000640
論衡三十卷　(漢)王充著　(清)顧汝璉校　清刻本　七冊

610000－1035－0000594　309/000644
淮南鴻烈解二十一卷　(漢)劉安撰　(清)黄錫禧校　清刻本　五冊

610000－1035－0000595　309/000646
小題正鵠四集　(清)李元度編輯　清道光二十七年(1847)刻本　五冊　存二集(二至三)

610000－1035－0000596　309/000650
古玉圖考不分卷　(清)吳大瀓輯　清光緒十五年(1889)石印本　四冊

610000－1035－0000597　309/000651
求闕齋日記類鈔二卷　(清)曾國藩隨筆　(清)王啟原校編　清光緒二年(1876)刻本　二冊

610000－1035－0000598　309/000654

鹽鐵論十二卷　(漢)桓寬著　清刻本　二册

610000－1035－0000599　309/000656

清異録二卷　(宋)陶穀撰　清道光二十六年(1846)宏道書院刻惜陰軒叢書本　二册

610000－1035－0000600　309/000661

拾餘四種　(清)劉沅撰　清光緒元年(1875)刻本　一册　存一種

610000－1035－0000601　309/000662

越絕十五卷　(明)張佳胤撰　(清)任如棠校　清刻本　一册

610000－1035－0000602　309/000663(a)

四言雜字不分卷　(□)□□撰　清光緒十三年(1887)刻本　一册

610000－1035－0000603　309/000667

雲林别墅新輯酬世錦囊姓氏集成二集□□卷　(清)謝梅林　(清)鄒可庭定　(清)鄒景揚輯　清乾隆刻本　一册　存一卷(五)

610000－1035－0000604　309/000669

潛夫論十卷　(漢)王符著　(清)邵孟遴校　清刻本　二册

610000－1035－0000605　309/000670

釋名四卷　(漢)劉熙撰　(清)廖映書校　清刻本　一册

610000－1035－0000606　309/000671

中論二卷　(漢)徐幹著　(清)蔡祖拔校　清刻本　一册

610000－1035－0000607　309/000678

增廣賢文一卷初學必讀明賢集一卷　(□)□□撰　清末印本　一册

610000－1035－0000608　309/000692

錦字箋四卷　(清)黄澐撰　清康熙二十八年(1689)刻本　一册　存一卷(一)

610000－1035－0000609　309/000702

文言對照初學論説精華不分卷　(清)陸保璿撰　清石印本　二册　存二册(二至三)

610000－1035－0000610　309/000707

世説新語三卷　(南朝宋)劉義慶撰　(南朝梁)劉孝標註　清道光二十六年(1846)宏道書院刻惜陰軒叢書本　六册

610000－1035－0000611　309/000719

元城語録解三卷行録解一卷　(明)王崇慶著　清道光二十六年(1846)宏道書院刻惜陰軒叢書本　二册

610000－1035－0000612　310/000069

精選黄眉故事十卷　(明)鄧志謨編　清天德堂刻本　八册

610000－1035－0000613　310/000340(b)

繡像東周列國志□□卷　(清)蔡界評點　清光緒三十一年(1905)鉛印本　三册　存七卷(六至八、十六至十七、二十六至二十七)

610000－1035－0000614　310/000572

宣講拾遺不分卷　(□)□□撰　清末石印本　一册

610000－1035－0000615　310/000602

搜神後記上下卷　(晉)陶潛著　**還寃記不分卷**　(北齊)顔之推著　**神異經不分卷内十洲記不分卷**　(漢)東方朔著　清刻本　一册

610000－1035－0000616　310/000687

增像全圖三國演義十六卷一百二十回　(清)毛宗崗評述　清光緒三十年(1904)石印本　七册　存十四卷(一至二、五至十六)

610000－1035－0000617　310/000713

朱子遺書十五種　(宋)朱熹撰　清光緒十二年(1886)傳經堂刻本　二十四册

610000－1035－0000618　312/000015

[乾隆]西安府志八十卷首一卷　(清)舒其紳修　(清)嚴長明纂　清乾隆四十四年(1779)刻本　三十册

610000－1035－0000619　330/000305

古今注三卷　(晉)崔豹著　清刻本　一册

610000－1035－0000620　350/000238

新增格古要論十三卷　(明)曹昭著　(明)舒

敏編　(明)王佐增　清道光二十六年(1846)宏道書院惜陰軒叢書本　六冊

610000－1035－0000621　350/000338
書法離鉤十卷　(明)潘之淙著　(明)潘之淇校　清道光二十六年(1846)宏道書院惜陰軒叢書本　二冊

610000－1035－0000622　350/000391
十三經集字摹本不分卷　(清)彭玉雯纂　(清)萬青銓校正　清道光二十九年(1849)刻本　八冊

610000－1035－0000623　350/000596
墨緣彙觀四卷　(清)安岐撰　清光緒二十六年(1900)鉛印本　六冊

610000－1035－0000624　350/000603
甌鉢羅室書畫過目攷四卷首一卷　(清)李玉棻編輯　清光緒二十三年(1897)石印本　四冊

610000－1035－0000625　370/000205(a)
寄傲山房塾課新增幼學故事瓊林四卷　(清)程允升原本　(清)鄒聖脈增補　清刻本　二冊　存二卷(二至三)

610000－1035－0000626　370/000205(b)
寄傲山房塾課新增幼學故事瓊林四卷　(清)程允升撰　(清)鄒聖脈增補　清刻本　三冊　存三卷(二至四)

610000－1035－0000627　370/000205(c)
寄傲山房塾課新增幼學故事瓊林四卷　(清)程允升撰　(清)鄒聖脈增補　清乾隆二十五年(1760)刻本　一冊　存一卷(一)

610000－1035－0000628　370/000205(d)
寄傲山房塾課新增幼學故事瓊林四卷　(清)程允升撰　(清)鄒聖脈增補　清刻本　二冊　存二卷(三至四)

610000－1035－0000629　370/000548
俗言教子訓女歌二卷　(□)□□撰　清光緒十七年(1891)刻本　一冊

610000－1035－0000630　380/000281
十魔九難不分卷　(□)□□撰　清光緒十一年(1885)刻本　一冊

610000－1035－0000631　380/000292
十三經註疏□□卷　(□)□□撰　清刻本　一冊　存一冊(序)

610000－1035－0000632　381/000105
太上全真功課經二卷　(□)□□撰　清光緒刻本　一冊

610000－1035－0000633　381/000120
救劫經不分卷　(□)□□撰　清同治六年(1867)刻本　一冊

610000－1035－0000634　381/000134
佛說請神真經消災解厄法華神咒寶□不分卷　(□)□□譯　清抄本　一冊

610000－1035－0000635　381/000226
三教同原研究會演說詞不分卷　(清)楊古霞撰　清刻本　一冊

610000－1035－0000636　381/000227
救劫新經□□卷　(□)□□撰　清刻本　九冊　存七卷(二至四、七、十、十四、十八)

610000－1035－0000637　381/000234
地母真經寶懺不分卷　(□)□□撰　清光緒三十四年(1908)刻本　一冊

610000－1035－0000638　381/000247(a)
觀音濟渡本願真經二卷　(□)□□編　清光緒八年(1882)刻本　一冊

610000－1035－0000639　381/000247(b)
觀音濟度本願真經二卷　(□)□□編　清刻本　一冊

610000－1035－0000640　381/000249
握奇經訂本一卷　(清)李光地注　清末傳經堂刻本　一冊

610000－1035－0000641　381/000258
佛說臺上三元賜福赦罪解厄消災經不分卷　(□)□□譯　清抄本　一冊

610000－1035－0000642　381/000277

玄天雲城真經不分卷 (□)□□撰 清靈壽壇刻本 一冊

610000－1035－0000643 381/000298
佛説觀世音菩薩普門品不分卷 (後秦)釋鳩摩羅什譯 清抄本 一冊

610000－1035－0000644 381/000324
觀音心經注解金剛證果不分卷 (□)□□撰 清刻本 一冊

610000－1035－0000645 381/000326
孚佑帝君詩註金剛經不分卷 (清)孚佑帝君註解 清光緒十四年(1888)刻本 一冊

610000－1035－0000646 381/000327
觀音心經密解不分卷 (□)玉山老人密解 清光緒十七年(1891)刻本 一冊

610000－1035－0000647 381/000328
觀音勸善文不分卷 (清)趙世清撰 清同治九年(1870)刻本 一冊

610000－1035－0000648 381/000332
有感集□□卷 (□)□□撰 清刻本 三冊 存二卷(三、七)

610000－1035－0000649 381/000336
居士林不分卷 (□)□□撰 清刻本 一冊

610000－1035－0000650 381/000341
佛經寶卷十種 (□)□□撰 清刻本 三冊

610000－1035－0000651 381/000341(b)
佛經寶卷八種 (□)□□撰 清刻本 二冊

610000－1035－0000652 381/000360
淨心神呪 (□)□□輯 清抄本 一冊

610000－1035－0000653 381/000363
金剛經石註不分卷 (清)石成金集註 清道光元年(1821)刻本 一冊

610000－1035－0000654 381/000365
佛説彌陀消災解厄救苦真經一卷 (□)□□譯 清抄本 一冊

610000－1035－0000655 381/000375
太上洞玄靈寶高上玉皇本行集經□□卷 (□)□□撰 清刻本 一冊 存一卷(下)

610000－1035－0000656 381/000431
金剛般若波羅蜜經 (後秦)釋鳩摩羅什譯 □刻本 一冊

610000－1035－0000657 381/000433
太上靈寶晚壇功課不分卷 (□)□□撰 清光緒十一年(1885)刻本 一冊

610000－1035－0000658 381/000446
沙彌律儀要略不分卷 (明)釋袾宏輯 (明)湛元補校 清刻本 一冊

610000－1035－0000659 381/000448
先天虛無太乙金華宗旨不分卷 (唐)呂純陽著 清光緒三十二年(1906)刻本 一冊

610000－1035－0000660 381/000454
玉歷鈔傳警世不分卷 (清)李宗敏參訂 清嘉慶十五年(1810)刻本 一冊

610000－1035－0000661 381/000481
血盆經懺解不分卷 (□)□□撰 清同治十一年(1872)刻本 一冊

610000－1035－0000662 381/000504
關帝明聖真經不分卷 (□)□□撰 清刻本 一冊

610000－1035－0000663 381/000506
免刦真經不分卷 (□)□□撰 清刻本 一冊

610000－1035－0000664 381/000507
金匱玉經原本□□卷 (□)□□撰 清同治三年(1864)刻本 一冊 存一卷(上)

610000－1035－0000665 381/000551
善過格□□卷 (□)□□撰 清刻本 二冊 存一卷(二)

610000－1035－0000666 381/000658
增訂暗室燈四卷 (清)深山居士撰 清刻本 四冊

610000－1035－0000667 381/000665
太上洞玄靈寶高上玉皇本行集經□□卷

(□)□□撰　清刻本　一冊　存一卷(中)

610000－1035－0000668　381/000696
太上感應篇不分卷　(□)□□撰　清石印本　一冊

610000－1035－0000669　381/000709
七真天仙寶傳□□卷　(□)孚佑帝君敘　(□)海原子校證　清刻本　一冊　存一卷(四)

610000－1035－0000670　382/000223
聖經摘要五卷　(□)□□撰　清咸豐五年(1855)刻本　五冊

610000－1035－0000671　382/000225
普慶愿船聖經不分卷　(□)□□撰　清靈壽壇刻本　一冊

610000－1035－0000672　390/000142
子史精華一百六十卷　(清)允祿　(清)允禮修　清光緒十五年(1889)上海蜚英館石印本　八冊

610000－1035－0000673　390/000159
佩文韻府一百六卷　(清)張玉書彙閱　清康熙五十年(1711)刻本　一百三十九冊

610000－1035－0000674　390/000623(a)
重訂廣事類賦四十卷　(清)華希閔著　清光緒八年(1882)刻本　四冊

610000－1035－0000675　390/000623(b)
續廣事類賦三十三卷　(清)王鳳喈撰　清刻本　三冊　存二十四卷(七至三十)

610000－1035－0000676　390/000623(c)
廣廣事類賦三十二卷　(清)吳世旃撰注　清道光三十年(1850)刻本　二冊　存二十四卷(一至二十四)

610000－1035－0000677　390/000623(d)
重訂事類賦三十卷　(宋)吳淑撰　清道光十七年(1837)刻本　二冊　存二十卷(一至二十)

610000－1035－0000678　390/000623(e)
事類賦補遺十四卷　(清)張均編　清嘉慶十六年(1811)刻本　二冊

610000－1035－0000679　401/000005(a)
徵君孫(奇逢)先生年譜二卷　(清)趙御眾等編次　(清)方苞訂正　清刻本　二冊

610000－1035－0000680　401/000005(b)
游譜一卷　(清)孫奇逢撰　(清)孫望雅輯　清刻本　一冊

610000－1035－0000681　401/000005(c)
答問一卷　(清)孫奇逢撰　(清)孫望雅輯　清刻本　一冊

610000－1035－0000682　401/000005(d)
孝友堂家規一卷　(清)孫奇逢撰　清刻本　一冊

610000－1035－0000683　401/000594
祖帳集二卷　(清)江藩輯　清道光四年(1824)刻本　二冊

610000－1035－0000684　401/000724
漢魏六朝百三家集一百三種　(明)張溥輯　清光緒五年(1879)信述堂刻本　八十九冊　存七十四種

610000－1035－0000685　402/000343(a)
明道文集五卷　(宋)程顥撰　清光緒十八年(1892)刻本　一冊

610000－1035－0000686　402/000343(b)
明道文集五卷伊川先生集八卷　(宋)程顥撰　清刻本　二冊　存七卷(明道文集一至五、伊川先生文集一至二)

610000－1035－0000687　402/000382
明文明不分卷　(□)□□撰　清來鹿堂刻本　一冊

610000－1035－0000688　403/000019(a)
摩兜堅齋汲古集聯一卷　(清)白遇道著　清光緒三十年(1904)刻本　一冊

610000－1035－0000689　403/000019(b)
摩兜齋汲古集聯三續不分卷　(清)白遇道著　清光緒三十三年(1907)石印本　一冊

610000－1035－0000690　403/000022(a)
古文喈鳳新編八卷　(清)汪基編　清乾隆二十七年(1762)刻本　三冊　存三卷(一、四、八)

610000－1035－0000691　403/000022(b)
古文喈鳳新編八卷　(清)汪基編　清光緒文光堂刻本　一冊　存二卷(三至四)

610000－1035－0000692　403/000072
古文眉詮七十九卷　(清)浦起龍編　清乾隆三吳書院刻本　二十冊

610000－1035－0000693　403/000252(a)
古文釋義新編八卷　(清)余誠評注　清光緒十年(1884)寶樹堂刻本　三冊　存三卷(一、四、七)

610000－1035－0000694　403/000252(b)
崇儒堂重訂古文釋義新編八卷　(清)余誠評注　清光緒刻本　一冊　存一卷(三)

610000－1035－0000695　403/000252(c)
聚錦堂重訂古文釋義新編八卷　(清)余誠評注　清光緒刻本　一冊　存一卷(二)

610000－1035－0000696　403/000416
類聯集古二編　(清)劉慶觀輯　清乾隆四十七年(1782)得月楼刻本　一冊　存六卷(七至十二)

610000－1035－0000697　403/000527
增訂古文集解八卷　(清)程潤德評註　清刻本　八冊

610000－1035－0000698　403/000563
福永堂彙鈔上下卷　(清)約盦居士輯　清光緒二十六年(1900)刻本　二冊

610000－1035－0000699　403/000564
東來先生古文關鍵上下卷　(宋)呂祖謙評　清光緒二十六年(1900)刻本　二冊

610000－1035－0000700　403/000570
古文辭類纂七十四卷　(清)姚鼐纂集　清同治八年(1869)刻本　十二冊

610000－1035－0000701　403/000587
古文筆法百篇二十卷首一卷　(清)李扶九輯　(清)韓博勛著　清光緒二十四年(1898)兩儀堂刻本　一冊　存四卷(一至三、首一卷)

610000－1035－0000702　403/000627
文選六十卷考異十卷　(南朝梁)蕭統編　(唐)李善注　清同治八年(1869)刻本　二十四冊

610000－1035－0000703　403/000643
古文苑二十一卷　(宋)章樵撰　清道光二十六年(1846)宏道書院刻惜陰軒叢書本　四冊

610000－1035－0000704　403/000679
古文筆法□□卷　(清)李扶九輯　清末石印本　一冊　存六卷(十五至二十)

610000－1035－0000705　404/000096
十八家詩鈔二十八卷　(清)曾國藩纂修　(清)李鴻章審訂　(清)王定安校　清同治十三年(1874)刻本　二十八冊

610000－1035－0000706　404/000269
碧城仙館詩鈔十卷附岱游集一卷　(清)陳文述撰　清宣統三年(1911)鉛印本　一冊

610000－1035－0000707　404/000345
增補七言千家詩二卷　(清)謝枋得撰　清刻本　一冊

610000－1035－0000708　404/000345(a)
鍾伯敬先生補訂千家詩圖二卷　(明)鍾惺補　清石印本　一冊

610000－1035－0000709　404/000345(b)
新鐫千家詩五言絕句二卷　京師書業公司重輯　清宣統元年(1909)上海章福記石印本　一冊

610000－1035－0000710　404/000346(a)
古唐詩合解十二卷　(清)王堯衢註　清光緒刻本　一冊　存四卷(一至四)

610000－1035－0000711　404/000346(b)
古唐詩合解十二卷　(清)王堯衢註　清刻本　三冊　存八卷(三至十)

610000－1035－0000712　404/000346(c)

古唐詩合解十二卷　（清）王堯衢註　清刻本　二冊　存六卷（二至四、九至十一）

610000－1035－0000713　404/000346（d）
古唐詩合解十二卷　（清）王堯衢註　清石印本　一冊　存四卷（五至八）

610000－1035－0000714　404/000346（e）
古唐詩合解十二卷　（清）王堯衢註　清刻本　二冊　存五卷（一至五）

610000－1035－0000715　404/000346（f）
古唐詩合解十二卷　（清）王堯衢註　清刻本　一冊　存二卷（一至二）

610000－1035－0000716　404/000346（g）
古唐詩合解十二卷　（清）王堯衢註　清刻本　一冊　存四卷（一至四）

610000－1035－0000717　404/000346（h）
古唐詩合解十二卷　（清）王堯衢註　清刻本　三冊　存七卷（六至十二）

610000－1035－0000718　404/000346（i）
古唐詩合解十二卷　（清）王堯衢註　清刻本　一冊　存四卷（一至四）

610000－1035－0000719　404/000346（j）
古唐詩合解十二卷　（清）王堯衢註　清刻本　一冊　存二卷（一至二）

610000－1035－0000720　404/000346（k）
古唐詩合解十二卷　（清）王堯衢註　清光緒七年（1881）刻本　四冊

610000－1035－0000721　404/000346（l）
古唐詩合解十二卷　（清）王堯衢註　清光緒七年（1881）刻本　二冊　存四卷（一至四）

610000－1035－0000722　404/000409
千家詩不分卷　（□）□□撰　清刻本　一冊

610000－1035－0000723　404/000411
增補千家詩七言絕句□□卷　（□）□□撰　清刻本　一冊　存二卷（三至四）

610000－1035－0000724　404/000457
繪圖韻對千家詩注解上下卷　（□）□□撰　清宣統元年（1909）上海章福記石印本　一冊

610000－1035－0000725　404/000466
七家詩選七卷　（清）張熙宇輯評　清刻本　一冊

610000－1035－0000726　404/000511
關中書院課士賦不分卷　（□）□□撰　清道光十八年（1838）刻本　一冊

610000－1035－0000727　404/000523
御選唐宋詩醇四十七卷　（清）高宗弘曆選　清光緒刻本　二十四冊

610000－1035－0000728　404/000533
詩學含英十四卷　（清）劉文蔚輯　清乾隆三十七年（1772）刻本　一冊　存七卷（一至七）

610000－1035－0000729　404/000535
下馬陵詩文集□□卷　（漢）董仲舒著　清刻本　一冊　存一卷（二）

610000－1035－0000730　404/000554
唐詩直解七卷　（明）李攀龍選　（明）葉羲昂直解　清乾隆四十九年（1784）刻本　一冊　存二卷（一至二）

610000－1035－0000731　404/000560
玉溪生詩意八卷　（清）屈復箋注　清道光十年（1830）劉氏傳經堂刻本　四冊

610000－1035－0000732　404/000561
池陽吟草二卷續草一卷　（清）余庚陽著　清同治十年（1871）刻本　三冊

610000－1035－0000733　404/000620
唐詩三百首六卷　（清）蘅塘退士編　清刻本　一冊

610000－1035－0000734　404/000660
彙纂詩法度鋮三十三卷　（清）徐文弼輯　清刻本　一冊　存四卷（二十至二十三）

610000－1035－0000735　406/000418
增訂妥註鑑略離句讀本三卷　（明）李延機著　（明）張瑞圖校正　（清）鄒聖脈原訂　清末廣益書局石印本　一冊

610000－1035－0000736　406/000419
歷代名人書札二卷續編二卷　(清)吳增祺撰　清鉛印本　一册　存一卷(二)

610000－1035－0000737　410/000369
楚辭後語六卷　(宋)朱熹刊定　清刻本　一册

610000－1035－0000738　410/000516(a)
楚辭補註十七卷　(宋)洪興祖補注　清道光二十六年(1846)宏道書院刻惜陰軒叢書本　四册

610000－1035－0000739　410/000545(a)
楚辭辯證二卷　(宋)朱熹著　清傳經堂刻本　一册

610000－1035－0000740　410/000545(b)
楚辭辯證二卷　(宋)朱熹著　清傳經堂刻本　一册

610000－1035－0000741　410/000575(a)
楚辭集注八卷末一卷　(宋)朱熹集註　清刻本　二册

610000－1035－0000742　410/000575(b)
楚辭集注八卷末一卷　(宋)朱熹集註　清光緒十八年(1892)刻本　二册

610000－1035－0000743　420/000469
拾遺記十卷　(晉)王嘉著　清光緒刻本　一册

610000－1035－0000744　420/000590
庾子山集十六卷總釋十一卷　(北周)庾信撰　(清)倪璠注　清刻本　四册　存十五卷(一至十一、十三至十六)

610000－1035－0000745　420/000672
徐孝穆全集六卷　(南朝陳)徐陵撰　(清)吳兆宜注　清刻本　六册

610000－1035－0000746　420/000674
別國洞冥記四卷　(漢)郭憲撰　**枕中書一卷**　(晉)葛洪著　**佛國記一卷**　(晉)釋法顯著　清光緒二年(1876)刻本　一册

610000－1035－0000747　430/000528
昌黎先生集四十卷外集十卷遺文一卷集傳一卷　(唐)韓愈著　**韓集點勘四卷**　(清)陳景雲撰　清宣統三年(1911)石印本　十册

610000－1035－0000748　430/000553
鄭谷詩存八卷　(清)劉世奇著　清光緒三年(1877)三原劉氏傳經堂刻本　一册

610000－1035－0000749　430/000557(a)
韓文考異四十卷外集考異十卷遺文考異一卷首一卷末一卷　(宋)朱熹考異　(宋)王伯大音釋　清光緒十八年(1892)刻本　十二册

610000－1035－0000750　430/000557(b)
韓文考異四十卷外集考異十卷遺文考異一卷首一卷末一卷　(宋)朱熹考異　(宋)王伯大音釋　清光緒十八年(1892)刻本　十二册

610000－1035－0000751　430/000684
韓文公文抄十六卷　(唐)韓愈撰　(明)茅坤評　明刻朱墨印本　一册　存二卷(七至八)

610000－1035－0000752　430/000711
唐陸宣公翰苑集二十四卷首一卷末一卷　(唐)陸贄撰　(清)張佩芳注　清光緒十八年(1892)柏經正堂刻本　八册

610000－1035－0000753　440/000111
伊川擊壤集二十卷　(宋)邵雍著　清光緒述荊堂刻本　六册

610000－1035－0000754　440/000475
伊川文集八卷附錄一卷　(宋)程頤撰　清刻本　二册　存七卷(三至八、附錄一卷)

610000－1035－0000755　440/000512
東坡集八十四卷目錄二卷　(宋)蘇軾著　(宋)王宗稷編　清道光十二年(1832)刻本　四十三册　存八十卷(一至五十七、六十二至六十九、七十二至八十四,目錄二卷)

610000－1035－0000756　440/000512(a)
東坡集八十四卷目錄二卷　(宋)蘇軾著　清刻本　一册　存四卷(七十七至八十)

610000－1035－0000757　440/000513(a)
陳北溪先生文集十四卷　(清)張伯行編訂

清光緒九年(1883)刻本　四册

610000－1035－0000758　440/000513(b)
陳北溪先生文集十四卷　(清)張伯行編訂　清光緒九年(1883)刻本　四册

610000－1035－0000759　440/000513(c)
陳北溪先生文集十四卷　(清)張伯行編訂　清光緒九年(1883)刻本　四册

610000－1035－0000760　440/000521
司馬溫公文集八十二卷　(宋)司馬光撰　清同治九年(1870)刻本　二十四册

610000－1035－0000761　440/000522
欒城集四十八卷目錄二卷後集二十四卷第三集十卷應詔集十二卷　(宋)蘇轍著　(明)王執禮　(明)顧天校　清道光十二年(1832)眉州三蘇祠刻本　二十四册　缺三卷(欒城集三十九至四十一)

610000－1035－0000762　440/000530
宋李忠定奏議六十九卷首卷一卷年譜一卷　(宋)李綱撰　清愛日堂刻本　十八册

610000－1035－0000763　440/000538(a)
和靖尹先生文集十卷　(宋)尹焞撰　(清)劉昇之重刻　清光緒九年(1883)傳經堂刻本　二册

610000－1035－0000764　440/000538(b)
和靖尹先生文集十卷　(宋)尹焞撰　(清)劉昇之重刻　清光緒九年(1883)傳經堂刻本　二册

610000－1035－0000765　440/000685
歐陽文忠公居士集一百五卷　(宋)歐陽修著　清康熙十一年(1672)刻本　二十三册

610000－1035－0000766　440/000712
朱子大全文集正集一百卷續集五卷別集七卷　(宋)朱熹撰　清光緒二年(1876)刻本　四十八册

610000－1035－0000767　460/000107
震川先生別集十卷　(明)歸有光著　清光緒六年(1880)刻本　四册

610000－1035－0000768　460/000117
谿田文集十一卷　(明)馬理著　清刻本　一册　存二卷(一至二)

610000－1035－0000769　460/000253
震川先生集三十卷　(明)歸有光著　清光緒六年(1880)歸氏刻本　八册

610000－1035－0000770　460/000532(a)
胡敬齋先生居業錄四卷文集三卷　(明)胡居仁著　清同治八年(1869)傳經堂刻本　六册

610000－1035－0000771　460/000532(b)
胡敬齋先生居業錄四卷文集三卷　(明)胡居仁著　清同治八年(1869)傳經堂刻本　六册

610000－1035－0000772　460/000565
恥言不分卷　(明)徐禎稷著　清光緒十六年(1890)柏經正堂刻本　一册

610000－1035－0000773　460/000574(a)
讀書錄十一卷續錄十二卷　(明)薛瑄撰　清光緒二十年(1894)柏經正堂刻本　六册　存十七卷(讀書錄一至二、五至十一,續錄一至四、九至十二)

610000－1035－0000774　460/000574(b)
讀書錄十一卷續錄十二卷　(明)薛瑄撰　清光緒二十年(1894)柏經正堂刻本　六册

610000－1035－0000775　460/000582
馮恭定公全書二十二卷馮少墟續集五卷　(明)馮從吾著　清光緒二十二年(1896)刻本　十八册

610000－1035－0000776　460/000638
谿田文集十一卷首一卷補遺一卷續補遺一卷搜遺一卷附录一卷　(明)馬理撰　清道光二十六年(1846)宏道書院刻惜陰軒叢書本　四册

610000－1035－0000777　460/000664
楊忠愍公集四卷　(明)楊繼盛撰　清刻本　一册

610000－1035－0000778　460/000698
楊忠愍公全集四卷　(明)楊繼盛撰　(清)毛

奇齡鑒定　清光緒二十一年(1895)柏經正堂刻本　四冊

610000－1035－0000779　460/000710
方正學説十三卷　(明)方孝孺撰　(清)張汝瑚選　清刻本　四冊

610000－1035－0000780　470/000164
九畹古文十卷　(清)劉紹攽撰　清同治十二年(1873)刻本　八冊

610000－1035－0000781　470/000222
曾文正公批牘六卷　(清)曾國藩批點　清光緒二年(1876)傳忠書局刻本　四冊　存四卷(一至三、五)

610000－1035－0000782　470/000231
陳勾山全稿不分卷　(清)陳兆崙撰　清光緒二十年(1894)刻本　六冊

610000－1035－0000783　470/000244
韞山堂時文初集一卷二集二卷三集一卷　(清)管世銘著　清光緒六年(1880)刻本　四冊

610000－1035－0000784　470/000415(a)
二曲集四十六卷　(清)李顒著　清光緒三年(1877)刻本　十五冊　存十五卷(一至六、八至十六)

610000－1035－0000785　470/000415(c)
李二曲先生事畧二十八卷首一卷　(清)李顒撰　清光緒九年(1883)刻本　六冊　存二十三卷(一至二十二、首一卷)

610000－1035－0000786　470/000422
大小雅堂詩集四卷附冰蠶詞一卷　(清)承齡撰　清光緒十八年(1892)刻本　二冊

610000－1035－0000787　470/000467
二曲集外編二十七卷序錄一卷　(清)惠霾嗣等輯　清刻本　二冊　存六卷(二十三至二十八)

610000－1035－0000788　470/000474
湘綺樓文集八卷　王闓運撰　清末鉛印本　一冊　存二卷(五至六)

610000－1035－0000789　470/000483
壯悔堂文集十卷　(清)侯方域撰　(清)賈開宗等評述　清嘉慶二十二年(1817)刻本　四冊

610000－1035－0000790　470/000498
張百川先生塾課不分卷　(清)周汝調編次　清刻本　一冊

610000－1035－0000791　470/000514
望溪先生集外文十卷　(清)戴鈞衡編　清咸豐元年(1851)刻本　一冊　存三卷(一至三)

610000－1035－0000792　470/000518
二南遺音四卷續集一卷　(清)劉邵攽編輯　清同治十二年(1873)刻本　五冊

610000－1035－0000793　470/000525(a)
育賢齋四卷　(□)□□撰　清光緒六年(1880)刻本　四冊

610000－1035－0000794　470/000525(b)
育賢齋四卷　(□)□□撰　清光緒六年(1880)刻本　二冊　存二卷(三至四)

610000－1035－0000795　470/000525(c)
育賢齋四卷　(□)□□撰　清光緒六年(1880)刻本　四冊

610000－1035－0000796　470/000525(d)
育賢齋四卷　(□)□□撰　清光緒六年(1880)刻本　一冊　存一卷(二)

610000－1035－0000797　470/000525(e)
育賢齋四卷　(□)□□撰　清光緒六年(1880)刻本　一冊　存一卷(二)

610000－1035－0000798　470/000529
楊升菴文集□□卷　(明)楊慎著　清末刻本　四冊　存十四卷(一至十四)

610000－1035－0000799　470/000531(a)
海峰先生詩集十卷　(清)劉大櫆著　清光緒十四年(1888)刻本　四冊　存八卷(一至八)

610000－1035－0000800　470/000531(b)
海峰先生文十卷補遺一卷　(清)劉大櫆著　清光緒十四年(1888)刻本　四冊　存八卷

（四至十、補遺一卷）

610000－1035－0000801　470/000534

砥齋集十二卷　（清）王弘撰著　清光緒二十年（1894）刻本　六冊

610000－1035－0000802　470/000540

松桂堂全集三十七卷南淮集三卷延露詞三卷　（清）彭孫遹著　清宣統三年（1911）上海掃葉山房石印本　十二冊

610000－1035－0000803　470/000591

損齋文鈔十五卷首一卷外集鈔一卷　（清）楊樹椿撰　清光緒十九年（1893）柏經正堂刻本　四冊

610000－1035－0000804　470/000597

曾文正公詩集三卷　（清）曾國藩撰　清光緒二年（1876）刻本　二冊

610000－1035－0000805　470/000598

曾文正公文集三卷　（清）曾國藩撰　清光緒二年（1876）刻本　三冊

610000－1035－0000806　470/000600

笠翁文集四卷詩集三卷偶集六卷馀集一卷別集一卷　（清）李漁著　清雍正八年（1730）刻本　十八冊

610000－1035－0000807　470/000601（a）

薛仁齋先生遺集八卷附錄一卷　（清）薛于瑛著　清光緒十四年（1888）刻本　八冊

610000－1035－0000808　470/000601（b）

薛仁齋先生遺集八卷附錄一卷　（清）薛于瑛著　清光緒十四年（1888）刻本　八冊

610000－1035－0000809　470/000601（c）

薛仁齋［于瑛］先生年譜一卷　（清）王守恭編輯　清光緒十四年（1888）刻本　一冊

610000－1035－0000810　470/000601（d）

薛仁齋先生遺集八卷附錄一卷　（清）薛于瑛著　清光緒十四年（1888）刻本　六冊　存七卷（一至七）

610000－1035－0000811　470/000604

澧西草堂文集八卷　（清）柏景偉撰　清光緒二十六年（1900）鉛印本　八冊

610000－1035－0000812　470/000608

弱水集二十二卷　（清）屈復撰　清光緒資益館鉛印本　十冊　存十九卷（一至十一、十五至二十二）

610000－1035－0000813　470/000626

松陽講義十二卷　（清）陸隴其撰　（清）侯銓編次　清光緒九年（1883）涇陽柏經正堂刻本　四冊

610000－1035－0000814　470/000639

有正味齋駢體文二十四卷續集八卷　（清）吳錫麒撰　清嘉慶刻本　八冊

610000－1035－0000815　470/000653

樫華館文集六卷詩集四卷駢體文一卷雜錄一卷　（清）路德著　清光緒七年（1881）刻本　十冊

610000－1035－0000816　470/000657

水仙百詠不分卷　（清）李毓秀著　清刻本　一冊

610000－1035－0000817　470/000659

松陽鈔存二卷　（清）陸隴其著　清同治刻本　一冊

610000－1035－0000818　470/000659（b）

松陽鈔存二卷　（清）陸隴其著　清同治刻本　一冊

610000－1035－0000819　470/000675

述古堂文集十二卷　（清）錢兆鵬著　清光緒七年（1881）刻本　四冊

610000－1035－0000820　470/000693

三魚堂文集十二卷外集六卷附錄一卷　（清）陸隴其著　清光緒十五年（1889）涇陽柏經正堂刻本　七冊

610000－1035－0000821　470/000695

清麓文集二十三卷清麓日記五卷　（清）賀瑞麟著　清光緒二十五年（1899）劉氏傳經堂刻本　二十三冊

610000－1035－0000822　470/000721

雙柏齋女史吟三卷 (清)劉世奇著 清光緒三年(1877)刻本 一册

610000－1035－0000823 480/000605
樊山時文不分卷 樊增祥撰 清光緒二十年(1894)刻本 一册

610000－1035－0000824 490/000100
清麓答問四卷 (清)賀瑞麟手筆 (清)謝化南編輯 清光緒三十一年(1905)刻本 四册

610000－1035－0000825 490/000100(b)
清麓答問四卷 (清)賀瑞麟手筆 (清)謝化南編輯 清光緒三十一年(1905)刻本 四册

610000－1035－0000826 490/000329
悟性窮原一卷 (清)涵谷子撰 清咸豐二年(1852)刻本 一册

610000－1035－0000827 490/000691(a)
第一才子書六十卷一百二十回 (明)羅貫中著 (清)毛宗崗評 清刻本 四册 存十一卷(六至七、十一至十三、十四至十六、十七至十九)

610000－1035－0000828 490/000691(b)
第一才子書六十卷一百二十回 (明)羅貫中撰 (清)毛宗崗評 清刻本 一册 存七卷(四至十)

610000－1035－0000829 490/000691(c)
第一才子書六十卷一百二十回 (明)羅貫中撰 (清)毛宗崗評 清刻本 一册 存四卷(三十九至四十二)

610000－1035－0000830 510/000344
增訂漢魏叢書 (清)王謨輯 清道光二年(1822)刻本 二册 存四種

610000－1035－0000831 510/000359
增訂漢魏叢書 (清)王謨輯 清刻本 一册 存二種

610000－1035－0000832 510/000361
增訂漢魏叢書 (清)王謨輯 清刻本 二册 存五種

610000－1035－0000833 510/000539(a)
惜陰軒叢書續編 (明)吕柟撰 (清)李錫齡輯 清咸豐八年(1858)宏道書院刻本 九册

610000－1035－0000834 510/000539(b)
惜陰軒叢書 (清)李錫齡輯 清道光二十六年(1846)宏道書院刻本 七册 存四種

610000－1035－0000835 510/000546
增訂漢魏叢書 (清)王謨輯 清刻本 一册 存五種

610000－1035－0000836 510/000632
增訂漢魏叢書 (清)王謨輯 清刻本 一册 存三種

610000－1035－0000837 510/000647
增訂漢魏叢書 (清)王謨輯 清刻本 二册 存二種

610000－1035－0000838 520/000526
船山遺書 (清)王夫之撰 清同治四年(1865)刻本 四册 存四種

陝西省西安市臨潼區圖書館古籍普查登記目録

全國古籍普查登記目録

國家圖書館出版社
National Library of China Publishing House

610000－1033－0000001　0007/0002/1

御纂周易折中二十二卷首一卷　(清)李光地等撰　清康熙五十五年(1716)刻本　十六册

610000－1033－0000002　0023/0003/1

韓詩外傳十卷附校注拾遺一卷　(漢)韓嬰著　(清)周廷寀校注　清乾隆五十六年(1791)周氏營道堂刻本　四册

610000－1033－0000003　0027/0004/1

毛詩二十卷附考證二十卷　(漢)毛亨傳　(漢)鄭玄箋　(宋)岳珂編　清乾隆四十八年(1783)刻本　六册

610000－1033－0000004　003153/114/15

尺木堂明鑑易知錄十五卷　(清)朱國標鈔　(清)吳乘權等輯　清末鉛印本　一册　存八卷(八至十五)

610000－1033－0000005　0033/0005/1

禮記二十卷　(漢)鄭玄注　清乾隆四十八年(1783)武英殿刻本　八册

610000－1033－0000006　0041/0006/1

禮記十卷　(元)陳澔集說　清康熙刻本　十册

610000－1033－0000007　0051/0007/1

朱子儀禮經傳通解六十九卷目錄一卷　(宋)朱熹撰　(清)梁萬方考訂　(清)梁開宗參訂　(清)翁荃　(清)李世牧校正　清乾隆十八年(1753)樹德堂刻本　四十册

610000－1033－0000008　0091/0008/1

儀禮鄭註句讀十七卷附監本正誤一卷石經正誤一卷　(清)張爾岐撰　清乾隆八年(1743)和衷堂刻本　六册

610000－1033－0000009　0097/0009/1

春秋經傳集解三十卷　(晉)杜預注　(唐)陸德明音義　清乾隆四十八年(1783)武英殿刻本　十二册

610000－1033－0000010　0109/0010/1

欽定春秋傳說彙纂三十八卷首二卷　(清)王掞等撰　清乾隆刻本　二十四册

610000－1033－0000011　0152/0012/1

說文解字十五卷　(漢)許慎撰　清初毛氏汲古閣刻本　八册

610000－1033－0000012　0153/0013/1

御批資治通鑑綱目前編十八卷舉要三卷首一卷　(清)聖祖玄燁撰　清康熙四十六年(1707)刻本　八册

610000－1033－0000013　0161/0014/1

[雍正]陝西通志一百卷首一卷　(清)劉於義修　(清)沈青崖纂　清雍正十三年(1735)刻本　一百册

610000－1033－0000014　0261/0015/1

[康熙]臨潼縣志八卷　(清)趙于京纂修　清康熙四十年(1701)刻本　四册

610000－1033－0000015　0265/0016/1

[乾隆]臨潼縣志九卷圖一卷　(清)史傳遠纂修　清乾隆四十一年(1776)刻本　六册

610000－1033－0000016　0271/0017/1

[乾隆]隴州續志八卷首一卷末一卷　(清)吳炳纂修　清乾隆三十一年(1766)刻本　四册

610000－1033－0000017　0275/0018/1

本草綱目五十二卷圖二卷　(明)李時珍編輯　(清)吳毓昌較訂　清順治十二年(1655)太和堂刻本　四十册

610000－1033－0000018　0315/0019/1

格致鏡原一百卷　(清)陳元龍編　清雍正十三年(1735)刻本　十六册

610000－1033－0000019　0331/0020/1

西山先生真文忠公文章正宗二十四卷續二十卷　(宋)真德秀輯　明刻本　二十册

610000－1033－0000020　0351/0021/1

皇清詩選三十卷首一卷　(清)孫鋐輯評　(清)黃朱芾編校　清康熙二十七年(1688)刻本　十二册

610000－1033－0000021　0363/0022/1

東漢文統五卷　(明)王思任定　(明)商念祖參　(明)童養正選　明末刻本　六册

610000－1033－0000022　0369/0023/1
二程全書　(宋)程顥　(宋)程頤撰　(宋)朱熹輯　清康熙刻本　十六册

610000－1033－0000023　0385/0024/1
宋李忠定公文集選二十九卷奏議選十五卷首四卷　(宋)李綱撰　(明)左光先選　(明)李春熙輯　(明)戴國士較　(明)李嗣玄評定　明崇禎十二年(1639)刻本　十册

610000－1033－0000024　0395/0025/1
宋李忠定公文集選二十九卷　(宋)李綱著　(明)左光先選　(明)李春熙輯　(明)李嗣玄較正　(明)李榮芳重訂　清康熙四十四年(1705)刻本　十册

610000－1033－0000025　0405/0026/1
馮少墟集二十二卷續集五卷首一卷　(明)馮從吾著　清刻本　十八册

610000－1033－0000026　0423/0027/1
三魚堂文集十二卷外集六卷附錄一卷　(清)陸隴其著　清康熙三十三年(1694)嘉會堂刻本　十册

610000－1033－0000027　0433/0028/1
薛文清公文集二十四卷　(明)薛瑄撰　(明)張鼎編輯　清刻本　十二册

610000－1033－0000028　0445/0029/1
明史稿三百十卷目錄三卷史例議二卷　(清)王鴻緒編撰　清雍正元年(1723)敬慎堂刻本　六十四册

610000－1033－0000029　04544/0252/9
重學二十卷附圓錐曲線說三卷　(英國)艾約瑟口譯　(清)李善蘭筆述　清同治五年(1866)刻本　六册

610000－1033－0000030　04550/0252/15
則古昔齋算學　(清)李善蘭撰　清同治六年(1867)金陵刻本　六册

610000－1033－0000031　04972/0292/81
歷代地理志韻編今釋二十卷附皇朝輿地韻編二卷　(清)李兆洛輯　清同治九年(1870)刻本　十册

610000－1033－0000032　0509/0001/1
重刊宋本十三經註疏附校勘記　(清)阮元撰校勘記　(清)盧宣旬摘錄　清同治十二年(1873)江西書局刻本　一百五十六册　存十一種

610000－1033－0000033　0548/0001/40
儀禮注疏五十卷附校勘記五十卷　(漢)鄭玄注　(唐)陸德明音義　(唐)賈公彦疏　清嘉慶二十年(1815)刻本　一册　存四卷(注疏四十五至四十六、校勘記四十五至四十六)

610000－1033－0000034　05695/0358/1
陶詩彙評四卷　(清)温汝能纂　清宣統元年(1909)埽葉山房石印本　二册

610000－1033－0000035　05736/0366/1
增訂漢魏叢書　(清)王謨輯　清乾隆五十六年(1791)刻本　七十七册　存七十七種

610000－1033－0000036　05813/0367/1
惜陰軒叢書　(清)李錫齡輯　清道光二十六年(1846)宏道書院刻本　七十二册　存二十三種續編一種

610000－1033－0000037　0665/0002/1
十三經注疏　清嘉慶十八年(1813)刻本　一百五十六册

610000－1033－0000038　0821/0003/1
重刊宋本十三經注疏附校勘記　(清)阮元撰校勘記　(清)盧宣旬摘錄　清光緒十三年(1887)上海脈望仙館石印本　二十八册　存十二種

610000－1033－0000039　083/0001/1
六經圖十二卷　(清)鄭之僑編輯　清乾隆八年(1743)述堂刻本　六册

610000－1033－0000040　849/0004/1
御纂七經　(清)聖祖玄燁敕撰　清同治十年(1871)湖北崇文書局刻本　一百五十四册

610000－1033－0000041　1003/0005/1
古經解彙函十六種　(清)鍾謙鈞等輯　清光

緒十五年(1889)湘南書局刻本　五十一冊

610000－1033－0000042　1054/0006/1
五經合纂大成　(清)同文書局編　清光緒刻本　九冊　存二十四卷(春秋一至十六、禮記一至八)

610000－1033－0000043　1065/0009/1
周易本義四卷　(宋)朱熹本義　清同治七年(1868)楚北崇文書局刻本　二冊

610000－1033－0000044　1068/0011/1
書經集傳六卷　(宋)蔡沈集傳　清同治七年(1868)楚北崇文書局刻本　四冊

610000－1033－0000045　1072/0012/1
書經六卷　(宋)蔡沈集傳　清光緒六年(1880)信述堂刻本　四冊

610000－1033－0000046　1076/0013/1
尚書古文疏證八卷　(清)閻若璩撰　(清)武億校　清嘉慶元年(1796)吴会湖司馬刻本　八冊　存七卷(一至二、四至八)

610000－1033－0000047　1084/0014/1
毛詩稽古編三十卷　(清)陳啟源述　(清)龐佑清校刊　清光緒九年(1883)上海同文書局影印本　八冊

610000－1033－0000048　1092/0015/1
附釋音毛詩注疏七十卷附校勘七十卷　(漢)毛亨傳　(唐)孔穎達疏　清光緒十三年(1887)脈望仙館石印本　四冊　存四十卷(注疏一至二十、校勘记一至二十)

610000－1033－0000049　1096/0016/1
欽定詩經傳說彙纂二十一卷首二卷詩序二卷　(清)王掞等撰　清同治十年(1871)楚北崇文書局刻本　二冊　存四卷(一至二、首二卷)

610000－1033－0000050　1098/0017/1
詩經八卷　(宋)朱熹集傳　清同治七年(1868)楚北崇文書局刻本　四冊

610000－1033－0000051　1102/0018/1
五禮通考二百六十二卷　(清)秦惠田撰　清刻本　三十冊　存七十八卷(二十七至五十四、七十八至一百一、一百八十七至二百十二)

610000－1033－0000052　1121/0033/1
春秋左傳五十卷　(晉)杜預集解　(唐)陸德明釋文　(宋)林堯叟句解　清末刻本　十冊　存三十卷(二十一至五十)

610000－1033－0000053　1132/0019/1
禮記箋四十九卷　(清)郝懿行撰　清光緒八年(1882)東路廳署刻本　十冊

610000－1033－0000054　1142/0020/1
禮記十卷　(元)陳澔集說　清刻本　五冊　存五卷(六至十)

610000－1033－0000055　1147/0021/1
全本禮記體注十卷　(清)范翔原定　(清)徐旦參訂　(清)徐瑄補輯　清三多齋聚錦堂刻本　十二冊

610000－1033－0000056　1159/0022/1
儀禮圖六卷　(清)張惠言撰　清同治九年(1870)楚北崇文書局刻本　三冊

610000－1033－0000057　1162/0023/1
龍文鞭影四卷　(明)蕭良有著　(明)楊臣諍增訂　清刻本　四冊　存二卷(一至二)

610000－1033－0000058　1166/0024/1
龍文鞭影二卷　(明)蕭良有著　(明)楊臣諍增訂　清道光十一年(1831)福全堂刻本　二冊

610000－1033－0000059　1168/0025/1
宗約歌一卷　(明)吕坤撰　清康熙十八年(1679)刻本　一冊

610000－1033－0000060　1169/0026/1
省心紀一卷　(明)吕坤注　清刻本　一冊

610000－1033－0000061　1170/0027/1
春秋三傳十六卷首一卷　(晉)杜預注　清同治十年(1871)刻本　四冊

610000－1033－0000062　1174/0028/1
春秋十六卷　(唐)陸德明音義　清刻本　十

四冊

610000－1033－0000063　1196/0030/1

左繡三十卷首一卷　（清）馮李驊　（清）陸浩評輯　清嘉慶七年（1802）華川書屋刻本　十二冊

610000－1033－0000064　1208/0031/1

春秋左傳五十卷　（晉）杜預　（宋）林堯叟註釋　（唐）陸德明音義　（明）孫鑛等評點　清聚盛堂刻本　十二冊

610000－1033－0000065　1220/0032/1

春秋左傳識小錄二卷　（清）朱駿聲輯　清刻本　一冊

610000－1033－0000066　1231/0034/1

春秋公羊經傳解詁十二卷　（漢）何休撰　清光緒二十五年（1899）味經刊書處刻本　四冊

610000－1033－0000067　1235/0035/1

春秋公羊傳十一卷　（漢）何休學　（唐）陸德明音義　清同治七年（1868）湖北崇文書局刻本　四冊

610000－1033－0000068　1239/0036/1

春秋穀梁傳十二卷　（晉）范甯集解　（唐）陸德明音義　清同治七年（1868）湖北崇文書局刻本　四冊

610000－1033－0000069　1243/0037/1

四書經註集證十九卷　（宋）朱熹集注　（清）吳昌宗撰　清光緒二十六年（1900）刻本　十六冊

610000－1033－0000070　1277/0040/1

四書正韻讀本六卷　（清）張在思撰　（清）孫繼先參閱　清光緒三十二年（1906）西安順城巷馬存心堂刻本　五冊

610000－1033－0000071　1282/0041/1

四書章句集註十九卷　（宋）朱熹章句　清光緒十七年（1891）西安順城巷馬存心堂刻本　四冊　存七卷（一至二、十三至十七）

610000－1033－0000072　1286/0042/1

四書述要二十三卷　（清）楊玉緒著　（清）張尹鑒定　清刻本　四冊　存十五卷（一至十五）

610000－1033－0000073　1290/0043/1

大學章句一卷或問二卷　（宋）朱熹章句　清光緒二十八年（1902）秦州張世英刻本　二冊

610000－1033－0000074　1292/0044/1

四書十九卷　（宋）朱熹集注　清同治十年（1871）刻本　六冊

610000－1033－0000075　1298/0045/1

四書反身錄六卷　（清）李顒口授　（清）王心敬錄　清康熙二十五年（1686）思硯齋刻本　四冊

610000－1033－0000076　1302/0046/1

四書劄記九卷　（清）王巡泰著　清光緒九年（1883）臨潼橫渠書院刻本　八冊

610000－1033－0000077　1311/0047/1

經講類典合編十種　（清）鄒聖脉纂輯　（清）奎壁斋主人重編　清光緒十四年（1888）鴻寶齋石印本　十一冊　存九種

610000－1033－0000078　1322/0048/1

皇清經解一百七十三種　（清）阮元輯　清道光九年（1829）廣東學海堂刻咸豐十一年（1861）補刻本　三百五十九冊

610000－1033－0000079　1681/0049/1

皇清經解續編二百七種　王先謙輯　清光緒十四年（1888）南菁書院刻本　三百二十冊

610000－1033－0000080　2000/0050/1

小學彙函　（清）鍾謙鈞彙編　清光緒二十五年（1899）湘南書局刻本　三十一冊　存八種

610000－1033－0000081　2031/0051/1

六藝綱目二卷　（元）舒天民述　清光緒十一年（1885）刻本　二冊

610000－1033－0000082　2033/0052/1

小學集註六卷　（宋）朱熹撰　（明）陳選集註　清光緒三十三年（1907）刻本　四冊

610000－1033－0000083　2040/0056/1

爾雅郭註補正三卷　（清）戴瑩撰　清光緒十

一年(1885)刻本　六冊

610000－1033－0000084　2050/0059/1

爾雅郭註義疏二十卷　(清)郝懿行撰　清光緒七年(1881)刻本　八冊

610000－1033－0000085　2059/0060/1

十一經音訓　(清)楊國楨撰　清光緒三年(1877)湖北崇文書局刻本　十八冊　存九種

610000－1033－0000086　2076/0061/1

康熙字典十二集總目一卷檢字一卷辨似一卷等韻一卷總目一卷備考一卷補遺一卷　(清)張玉書等纂　清光緒十六年(1890)上海鴻寶書局石印本　六冊

610000－1033－0000087　2082/0062/1

說文古籀補十四卷附錄一卷　(清)吳大澂撰　清刻本　一冊　存七卷(九至十四、附錄一卷)

610000－1033－0000088　2096/0064/1

新方言十一卷　章太炎撰　清宣統三年(1911)文學會社石印本　二冊

610000－1033－0000089　2098/0065/1

說文解字三十二卷　(清)段玉裁注　清嘉慶十三年(1808)段氏刻本　二十四冊

610000－1033－0000090　2122/0066/1

康熙字典十二集總目一卷檢字一卷辨似一卷等韻一卷總目一卷備考一卷補遺一卷　(清)張玉書等撰　(清)奕繪等重修　清道光七年(1827)刻本　十五冊

610000－1033－0000091　2136/0067/1

許氏說文解字雙聲疊韻譜一卷　(清)鄧廷楨撰　清光緒七年(1881)常熟鮑氏後知不足齋刻本　一冊

610000－1033－0000092　2137/0068/1

四聲切韻表一卷音學辨微一卷　(清)江永撰　清宣統二年(1910)清麓精舍刻本　二冊

610000－1033－0000093　2141/0070/1

音學五書　(清)顧炎武著　清顧亭林刻本　十六冊

610000－1033－0000094　2157/0071/1

六書系韻二十四卷首一卷檢字二卷　(清)李貞編輯　清光緒十六年(1890)刻本　二十六冊

610000－1033－0000095　2183/0072/1

等韻叀灋不分卷　(清)□□撰　清刻本　一冊

610000－1033－0000096　2184/0073/1

史記一百三十卷　(漢)司馬遷撰　(南朝宋)裴駰集解　清同治十一年(1872)成都書局刻本　二十六冊

610000－1033－0000097　2210/0074/1

史記一百三十卷　(漢)司馬遷撰　(南朝宋)裴駰集解　(唐)司馬貞索隱　(唐)張守節正義　清同治九年(1870)楚北崇文書局刻本　二十冊　存一百二十卷(一至十二、二十三至一百三十)

610000－1033－0000098　2230/0075/1

前漢書一百卷　(漢)班固撰　(唐)顏師古注　清同治八年(1869)金陵書局刻本　十六冊

610000－1033－0000099　2242/0088/1

梁書五十六卷　(唐)姚思廉撰　清同治十三年(1874)金陵書局刻本　六冊

610000－1033－0000100　2248/0076/1

前漢書一百卷　(漢)班固撰　(唐)顏師古注　清同治十年(1871)成都書局刻本　三十二冊

610000－1033－0000101　2294/0078/1

後漢書一百二十卷　(南朝)范曄撰　(唐)李賢注　清同治十年(1871)成都書局刻本　二十八冊

610000－1033－0000102　2304/0082/1

晉書一百三十卷　(唐)房玄齡等撰　清同治十年(1871)金陵書局刻本　二十冊

610000－1033－0000103　2322/0079/1

三國志六十五卷　(晉)陳壽撰　清同治十年(1871)成都書局刻本　十四冊

610000－1033－0000104　2336/0080/1

三國志六十五卷　(晉)陳壽撰　清同治九年(1870)金陵書局刻本　八册

610000－1033－0000105　2344/0081/1

魏書一百十四卷　(北齊)魏收撰　清同治十一年(1872)金陵書局刻本　二十册

610000－1033－0000106　2384/0083/1

北史一百卷　(唐)李延壽撰　清同治十一年(1872)金陵書局刻本　二十册

610000－1033－0000107　2404/0084/1

南史八十卷　(唐)李延壽撰　清同治十一年(1872)金陵書局刻本　十二册

610000－1033－0000108　2416/0085/1

宋書一百卷　(南朝梁)沈約撰　清同治十一年(1872)金陵書局刻本　十六册

610000－1033－0000109　2432/0086/1

北齊書五十卷　(唐)李百藥撰　清同治十三年(1874)金陵書局刻本　四册

610000－1033－0000110　2436/0087/1

南齊書五十九卷　(南朝梁)蕭子顯撰　清同治十三年(1874)金陵書局刻本　六册

610000－1033－0000111　2448/0089/1

陳書三十六卷　(唐)姚思廉撰　清同治十一年(1872)金陵書局刻本　四册

610000－1033－0000112　2452/0090/1

周書五十卷　(唐)令狐德棻撰　清同治十三年(1874)金陵書局刻本　六册

610000－1033－0000113　2458/0091/1

隋書八十五卷　(唐)魏徵撰　清同治十年(1871)淮南書局刻本　十六册

610000－1033－0000114　2474/0092/1

舊唐書二百卷　(五代)劉昫等撰　(清)岑建功輯　清末懼盈齋刻本　十六册　存九十五卷(七十九至一百七十三)

610000－1033－0000115　2490/0093/1

唐書二百二十五卷　(宋)歐陽修等撰　清同治十二年(1873)浙江書局刻本　四十册

610000－1033－0000116　2530/0094/1

舊五代史一百五十卷　(宋)薛居正等撰　清同治十一年(1872)湖北崇文書局刻本　十六册

610000－1033－0000117　2546/0095/1

五代史七十四卷　(宋)歐陽修撰　(宋)徐無黨注　清同治十一年(1872)湖北崇文書局刻本　八册

610000－1033－0000118　2554/0096/1

宋史四百九十六卷目録三卷　(元)脱脱撰　清光緒元年(1875)浙江書局刻本　九十一册　存三百四十八卷(一至二百六十五、四百十四至四百九十六)

610000－1033－0000119　2645/0097/1

遼史一百十五卷　(元)托克托等修　清同治十二年(1873)江蘇書局刻本　十二册

610000－1033－0000120　2657/0098/1

金史一百三十五卷　(元)托克托撰　清同治十三年(1874)刻本　十册　存七十三卷(六十三至一百三十五)

610000－1033－0000121　2667/0099/1

元史二百十卷　(明)宋濂等修　清同治十三年(1874)江蘇書局刻本　三十册　存一百六十九卷(一至四十七、八十九至二百十)

610000－1033－0000122　2697/0100/1

元史氏族表三卷　(清)錢大昕補纂　清嘉慶十一年(1806)江蘇書局刻本　二册

610000－1033－0000123　2699/0100/3

元史藝文志四卷　(清)錢大昕補　清同治至光緒江蘇書局刻本　一册

610000－1033－0000124　2700/0101/1

明史三百三十二卷　(清)張廷玉等撰　清光緒三年(1877)湖北崇文書局刻本　四十册　存一百四十八卷(九至一百二十三、二百七十七至二百七十九、三百至三百三、三百七至三百三十二)

610000－1033－0000125　2802/0104/1

資治通鑑二百九十四卷 (宋)司馬光撰 (元)胡三省音注 清光緒十四年(1888)上海蜚英館石印本 三十冊 存二百四十八卷(一至七、十七至五十、五十九至二百四、二百十二至二百三十三、二百五十六至二百九十四)

610000－1033－0000126 2832/0105/1
續資治通鑑二百二十卷 (清)畢沅編 清光緒十四年(1888)上海蜚英館石印本 二十冊

610000－1033－0000127 2852/0106/1
欽定明鑑二十四卷首一卷 (清)托津等輯 清同治九年(1870)湖北崇文書局刻本 十冊

610000－1033－0000128 2862/0107/1
資治通鑑綱目五十九卷 (宋)朱熹撰 (明)陳仁錫評閱 清光緒十年(1884)刻本 三十冊

610000－1033－0000129 2892/0108/1
御批歷代通鑑輯覽一百十六卷明唐桂二王本末四卷 (清)傅恒等編纂 清同治十一年(1872)湖北崇文書局刻本 二十二冊 存四十五卷(一至十三、十八至三十三、四十八至四十九、六十二至七十一、七十八至七十九、一百四至一百五)

610000－1033－0000130 2914/0109/1
御批歷代通鑑輯覽一百十六卷明唐桂二王本末四卷 (清)傅恒等編纂 清同治十三年(1874)湖南書局刻本 五十九冊 存一百十八卷(通鑑輯覽一至八十八、九十一至一百十六,明唐桂二王本四卷)

610000－1033－0000131 2973/0110/1
御批歷代通鑑輯覽一百十六卷明唐桂二王本末四卷 (清)傅恒等編纂 清宣統元年(1909)鉛印本 四十冊

610000－1033－0000132 3013/0111/1
御批歷代通鑑輯覽一百十六卷明唐桂二王本末四卷 (清)傅恒等編纂 清光緒三十四年(1908)鉛印本 三十九冊 存一百十七卷(通鑑輯覽一至三十五、三十九至一百十六,明唐桂二王本四卷)

610000－1033－0000133 3052/0112/1
御批歷代通鑑輯覽一百十六卷明唐桂二王本末四卷 (清)傅恒等編纂 清刻本 二十九冊 存五十七卷(通鑑輯覽三十四至三十五、五十至六十一、七十二至七十七、八十至九十四、九十七至一百三、一百六至一百十六,明唐桂二王本四卷)

610000－1033－0000134 3081/0113/1
御批歷代通鑑輯覽一百十六卷明唐桂二王本末四卷 (清)傅恒等編纂 清刻本 五十八冊 存一百十六卷(通鑑輯覽三至五十四、五十七至一百十六,明唐桂二王本四卷)

610000－1033－0000135 3139/0114/1
尺木堂綱鑑易知錄九十二卷 (清)吳乘權等輯 清光緒十四年(1888)尺木堂鉛印本 十四冊

610000－1033－0000136 3154/0115/1
資治通鑑目錄三十卷 (宋)司馬光編集 清光緒十四年(1888)蜚英館石印本 三冊 存二十二卷(一至十四、二十三至三十)

610000－1033－0000137 3165/0117/1
稽古錄二十卷 (宋)司馬光撰 清光緒九年(1883)解梁書院刻本 四冊

610000－1033－0000138 3169/0118/1
春秋大事表五十卷輿圖一卷附錄一卷 (清)顧棟高輯 清光緒十四年(1888)陝西求友齋刻本 二十四冊

610000－1033－0000139 3193/0119/1
通鑑紀事本末二百三十九卷 (宋)袁樞編輯 (明)張溥論正 清末刻本 十六冊 存四十三卷(一百七十八至二百二十)

610000－1033－0000140 3209/0120/1
平定關隴紀略十三卷 (清)楊昌濬撰 清光緒十三年(1887)刻本 十冊

610000－1033－0000141 3219/0121/1
萬國通鑑四卷地圖一卷 (清)趙如光譯 清

光緒八年(1882)刻本　六册

610000－1033－0000142　3225/0122/1
萬國通史三編十卷　(英國)李思倫白約翰輯譯　(清)曹曾涵纂述　清光緒三十一年(1905)廣學會鉛印本　十册

610000－1033－0000143　3235/0123/1
國語二十一卷　(三國吳)韋昭注　(宋)宋庠補音　清乾隆二十七年(1762)刻本　六册

610000－1033－0000144　3241/0124/1
萬國通史續編十卷　(英國)李思倫白約翰輯譯　(清)曹曾涵纂述　清光緒三十年(1904)上海廣學會鉛印本　十册

610000－1033－0000145　3251/0125/1
萬國通史前編十卷　(英國)李思倫白約翰譯　蔡爾康紀述　清光緒二十六年(1900)上海廣學會鉛印本　十册

610000－1033－0000146　3261/0126/1
勝朝遺事五十種　(清)吴彌光輯　(清)宋澤元重訂　清光緒九年(1883)刻本　十五册　存二十三種

610000－1033－0000147　3267/0134/1
出使美日秘崔日記十六卷　(清)崔國因撰　清光緒二十年(1894)鉛印本　十二册

610000－1033－0000148　3276/0127/1
中西紀事二十四卷　(清)夏燮撰　清同治七年(1868)刻本　六册

610000－1033－0000149　3282/0128/1
平定粵匪紀略十八卷附記四卷　(清)杜文瀾編　清同治十年(1871)聚珍齋活字印本　六册　存十六卷(一至十六)

610000－1033－0000150　3288/0129/1
宋名臣言行錄前集十卷後集十四卷續集八卷別集二十六卷外集十七卷　(宋)朱熹撰　清光緒十三年(1887)刻本　十二册

610000－1033－0000151　3316/0131/1
中興將帥別傳三十卷　(清)朱孔彰撰　清光緒二十三年(1897)刻本　八册

610000－1033－0000152　3324/0132/1
李恕谷[塨]先生年譜五卷　(清)馮辰纂　(清)惲鶴生訂　(清)孫鍇重訂　清道光十六年(1836)刻本　六册

610000－1033－0000153　3329/0133/1
曾文正公手書日記不分卷　(清)曾國藩著　清宣統元年(1909)上海中國圖書公司石印本　三十八册

610000－1033－0000154　3379/0135/1
姓氏尋源四十五卷　(清)張澍纂　清道光十八年(1838)刻本　十二册

610000－1033－0000155　3391/0136/1
萍鄉課士新藝四卷續編四卷　(清)顧家相撰　清光緒二十八年(1902)會稽顧氏刻本　六册　存七卷(新藝四卷、續編一至三)

610000－1033－0000156　3397/0137/1
史事論甲編十卷乙編六卷丙編四卷丁編四卷　雷瑨編輯　清光緒二十九年(1903)石印本　二册　存十卷(甲編十卷)

610000－1033－0000157　3407/0139/1
商君書五卷附考一卷　(戰國)商鞅撰　(清)嚴萬里校　清光緒二年(1876)浙江書局刻本　一册

610000－1033－0000158　3410/0141/1
諸史間論十五卷附兩朝文選二卷　(清)李元春著　(清)張文寶校刊　清道光十八年(1838)刻本　四册　存七卷(一至五、兩朝文選二卷)

610000－1033－0000159　3414/0142/1
文史通義八卷校讎通義三卷　(清)章學誠著　清道光十二年至十三年(1832－1833)刻本　五册

610000－1033－0000160　3423/0144/1
牧令書二十三卷　(清)徐棟輯　清道光二十八年(1848)刻本　十八册

610000－1033－0000161　3441/0145/1
朝邑縣幅員地糧總說不分卷　(清)霍勤勳撰

清光緒十九年(1893)刻本　一册

610000－1033－0000162　3442/0146/1
保甲書四卷　(清)徐棟輯　清道光二十八年(1848)刻本　三册

610000－1033－0000163　3445/0147/1
陸宣公奏議讀本四卷首一卷　(唐)陸贄撰　(清)汪銘謙編輯　(清)馬傳庚評點　清光緒二十六年(1900)會稽馬氏石印本　一册　存三卷(一至二、首一卷)

610000－1033－0000164　3446/0148/1
彭剛直公奏稿八卷　(清)彭玉麟撰　清光緒十七年(1891)刻本　八册

610000－1033－0000165　3454/0149/1
安康陳紹湍創辦密云學務全檔不分卷　(清)陳雄藩編著　清宣統元年(1909)鉛印本　一册

610000－1033－0000166　3459/0151/1
十九周新學史五十五節　(英國)華麗士撰　(清)梁瀾勳譯　(清)許家惺纂輯　清光緒二十八年(1902)鉛印本　一册

610000－1033－0000167　3460/0152/1
籌辦萍鄉鐵路公牘四卷　(清)顧家相著　清光緒二十六年(1900)萍鄉縣署活字印本　二册

610000－1033－0000168　3462/0153/1
樊山公牘三卷　樊增祥撰　清光緒二十年(1894)刻本　三册

610000－1033－0000169　3470/0155/1
天下郡國利病書一百二十卷　(清)顧炎武輯　(清)龍萬育訂　清光緒五年(1879)桐華書屋刻本　三十册　存七十二卷(一至三十八、五十三至七十八、八十三至九十)

610000－1033－0000170　3500/0156/1
天下郡國利病書一百二十卷　(清)顧炎武輯　(清)龍萬育訂　清道光十一年(1831)敷文閣刻本　四十八册

610000－1033－0000171　3600/0159/1
天下郡國利病書一百二十卷　(清)顧炎武輯　(清)龍萬育訂　清敷文閣刻本　六册　存十四卷(九十一至一百四)

610000－1033－0000172　3606/0160/1
歷代地理志韻編今釋二十卷皇朝輿地韻編二卷　(清)李兆洛輯　清道光十七年(1837)武進李兆洛輩學齋木活字印本　十册

610000－1033－0000173　3616/0161/1
讀史方輿紀要一百三十卷輿圖要覽四卷　(清)顧祖禹撰　(清)彭元瑞校定　(清)龍萬育校刊　清錦里龍萬育敷文閣刻本　二十五册　存七十卷(十至十一、十九至三十五、三十九至五十一、六十八至一百五)

610000－1033－0000174　3641/0162/1
讀史方輿紀要一百三十卷輿圖要覽四卷　(清)顧祖禹撰　(清)彭元瑞校定　清敷文閣刻本　七十八册

610000－1033－0000175　3955/0165/1
[乾隆]直隸商州志十四卷首一卷　(清)王如玖纂修　清乾隆九年(1744)刻本　八册

610000－1033－0000176　3963/0166/1
[乾隆]續商州志十卷　(清)羅文思纂修　清乾隆二十三年(1758)刻本　二册

610000－1033－0000177　3969/0168/1
[乾隆]臨潼縣志九卷圖一卷　(清)史傳遠纂修　清乾隆四十一年(1776)刻本　六册

610000－1033－0000178　3975/0169/1
[光緒]臨潼縣續志二卷　(清)安守和修　(清)楊彥修纂　清光緒十六年(1890)刻本　二册

610000－1033－0000179　3982/0171/1
[光緒]岐山縣志八卷　(清)胡昇猷修　(清)張殿元纂　清光緒十年(1884)刻本　四册

610000－1033－0000180　3986/0172/1
[乾隆]重修鳳翔府誌十二卷首一卷　(清)達靈阿修　(清)周方炯　(清)高登科纂　清乾

隆三十一年(1766)刻本　八冊　存六卷(五至十)

610000－1033－0000181　3995/0174/1
華嶽志八卷首一卷　(清)李榕纂修　(清)楊翼武評閲　清刻本　二冊　存四卷(五至八)

610000－1033－0000182　3997/0175/1
[正德]朝邑縣志二卷　(明)王道修　(明)韩邦靖纂　**[萬曆]續朝邑縣志八卷**　(明)郭实修　(明)王學謨纂　**[康熙]朝邑縣後志八卷**　(清)王兆鰲修　(清)王鵬翼纂　清康熙五十一年(1712)王兆鰲刻本　六冊

610000－1033－0000183　4003/0176/1
[宣統]郿縣志十八卷首一卷　(清)李帶雙原本　(清)沈錫榮增補　清宣統二年(1910)陝西圖書館鉛印本　四冊

610000－1033－0000184　4007/0177/1
[光緒]洋縣志八卷　(清)張鵬翼纂修　清光緒二十四年(1898)青門寓廬刻本　八冊

610000－1033－0000185　4022/0179/1
[光緒]富平縣志稿十卷首一卷　樊增祥(清)劉鋥修　(清)譚麐纂　清光緒十七年(1891)刻本　十冊

610000－1033－0000186　4036/0181/1
[嘉靖]喬三石耀州志十一卷　(明)李廷寶修(明)喬世寧纂　**五臺山志一卷**　(明)喬世寧纂　清刻本　二冊

610000－1033－0000187　4038/0182/1
[乾隆]續耀州志十一卷　(清)汪灝修(清)鍾麟書纂　清乾隆二十七年(1762)刻光緒十六年(1890)增刻本　二冊

610000－1033－0000188　4040/0183/1
[正德]朝邑縣志二卷　(明)王道修　(明)韓邦靖纂　清刻本　一冊

610000－1033－0000189　4041/0184/1
[正德]武功縣志三卷首一卷　(明)康海纂(清)瑪星阿原訂　(清)孫景烈評註　清道光八年(1828)慎德堂刻本　四冊

610000－1033－0000190　4045/0185/1
[宣統]重修涇陽縣志十六卷首一卷末一卷　(清)劉懋官修　(清)宋伯魯　(清)周斯億纂　清宣統三年(1911)天津華新印刷局鉛印本　四冊

610000－1033－0000191　4049/0186/1
[光緒]三原縣新志八卷　(清)焦雲龍修(清)賀瑞麟纂　清光緒六年(1880)刻本　四冊

610000－1033－0000192　4055/0257/1
論衡三十卷　(漢)王充撰　清光緒元年(1875)湖北崇文書局刻本　六冊

610000－1033－0000193　4057/0188/1
[光緒]蒲城新志十三卷首一卷　(清)李體仁修　(清)王學禮纂　清光緒三十一年(1905)刻本　四冊

610000－1033－0000194　4061/0189/1
[道光]重修汧陽縣志十二卷首一卷　(清)罗曰壁纂修　**[光緒]增續汧陽縣志二卷**　(清)焦思善修　(清)張元璧　(清)王潤纂　清光緒十三年(1887)刻本　六冊

610000－1033－0000195　4067/0190/1
[嘉慶]滇繫四十卷　(清)師範纂輯　清光緒十三年(1887)雲南通志局刻本　四十冊

610000－1033－0000196　4109/0192/1
忠武祠墓志七卷首一卷末一卷　(清)李復心彙輯　清同治五年(1866)刻本　四冊

610000－1033－0000197　4116/0194/1
[乾隆]黔南識略三十二卷　(清)愛必達撰清道光二十七年(1847)刻本　四冊

610000－1033－0000198　4118/0195/1
水經注四十卷　(北魏)酈道元撰　清刻本十二冊

610000－1033－0000199　4131/0197/1
俄國新志八卷　(英國)陔勒低撰　(英國)傅蘭雅　(清)潘松譯　清光緒二十七年(1901)上海書局石印本　四冊

610000－1033－0000200　4135/0198/1
大英國志八卷　(英國)慕維廉譯　清光緒六年(1880)石印本　一册　存四卷(一至四)

610000－1033－0000201　4135/0198/2
大英國志八卷　(英國)慕維廉譯　清光緒六年(1880)石印本　一册　存二卷(七至八)

610000－1033－0000202　4139/0200/1
柬埔治以北探路記十五卷　(法國)晃西士加尼撰　清光緒二十五年(1899)味經刊書處刻本　十册

610000－1033－0000203　4149/0201/1
日本國志四十卷首一卷　(清)黄遵憲編纂　清光緒二十七年(1901)上海書局石印本　八册

610000－1033－0000204　4157/0202/1
印度國志不分卷　(清)學部編譯圖書局編纂　清光緒三十三年(1907)學部圖書局鉛印本　一册

610000－1033－0000205　4158/0203/1
阿富汗土耳基斯坦志不分卷阿富汗斯坦志不分卷坿新志不分卷土耳基斯坦志不分卷東土耳基斯坦志不分卷　(清)學部編譯圖書局編纂　清光緒三十三年(1907)學部編譯圖書局鉛印本　一册

610000－1033－0000206　4159/0204/1
亞斐利加洲志不分卷　(清)前編書局編纂　清宣統元年(1909)學部圖書局鉛印本　一册

610000－1033－0000207　4160/0205/1
爪哇志不分卷蘇門答拉志不分卷　(清)學部編譯圖書局編纂　清光緒三十三年(1907)學部圖書局鉛印本　一册

610000－1033－0000208　4161/0206/1
土耳基國志不分卷附新志不分卷　(清)學部編譯圖書局編纂　清光緒三十三年(1907)學部圖書局鉛印本　一册

610000－1033－0000209　4162/0207/1
緬甸國志不分卷英領緬甸志不分卷緬甸新志不分卷暹羅國志不分卷布哈爾志不分卷　(清)學部編譯圖書局編纂　清光緒三十三年(1907)學部圖書局鉛印本　一册

610000－1033－0000210　4163/0208/1
俾路芝志不分卷馬留土股志不分卷紐吉尼亞島志不分卷西里伯島志不分卷附新志不分卷　(清)學部編譯圖書局編纂　清光緒三十三年(1907)學部圖書局鉛印本　一册

610000－1033－0000211　4164/0209/1
亞拉伯志不分卷坿新志不分卷　(清)學部編譯圖書局編纂　清光緒三十三年(1907)學部圖書局鉛印本　一册

610000－1033－0000212　4165/0210/1
亞細亞洲志不分卷坿新志不分卷　(清)學部編譯圖書局編纂　清光緒三十四年(1908)學部圖書局鉛印本　一册

610000－1033－0000213　4166/0211/1
阿達曼羣島志不分卷坿新志不分卷坡羅島志不分卷　(清)前編書局編　清光緒三十三年(1907)學部圖書局鉛印本　一册

610000－1033－0000214　4167/0212/1
金石索十二卷首一卷　(清)馮雲鵬等輯　清光緒十九年(1893)上海積山書局石印本　二十四册

610000－1033－0000215　4191/0213/1
歷代帝王法帖釋文十卷　(清)徐朝弼集釋　清嘉慶十七年(1812)刻本　一册

610000－1033－0000216　4194/0215/1
子書百家　(清)崇文書局輯　清光緒元年(1875)湖北崇文書局刊本　十五册　存十七種

610000－1033－0000217　4209/0216/1
子書二十二種　(清)浙江書局輯　清光緒元年至三年(1875－1877)浙江書局刻本　六十六册　存十九種

610000－1033－0000218　4298/0219/1
朱子五書二卷　(宋)朱熹撰　清光緒十年

(1884)刻本　一冊

610000－1033－0000219　4299/0220/1
關中道脉四種書　(清)李元春輯　清道光十年(1830)刻本　六冊

610000－1033－0000220　4305/0221/1
人譜一卷人譜類記二卷　(明)劉宗周撰　清教忠堂刻本　四冊

610000－1033－0000221　4309/0222/1
理學宗傳二十六卷　(清)孫奇逢輯　(清)魏一鼇　(清)孫立雅編　清光緒六年(1880)浙江書局刻本　十二冊

610000－1033－0000222　4321/0223/2
聖功編不分卷　(清)賀瑞麟等撰　(清)張紹元輯　清宣統三年(1911)刻本　一冊

610000－1033－0000223　4322/0223/1
聖功編不分卷　(清)賀瑞麟等撰　(清)張紹元輯　清宣統三年(1911)刻本　一冊

610000－1033－0000224　4323/0224/1
繹志十九卷　(明)胡承諾撰　清同治十一年(1872)浙江書局刻本　八冊

610000－1033－0000225　4331/0225/1
修齊直指一卷　(清)楊屾著　清光緒三十年(1904)柏經正堂刻本　一冊

610000－1033－0000226　4332/0226/1
輶軒語一卷　(清)張之洞撰　清光緒二十一年(1895)湖北官書處刻本　一冊

610000－1033－0000227　4339/0228/1
知本提綱十卷　(清)楊屾著　(清)鄭世鐸註解　清乾隆十二年(1747)茂陵崇本齋刻本　八冊

610000－1033－0000228　4347/0229/1
新刊性理大全八卷　(宋)周敦頤撰　(宋)朱熹注　**性理體註訓解標題不分卷**　(清)張道升纂輯　(清)仇廷桂纂輯　(清)呂從律增訂　清乾隆二十八年(1763)懷德堂刻本　五冊

610000－1033－0000229　4350/0235/1
朱子語類一百四十卷　(宋)朱熹撰　(宋)黎靖德輯　清光緒二年(1876)傳經堂刻本　四十八冊

610000－1033－0000230　4356/0232/1
萬象一原圖一卷　(清)張紹元編繪　清末衛文公四十字室刻本　一冊

610000－1033－0000231　4357/0233/1
訓蒙詩輯解一卷　(清)張元勳輯解　清咸豐九年(1859)尊經堂刻本　一冊

610000－1033－0000232　4411/0240/1
韓園醫學六種　(清)潘霨輯　清光緒九年至十年(1883－1884)江西書局刻本　十二冊

610000－1033－0000233　4417/0236/1
增訂漢魏叢書　(清)王謨輯　清刻本　一冊　存四種

610000－1033－0000234　4418/0237/1
參同契經文直指三卷　(漢)魏伯陽著　(清)劉一明解　清嘉慶四年(1799)刻本　一冊

610000－1033－0000235　4423/0241/1
何博士備論二卷　(宋)何去非撰　清光緒元年(1875)湖北崇文書局刻百子全書本　一冊

610000－1033－0000236　4424/0242/1
齊民要術十卷　(北魏)賈思勰撰　清光緒二十二年(1896)刻本　四冊

610000－1033－0000237　4428/0243/1
農政全書六十卷　(明)徐光啟撰　清道光二十三年(1843)刻本　二十冊

610000－1033－0000238　4449/0244/1
豳風廣義三卷　(清)楊屾編輯　清刻本　二冊　存二卷(二至三)

610000－1033－0000239　4450/0245/1
濟陽綱目一百八卷　(明)武之望編輯　(清)張楠注　清咸豐六年(1856)宏道書院刻本　四十八冊

610000－1033－0000240　4500/0247/1
黃氏醫書八種　(清)黃元御著　清同治元年(1862)刻本　二十四冊

610000－1033－0000241　4524/0248/1

圖註八十一難經辨真四卷　(戰國)秦越人述　(明)張世賢註　清刻本　二冊

610000－1033－0000242　4527/0249/1

新刊醫林狀元壽世保元十卷　(明)龔廷賢撰　(清)周亮登校　清刻本　三冊　存三卷(三、六、九)

610000－1033－0000243　4530/0251/1

高厚蒙求五集　(清)徐朝俊撰　清同治五年(1866)雲間徐氏刻本　六冊

610000－1033－0000244　4536/0252/1

幾何原本十五卷　(英國)利瑪竇口譯　(明)徐光啟筆受　(英國)偉烈亞力口譯　(清)李善蘭筆受　清同治四年(1865)金陵曾國藩刻本　八冊

610000－1033－0000245　4556/0253/1

樂經三卷　(清)文應熊注　清刻本　三冊

610000－1033－0000246　4559/0254/1

重刻恭簡公志樂二十卷　(明)韓邦奇著　清嘉慶十一年(1806)關中裕德堂刻本　十二冊

610000－1033－0000247　4631/0256/1

讀書雜誌八十二卷餘編二卷　(清)王念孫撰　清同治九年(1870)金陵書局刻本　二十四冊

610000－1033－0000248　4661/0258/1

淮南鴻烈解二十一卷　(漢)劉安撰　清光緒元年(1875)湖北崇文書局刻本　四冊

610000－1033－0000249　4665/0259/1

淮南子二十一卷　(漢)劉安撰　(漢)高誘注　清光緒二年(1876)浙江書局刻本　六冊

610000－1033－0000250　4673/0261/1

日知錄集釋三十二卷刊誤二卷續刊誤二卷　(清)顧炎武著　清光緒三年(1877)刻本　十六冊

610000－1033－0000251　4709/0265/1

涑水記聞十六卷　(宋)司馬光撰　清光緒九年(1883)解梁書院刻本　四冊

610000－1033－0000252　4713/0266/1

山志初集六卷二集六卷　(清)王弘撰撰　清光緒二十六年(1900)刻本　六冊

610000－1033－0000253　4719/0267/1

嘯亭雜錄八卷續錄二卷　(清)昭槤著　清光緒六年(1880)刻本　十二冊

610000－1033－0000254　4732/0268/1

困學紀聞注二十卷　(宋)王應麟撰　(清)翁元圻輯　清道光五年(1825)刻本　十二冊

610000－1033－0000255　4743/0269/1

經史百家雜鈔二十六卷　(清)曾國藩纂　(清)李鴻章校刊　清光緒二年(1876)傳忠書局刻本　二十六冊

610000－1033－0000256　4769/0270/1

葵書十六卷　(清)王桂著　清光緒六年(1880)刻本　八冊

610000－1033－0000257　4777/0271/1

經餘必讀八卷　(清)雷琳等輯　(清)胡鳳丹重校　清光緒二年(1876)退補齋刻本　十冊

610000－1033－0000258　4798/0274/1

世說新語八卷世說新語補四卷　(南朝宋)劉義慶撰　(南朝梁)劉孝標注　(明)張懋辰訂　明萬曆刻本　五冊

610000－1033－0000259　4819/0284/1

道書十二種　(唐)呂祖著　(清)劉一明注　清嘉慶刻本　一冊　存二種

610000－1033－0000260　4828/0286/1

典昉十一卷　(清)王權著　清宣統二年(1910)刻本　八冊

610000－1033－0000261　4836/0287/1

格致譜二十四卷　(清)屠仁守纂述　清光緒二十八年(1902)秦中刻本　三冊　存六卷(一至三、十至十二)

610000－1033－0000262　4838/0288/1

蜀典十二卷　(清)張澍編輯　清光緒二年(1876)刻本　四冊

610000－1033－0000263　4843/0289/1

重刻昭明文選李善注六十卷 (南朝梁)蕭統撰 (唐)李善注 (清)葉樹藩參訂 清乾隆三十七年(1772)海錄軒刻朱墨印本 三十六册

610000－1033－0000264 4879/0290/1

御選唐宋詩醇四十七卷目錄二卷 (清)高宗弘曆選 (清)梁詩正等編 清光緒七年(1881)浙江書局刻本 六册 存十卷(一至十)

610000－1033－0000265 4885/0291/1

古文雅正十四卷 (清)蔡世遠選評 清同治七年(1868)曾氏刻本 六册

610000－1033－0000266 4891/0292/1

皇朝經世文編一百二十卷姓名總目二卷 (清)賀長齡輯 清道光七年(1827)刻本 八十册

610000－1033－0000267 4988/0295/1

文選六十卷 (南朝梁)蕭統輯 (唐)李善注 清雙峰書屋刻朱墨印本 十五册 存五十七卷(四至六十)

610000－1033－0000268 5004/0297/1

唐詩別裁集引典備註二十卷 (清)沈德潛選 (清)俞汝昌注 清道光十七年(1837)刻本 六册 存八卷(一至八)

610000－1033－0000269 5010/0298/1

朱子遺書十七種 (宋)朱熹撰 清光緒十二年(1886)傳經堂刻本 二十二册

610000－1033－0000270 5032/0299/1

南豐先生元豐類藁五十三卷 (宋)曾鞏撰 (清)顧崧齡校 清刻本 八册

610000－1033－0000271 5040/0300/1

伊川擊壤集二十卷補遺一卷 (宋)邵雍著 清光緒三年(1877)三原劉述荆堂刻本 五册

610000－1033－0000272 5053/0302/1

明滇南五名臣遺集 李根源輯 清宣統三年(1911)刻本 二册

610000－1033－0000273 5056/0303/1

呂新吾先生閨範圖說四卷 (明)呂坤撰 清刻本 六册

610000－1033－0000274 5061/0304/1

楊忠介公文集十三卷首一卷末一卷附錄五卷 (清)楊爵著 清光緒十九年(1893)刻本 六册

610000－1033－0000275 5067/0305/1

明張文忠公全集四十六卷附錄二卷 (明)張居正撰 清刻本 八册 存二十五卷(一至二十五)

610000－1033－0000276 5081/0307/1

受祺堂文集四卷 (清)李因篤著 (清)馮雲杏編次 清道光七年(1827)刻本 四册

610000－1033－0000277 5085/0308/1

續刻受祺堂文集四卷 (清)李因篤著 (清)楊浚校刊 清道光十年(1830)刻本 四册

610000－1033－0000278 5089/0309/1

周子全書四卷 (宋)周敦頤撰 清光緒十三年(1887)刻本 一册

610000－1033－0000279 5090/0310/1

文公朱先生感興詩一卷 (宋)朱熹撰 (宋)蔡模注 清刻本 一册

610000－1033－0000280 5092/0311/1

陸象山先生全集三十六卷 (宋)陸九淵撰 (清)李紱評點 (清)周毓齡重校 (清)孫邦瑞刊 清同治十年(1871)刻本 十二册

610000－1033－0000281 5109/0313/1

王臨川全集一百卷目錄二卷 (宋)王安石撰 清光緒九年(1883)刻本 十六册

610000－1033－0000282 5125/0314/1

張子全書 (宋)張載撰 (宋)朱熹注釋 清同治九年(1870)刻本 八册

610000－1033－0000283 5133/0315/1

二曲集二十六卷附歷年紀畧一卷司牧寶鑑一卷垩室錄感一卷 (清)李顒著 清刻本 十二册

610000－1033－0000284 5145/0316/1

呂新吾先生去僞齋文集十卷 (明)呂坤撰 清刻本 十一册 存九卷(一至九)

610000－1033－0000285 5157/0317/1
呂新吾全集二十一種 (明)呂坤撰 明萬曆刻清同治、光緒遞修本 二十一册 存十一種

610000－1033－0000286 5178/0318/1
曾文正公全集十五種 (清)曾國藩撰 (清)李瀚章輯 清同治至光緒傳忠書局刻本 一百二十七册 存十三種

610000－1033－0000287 5315/0320/1
小倉山房文集三十五卷外集八卷 (清)袁枚撰 清刻本 十一册 存四十卷(文集一至三十二、外集八卷)

610000－1033－0000288 5326/0321/1
陳北溪先生文集十四卷補遺一卷 (宋)陳淳撰 (清)張伯行編訂 (清)劉昇之重刻 清光緒九年(1883)傳經堂刻本 四册

610000－1033－0000289 5330/0322/1
杜詩鏡銓二十卷附文集二卷 (唐)杜甫撰 (清)楊倫編輯 清同治十一年(1872)刻本 十二册

610000－1033－0000290 5348/0324/1
檉華館文集六卷駢體文一卷詩集四卷雜錄一卷坿錄一卷 (清)路德撰 清光緒七年(1881)解梁書院刻本 十册

610000－1033－0000291 5358/0325/1
曾文正公家書十卷 (清)曾國藩撰 清光緒三十一年(1905)上海商務印書館鉛印本 八册

610000－1033－0000292 5374/0327/1
張楊園先生全集六卷 (清)張履祥撰 (清)李文耕輯 清同治元年(1862)刻本 六册

610000－1033－0000293 5380/0328/1
庾子山集十六卷 (北周)庾信撰 (清)倪璠注 **總釋一卷** (清)倪璠撰 清刻本 十一册 存十五卷(一至十四、十六)

610000－1033－0000294 5391/0329/1
潛菴先生全集五卷疏稿一卷年譜一卷 (清)湯斌著 清同治十年(1871)繡谷麗澤書屋刻本 八册

610000－1033－0000295 5399/0330/1
魯齋遺書十四卷 (元)許衡撰 清刻本 四册

610000－1033－0000296 5403/0331/1
司馬溫公文集八十二卷 (宋)司馬光撰 清同治九年(1870)刻本 二十四册

610000－1033－0000297 5427/0332/1
孟晉齋文集五卷 (清)顧壽楨撰 清同治五年(1866)刻本 三册

610000－1033－0000298 5430/0333/1
葵書溓壁解二卷 (清)劉琦著 清刻本 二册

610000－1033－0000299 5432/0334/1
張氏叢書三十六種 (清)張澍輯 清道光元年(1821)武威張氏二酉堂刻本 十册 存十九種

610000－1033－0000300 5442/0335/1
讀易樓合刻 (清)倪元坦撰 清嘉慶至道光刻本 九册 存五種

610000－1033－0000301 5464/0337/1
息存室吟稿初集一卷續集一卷 (清)杭溫如著 清光緒三十四年(1908)刻本 二册

610000－1033－0000302 5466/0338/1
戴東原集十二卷 (清)戴震撰 **年譜一卷覆校札記一卷** (清)段玉裁撰 清宣統二年(1910)渭南嚴氏刻本 六册

610000－1033－0000303 5478/0340/1
完穀山房館課詩鈔一卷賦鈔一卷蒙草一卷 (清)白遇道著 清末刻本 三册

610000－1033－0000304 5481/0341/1
賜葛堂文集六卷 (清)岳震川撰 清光緒五年(1879)刻本 五册

610000－1033－0000305 5486/0342/1

西園文集四卷續編三卷　(清)張吉梁著　清同治八年(1869)刻本　五冊

610000－1033－0000306　5491/0343/1
夏峰先生集十四卷補遺二卷首一卷　(清)孫奇逢著　清道光二十五年(1845)刻本　十六冊

610000－1033－0000307　5507/0344/1
胡敬齋先生居業錄四卷　(明)胡居仁撰　清同治八年(1869)刻本　四冊

610000－1033－0000308　5511/0345/1
胡文忠公遺集八十六卷　(清)胡林翼撰　(清)鄭敦謹　(清)曾國荃編　清同治六年(1867)刻本　三十二冊

610000－1033－0000309　5543/0346/1
清麓文集二十三卷賀復齋先生行狀一卷清麓日記五卷　(清)賀瑞麟撰　清光緒二十五年(1899)傳經堂刻本　二十三冊

610000－1033－0000310　5590/0354/1
東周列國全志二十三卷一百八回　(清)蔡奡評點　清刻本　二十一冊　存二十一卷(二至二十二)

610000－1033－0000311　5611/0355/1
東周列國全志二十三卷一百八回　(清)蔡奡評點　清刻本　二十四冊

610000－1033－0000312　5635/0356/1
增像第六才子書五卷首一卷　(元)王實甫撰　清光緒二十六年(1900)上海書局石印本　六冊

610000－1033－0000313　5637/0357/1
此宜閣增訂金批西厢四卷首一卷末一卷　(元)王實甫撰　(清)金人瑞批　清刻朱墨印本　六冊

610000－1033－0000314　5662/0360/1
第五才子書水滸傳二十卷七十回　(元)施耐庵撰　清刻本　二十冊

610000－1033－0000315　5682/0361/1
古文筆法百篇八卷　(清)李扶九輯　清光緒二十九年(1903)石印本　四冊

610000－1033－0000316　5686/0362/1
隨園詩話十六卷補遺十卷　(清)袁枚撰　清刻本　八冊　存十六卷(三至八、十一至十六,補遺三至六)

610000－1033－0000317　5694/0363/1
東坡和陶合箋四卷　(宋)蘇軾撰　(清)溫汝能纂　清宣統元年(1909)埽葉山房石印本　二冊

610000－1033－0000318　殘1
四書章句集註十九卷　(宋)朱熹集注　清光緒十七年(1891)刻本　一冊　存二卷(六至七)

610000－1033－0000319　殘2
說文通訓定聲補遺十八卷首一卷　(清)朱駿聲撰　清光緒八年(1882)刻本　一冊

610000－1033－0000320　残3
孟子七卷　(宋)朱熹集注　清刻本　二冊　存四卷(四至七)

610000－1033－0000321　殘4
皇朝經世文編補一百二十卷　(清)賀長齡輯　(清)張鵬飛評梓　清刻本　二冊　存三卷(十至十二)

610000－1033－0000322　殘5
通鑑綱目輯要三十七卷　(清)姚培謙　(清)張景星撰　清石印本　一冊　存四卷(三至六)

610000－1033－0000323　殘6
景教碑文紀事考正三卷　(清)楊榮鋕撰　清光緒二十一年(1895)刻本　一冊　存一卷(一)

610000－1033－0000324　殘7
論語集解義疏十卷　(三國魏)何晏集解　(南朝梁)皇侃義疏　清刻本　一冊　存二卷(七至八)

610000－1033－0000325　殘8
董子春秋繁露十七卷　(漢)董仲舒撰　清刻

本　一册　存九卷(九至十七)

610000－1033－0000326　殘9

孟子七卷　(宋)朱熹集注　清刻本　一册　存三卷(四至五、七)

610000－1033－0000327　殘10

續瀛環志略初編不分卷　(清)薛福成鑒定　清末石印本　一册

610000－1033－0000328　殘11

小爾雅一卷　(漢)孔鮒撰　(清)朱駿聲注　清刻本　一册

610000－1033－0000329　殘12

皇清經解一百七十三種　(清)阮元輯　清道光九年(1829)廣東學海堂刻咸豐十一年(1861)補刻本　二十四册　存六種

610000－1033－0000330　殘13

萍鄉課士新藝四卷續編四卷　(清)顧家相撰　清末刻本　一册　存一卷(八)

610000－1033－0000331　殘14

周列士傳一卷　(清)顧壽楨著　清同治五年(1866)見素抱樸齋刻本　一册

610000－1033－0000332　殘15

離騷賦一卷　(戰國)屈原撰　(漢)王逸注　(清)朱駿聲補注　清刻本　一册

610000－1033－0000333　殘16

曾文正公家書十卷家訓二卷　(清)曾國藩撰　清光緒五年(1879)傳忠書局刻本　三册　存三卷(家書八、家訓二卷)

610000－1033－0000334　殘17

儀禮經注一隅二卷　(清)朱駿聲撰　清道光二十九年(1849)朱氏家塾刻本　一册

610000－1033－0000335　殘18

古唐詩合解十二卷　(清)王堯衢注　清刻本　一册　存三卷(一至三)

610000－1033－0000336　殘19

唐陸宣公奏議讀本四卷首一卷　(唐)陸贄撰　(清)汪銘謙編輯　(清)馬傳庚評點　清光緒二十六年(1900)會稽馬氏刻本　一册　存二卷(三至四)

610000－1033－0000337　殘20

初等小學簡易科修身教科書第二册　(清)□□撰　清宣統二年(1910)陝西學務公所圖書館鉛印本　一册

610000－1033－0000338　殘21

初等小學珠算教授書第四册　(清)□□撰　清宣統三年(1911)陝西學務公所印刷局鉛印本　一册

610000－1033－0000339　殘22

庾子山集十六卷　(北周)庾信撰　(清)倪璠注　清刻本　一册　存一卷(十五)

610000－1033－0000340　殘23

御批歷代通鑑輯覽一百二十卷　(清)傅恒等編纂　清刻本　一册　存二卷(五十五至五十六)

610000－1033－0000341　殘24

東萊博議四卷　(清)馮泰松重刊　清末刻本　一册　存一卷(三)

610000－1033－0000342　殘25

四聲便覽四卷　(清)余六師編　清光緒十七年(1891)刻本　一册

610000－1033－0000343　殘26

初學行文語類四卷　(清)孫埏編輯　清刻本　一册

610000－1033－0000344　殘27

尺木堂綱鑑易知錄九十二卷　(清)吳乘權等輯　清鉛印本　一册　存七卷(四十至四十六)

610000－1033－0000345　殘28

欽定全唐文一千卷總目三卷　(清)董誥等編　清刻本　一册　存三卷(六百五十二至六百五十四)

610000－1033－0000346　殘29

小倉山房文集三十五卷　(清)袁枚撰　清刻本　一册　存二卷(三十三至三十四)

610000－1033－0000347　殘30

涇野先生毛詩說序六卷 (明)吕柟撰 (清)李錫齡校 清刻本 一册 存一卷(一)

610000－1033－0000348 殘31
四聲切韻表一卷 (清)江永編 清末刻本 一册

610000－1033－0000349 殘32
東周列國全志二十三卷一百八回 (清)蔡奡評點 清刻本 二册 存一卷(一)

610000－1033－0000350 殘33
詩學含英十四卷 (清)劉文蔚輯 清刻本 一册 存十二卷(二至十三)

610000－1033－0000351 殘34
大清搢紳全書四卷 (清)榮禄堂編 清榮禄堂刻本 二册 存二卷(一至二)

陝西省咸陽圖書館古籍普查登記目録

全國古籍普查登記目録

國家圖書館出版社
National Library of China Publishing House

610000－1003－0000001　B2/1
王陽明先生全集十六卷　(明)王守仁撰　(明)李贄輯　清道光六年(1826)刻本　八冊

610000－1003－0000002　B2/3－2
宋元學案一百卷首一卷　(清)黄宗羲撰　(清)黄百家輯　(清)全祖望修訂　清光緒五年(1879)長沙寄廬刻本　三十七冊　存九十四卷(一至三、六至八、十至二十五、三十至一百,首一卷)

610000－1003－0000003　B2/5
日知録三十二卷日知録之餘四卷　(清)顧炎武著　清錦江書院刻本　十一冊　存二十六卷(三至十四、十八至十九、二十二至二十七、三十一至三十二,日知録之餘四卷)

610000－1003－0000004　B2/7(1)
薛文清公讀書全録類編二十卷　(明)薛瑄著　(明)侯鶴齡編　明萬曆二十七年(1599)刻本　一冊　存三卷(一至三)

610000－1003－0000005　B2/7(2)
讀書録十一卷續録十二卷　(明)薛瑄輯　清乾隆十一年(1746)刻本　六冊　存十六卷(讀書録一至二、五至十一,續録一至七)

610000－1003－0000006　B2/12
張子全書　(宋)張載撰　清同治九年(1870)刻本　八冊

610000－1003－0000007　B221.1/1
四書味根録三十七卷　(清)金澂輯　清咸豐十年(1860)刻本　十二冊

610000－1003－0000008　B221.1/10
論語十卷　(宋)朱熹集註　清末刻本　二冊

610000－1003－0000009　B221.1/11
孟子五卷　(宋)朱熹集註　清榮茂堂刻本　二冊

610000－1003－0000010　B221.1/12
論語十卷　(宋)朱熹集注　清刻本　二冊

610000－1003－0000011　B221.1/13
孟子七卷　(宋)朱熹集註　清刻本　三冊

610000－1003－0000012　B221.1/14
漱芳軒合纂四書體註十九卷　(清)范翔參訂　清榕城書屋刻本　二冊　存四卷(四至七)

610000－1003－0000013　B221.1/15
四書述要不分卷　(清)楊玉緒著　清道光二十一年(1841)大文堂刻本(孟子配清刻本)　三冊　存六卷(大學一、中庸一、孟子四至七)

610000－1003－0000014　B221.1/16
四書□□卷　(宋)朱熹集註　清刻本　一冊　存二卷(孟子六至七)

610000－1003－0000015　B221.1/17
四書□□卷　(宋)朱熹集註　清同治十年(1871)刻本　一冊　存二卷(大學一、中庸一)

610000－1003－0000016　B221.1/19
四書味根録三十七卷　(清)金澂輯　清末刻本　一冊　存二卷(七至八)

610000－1003－0000017　B221.1/2
孟子七卷　(宋)朱熹集註　清刻本　三冊

610000－1003－0000018　B221.1/20
小題文苑二十四卷　(清)莘記主人撰　清光緒十年(1884)善成莘記刻本　二十三冊

610000－1003－0000019　B221.1/21
四書六卷　(宋)朱熹集注　清同治十年(1871)刻本　六冊

610000－1003－0000020　B221.1/22
四書釋義體註不分卷　(清)范翔參訂　清刻本　一冊

610000－1003－0000021　B221.1/23
新訂四書補註備旨十卷　(明)鄧林著　(清)杜定基增訂　清刻本(卷四配清天寶書局石印本)　三冊　存四卷(一至四)

610000－1003－0000022　B221.1/25
志學齋時文讀本前集二卷今集二卷　(清)志學齋輯　清光緒八年(1882)刻本　四冊

610000－1003－0000023　B221.1/25＋2
志學齋時文讀本前集二卷今集二卷　(清)志

學齋輯　清光緒八年(1882)刻本　四册

610000－1003－0000024　B221.1/26
論語最豁集四卷　(清)劉珍集　清永盛堂刻本　四册

610000－1003－0000025　B221.1/27
登瀛社稿初刊不分卷續刊不分卷　(清)曾之撰等撰　清同治九年(1870)京都琉璃廠刻本　三册

610000－1003－0000026　B221.1/28
韞山堂時文初集一卷二集二卷三集一卷　(清)管世銘著　(清)成格校　清同治六年(1867)韞山堂刻本　四册

610000－1003－0000027　B221.1/29
制義靈樞初編一卷二編一卷三編一卷四編一卷　(清)周銘恩評選　清道光二十九年(1849)文翁石室刻本　四册

610000－1003－0000028　B221.1/3
四書朱子異同條辨四十卷　(清)李沛霖　(清)李禎訂　清藜光樓刻本　十二册　存十三卷(大學一,中庸一至二,孟子三、五至六、九、十一、十三,論語十一、十三、十七至十八)

610000－1003－0000029　B221.1/30
塾課小題正鵠初集一卷　(清)李元度編　清光緒八年(1882)文昌書局刻本　二册

610000－1003－0000030　B221.1/31
石渠閣校刻大學衍義補纂要六卷　(明)徐栻選定　清梅墅石渠閣刻本　五册

610000－1003－0000031　B221.1/33
簡摩集五卷　(清)司徒修輯　清刻本　四册　存三卷(三至五)

610000－1003－0000032　B221.1/35
近科墨醇初編不分卷二編不分卷三編不分卷　(清)杜聯選評　清咸豐元年至同治四年(1851－1865)求是齋刻本　四册

610000－1003－0000033　B221.1/36
分類文腋八卷　(清)李楨選注　清刻本　四册　存四卷(三至六)

610000－1003－0000034　B221.1/37
塾課小題正鵠初集一卷二集一卷三集一卷　(清)李元度編　清道光二十六年(1846)刻本　四册

610000－1003－0000035　B221.1/38
二論詳解四卷　(清)劉忠輯　清刻本　二册　存二卷(二、四)

610000－1003－0000036　B221.1/39
制藝博鈔不分卷　(清)余九萬輯　清道光五年(1825)應奎堂刻本　四册

610000－1003－0000037　B221.1/40
同治癸酉科直省鄉墨正宗不分卷甲戌會墨不分卷　(清)王思沂評選　(清)孫振銓校刊　清光緒五年(1879)刻本　四册

610000－1003－0000038　B221.1/41
仁在堂時藝課一卷　(清)路德輯　清道光十五年(1835)刻本　一册

610000－1003－0000039　B221.1/42
時藝階一卷　(清)路德選　清道光十九年(1839)文筠堂刻本　一册

610000－1003－0000040　B221.1/43
仁在堂時藝話一卷　(清)路德輯　清道光十七年(1837)文筠堂刻本　一册

610000－1003－0000041　B221.1/44
時藝引不分卷　(清)路德輯　清道光十九年(1839)文筠堂刻本　二册

610000－1003－0000042　B221.1/45
寄傲山房塾課新增幼學故事瓊林四卷首一卷　(清)程允升撰　(清)鄒聖脉增補　清乾隆二十五年(1760)刻本　二册

610000－1003－0000043　B221.1/45(2)
寄傲山房塾課新增幼學故事瓊林四卷首一卷　(清)程允升撰　(清)鄒聖脉增補　清刻本　三册　存三卷(二至四)

610000－1003－0000044　B221.1/46
光緒乙亥恩科己卯科壬午科己丑恩科陝西鄉試闈墨不分卷　(清)顧陳等鑒定　清光緒刻

本　四册

610000－1003－0000045　B221.1/46(2)
光緒壬寅補行庚子恩正併科陝西山西鄉試闈墨不分卷　(清)朱段鑒定　清光緒刻本　二册

610000－1003－0000046　B221.1/46(3)
咸豐辛酉科陝甘鄉試闈墨不分卷　(清)何唐鑒定　清咸豐十一年(1861)刻本　一册

610000－1003－0000047　B221.1/47
同治甲戌科會試闈墨不分卷　(清)□□輯　清同治十三年(1874)聚奎堂刻本　一册

610000－1003－0000048　B221.1/48
光緒己卯科直省鄉試墨粿不分卷　(清)傅鍾麟評選　清光緒五年(1879)京都琉璃廠刻本　三册

610000－1003－0000049　B221.1/49
時藝辨不分卷　(清)路德撰　清抄本　一册

610000－1003－0000050　B221.1/50
搭題芝蘭不分卷小題芝蘭不分卷　(清)史鑑輯　(清)崔王華鑒定　清道光三十年(1850)刻本　一册

610000－1003－0000051　B221.1/50(2)
巧搭分品不分卷　(清)史鑑著　(清)張幼軒　(清)崔龍輔鑒定　清道光二十六年(1846)刻本　一册

610000－1003－0000052　B221.1/50(3)
小題芝蘭不分卷　(清)史鑑輯　(清)崔王華鑒定　清同治十二年(1873)刻本　一册

610000－1003－0000053　B221.1/50(4)
巧搭分品不分卷　(清)史鑑著　(清)張幼軒　(清)崔龍輔鑒定　**小題别體不分卷**　(清)李揆一輯　(清)史鑑鑒定　清道光二十六年(1846)刻本　一册

610000－1003－0000054　B221.1/50＋2
搭題芝蘭不分卷　(清)史鑑輯　(清)崔王華鑒定　清道光三十年(1850)刻本　一册

610000－1003－0000055　B221.1/51
五經樓小題拆字四卷　(清)山仲甫等輯　清道光二十一年(1841)忠興堂刻本　二册

610000－1003－0000056　B221.1/5－2
四書鞭影二十卷　(明)劉鳳翔著　清道光二十四年(1844)宏道書院刻本　十二册

610000－1003－0000057　B221.1/52(1)
評改先入言一卷　(清)慕甲榮著　(清)路德評改　清咸豐八年(1858)文筠堂刻本　一册

610000－1003－0000058　B221.1/52(2)
蒲編堂訓蒙草一卷　(清)路德批選　清恒盛堂刻本　一册

610000－1003－0000059　B221.1/53
聞式堂明文小題傳薪八卷　(清)臧岳評釋　清刻本　一册　存二卷(上孟、下孟)

610000－1003－0000060　B221.1/54
輶軒語一卷　(清)張之洞著　清光緒元年(1875)煥文山房刻本　一册

610000－1003－0000061　B221.1/55
能自疆齋制藝一卷　(清)汪鳴鑾著　清光緒五年(1879)忠興堂刻本　一册

610000－1003－0000062　B221.1/56
甘魯山訓蒙録一卷　(清)鄭甘學　(清)孔魯山評選　(清)孔陰棠編次　清光緒十二年(1886)崇雲閣刻本　一册

610000－1003－0000063　B221.1/57
欸秋塾讀本不分卷　(清)古棠葉訂　清咸豐四年(1854)陝安道署刻本　二册

610000－1003－0000064　B221.1/58
關中書院課藝不分卷　(清)葉伯英鑒定　清光緒十年(1884)關中書院刻本　一册

610000－1003－0000065　B221.1/59
漢南課藝二卷　(清)張芝浦鑒定　清光緒九年(1883)濯漢堂刻本　一册

610000－1003－0000066　B221.1/6
四書釋地一卷續一卷又續一卷三續一卷　(清)閻若璩撰　清乾隆五十二年(1787)刻本　四册

610000－1003－0000067　B221.1/60
仁孝文皇后內訓□□卷　(明)仁孝文皇后徐氏撰　(明)王相箋註　清刻本　一冊　存一卷(四)

610000－1003－0000068　B221.1/61
八銘塾鈔初集四卷　(清)吳懋政編　清刻本　一冊　存三卷(中庸、上孟、下孟)

610000－1003－0000069　B221.1/62
增訂南城張太史稿不分卷　(清)張江著　(清)王步青評選　清乾隆十四年(1749)刻本　一冊

610000－1003－0000070　B221.1/63
天崇百篇二卷　(清)吳懋政選輯　清嘉慶九年(1804)致和堂刻本　一冊

610000－1003－0000071　B221.1/64
慶曆大小題文讀本不分卷　(明)徐光啟等撰　清刻本　一冊

610000－1003－0000072　B221.1/65(1)
批評課幼二十藝讀本一卷　(清)邢退庵著　清同治四年(1865)忠興堂刻本　一冊

610000－1003－0000073　B221.1/65(2)
批點二十藝註釋一卷　(清)邢退菴著　清光緒元年(1875)義興堂刻本　一冊

610000－1003－0000074　B221.1/66
時墨節取甲一卷　(清)□□撰　清抄本　一冊

610000－1003－0000075　B221.1/67
入泮金鍼一卷　(清)□□撰　清抄本　一冊

610000－1003－0000076　B221.1/69
簡摩集五卷　(清)司徒修輯　清道光十二年(1832)刻本　一冊　存一卷(一)

610000－1003－0000077　B221.1/7
四書反身錄六卷續錄二卷　(清)李顒口授　(清)王心敬錄　(清)李因篤校　清康熙二十五年(1686)思硯齋刻本　四冊

610000－1003－0000078　B221.1/70
性理體註□□卷　(宋)張載撰　(□)朱紫陽註　清刻本　一冊　存一卷(六)

610000－1003－0000079　B221.1/71
小題正鵠二集二卷三集二卷　(清)李元度編　清刻本　二冊　存二卷(二集下、三集下)

610000－1003－0000080　B221.1/72
問津寶筏一卷　(清)□□撰　清抄本　一冊

610000－1003－0000081　B221.1/73
崧湖時文一卷　(清)馮譽驥撰　清光緒八年(1882)刻本　一冊

610000－1003－0000082　B221.1/74
時尚花樣新裁一卷　(清)鮑西坪著　清道光十八年(1838)達道堂刻本　一冊

610000－1003－0000083　B221.1/75
京選採芹秘訣小引首集一卷二集一卷　(清)趙笠農評選　(清)伍肇齡校証　清咸豐十一年(1861)稻香齋刻本　一冊

610000－1003－0000084　B221.1/76
裴然文抄一卷　(□)□□撰　清光緒二十二年(1896)抄本　一冊

610000－1003－0000085　B221.1/77
小題正鵠三集一卷　(清)李元度編　清刻本　一冊

610000－1003－0000086　B221.1/78
清遠堂課幼三十藝一卷　(清)李天府輯　清嘉慶十二年(1807)刻本　一冊

610000－1003－0000087　B221.1/79
孫酉峯先生四書文稿不分卷　(清)孫景烈著　(清)白觀校刊　清乾隆三十四年(1769)刻本　一冊

610000－1003－0000088　B221.1/8
四書味根錄三十七卷　(清)金澂輯　清末刻本　十二冊　存三十二卷(論語一至二十、孟子三至十四)

610000－1003－0000089　B221.1/80
居易堂塾課不分卷　(清)王述溪著　(清)常瀚批校　清道光十九年(1839)朝邑趙渡鎮刻本　一冊

610000－1003－0000090　B221.1/81
四書大全摘要二十卷　(清)李武纂輯　(清)黃際飛鑒定　清雍正九年(1731)煥文堂刻本　九册

610000－1003－0000091　B221.1/82
四書左國彙纂四卷　(清)高其名　(清)鄭師成纂　清乾隆三十九年(1774)三友堂刻本　四册

610000－1003－0000092　B221.1/83
學源堂合纂四書體註□□卷　(清)范翔參訂　清致盛堂刻本　二册　存五卷(一至五)

610000－1003－0000093　B221.1/9
新增四書備旨靈捷解八卷　(清)張素存著　(清)鄒蒼崖增補　清乾隆三十九年(1774)松盛堂刻本　二册

610000－1003－0000094　B221/1
來瞿唐先生易註十五卷首一卷末一卷　(明)來知德撰　清刻本　十册

610000－1003－0000095　B221/2
御纂周易述義十卷　(清)傅恒等纂　清乾隆二十年(1755)刻本　八册

610000－1003－0000096　B221/3
易經體註大全合參四卷　(清)范翔鑒　(清)李兆賢輯著　清永順堂刻本　二册

610000－1003－0000097　B221/3＋2
易經體註大全合參四卷　(清)范翔鑒　(清)李兆賢輯著　清永順堂刻本　二册

610000－1003－0000098　B221/3＋3
易經體註大全合參四卷　(清)范翔鑒　(清)李兆賢輯著　清永順堂刻本　三册

610000－1003－0000099　B221/4
周易四卷首一卷　(宋)朱熹本義　清同治十年(1871)善成堂刻本　二册

610000－1003－0000100　B221/5
易經離句解四卷　(明)李盤輯著　(明)朱綱參閲　(□)張友仁校訂　清乾隆二十五年(1760)永順堂刻本　二册

610000－1003－0000101　B221/6
御纂周易折中二十二卷首一卷　(清)李光地等撰　清康熙五十四年(1715)刻本　十二册

610000－1003－0000102　B221/7
易經二卷　(宋)朱熹本義　清刻本　二册

610000－1003－0000103　B828.3/1
桂宫梯六卷音釋一卷附錄一卷續附錄一卷　(清)徐謙輯　(清)張偉增訂　清道光二十九年(1849)刻本　三册　存十卷(二至八、音釋一卷、附錄一卷、續附錄一卷)

610000－1003－0000104　B828.3/2
御註孝經一卷　(清)世祖福臨註　清咸豐八年(1858)西安中興堂書房刻本　一册

610000－1003－0000105　B828.3/3
六事箴言一卷　(清)葉玉屏編輯　**六事箴言續錄一卷**　(清)五孚尹編輯　清咸豐二年(1852)刻本　二册

610000－1003－0000106　B828.3/4
童蒙急務初集不分卷二集不分卷三集不分卷　(清)□□撰　清同治五年(1866)德邑廣善堂刻本　一册　存(初集)

610000－1003－0000107　B828.3/5
增訂呂大帝訓世文不分卷　(唐)呂純陽撰　清嘉慶二十三年(1818)化迷亭刻本　一册

610000－1003－0000108　B94/10
斷魔循途傳二卷　(清)蓬瀛山人著　清光緒十八年(1892)刻本　一册

610000－1003－0000109　B94/11
敬信錄一卷　(□)□□撰　清道光十八年(1838)刻本　一册

610000－1003－0000110　B94/4
關帝桃園明聖經註不分卷附錄不分卷　(□)□□撰　清咸豐九年(1859)刻本　一册

610000－1003－0000111　B94/7
玉歷鈔傳警世不分卷　(□)□□撰　清道光十八年(1838)刻本　一册

610000－1003－0000112　B94/9

羣仙集□□卷　(□)□□撰　清光緒十四年(1888)西安咸邑刻本　一冊　存一卷(一)

610000－1003－0000113　B95/1－2

太上感應篇增訂圖說十二卷　(清)朱日豐輯　(清)鐵珊增訂　清光緒二年(1876)刻本　十二冊

610000－1003－0000114　B95/2

文昌帝君陰隲文圖說一卷　(□)□□撰　清乾隆三十八年(1773)刻本　一冊

610000－1003－0000115　B992.1/1

百二漢鏡齋秘書四種　(清)程芝雲輯　清道光四年(1824)湖邊程氏刻本　四冊

610000－1003－0000116　B992.1/2

六壬占驗指南□□卷　(明)陳良謨著　(□)張翩校閱　清刻本　二冊　存二卷(四至五)

610000－1003－0000117　B992.1/3

暗室燈二卷　(清)深山居士撰　清道光二十四年(1844)刻本　一冊

610000－1003－0000118　B992.3/1

新刻增定邵康節先生梅花觀梅拆字數全集五卷　(宋)邵雍著　清刻本　五冊

610000－1003－0000119　B992.4/1

欽定協記辨方書三十六卷　(清)允祿等纂　清刻本　五冊　存十卷(二十至二十七、三十一至三十二)

610000－1003－0000120　B992.4/2

地理五訣八卷　(清)趙廷棟著　(清)王庸弼　(清)張含章參著　清乾隆五十一年(1786)本衙刻本　一冊　存二卷(一至二)

610000－1003－0000121　D691.4/1

錦字箋四卷　(清)黄澐纂　清康熙二十八年(1689)金昌書業堂刻本　四冊

610000－1003－0000122　D691.4/10

道光壬辰恩科會試硃卷一卷　(清)□□編　清道光十二年(1832)刻本　一冊

610000－1003－0000123　D691.4/10

光緒乙亥恩科山東鄉試硃卷一卷　(清)□□撰　清光緒元年(1875)刻本　一冊

610000－1003－0000124　D691.4/10

光緒乙亥恩科陝西鄉試硃卷一卷　(清)□□撰　清光緒元年(1875)刻本　一冊

610000－1003－0000125　D691.4/10

同治庚午科並補行壬戌恩科江南鄉試硃卷一卷　(清)□□閱　清同治九年(1870)刻本　一冊

610000－1003－0000126　D691.4/10

同治庚午科並補行壬戌恩科江南鄉試硃卷一卷　(清)□□閱　清同治九年(1870)刻本　一冊

610000－1003－0000127　D691.4/10

同治庚午科帶補丁卯科陝甘鄉試硃卷一卷　(清)□□閱　清同治九年(1870)刻本　一冊

610000－1003－0000128　D691.4/10

同治癸酉科江南鄉試硃卷一卷　(清)□□閱　清同治十二年(1873)刻本　一冊

610000－1003－0000129　D691.4/10

同治戊辰科會試硃卷一卷　(清)□□閱　清同治七年(1868)刻本　一冊

610000－1003－0000130　D691.4/10

同治辛未科會試硃卷一卷　(清)□□閱　清同治十年(1871)刻本　一冊

610000－1003－0000131　D691.4/10

咸豐己未恩科四川鄉試硃卷一卷　(清)□□閱　清咸豐九年(1859)刻本　一冊

610000－1003－0000132　D691.4/2

同治癸酉科陝西鄉試硃卷不分卷光緒己丑科會試硃卷不分卷　(清)翰林院編修　清刻本　二冊

610000－1003－0000133　D691.4/2(2)

光緒乙酉科陝西鄉試硃卷一卷　(清)□□撰　清刻本　一冊

610000－1003－0000134　D691.4/2(2)

光緒乙酉科陝西鄉試硃卷一卷　(清)□□撰　清刻本　一冊

610000－1003－0000135　D691.4/2(2)
光緒癸未科會試硃卷二卷　(清)□□撰　清刻本　二册

610000－1003－0000136　D691.4/2(2)
光緒壬午科陝西鄉試硃卷一卷　(清)□□撰　清刻本　一册

610000－1003－0000137　D691.4/2(2)
光緒己卯科江南鄉試硃卷一卷　(清)□□撰　清刻本　一册

610000－1003－0000138　D691.4/2(2)
光緒乙亥恩科鄉試硃卷一卷　(清)□□撰　清刻本　一册

610000－1003－0000139　D691.4/2(2)
光緒乙酉科陝西鄉試硃卷一卷　(清)□□撰　清刻本　一册

610000－1003－0000140　D691.4/2(2)
光緒乙酉科陝西選拔貢卷一卷　(清)□□撰　清刻本　一册

610000－1003－0000141　D691.4/2(2)
同治庚午科帶補丁卯科陝甘鄉試硃卷一卷　(清)□□撰　清西安滂巷敬福堂趙家刻字局刻本　一册

610000－1003－0000142　D691.4/2(2)
同治辛未科會試硃卷一卷　(清)□□撰　清西安滂巷敬福堂趙家刻字局刻本　一册

610000－1003－0000143　D691.4/3
江南鄉試闈墨不分卷　(清)□□撰　清刻本　二册

610000－1003－0000144　D691.4/4
光緒壬午科直省鄉試墨快四卷　(清)陳世五評選　清光緒八年(1882)北京致和堂刻本　二册

610000－1003－0000145　D691.4/5
大清搢紳全書四卷　(清)□□輯　清光緒二年(1876)大文堂刻本　二册　存二卷(元、利)

610000－1003－0000146　D691.4/6
從政遺規二卷　(清)陳弘謀編輯　清乾隆七年(1742)培遠堂刻本　二册

610000－1003－0000147　D691.4/7
大清搢紳全書(丁丑春季)□□卷　(清)□□輯　清光緒三年(1877)大文堂刻本　一册　存一卷(下)

610000－1003－0000148　D691.4/9
咸豐辛酉科陝西選拔貢卷一卷咸豐乙卯科同治庚午丁卯科光緒乙亥恩科陝西鄉試硃卷三卷光緒丙子恩科會試硃卷一卷　(清)段珺等撰　清刻本　一册

610000－1003－0000149　D929/1
大清律例輯要不分卷　(清)□□輯　清末法政學堂鉛印本　五册

610000－1003－0000150　D929/3
補注洗冤録集證四卷檢骨圖格一卷　(清)王又槐撰　(清)阮其新補註　(清)張錫蕃批點　**作吏要言一卷**　(清)葉鎮撰　清道光二十三年(1843)江都鍾淮刻三色套印本　二册　存三卷(補注洗冤録集證一至三)

610000－1003－0000151　D929/4
在官法戒録四卷　(清)陳宏謀輯　清培遠堂刻本　一册　存二卷(三至四)

610000－1003－0000152　E292/1
東萊博議四卷　(宋)吕祖謙撰　(清)馮泰松重刊　(清)姜紹皤校對　清光緒二十四年(1898)樹德堂刻本　四册

610000－1003－0000153　E892/3
兵法史略學二卷　(清)陳慶年纂　清光緒二十五年(1899)兩湖書院刻本　二册

610000－1003－0000154　E892/4
兵法史略學七卷附柏舉戰表一卷　(清)陳慶年纂　清光緒二十五年(1899)兩湖書院刻本　一册　存二卷(兵法史略學七、柏舉戰表一卷)

610000－1003－0000155　F129/2
策學淵萃四十六卷目録二卷　(清)□□輯

清光緒石印本　一册　存四卷(三十五至三十八)

610000－1003－0000156　F129/3
錢穀備要十卷　(清)王又槐編輯　清乾隆刻本　一册　存一卷(十)

610000－1003－0000157　H11/1
詩韻集成十卷　(清)余照輯　清光緒十年(1884)崇雲閣刻本　四册

610000－1003－0000158　H11/10
詩韻集成十卷　(清)余照輯　清刻本　一册　存四卷(一至四)

610000－1003－0000159　H11/11
詩韻集成二卷　(清)余照輯　清刻本　一册　存一卷(下)

610000－1003－0000160　H11/2
分韻辨字撮要四卷　(清)溫儀鳳輯　清光緒聚魁堂刻本　二册

610000－1003－0000161　H11/3
新訂詩韻必讀二卷　(清)周南什補著　(清)周南化校正　(清)許嗣永參閲　清咸豐十年(1860)魁元堂刻本　一册

610000－1003－0000162　H11/5
詩韻含英十八卷　(清)劉文蔚輯　清嘉慶二十二年(1817)刻本　二册

610000－1003－0000163　H11/7
字學舉隅一卷　(清)龍啟瑞撰　清同治十三年(1874)刻本　一册

610000－1003－0000164　H11/8
韻對指南註釋二卷　(□)□□撰　清道光十年(1830)関中榮慶堂刻本　一册

610000－1003－0000165　H11/9
詩韻集成十卷　(清)余照輯　清刻本　五册

610000－1003－0000166　H13/1
養蒙針度五卷首一卷　(清)潘子聲撰　(清)孫蒼璧校　清雍正十三年(1735)刻本　二册

610000－1003－0000167　H13/2
學文字法家訓讀本不分卷　(清)徐狀元著　清乾隆二十八年(1763)忠恕堂刻本　一册

610000－1003－0000168　H13/3
養正遺規二卷補編一卷　(清)陳宏謀編輯　清乾隆四年(1739)培遠堂刻本　一册

610000－1003－0000169　H13/4
爾雅註疏十一卷　(晋)郭璞註　(宋)邢昺疏　清乾隆十年(1745)刻本　六册

610000－1003－0000170　H16/2
字彙十二卷首一卷　(明)梅應祚音釋　清文盛堂刻本　十一册　存十一卷(丑至辰、午至亥,首一卷)

610000－1003－0000171　H16/6
說文通檢十四卷首一卷末一卷　(清)黎永椿編　**說文解字注匡謬八卷**　(清)徐承慶撰　清光緒三十四年(1908)上海文盛書局鉛印本　一册　存十八卷(說文通檢十四卷、說文解字注匡謬一至二,首一卷,末一卷)

610000－1003－0000172　H16/8
說文辨疑一卷　(清)顧廣圻撰　清光緒九年(1883)鄦東耕丙楼刻本　一册

610000－1003－0000173　I206/10
御纂詩義折中二十卷　(清)傅恒撰　清末石印本　一册　存二卷(十七至十八)

610000－1003－0000174　I206/3
讀杜心解六卷首二卷　(唐)杜甫撰　(清)浦起龍講解　清寧我齋刻本　六册　存四卷(三至六)

610000－1003－0000175　I206/4
唐人試律說一卷　(清)紀昀撰　清太和堂刻本　一册

610000－1003－0000176　I206/5
律賦必以集二卷　(清)顧莼評選　清道光十三年(1833)刻本　二册

610000－1003－0000177　I206/6
御纂詩義折中二十卷　(清)傅恒撰　清乾隆二十年(1755)刻本　四册　存八卷(一至四、

七至十)

610000-1003-0000178　I206/7
文心雕龍十卷　(南朝梁)劉勰著　清光緒三年(1877)湖北崇文書局刻本　二册

610000-1003-0000179　I206/8
養雲山館試帖四卷　(清)許球著　清同治七年(1868)資善堂刻本　二册

610000-1003-0000180　I206/9
立雪軒古文集解八卷　(清)程潤德評註　清刻本　一册　存一卷(七)

610000-1003-0000181　I207/1
楚辭燈四卷　(清)林雲銘論述　清康熙三十六年(1697)刻本　一册

610000-1003-0000182　I207/2
試律浅説易知集四卷　(清)任兆松評選　清乾隆三十年(1765)燕翼堂刻本　一册

610000-1003-0000183　I211/10
古文辭類篹七十五卷　(清)姚鼐撰　清光緒二十七年(1901)滁州李氏求要堂刻本　十二册

610000-1003-0000184　I211/11
二十藝句解不分卷　(清)□□撰　清刻本　一册

610000-1003-0000185　I211/2
陶靖節集四卷　(晉)陶潛撰　**阮嗣宗集二卷**　(晉)阮籍撰　**蘇東坡和陶集一卷**　(宋)蘇軾撰　明崇禎十年(1637)五雅堂刻本　五册

610000-1003-0000186　I211/5
皇朝經世文編一百二十卷總目二卷　(清)賀長齡撰　清同治十二年(1873)鉛印本　二十四册

610000-1003-0000187　I211/5:2
皇朝經世文續編一百二十卷　(清)葛士濬輯　清光緒十七年(1891)鉛印本　二十四册

610000-1003-0000188　I211/5:3
皇朝經世三編八十卷　(清)陳忠倚輯　清光緒二十八年(1902)上海書局石印本　八册

610000-1003-0000189　I211/5:4
皇朝經世文四編五十二卷　(清)何良棟撰　清光緒二十八年(1902)上海書局石印本　六册

610000-1003-0000190　I211/7
枕善堂尺牘一隅二十卷　(清)陳大溶著　(清)曹應穀參　(清)劉儀校　清道光十六年(1836)刻本　九册　存十五卷(一至八、十四至二十)

610000-1003-0000191　I211/8
續古文辭類纂三編二十八卷　王先謙輯　清光緒二十一年(1895)金陵狀元閣刻本　十二册

610000-1003-0000192　I211/9
御選唐宋詩醇四十七卷目錄二卷　(清)高宗弘曆選　(清)梁詩正等編　清乾隆二十五年(1760)書業堂刻本　二十四册

610000-1003-0000193　I213/3
諸葛忠武侯文集六卷首一卷　(三國蜀)諸葛亮撰　(清)劉質慧校刊　清同治十二年(1873)述荊堂刻本　四册

610000-1003-0000194　I214/22
古今文致十卷　(明)劉士鏻原選　(明)王宇增訂　清光緒十年(1884)文玉山房刻朱墨印本　十册

610000-1003-0000195　I214/24
文選六十卷　(南朝梁)蕭統輯　(唐)李善注　**考異十卷**　(清)胡克家撰　清末鴻文書局影印本　六册

610000-1003-0000196　I214/2-4
歐陽文忠公全集一百五十三卷首一卷　(宋)歐陽修撰　(明)孫衡校刊　**附錄五卷**　(宋)胡柯輯　清光緒十九年(1893)澹雅書局刻本　三十二册

610000-1003-0000197　I214/28
陳檢討集二十卷　(清)陳維崧撰　(清)程師恭註　清康熙三十二年(1693)刻本　六册　存十五卷(一至十五)

610000－1003－0000198　I214/29
庚辰集五卷附唐人試律說一卷　(清)紀昀編　清乾隆二十五年(1760)太和堂刻本　三冊　存三卷(一至二、四)

610000－1003－0000199　I214/3
朱文公校昌黎先生文集四十卷外集十卷遺文一卷集傳一卷　(唐)韓愈撰　(宋)朱熹考異　明萬曆三十三年(1605)刻本　四冊

610000－1003－0000200　I214/30
初學行文語類四卷　(清)孫埏編輯　清乾隆三年(1738)九思堂刻本　二冊

610000－1003－0000201　I214/31(1)
轉蕙軒詩存八卷　(清)謝質卿撰　清光緒元年(1875)刻本　二冊

610000－1003－0000202　I214/31(2)
轉蕙軒詞一卷　(清)謝質卿撰　清光緒元年(1875)刻本　一冊

610000－1003－0000203　I214/31(3)
轉蕙軒駢文藁不分卷　(清)謝質卿撰　清同治十一年(1872)刻本　一冊

610000－1003－0000204　I214/32
小題易讀不分卷　(清)史鑑輯　清刻本　一冊

610000－1003－0000205　I214/33
小題別體不分卷　(清)李揆一輯　清道光二十六年(1846)刻本　一冊

610000－1003－0000206　I214/34
文法狐白前集□□卷　(□)□□撰　清刻本　二冊

610000－1003－0000207　I214/35
關中書院課士詩一卷　(清)路德評選　清刻本　二冊

610000－1003－0000208　I214/36(1)
愛日山房課稿不分卷　(清)毛□□撰　清稿本　一冊

610000－1003－0000209　I214/36(2)
愛日山房試帖不分卷　(清)□□撰　清抄本　一冊

610000－1003－0000210　I214/37
明文明二集四卷　(清)路德輯評　清咸豐二年(1852)恒盛堂刻本　二冊

610000－1003－0000211　I214/38
五十名家書札十二卷　(清)陸心源輯　清光緒二十年(1894)復古齋石印本　二冊

610000－1003－0000212　I214/39
犢山文稿不分卷　(清)周鎬撰　(清)顧響泉　(清)何日銘鑒定　清乾隆五十六年(1791)刻本　二冊

610000－1003－0000213　I214/4(2)
山谷題跋四卷　(宋)黃庭堅撰　清咸豐十年(1860)石渠閣刻本　二冊

610000－1003－0000214　I214/40
江漢炳靈集二卷　(清)張之洞鑒定　清同治十三年(1874)刻本　二冊

610000－1003－0000215　I214/41
蘇米志林三卷　(明)毛晉輯　清文粹堂刻本　三冊

610000－1003－0000216　I214/42
博覽花樣集錦□□卷　(□)□□輯　清刻本　一冊　存二卷(四至五)

610000－1003－0000217　I214/44
桐雲閣試帖輯註二卷　(清)楊庚著　(清)張熙宇輯評　(清)王植桂輯註　清刻本　一冊　存一卷(下)

610000－1003－0000218　I214/45
居業堂課童草不分卷　(清)劉九官著　清光緒十一年(1885)西安橋梓口崇雲閣刻本　一冊

610000－1003－0000219　I214/46
留茆盦尺牘叢殘四卷　(清)嚴籍撰　清道光二十四年(1844)琉璃廠刻本　一冊　存二卷(一至二)

610000－1003－0000220　I214/50
震川大全集三十卷別集十卷補集八卷餘集八

卷 （明）歸有光撰 清宣統二年(1910)國學扶輪社石印本 十二冊

610000－1003－0000221 I214/51
文選六十卷 （南朝梁）蕭統撰 （唐）李善注 清末石印本 一冊 存八卷(三十七至四十四)

610000－1003－0000222 I22/10
唐詩三百首續選一卷 （清）于慶元編 清道光十四年(1834)刻本 一冊

610000－1003－0000223 I22/11
唐詩三百首注釋補正六卷 （清）章燮增注 （清）蘅塘退士編 （清）毛鳳枝補正 （清）彭懋謙鑒定 清光緒十九年(1893)關中書院刻本 三冊 存五卷(一至三、五至六)

610000－1003－0000224 I22/15
御選唐宋詩醇四十七卷目錄二卷 （清）高宗弘曆選 （清）梁詩正等編 清乾隆二十五年(1760)紫陽書院刻本 十八冊 存二十八卷(一至三、五至十一、三十二至四十七,目錄二卷)

610000－1003－0000225 I22/16
養一齋詩話十卷李杜詩話三卷 （清）潘德輿撰 清道光十六年(1836)刻本 四冊

610000－1003－0000226 I22/17(1)
少嵒賦草四卷 （清）夏思沺撰 清刻本 一冊 存二卷(三至四)

610000－1003－0000227 I22/17(2)
重訂少嵒賦草四卷 （清）夏思沺著 （清）姜兆蘭釋 清元茂堂刻本 二冊

610000－1003－0000228 I22/18
唐詩三百首續選一卷 （清）于慶元編 清光緒十三年(1887)共賞書局刻本 一冊

610000－1003－0000229 I22/19
唐詩三百首註疏六卷 （清）蘅塘退士編 （清）章燮註 （清）孫孝根校正 清道光十四年(1834)鴻德堂刻本 二冊

610000－1003－0000230 I22/2
哀江南賦注一卷 （清）徐樹穀注 清道光九年(1829)陝西文筠堂刻本 一冊

610000－1003－0000231 I22/20
不解解軒詩稿二卷 （清）宋沛霖著 清咸豐五年(1855)緜州熊文華麗堂刻本 一冊 存一卷(一)

610000－1003－0000232 I22/21
東湖草堂賦鈔初集二卷二集四卷三集四卷四集四卷 （清）程祥棟編輯 清同治六年(1867)抱朴山房刻本 十冊

610000－1003－0000233 I22/22
唐詩貫珠六十卷 （清）胡以梅箋 （清）胡之熾校訂 清嘉興九思堂刻本 十六冊

610000－1003－0000234 I22/23
浩然堂詩集七卷詞稿一卷 （清）江開撰 清道光二十九年(1849)刻本 二冊

610000－1003－0000235 I22/25
硃批七家詩註 （清）張熙宇評選 （清）張昶註釋 清道光二十六年(1846)崇順堂刻朱墨印本 二冊

610000－1003－0000236 I22/26
新鐫千家詩五言絕句□□卷七言絕句□□卷 （清）崇雲閣重輯 清光緒九年(1883)經畬齋刻本 一冊 存四卷(新鐫千家詩五言絕句一至四)

610000－1003－0000237 I22/27
新鐫千家詩五言絕句□□卷七言絕句□□卷 （清）堂書林輯 清光緒四年(1878)榮慶堂刻本 一冊 存四卷(新鐫千家詩五言絕句一至四)

610000－1003－0000238 I22/28
心知堂詩稿十八卷 （清）汪仲洋著 （清）熊文華校刊 清刻本 三冊 存十五卷(四至十八)

610000－1003－0000239 I22/29
寄獄雲齋試體詩選詳註四卷 （清）聶銑敏藁 （清）張學蘇箋 清末刻本 一冊 存一卷

（三）

610000－1003－0000240　I22/3

唐詩別裁集引典備註二十卷　（清）沈德潛選　（清）俞汝昌增注　清刻本　九册　存十四卷（二至十、十六至二十）

610000－1003－0000241　I22/3

子史輯要詩賦題解四卷　（清）胡本淵編輯　清乾隆三十九年（1774）鐘山書院刻本　一册　存二卷（一至二）

610000－1003－0000242　I22/30

賦則四卷首一卷　（清）鮑桂星評選　（清）余炳堃等校刊　清道光十四年（1834）刻本　二册

610000－1003－0000243　I22/31

河間註釋試律矩四卷　（清）紀昀著　（清）林昌評註　清刻本　二册

610000－1003－0000244　I22/32

槐軒解湯海若先生纂輯名家詩三卷後附一卷　（清）夏世欽訂　清雍正十二年（1734）大文堂刻本　一册　存三卷（槐軒解湯海若先生纂輯名家詩三卷）

610000－1003－0000245　I22/32＋2

槐軒解湯海若先生纂輯名家詩三卷後附一卷　（清）夏世欽訂　清刻本　一册

610000－1003－0000246　I22/34

關中書院課士詩一卷　（清）路德評選　清道光十八年（1838）刻本　二册

610000－1003－0000247　I22/35

使黔艸三卷　（清）何紹基撰　清咸豐元年（1851）刻本　一册

610000－1003－0000248　I22/36

檉華館試帖彙鈔輯註十卷　（清）路德輯註　清刻本　一册　存二卷（三至四）

610000－1003－0000249　I22/37

四品彙鈔　（清）王飛鶚輯　清道光二十三年（1843）華雨山房刻本　二册

610000－1003－0000250　I22/38

唐詩直解七卷　（明）李攀龍選　（明）葉羲昂直解　清刻本　一册　存一卷（三）

610000－1003－0000251　I22/4

璚琈山房詩稿八卷補遺一卷　（清）王志湉撰　清道光七年（1827）刻本（卷五至六配清刻本）　四册

610000－1003－0000252　I22/42

及見詩鈔十二卷　（清）釋含澈輯　清刻本　一册　存二卷（十一至十二）

610000－1003－0000253　I22/43

［正味齋詩抄］□□卷　（清）□□撰　清抄本　一册　存一卷（十）

610000－1003－0000254　I22/44

有正味齋賦二卷　（清）吳錫麒著　（清）胡玉樹編註　清道光四年（1824）刻本　一册

610000－1003－0000255　I22/46

唐詩三百首六卷　（清）蘅塘退士編　清來鹿堂刻本　一册　存一卷（二）

610000－1003－0000256　I22/6

七家試帖輯註彙鈔　（清）張熙宇　（清）王植桂輯註　清同治九年（1870）京師琉璃廠刻本　四册

610000－1003－0000257　I22/8

唐詩三百首註釋六卷　（清）蘅塘退士編　清永順堂刻本　二册

610000－1003－0000258　I22/9

古唐詩合解十六卷　（清）王堯衢註　（清）李模　（清）李桓校　清雍正十年（1732）刻本　三册　存十一卷（唐詩一至四、七至八、十二，古詩一至四）

610000－1003－0000259　I22/9＋2

古唐詩合解十六卷　（清）王堯衢註　（清）李模　（清）李桓校　清刻本　二册　存七卷（唐詩二至四、古詩一至四）

610000－1003－0000260　I22/9＋3

古唐詩合解四卷　（清）王堯衢註　（清）李模　（清）李桓校　清刻本　一册

610000－1003－0000261　I22/9＋4
古唐詩合解十六卷　(清)王堯衢註　(清)李模　(清)李桓校　清刻本　一册　存七卷(唐詩五至十一)

610000－1003－0000262　I222.2/1
詩經八卷　(宋)朱熹集傳　清森記書莊刻本　一册　存二卷(一至二)

610000－1003－0000263　I222.2/10
新訂詩經體註說約大全五卷　(清)范翔鑒定　清雍正四年(1726)浙江三槐堂刻本　三册

610000－1003－0000264　I222.2/11
詩經融註大全體要八卷　(清)沈世楷輯　清刻本　一册　存一卷(五)

610000－1003－0000265　I222.2/12
詩經衍義圖攷大全合參八卷　(清)勞書升鑒定　清嘉慶十五年(1810)致和堂刻本　四册

610000－1003－0000266　I222.2/13
詩經八卷　(宋)朱熹集傳　清慎詒堂刻本　一册

610000－1003－0000267　I222.2/14
詩經八卷　(宋)朱熹集注　清同治十年(1871)刻本　四册

610000－1003－0000268　I222.2/15
御纂詩義折中二十卷　(清)傅恒等撰　清刻本　一册　存三卷(九至十一)

610000－1003－0000269　I222.2/16
述德堂小草一卷　(清)慕甲榮著　清道光二十二年(1842)述德堂刻本　一册

610000－1003－0000270　I222.2/18
詩經八卷　(宋)朱熹集傳　清刻本　四册

610000－1003－0000271　I222.2/19
詩經八卷　(宋)朱熹集傳　清刻本　一册　存三卷(六至八)

610000－1003－0000272　I222.2/2
詩經八卷　(宋)朱熹集傳　清刻本　四册

610000－1003－0000273　I222.2/20
詩經體註大全合參八卷　(清)高朝瓔訂　(清)沈世楷輯　清康熙文富堂刻本　三册　存七卷(一至四、六至八)

610000－1003－0000274　I222.2/20＋2
詩經體註大全合參八卷　(清)高朝瓔訂　(清)沈世楷輯　清康熙文富堂刻本　三册　存六卷(三至八)

610000－1003－0000275　I222.2/21
詩經八卷　(宋)朱熹集傳　清聚魁堂刻本　一册　存五卷(三至四、六至八)

610000－1003－0000276　I222.2/3
詩經八卷　(宋)朱熹集傳　清金陵永富堂刻本　一册　存二卷(一至二)

610000－1003－0000277　I222.2/4
詩經八卷　(宋)朱熹集傳　清刻本　二册　存四卷(五至八)

610000－1003－0000278　I222.2/5
詩經原始十八卷首二卷　(清)方玉潤撰　清同治十年(1871)隴東分署刻本　十册

610000－1003－0000279　I222.2/6
新增詩經補註附考備旨八卷　(清)鄒梧岡輯　清乾隆二十八年(1763)崇順堂刻本　六册

610000－1003－0000280　I222.2/8
詩經喈鳳詳解八卷　(清)陳抒孝輯著　清刻本　二册　存四卷(五至八)

610000－1003－0000281　I222.2/9
欽定詩經傳說彙纂二十一卷首二卷詩序二卷　(清)王鴻緒纂　清刻本　一册　存四卷(十四至十七)

610000－1003－0000282　I23/22
成裕堂繪像第七才子書六卷　(元)高明撰　清大文堂刻本　五册

610000－1003－0000283　I242/12
新刻劍嘯閣批評西漢演義傳八卷東漢演義十卷　(明)謝詔撰　(明)鍾惺評　清聚文堂刻本　六册

610000－1003－0000284　I242/16

山海經圖讚一卷　(晉)郭璞纂　山海經補註一卷　(明)楊慎撰　清光緒元年(1875)刻本　一冊

610000－1003－0000285　I242/20
增像全圖三國演義十六卷首一卷一百二十回　(清)毛宗崗評　清末上海鴻文書局石印本　二冊　存四卷(一至二、九,首一卷)

610000－1003－0000286　I242/21
東周列國全志二十三卷一百八回　(清)蔡界評點　清末石印本　一冊　存一卷(三)

610000－1003－0000287　I242/22
增像全圖東周列國志二十七卷一百八回　(清)蔡界評點　清末中新書局鉛印本　一冊　存二卷(八至九)

610000－1003－0000288　I242/3
東周列國全志二十三卷一百八回　(清)蔡界評點　清芥子園刻本　十一冊

610000－1003－0000289　I242/4
第一才子書繡像三國志演義六十卷一百二十回　(清)毛宗崗評　清光緒三十二年(1906)上海商務印書館鉛印本　五冊　存二十九卷(一至十、四十一至五十四、五十六至六十)

610000－1003－0000290　I242/5
評注聊齋志異十六卷　(清)蒲松齡著　(清)呂湛恩注　(清)王士正評　清刻本　八冊　存八卷(九至十六)

610000－1003－0000291　I242/6
增像全圖三國演義十六卷一百二十回　(清)毛宗崗評　清末石印本　四冊　存四卷(三、十一至十三)

610000－1003－0000292　I242/7
增像全圖東周列國志二十七卷一百八回　(清)蔡界評點　清末石印本　六冊　存九卷(二、四至五、八至十三)

610000－1003－0000293　I242/8
東周列國全志二十三卷一百八回　(清)蔡界評點　清刻本　一冊　存四卷(二、四至六)

610000－1003－0000294　I242/9
新刻京本春秋五伯七雄全像列國志傳八卷　(明)余邵魚撰　清刻本　一冊　存二卷(三至四)

610000－1003－0000295　K204.1/1:35
遼史一百十六卷　(元)脫脫等修　清光緒十年(1884)上海同文書局石印本　八冊

610000－1003－0000296　K204.1/1:36
金史一百三十五卷　(元)脫脫等修　清光緒十年(1884)上海同文書局石印本　二十四冊

610000－1003－0000297　K204.1/3
史記一百三十卷　(漢)司馬遷撰　(南朝宋)裴駰集解　清順治十三年(1656)刻本　十三冊　存一百十卷(一至三十九、六十至一百三十)

610000－1003－0000298　K204.1/3:10
周書五十卷　(唐)令狐德棻撰　明崇禎五年(1632)刻本　六冊

610000－1003－0000299　K204.1/3:11
隋書八十五卷　(唐)長孫無忌等撰　明末刻本　八冊　存五十五卷(三十一至八十五)

610000－1003－0000300　K204.1/3:12
南史八十卷　(唐)李延壽撰　明末刻本　九冊　存四十八卷(二十八至三十二、三十八至八十)

610000－1003－0000301　K204.1/3:13
北史一百卷　(唐)李延壽撰　明末毛氏汲古閣刻本　十四冊　存六十卷(一至二十三、六十四至一百)

610000－1003－0000302　K204.1/3:14－15
唐書二百二十五卷　(宋)歐陽修撰　明末刻本　三十九冊　存一百九十九卷(一至七十一、九十八至二百二十五)

610000－1003－0000303　K204.1/3:16
五代史七十四卷　(宋)歐陽修撰　明末刻本　四冊　存三十卷(四十五至七十四)

610000－1003－0000304　K204.1/3:17－21

弘簡録二百五十四卷　（明）邵經邦撰　（清）邵遠平校閲　清康熙刻本　五十九册　存二百三十四卷（一至二十四、二十九至三十六、四十八至一百十八、一百二十四至二百五十四）

610000－1003－0000305　K204.1/3:2
前漢書一百二十卷　（漢）班固撰　（唐）顔師古注　明崇禎十五年（1642）刻本　二十册　存八十四卷（一至二十七、三十至三十一、六十六至一百二十）

610000－1003－0000306　K204.1/3:22
續弘簡録元史類編四十二卷　（清）邵遠平撰　清康熙四十五年（1706）刻本　十二册　存三十三卷（一至二十六、三十五至四十一）

610000－1003－0000307　K204.1/3:3
後漢書一百三十卷　（南朝宋）范曄撰　（唐）李賢注　明崇禎十六年（1643）刻本　二十四册

610000－1003－0000308　K204.1/3:4
晉書一百三十卷　（唐）太宗李世民撰　明末刻本　三十一册　存一百二十七卷（一至九十二、九十六至一百三十）

610000－1003－0000309　K204.1/3:5
宋書一百卷　（南朝梁）沈約撰　明崇禎刻本　九册　存四十二卷（一至五、六十四至一百）

610000－1003－0000310　K204.1/3:6
南齊書五十九卷　（南朝梁）蕭子顯撰　明崇禎十年（1637）刻本　八册

610000－1003－0000311　K204.1/3:7
陳書三十六卷　（唐）姚思廉撰　明末刻本　四册

610000－1003－0000312　K204.1/3:8
魏書一百十四卷　（北齊）魏收撰　明末刻本　十六册　存九十卷（一至三十、四十四至六十六、七十八至一百十四）

610000－1003－0000313　K204.1/3:9
北齊書五十卷　（唐）李百藥撰　明崇禎十一年（1638）毛氏汲古閣刻本　六册

610000－1003－0000314　K204.1/3+2
史記一百三十卷　（漢）司馬遷撰　（南朝宋）裴駰集解　清刻本　一册　存二卷（五至六）

610000－1003－0000315　K204.2/1
史記一百三十卷　（漢）司馬遷撰　（明）徐孚遠　（明）陳子龍測議　明崇禎刻本　二十五册　存一百卷（一至四、七至六十一、六十九至一百一、一百七至一百十一、一百二十八至一百三十）

610000－1003－0000316　K204.2/5
五代史七十四卷　（宋）歐陽修撰　清刻本　一册　存十卷（十五至二十四）

610000－1003－0000317　K204.3/10
春秋左傳綱目杜林祥註十四卷　（晉）杜預註　（宋）林堯叟註釋　（明）張岐然編輯　清尚德堂刻本　六册　存八卷（一至八）

610000－1003－0000318　K204.3/1－11
資治通鑑綱目五十九卷　（明）陳仁錫評閲　清嘉慶九年（1804）姑蘇聚文堂刻本　一百七册

610000－1003－0000319　K204.3/11－3
御批歷代通鑑輯覽一百二十卷　（清）傅恒等纂　清光緒三十一年（1905）鉛印本　三十八册　存一百十卷（一至三、八至二十三、二十七至五十、五十四至一百二十）

610000－1003－0000320　K204.3/16
鼎鍥趙田了凡袁先生編纂古本歷史大方綱鑑補三十九卷首一卷　（明）袁黄編纂　清刻本　八册　存十三卷（九至十、十六至二十三、二十六至二十七、三十八）

610000－1003－0000321　K204.3/17
綱鑑擇語十卷　（清）司徒修輯　清刻本　一册　存一卷（六）

610000－1003－0000322　K204.3/19
尺木堂綱鑑易知録九十二卷　（清）吴乘權等

輯　清康熙五十年(1711)尺木堂刻本　三十八册　存九十卷(一至九十)

610000－1003－0000323　K204.3/2
資治通鑑綱目前編二十五卷　(明)陳仁錫評　清嘉慶九年(1804)姑蘇聚文堂刻本　十册

610000－1003－0000324　K204.3/20
讀通鑑論三十卷末一卷　(清)王夫之撰　清光緒二十五年(1899)刻本　十六册

610000－1003－0000325　K204.3/3－4
續資治通鑑綱目二十七卷末一卷　(明)商輅纂　(明)陳仁錫評　清嘉慶姑蘇聚文堂刻本　三十七册

610000－1003－0000326　K204.3/4－4
新刊趙田了凡袁先生編纂古本歷史大方綱鑑補三十九卷　(明)袁黄編纂　清光緒六年(1880)春月星沙奎光楼刻本　三十五册

610000－1003－0000327　K204.3/5
御撰資治通鑑綱目三編二十卷　(清)張廷玉編撰　清乾隆十一年(1746)刻本　七册

610000－1003－0000328　K204.3/5＋2
御撰資治通鑑綱目三編二十卷　(清)張廷玉撰　清乾隆十一年(1746)刻本　六册

610000－1003－0000329　K204.3/5＋3
御撰資治通鑑綱目三編二十卷　(清)張廷玉撰　清末石印本　二册　存四卷(一至四)

610000－1003－0000330　K204.3/6－7
大文堂綱鑑易知録九十二卷　(清)周之炯　(清)吳乘權　(清)周之燦輯　清康熙五十年(1711)大文堂刻本　四十二册

610000－1003－0000331　K204.3/9
重訂王鳳洲先生綱鑑會纂四十六卷　(明)王世貞纂　(明)陳仁錫訂　**宋元綱鑑二十三卷**　(清)張廷玉撰　清光緒十三年(1887)上海大同書局石印本　十四册

610000－1003－0000332　K204.4/1
遼史紀事本末四十卷首一卷末一卷　(清)李有棠編纂　清光緒二十九年(1903)刻本　八册

610000－1003－0000333　K204.4/2
金史紀事本末五十二卷首一卷末一卷　(清)李有棠編纂　清光緒二十九年(1903)刻本　十二册

610000－1003－0000334　k204.5/34
八銘塾鈔初集不分卷二集不分卷　(清)吳懋政編次　清咸豐二年(1852)刻本　二册

610000－1003－0000335　K204.5/4
二十二史感應錄二卷　(清)彭希涑輯　清咸豐三年(1853)綠筠書屋刻本　二册

610000－1003－0000336　K207/1
史記菁華錄六卷　(清)姚祖恩摘錄　清光緒十一年(1885)紅杏山房刻本　四册　存四卷(一至四)

610000－1003－0000337　K207/6
東社讀史隨筆二卷　(清)獨醒主人撰　清光緒三十一年(1905)刻本　一册

610000－1003－0000338　K221.4/1
新刻書經備旨善本輯要六卷　(清)馬大猷輯　清末三餘堂刻本　四册

610000－1003－0000339　K221.4/2
尚書離句六卷　(清)錢在培輯解　(清)劉梅坨鑒定　清刻本　四册　存三卷(四至六)

610000－1003－0000340　K221.4/2＋2
尚書離句六卷　(清)錢在培輯解　(清)劉梅坨鑒定　清刻本　一册　存三卷(四至六)

610000－1003－0000341　K221.4/2＋3
尚書離句六卷　(清)錢在培輯解　(清)劉梅坨鑒定　清刻本　二册　存二卷(二、四)

610000－1003－0000342　K221.4/3
書經正文六卷首一卷　(宋)蔡沈集傳　清行恕堂刻本　四册

610000－1003－0000343　K221.4/4
書經六卷　(宋)蔡沈集傳　清咸豐七年(1857)刻本　一册　存一卷(一)

610000－1003－0000344　K221.4/5
書經六卷　（宋）蔡沈集傳　清宣統三年(1911)上海會文堂粹記書局石印本　一册　存一卷(一)

610000－1003－0000345　K221.4/6
書經六卷　（宋）蔡沈集傳　清榮慶堂刻本　四册

610000－1003－0000346　K224.6/1
禮記十卷　（元）陳澔集注　清同治十年(1871)刻本　十册

610000－1003－0000347　K224.6/2
禮記易讀二卷　（清）致遠堂主人輯　清光緒三年(1877)永順堂刻本　一册　存一卷(上)

610000－1003－0000348　K224.6/3
禮記體註四卷　（清）范翔參甫　（清）朱光斗校　清刻本　三册　存三卷(二至四)

610000－1003－0000349　K224.6/4
禮記心典傳本三卷　（清）胡琉光纂　清康熙三十二年(1693)銀杏山房刻本　三册

610000－1003－0000350　K224.6/5
周禮易讀六卷　（清）司徒修訂　清道光十五年(1835)三益堂刻本　一册　存一卷(一)

610000－1003－0000351　K224.6/6
禮記約編五卷　（清）汪基鈔撰　清光緒三十二年(1906)鉛印本　一册　存一卷(五)

610000－1003－0000352　K224.6/7
禮記易讀四卷　（清）致遠堂主人輯　清刻本　二册　存二卷(二、四)

610000－1003－0000353　K224.6/8
周禮約編六卷　（清）汪基撰　清光緒三十二年(1906)鉛印本　一册　存二卷(三至四)

610000－1003－0000354　K225.4/1
左傳易讀六卷　（清）司徒修輯　清道光十六年(1836)學德堂刻本　五册　存五卷(一至二、四至六)

610000－1003－0000355　K225.4/10
春秋十一卷　（春秋）孔丘編　清刻本　五册　存五卷(七至十一)

610000－1003－0000356　K225.4/11
左傳翼三十八卷　（清）周大璋輯評　清遂初堂刻本　一册　存四卷(三十至三十三)

610000－1003－0000357　K225.4/12
春秋左傳三十卷　（晉）杜預　（宋）林堯叟註釋　（唐）陸德明音義　（明）鍾惺等評閲　清刻本　五册　存七卷(十一至十四、十六至十八)

610000－1003－0000358　K225.4/13
左傳易讀六卷　（清）司徒修輯　（唐）陸德明音義　（明）鍾惺等評閲　清刻本　一册　存一卷(五)

610000－1003－0000359　K225.4/14
左傳易讀六卷　（清）司徒修輯註　清光緒十七年(1891)刻本　六册

610000－1003－0000360　K225.4/15
左傳易讀六卷　（清）司徒修輯註　清光緒十七年(1891)義興堂刻本　二册　存二卷(一、三)

610000－1003－0000361　K225.4/3
左繡春秋經傳集解三十卷　（晉）杜預原本　（唐）陸德明音釋　（宋）林堯叟附註　（清）馮李驊增訂　清刻本　八册　存十五卷(十六至三十)

610000－1003－0000362　K225.4/4
春秋穀梁傳十二卷　（晉）范甯集解　清同治十年(1871)金陵書局刻本　二册

610000－1003－0000363　K225.4/6
評點春秋綱目左傳句解彙雋六卷　（清）韓菼重訂　清宏道堂刻本　四册　存四卷(一至四)

610000－1003－0000364　K225.4/7
欽定春秋傳説彙纂三十八卷首二卷　（清）王掞撰　清刻本　六册　存二卷(二十七至二十八)

610000－1003－0000365　K225.4/8

增補左傳易讀旁訓原本六卷　（清）司徒修集註　清咸豐六年（1856）芸香齋刻本　六冊

610000－1003－0000366　K225.4/9
增補左傳易讀六卷　（清）司徒修輯　清咸豐六年（1856）忠興堂刻本　六冊

610000－1003－0000367　K225.4/9＋2
增補左傳易讀六卷　（清）司徒修輯　清刻本　四冊　存四卷（三至六）

610000－1003－0000368　K23/1
歐洲列國戰事本末二十二卷　王樹枏撰　清光緒刻本　五冊　存十九卷（四至二十二）

610000－1003－0000369　K242/1
唐書二百二十五卷　（宋）歐陽修　（宋）宋祁撰　唐書釋音二十五卷　（宋）董衝撰　清光緒十四年（1888）上海圖書集成印書局鉛印本　三十二冊

610000－1003－0000370　K29/1
廣輿記二十四卷　（明）陸應陽輯　（清）蔡方炳增輯　清刻本　八冊　存十四卷（十一至二十四）

610000－1003－0000371　K29/6
天下郡國利病書一百二十卷　（清）顧炎武輯　（清）龍萬育訂　清道光敷文閣刻本　十三冊　存二十四卷（一至九、十一至十四、四十七至四十八、五十五至五十九、六十三至六十四、八十三至八十四）

610000－1003－0000372　k294.1/16＋F（1880）
［光緒］三原縣新志八卷　（清）焦雲龍修　（清）賀瑞麟纂　清光緒六年（1880）刻本　四冊

610000－1003－0000373　k294.1/17＋F（1911）
［宣統］重修涇陽縣志十六卷首一卷末一卷　劉懋官修　宋伯魯　周斯億纂　清宣統三年（1911）天津華新印刷局鉛印本　四冊

610000－1003－0000374　K294.1/18（1837）
重修輞川志六卷　（清）胡元煐編　清道光十七年（1837）陝西藍田刻本　一冊

610000－1003－0000375　K294.1/19（1781）
酌擬續修西安府志採訪條例不分卷　（清）□□編　清刻本　一冊

610000－1003－0000376　K294.1/2
［道光］陝西志輯要六卷首一卷秦疆治畧一卷漢南遊草一卷關中漢唐存碑跋一卷　（清）王志沂纂修　清道光七年（1827）賜書堂刻本　九冊

610000－1003－0000377　K294.1/21（1769）
［乾隆］郃陽縣全志四卷　（清）孫景烈纂　（清）席奉乾修　清乾隆三十四年（1769）刻本　三冊　存三卷（一、三至四）

610000－1003－0000378　K294.1/22
［熙寧］長安志二十卷圖三卷　（宋）宋敏求纂　（元）李好文繪　（清）畢沅新校　清乾隆刻本　四冊

610000－1003－0000379　K294.1/25
關中集一卷　（清）楊名颺撰　清道光十五年（1835）刻本　一冊

610000－1003－0000380　K294.1/3（1751）
［乾隆］咸陽县志二十二卷首一卷續志一卷　（清）臧應桐　（清）陳堯書纂修　清乾隆十六年（1751）刻道光十六年（1836）增修本　四冊

610000－1003－0000381　K294.1/7＋F（1761）
新刊康對山先生武功縣志三卷首一卷　（明）康海纂　（清）孫景烈評註　清乾隆二十六年（1761）刻本　一冊

610000－1003－0000382　K82/5
孟子［軻］年譜二卷　（清）曹之升撰　清嘉慶十年（1805）刻本　一冊　存一卷（上）

610000－1003－0000383　K82/6
儒林列傳一卷　（漢）司馬遷著　清刻本　一冊

610000－1003－0000384　K87/3

秦漢瓦當文字二卷續一卷 (清)程敦著録 清乾隆五十二年(1787)衡渠書院刻本 三冊

610000－1003－0000385 K87/5

泊如齋重修宣和博古圖録三十卷 (宋)王黼撰 明萬曆十六年(1588)泊如齋刻本 一冊 存二卷(十五至十六)

610000－1003－0000386 K87/9

石墨鐫華八卷 (明)趙崡著 清刻本 一冊 存五卷(四至八)

610000－1003－0000387 K892.96/1

吾學録初編二十四卷 (清)吳榮光述 (清)李彭紹校刊 清三原李氏桐蔭軒刻本 二冊 存七卷(九至十五)

610000－1003－0000388 K928/2

紀元編三卷末一卷 (清)李兆洛撰 (清)六承如集録 清末石印本 一冊

610000－1003－0000389 K928/3

歷代地理志韻編今釋二十卷 (清)李兆洛輯 清光緒二十四年(1898)掃葉山房鉛印本 四冊 存十五卷(一至十、十六至二十)

610000－1003－0000390 O12/1

御製曆象考成後編十卷 (清)顧琮等編 清光緒二十二年(1896)上海書局石印本 十一冊

610000－1003－0000391 R2/10

較正醫林狀元壽世保元十卷 (明)龔廷賢編 清嘉慶二十二年(1817)刻本 二冊 存二卷(一、六)

610000－1003－0000392 R2/11

痘科一得歌訣一卷 (清)劉企向著 (清)蕭弘士校 清刻本 一冊

610000－1003－0000393 R2/12

療飢良方一卷賑荒福報一卷 (清)□□撰 清刻本 一冊

610000－1003－0000394 R2/13

病機沙篆二卷 (明)李中梓撰 (明)尤乘增輯 清刻本 一冊 存一卷(上)

610000－1003－0000395 R2/13

達生篇摘要一卷保嬰纂要一卷急救良方一卷稀痘神方一卷 (清)李向春輯 清嘉慶二十二年(1817)李向春廣生氏刻本 一冊

610000－1003－0000396 R2/14

圖註脉訣四卷脉訣附方一卷 (晉)王叔和撰 (明)張世賢編次 清刻本 一冊 存二卷(圖註脉訣四、脉訣附方一卷)

610000－1003－0000397 R2/15

較正醫林狀元壽世保元十卷 (明)龔廷賢編 清刻本 一冊 存一卷(七)

610000－1003－0000398 R2/16

經驗廣集三卷 (清)李文炳輯 清刻本 一冊 存一卷(一)

610000－1003－0000399 R2/17

瀕湖脈學一卷奇經八脈攷一卷 (明)李時珍撰 清刻本 一冊

610000－1003－0000400 R2/2

女科證治準繩五卷 (明)王肯堂輯 明萬曆三十五年(1607)刻本 一冊 存一卷(一)

610000－1003－0000401 R2/3

本草綱目五十二卷 (明)李時珍撰 清刻本 十冊 存十三卷(四至七、九至十四、十六至十八)

610000－1003－0000402 R2/4

本草通元二卷 (明)李中梓撰 清刻本 一冊

610000－1003－0000403 R2/5

時方歌括二卷 (清)陳念祖著 清嘉慶八年(1803)稽古堂刻本 一冊

610000－1003－0000404 R2/6

醫方捷徑指南二卷 (明)王宗顯輯 清道光四年(1824)文星堂刻本 一冊 存一卷(一)

610000－1003－0000405 R2/7

素問直解九卷 (清)高世栻著 清刻本 三冊 存三卷(二、五至六)

610000－1003－0000406 R2/8

增訂本草備要四卷 (清)汪昂著輯 (清)汪桓參訂 清刻本 二册 存三卷(二至四)

610000－1003－0000407 R2/9
醫方辨難大成□□卷 (□)□□撰 清刻本 一册 存十七卷(中集幼科五至二十一)

610000－1003－0000408 S/1
元亨療馬集六卷 (明)喻本元撰 清刻本 一册 存一卷(四)

610000－1003－0000409 S/2
相馬筆記不分卷 (□)□□撰 清抄本 一册

610000－1003－0000410 S/3
齊民要術十卷 (北魏)賈思勰撰 清光緒元年(1875)湖北崇文書局刻本 四册

610000－1003－0000411 Z/21
因難見巧四卷 (清)劉青燃編輯 清刻本 一册 存一卷(四)

610000－1003－0000412 Z12/5
寓意於物齋文編一卷詩存一卷 (清)毛鳳枝撰 清同治刻本 一册

610000－1003－0000413 Z12/9
荒政叢書十卷附錄二卷 (清)俞森撰 (清)錢熙祚校 清道光二十四年(1844)金山錢氏刻本 四册

610000－1003－0000414 Z126.2/1
十三經注疏 (□)□□輯 明崇禎元年至十二年(1628－1639)古虞毛氏汲古閣刻本 一百六十册

610000－1003－0000415 Z126.2/1
十三經注疏 (□)□□輯 明崇禎元年至十二年(1628－1639)古虞毛氏汲古閣刻本 一百六十册

610000－1003－0000416 Z126.2/10
咸豐鄉會墨續選不分卷 (清)韓秉泰評選 清咸豐五年(1855)三味齋刻本 二册

610000－1003－0000417 Z126.2/2
五經合纂大成四十四卷 (清)同文書局編 清光緒十八年(1892)上海同文書局石印本 八册

610000－1003－0000418 Z126.2/3
經文囊括統編十卷 (清)謝階樹著 清同治元年(1862)京都刻本 九册 存九卷(一至九)

610000－1003－0000419 Z126.2/4
策學纂要十六卷 (清)戴鵬 (清)黄卷輯 清乾隆三十二年(1767)刻本 六册

610000－1003－0000420 Z126.2/5
咸豐十二科鄉會墨選不分卷咸豐乙卯丙辰鄉會墨選不分卷 (清)韓秉泰評選 清咸豐八年(1858)三味齋刻本 八册

610000－1003－0000421 Z126.2/6
學文彙典二卷 (清)鄭文煥彙訂 清刻本 一册 存一卷(下)

610000－1003－0000422 Z126.2/7
古文喈鳳新編八卷 (清)汪基鈔輯 (清)鮑欽承 (清)俞宗潮校 清乾隆七年(1742)三多齋刻本 八册

610000－1003－0000423 Z126.2/7＋2
古文喈鳳新編八卷 (清)汪基鈔輯 清刻本 四册 存四卷(四、六至八)

610000－1003－0000424 Z126.2/7＋3
古文喈鳳新編八卷 (清)汪基鈔輯 清刻本 二册 存四卷(三至四、七至八)

610000－1003－0000425 Z22/12
四書五經類典集成三十四卷 (清)戴兆春撰 清光緒十四年(1888)同文書局石印本 二十二册

610000－1003－0000426 Z22/13
韻府拾遺一百六卷 (清)張廷玉等編 清光緒十二年(1886)上海同文書局石印本 八册

610000－1003－0000427 Z22/14
子史精華一百六十卷 (清)吴襄等纂修 清光緒十二年(1886)上海同文書局石印本 八册

610000－1003－0000428　Z22/15

重訂廣事類賦四十卷　(清)華希閔著　(清)華希閎重訂　清乾隆二十九年(1764)三讓堂刻本　十二册

610000－1003－0000429　Z22/5

廣事類賦四十卷　(清)華希閔著　(清)華希閎重訂　清乾隆五十八年(1793)令德堂刻本　八册

610000－1003－0000430　Z22/6

重訂事類賦三十卷　(宋)吳淑撰　(明)華麟祥校刊　清刻本　四册

610000－1003－0000431　Z22/7

增補事類統編九十三卷首一卷　(清)黄葆真增輯　清敦好堂刻本　八册　存十七卷(三十四至三十六、三十九至五十、七十一至七十二)

610000－1003－0000432　Z22/8

類腋五十五卷　(清)姚培謙輯　清乾隆七年(1742)務本堂刻本　十二册　存四十九卷(天部一至八,地部三至六、十一至十六,物部一至十六,人部一至十五)

610000－1003－0000433　Z22/9

類腋補遺不分卷　(清)張翰純採輯　清乾隆三十年(1765)務本堂刻本　一册

610000－1003－0000434　Z221.1/32

簡摩集五卷　(清)司徒修輯　清刻本　二册　存一卷(五)

610000－1003－0000435　Z4/10

關中道脈四種書　(清)李元春輯　清道光十年(1830)刻本　六册

610000－1003－0000436　Z4/12

藝餘集覽二卷　(清)朱景英纂輯　(清)陳嘉謨參校　清光緒元年(1875)刻本　二册

610000－1003－0000437　Z4/14

文溪集二十卷首一卷　(宋)李昂英著　清道光二十年(1840)南海伍氏刻本　一册　存四卷(一至三、首一卷)

610000－1003－0000438　Z4/15

求志居集三十六卷　(清)陳世鎔著　清刻本　一册　存一卷(十五)

610000－1003－0000439　Z4/16

穀詒彙□□卷　(明)王之垣輯　(明)陶珙訂　明萬曆三十年(1602)刻本　一册　存一卷(六)

610000－1003－0000440　Z4/17

衛濟餘編十八卷　(清)王纕堂編　清刻本　一册　存四卷(十三至十四、十七至十八)

610000－1003－0000441　Z4/18

泰西各國名人言行錄十六卷首二卷　(清)張兆蓉編纂　清光緒石印本　一册　存四卷(五至八)

610000－1003－0000442　Z4/19

錦字箋四卷　(清)黄澐纂　清康熙二十八年(1689)刻本　一册

610000－1003－0000443　Z4/2

三魚堂文集十二卷外集六卷賸言十二卷　(清)陸隴其著　清宣統三年(1911)埽葉山房石印本　八册

610000－1003－0000444　Z4/20

訓俗遺規四卷　(清)陳弘謀編輯　清乾隆七年(1742)培遠堂刻本　一册　存二卷(三至四)

610000－1003－0000445　Z4/22

留茆盦尺牘叢殘四卷　(清)嚴籁著　清咸豐六年(1856)刻本　一册　存二卷(三至四)

610000－1003－0000446　Z4/25

錦字箋四卷　(清)黄澐纂　清刻本　二册　存二卷(一至二)

610000－1003－0000447　Z4/8

望溪集八卷　(清)方苞撰　(清)程崟　(清)王兆符輯　清乾隆十一年(1746)刻本　八册

610000－1003－0000448　Z8/9

關右經籍考十一卷　(清)邢澍撰　清刻本　六册

陝西省咸陽市禮泉縣靳寶善圖書館
古籍普查登記目録

全國古籍普查登記目録

國家圖書館出版社
National Library of China Publishing House

610000－1027－0000001　LT－0001

康熙字典十二集三十六卷總目一卷檢字一卷辨似一卷等韻一卷備考一卷補遺一卷　(清)張玉書等撰　清道光十七年(1837)刻本　十六册

610000－1027－0000002　LT－0002

東萊博議四卷虚字註釋備考六卷　(宋)吕祖謙撰　(清)張文炳評點　清乾隆三年(1738)刻本　四册

610000－1027－0000003　LT－0003

御纂詩義折中二十卷　(清)傅恒等撰　清乾隆二十年(1755)刻本　十二册

610000－1027－0000004　LT－0004

禮記集説大全三十卷　(明)胡廣等纂修　明德壽堂刻本　六册

610000－1027－0000005　LT－0005

周官精義十二卷　(清)連斗山編次　清嘉慶二年(1797)致和堂刻本　六册

610000－1027－0000006　LT－0006

欽定詩經傳説彙纂二十一卷首二卷詩序二卷　(清)王鴻緒等纂　清雍正五年(1727)刻本　二十四册

610000－1027－0000007　LT－0007

欽定書經傳説彙纂二十一卷首二卷書序一卷　(清)王頊齡等撰　清雍正八年(1730)刻本　十九册　存二十三卷(一至十一、十三至二十一,首二卷,書序一卷)

610000－1027－0000008　LT－0008

欽定儀禮義疏四十八卷首二卷　(清)允禄等撰　清刻本　三十册

610000－1027－0000009　LT－0009

欽定春秋傳説彙纂三十八卷首二卷　(清)王掞等撰　清康熙刻本　二十册

610000－1027－0000010　LT－0010

欽定禮記義疏八十二卷首一卷　(清)允禄等撰　清刻本　四十二册　存七十五卷(一至四十四、五十三至八十二,首一卷)

610000－1027－0000011　LT－0011

春秋經傳集解三十卷首一卷　(晉)杜預原本　(宋)林堯叟附註　(唐)陸德明音釋　(明)馮李驊增訂　清康熙刻本　十六册

610000－1027－0000012　LT－0012

欽定周官義疏四十八卷首一卷　(清)允禄等撰　清乾隆十九年(1754)刻本　二十一册　存四十二卷(一至三十四、三十七至三十八、四十一至四十二、四十五至四十八)

610000－1027－0000013　LT－0013

欽定周官義疏四十八卷首一卷　(清)允禄等撰　清刻本　二十八册

610000－1027－0000014　LT－0014

欽定春秋傳説彙纂三十八卷首二卷　(清)王掞等撰　清康熙六十年(1721)刻本　二十四册

610000－1027－0000015　LT－0015

御批歷代通鑑輯覽一百二十卷　(清)傅恒等撰　清同治十一年(1872)崇文書局刻本　六十册

610000－1027－0000016　LT－0016

欽定書經傳説彙纂二十一卷首二卷書序一卷　(清)王頊齡等撰　清雍正八年(1730)刻本　二十册

610000－1027－0000017　LT－0017

欽定儀禮義疏四十八卷首二卷　(清)允禄等撰　清刻本　四十一册

610000－1027－0000018　LT－0018

通俗編三十八卷　(清)瞿灝撰　清乾隆十六年(1751)無不宜齋刻本　十二册

610000－1027－0000019　LT－0019

欽定詩經傳説彙纂二十一卷首二卷詩序二卷　(清)王鴻緒等撰　清雍正五年(1727)刻本　二十册

610000－1027－0000020　LT－0020

周易讀本六卷　(清)夏與賢輯　清光緒三年(1877)刻本　五册

610000－1027－0000021　LT－0021

增刪四書講義彙通二十八卷大學或問一卷中庸或問一卷　(清)許時菴鑒定　(清)李挺蕃命意　(清)李戴禮纂輯　清康熙三十二年(1693)百城樓刻本　十一册

610000－1027－0000022　LT－0022

古唐詩合解十二卷古詩四卷　(清)王堯衢註　(清)李模　(清)李恒校　清義興堂刻本　八册

610000－1027－0000023　LT－0023

左傳易讀六卷　(清)司徒修輯註　清刻本　四册　存四卷(二至五)

610000－1027－0000024　LT－0024

增補左傳易讀六卷　(清)司徒修輯　清永盛堂刻本　六册

610000－1027－0000025　LT－0025

四書朱子本義滙參四十三卷首四卷　(清)王步青輯　(清)王士鼇編　清乾隆十年(1745)敦復堂刻本　三十二册

610000－1027－0000026　LT－0026

松陽講義十二卷　(清)陸隴其著　(清)侯銓等編次　清光緒十四年(1888)柏經正堂刻本　四册

610000－1027－0000027　LT－0027

字學舉隅不分卷　(清)龍啟瑞撰　清同治十三年(1874)義興堂刻本　一册

610000－1027－0000028　LT－0028

五經類編二十八卷　(清)周世璋輯　清刻本　六册　存十四卷(三至五、十至十五、十八至二十、二十三至二十四)

610000－1027－0000029　LT－0029

御纂周易折中二十二卷首一卷　(清)李光地等撰　清刻本　八册　存十三卷(十至二十二)

610000－1027－0000030　LT－0030

欽定禮記義疏八十二卷首一卷　(明)鄂爾泰等撰　清乾隆十九年(1754)刻本　四十四册

610000－1027－0000031　LT－0031

史記一百三十卷　(漢)司馬遷撰　(南朝宋)裴駰集解　(唐)司馬貞索隱　(唐)張守節正義　清光緒十年(1884)石印本　二十六册

610000－1027－0000032　LT－0032

前漢書一百二十卷　(漢)班固撰　(唐)顔師古注　清光緒十年(1884)石印本　三十二册

610000－1027－0000033　LT－0033

後漢書一百二十卷　(南朝宋)范曄撰　(唐)李賢注　(南朝梁)劉昭補　清光緒十年(1884)石印本　二十八册

610000－1027－0000034　LT－0034

三國志六十五卷　(晉)陳壽撰　(南朝宋)裴松之注　清光緒十年(1884)石印本　十四册

610000－1027－0000035　LT－0035

晉書一百三十卷　(唐)房玄齡等撰　清光緒十年(1884)石印本　三十册

610000－1027－0000036　LT－0036

宋書一百卷　(南朝梁)沈約撰　清光緒十年(1884)石印本　二十四册

610000－1027－0000037　LT－0037

南齊書五十九卷　(南朝梁)蕭子顯撰　清光緒十年(1884)石印本　八册

610000－1027－0000038　LT－0038

梁書五十六卷　(唐)姚思廉撰　清光緒十年(1884)石印本　八册

610000－1027－0000039　LT－0039

陳書三十六卷　(唐)姚思廉撰　清光緒十年(1884)石印本　六册

610000－1027－0000040　LT－0040

魏書一百十四卷　(北齊)魏收撰　清光緒十年(1884)上海同文書局石印本　二十四册

610000－1027－0000041　LT－0041

北齊書五十卷　(唐)李百藥撰　清光緒十年(1884)石印本　八册

610000－1027－0000042　LT－0042

周書五十卷　(唐)令狐德棻撰　清光緒十年

(1884)石印本　八册

610000－1027－0000043　LT－0043
隋書八十五卷　(唐)長孫無忌等撰　清光緒十年(1884)石印本　二十四册

610000－1027－0000044　LT－0044
南史八十卷　(唐)李延壽撰　清光緒十年(1884)上海同文書局石印本　二十册

610000－1027－0000045　LT－0045
北史一百卷　(唐)李延壽撰　清光緒十年(1884)石印本　二十四册

610000－1027－0000046　LT－0046
舊唐書二百卷　(五代)劉昫撰　清光緒十年(1884)石印本　四十八册

610000－1027－0000047　LT－0047
唐書二百二十五卷　(宋)歐陽修撰　**唐書釋音二十五卷**　(宋)董衝撰　清光緒十年(1884)石印本　三十三册　存一百六十四卷(一至三十六、九十八至二百二十五)

610000－1027－0000048　LT－0048
舊五代史一百五十卷目録二卷　(宋)薛居正等撰　清光緒十年(1884)石印本　二十四册

610000－1027－0000049　LT－0049
五代史七十四卷　(宋)歐陽修撰　清光緒十年(1884)石印本　十册

610000－1027－0000050　LT－0050
宋史四百九十六卷　(元)脱脱等修　清光緒十年(1884)石印本　一百册

610000－1027－0000051　LT－0051
遼史一百十六卷　(元)脱脱等修　清光緒十年(1884)石印本　八册

610000－1027－0000052　LT－0052
金史一百三十五卷　(元)脱脱等修　清光緒十年(1884)石印本　二十四册

610000－1027－0000053　LT－0053
元史二百十卷　(明)宋濂等修　清光緒十年(1884)石印本　四十二册

610000－1027－0000054　LT－0054
明史三百三十二卷　(清)張廷玉等修　清光緒十年(1884)石印本　七十四册

610000－1027－0000055　LT－0055
明儒學案六十二卷　(清)黄宗羲著　清道光元年(1821)合義堂刻本　二十四册

610000－1027－0000056　LT－0056
資治通鑑綱目前編二十五卷　(明)陳仁錫評閲　清嘉慶八年(1803)敬書堂刻本　十二册

610000－1027－0000057　LT－0057
資治通鑑綱目五十九卷　(明)陳仁錫評閲　清嘉慶八年(1803)敬書堂刻本　八十九册　存五十六卷(一至四十一、四十五至五十九)

610000－1027－0000058　LT－0058
續資治通鑑綱目二十七卷　(明)陳仁錫評閲　清刻本　三十六册

610000－1027－0000059　LT－0059
資治通鑑綱目五十九卷　(明)陳仁錫評閲　清嘉慶八年(1803)敬書堂刻本　五十四册　存四十五卷(一至十、十九至三十六、四十三至五十九)

610000－1027－0000060　LT－0060
續資治通鑑綱目二十七卷　(明)陳仁錫評閲　清刻本　二十一册　存二十卷(一至十四、二十二至二十七)

610000－1027－0000061　LT－0061
御撰資治通鑑綱目三編二十卷　(清)張廷玉等編次　清乾隆十一年(1746)忠興堂刻本　六册

610000－1027－0000062　LT－0062
御撰資治通鑑綱目三編二十卷(明紀綱目)　(清)張廷玉等編次　清乾隆十一年(1746)刻本　六册

610000－1027－0000063　LT－0063
史通削繁四卷　(清)紀昀撰　清光緒元年(1875)刻本　四册

610000－1027－0000064　LT－0064

萬國通鑑四卷地圖一卷　（美國）謝衛樓撰　（清）趙如光譯　清光緒八年（1882）刻本　五冊　存四卷（一至四）

610000－1027－0000065　LT－0065
水經注釋四十卷坿錄二卷水經注箋刊誤十二卷　（清）趙一清錄　清光緒六年（1880）張氏重刻本　十六冊　存三十二卷（一至二十、刊誤十二卷）

610000－1027－0000066　LT－0066
南齊書五十九卷　（南朝梁）蕭子顯撰　（明）趙用賢等校　明萬曆刻本　十冊

610000－1027－0000067　LT－0067
史記一百三十卷　（漢）司馬遷撰　清刻本　二十九冊　存一百七卷（表九至十、書一至六、世家一至二十九、列傳一至七十）

610000－1027－0000068　LT－0068
三國志六十五卷　（晉）陳壽撰　（南朝宋）裴松之注　清同治九年（1870）金陵書局刻本　八冊

610000－1027－0000069　LT－0069
前漢書一百二十卷　（漢）班固撰　（唐）顏師古注　清同治八年（1869）金陵書局刻本　十六冊

610000－1027－0000070　LT－0070
後漢書九十卷續漢書八志三十卷　（南朝宋）范曄撰　（唐）李賢注　（晉）司馬彪續志　（南朝梁）劉昭注補續志　清同治八年（1869）同文書局刻本　十六冊

610000－1027－0000071　LT－0071
宋書一百卷　（南朝梁）沈約撰　清同治十二年（1873）金陵書局刻本　十六冊

610000－1027－0000072　LT－0072
綱鑑擇語十卷　（清）司徒修輯　清道光三十年（1850）來鹿堂刻本　三冊　存四卷（一至二、七至八）

610000－1027－0000073　LT－0073
袁王綱鑑合編三十九卷　（明）袁黄輯　（明）王世貞編　**御撰明紀綱目二十卷**　（清）張廷玉等編　清光緒三十年（1904）鉛印本　十二冊　存三十八卷（一至十、二十一至三十九，明紀綱目一至九）

610000－1027－0000074　LT－0074
梁書五十六卷　（唐）姚思廉撰　（明）余有丁　（明）周子義校　明萬曆三年（1575）南京國子監刻清順治康熙遞修本　七冊　存四十七卷（一至十五、二十五至五十六）

610000－1027－0000075　LT－0075
華嶽志八卷首一卷　（清）李榕輯　（清）楊翼武評閲　清光緒九年（1883）刻本　四冊

610000－1027－0000076　LT－0076
［乾隆］郃陽縣全志四卷　（清）孫景烈修　（清）席奉乾纂　清乾隆三十四年（1769）刻本　四冊

610000－1027－0000077　LT－0077
［隆慶］華州志二十四卷　（明）李可久修　（明）張光孝纂　清光緒八年（1882）刻本　四冊

610000－1027－0000078　LT－0078
［康熙］續華州志四卷　（清）馮昌奕修　（清）劉遇奇纂　清光緒八年（1882）合刻華州志本　四冊

610000－1027－0000079　LT－0079
五代史七十四卷　（宋）歐陽修撰　（宋）徐無黨注　明毛氏汲古閣刻本　四冊　存三十四卷（十三至二十三、五十二至七十四）

610000－1027－0000080　LT－0080
尺木堂綱鑑易知錄九十二卷　（清）吴乘權　（清）周之炯　（清）周之燦輯　清刻本　六冊　存十四卷（二十八至四十一）

610000－1027－0000081　LT－0081
續資治通鑑綱目二十七卷　（明）陳仁錫評閲　清刻本　九冊　存八卷（十至十七）

610000－1027－0000082　LT－0082
資治通鑑綱目五十九卷　（明）陳仁錫評閲

清刻本　七册　存六卷(十三至十八)

610000－1027－0000083　LT－0083

戰國策十卷　(清)李錫齡校訂　清刻本　六册　存七卷(四至十)

610000－1027－0000084　LT－0084

五子近思錄發明十四卷　(清)施璜纂註　清刻本　八册

610000－1027－0000085　LT－0085

周易纂註四卷　(清)王纘謨編輯　清道光十八年(1838)心美堂刻本　四册

610000－1027－0000086　LT－0086

古文析義十四卷　(清)林雲銘評註　清乾隆四十年(1775)書業堂刻本　六册

610000－1027－0000087　LT－0087

管窺輯要八十卷　(清)黃鼎纂定　清順治十年(1653)善成堂刻本　四十册

610000－1027－0000088　LT－0088

九章算術細草圖說九卷　(晉)劉徽注　(唐)李淳風注釋　(清)李潢撰　清刻本　八册

610000－1027－0000089　LT－0089

紀效新書十八卷首一卷　(明)戚繼光撰　清咸豐三年(1853)慎德堂刻本　六册

610000－1027－0000090　LT－0090

關聖帝君忠義編一卷　(□)□□撰　清乾隆四十五年(1780)慎修堂刻本　四册

610000－1027－0000091　LT－0091

小謨觴館詩集八卷詩續集二卷詩餘附錄一卷文集四卷文續集二卷　(清)彭兆蓀撰　清同治十三年(1874)刻本　六册

610000－1027－0000092　LT－0092

康對山先生集四十五卷首一卷　(明)康海撰　(清)馬逸姿較梓　清康熙五十一年(1712)刻本　十二册

610000－1027－0000093　LT－0093

彭剛直公奏稿八卷詩集八卷　(清)彭玉麟撰　清光緒十七年(1891)吳下刻本　十册

610000－1027－0000094　LT－0094

昌黎先生集四十卷外集十卷遺文一卷　(唐)韓愈撰　(明)李漢編　清同治八年(1869)江蘇書局刻本　十册

610000－1027－0000095　LT－0095

唐宋八家鈔八卷　清道光二十二年(1842)文發堂刻本　七册　存七卷(一、三至八)

610000－1027－0000096　LT－0096

唐詩成法十二卷　(清)屈復撰　(清)梁善長重閱　清嘉慶七年(1802)桐蔭草堂刻本　四册

610000－1027－0000097　LT－0097

滋樹堂文集四卷　(清)孫景烈著　(清)張孝友　(清)張寶樹編次　清道光十一年(1831)刻本　四册

610000－1027－0000098　LT－0098

蘇文忠公詩集五十卷目錄二卷　(宋)蘇軾撰　(清)紀昀評點　清同治八年(1869)翰墨園刻本　十六册

610000－1027－0000099　LT－0099

御選唐宋文醇五十八卷　(清)高宗弘曆選　清光緒三年(1877)浙江書局刻本　九册　存二十五卷(一、八至十、十七至十九、二十二至三十、三十八至四十、四十七至五十、五十七至五十八)

610000－1027－0000100　LT－0100

淵鑑類函四百五十卷目錄四卷　(清)張英等編　清刻本　二十六册　存七十三卷(三至六、四十一至五十一、六十至六十五、七十至七十三、八十五至八十六、九十三至九十四、一百四至一百六、一百十六至一百十八、一百九十至一百九十一、二百四至二百九、二百十三至二百十六、二百九十四至三百一、三百五至三百六、三百十一至三百十五、三百八十至三百八十三、三百九十至三百九十六)

610000－1027－0000101　LT－0101

隨園三十種　(清)袁枚撰　清光緒十七年(1891)經綸堂刻本　二十四册

610000－1027－0000102　LT－0102

袁王綱鑑合編三十九卷　（明）袁黄輯　（明）王世貞編　**御撰明紀綱目二十卷**　（清）張廷玉等編　清光緒三十年（1904）鉛印本　五冊　存二十二卷（一、十一至二十，明紀綱目十至二十）

610000－1027－0000103　LT－0103

［乾隆］再續華州志十二卷　（清）汪以誠修（清）史蓴纂　清乾隆五十四年（1789）刻本　二冊

610000－1027－0000104　LT－0104

［光緒］三續華州志十二卷　（清）吳炳南修（清）劉域纂　清光緒八年（1882）合刻華州志本　四冊　存七卷（一至二、五至七、九、十二）

610000－1027－0000105　LT－0105

孫檢討四書文一卷　（清）孫景烈著　（清）孫夑等校刊　清乾隆三十四年（1769）滋樹堂刻本　一冊

610000－1027－0000106　LT－0106

可園草一卷　（清）孫景烈著　清乾隆三十八年（1773）刻本　一冊

610000－1027－0000107　LT－0107

御選唐宋詩醇四十七卷目錄二卷　（清）高宗弘曆選　清刻本　四冊　存十二卷（九至十五、十九至二十三）

610000－1027－0000108　LT－0108

敏求機要十六卷　（元）劉實撰　（元）劉茂實注　清光緒二十六年（1900）秦中官書局鉛印本　四冊

610000－1027－0000109　LT－0109

御製詩初集四十四卷總目四卷　（清）高宗弘曆撰　清刻本　一冊　存四卷（三十七至四十）

610000－1027－0000110　LT－0110

論語十卷　（宋）朱熹集註　清刻本　一冊　存五卷（一至五）

陝西省咸陽市乾縣圖書館古籍普查登記目録

全國古籍普查登記目録

國家圖書館出版社
National Library of China Publishing House

610000－4004－0000001　0001－0051
元史二百十卷　(明)宋濂等撰　清光緒二十九年(1903)五洲同文局石印本　五十一册

610000－4004－0000002　0052/0075
舊五代史一百五十卷　(宋)薛居正等撰　清光緒二十九年(1903)五洲同文局石印本　二十四册

610000－4004－0000003　0076/0122
唐書二百二十五卷　(宋)歐陽修等撰　**釋音二十五卷**　(宋)董衝撰　清光緒二十九年(1903)五洲同文局石印本　四十七册　存二百十八卷(一至六十三、七十一至二百二十五)

610000－4004－0000004　0123/0132
五代史七十四卷　(宋)歐陽修撰　(宋)徐無黨注　清光緒二十九年(1903)五洲同文局石印本　十册

610000－4004－0000005　0133/0156
金史一百三十五卷　(元)脱脱等修　清光緒二十九年(1903)五洲同文局石印本　二十四册

610000－4004－0000006　0157/0163
遼史一百十六卷　(元)脱脱等修　清光緒二十九年(1903)五洲同文局石印本　七册　存九十六卷(一至九十六)

610000－4004－0000007　0164/0274
明史三百三十二卷　(清)張廷玉等撰　清光緒二十九年(1903)五洲同文局石印本　一百十一册

610000－4004－0000008　0275/0370
宋史四百九十六卷　(元)脱脱等修　清光緒五洲同文書局影印二十四史本　九十六册

610000－4004－0000009　0371/0402
前漢書一百卷　(漢)班固撰　(唐)顔師古注　清光緒二十九年(1903)五洲同文局石印本　三十二册

610000－4004－0000010　0403/0430
後漢書九十卷　(南朝宋)范曄撰　(唐)李賢注　**志三十卷**　(晉)司馬彪撰　(南朝梁)劉昭注　清光緒二十九年(1903)五洲同文局石印本　二十八册

610000－4004－0000011　0431/0456
史記一百三十卷　(漢)司馬遷撰　(南朝宋)裴駰集解　(唐)司馬貞索引　(唐)張守節正義　清光緒二十九年(1903)五洲同文局石印本　二十六册

610000－4004－0000012　0457/0486
晉書一百三十卷　(唐)房玄齡等撰　**音義三卷**　(唐)何超撰　清光緒二十九年(1903)五洲同文局石印本　三十册

610000－4004－0000013　0487/0498
三國志六十五卷　(晉)陳壽撰　(南朝宋)裴松之注　清末石印本　十二册　存五十九卷(魏志四至十、十四至三十,蜀志一至十五,吳志一至二十)

610000－4004－0000014　0499/0506
周書五十卷　(唐)令狐德棻等撰　清光緒二十九年(1903)五洲同文局石印本　八册

610000－4004－0000015　0507/0514
北齊書五十卷　(唐)李百藥撰　清光緒二十九年(1903)五洲同文局石印本　八册

610000－4004－0000016　0515/0538
魏書一百十四卷　(北齊)魏收撰　清光緒二十九年(1903)五洲同文局石印本　二十四册

610000－4004－0000017　0539/0544
陳書三十六卷　(唐)姚思廉撰　清光緒二十九年(1903)五洲同文局石印本　六册

610000－4004－0000018　0545/0568
宋書一百卷　(南朝梁)沈約撰　清末石印本　二十四册

610000－4004－0000019　0569/0591
北史一百卷　(唐)李延壽撰　清光緒二十九年(1903)五洲同文局石印本　二十三册　存九十八卷(三至一百)

610000－4004－0000020　0592/0608
南史八十卷　(唐)李延壽撰　清末石印本　十七冊　存六十九卷(一至三、十五至八十)

610000－4004－0000021　0609/0632
隋書八十五卷　(唐)魏徵等撰　清光緒二十九年(1903)五洲同文局石印本　二十四冊

610000－4004－0000022　0633/0640
南齊書五十九卷　(南朝梁)蕭子顯撰　清光緒五洲同文書局影印二十四史本　八冊

610000－4004－0000023　0641/0648
梁書五十六卷　(唐)姚思廉撰　清光緒二十九年(1903)五洲同文局石印本　八冊

610000－4004－0000024　0649/0690
舊唐書二百卷　(五代)劉昫等撰　清末石印本　四十二冊　存一百七十四卷(一至三、八至五十、五十五至七十八、八十六至一百七十七、一百八十三至一百九十四)

610000－4004－0000025　0691/0692
豳風廣義三卷　(清)楊屾編輯　清光緒十六年(1890)陝西求友齋刻本　二冊　存二卷(上、中)

610000－4004－0000026　0693/0694
豳風廣義三卷　(清)楊屾編輯　清光緒刻本　二冊　存二卷(中、下)

610000－4004－0000027　0695/0697
農桑輯要七卷　(元)司農司撰　清刻本　三冊　存四卷(一至四)

610000－4004－0000028　0698/0700
農桑輯要七卷　(元)司農司撰　清刻本　三冊

610000－4004－0000029　0701
漁古軒詩韻□□卷　(清)余照原本　(清)朱德蕃增訂　清末刻本　一冊　存一卷(四)

610000－4004－0000030　0702/0703
國朝山右詩存二十四卷　(清)李錫麟輯錄　(清)王攀　(清)李素輯　(清)張書紳　(清)趙麟國衾閱　清嘉慶刻本　二冊　存四卷(十九至二十二)

610000－4004－0000031　0705
隨園詩話補遺十卷　(清)袁枚著　清末民初上海文明書局鉛印本　一冊　存四卷(一至四)

610000－4004－0000032　0706
綱鑑易知録九十二卷　(清)吳乘權等輯　清末民初石印本　一冊　存七卷(十五至二十一)

610000－4004－0000033　0707
左傳易讀六卷　(清)司徒修輯注　清末民初上海廣益書局鉛印本　一冊　存二卷(五至六)

610000－4004－0000034　0709/0741
康熙字典十二集檢字一卷辨似一卷等韻一卷總目一卷備考一卷補遺一卷　(清)張玉書等撰　清刻本　三十三冊　存七卷(子集上、卯集上、午集中下、未集上、酉集中、亥集下)

610000－4004－0000035　0742/0743
信好錄四卷　(清)賀瑞麟編　清光緒十六年(1890)柏經正堂刻本　二冊

610000－4004－0000036　0744
禮器啚說五卷　(清)汪基編　清光緒三十三年(1907)陝西學務公所鉛印本　一冊　存四卷(一至四)

610000－4004－0000037　0745/0752
知本提綱十卷　(清)楊屾著　(清)鄭世鐸註解　(清)朱石琪　(清)秦紹校　清乾隆十二年(1747)刻本　八冊

610000－4004－0000038　0753－0756
時藝核續編四卷　(清)路德評選　清道光二十九年(1849)刻本　四冊

610000－4004－0000039　0757
醒迷錄不分卷　(清)醒迷子撰　清同治三年(1864)刻本　一冊

610000－4004－0000040　0758－0769
字彙十二卷　(明)梅膺祚音釋　清刻本　十

二册

610000－4004－0000041　0770－0771
尋常語一卷　（清）劉沅撰　清同治八年(1869)刻本　二册

610000－4004－0000042　0772－0773
伊川經説八卷　（宋）程頤撰　清刻本　二册

610000－4004－0000043　0774－0775
日講易經解義十八卷　（清）牛鈕等輯　清康熙刻本　二册　存二卷(一至二)

610000－4004－0000044　0776
又問一卷　（清）劉沅著　清咸豐七年(1857)刻本　一册

610000－4004－0000045　0777
二程粹言二卷　（宋）程顥　（宋）程頤撰　（宋）楊時訂定　（宋）張栻編次　清刻本　一册　存一卷(一)

610000－4004－0000046　0778
四書恆解大學一卷　（清）劉沅輯註　清同治十一年(1872)刻本　一册

610000－4004－0000047　0779
四書恆解中庸一卷　（清）劉沅輯註　清同治十一年(1872)刻本　一册

610000－4004－0000048　0780－0781
四書恆解孟子七卷　（清）劉沅輯註　清同治十一年(1872)刻本　二册　存三卷(一至二、七)

610000－4004－0000049　0782
大學古本質言一卷　（清）劉沅著　清咸豐二年(1852)刻本　一册

610000－4004－0000050　0783－0804
欽定春秋傳説彙纂三十八卷首二卷　（清）王掞等撰　清刻本　二十二册　存三十七卷(一至二十五、二十八至三十八,首下)

610000－4004－0000051　0805
四書恆解上論二卷　（清）劉沅輯註　清同治十一年(1872)刻本　一册　存一卷(下)

610000－4004－0000052　0806－0807
四書恆解下論二卷　（清）劉沅輯註　清同治十一年(1872)刻本　二册

610000－4004－0000053　0808
鼎鎸狀元蘭嵎朱先生遴輯管晏春秋百家評林四卷　（明）陶望齡校閲　（明）翁正春糸訂　（明）朱之蕃遴輯　（明）林世選編次　（明）余良木繡梓　清刻本　一册

610000－4004－0000054　0810－0812
詩經讀本□□卷　（宋）朱熹集傳　清宣統元年(1909)上海龍文書局石印本　三册　存六卷(三至八)

610000－4004－0000055　0813
俗言一卷　（清）劉沅著　清咸豐四年(1854)刻本　一册

610000－4004－0000056　0814
俗言一卷　（清）劉沅著　清咸豐四年(1854)刻本　二册

610000－4004－0000057　0815
村學究語不分卷　（清）劉沅撰　清同治三年(1864)刻本　一册

610000－4004－0000058　0816－0826
四書經註集證十九卷　（宋）朱熹集註　清光緒二十六年(1900)刻本　十一册　存十二卷(大學一,論語一至四、六,孟子一至四、六至七)

610000－4004－0000059　0827
槐軒約言一卷　（清）劉沅撰　清同治四年(1865)刻本　一册

610000－4004－0000060　0828－0830
周禮精華六卷　（清）陳龍標編輯　清嘉慶十一年(1806)刻本　三册

610000－4004－0000061　0831
海國圖志□□卷　（清）魏源撰　清刻本　一册　存二卷(三至四)

610000－4004－0000062　0832－0835
志學齋時文讀本四卷　（清）陳際泰撰　明崇

禎刻本　四冊

610000－4004－0000063　0836－0838

詩經恆解六卷　（清）劉沅輯註　清末民初刻本　三冊　存四卷（三至六）

610000－4004－0000064　0846－0849

四書講義二十二卷　（清）史廷輝輯　清刻本　四冊　存四卷（大學中庸講義一至四）

610000－4004－0000065　0854－0931

香豔叢書　（清）蟲天子輯　清宣統國學扶輪社鉛印本　七十八冊　存一百五十五種

610000－4004－0000066　0932－0938

史記一百三十卷　（漢）司馬遷撰　（南朝宋）裴駰集解　（唐）司馬貞索引　（唐）張守節正義　清光緒竹簡齋影印二十四史本　七冊

610000－4004－0000067　0939－0943

四書大全摘要孟子七卷　（清）黄際飛鑒定　（清）李武纂緝　清煥文堂刻本（卷三配抄本）　五冊　存五卷（二至六）

610000－4004－0000068　0944－0945

四書大全摘要論語十卷　（清）黄際飛鑒定　（清）李武纂緝　清煥文堂刻本　二冊　存四卷（三至四、六至七）

610000－4004－0000069　0946

四書大全摘要大學一卷　（清）黄際飛鑒定　（清）李武纂緝　清煥文堂刻本　一冊

610000－4004－0000070　0947

四書大全摘要中庸二卷　（清）黄際飛鑒定　（清）李武纂緝　清煥文堂刻本　一冊

610000－4004－0000071　0948－0952

讀書錄十一卷　（明）薛瑄撰　清刻本　五冊

610000－4004－0000072　0953－0957

讀書續錄十二卷　（明）薛瑄撰　清刻本　五冊

610000－4004－0000073　0960－0961

三國志六十五卷　（晉）陳壽撰　（南朝宋）裴松之注　清末鉛印本　二冊　存三十六卷（魏志七至二十二、吴志一至二十）

610000－4004－0000074　0962－1036

增訂漢魏叢書八十六種　（清）王謨輯　清乾隆五十六年（1791）金谿王氏刻本　七十五冊　存四十二種

610000－4004－0000075　1037－1046

飲冰室文集二十卷　梁啟超著　清光緒二十八年（1902）石印本　十冊

610000－4004－0000076　1047－1056

東坡先生全集七十五卷　（宋）蘇軾撰　明末刻本　十冊　存十二卷（四十九至五十一、五十三、五十五至六十一、七十二）

610000－4004－0000077　1057－1060

東萊博議四卷　（宋）吕祖謙撰　（清）馮泰松重刊　清刻本　四冊

610000－4004－0000078　1061－1062

東萊博議四卷　（宋）吕祖謙撰　清光緒二十四年（1898）刻本　二冊

610000－4004－0000079　1063－1067

理學宗傳二十六卷　（清）孫奇逢輯　清刻本　五冊　存十二卷（四至十、十四至十六、二十至二十一）

610000－4004－0000080　1068－1069

爾雅註疏十一卷　（晉）郭璞註　（宋）邢昺疏　清嘉慶十一年（1806）刻本　二冊

610000－4004－0000081　1070－1079

二曲集四十六卷　（清）李顒口授　（清）白煥彩錄　（清）馬逢年等校　清刻本　十冊　存三十三卷（二至二十一、三十四至四十六）

610000－4004－0000082　1080－1082

小學句讀記六卷　（清）陳選點　（清）王建常記　（清）上官汝恢等校閲　清同治十二年（1873）刻本　三冊　存五卷（一至五）

610000－4004－0000083　1083－1087

關中兩朝文鈔二十二卷　（清）李元春彙選　清末刻本　五冊　存五卷（三至四、十一至十二、十八）

610000－4004－0000084　1088－1092

樫華館文集六卷詩集四卷駢體文一卷雜録一卷　(清)路德撰　清光緒七年(1881)解梁書院刻本　五册　存六卷(文集一、四、六,詩集一至二,駢體文一卷)

610000－4004－0000085　1093－1096
文選考異十卷　(清)胡克家撰　清同治八年(1869)湖北崇文書局刻本　四册

610000－4004－0000086　1097－1105
陸象山先生全集三十六卷　(宋)陸九淵撰　(清)李紱點次　(清)周毓齡重校　清道光三年(1823)刻本　九册　存三十五卷(一至三十三、三十五至三十六)

610000－4004－0000087　1106－1109
詩經體注八卷　(清)高朝瓔定　清光緒三十二年(1906)經綸森寶刻本　四册

610000－4004－0000088　1110－1113
紀效新書十八卷首一卷　(明)戚繼光撰　清京都琉璃廠刻本　四册

610000－4004－0000089　1114－1117
感應篇註釋四卷　(清)惠棟注　清咸豐八年(1858)刻本　四册

610000－4004－0000090　1118－1121
感應篇註釋四卷　(清)惠棟注　清咸豐八年(1858)刻本　四册

610000－4004－0000091　1122－1127
評點春秋綱目左傳句解彙雋六卷　(清)韓菼重訂　清光緒二十九年(1903)寶慶勸學書舍刻本　六册

610000－4004－0000092　1128－1133
孫子十家註十三卷　(清)孫星衍　(清)吳人驥校　**孫子敘録一卷**　(清)畢以珣撰　清咸豐五年(1855)淡香齋活字印本　六册

610000－4004－0000093　1134－1142
三禮約編十八卷　(清)汪基鈔譔　清光緒三十二年至三十三年(1906－1907)陝西學務公所鉛印本　九册　存十三卷(周禮約編一至六,禮記約編一至五,儀禮約編上、下)

610000－4004－0000094　1143－1151
大學衍義四十三卷　(宋)眞德秀彙輯　(明)陳仁錫評閱　清刻本　九册　存四十一卷(一至四十一)

610000－4004－0000095　1152－1159
前漢書一百卷　(漢)班固撰　(唐)顏師古注　清光緒竹簡齋影印二十四史本　八册

610000－4004－0000096　1160－1184
後漢書九十卷　(南朝宋)范曄撰　(唐)李賢注　**志三十卷**　(晉)司馬彪撰　(南朝梁)劉昭注　清光緒二十九年(1903)五洲同文局石印本　二十五册　存一百九卷(七至四十八、五十四至一百二十)

610000－4004－0000097　1204－1207
書經集傳六卷　(宋)蔡沈集傳　清光緒十三年(1887)信述堂刻本　四册

610000－4004－0000098　1208－1210
書經體註六卷　(清)范翔鑒定　(清)張聖度訂　(清)錢希祥纂輯　清刻本　三册　存五卷(一至三、五至六)

610000－4004－0000099　1211－1217－1224
春秋恆解八卷餘傳一卷　(清)劉沅輯註　清同治四年(1865)刻本　七册

610000－4004－0000100　1225－1230
儀禮恆解十六卷首一卷　(清)劉沅輯注　清同治十一年(1872)刻本　六册

610000－4004－0000101　1231－1246
禮記恆解四十九卷　(清)劉沅輯註　清同治十一年(1872)刻本　八册

610000－4004－0000102　1247－1258
書經恆解六卷書序辨正一卷　(清)劉沅輯註　清同治十一年(1872)刻本　十二册

610000－4004－0000103　1259－1270
宋書一百卷　(南朝梁)沈約撰　清同治十一年(1872)金陵書局刻本　十二册　存八十卷(一至二十七、四十一至六十六、七十四至一百)

610000－4004－0000104　1271－1275
南史八十卷　(唐)李延壽撰　清末刻本　五冊　存三十六卷(六至十九、二十七至四十二、五十二至五十七)

610000－4004－0000105　1276－1290
欽定書經傳説彙纂二十一卷首二卷書序一卷　(清)王頊齡等撰　清刻本　十五冊　存十九卷(一至七、九至十、十四至十八、二十至二十一,首二卷,書序一卷)

610000－4004－0000106　1291－1309
欽定詩經傳説彙纂二十一卷首二卷書序一卷　(清)王鴻緒等撰　清刻本　十九冊

610000－4004－0000107　1310－1323
北史一百卷　(唐)李延壽撰　清同治十一年(1872)金陵書局刻本　十四冊　存六十六卷(一至二十六、三十一至七十)

610000－4004－0000108　1324－1336
魏書一百十四卷　(北齊)魏收撰　清同治十一年(1872)金陵書局刻本　十三冊　存七十五卷(一至五十八、六十八至七十二、九十七至一百五、一百十二至一百十四)

610000－4004－0000109　1337－1668
欽定儀禮義疏四十八卷首二卷　(清)允祿等撰　清刻本　三十二冊

610000－4004－0000110　1369－1383
舊五代史一百五十卷　(宋)薛居正等撰　清同治十一年(1872)湖北崇文書局刻本　十五冊　存一百四十一卷(一至十七、二十七至一百五十)

610000－4004－0000111　1384－1390
周官恆解六卷　(清)劉沅輯註　清同治十一年(1872)刻本　七冊

610000－4004－0000112　1391－1399
隋書八十五卷　(唐)魏徵等撰　清刻本　一冊

610000－4004－0000113　1400－1416
晉書一百三十卷　(唐)房玄齡等撰　**音義三卷**　(唐)何超撰　清同治十年(1871)金陵書局刻本　十七冊　存一百十一卷(一至九、二十一至三十六、四十五至一百三十)

610000－4004－0000114　1417－1444
欽定周官義疏四十八卷首一卷　(清)允祿等撰　清刻本　二十八冊

610000－4004－0000115　1445－1504
御批歷代通鑑輯覽一百二十卷　(清)傅恒等撰　清同治十一年(1872)湖北崇文書局刻本　六十冊

610000－4004－0000116　1505－1536
史存三十卷　(清)劉沅輯　清宣統元年(1909)凝善堂刻本　三十二冊

610000－4004－0000117　1537－1575
欽定禮記義疏八十二卷首一卷　(清)允祿等撰　清刻本　三十九冊　存七十卷(一至十八、二十四至三十四、四十三至八十二,首一卷)

610000－4004－0000118　1576－1586
讀書堂杜工部文集註解二卷附錄一卷詩集註解二十卷　(唐)杜甫撰　(清)張溍評註　清康熙張氏讀書堂刻本　十一冊

610000－4004－0000119　1607－1806
淵鑑類函四百五十卷目錄四卷　(清)張英等編　清康熙刻本　二百冊

610000－4004－0000120　1807－1808
東萊博議四卷　(宋)吕祖謙撰　清刻本　二冊

610000－4004－0000121　1809－1810
亦園詩賸五卷　(清)謝學崇撰　清咸豐十年(1860)刻本　四冊

610000－4004－0000122　1811－1812
小蘇潭詞六卷　(清)蕉南舊史撰　清刻本　二冊

610000－4004－0000123　1813－1827
東坡先生全集七十五卷　(宋)蘇軾撰　明末刻本　十五冊　存十九卷(一、十八至三十

五）

610000－4004－0000124　1828
南華眞經旁注五卷　（戰國）莊周著　（晉）郭象評　（晉）向秀註　清嘉慶十一年（1806）刻本　一册

610000－4004－0000125　1829
南華經解三十三卷　（清）宣穎著　（清）王暉吉較　清刻本　一册　存三卷（一至三）

610000－4004－0000126　1830－1839
四書述要十九卷　（清）楊玉緒著　（清）張尹鑒定　清乾隆四十四年（1779）金陵敬業堂刻本　十册　存十四卷（大學一、中庸一、孟子一至七、論語六至十）

610000－4004－0000127　1840－1841
文心雕龍十卷　（南朝梁）劉勰撰　（清）黄叔琳輯注　（清）顧進　（清）金甡彖訂　清乾隆黄氏養素堂刻本　二册

610000－4004－0000128　1842－1847
書集傳六卷　（宋）蔡沈集傳　清致和堂刻本　六册

610000－4004－0000129　1848－1853
御纂周易述義十卷　（清）傅恒等纂　清刻本　六册

610000－4004－0000130　1854－1869
日講易經解義十八卷　（清）牛鈕等輯　清康熙刻本　十六册　存十六卷（三至十八）

610000－4004－0000131　1870－1875
春秋經傳集解三十卷首一卷　（晉）杜預原本　（宋）林堯叟附註　（唐）陸德明音釋　（清）馮李驊增訂　清刻本　六册　存十五卷（十六至三十）

610000－4004－0000132　1876－1877
中晚唐詩叩彈集十二卷　（清）杜詔　（清）杜庭珠輯　清康熙寶仁堂刻本　二册

610000－4004－0000133　1878－1887
讀史方輿紀要一百三十卷輿圖要覽四卷　（清）顧祖禹輯著　（清）彭元瑞校定　清嘉慶敷文閣刻本　十册　存九卷（歷代州域形勢一至五、輿圖要覽四卷）

610000－4004－0000134　1888－1893
尺木堂綱鑑易知錄九十二卷　（清）吳乘權等輯　清刻本　六册　存十三卷（一至十三）

610000－4004－0000135　1894－1903
礦務叢鈔十二卷　（英國）傅蘭雅口譯　（清）徐壽筆述　清光緒二十三年（1897）上海六先書局鉛印本　十册　存四卷（九至十二）

610000－4004－0000136　1904－1951
子書　（□）□□撰　清宣統三年（1911）上海集成圖書公司鉛印本　四十八册　存二十八種

610000－4004－0000137　2059－2060
周禮約編六卷　（清）汪基鈔譔　（清）江永校纂　（清）陳士謙彖訂　清光緒三十三年（1907）陝西學務公所鉛印本　二册

610000－4004－0000138　2061－2063
［光緒］乾州志稿十四卷首一卷别録四卷乾陽殉難士女録一卷　（清）周銘旂纂修　清光緒十年（1884）乾陽書院刻本　三册

陝西省渭南市臨渭區圖書館古籍普查登記目録

全國古籍普查登記目録

國家圖書館出版社
National Library of China Publishing House

610000－4006－0000001　A/0001
康熙字典十二集附總目一卷檢字一卷辨似一卷等韻一卷備考一卷補遺一卷　(清)張玉書纂修　清刻本　三十一册　缺八卷(子集下、寅集上、卯集中、辰集下、申集下、酉集上、亥集上下)

610000－4006－0000002　A/0002
康熙字典十二集附總目一卷檢字一卷辨似一卷等韻一卷備考一卷補遺一卷　(清)張玉書纂修　清刻本　二册　存二卷(辰集上、補遺一卷)

610000－4006－0000003　A/0003
康熙字典十二集附總目一卷檢字一卷辨似一卷等韻一卷補考一卷補遺一卷　(清)張玉書等纂修　清道光七年(1827)刻本　六册　存十五卷(子集上中下、卯集上中下、未集上中下、亥集上中下,總目一卷,備考一卷,補遺一卷)

610000－4006－0000004　A/0004
康熙字典十二集附總目一卷檢字一卷辨似一卷等韻一卷補考一卷補遺一卷　(清)張玉書等纂修　清光緒三十二年(1906)石印本　七册

610000－4006－0000005　A/0005
四聲便覽四卷　(清)余六師編　清道光六年(1826)刻本　一册　存二卷(一至二)

610000－4006－0000006　A/0006
詩韻集成十卷　(清)余照輯　清刻本　一册　存六卷(五至十)

610000－4006－0000007　A/0007
韻辨附文五卷　(清)沈兆霖輯　清刻本　三册　存三卷(二至四)

610000－4006－0000008　A/0008
説文引經考證七卷互異説一卷　(清)陳瑑撰　清同治十三年(1874)湖北崇文書局刻本　二册

610000－4006－0000009　A/0009
爾雅郭注義疏二十卷　(清)郝懿行學　清光緒十年(1884)滎縣蜀南閣刻本　八册　存十六卷(一至十三、十五至十七)

610000－4006－0000010　A/0010
四書反身錄六卷　(清)李顒撰　(清)王心敬録　清光緒十一年(1885)西安刻本　一册　存一卷(孟子一)

610000－4006－0000011　A/0011
説文解字十五卷　(漢)許慎撰　(清)段玉裁注　清刻本　七册　存七卷(五、七至八、十、十二至十四)

610000－4006－0000012　A/0012
字彙十二卷首一卷　(明)梅膺祚音釋　清刻本　一册　存一卷(巳集一)

610000－4006－0000013　A/0013
詩學含英十四卷　(清)劉文蔚輯　清刻本　一册　存四卷(八至十一)

610000－4006－0000014　A/0014
字彙十二卷首一卷　(明)梅膺祚撰　清刻本　二册　存二卷(巳集一、亥集一)

610000－4006－0000015　A/0015
增訂臨文便覽不分卷　(清)龍光甸輯　清光緒二年(1876)刻本　四册

610000－4006－0000016　A/0016
剔弊廣增分韻五方元音二卷首一卷　(清)趙培梓編　清光緒二十二年(1896)刻本　五册

610000－4006－0000017　A/0017
詩韻全璧五卷　(清)湯文潞輯　清光緒二十一年(1895)石印本　六册

610000－4006－0000018　A/0018
四書反身録六卷　(清)李顒著　(清)王心敬録　清光緒十一年(1885)刻本　一册　存二卷(論語上、孟子上)

610000－4006－0000019　A/0019
四書註疏撮言大全三十七卷　(清)胡蓉芝輯　清刻本　十一册　存十八卷(中庸二,論語三至十、十三至十六,孟子五至七、十二至十三)

610000－4006－0000020　A/0020
四書講義十二卷　（清）陸隴其著　清光緒二十七年(1901)上海圖書集成印書局鉛印本　三册　存八卷(一至八)

610000－4006－0000021　A/0021
四書朱子本義匯參四十三卷首四卷　（清）王步青輯　（清）王士鼇編　清光緒十五年(1889)上海鉛印本　十二册

610000－4006－0000022　A/0022
四書朱子大全經傳蘊萃三十七卷　（清）朱良玉撰　清刻本　十二册　存十八卷(中庸一至四,孟子三、八至十、十二,論語一至二、十三至十四、十六至二十)

610000－4006－0000023　A/0023
新訂四書補註備旨十卷　（明）鄧林著　（清）鄧煜編次　（清）祁文友重校　（清）杜定基增訂　清刻本　一册　存二卷(下論三至四)

610000－4006－0000024　A/0024
新訂四書補註備旨十卷　（明）鄧林著　（清）鄧煜編　（清）杜定基增訂　清刻本　二册　存四卷(上論一至四)

610000－4006－0000025　A/0025
四書貫珠講義十九卷　（清）林文竹輯　清刻本　七册　存十三卷(孟子一至六、論語四至十)

610000－4006－0000026　A/0026
四書章句集註十九卷　（宋）朱熹章句　清光緒十九年(1893)湖南刻本　一册　存二卷(大學一、中庸一)

610000－4006－0000027　A/0027
新訂四書補註備旨十九卷　（明）鄧林著　（清）鄧煜編　（清）祁文友重校　（清）杜定基增訂　清西安刻本　三册　存六卷(大學一、中庸一、論語一至四)

610000－4006－0000028　A/0028
四書大全摘要二十卷　（清）李武纂輯　清刻本　一册　存一卷(孟子二)

610000－4006－0000029　A/0029
四書凝道録十九卷　（清）劉紹攽撰　清光緒二十年(1894)涇陽劉文在堂刻本　一册　存一卷(大學一)

610000－4006－0000030　A/0030
四書經註集證十九卷　（宋）朱熹集註　（清）吳昌宗撰　清刻本　一册　存一卷(論語一)

610000－4006－0000031　A/0034
四書集註本義匯參四十三卷首四卷　（清）王步青輯　（清）王士鼇編　清刻本　十册　存十四卷(中庸一至六,孟子一、三至五、八至十、十三)

610000－4006－0000032　A/0035
四書講義大全□□卷　（清）□□撰　清刻本　五册　存五卷(孟子四至八)

610000－4006－0000033　A/0036
松陽講義十二卷　（清）陸隴其著　（清）席永恂　（清）侯銓編次　（清）柏林重刊　清光緒十四年(1888)涇陽刻本　五册　存十卷(大學一、論語四至十、孟子十一至十二)

610000－4006－0000034　A/0037
大學講義一卷中庸講義一卷論語講義四卷孟子講義三卷　（清）史可亭輯　（清）牛靜菴授　清洛陽刻本　一册　存二卷(大學一卷、中庸一卷)

610000－4006－0000035　A/0038
二論引端四卷　（清）劉忠輯　清上海天機書局石印本　一册　存二卷(三至四)

610000－4006－0000036　A/0039
二論講義養正編十卷　（清）□□撰　清石印本　三册　存七卷(四至十)

610000－4006－0000037　A/0040
四書集註本義匯參四十三卷首四卷　（清）王步青輯　（清）王士鼇編　清刻本　九册　存二十卷(論語十一至十六、孟子一至十四)

610000－4006－0000038　A/0041
四書朱子本義匯參四十三卷首四卷　（清）王

步青輯　(清)王士鼇編　清光緒十七年(1891)上海廣百宋齋鉛印本　二册　存五卷(大學一至三、孟子十三至十四)

610000-4006-0000039　A/0042

四書釋義□□卷　(清)李沛霖論定　(清)曾魯堂　(清)雷廣忠編　清刻本　一册　存三卷(孟子一至三)

610000-4006-0000040　A/0043

四書析義大全四十三卷　(宋)朱熹集註　(清)杜定基增訂　清刻本　二册　存七卷(論語六至十、孟子六至七)

610000-4006-0000041　A/0044

四書析義大全四十三卷　(宋)朱熹集註　(清)杜定基增訂　清刻本　一册　存三卷(孟子一至三)

610000-4006-0000042　A/0045

四書義正鵠初編四卷　(清)朱鈞撰　清石印本　一册　存一卷(論語下)

610000-4006-0000043　A/0046

新鐫增補周易備旨一見能解六卷　(明)黃淳耀撰　(清)嚴而寬增補　(清)國平子　(清)蔣先庚衆補　清光緒二十年(1894)滄雅局刻本　四册

610000-4006-0000044　A/0047

御纂周易折中二十二卷首一卷　(清)李光地等纂　清刻本　四册　存六卷(十二至十四、二十至二十二)

610000-4006-0000045　A/0048

易經體註大全合衆四卷　(宋)朱熹本義　(清)范翔鑑　(清)李兆賢輯著　(清)李鏘校正　(清)來木臣衆　清刻本　一册　存一卷(一)

610000-4006-0000046　A/0049

易經精華六卷　(清)薛嘉穎編　清刻本　二册　存四卷(三至六)

610000-4006-0000047　A/0050

新鐫增註周易脩旨一見能解六卷　(明)黃淳耀撰　(明)嚴而寬增補　(清)國平子　(清)蔣先庚參　清刻本　一册　存二卷(二至三)

610000-4006-0000048　A/0051

易經體注大全合衆四卷　(宋)朱熹本義　(清)李兆賢輯著　(清)范翔鑒　(清)來木臣衆　清刻本　四册

610000-4006-0000049　A/0052

來瞿唐先生易註十五卷首一卷末一卷　(明)來知德注　(清)高雪君鑒定　清雍正七年(1729)刻本　五册　存八卷(三至八、首一卷、末一卷)

610000-4006-0000050　A/0053

欽定儀禮義疏四十八卷首二卷　(清)允祿等撰　清刻本　二十册　存二十四卷(三至四、七至九、十三至十四、十八、二十、二十五至二十八、三十一至三十二、三十五至三十六、三十九、四十一至四十二、四十五至四十六,首二卷)

610000-4006-0000051　A/0054

儀禮約編二卷　(清)汪基撰　清光緒三十二年(1906)陝西學務公所鉛印本　一册

610000-4006-0000052　A/0055

禮記約編五卷　(清)汪基撰　(清)江永校纂　清光緒三十二年(1906)陝西學務公所鉛印本　五册

610000-4006-0000053　A/0056

禮記十卷　(元)陳澔集說　清咸豐元年(1851)邵州濂溪講院刻本　五册　存五卷(一、三、五、八、十)

610000-4006-0000054　A/0057

禮記十卷　(元)陳澔撰　清刻本　二册　存二卷(月令上下)

610000-4006-0000055　A/0058

周官精義十二卷　(清)連斗山編次　清刻本　四册　存九卷(一至九)

610000-4006-0000056　A/0059

周禮精華六卷 （清）陳龍標編輯 清刻本 二冊 存二卷(一至二)

610000－4006－0000057 A/0060
周禮精華六卷 （清）陳龍標編輯 清嘉慶二十一年(1816)文盛堂刻本 二冊 存二卷(一、五)

610000－4006－0000058 A/0061
周禮政要四卷 （清）孫詒讓著 清光緒三十年(1904)西安官書局鉛印本 二冊

610000－4006－0000059 A/0062
欽定春秋傳說彙纂三十八卷首二卷 （清）王掞等撰 清刻本 二十三冊 存三十六卷(一至八、十一至三十八)

610000－4006－0000060 A/0063
欽定春秋傳說彙纂三十八卷首二卷 （清）王掞等撰 清刻本 十二冊 存二十四卷(一至二、九至十三、二十至二十一、二十四至三十八)

610000－4006－0000061 A/0064
欽定禮記義疏八十二卷首一卷 （清）鄂爾泰等撰 清刻本 十八冊 存三十五卷(一至八、十一至十四、十七至三十二、三十五至三十八、四十五至四十六,首一卷)

610000－4006－0000062 A/0065
欽定周官義疏四十八卷首一卷 （清）鄂爾泰等纂修 清刻本 十二冊 存二十六卷(十一至二十八、三十一至三十二、三十五至三十六、四十五至四十八)

610000－4006－0000063 A/0066
欽定周官義疏四十八卷首一卷 （清）鄂爾泰等纂修 清刻本 十七冊 存二十九卷(三至十、十三至十四、十九至二十五、三十一至三十二、三十五至三十六、四十至四十五、四十七,首一卷)

610000－4006－0000064 A/0067
欽定禮記義疏八十二卷首一卷 （清）鄂爾泰等纂修 清刻本 二冊 存二卷(三至四)

610000－4006－0000065 A/0068
禮記十卷 （元）陳澔集注 清同治十年(1871)刻本 八冊 存八卷(一至六、八、十)

610000－4006－0000066 A/0069
附釋音周禮注疏四十二卷 （漢）鄭玄注 （唐）賈公彥奉敕撰 （清）阮元摘錄 清光緒二十六年(1900)陝西味經刊書處刻本 十一冊 存十九卷(一至五、八至十四、十七至二十、二十五至二十六、四十二)

610000－4006－0000067 A/0071
左傳舊疏考正八卷 （清）劉文淇撰 清光緒三年(1877)湖北崇文書局刻本 四冊

610000－4006－0000068 A/0072
春秋朔閏表□□卷 （清）顧棟高輯 清刻本 二冊 存一卷(二)

610000－4006－0000069 A/0073
春秋經傳集解三十卷 （晉）杜預原本 （唐）陸德明音釋 （宋）林堯叟附註 （清）馮李驊評輯 清刻本 三冊 存八卷(十六至二十一、二十四至二十五)

610000－4006－0000070 A/0074
春秋經傳集解三十卷 （晉）杜預注 （唐）陸德明音釋 （宋）林堯叟附注 清刻本 五冊 存十卷(十五至十八、二十一至二十四、二十九至三十)

610000－4006－0000071 A/0075
增補春秋左傳易讀六卷 （清）司徒修輯 清刻本 六冊

610000－4006－0000072 A/0076
欽定書經傳說彙纂二十一卷首二卷 （清）王頊齡等撰 清刻本 七冊 存七卷(一至二、十二至十四、十八,首下)

610000－4006－0000073 A/0078
書經體註大全合叅六卷 （宋）蔡沈集傳 （清）范翔鑒定 （清）錢希祥纂輯 清光緒二十年(1894)刻本 四冊

610000－4006－0000074 A/0079

書經體註大全合參六卷 (宋)蔡沈集傳 (清)范翔原本 (清)錢希祥纂輯 清嘉慶二十一年(1816)文盛堂刻本 二冊 存三卷(一至三)

610000－4006－0000075 A/0080

新刻書經備旨善本輯要六卷 (清)馬大猷手輯 (清)汪石衡鑒定 清光緒二十三年(1897)益元書局刻本 二冊 存三卷(一至三)

610000－4006－0000076 A/0081

書經精華十卷首一卷 (清)□□撰 清刻本 五冊 存九卷(二至十)

610000－4006－0000077 A/0082

詩經精華十卷 (清)薛嘉穎撰 清刻本 三冊 存七卷(一至七)

610000－4006－0000078 A/0083

新增詩經補註附考備旨八卷 (清)鄒聖脈纂輯 (清)鄒廷猷編次 (清)鄒景揚訂 清刻本 四冊 存六卷(一至二、四至五、七至八)

610000－4006－0000079 A/0084

欽定詩經傳説彙纂二十一卷首二卷詩序二卷 (清)王鴻緒等撰 清刻本 三冊 存三卷(一、四、十七)

610000－4006－0000080 A/0085

欽定詩經傳説彙纂二十一卷首二卷詩序二卷 (清)王鴻緒等撰 清刻本 一冊 存一卷(二十)

610000－4006－0000081 A/0086

欽定詩經傳説彙纂二十一卷首二卷詩序二卷 (清)王鴻緒等撰 清刻本 一冊 存一卷(十七)

610000－4006－0000082 A/0087

欽定詩經傳説彙纂二十一卷首二卷詩序二卷 (清)王鴻緒等撰 清刻本 二冊 存二卷(二、十一)

610000－4006－0000083 A/0088

欽定詩經傳説彙纂二十一卷首二卷詩序二卷 (清)王鴻緒等撰 清刻本 十冊 存十一卷(四至五、七、九至十二、十五至十六、十八,首下)

610000－4006－0000084 A/0089

御註孝經一卷 (唐)玄宗李隆基注 清咸豐八年(1858)刻本 一冊

610000－4006－0000085 A/0090

新增詩經補註附考備旨八卷 (清)鄒聖脈纂輯 (清)鄒廷猷編次 (清)鄒景揚訂 清刻本 二冊 存四卷(三至四、七至八)

610000－4006－0000086 A/0091

五經合纂大成四十四卷 (明)吳會輯 清石印本 四冊 存七卷(書經一至二、五至六,詩經七至八,易經二)

610000－4006－0000087 A/0093

重校十三經不貳字不分卷 (清)李鴻藻編 清光緒元年(1875)西安刻本 一冊

610000－4006－0000088 A/0094

御纂詩義折中二十卷 (清)傅恒等撰 清刻本 三冊 存八卷(十三至二十)

610000－4006－0000089 A/0095

御纂七經 (清)聖祖玄燁敕撰 清光緒二十八年(1902)寶文書局石印本 三十二冊

610000－4006－0000090 A/0096

重刊宋本十三經注疏附校勘記 (清)阮元撰校勘記 (清)楊泗孫署檢 (清)盧宣旬摘錄 清光緒十三年(1887)脈望仙館石印本 十一冊 存七種

610000－4006－0000091 A/0097

重刊宋本十三經注疏附校勘記 (清)阮元撰校勘記 (清)楊泗孫署檢 (清)盧宣旬摘錄 清光緒十三年(1887)脈望仙館石印本 十冊 存九種

610000－4006－0000092 A/0098

御纂詩義折中二十卷 (清)傅恒等撰 清刻本 一冊 存二卷(三至四)

610000－4006－0000093 A/0099

御纂詩義折中二十卷　(清)傅恒等撰　清刻本　三册　存八卷(四至八、十八至二十)

610000－4006－0000094　A/0100
御纂詩義折中二十卷　(清)傅恒等撰　清刻本　十册

610000－4006－0000095　B/0001
三國志六十五卷　(晉)陳壽撰　(南朝宋)裴松之注　清刻本　七册　存三十五卷(魏志十一至十三、二十三至三十,吳志一至三、十五至二十,蜀志一至十五)

610000－4006－0000096　B/0002
三國志六十五卷　(晉)陳壽撰　(南朝宋)裴松之注　清刻本　二册　存八卷(魏志十四至十六、吳志十六至二十)

610000－4006－0000097　B/0003
前漢書一百二十卷　(漢)班固撰　(唐)顔師古注　清同治十年(1871)成都書局刻本　六册　存二十二卷(一至十二、二十一至二十二、六十七至七十、八十一至八十四)

610000－4006－0000098　B/0004
漢書一百卷首一卷　(漢)班固撰　(唐)顔師古注　清刻本　二册　存十五卷(二十八至三十二、七十三至八十二)

610000－4006－0000099　B/0006
後漢書一百二十卷　(南朝宋)范曄撰　(唐)李賢注　清刻本　七册　存四十二卷(二至六、十一至三十九、四十一至四十八)

610000－4006－0000100　B/0007
後漢書一百二十卷　(南朝宋)范曄撰　(唐)李賢注　清刻本　一册　存三卷(一百一至一百三)

610000－4006－0000101　B/0017
三國志六十五卷　(晉)陳壽撰　(南朝宋)裴松之注　清石印本　一册　存十二卷(十九至三十)

610000－4006－0000102　B/0031
史記一百三十卷　(漢)司馬遷撰　(南朝宋)裴駰集解　(唐)司馬貞索隱　清光緒十年(1884)上海同文書局石印本　八册　存三十四卷(二十五至二十七、三十三至三十七、四十三至四十五、四十九至五十五、六十一至六十七、一百十至一百十三、一百十八至一百二十二)

610000－4006－0000103　B/0032
史記一百三十卷　(漢)司馬遷撰　(南朝宋)裴駰集解　(唐)司馬貞索隱　(唐)張守節正義　清刻本　三册　存十四卷(十五至十六、四十至四十三、八十一至八十八)

610000－4006－0000104　B/0033
出使英法義比四國日記六卷　(清)薛福成著　清光緒二十二年(1896)上海圖書集成印書局鉛印本　三册

610000－4006－0000105　B/0034
亞拉伯志一卷　(清)學部編譯圖書局編纂　清光緒三十三年(1907)鉛印本　一册

610000－4006－0000106　B/0035
爪哇志一卷新志一卷蘇門答拉志一卷新志一卷　(清)學部編譯圖書局編纂　清光緒三十三年(1907)鉛印本　一册

610000－4006－0000107　B/0036
印度國志一卷　(清)學部編譯圖書局編修　清光緒三十三年(1907)鉛印本　一册

610000－4006－0000108　B/0037
印度新志一卷　(清)學部編譯圖書局編修　清光緒三十三年(1907)學部圖書局鉛印本　一册

610000－4006－0000109　B/0038
英領開浦殖民地志一卷　(清)學部編譯圖書局編纂　清光緒三十四年(1908)學部圖書局鉛印本　一册

610000－4006－0000110　B/0039
緬甸國志一卷英領緬甸志一卷暹羅國志一卷布哈爾志一卷　(清)學部編譯圖書局編纂　清光緒三十三年(1907)學部圖書局鉛印本　一册

610000－4006－0000111　B/0040

讀史方輿紀要一百三十卷方輿全圖總說五卷　（清）顧祖禹輯著　清光緒二十八年（1902）紹文書局石印本　十一册　存二十七卷（讀史方輿紀要一至二十二、方輿全圖總說五卷）

610000－4006－0000112　B/0041

天下郡國利病書詳節十八卷　（清）顧炎武輯錄　清光緒二十八年（1902）紹文書局石印本　八册

610000－4006－0000113　B/0042

瀛環志略十卷　（清）徐繼畬撰　清石印本　二册　存六卷（三至五、八至十）

610000－4006－0000114　B/0043

俄史輯譯四卷　（英國）闞斐迪譯　（清）徐景羅重譯　清光緒十四年（1888）刻本　三册　存三卷（一、三至四）

610000－4006－0000115　B/0044

[光緒]新續渭南縣志十二卷　（清）嚴書麐修　（清）焦聯甲等纂　清光緒十八年（1892）刻本　九册　存九卷（一、五至十二）

610000－4006－0000116　B/0045

[道光]重輯渭南縣志十八卷　（清）何耿繩總纂　清刻本　二册　存六卷（一至三、十至十二）

610000－4006－0000117　B/0046

[正德]朝邑縣志二卷　（明）韓邦靖撰　清刻本　一册

610000－4006－0000118　B/0047

地球韻言四卷　（清）張士瀛著　清光緒二十四年（1898）武昌務急書館刻本　二册

610000－4006－0000119　B/0048

讀史方輿紀要一百三十卷　（清）顧祖禹輯著　清刻本　二册　存四卷（四至七）

610000－4006－0000120　B/0049

讀史方輿紀要一百三十卷　（清）顧祖禹輯著　清刻本　一册　存二卷（四至五）

610000－4006－0000121　B/0050

讀史方輿紀要詳節二十二卷附全圖總說五卷　（清）顧祖禹輯著　清光緒二十八年（1902）紹文書局石印本　一册　存三卷（一至三）

610000－4006－0000122　B/0052

御批歷代通鑑輯覽一百二十卷　（清）傅恒編　清光緒二十九年（1903）上海美華書局石印本　八册　存五十二卷（一至五十二）

610000－4006－0000123　B/0053

御批歷代通鑑輯覽一百二十卷　（清）傅恒編　清光緒三十一年（1905）上海商務印書館鉛印本　二十四册

610000－4006－0000124　B/0054

御批歷代通鑑輯覽一百二十卷　（清）傅恒編　清鉛印本　一册　存二卷（六十八至六十九）

610000－4006－0000125　B/0055

增補歷史綱鑑三十九卷　（明）袁黄編纂　清刻本　十二册　存十八卷（六至七、九至十二、十五、十八至二十三、二十八、三十一、三十六至三十七、三十九）

610000－4006－0000126　B/0056

新刊趙田了凡袁先生編纂古本歷史大方綱鑑補三十九卷　（明）袁黄編纂　清刻本　十一册　存十二卷（二至五、七至十一、二十、二十六至二十七）

610000－4006－0000127　B/0057

十一朝東華錄詳解二十四卷　（清）鄔樹庭編　清光緒二十六年（1900）上海崇文學堂石印本　七册　存十五卷（一至五、七至八、十一至十二、十五至二十）

610000－4006－0000128　B/0058

御批增補了凡綱鑑四十卷首一卷　（明）袁黄編纂　（清）張廷玉撰　清光緒二十七年（1901）上海經藝齋校石印本　三册　存十卷（一至三、二十九至三十五）

610000－4006－0000129　B/0059

御批增補了凡綱鑑四十卷首一卷　（明）袁黄　（明）趙田編纂　清石印本　一册　存八卷

(九至十六)

610000－4006－0000130　B/0060
九朝紀事本末六百五十八卷　(清)陳如升　(清)朱記榮輯　清光緒二十八年(1902)上海書局石印本　五十四冊　存六百三十二卷(左傳一至五十三、西夏一至三十六、通鑑一至二百三十九、金史一至五十二、明史一至八十、遼史一至四十、三藩一至二十二、元史二十七、宋史一至一百九)

610000－4006－0000131　B/0061
御批歷代通鑑輯覽一百二十卷　(清)傅恒撰　清光緒二十年(1894)湖北澹雅書局刻本　五十冊　存一百五卷(一至二、五至六、十一至二十、二十三至四十二、四十七至六十、六十四至一百二十)

610000－4006－0000132　B/0062
中國歷近古世約編不分卷　(清)□□著　清抄本　一冊

610000－4006－0000133　B/0065
御撰資治通鑑綱目三編二十卷　(清)張廷玉等奉敕撰　清光緒二十五年(1899)刻本　一冊　存五卷(一至五)

610000－4006－0000134　B/0066
御撰資治通鑑綱目三編二十卷　(清)張廷玉等奉敕撰　清刻本　一冊　存三卷(十二至十四)

610000－4006－0000135　B/0067
御撰資治通鑑綱目三編二十卷　(清)張廷玉等奉敕撰　清刻本　一冊　存六卷(十至十五)

610000－4006－0000136　B/0068
御批歷代通鑑輯覽一百二十卷　(清)傅恒編纂　清石印本　九冊　存三十七卷(二十六至六十二)

610000－4006－0000137　B/0069
綱鑑擇語十卷　(清)司徒修輯　清刻本　一冊　存三卷(五至七)

610000－4006－0000138　B/0070
綱鑑擇語十卷　(清)司徒修輯　清刻本　二冊　存四卷(三至六)

610000－4006－0000139　B/0071
綱鑑擇語十卷　(清)司徒修輯　清咸豐七年(1857)刻本　五冊

610000－4006－0000140　B/0072
綱鑑總論二卷　(清)周道卿著　清光緒二十八年(1902)江西黃景清書局刻本　二冊

610000－4006－0000141　B/0073
西學書目表三卷附錄一卷讀西學書法一卷　梁啟超著　清光緒二十八年(1902)陝西秦中官書局鉛印本　一冊

610000－4006－0000142　B/0075
欽定四庫全書簡明目錄二十卷　(清)紀昀等撰　清光緒刻本　十冊

610000－4006－0000143　B/0076
行素堂目睹書錄十編　(清)朱記榮輯訂　清光緒十年(1884)刻本　十冊

610000－4006－0000144　B/0077
續通商條約章程成案彙編八卷　(清)李有棻撰　清光緒二十五年(1899)秦中書局鉛印本　二冊

610000－4006－0000145　F/0046
列國政要一百三十二卷首一卷　(清)戴鴻慈　(清)端方輯　清光緒三十三年(1907)石印本　三冊　存十八卷(一百十一至一百十九、一百二十四至一百三十二)

610000－4006－0000146　B/0078
欽定續文獻通考輯要二十六卷　湯壽潛輯　清鉛印本　四冊　存十五卷(二至四、九至十五、二十至二十四)

610000－4006－0000147　B/0079
通商約章類纂三十五卷　(清)徐宗亮撰　清石印本　九冊　存十六卷(三至四、十五至二十一、二十三至二十四、二十八至三十、三十四至三十五)

610000－4006－0000148　B/0080

欽定續通典一百五十卷　(清)嵇璜等奉敕撰　清光緒二十七年(1901)上海圖書集成局石印本　九册　存八十九卷(一至四十四、五十五至六十七、八十一至九十一、一百十四至一百三十四)

610000－4006－0000149　B/0081

三通考輯要　湯壽潛輯　清鉛印本　四册　存七卷(一、十三至十四、十八至十九、二十五至二十六)

610000－4006－0000150　B/0082

吾學録初編二十四卷　(清)吴榮光撰　清光緒七年(1881)三原刻本　十二册

610000－4006－0000151　B/0083

吾學録初編二十四卷　(清)吴榮光撰　清光緒七年(1881)三原刻本　九册　存十八卷(一至十、十三至十四、十七至二十二)

610000－4006－0000152　B/0084

吾學録初編二十四卷　(清)吴榮光撰　清刻本　四册　存十三卷(三至十五)

610000－4006－0000153　B/0085

奏定度量權衡畫一制度圖説總表推行章程一卷　(清)農工商部編　清光緒三十四年(1908)農工商部鉛印本　一册

610000－4006－0000154　B/0086

萬國政治類考不分卷　(□)□□撰　清光緒二十八年(1902)中西譯書會石印本　二十册

610000－4006－0000155　B/0087

鄉守輯要合鈔十卷　(清)許乃釗原編　清刻本　一册　存五卷(六至十)

610000－4006－0000156　B/0088

大清律例歌訣三卷洗冤録歌訣一卷　(清)程夢元編　清光緒二十六年(1900)秦中官書局刻本　一册

610000－4006－0000157　B/0089

大清律例輯要不分卷　(清)□□輯　清鉛印本　五册

610000－4006－0000158　B/0090

删除律例不分卷　沈家本等撰　清鉛印本　一册

610000－4006－0000159　B/0092

皇朝文獻通考三百卷　(清)嵇璜等纂修　清光緒二十七年(1901)上海圖書局鉛印本　三十七册　存二百二十三卷(一至十二、十九至四十六、五十五至七十六、九十一至九十七、一百十至一百六十三、一百七十至一百九十九、二百五至二百二十九、二百三十九至二百六十八、二百八十六至三百)

610000－4006－0000160　B/0095

洗冤録歌訣不分卷　(清)潘霨輯　清光緒二十六年(1900)秦中官書局鉛印本　一册

610000－4006－0000161　B/0096

補註洗冤録集證五卷　(宋)宋慈撰　(清)王又槐輯　(清)阮其新補註　清刻本　四册　存四卷(一至四)

610000－4006－0000162　B/0098

聖武記十四卷　(清)魏源撰　清光緒二十五年(1899)正記書局石印本　四册　存十卷(一至四、九至十四)

610000－4006－0000163　B/0099

聖諭十六條附律易解不分卷　(清)夏炘撰　清刻本　一册

610000－4006－0000164　B/0100

南皮張宫保政書奏議初編十二卷　(清)張之洞撰　清鉛印本　二册　存四卷(七至十)

610000－4006－0000165　B/0101

聖諭像解二十卷　(清)梁延年編輯原本　清光緒二十八年(1902)江蘇石印本　二册　存四卷(一至二、十七至十八)

610000－4006－0000166　B/0102

天聖明道本國語二十一卷　(清)江遠孫考異　清刻本　一册　存六卷(四至九)

610000－4006－0000167　B/0104

平定粤匪紀略十八卷附記四卷　(清)杜文瀾

編　清刻本　二冊　存四卷(五至六、十三至十四)

610000－4006－0000168　B/0108
為政忠告四卷　(元)張養浩著　清刻本　二冊

610000－4006－0000169　B/0109
學治要言一卷　(清)左宗棠編　(清)顧炎武撰　清刻本　一冊

610000－4006－0000170　B/0110
歷代名臣言行錄二十四卷　(清)朱桓編輯　清鉛印本　二冊　存四卷(五至六、十一至十二)

610000－4006－0000171　B/0111
歷代名臣言行錄二十四卷　(清)朱桓編輯　清光緒二十六年(1900)文瀾書局石印本　八冊

610000－4006－0000172　B/0112
歷代名臣言行錄二十四卷　(清)朱桓編輯　清光緒三十年(1904)上海商務印書館鉛印本　八冊

610000－4006－0000173　B/0113
國朝先正事略六十卷　(清)李元度纂　清石印本　三冊　存三卷(二、四、七)

610000－4006－0000174　B/0117
讀史碎金註八十卷　(清)胡文炳編輯　清刻本　五十五冊　存五十八卷(一至八、十五至二十九、三十一至三十四、三十八至四十一、四十四至五十一、五十七至六十八、七十、七十二至七十五、七十八、八十)

610000－4006－0000175　B/0118
通鑑論三卷附稽古錄論一卷　(宋)司馬光撰　(清)伍燿光輯錄　清石印本　二冊　存二卷(二至三)

610000－4006－0000176　B/0119
讀史碎金六卷　(清)胡文炳編輯　清光緒元年(1875)刻本　四冊　存四卷(一至四)

610000－4006－0000177　B/0120
歷代史論十二卷宋史論三卷元史論一卷明史論四卷左傳史論二卷　(明)張溥撰　清石印本　五冊　存二十卷(歷代史論十二卷、宋史論三、元史論一卷、明史論四卷、左傳史論二卷)

610000－4006－0000178　B/0121
廿二史劄記三十六卷　(清)趙翼著　清光緒二十六年(1900)上海書局石印本　八冊

610000－4006－0000179　B/0122
通鑑策論經世編二十七卷　(清)魏裔介纂　清石印本　四冊　存十八卷(十至二十七)

610000－4006－0000180　B/0123
東社讀史隨筆二卷　(清)獨醒主人撰　清光緒三十一年(1905)刻本　一冊

610000－4006－0000181　B/0124
歐洲列國戰事本末二十二卷　王樹枏撰　清光緒二十二年(1896)陝西官運書局石印本　五冊　存十八卷(一至十八)

610000－4006－0000182　B/0125
戰國策三十三卷　(宋)鮑彪校註　(元)吳師道重校　(清)李錫齡校訂　清刻本　一冊　存二卷(一至二)

610000－4006－0000183　C/0001
咽喉秘集二卷首一卷　(清)吳氏　(清)張氏編　清同治元年(1862)海山仙館刻本　一冊

610000－4006－0000184　C/0002
痧癥全書三卷　(清)林森傳授　(清)王凱編輯　清同治元年(1862)海山仙館刻本　一冊

610000－4006－0000185　C/0003
驗方新編八卷　(清)鮑相璈編輯　清同治元年(1862)海山仙館刻本　五冊　存五卷(一、三至四、六至七)

610000－4006－0000186　C/0004
增訂本草備要四卷　(清)汪昂著輯　(清)汪桓糸訂　清刻本　二冊　存二卷(二、四)

610000－4006－0000187　C/0005
傷寒懸解十四卷首一卷末一卷　(清)黃元御

著　清刻本　三册

610000－4006－0000188　C/0006

御纂醫宗金鑑十五種　（清）吳謙纂修　清刻本　一册　存一種

610000－4006－0000189　C/0007

重訂外科正宗十二卷　（明）陳實功撰　（清）張鷟重訂　清刻本　二册　存六卷（四至九）

610000－4006－0000190　C/0008

黄帝内經素問註證發微十卷　（明）馬蒔註　清刻本　十四册

610000－4006－0000191　C/0009

補注皇帝内經素問二十四卷靈樞十二卷遺篇一卷　（唐）王冰注　（宋）林億校正　（宋）孫兆重改誤　清光緒二十二年（1896）圖書集成局鉛印本　五册

610000－4006－0000192　C/0011

西政叢書　梁啟超輯　清光緒二十三年（1897）慎記書莊石印本　二册　存二種

610000－4006－0000193　C/0012

靈素節要淺註十二卷　（清）陳念祖集注　清刻本　三册　存八卷（五至十二）

610000－4006－0000194　C/0013

陽宅大成五種　（清）魏青江著　清刻本　十册

610000－4006－0000195　C/0014

金精廖公秘授地學心法正傳畫筴扒砂經五卷　（宋）廖禹著　清嘉慶二十五年（1820）刻本　六册

610000－4006－0000196　C/0015

秘傳花鏡六卷　（清）陳淏子輯　清刻本　二册

610000－4006－0000197　C/0016

元亨療馬集六卷　（明）喻本元　（明）喻本亨撰　清刻本　一册　存二卷（三至四）

610000－4006－0000198　C/0017

蠶桑萃編十五卷首一卷　（清）衛杰撰　清光緒二十四年（1898）刻本　六册　存十一卷（一至二、四至六、十一至十五，首一卷）

610000－4006－0000199　C/0018

孫子十家註十三卷　（清）孫星衍輯　清石印本　五册

610000－4006－0000200　C/0019

曾文正公水陸行軍練兵誌四卷　（清）王定安纂　清光緒二十六年（1900）柏經正堂刻本　二册

610000－4006－0000201　C/0020

讀史兵略四十六卷　（清）胡林翼纂　清刻本　二册　存六卷（二十八至三十、四十四至四十六）

610000－4006－0000202　C/0021

梅氏叢書輯要二十一種附二種　（清）梅文鼎著　清光緒石印本　二册　存九種

610000－4006－0000203　C/0022

九數通考十一卷首一卷末一卷　（清）屈曾發輯　清光緒二十三年（1897）刻本　六册　存九卷（五至十一、首一卷、末一卷）

610000－4006－0000204　C/0023

白芙堂算書二十一種　（清）吳嘉善述　清刻本　三册　存三種

610000－4006－0000205　C/0024

策學淵萃四十六卷目録二卷　（清）□□撰　清刻本　六册　存二十五卷（二十二至四十六）

610000－4006－0000206　C/0025

論衡三十卷　（漢）王充撰　清刻本　一册　存三卷（六至八）

610000－4006－0000207　C/0026

墨緣彙觀法書四卷　（清）安岐撰　清光緒二十六年（1900）鉛印本　四册

610000－4006－0000208　C/0027

公文法書不分卷　（清）□□撰　清抄本　五册

610000－4006－0000209　C/0029

寄傲山房塾課新增幼學故事瓊林四卷首一卷

（清）程允升著 （清）鄒聖脈增補 （清）謝梅林參訂 清刻本 四冊

610000－4006－0000210 C/0030

寄傲山房塾課新增幼學故事瓊林四卷 （清）程允升撰 （清）鄒聖脈增補 （清）謝梅林參訂 清光緒十六年（1890）石渠山房刻本 四冊

610000－4006－0000211 C/0031

人譜類記增訂六卷 （明）劉宗周著 清光緒三年（1877）湖北崇文書局刻本 一冊 存二卷（一至二）

610000－4006－0000212 C/0032

性理論六卷 （清）王敬堂 （清）吳濯泉彙註 清刻本 一冊 存一卷（一）

610000－4006－0000213 C/0033

小學節本二卷 （清）陝西學務公所編 清光緒三十二年（1906）陝西學務公所鉛印本 一冊

610000－4006－0000214 C/0034

恥言二卷 （明）徐禎稷著 清光緒十六年（1890）柏經正堂刻本 一冊

610000－4006－0000215 C/0035

朱子晚年全論八卷 （清）李紱編 清鉛印本 二冊 存五卷（二至六）

610000－4006－0000216 C/0036

小學韻語一卷 （清）羅澤南著 清光緒三十年（1904）刻本 一冊

610000－4006－0000217 C/0037

小學集解六卷 （清）張伯行輯註 （清）李蘭汀校訂 清刻本 三冊 存四卷（三至六）

610000－4006－0000218 C/0038

朱子原訂近思錄十四卷 （宋）朱熹撰 （清）江永集註 （清）王鼎校 清光緒十五年（1889）刻本 三冊 存十二卷（一、四至十四）

610000－4006－0000219 C/0039

近思錄十四卷 （宋）朱熹撰 （清）江永集註 清同治八年（1869）刻本 二冊 存四卷（一至四）

610000－4006－0000220 C/0040

近思錄十四卷 （宋）朱熹撰 （清）江永集註 清光緒十年（1884）刻本 二冊

610000－4006－0000221 C/0041

人生必讀書十二卷 （清）唐彪著輯 清刻本 四冊 存四卷（二、六、十一至十二）

610000－4006－0000222 C/0044

人範六卷 （清）蔣元輯 清光緒十六年（1890）刻本 一冊 存三卷（一至三）

610000－4006－0000223 C/0045

關中道脈四種書 （清）李元春輯 清道光十年（1830）刻本 二冊 存一種

610000－4006－0000224 C/0046

大學衍義四十三卷 （宋）真德秀撰 清光緒二十七年（1901）上海書局石印本 一冊 存七卷（一至七）

610000－4006－0000225 C/0047

大學衍義四十三卷 （宋）真德秀撰 清光緒十三年（1887）柏經正堂刻本 十二冊

610000－4006－0000226 C/0048

大學衍義四十三卷 （宋）真德秀撰 清刻本 十二冊

610000－4006－0000227 C/0049

中外經世緒言續編十二卷 （清）汪紫卿撰 清光緒石印本 一冊 存一卷（四）

610000－4006－0000228 C/0050

中外經世緒言十六卷 （清）汪紫卿撰 清光緒石印本 二冊 存四卷（十三至十六）

610000－4006－0000229 C/0052

子書二十三種 （清）□□撰 清光緒二十三年（1897）鉛印本 三十四冊

610000－4006－0000230 C/0053

丹桂根緣一卷 （清）李一德等輯 清同治十三年（1874）洋邑白楊灣池南寺藏刻本 一冊

610000－4006－0000231　C/0054
文昌帝君陰騭文引蒙一卷　(清)□□輯　清咸豐五年(1855)刻本　一冊

610000－4006－0000232　C/0055
金剛經註釋一卷　(清)青山子編　清同治四年(1865)刻本　一冊

610000－4006－0000233　C/0056
大華嚴經略策一卷　(唐)釋澄觀述　清刻本　一冊

610000－4006－0000234　C/0057
大佛頂如來密因修證了義諸菩薩萬行首楞嚴經十卷　(唐)釋般剌密帝譯　清刻本　一冊　存五卷(一至五)

610000－4006－0000235　C/0063
北溪字義二卷首一卷補遺一卷嚴陵講義一卷附二卷　(宋)陳淳著　清刻本　一冊　缺二卷(北溪字義二卷)

610000－4006－0000236　C/0064
龍文鞭影二卷　(明)蕭良有撰　(明)楊臣諍增訂　清光緒三年(1877)刻本　四冊

610000－4006－0000237　D/0001
皇朝經世文編一百二十卷姓名總目二卷　(清)賀長齡輯　清光緒十七年(1891)邵州經編書局刻本　五十冊　存七十七卷(一至五、八至十、十四、十七至二十、二十二、三十二至三十六、三十九至四十六、四十八、五十至五十二、五十七至六十、六十三至六十八、七十二至八十二、八十五至八十七、九十至九十二、一百至一百八、一百十一至一百二十)

610000－4006－0000238　D/0002
皇朝經世文編一百二十卷　(清)賀長齡輯　清光緒十六年(1890)廣百宋齋鉛印本　二十四冊

610000－4006－0000239　D/0003
皇朝經世文統編一百二十卷姓名總目二卷　(清)邵之棠輯　清光緒二十七年(1901)上海寶善齋石印本　二十八冊　存五十卷(一至十五、二十至二十二、二十七、三十七至四十六、四十九至五十一、五十六至五十八、六十九至七十二、八十七至八十九、九十六至九十九、一百一至一百二、一百五至一百六)

610000－4006－0000240　D/0005
皇朝經世文續編一百二十卷姓名總目一卷　(清)葛士濬輯　清光緒十四年(1888)邵州經編書局刻本　二十三冊　存七十九卷(九至十三、二十七至五十、六十一至六十八、七十至七十四、七十六至七十八、八十二至八十四、八十六至八十九、九十五至一百二十,姓名總目一卷)

610000－4006－0000241　D/0006
皇朝經世文四編五十二卷　(清)何良棟編　清光緒二十八年(1902)上海書局石印本　九冊　存三十九卷(一至二十二、二十七至三十、三十三至三十六、三十九至四十七)

610000－4006－0000242　D/0007
皇朝經世文續編一百二十卷　(清)葛士濬輯　清鉛印本　四冊　存十四卷(六十九至七十四、七十九至八十六)

610000－4006－0000243　D/0008
經史百家簡編二卷　(清)曾國藩纂　清鉛印本　一冊　存一卷(下)

610000－4006－0000244　D/0009
彭衙編□□卷　(清)□□撰　清刻本　一冊

610000－4006－0000245　D/0010
志學齋時文讀本□□卷　(清)□□撰　清刻本　一冊　存一卷(今集下)

610000－4006－0000246　D/0012
唐宋名賢歷代確論一百卷　(□)□□撰　清光緒二十八年(1902)石印本　八冊

610000－4006－0000247　D/0013
古文喈鳳新編八卷　(清)汪基輯　清光緒刻本　一冊　存一卷(五)

610000－4006－0000248　D/0014
古文喈鳳新編八卷　(清)汪基輯　清刻本　二冊　存二卷(三、五)

610000－4006－0000249　D/0015
古文喈鳳新編八卷　(清)汪基輯　清光緒刻本　八册

610000－4006－0000250　D/0016
婺學治事文編五卷　(清)繼良輯　清石印本　一册　存二卷(一至二)

610000－4006－0000251　D/0017
[光緒乙酉科]直省鄉墨叶中□□卷　(清)任筱蕃選　清光緒十一年(1885)刻本　一册　存一卷(一)

610000－4006－0000252　D/0018
評注唐宋八家古文三十卷　(清)沈德潛評點　(清)雷瑨註釋　清石印本　一册　存二卷(三至四)

610000－4006－0000253　D/0019
啜茗軒小題文□□卷　(清)何瀓　(清)何炳榮編輯　清刻本　一册　存一卷(一)

610000－4006－0000254　D/0020
小題别體一卷　(清)李揆一輯　清道光二十九年(1849)刻本　一册

610000－4006－0000255　D/0022
賦學正鵠十一卷　(清)李元度撰　清刻本　四册　存五卷(二、四至六、十)

610000－4006－0000256　D/0023
古唐詩合解十二卷　(清)王堯衢註　清石印本　二册　存八卷(五至十二)

610000－4006－0000257　D/0024
涵芬樓古今文鈔一百卷　吳曾祺編　清鉛印本　一册　存一卷(十一)

610000－4006－0000258　D/0025
因難見巧四卷　(清)劉青燃輯　清光緒十二年(1886)益元堂刻本　一册　存二卷(一至二)

610000－4006－0000259　D/0026
關中書院課藝不分卷　(清)關中書院編　清刻本　二册

610000－4006－0000260　D/0027
古文辭類纂七十五卷　(清)姚鼐纂輯　清鉛印本　四册　存四十三卷(二十二至四十一、五十三至七十五)

610000－4006－0000261　D/0029
古文筆法百篇二十卷　(清)李扶九輯　清刻本　三册　存十五卷(六至二十)

610000－4006－0000262　D/0030
古文詞略讀本二十四卷　(清)梅曾亮輯　清光緒三十三年(1907)陕西學務公所圖書局鉛印本　十四册

610000－4006－0000263　D/0031
古文析義合六卷　(清)林雲銘評註　清同治元年(1862)刻本　五册

610000－4006－0000264　D/0032
古文析義二編八卷　(清)林雲銘評註　清刻本　六册

610000－4006－0000265　D/0033
有正味齋駢文十六卷　(清)吳錫麒著　清刻本　一册　存二卷(九至十)

610000－4006－0000266　D/0034
花笑軒彙編十八卷　(清)高延福選　清刻本　三册　存六卷(五至六、十、十三至十五)

610000－4006－0000267　D/0035
陳文恭公手札節要三卷　(清)陳宏謀撰　清同治七年(1868)崇文書局刻本　一册

610000－4006－0000268　D/0036
隨園文集二卷　(清)袁枚撰　清石印本　一册　存一卷(下)

610000－4006－0000269　D/0037
批點二十藝句解一卷　(清)邢退安著　清同治五年(1866)刻本　一册

610000－4006－0000270　D/0039
亦耕草堂詩稿外集□□卷　(清)焦繼華著　清刻本　一册　存一卷(二)

610000－4006－0000271　D/0040
經史百家雜鈔二十六卷　(清)曾國藩纂　清光緒三十年(1904)上海商務印書館石印本

二册　存四卷(一至二、二十五至二十六)

610000－4006－0000272　D/0041
織錦回文詩一卷　(前秦)蘇蕙撰　清刻本　一册

610000－4006－0000273　D/0042
陳文恭公手札節要四卷　(清)陳宏謀撰　清宣統元年(1909)石印本　一册

610000－4006－0000274　D/0043
思綺堂文集十卷　(清)章藻功撰註　清刻本　三册　存三卷(一、八至九)

610000－4006－0000275　D/0044
文公朱先生感興詩一卷　(宋)朱熹撰　(宋)蔡模注　清刻本　一册

610000－4006－0000276　D/0045
空同詩集三十四卷　(明)李夢陽撰　清光緒刻本　三册　存十七卷(八至十四、二十至二十九)

610000－4006－0000277　D/0046
笠翁傳奇十種　(清)李漁編次　清刻本　十八册　存八種

610000－4006－0000278　D/0047
重校臨文便覽不分卷　(清)張端卿撰　清同治十三年(1874)含英閣刻本　二册

610000－4006－0000279　D0004
皇朝經世文編一百二十卷姓名總目二卷　(清)賀長齡輯　清光緒二十五年(1899)上海中西書局石印本　十册　存九十五卷(一至五、十一至五十、七十一至一百二十)

610000－4006－0000280　E/0001
小兒藥證真訣三卷　(宋)錢乙撰　清刻本　一册　存一卷(一)

610000－4006－0000281　E/00010
張子全書九種　(宋)張載撰　清同治九年(1870)刻本　六册　存八種

610000－4006－0000282　E/0002
涇野先生禮問二卷　(明)呂柟著　(清)李錫齡校刊　清刻本　一册

610000－4006－0000283　E/0003
周易説翼三卷　(明)呂柟撰　(清)李錫齡校刊　清刻本　二册　存一卷(三)

610000－4006－0000284　E/0004
衛生寶鑑二十四卷　(元)羅天益著　(清)李錫齡校刊　清刻本　五册　存十四卷(一至二、七至十、十四至十八、二十二至二十四)

610000－4006－0000285　E/0005
春秋説志五卷　(明)呂柟著　(清)李錫齡校刊　清刻本　一册　存二卷(四至五)

610000－4006－0000286　E/0006
佩文韻府一百六卷　(清)張廷玉等編　清石印本　一册　存二卷(一百一至一百二)

610000－4006－0000287　E/0007
子史精華一百六十卷　(清)吳襄等纂　清光緒二十二年(1896)上海滙海書局石印本　八册

610000－4006－0000288　E/0008
初學行文語類四卷　(清)孫埏編輯　清刻本　一册　存二卷(三至四)

610000－4006－0000289　E/0009
敏求機要十六卷　(元)劉寶撰　(元)劉茂實注　清鉛印本　三册　存十五卷(二至十六)

610000－4006－0000290　F/0001
天文啓蒙七卷　(英國)駱克優纂　(美國)林樂知譯　清光緒二十四年(1898)仿泰西法石印本　一册

610000－4006－0000291　F/0002
天文啓蒙七卷　(英國)駱克優纂　(美國)林樂知譯　清光緒二十四年(1898)上海六先書局石印本　一册　存一卷(三)

610000－4006－0000292　F/0003
化學啓蒙一卷　(英國)羅斯古纂　(美國)林樂知等譯　清光緒二十四年(1898)石印本　一册

610000－4006－0000293　F/0004
談天二十卷　(英國)侯失勒纂　清石印本

三册　存十三卷(六至十八)

610000－4006－0000294　F/0005
兵船汽機六卷附一卷　(英國)息尼德撰　(英國)傅蘭雅口譯　清刻本　六册　存六卷(一、三至六,附一卷)

610000－4006－0000295　F/0006
兵船礮法四卷　(美國)金楷理譯　(美國)朱恩錫筆述　清刻本　二册

610000－4006－0000296　F/0007
動物學啓蒙八卷　(英國)艾約瑟譯　清光緒二十四年(1898)仿泰西法石印本　一册

610000－4006－0000297　F/0008
西藝知新正續合編二十二卷　(英國)諾格德撰　(英國)傅蘭雅口譯　(清)徐壽筆述　清光緒二十二年(1896)上海璣衡堂石印本　五册　存十九卷(一至六、十至二十二)

610000－4006－0000298　F/0009
爆藥記要六卷　(英國)水雷局原書　(清)舒高第口譯　(清)趙元益筆述　清刻本　一册

610000－4006－0000299　F/0010
克虜伯礮彈造法二卷附餅藥造法一卷　(德國)布國軍政局原書　(美國)金楷理口譯　(清)李鳳苞筆述　清刻本　三册

610000－4006－0000300　F/0011
克虜伯礮説四卷克虜伯礮操法四卷　(德國)布國軍政局原書　(美國)金楷理口譯　(清)李鳳苞筆述　清刻本　一册

610000－4006－0000301　F/0012
行海要術四卷　(美國)金楷理口譯　(清)李鳳苞筆述　清刻本　三册

610000－4006－0000302　F/0013
水師操練十八卷　(英國)傅蘭雅口譯　(清)徐建寅筆述　清刻本　二册

610000－4006－0000303　F/0014
形學備旨十卷　(美國)狄考文選譯　(清)鄒立文筆述　清光緒十一年(1885)上海美華書館刻本　二册

610000－4006－0000304　F/0015
開地道轟藥法三卷圖一卷　(英國)武備工程學堂輯　(英國)傅蘭雅口譯　(清)汪振聲筆述　清刻本　一册　存二卷(一至二)

610000－4006－0000305　F/0016
數學理九卷附一卷　(英國)棣麼甘譔　(英國)傅蘭雅口譯　(清)趙元益筆述　清刻本　一册　存二卷(五至六)

610000－4006－0000306　F/0017
三角數理十二卷　(英國)海麻士口譯　(英國)傅蘭雅譯　(清)華蘅芳筆述　清刻本　二册　存四卷(五至六、十一至十二)

610000－4006－0000307　F/0018
微積溯原八卷　(英國)華里司輯　(英國)傅蘭雅口譯　(清)華蘅芳筆述　清江南機器製造總局刻本　六册

610000－4006－0000308　F/0019
微積溯原八卷　(英國)華里司輯　(英國)傅蘭雅口譯　(清)華蘅芳筆述　清關中味經官書局刻本　五册　存七卷(一至二、四至八)

610000－4006－0000309　F/0020
原富部五卷　(英國)斯密亞丹撰　嚴復譯　清鉛印本　一册　存一卷(一)

610000－4006－0000310　F/0021
格物啟蒙□□卷　(英國)司都藿纂　(美國)林樂知　(清)鄭昌棪譯　清光緒二十四年(1898)上海六先書局石印本　一册　存一卷(一)

610000－4006－0000311　F/0022
格致質學啓蒙十一章　(英國)艾約瑟譯　清光緒二十四年(1898)仿泰西法石印本　一册

610000－4006－0000312　F/0023
辨學啓蒙二十七章　(英國)艾約瑟譯　清光緒二十四年(1898)石印本　一册

610000－4006－0000313　F/0024
地學啟蒙八卷　(英國)艾約瑟譯　清光緒二十四年(1898)石印本　一册

610000－4006－0000314　F/0025
羅馬志略十三卷　(英國)艾約瑟譯　清光緒二十四年(1898)仿泰西法石印本　一册

610000－4006－0000315　F/0026
泰西新史攬要二十四卷　(英國)馬墾西著　(美國)李提摩太譯　蔡爾康述稿　清鉛印本　四册　存十二卷(四至六、七至九、十四至十九)

610000－4006－0000316　F/0027
泰西新史攬要二十四卷　(英國)馬墾西著　(英國)李提摩太譯　蔡爾康述稿　清鉛印本　四册　存十二卷(四至六、七至九、十至十五)

610000－4006－0000317　F/0028
萬國史記二十卷　(日本)岡本監輔編著　清石印本　十册　存十七卷(三至十二、十四至二十)

610000－4006－0000318　F/0029
歐洲史略十三卷　(英國)艾約瑟譯　清光緒二十四年(1898)仿泰西法石印本　一册

610000－4006－0000319　F/0030
地理全志一卷　(英國)慕維廉編　清刻本　一册

610000－4006－0000320　F/0031
地理全志一卷　(英國)慕維廉編　清關中味經官書局刻本　一册

610000－4006－0000321　F/0032
各國交涉公法論初集四卷二集四卷三集八卷　(英國)費利摩羅巴德著　(英國)傅蘭雅口譯　(清)俞世爵筆述　清光緒二十二年(1896)慎記書莊石印本　二册　存四卷(二集一至二、三集一至二)

610000－4006－0000322　F/0033
各國交涉公法論初集四卷二集四卷三集八卷　(英國)費利摩羅巴德著　(英國)傅蘭雅口譯　(清)俞世爵筆述　清光緒二十七年(1901)上海日新社石印本　六册　存十二卷(初集四卷、二集四卷、三集一至四)

610000－4006－0000323　F/0034
英國水師律例四卷　(英國)德麟纂　(清)舒高第等譯　清刻本　一册　存二卷(一至二)

610000－4006－0000324　F/0035
營城揭要二卷　(英國)儲意比撰　(英國)傅蘭雅口譯　(清)徐壽筆述　清刻本　一册　存一卷(一)

610000－4006－0000325　F/0036
水師章程十四卷續編六卷　(美國)水師兵部撰　(美國)林樂知口譯　(清)鄭昌棪筆述　清刻本　十三册　存十二卷(一至六、九至十四)

610000－4006－0000326　F/0037
萬國公法四卷　(美國)惠頓撰　(美國)丁韙良譯　清刻本　二册　存二卷(二至三)

610000－4006－0000327　F/0038
子藥準則一卷　(清)丁友雲撰　清光緒十四年(1888)江南製造局刻本　一册

610000－4006－0000328　F/0039
對數表四卷　(清)賈步緯校述　清刻本　三册　存三卷(一至二、四)

610000－4006－0000329　F/0040
西藥大成十卷　(英國)來拉撰　(英國)傅蘭雅譯　(清)趙元益筆述　清刻本　十二册　存五卷(三、五、七至八、十)

610000－4006－0000330　F/0040
列國歲計政要十二卷附首一卷　(英國)麥丁富得力編纂　(美國)林樂知口譯　(清)鄭昌棪筆述　清光緒二十四年(1898)上海石印本　一册　存五卷(一至五)

610000－4006－0000331　F/0041
華盛頓泰西史略八卷　(清)黎汝謙　(清)蔡國昭譯　清石印本　一册　存二卷(五至六)

610000－4006－0000332　F/0042
華盛頓傳八卷　(清)黎汝謙撰　清光緒十二年(1886)鉛印本　八册

610000－4006－0000333　F/0043

新譯列國歲計政要不分卷　(清)海上譯社譯纂　(清)張相文譯　清鉛印本　七冊

610000－4006－0000334　F/0044
新譯日本法規大全二十五卷首一卷　劉崇傑撰　清光緒三十三年(1907)上海商務印書館鉛印本　四十六冊　存二十一卷(一至九、十一、十三至十五、十七、十九至二十五)

610000－4006－0000335　F/0045
時務通攷三十一卷首一卷　(清)王奇英等編　清石印本　十二冊　存十八卷(十四至三十一)

陝西省渭南市華陰市圖書館古籍普查登記目録

全國古籍普查登記目録

國家圖書館出版社
National Library of China Publishing House

610000－4013－0000001　00001

試帖紫雲仙館八卷　(清)高敏輯　清嘉慶二十五年(1820)刻本　四册

610000－4013－0000002　00002

紫雲仙館二集八卷　(清)高敏輯　清道光七年(1827)刻本　四册

610000－4013－0000003　00003

紫雲仙館三集八卷　(清)高敏輯　清道光八年(1828)刻本　四册

610000－4013－0000004　00004

陝西志輯要六卷首一卷秦疆志略一卷關中漢唐存碑跋一卷　(清)王志沂輯　清道光七年(1827)謝氏賜書堂刻本　八册

610000－4013－0000005　00005

同館試律續鈔□□卷賦鈔□□卷　(清)徐經　(清)吳鍾駿　(清)龍瑛輯　清刻本　六册　存四卷(續鈔十九至二十、賦鈔十九至二十)

610000－4013－0000006　00006

二十四史論贊七十八卷　(清)陳闈編輯　清光緒二十八年(1902)文淵山房石印本　十二册

610000－4013－0000007　00007

有正味齋試帖詩集四卷　(清)吳錫麒著　清嘉慶八年(1803)刻本　二册

610000－4013－0000008　00008

字彙十二集首一卷末一卷　(明)梅膺祚音釋　清嘉慶二十三年(1818)刻本　十四册

610000－4013－0000009　00009

漁洋山人詩續集十六卷　(清)王士禛撰　清刻本　四册

610000－4013－0000010　00010

陽宅集成八卷陰宅集要四卷　(清)姚廷鑾纂　清刻本　十二册

610000－4013－0000011　00011

四書釋文九卷字辨一卷疑字辨一卷句辨一卷　(宋)朱熹章句　(清)王賡言增補　清道光二年(1822)刻本　六册

610000－4013－0000012　00012

漁洋山人文略十四卷　(清)王士禛撰　清康熙三十四年(1695)刻本　五册

610000－4013－0000013　00013

聞妙香室文集十九卷　(清)李宗昉撰　清道光刻本　四册

610000－4013－0000014　00014

聞妙香室制義不分卷　(清)李宗昉著　清刻本　二册

610000－4013－0000015　00015

大學衍義輯要六卷　(清)陳宏謀纂輯　清刻本　六册

610000－4013－0000016　00016

忠武祠墓志七卷首一卷末一卷　(清)李復心匯輯　清同治五年(1866)刻本　四册

610000－4013－0000017　00017

才調集十卷　(五代)韋縠集　清康熙四十三年(1704)垂雲堂刻本　四册

610000－4013－0000018　00018

目耕齋三集不分卷　(清)沈叔眉編次　清光緒十四年(1888)刻本　二册

610000－4013－0000019　00019

才調集十卷　(五代)韋縠集　清康熙四十三年(1704)垂雲堂刻本　二册

610000－4013－0000020　00020

唐詩三百首注釋六卷姓名小傳一卷　(清)蘅塘退士編　**續選唐詩三百首一卷**　(清)于慶元編　清光緒十六年(1890)石渠山房刻本　四册

610000－4013－0000021　00021

欽定四書文不分卷　(清)方苞選　清刻本　二十四册

610000－4013－0000022　00022

痧脹玉衡書三卷后一卷　(清)郭志邃撰　清刻本　四册

610000－4013－0000023　00023

樊山時文不分卷　樊增祥撰　清光緒二十年(1894)刻本　一册

610000－4013－0000024　00024

樊山批判十四卷後一卷　樊增祥撰　清刻本　三册　存七卷(三至六、十三至十四,後一卷)

610000－4013－0000025　00025

樊山公牘三卷　樊增祥撰　清光緒刻本　二册　存二卷(二至三)

610000－4013－0000026　00026

飲月軒詩鈔八卷　(清)唐延詔著　清道光刻本　五册

610000－4013－0000027　00027

三命通會十二卷　(明)萬民英著　清刻本　二十四册　存七卷(三至六、十至十二)

610000－4013－0000028　00028

綴白裘新集十二集四十八卷　(清)玩花主人輯　清乾隆四十六年(1781)刻本　八册　存六集十六卷(三集一至四、四集一至二、六集一至二、七集一至四、八集一至二、十二集一至二)

610000－4013－0000029　00029

青蓉閣詩鈔六卷　(清)陸元鋐編　清嘉慶十四年(1809)抄本　二册

610000－4013－0000030　00030

入幕須知五種　(清)張廷驤編　清光緒二十七年(1901)刻本　五册

610000－4013－0000031　00031

鑑語經世編二十七卷歷代帝王年號一卷　(清)魏裔介纂　清兼濟堂刻本　八册

610000－4013－0000032　00032

錫山秦氏詩鈔前集八卷今集十卷首一卷　(清)秦彬編　清道光十九年(1839)刻本　八册

610000－4013－0000033　00033

韓苑洛全集二十二卷　(明)韓邦奇撰　清道光八年(1828)同里謝氏刻本　十册

610000－4013－0000034　00034

韓苑洛全集二十二卷　(明)韓邦奇撰　清刻本　十册

610000－4013－0000035　00035

李義山詩集三卷詩譜一卷諸家詩評一卷　(唐)李商隱撰　(清)朱鶴齡箋註　清刻本　二册

610000－4013－0000036　00036

二程先生全書五十一卷　(宋)程顥　(宋)程頤撰　清康熙二十五年(1686)河南永寧程湛、程福亮刻本　十二册

610000－4013－0000037　00037

易堂九子文鈔　(清)彭玉雯編　清道光十七年(1837)刻本　十二册

610000－4013－0000038　00038

歷代名臣言行錄二十四卷　(清)朱桓編　清嘉慶二年(1797)刻本　三十六册

610000－4013－0000039　00039

宋元學案一百卷首一卷　(清)黄宗羲輯　(清)黄百家纂輯　清光緒五年(1879)刻本　四十八册

610000－4013－0000040　00040

韓苑洛全集二十二卷　(明)韓邦奇撰　清道光八年(1828)同里謝氏刻本　五册　存十二卷(一至十二)

610000－4013－0000041　00041

晚邨精選八大家古文不分卷　(清)吕留良輯　清康熙四十三年(1704)吕氏家塾刻本　八册

610000－4013－0000042　00042

澹静齋文鈔六卷文鈔外篇二卷詩鈔六卷邶風說二卷離騷箋二卷祭儀攷四卷說課二卷　(清)龔景瀚著　清道光六年(1826)刻本　十二册

610000－4013－0000043　00043

柴村詩鈔五卷附二卷文集十二卷末一卷

(清)邱志廣撰　清雍正四年(1726)刻本　十冊

610000－4013－0000044　00044
史記論文一百三十卷　(漢)司馬遷撰　(清)吳見思評點　(清)吳興祚參訂　清尺木堂刻本　二十冊

610000－4013－0000045　00045
史記論文一百三十卷　(漢)司馬遷撰　(清)吳見思評點　(清)吳興祚參訂　清康熙二十六年(1687)刻本　二十二冊

610000－4013－0000046　00046
廿二史劄記三十六卷補遺一卷　(清)趙翼撰　清光緒二十四年(1898)集益書社刻本　十四冊

610000－4013－0000047　00047
聖武記十四卷　(清)魏源撰　清道光二十六年(1846)刻本　十二冊

610000－4013－0000048　00048
望溪集不分卷　(清)方苞撰　(清)王兆符　(清)程崟輯　清刻本　十冊

610000－4013－0000049　00049
管窺輯要八十卷　(清)黃鼎纂　清順治十年(1653)刻本　二十九冊　存五十五卷(一至十二、十八、二十四至四十、四十五至五十、五十三至五十八、六十至六十九、七十四至七十六)

610000－4013－0000050　00050
文選六十卷　(南朝梁)蕭統編　(唐)李善注　清乾隆五十九年(1794)刻本　十二冊

610000－4013－0000051　00051
歐陽文忠公五代史抄不分卷　(宋)歐陽修撰　清抄本　十冊

610000－4013－0000052　00052
楊忠愍公集四卷　(明)楊繼盛著　清道光二十三年(1843)刻本　四冊

610000－4013－0000053　00053
集虛齋四書口義十卷　(清)方棨如著　(清)于光華編　清乾隆五十九年(1794)刻本　十冊

610000－4013－0000054　00054
爾雅註疏十一卷　(晉)郭璞注　(宋)邢昺疏　清乾隆四十三年(1778)三樂齋刻本　三冊

610000－4013－0000055　00055
左繡三十卷首一卷　(清)馮李驊　(清)陸浩輯　清刻本　八冊

610000－4013－0000056　00056
新刊纂圖元亨療馬集六卷駝經一卷　(明)喻本元　(明)喻本亨著　清文光堂刻本　三冊

610000－4013－0000057　00057
經餘必讀八卷　(清)雷琳等輯　清嘉慶十二年(1807)三餘堂刻本　四冊

610000－4013－0000058　00058
檢驗集證不分卷附檢驗合參不分卷　(清)郎錦騏輯　清道光十五年(1835)刻本　三冊

610000－4013－0000059　00059
大清律例彙輯便覽四十卷督捕則例附纂二卷五軍道里表一卷三流道里表一卷　(清)刑部纂　清同治十一年(1872)湖北讞局刻本　十五冊　存二十卷(二至三、二十五、二十七、二十九至四十,督捕則例附纂二卷,五軍道里表一卷,三流道里表一卷)

610000－4013－0000060　00060
薛文清公讀書全錄類編二十卷　(明)薛瑄著　(明)侯鶴齡編　明萬曆二十四年(1596)刻本　八冊

610000－4013－0000061　00061
曾文定公全集二十卷首一卷末一卷　(宋)曾南豐撰　(清)彭期編　清康熙三十二年(1693)刻本　十四冊

610000－4013－0000062　00062
明朝紀事本末八十卷　(清)谷應泰編　清刻本　十八冊　存六十七卷(一至六十七)

610000－4013－0000063　00063
讀史兵略四十六卷　(清)胡林翼纂　清咸豐

十一年(1861)刻本　十六册

610000－4013－0000064　00064
鐵網珊瑚二十卷　(明)都穆撰　清乾隆二十三年(1758)刻本　四册

610000－4013－0000065　00065
字學舉隅續編不分卷辨音不分卷　(清)王維珍編　清光緒八年(1882)刻本　二册

610000－4013－0000066　00066
書經六卷　(宋)蔡沈集傳　清光緒十三年(1887)信述堂刻本　四册

610000－4013－0000067　00067
可儀堂一百二十名家制義四十八卷名家姓氏一卷　(清)俞長城論次　清乾隆三年(1738)刻本　十五册　存十五卷(一、三至十六)

610000－4013－0000068　00068
省軒考古類編十二卷　(清)柴紹炳纂　(清)姚廷謙評　清刻本　八册

610000－4013－0000069　00069
弦雪居重訂遵生八牋十九卷　(明)高濂撰　(明)鍾惺較閱　清嘉慶八年(1803)刻本　十八册　缺二卷(四、九)

610000－4013－0000070　00070
易經旁訓辨體合訂　(清)徐立綱輯　清刻本　十四册　存五種

610000－4013－0000071　00071
樫華館試帖彙鈔輯注十卷　(清)路德編　清道光十四年(1834)刻本　四册

610000－4013－0000072　00072
春秋左傳五十卷　(晉)杜預　(宋)林堯叟注釋　(唐)陸德明音義　(明)鍾惺　(明)孫鑛　(明)韓范評點　清刻本　八册　存二十五卷(一至十一、十九至二十六、三十至三十二、四十八至五十)

610000－4013－0000073　00073
參星秘要諏吉便覽不分卷　(清)俞榮寬編　清同治四年(1865)刻朱墨印本　三册

610000－4013－0000074　00074
宋大家蘇文定公文抄二十卷　(宋)蘇轍撰　(明)茅坤批評　(明)茅闇叔等重訂　清刻本　五册

610000－4013－0000075　00075
韻府約編二十四卷　(清)鄧愷撰　清刻本　十三册　存十三卷(六至七、九、十三至十五、十七至二十一、二十三至二十四)

610000－4013－0000076　00076
綱鑑擇語十卷　(清)司徒修輯　清道光十六年(1836)刻本　八册

610000－4013－0000077　00077
滚盤珠不分卷　(清)劉光遠訂　(清)吕天玉選　清刻本　一册

610000－4013－0000078　00078
塾課小題正鵠初集不分卷二集不分卷三集不分卷　(清)李元度編輯　清道光二十六年(1846)刻本　四册

610000－4013－0000079　00079
春秋辨異集傳十二卷　(清)趙培桂撰　清同治六年(1867)刻本　六册

610000－4013－0000080　00080
禮記十卷　(元)陳澔集説　清同治十年(1871)刻本　十册

610000－4013－0000081　00081
本草述鉤元三十二卷　(清)楊時泰輯　清道光二十二年(1842)刻本　五册　存十一卷(一至十一)

610000－4013－0000082　00082
資治通鑑綱目前編二十五卷正編五十九卷末一卷續編二十七卷　(宋)朱熹著　(明)陳仁錫評閱　清嘉慶九年(1804)刻本　一百二十八册

610000－4013－0000083　00083
分類詳註飲香尺牘四卷　(清)飲香居士撰　(清)慵隱子箋釋　清乾隆六十年(1795)刻本　四册

610000－4013－0000084　00084

古唐詩合解十二卷古詩合解四卷　(清)王堯衢註　(清)李模　(清)李桓校　清雍正十年(1732)刻本　五册

610000－4013－0000085　00085
小倉山房文集四卷外集一卷尺牘六卷　(清)袁枚撰　清刻本　二册

610000－4013－0000086　00086
古唐詩合解十二卷古詩合解四卷　(清)王堯衢註　(清)李模　(清)李桓校　清光緒刻本　五册　缺三卷(古唐詩合解十至十二)

610000－4013－0000087　00087
子書二十二種　(清)浙江書局輯　清光緒二十三年(1897)上海圖書集成局鉛印本　十册　存六種

610000－4013－0000088　00088
詩經八卷　(宋)朱熹集傳　清咸豐六年(1856)刻本　四册

610000－4013－0000089　00089
而菴説唐詩八卷首一卷　(清)徐增述　清乾隆二十三年(1758)刻本　六册

610000－4013－0000090　00090
縮本增選多寶船不分卷　(清)點石齋主人編　清光緒八年(1882)點石齋石印本　四册

610000－4013－0000091　00091
尚書古文辨惑二十二卷目錄二卷　(清)張諴之撰　清光緒三十年(1904)宏農潛修精舍刻本　十二册

610000－4013－0000092　00092
晚邨精選八大家古文不分卷　(清)吕留良輯　清康熙四十三年(1704)吕氏家塾刻本　八册

610000－4013－0000093　00093
通鑑紀事本末二百三十九卷　(宋)袁樞編　(明)張溥論正　清嘉慶十年(1805)刻本　六十七册

610000－4013－0000094　00094
皇朝五經彙解二百七十卷　(清)抉經心室主人纂　清光緒十四年(1888)上海鴻文書局石印本　三十册　存二百五十一卷(一至十三、二十三至六十、七十一至二百七十)

610000－4013－0000095　00095
錫山文集二十卷　(清)王史直初編　(清)王史鑑續編　(清)華湛恩重編　清刻本　六册　存十二卷(三至四、十一至二十)

610000－4013－0000096　00096
來紫堂合集三卷　(清)李天秀著　(清)李祖望輯　清咸豐二年(1852)刻本　二册

610000－4013－0000097　00097
皇朝經世文三編八十卷　(清)陳忠倚輯　清刻本　一册　存五卷(十六至二十)

610000－4013－0000098　00098
[乾隆]西安府志八十卷首一卷　(清)舒其紳修　(清)嚴長明纂　清刻本　七册　存二十一卷(六十至八十)

610000－4013－0000099　00099
日本國志四十卷　(清)黄遵憲纂　清光緒石印本　四册　存十四卷(二十七至四十)

610000－4013－0000100　00100
五經類編二十八卷　(清)周世樟輯　清刻本　十册　存二十五卷(三至二十七)

610000－4013－0000101　00101
簡摩集□□卷　(清)司徒修記　清刻本　三册　存三卷(二至三、五)

610000－4013－0000102　00102
詩韻含英十八卷　(清)劉文蔚輯　清乾隆二十三年(1758)刻本　五册　缺三卷(十三至十五)

610000－4013－0000103　00103
詩韻含英十八卷　(清)劉文蔚輯　清刻本　三册　存十卷(九至十八)

610000－4013－0000104　00104
詩韻含英十八卷　(清)劉文蔚輯　清乾隆二十三年(1758)刻本　六册

610000－4013－0000105　00105

詩學含英十四卷　(清)劉文蔚輯　清學原堂刻本　二冊　存六卷(九至十四)

610000－4013－0000106　00107
奪命丹不分卷　(清)周恩銘評選　清刻本　一冊

610000－4013－0000107　00108
瑀琈山房詩稿□□卷　(清)王志湉撰　清嘉慶二十三年(1818)并門刻本　二冊　存四卷(一至四)

610000－4013－0000108　00109
[雍正]河南通志八十卷　(清)田文鏡修　清光緒二十八年(1902)補刻本　四十冊

610000－4013－0000109　00110
[乾隆]續河南通志八十卷首四卷　(清)阿思哈　(清)嵩貴纂修　清刻本　二十冊　缺一卷(首一)

610000－4013－0000110　00111
詩藪內編六卷雜編六卷續編二卷　(明)胡應麟著　清刻本　二冊

610000－4013－0000111　00112
食物本草會纂十二卷　(清)沈李龍纂　清刻本　四冊　存七卷(一至三、五至八)

610000－4013－0000112　00114
十六國春秋一百卷　(北魏)崔鴻著　清乾隆四十六年(1781)刻本　四冊　存三十七卷(一至十三、七十四至八十四、八十八至一百)

610000－4013－0000113　00115
[乾隆]杞縣志二十四卷　(清)周璣纂修　清刻本　十二冊

610000－4013－0000114　00116
前漢書一百卷　(漢)班固撰　(唐)顏師古注　清光緒十三年(1887)刻本　三十七冊　存九十六卷(一至二十七、三十二至一百)

610000－4013－0000115　00118
後漢書八十卷　(南朝宋)范曄撰　(唐)李賢注　續漢書志三十卷　(南朝梁)劉昭補注　清光緒十三年(1887)刻本　二十六冊　存八十九卷(一至五十、五十五至六十六、七十至八十,續漢書志一至十、十七至二十二)

610000－4013－0000116　00119
小萬卷齋詩藁三十二卷詩續藁十二卷經進藁四卷　(清)朱琦撰　清道光六年至九年(1826－1829)刻本　十二冊

610000－4013－0000117　00120
[咸豐]同州府志三十四卷首二卷　(清)李恩繼　(清)文廉修　(清)蔣湘南纂　清刻本　十二冊　存二十五卷(一至五、七至二十二、三十三至三十四,首二卷)

610000－4013－0000118　00121
辰州府義田總記二卷　(□)□□撰　清刻本　二冊

610000－4013－0000119　00122
咸豐初朝邑縣志三卷朝邑志例一卷志例后録一卷　(清)李元春纂　清咸豐元年(1851)華原書院刻本　二冊

610000－4013－0000120　00123
山志初集六卷二集六卷　(南朝宋)王弘著　清光緒二十五年(1899)刻本　六冊

610000－4013－0000121　00124
華嶽志八卷首一卷　(清)李榕纂輯　清道光十一年(1831)刻光緒九年(1883)補刻本　四冊

610000－4013－0000122　00125
遠西奇器圖說錄最三卷　(德國)鄧玉函口述　(明)王徵譯繪　清道光十年(1830)來鹿堂刻本　四冊

610000－4013－0000123　00126
射法會解二卷　(清)王登甲撰　清抄本　二冊

610000－4013－0000124　00127
岳忠武王文集八卷首一卷末一卷　(宋)岳飛撰　清道光二十七年(1847)刻本　四冊

610000－4013－0000125　00128
岳忠武王文集八卷首一卷末一卷　(宋)岳飛

撰　清道光二十七年(1847)刻本　三册　存七卷(一至四、八,首一卷,末一卷)

610000－4013－0000126　00129
御批歷代通鑑輯覽一百二十卷　(清)傅恒撰　清鉛印本　二十八册　存八十二卷(十二至三十二、三十六至四十一、四十五至四十七、五十一至六十五、六十八至七十八、八十八至一百七、一百十至一百十五)

610000－4013－0000127　00130
目耕齋二刻不分卷　(清)徐楷　(清)沈叔眉編次　清光緒十四年(1888)文昌書局刻本　二册

610000－4013－0000128　00131
篆字彙十二集　(清)佟世男編　清康熙三十九年(1700)刻本　十二册

610000－4013－0000129　00132
如面談十六卷　(明)鍾惺纂輯　(明)馮夢龍訂釋　明刻本　六册　存九卷(一至二、五至八、十至十二)

610000－4013－0000130　00133
犢山文稿不分卷　(清)周鎬撰　清同治元年(1862)刻本　二册

610000－4013－0000131　00134
四書味根錄三十七卷　(清)金瀓撰　清光緒九年(1883)石印本　一册　存二十二卷(大學一、中庸一、論語一至二十)

610000－4013－0000132　00135
四書經註集證□□卷　(宋)朱熹集注　清光緒二十六年(1900)石印本　五册　存六卷(大學一卷、論語三至七)

610000－4013－0000133　00136
詳注新賦湧雲八卷　(清)沈德潛鑒定　(清)吳肖元評選　清刻本　七册　存七卷(二至八)

610000－4013－0000134　00138
杜雲川讀史論畧不分卷　(清)杜詔撰　清刻本　一册

610000－4013－0000135　00139
史鑑節要便讀六卷　(清)鮑東里撰　清光緒三十年(1904)德懋堂刻本　二册

610000－4013－0000136　00140
[乾隆]滄州志十八卷　(清)徐時作修　(清)胡淦等纂　清乾隆八年(1743)刻本　三册　存八卷(四至九、十五至十六)

610000－4013－0000137　00141
東萊博議二十五卷　(宋)呂祖謙撰　清石印本　一册　存二卷(三至四)

610000－4013－0000138　00142
詩經融註大全體要八卷　(清)高朝瓔定　(清)沈世楷輯　清嘉慶八年(1803)刻本　四册

610000－4013－0000139　00143
琵琶記四卷　(元)高明撰　清刻本　一册　存二卷(三至四)

610000－4013－0000140　00144
重鐫增訂敬信錄不分卷　(清)李天錫撰　清道光二十二年(1842)刻本　一册

610000－4013－0000141　00145
廿一史約編不分卷　(清)鄭元慶述　清刻本　二册

610000－4013－0000142　00146
如西所刻諸名家評點春秋綱目左傳句解彙雋六卷　(清)韓菼撰　清刻本　六册

610000－4013－0000143　00148
四書集益□□卷　(清)于光華編次　清刻本　一册　存一卷(二)

610000－4013－0000144　00149
本草綱目五十二卷圖三卷　(明)李時珍撰　清刻本　十三册

610000－4013－0000145　00151
分類文腋八卷　(清)李楨選註　清嘉慶二十五年(1820)刻本　八册

610000－4013－0000146　00152
[雍正]陝西通志一百卷首一卷　(清)劉於義

修　(清)沈青崖纂　清雍正十三年(1735)刻本　十冊　存十卷(四十一至五十)

610000－4013－0000147　00153
史記一百三十卷　(漢)司馬遷撰　(唐)司馬貞索隱　(唐)張守節正義　(宋)裴駰集傳　清刻本　二十五冊　缺二卷(一至二)

610000－4013－0000148　00154
花樣集錦四卷　(清)張鵬翂輯　清道光十九年(1839)勤儉堂刻本　四冊

610000－4013－0000149　00155
春秋左傳五十卷　(晉)杜預　(宋)林堯叟注釋　(唐)陸德明音義　(明)鍾惺　(明)韓范評閱　清刻本　一冊　存五卷(四十六至五十)

610000－4013－0000150　00156
類經三十二卷　(明)張介賓類註　明天啟四年(1624)刻本　八冊

610000－4013－0000151　00158
元白長慶集一百三十七卷附錄二卷目錄二卷　(明)馬元調校　明萬曆魚樂軒刻本　二十一冊　存一百二十七卷(元氏長慶集一至六十、遺補一至六,白氏長慶集一至二十一、二十六至二十九、三十四至三十七、四十四至七十一,附錄二卷,目錄二卷)

610000－4013－0000152　00159
白香山詩集二十卷後集十七卷別集一卷補遺二卷　(唐)白居易撰　(清)汪西亭編　清康熙四十二年(1703)一隅草堂刻本　二冊　存六卷(後集一至六)

610000－4013－0000153　00160
學治臆說二卷續說一卷　(清)汪輝祖纂　清嘉慶刻本　一冊

610000－4013－0000154　00162
四書朱子大全精言四十卷　(清)周大璋編　清康熙四十七年(1708)寶旭齋刻本　四冊　存四卷(大學一至二、中庸二、孟子三)

610000－4013－0000155　00163
時藝引不分卷　(清)路德輯　清道光十九年(1839)文筠堂刻本　二冊

610000－4013－0000156　00164
時藝階不分卷　(清)路德撰　清道光十九年(1839)文筠堂刻本　三冊

610000－4013－0000157　00166
東洋史要二卷　(日本)桑原騭藏著　樊炳清譯　清末鉛印本　一冊　存一卷(上)

610000－4013－0000158　00167
批點性理論式不分卷　(□)□□撰　清咸豐二年(1852)刻本　一冊

610000－4013－0000159　00168
繪圖繪芳錄八卷　(清)西泠野樵著　清鉛印本　一冊　存一卷(二)

610000－4013－0000160　00169
分類尺牘□□卷　(清)王虎榜撰　清石印本　三冊　存九卷(六至十、十九至二十二)

610000－4013－0000161　00170
江蘇變法課藝初集□□卷　(清)范鑅撰　清刻本　一冊　存一卷(四)

610000－4013－0000162　00171
醫門法律十二卷　(清)喻昌著　清刻本　一冊　存一卷(一)

610000－4013－0000163　00172
說鈴　(清)吳震方輯　清刻本　一冊　存九種

610000－4013－0000164　00173
張素存先生全稿不分卷　張玉著　清刻本　二冊

610000－4013－0000165　00174
澹粹軒詩草二卷　(清)王志瀜撰　清嘉慶二十五年(1820)刻本　二冊

610000－4013－0000166　00175
春秋體註大全合条四卷　(清)范翔鑒定　清世德堂刻本　三冊　存三卷(二至四)

610000－4013－0000167　00176

玉歷因果圖證不分卷　(□)□□撰　清道光二十三年(1843)刻本　一冊

610000－4013－0000168　00177
周禮節訓六卷　(清)黄叔琳原本　(清)姚培謙重訂　清道光二十一年(1841)刻本　一冊

610000－4013－0000169　00178
詩韻合璧五卷附虛字韻藪一卷　(清)湯文潞編　清鉛印本　二冊　存三卷(三、五,虛字韻藪一)

610000－4013－0000170　00179
詩經八卷　(宋)朱熹集傳　清三讓堂刻本　一冊　存二卷(一至二)

610000－4013－0000171　00180
[康熙]利津縣新志十卷　(清)韓文焜纂修　清初刻本　一冊　存六卷(一至六)

610000－4013－0000172　00181
中外時務策府統宗四十四卷　(清)文盛書局主人編　清末石印本　二冊　存五卷(八至十、二十九至三十)

610000－4013－0000173　00182
分類文腋八卷　(清)李楨選　清刻本　一冊　存二卷(三至四)

610000－4013－0000174　00183
詩韻題解合璧十卷　(清)甘蘭友輯　清刻本　一冊　存六卷(五至十)

610000－4013－0000175　00185
詩韻合璧五卷　(清)湯文潞編　清石印本　二冊　存二卷(二至三)

610000－4013－0000176　00186
重刊史鑑節要便讀六卷　(清)鮑東里編　清刻本　一冊　存三卷(四至六)

610000－4013－0000177　00187
四書題鏡不分卷　(清)汪鯉翔纂　清刻本　七冊

610000－4013－0000178　00188
重刻四庫全書辨正通俗文字不分卷　(清)陸費墀撰　清抄本　一冊

610000－4013－0000179　00189
新訂四書補註備旨十卷　(明)鄧林撰　清刻本　五冊　存七卷(論語一至三、孟子一至四)

610000－4013－0000180　00190
說帖簡明目錄三十六卷　(清)戴敦元輯　清刻本　一冊　存二卷(五至六)

610000－4013－0000181　00191
唐詩三百首三卷　(清)蘅塘退士編　清嘉慶二十三年(1818)刻本　一冊　存二卷(上)

610000－4013－0000182　00192
新訂四書補註備旨十卷　(明)鄧林撰　清刻本　一冊　存四卷(孟子一至四)

610000－4013－0000183　00193
景岳全書六十四卷　(清)張介賓著　清刻本　一冊　存二卷(五十三至五十四)

610000－4013－0000184　00195
咏物詩選註釋八卷　(清)易開縉　(清)孫溶鳴註　清刻本　一冊　存二卷(五至六)

610000－4013－0000185　00198
康熙字典十二集檢字一卷等韻一卷補考一卷補遺一卷　(清)張玉書著　清光緒十六年(1890)石印本　六冊

610000－4013－0000186　00201
康熙字典十二集　(清)張玉書著　清刻本　十五冊　存八集(子集、寅集上下、卯集、巳集下、午集上、未集上中、酉集中下、戌集中)

610000－4013－0000187　00202
康熙字典十二集檢字一卷等韻一卷補考一卷補遺一卷　(清)張玉書著　清康熙五十五年(1716)刻本　三十四冊

610000－4013－0000188　00203
康熙字典十二集檢字一卷等韻一卷補考一卷補遺一卷　(清)張玉書著　清道光七年(1827)刻本　十四冊

610000－4013－0000189　00204
康熙字典十二集補遺一卷　(清)張玉書著

清刻本　三十五冊

610000－4013－0000190　00205
康熙字典十二集等韻一卷檢字一卷補考一卷補遺一卷　（清）張玉書著　清刻本　四十五冊

610000－4013－0000191　00206
康熙字典十二集等韻一卷檢字一卷補考一卷補遺一卷　（清）張玉書著　清道光七年（1827）刻本　四十冊

陝西省渭南市潼關縣圖書館古籍普查登記目録

全國古籍普查登記目録

國家圖書館出版社
National Library of China Publishing House

610000－4008－0000001　00001
書經六卷　（宋）蔡沈著　清同治十年（1871）刻本　一册　存二卷（一至二）

610000－4008－0000002　00002
鍼灸大成十卷　（明）楊繼洲撰　清刻本　十册

610000－4008－0000003　00003
東華録三十二卷（天命朝至雍正朝）　（清）蔣良騏編　清乾隆三十年（1765）刻本　十册　存八卷（一至八）

610000－4008－0000004　00004
曾文正公奏稿三十六卷　（清）曾國藩著　清刻本　八册　存八卷（十一、十四至十八、二十三、二十七）

610000－4008－0000005　00005
錦字箋四卷　（清）黄澐纂　清康熙二十八年（1689）刻本　二册

610000－4008－0000006　00006
資治通鑑綱目五十九卷　（宋）朱熹撰　清初刻本　一册　存二卷（五十三至五十四）

610000－4008－0000007　00007
重編留青新集二十四卷　（清）陳維崧撰　清鉛印本　五册　存八卷（十三至二十）

610000－4008－0000008　00008
弱水集二十二卷　（清）屈復著　清乾隆七年（1742）刻本　四册

610000－4008－0000009　00009
大清律例通纂四十卷　（清）沈之奇原註　清刻本　十六册　存二十五卷（二、四至七、十至二十九）

610000－4008－0000010　00010
陽宅三要四卷地理五訣八卷　（清）趙廷棟著　清刻本　一册

610000－4008－0000011　00011
三國志六十五卷　（晉）陳壽撰　（南朝宋）裴松之注　清鉛印本　二册　存三十二卷（魏志十四至三十、蜀志一至十五）

610000－4008－0000012　00012
欽定二十四史　清光緒十年（1884）上海同文書局石印本　十册　存六種

610000－4008－0000013　00013
千金裘初集二十七卷　（清）蔣義彬纂　清刻本　一册　存三卷（一至三）

610000－4008－0000014　00014
大明一統志九十卷　（明）李賢撰　（明）萬安纂修　明嘉靖刻本　八册　存二十三卷（三十六、三十九至四十、六十三至七十二、七十七至八十一、八十六至九十）

610000－4008－0000015　00015
綱鑑擇語十卷　（清）司徒修輯　清刻本　四册　存六卷（三至四、七至十）

610000－4008－0000016　00016
四音釋義十二集　（清）鄭長庚輯　清道光刻本　四册

610000－4008－0000017　00017
［咸豐］同州府志三十四卷首二卷附文徵録三卷　（清）文廉修　（清）蔣湘南纂　清咸豐二年（1852）刻本　二十三册

610000－4008－0000018　00018
二曲全集二十六卷　（清）李顒撰　清同治十二年（1873）刻本　四册　存十七卷（一至五、十一至十五、二十至二十六）

610000－4008－0000019　00019
文選六十卷　（南朝梁）蕭統撰　（唐）李善注　清末上海鴻文書局石印本　八册

610000－4008－0000020　00020
文選考異十卷　（清）胡克家撰　清末上海鴻文書局石印本　二册

610000－4008－0000021　00021
歷年紀畧一卷　（清）惠霔嗣編　清同治十二年（1873）刻本　一册

610000－4008－0000022　00023
范文正公集二十卷補編四卷鄱陽遺事録一卷義莊規矩一卷遺蹟一卷褒賢集五卷言行拾遺

事錄四卷　(宋)范仲淹撰　(明)毛一鷺彙編　清埽葉山房刻本　十一册

610000－4008－0000023　00024
船山詩草不分卷　(清)張問陶著　清抄本　二册

610000－4008－0000024　00026
古文發蒙集六卷　(清)王相纂　(清)殷承爵纂　清刻本　五册　存五卷(一至五)

610000－4008－0000025　00027
諸葛忠武侯文集六卷首一卷　(三國蜀)諸葛亮撰　(清)劉質慧校刊　清同治十二年(1873)刻本　四册

610000－4008－0000026　00028
大清律例統纂集成四十卷　(清)沈之奇原註　(清)姚潤纂輯　清道光十二年(1832)刻本　二册　存三卷(一、八至九)

610000－4008－0000027　00029
古文賞心集新編八卷　(清)張錚聲評註　(清)張南陽參閱　清雍正十年(1732)刻本　七册

610000－4008－0000028　00030
欽定詩經傳説彙纂二十一卷首二卷詩序二卷　(清)王鴻緒等撰　清刻本　十八册

610000－4008－0000029　00031
欽定書經傳説彙纂二十一卷首二卷書序一卷　(清)王頊齡撰　清雍正八年(1730)刻本　十二册

610000－4008－0000030　00032
醫方集解三卷　(清)汪昂著　清刻本　五册

610000－4008－0000031　00033
書經六卷　(宋)蔡沈集傳　清刻本　三册　存三卷(三至五)

610000－4008－0000032　00034
高厚蒙求五集　(清)徐朝俊纂　清同治五年(1866)刻本　二册　存二集(初集、二集)

610000－4008－0000033　00035
五經類編二十八卷　(清)周世樟輯　清刻本　十二册　存二十五卷(二至五、八至二十八)

610000－4008－0000034　00037
皇朝經世文編一百二十卷　(清)賀長齡輯　清刻本　二册　存二卷(八十八至八十九)

610000－4008－0000035　00038
皇朝經世文編初續一百二十卷　(清)饒玉成輯　清刻本　三册　存六卷(七十一至七十四、七十八、八十四)

610000－4008－0000036　00039
四書人物類典串珠四十卷首一卷　(清)臧志仁編輯　清嘉慶四年(1799)刻本　十一册　存三十七卷(一至十八、二十二至二十五、二十七至四十,首一卷)

610000－4008－0000037　00040
御註孝經不分卷　(清)世祖福臨註　清光緒十一年(1885)刻本　一册

610000－4008－0000038　00041
傅氏眼科審視瑤函六卷首一卷　(明)傅仁宇纂輯　(清)林長生較補　清刻本　五册　存六卷(一至三、五至六,首一卷)

610000－4008－0000039　00042
第六才子書八卷附西廂文一卷　(元)王實甫撰　(清)金聖歎評　清嘉慶五年(1800)刻本　四册　存七卷(一至六、西廂文一卷)

610000－4008－0000040　00043
鳳池集不分卷　(清)沈玉亮　(清)吳陳琰集錄　清刻本　六册

610000－4008－0000041　00044
庚辰集五卷　(清)紀昀編　清乾隆二十七年(1762)刻本　五册

610000－4008－0000042　00045
庚辰集五卷　(清)紀昀編　清刻本　四册　存四卷(二至五)

610000－4008－0000043　00046
評點春秋綱目左傳句解彙雋六卷　(清)韓菼重訂　清文誠堂刻本　六册

610000－4008－0000044　00047
唐宋八大家文十九卷　(清)張伯行訂　清康熙四十八年(1709)正誼堂刻本　九册　存十六卷(韓文公文集一至三、柳柳州文集一、曾文定公文集一至七、王文公文集一至二、蘇文定公文集一至二、蘇文忠公文集一)

610000－4008－0000045　00048
小丁卯橋文刻不分卷　(清)許長庚著　清刻本　四册

610000－4008－0000046　00049
[嘉慶]續潼關廳志三卷　(清)向淮修　(清)王森文纂　清嘉慶二十二年(1817)刻本　一册　存二卷(上、中)

610000－4008－0000047　00054
秦疆治略一卷　(清)盧坤撰　清刻本　一册

610000－4008－0000048　00055
梨雲館類定袁中郎全集二十四卷　(明)袁宏道著　明大業堂刻本　十七册　缺二卷(四、八)

610000－4008－0000049　00056
四書諸儒輯要四十卷　(清)李沛霖参訂　清三樂齋刻本　六册　存六卷(孟子一至四、六至七)

610000－4008－0000050　00057
廣輿記二十四卷　(明)陸應陽輯　明萬曆刻本　七册　存二十一卷(一至八、十二至二十四)

610000－4008－0000051　00059
大學衍義四十三卷　(宋)真德秀撰　清石印本　五册　存三十六卷(八至四十三)

610000－4008－0000052　00060
左傳□□卷　(晉)杜預註釋　清刻本　一册　存一卷(一)

610000－4008－0000053　00061
文獻通考二十四卷首一卷　(元)馬端臨著　清光緒二十五年(1899)上海點石齋石印本　九册　存十二卷(一至四、九、十二下、十四上、十八上中、二十下、二十二、二十四,首一卷)

610000－4008－0000054　00062
詩經精義四卷首一卷末一卷　(清)黄淦纂　清嘉慶十五年(1810)刻本　一册　存三卷(一至二、首一卷)

610000－4008－0000055　00063
文獻通考三百四十八卷　(元)馬端臨撰　清刻本　一册　存七卷(一百六十二至一百六十四、三百一至三百四)

610000－4008－0000056　00064
春秋精義四卷　(清)黄淦纂　清刻本　一册　存二卷(三至四)

610000－4008－0000057　00065
經史百家雜鈔二十六卷　(清)曾國藩纂　(清)李鴻章校刊　清光緒二年(1876)傳忠書局刻本　十二册　存十五卷(一至三、九至十、十二、十四、十七、十九至二十四、二十六)

610000－4008－0000058　00066
御纂性理精義十二卷　(清)李光地編　清刻本　五册

610000－4008－0000059　00067
新鐫增補周易備旨一見能解六卷　(明)黄淳耀原本　(清)嚴而寬增補　清嘉慶二十二年(1817)刻本　一册

610000－4008－0000060　00068
書經體注大全合參六卷　(宋)蔡沈集傳　(清)范翔鑒定　(清)錢希祥輯　清嘉慶十年(1805)寶寧堂刻本　四册

610000－4008－0000061　00069
二如亭群芳譜二十八卷首一卷　(明)王象晉纂輯　明天啟元年(1621)刻本　二十三册　缺一卷(天譜三)

610000－4008－0000062　00070
惜心書屋詩鈔不分卷　(清)王正誼撰　**懶雲山莊詩鈔不分卷**　(清)邵棠撰　**桐屋遺稾不分卷**　(清)陳稺君撰　**蘭谷遺稾不分卷**

(清)顧德馨撰　清刻本　一冊

610000－4008－0000063　00071
味蔗軒詩鈔不分卷　(清)顧哭世著　**雙桐書屋賸稾二卷**　(清)李光謙著　清光緒十二年(1886)刻本　一冊

610000－4008－0000064　00073
古賢桃花女周公講論鎮書四卷　(清)王東山撰　清刻本　一冊

610000－4008－0000065　00074
新刻黃石公秘傳陽宅必用四卷　(明)袁滄孺手授　(明)熊文選增訂　(明)周謽吾梓行　明崇禎四年(1631)刻本　一冊

610000－4008－0000066　00075
欽定禮記義疏八十二卷首一卷　(清)鄂爾泰編　清刻本　三十九冊

610000－4008－0000067　00076
御纂周易折中二十二卷首一卷　(清)李光地撰　清光緒十九年(1893)潄芳閣刻本　九冊　缺二卷(五至六)

610000－4008－0000068　00077
秘傳萬法歸宗五卷　(唐)李淳風撰　清石印本　一冊

610000－4008－0000069　00078
竈君真經不分卷　(□)□□著　清光緒八年(1882)刻本　一冊

610000－4008－0000070　00079
欽定儀禮義疏四十八卷首二卷　(清)允祿撰　清刻本　三十四冊

610000－4008－0000071　00080
瀕湖脈學一卷奇經八脈攷一卷　(明)李時珍輯　清天德堂刻本　一冊

610000－4008－0000072　00081
本草萬方鍼線八卷　(清)蔡烈先輯　清刻本　一冊　存二卷(七至八)

610000－4008－0000073　00082
增補本草醫方合編六卷圖一卷　(清)汪昂輯　清宏盛堂刻本　五冊　缺一卷(六)

610000－4008－0000074　00083
欽定本朝四書文不分卷　(清)方苞纂修　清刻本　二冊

610000－4008－0000075　00084
欽定二十四史　清光緒二十八年(1902)武林竹簡齋石印本　十六冊　存三種

610000－4008－0000076　00085
資治通鑑綱目五十九卷　(宋)朱熹撰　清刻本　一冊　存一卷(四)

610000－4008－0000077　00086
本草綱目五十二卷　(明)李時珍撰　清刻本　十冊　存十四卷(十二、十四、二十七至三十、四十三至四十七、五十至五十二)

610000－4008－0000078　00087
春秋十六卷經左一卷　(晉)杜預注　(唐)孔穎達疏　清刻本　一冊　存三卷(十五至十六、經左一卷)

610000－4008－0000079　00088
左傳翼三十八卷　(清)張藥齋鑒定　(清)周大璋輯評　清乾隆五年(1740)遂初堂刻本　十六冊

610000－4008－0000080　00089
文選六十卷　(南朝梁)蕭統撰　(唐)李善注　(清)葉樹藩參訂　清乾隆刻朱墨套印本　三冊　存二十三卷(一至十六、五十四至六十)

610000－4008－0000081　00090
蘭山課業松厓詩錄二卷　(清)吳鎮著　清乾隆五十七年(1792)刻本　二冊

610000－4008－0000082　00091
七真寶傳□卷　(□)孚佑帝君敘　(□)海源子校正　清石印本　二冊　存二卷(三至四)

610000－4008－0000083　00092
廿四孝不分卷　(□)□□撰　清刻本　一冊

610000－4008－0000084　00094
廿一史約編八卷首一卷　(清)鄭元慶撰　(清)徐秋萼等編　清康熙三十六年(1697)刻

本　八冊

610000－4008－0000085　00095

[乾隆]欽定新疆識畧十二卷首一卷　(清)徐松著　(清)松筠纂　清道光刻本　六冊　存六卷(一至三、五至七)

610000－4008－0000086　00096

[乾隆]欽定新疆識畧十二卷首一卷　(清)徐松著　(清)松筠纂　清道光元年(1821)刻本　一冊　存一卷(二)

610000－4008－0000087　00097

省軒考古類編十二卷　(清)柴紹炳纂　清雍正四年(1726)刻本　六冊

610000－4008－0000088　00098

燼餘稿時文鈔不分卷詩鈔不分卷古文鈔不分卷　(清)曹士蛟著　清刻本　四冊

610000－4008－0000089　00099

續增大生要旨六卷　(清)馬振蕃增補　(清)唐千頃纂　清道光五年(1825)刻本　一冊

610000－4008－0000090　00100

岳忠武王文集八卷首一卷末一卷　(宋)岳飛撰　(清)劉質慧重栞　清同治十二年(1873)述荊堂刻本　四冊

610000－4008－0000091　00101

敬竈全書不分卷　(清)□□撰　清光緒二十一年(1895)刻本　一冊

610000－4008－0000092　00102

重訂選擇集要七卷　(明)黃一鳳編集　明天啟四年(1624)文林閣刻本　一冊　存四卷(一至四)

610000－4008－0000093　00104

淮南子二十一卷敘目一卷　(漢)高誘注　清光緒二十三年(1897)刻本　七冊　存十八卷(一至四、九至二十一,敘目一卷)

610000－4008－0000094　00105

精選黃眉故事十卷　(明)鄧志謨彙編　明萬曆四十四年(1616)刻本　三冊　存六卷(一至二、六至七、九至十)

610000－4008－0000095　00106

維揚三樂堂新刻增訂釋義經書便用通考雜字四卷　(清)徐三省編輯　(清)戴啟達增訂　**三樂堂重訂增補釋義經書四民便用雜字通考全書外二卷**　(清)戴愰巷訂補　(清)黃二水參校　清乾隆三十年(1765)聚錦堂刻本　一冊

610000－4008－0000096　00107

周易四卷　(宋)朱熹本義　清同治十年(1871)刻本　二冊

610000－4008－0000097　00108

舉業前模八卷新模八卷新模續選六卷末一卷　(清)周百順編　清道光十六年(1836)刻本　四冊

610000－4008－0000098　00109

[道光]陝西志輯要六卷首一卷　(清)王志沂編　清刻本　一冊　存一卷(三)

610000－4008－0000099　00110

達生編二卷　(清)唐千頃纂　(清)姜恒泰重刻　清刻本　一冊

610000－4008－0000100　00111

四書朱子本義匯粲四十三卷首四卷　(清)王步青編　清乾隆十年(1745)敦復堂刻本　二十八冊　存四十二卷(大學一至三、首一卷,中庸一至六、首一卷,論語二至二十,孟子一、四至十四)

610000－4008－0000101　00112

廣事類賦四十卷　(清)華希閔著　(清)鄒兆升粲　清康熙三十八年(1699)刻本　十冊

610000－4008－0000102　00113

[光緒]三續華州志十二卷　(清)吳炳南修　(清)劉域纂　清光緒八年(1882)刻本　五冊　存十一卷(一至十一)

610000－4008－0000103　00115

古唐詩合解十二卷附古詩四卷　(清)王堯衢註　清光緒七年(1881)大道堂刻本　六冊

610000－4008－0000104　00116

文料觸機二卷續刻二卷　(□)□□撰　清光緒三年(1877)刻本　三冊　缺一卷(文料觸機上)

610000－4008－0000105　00117
癸卯科直墨采真不分卷　(清)京都大學堂評選　清光緒三十一年(1905)崇實書局石印本　四冊

610000－4008－0000106　00118
直省闈墨十卷　(□)□□撰　清光緒三十年(1904)上海書局石印本　三冊　存三卷(一、六、十)

610000－4008－0000107　00119
典林博覽十二卷　(清)鍾運堯撰　清刻本　一冊　存一卷(十二)

610000－4008－0000108　00120
四書味根錄三十七卷　(清)金澂撰　清光緒三年(1877)石印本　六冊　存二十三卷(大學一卷、中庸二卷、論語二十卷)

610000－4008－0000109　00121
約章成案匯覽甲篇十卷乙篇四十二卷　(清)顏世清編　清刻本　四冊　存三卷(甲篇十,乙篇二、二十五)

610000－4008－0000110　00122
皇朝經世文新編三十二卷　(清)麥仲華輯　清光緒二十八年(1902)石印本　十六冊

610000－4008－0000111　00123
蘭山課業經訓約編不分卷　(清)盛元珍撰　清刻本　七冊

610000－4008－0000112　00124
[咸豐]同州府志三十四卷首二卷附文徵錄三卷　(清)文廉修　(清)蔣湘南纂　清咸豐二年(1852)刻本　一冊　存四卷(十九至二十二)

610000－4008－0000113　00125
馮少墟集二十二卷續集五卷　(明)馮從吾著　清康熙二年(1663)刻本　十八冊

610000－4008－0000114　00126
唐人試律說不分卷　(清)紀昀編　清刻本　一冊

610000－4008－0000115　00127
霧述秘本不分卷　(□)□□撰　清抄本　二冊

610000－4008－0000116　00128
經史百家簡編二卷　(清)曾國藩纂　(清)曾國荃審訂　清商務印書館鉛印本　二冊

610000－4008－0000117　00129
經餘必讀八卷　(清)錢樹棠撰　(清)雷琳輯　清刻本　一冊　存二卷(五至六)

610000－4008－0000118　00130
弟子規不分卷　(清)李子潛撰　清西安南院門義興堂刻本　一冊

610000－4008－0000119　00131
袁氏世範三卷　(宋)袁采撰　清光緒石印本　一冊

610000－4008－0000120　00132
峩秀堂詩鈔四卷　(清)朱世重撰　清光緒二十八年(1902)刻本　一冊

610000－4008－0000121　00133
欽定儀禮義疏四十八卷首二卷　(清)允祿撰　清刻本　八冊　存九卷(四十至四十八)

610000－4008－0000122　00134
四書朱子本義匯叅四十三卷首四卷　(清)王步青編　清敦復堂刻本　八冊　存九卷(孟子二至三、八至十四)

610000－4008－0000123　00135
芥子園畫傳五卷　(清)王概增繪　(清)李漁論　清康熙十八年(1679)刻本　三冊　存三卷(一、四至五)

610000－4008－0000124　00136
五方元音二卷　(清)樊騰鳳撰　(清)年希堯增補　清善成堂刻本　二冊

610000－4008－0000125　00137
佩文詩韻釋要五卷　(清)朱重輯　清光緒元年(1875)湖北崇文書局刻本　一冊

610000－4008－0000126　00138

五經類編二十八卷　(清)周世樟輯　清康熙二十三年(1684)刻本　七册　存十一卷(一、九至十、十三至十五、二十至二十二、二十四至二十五)

610000－4008－0000127　00139

詩經八卷　(宋)朱熹集傳　清同治十年(1871)刻本　四册

610000－4008－0000128　00140

精選中外時務文編四十四卷　(清)古董養晦生撰　清石印本　五册　存十三卷(二至七、二十至二十二、四十一至四十四)

610000－4008－0000129　00141

增廣大題文府初二集合編　(清)藕湖居士編　清光緒十三年(1887)石印本　二十册

610000－4008－0000130　00142

苑洛集二十二卷　(明)韓邦奇輯　清刻本　六册　存十二卷(八至十九)

610000－4008－0000131　00143

增補策學總纂大全五十卷　(清)蔡壽祺撰　清光緒十四年(1888)石印本　五册　存三十六卷(一至四、七至三十一、四十四至五十)

610000－4008－0000132　00144

制藝萃珍十卷　(清)懷芳居士著　清刻本　一册　存三卷(八至十)

610000－4008－0000133　00145

金臺書院課士錄初二合刻　(清)張雲甫選　清光緒三年(1877)刻本　八册

610000－4008－0000134　00146

勉益齋偶存稿八卷續存稿十六卷　(清)裕謙撰　清光緒二年(1876)刻本　十八册　存十六卷(偶存稿一至五、續存稿六至十六)

610000－4008－0000135　00147

綱鑑會纂三十九卷　(明)王世貞編　清刻本　三册　存六卷(十一至十六)

610000－4008－0000136　00148

新鐫玉茗堂批評按鑑參補南宋志傳十卷　(明)研石山樵訂　清刻本　一册　存二卷(一至二)

610000－4008－0000137　00149

柳氏家藏三元總錄三卷　(明)柳洪泉撰　清刻本　一册

610000－4008－0000138　00150

古文喈鳳新編八卷　(清)汪基輯　清刻本　一册　存二卷(三至四)

610000－4008－0000139　00154

禮記十卷　(元)陳澔集說　清刻本　七册　缺三卷(一、六、九)

610000－4008－0000140　00155

論語十卷　(宋)朱熹集註　清刻本　一册　存三卷(六至八)

610000－4008－0000141　00156

三魚堂全集十二卷賸言十二卷外集六卷　(清)陸隴其著　清宣統三年(1911)埽葉山房石印本　八册

610000－4008－0000142　00157

欽定啟禎四書文不分卷　(清)方苞編　清刻本　一册

610000－4008－0000143　00158

蘭山課業詩賦約編不分卷　(清)周樽輯　清刻本　六册

610000－4008－0000144　00159

蘭山課業風騷補編不分卷　(清)周樽輯　清乾隆五十七年(1792)刻本　二册

610000－4008－0000145　00160

欽定禮記義疏八十二卷首一卷　(清)鄂爾泰編　清刻本　一册　存三卷(三十三至三十五)

610000－4008－0000146　00161

欽定周官義疏四十八卷首一卷　(清)鄂爾泰編　清刻本　十九册　存三十七卷(一至二十、二十三至二十六、二十八至三十二、三十六至四十二,首一卷)

610000－4008－0000147　00162

寄嶽雲齋試體詩選詳註四卷　(清)張學蘇箋　(清)聶銑敏纂　清文秀堂刻本　一冊

610000－4008－0000148　00164
新鐫玉茗堂批點按鑑參補繡像南宋志傳四卷出像南宋志傳十卷　(明)研石山樵訂　清刻本　五冊　存十卷(繡像南宋志傳四卷、出像南宋志傳五至十)

610000－4008－0000149　00165
四書考輯要二十卷　(清)陳宏謀輯　(清)孫蘭森編　清乾隆三十六年(1771)刻本　四冊　存八卷(一至八)

610000－4008－0000150　00166
詩經八卷　(宋)朱熹集傳　清刻本　三冊　存六卷(一至三、六至八)

610000－4008－0000151　00167
資治通鑑綱目前編二十五卷正編五十九卷末一卷續編二十七卷　(明)陳仁錫評閱　清刻本　五十七冊　存六十五卷(前編一至八、十一至十六,正編十至十二、十七至十九、二十一、二十四至三十四、三十八至五十五,續編卷八至二十二)

610000－4008－0000152　00168
史記一百三十卷首一卷　(漢)司馬遷著　(明)徐孚遠　(明)陳子龍測議　明末素位堂刻本　二十二冊

610000－4008－0000153　00169
經心書院課程不分卷戊戌遊記不分卷　(清)姚炳奎撰　清光緒湖北經心書院刻本　九冊

610000－4008－0000154　00170
鑄史駢言十二卷　(清)孫玉田撰　清刻本　一冊　存一卷(十)

610000－4008－0000155　00171
續資治通鑑綱目二十七卷　(明)商輅撰　(明)陳仁錫評閱　清刻本　六冊　存六卷(四至九)

610000－4008－0000156　00172
資治通鑑綱目正編五十九卷　(明)陳仁錫評閱　清郁郁堂刻本　二十四冊　存十八卷(三十八至四十五、四十七至五十、五十二、五十四至五十五、五十七至五十九)

610000－4008－0000157　00173
資治通鑑綱目五十九卷　(明)陳仁錫評閱　清刻本　二十三冊　存二十卷(二十三、二十五至二十七、二十九至三十、三十二、三十四、三十六、三十九至四十二、四十四至五十)

610000－4008－0000158　00174
論向敨長生不分卷　(□)□□撰　清抄本　一冊

610000－4008－0000159　00175
續資治通鑑綱目二十七卷　(明)商輅撰　(明)陳仁錫評閱　清刻本　十三冊　存十三卷(四至九、十二、十四至十五、十九至二十、二十四、二十六)

陝西省渭南市蒲城縣圖書館古籍普查登記目録

全國古籍普查登記目録

國家圖書館出版社
National Library of China Publishing House

610000－4010－0000001　A1
易占經緯四卷附録一卷　(明)韓邦奇輯　清刻本　四册　存四卷(一至四)

610000－4010－0000002　A10
詩經體注大全合參八卷　(清)高朝瓔定　清刻本　四册

610000－4010－0000003　A11
詩經體注大全合參八卷　(清)高朝瓔定　清刻本　四册

610000－4010－0000004　A12－1
周禮精華六卷　(清)陳龍標編輯　清道光十二年(1832)刻本　六册

610000－4010－0000005　A12－2
周禮精華六卷　(清)陳龍標編輯　清道光十二年(1832)刻本　六册

610000－4010－0000006　A13
周禮精華六卷　(清)陳龍標編輯　清嘉慶二十一年(1816)刻本　六册

610000－4010－0000007　A14
欽定周官義疏四十八卷首一卷　(清)鄂爾泰等總裁　清刻本　二十九册　存三十七卷(一至二、四至三十七,首一卷)

610000－4010－0000008　A15
欽定儀禮義疏四十八卷首二卷　(清)允禄等總裁　清刻本　三十一册　存三十三卷(一至二十三、三十三至四十,首二卷)

610000－4010－0000009　A16
豳風廣義三卷　(清)楊屾編輯　清刻本　一册　存一卷(中)

610000－4010－0000010　A17
三禮約編喈鳳十九卷　(清)汪基鈔譔　(清)江永校纂　(清)陳士謙衆訂　清乾隆四十八年(1783)刻本　八册

610000－4010－0000011　A18
重刻恭簡公志樂二十卷　(明)韓邦奇著　清乾隆十二年(1747)刻本　十二册

610000－4010－0000012　A19
春秋左傳五十卷　(晉)杜預　(宋)林堯叟註釋　清刻本　七册　存二十五卷(一至二十五)

610000－4010－0000013　A2
易經體註合糸四卷　(清)來木臣纂訂　清刻本　三册

610000－4010－0000014　A20
春秋全經左傳句解八卷　(宋)朱申注釋　(明)顧梧芳較正　(明)孫鑛批點　(明)邱超羣參閲　清道光九年(1829)刻本　八册

610000－4010－0000015　A21
春秋經傳集解三十卷首一卷　(晉)杜預原本　(唐)陸德明音釋　(宋)林堯叟附註　(明)馮李驊增訂　清刻本　五册　存十二卷(一至七、十一至十五)

610000－4010－0000016　A22
春秋經傳集解三十卷　(晉)杜預原本　(唐)陸德明音釋　(宋)林堯叟附註　(明)馮李驊增訂　清刻本　七册　存十三卷(二至五、八、十九至二十、二十五至三十)

610000－4010－0000017　A23
春秋經傳集解三十卷　(晉)杜預原本　(唐)陸德明音釋　(宋)林堯叟附註　(明)馮李驊增訂　清刻本　一册　存三卷(八至十)

610000－4010－0000018　A24
左傳易讀六卷　(清)司徒修選訂　清末石印本　六册

610000－4010－0000019　A25
春秋公羊註疏二十八卷　(漢)何休學　明末清初刻本　五册　存十二卷(一至十二)

610000－4010－0000020　A26
欽定春秋傳説彙纂三十八卷首二卷　(清)王掞總裁　清刻本　十七册　存二十七卷(一至十三、十六至二十七,首二卷)

610000－4010－0000021　A27
春秋□□卷　(晉)杜預注　清刻本　四册　存二十卷(六至十五、二十一至三十)

610000－4010－0000022　A28

新刻四書通典人物備考十二卷　(明)陳仁錫增定　(清)王政敏重訂　(清)唐光夔手著　(清)陳鋭絛校　明刻本　十一册　存十一卷(一至十一)

610000－4010－0000023　A29

增補四書精繡圖像人物備考十二卷　(明)陳仁錫增定　(清)唐光夔詳閱　(清)陳義錫重校　(清)陳鋭絛訂　清乾隆五十八年(1793)刻本　八册

610000－4010－0000024　A3

御纂周易折中二十二卷首一卷　(清)李光地總裁　清刻本　十二册

610000－4010－0000025　A30

四書人物類典串珠四十卷首一卷　(清)臧志仁編輯　(清)臧銘　(清)臧錕校字　(清)楊春圃采補　清嘉慶十八年(1813)刻本　十三册　存三十八卷(一至十九、二十三至四十,首一卷)

610000－4010－0000026　A31

四書人物類典串珠四十卷首一卷　(清)臧志仁編輯　(清)臧銘　(清)臧錕校字　(清)楊春圃采補　清嘉慶十八年(1813)刻本　八册　存二十六卷(一至二十、三十一至三十五,首一卷)

610000－4010－0000027　A32

批點四書□□卷　(宋)朱熹集註　清刻本　二册　存七卷(論語一至五、大學一卷、中庸一卷)

610000－4010－0000028　A33

義興堂四書章句□□卷　(宋)朱熹章句　清刻本　五册　存十四卷(大學一卷、中庸一卷、論語六至十、孟子一至七)

610000－4010－0000029　A34

詳訂四書朱註原本四卷　(宋)朱熹章句　清乾隆四十四年(1779)刻本　一册　存二卷(大學一卷、中庸一卷)

610000－4010－0000030　A35

新訂四書補註備旨十卷　(明)鄧林著　(清)鄧煜編次　(清)祁文友重校　(清)杜定基增訂　清光緒二十年(1894)刻本　六册

610000－4010－0000031　A36

四書疏註撮言大全三十七卷　(宋)朱熹章句　(清)紀昀鑒定　(清)吳冠山校正　清刻本　二十五册

610000－4010－0000032　A37

增廣詩韻全璧五卷　(清)湯文潞輯　清光緒二十一年(1895)鴻寶齋石印本　一册　存一卷(一)

610000－4010－0000033　A38

六書故三十三卷通釋一卷　(元)戴侗著　(清)李鼎元校刊　清乾隆四十九年(1784)刻本　十六册

610000－4010－0000034　A39

字彙十二集　(明)梅膺祚音釋　清初刻本　十二册

610000－4010－0000035　A4

御纂周易折中二十二卷首一卷　(清)李光地總裁　清刻本　一册　存二卷(三至四)

610000－4010－0000036　A40

康熙字典十二集附總目一卷檢字一卷辨似一卷等韻一卷備考一卷補遺一卷　(清)張玉書等纂　清道光七年(1827)刻本　三十四册　存十六卷(子集至丑集、辰集至亥集,總目一卷,檢字一卷,辨似一卷,等韻一卷,備考一卷,補遺一卷)

610000－4010－0000037　A41

康熙字典十二集附總目一卷檢字一卷辨似一卷等韻一卷備考一卷補遺一卷　(清)張玉書等撰　清刻本　三十八册　存十八卷(子集至酉集上、戌集至亥集,總目一卷,檢字一卷,辨似一卷,等韻一卷,備考一卷,補遺一卷)

610000－4010－0000038　A42

康熙字典十二集附總目一卷檢字一卷辨字一卷等韻一卷備考一卷補遺一卷　(清)張玉書等纂　清道光七年(1827)刻本　三十四册

存十六卷(子集至未集、戌集至亥集,總目一卷,檢字一卷,辨似一卷,等韻一卷,備考一卷,補遺一卷)

610000－4010－0000039　A43
康熙字典十二集附總目一卷檢字一卷辨似一卷等韻一卷備考一卷補遺一卷　(清)張玉書等纂　清道光七年(1827)刻本　十六册　存十八卷(子集至丑集、戌集至亥集,總目一卷,檢字一卷,辨似一卷,等韻一卷,備考一卷,補遺一卷)

610000－4010－0000040　A44
康熙字典十二集附總目一卷檢字一卷辨似一卷等韻一卷備考一卷補遺一卷　(清)張玉書等纂　清光緒三十四年(1908)石印本　六册

610000－4010－0000041　A45
康熙字典十二集附總目一卷等韻一卷　(清)張玉書等纂　清光緒三十三年(1907)石印本　六册

610000－4010－0000042　A46
四音釋義十二集　(清)鄭長庚輯　(清)鄭蒙　(清)鄭謙校對　(清)鄭廼斌　(清)鄭廼莊編次　清刻本　十二册

610000－4010－0000043　A47
説文解字句讀三十卷　(漢)許慎記　(清)祁春浦鑒定　(清)王筠撰集　(清)陳山嵋　(清)陳慶鏞訂正　清刻本　八册　存十八卷(三至六、九至十四、二十一至二十六、二十九至三十)

610000－4010－0000044　A48
韻學發原不分卷　(清)張書田原本　清同治三年(1864)刻本　一册

610000－4010－0000045　A49
校增字學舉隅不分卷　(清)龍啟瑞撰　清同治十三年(1874)刻本　一册

610000－4010－0000046　A5
寫定尚書不分卷　(清)吳汝綸校　清光緒十八年(1892)石印本　一册

610000－4010－0000047　A50
爾雅註疏十一卷　(晉)郭璞注　(宋)邢昺疏　清刻本　四册

610000－4010－0000048　A51
爾雅註疏十一卷　(晉)郭璞注　(宋)邢昺疏　清刻本　三册　存六卷(四至九)

610000－4010－0000049　A52－1
重刊宋本十三經註疏附校勘記　(清)阮元撰　清嘉慶二十年(1815)刻本　一百七十册

610000－4010－0000050　A52－2
十三經注疏附考證　清同治十年(1871)刻本　一百六册

610000－4010－0000051　A53
左氏條貫十八卷　(清)曹基編次　(清)張兼　(清)張典參訂　清刻本　六册

610000－4010－0000052　A54
康熙字典十二集　(清)張玉書等纂　清刻本　五册　存二集(申至酉)

610000－4010－0000053　A55
説文解字句讀三十卷　(漢)許慎記　(清)祁春浦鑒定　(清)王筠撰集　(清)陳山嵋　(清)陳慶鏞訂正　清刻本　八册　存十六卷(十五至三十)

610000－4010－0000054　A56
詩經八卷　(宋)朱熹集註　清刻本　二册　存三卷(三至五)

610000－4010－0000055　A57
御纂詩義折中二十卷　(清)傅恒等撰　清刻本　十册

610000－4010－0000056　A58
詩韻集成十卷　(清)余照輯　清光緒九年(1883)刻本　四册

610000－4010－0000057　A59
四書讀十九卷　(宋)朱熹章句　(清)李嵩侖讀　清嘉慶十四年(1809)刻本　十册

610000－4010－0000058　A6
欽定書經傳説彙纂二十一卷　(清)王頊齡等

總裁　清刻本　三冊　存四卷(十三、十六至十八)

610000－4010－0000059　A60
朱子或問小註三十六卷　(明)徐方廣增註　(清)陳元燮輯定　清刻本　六冊　存二十卷(孟子一至十四、論語一至六)

610000－4010－0000060　A61
增訂讀墨一隅□□卷　(□)□□著　清刻本　一冊

610000－4010－0000061　A62
禮記約編五卷　(清)汪基鈔撰　(清)江永校纂　(清)叔熙閲訂　清光緒三十二年(1906)刻本　一冊　存一卷(一)

610000－4010－0000062　A63
爾雅蒙求二卷　(清)李拔式撰　清同治十二年(1873)味經書院刻本　一冊　存一卷(上)

610000－4010－0000063　A64
師儒心鏡不分卷　(□)□□著　清光緒三十年(1904)刻本　一冊

610000－4010－0000064　A65
隨園食單四卷　(清)袁枚輯　清刻本　一冊　存一卷(四)

610000－4010－0000065　A66
白虎通二卷　(漢)班固纂　(清)汪士漢校　清刻本　一冊　存一卷(下)

610000－4010－0000066　A67
孟子集註□□卷　(宋)朱熹集注　清刻本　一冊　存三卷(一至三)

610000－4010－0000067　A7
書經六卷　(宋)蔡沈集傳　清刻本　六冊

610000－4010－0000068　A8
欽定詩經傳説彙纂二十二卷　(清)王鴻緒總裁　清刻本　六冊　存六卷(五至十)

610000－4010－0000069　A9
欽定詩經傳説彙纂二十一卷首二卷詩序二卷　(清)王鴻緒總裁　清刻本　四冊　存四卷(六、八、十,首上)

610000－4010－0000070　B1
史記一百三十卷　(漢)司馬遷著　(南朝宋)裴駰集解　(唐)司馬貞索隱　(唐)張守節正義　清刻本　十三冊　存六十九卷(一、八至十五、十八至二十四、三十八至四十五、五十七至八十、八十八至九十六、一百六至一百十、一百二十四至一百三十)

610000－4010－0000071　B10
王鳳洲先生綱鑑正史全編二十四卷　(明)陳仁錫評　(明)林夢熊校　(明)于慎行摘　(明)張睿卿輯　(明)陳臣忠纂　(明)陳森条　明崇禎刻本　十冊　存二十卷(五至二十四)

610000－4010－0000072　B11
函史上編八十一卷下編二十一卷　(明)鄧元錫纂　清康熙二十年(1681)刻本　七十冊

610000－4010－0000073　B12
東華錄三十二卷(天命朝至雍正朝)　(清)蔣良騏纂修　清刻本　十六冊　存十六卷(一至十六)

610000－4010－0000074　B13
明史紀事本末八十卷　(清)谷應泰編著　(清)谷際科　(清)谷際第訂　清刻本　二十二冊　存七十四卷(一至七十、七十五至七十八)

610000－4010－0000075　B14
國語二十一卷　(三國吳)韋昭解　(宋)宋庠補音　清乾隆二十七年(1762)刻本　四冊

610000－4010－0000076　B15
吴越春秋□□卷　(清)汪士漢考校　清刻本　一冊　存三卷(四至六)

610000－4010－0000077　B16－1
國朝先正事略六十卷　(清)李元度纂　清光緒十三年(1887)石印本　六冊　存四十五卷(一至二十、二十六至三十三、四十四至六十)

610000－4010－0000078　B16－2
國朝先正事略六十卷首一卷　(清)李元度纂　(清)許時庚重挍　清光緒十五年(1889)鉛

印本　九冊　存四十八卷(一至二十一、二十六至三十、三十一至三十七、四十七至六十，首一卷)

610000－4010－0000079　B19
歷代名臣言行録二十四卷　(清)朱桓編輯　(清)潘永季校定　清光緒二十六年(1900)石印本　八冊

610000－4010－0000080　B2
史記一百三十卷　(漢)司馬遷著　(南朝宋)裴駰集解　(唐)司馬貞索隱　(唐)張守節正義　清刻本　二十四冊

610000－4010－0000081　B20
欽定大清會典一百卷　(清)允祹等總裁　清刻本　十二冊　存五十四卷(一至二十九、五十四至七十八)

610000－4010－0000082　B21
錢穀備要十卷　(清)王又槐編輯　(清)羅允綏　(清)王又梧參訂　(清)陸天墀校字　清刻本　二冊　存二卷(七、九)

610000－4010－0000083　B22
大清律例集解四十卷　(清)沈之奇原註　(清)胡肇楷等增輯　(清)孫肇基粂校　(清)朱鈞　(清)林士楷校　清刻本　一冊　存一卷(八)

610000－4010－0000084　B23
駁案新編三十二卷　(清)全士潮輯　清刻本　六冊　存十卷(十五至二十四)

610000－4010－0000085　B24
[乾隆]臨安縣志四卷　(清)趙民治輯　清刻本　八冊

610000－4010－0000086　B25
[光緒]富平縣志稿十卷首一卷　樊增祥　(清)劉錕修　(清)譚麐纂　清光緒十七年(1891)刻本　十冊

610000－4010－0000087　B26
[光緒]新續渭南縣志十二卷　(清)嚴書麐修　(清)焦聯甲纂　清光緒十八年(1892)刻本　十冊

610000－4010－0000088　B27
[正德]武功縣志三卷首一卷　(明)康海纂　(清)孫景烈評註　(清)瑪星阿參訂　(清)耿性直　(清)孫景熙仝校　清乾隆二十六年(1761)刻本　一冊

610000－4010－0000089　B28
[嘉慶]靈石县志十二卷　(清)王志瀜纂修　(清)黃憲臣編次　(清)孫貽謨參訂　清嘉慶二十二年(1817)刻本　六冊

610000－4010－0000090　B29
[嘉慶]德平县志十卷首一卷　(清)鍾大受纂修　(清)張學文分校　清嘉慶元年(1796)刻本　四冊

610000－4010－0000091　B3
史记一百三十卷　(漢)司馬遷撰　(南朝宋)裴駰集解　(唐)司馬貞索隱　(唐)張守節正義　清末鉛印本　十五冊　存一百二十六卷(五至一百三十)

610000－4010－0000092　B30－1
[光緒]蒲城縣新志十三卷首一卷　(清)李體仁重修　(清)王學禮編纂　清刻本　一冊　存二卷(十二至十三)

610000－4010－0000093　B30－2
[光緒]蒲城縣新志十三卷首一卷　(清)李體仁修　(清)王學禮纂　清光緒刻本　一冊　存二卷(十二至十三)

610000－4010－0000094　B31
宸垣識畧十六卷　(清)吳長元輯　清刻本　六冊　存十二卷(五至十六)

610000－4010－0000095　B32－1
華嶽志八卷首一卷　(清)李榕纂輯　(清)楊翼武評閲　清刻本　二冊　存五卷(一、六至八,首一卷)

610000－4010－0000096　B32－2
華嶽志八卷首一卷　(清)李榕纂輯　(清)楊翼武評閲　清道光十一年(1831)刻本　四冊

610000－4010－0000097　B32－3
華嶽志八卷首一卷　(清)李榕纂輯　清光緒九年(1883)刻本　四册

610000－4010－0000098　B33
泰山志二十卷　(清)金棨錄　清刻本　八册

610000－4010－0000099　B35
欽定四庫全書簡明目錄二十卷首一卷　(清)紀昀等撰　清刻本　六册　存十二卷(一至十一、首一卷)

610000－4010－0000100　B36
欽定四庫全書總目二百卷首一卷　(清)紀昀等撰　清宣統二年(1910)石印本　三十二册

610000－4010－0000101　B37－1
新刻法筆驚天雷□□卷　(□)□□撰　清刻本　一册　存二卷(三至四)

610000－4010－0000102　B37－2
新刻法筆驚天雷八卷　(□)□□撰　清刻本　一册　缺三卷(四至六)

610000－4010－0000103　B39－1
御批歷代通鑑輯覽一百二十卷　(清)傅恒等纂　清光緒二十九年(1903)刻本　二十册

610000－4010－0000104　B39－2
御批歷代通鑑輯覽一百二十卷　(清)傅恒等纂　清光緒十三年(1887)上海同文書局石印本　二十册

610000－4010－0000105　B39－3
御批歷代通鑑輯覽一百二十卷　(清)傅恒等纂　清末鉛印本　十三册　存六十五卷(五十六至一百二十)

610000－4010－0000106　B4
史記一百三十卷　(漢)司馬遷著　(南朝宋)裴駰集解　(唐)司馬貞索隱　(唐)張守節正義　清嘉慶十一年(1806)刻本　十二册　存三十五卷(一至九、十五、一百六至一百三十)

610000－4010－0000107　B40－1
[乾隆]蒲城縣志十五卷　(清)張心鏡修　(清)吳泰來纂　清乾隆四十六年(1781)刻本　六册　存十四卷(一至二、四至十五)

610000－4010－0000108　B40－2
[乾隆]蒲城縣志十五卷　(清)張心鏡修　(清)吳泰來纂　清乾隆四十六年(1781)刻本　六册

610000－4010－0000109　B40－3
[乾隆]蒲城縣志十五卷　(清)張心鏡修　(清)吳泰來纂　清刻本　一册　存二卷(一至二)

610000－4010－0000110　B41
史記菁華錄六卷　(清)姚祖恩撰　清刻本　二册　存二卷(三、五)

610000－4010－0000111　B42
元史二百十卷　(明)宋濂等撰　清刻本　一册　存八卷(一百七十二至一百七十九)

610000－4010－0000112　B44
列仙傳二卷　(漢)劉向撰　(清)汪士漢校　清刻本　一册

610000－4010－0000113　B44
楚史檮杌不分卷　(清)汪士漢考校　清刻本　一册

610000－4010－0000114　B45
綱鑑會纂四十六卷　(明)王世貞著　清刻本　一册　存三卷(三十八至四十)

610000－4010－0000115　B46
嘉慶丙子科陝西鄉試題名錄(清嘉慶二十一年)不分卷　(清)顧皋等編　清刻本　一册

610000－4010－0000116　B47
刑部比照加減成案續編三十二卷首一卷　(清)許槤訂　清刻本　一册　存二卷(二十八至二十九)

610000－4010－0000117　B48
關學續編三卷　(清)王心敬著　清刻本　一册

610000－4010－0000118　B49
曾文正公奏稿三十六卷　(清)曾國藩著　清光緒鉛印本　二册　存七卷(五至八、十二至

十四)

610000－4010－0000119　B5
後漢書一百二十卷　(南朝宋)范曄撰　清初刻本　八冊　存三十一卷(一至五、十至二十八、九十六至九十九、一百七至一百九)

610000－4010－0000120　B50
曾文正公批牘六卷　(清)曾國藩著　清光緒鉛印本　一冊　存三卷(四至六)

610000－4010－0000121　B51
讀史方輿紀要一百三十卷　(清)顧祖禹撰　清末刻本　六十冊

610000－4010－0000122　B52
大清壹統輿圖三十卷首一卷中一卷　(清)胡林翼撰　清同治二年(1863)刻本　三十二冊

610000－4010－0000123　B53
嘉慶戊寅恩科陝西鄉試題名錄(清嘉慶二十三年)不分卷　(清)譚瑞東等編　清刻本　一冊

610000－4010－0000124　B54
嘉慶戊寅恩科陝西鄉試題名錄(清嘉慶二十三年)不分卷　(清)譚瑞東等編　清刻本　一冊

610000－4010－0000125　B6
汲冢周書十卷　(晉)孔晁注　(明)吳琯校　清刻本　二冊

610000－4010－0000126　B7
晉史乘不分卷　(清)汪士漢考校　清刻本　一冊

610000－4010－0000127　B8
資治通鑑綱目五十九卷　(宋)朱熹編　(清)朱烈校梓　清康熙二十八年(1689)刻本　五十六冊　存四十七卷(一至四、十至二十、二十八至五十九)

610000－4010－0000128　B9
尺木堂綱鑑易知錄九十二卷明紀十五卷　(清)吳乘權　(清)周之燦　(清)周之炯輯　清刻本　五冊　存十三卷(一至十三)

610000－4010－0000129　C1
新刻重校增補圓機活法詩學全書二十四卷　(明)王士貞校正　(明)楊淙叅閱　(明)蔣先庚重訂　明末刻本　十六冊

610000－4010－0000130　C10
事類賦三十卷　(宋)吳淑撰註　(明)華麟祥校刊　清刻本　一冊　存七卷(一至七)

610000－4010－0000131　C11
廣事類賦四十卷　(清)華希閔著　(清)尤紳叅　清刻本　一冊　存八卷(七至十四)

610000－4010－0000132　C12
中華古今注三卷　(五代)馬縞集　清刻本　一冊

610000－4010－0000133　C13
子史精華一百六十卷　(清)吳襄等纂修　清刻本　五十八冊　存一百四十四卷(一至一百十三、一百十六至一百三十九、一百五十一至一百五十四、一百五十八至一百六十)

610000－4010－0000134　C14
淵鑑類函四百五十卷目錄四卷　(清)張英等總裁　清刻本　一百九十一冊

610000－4010－0000135　C15
淵鑑類函四百五十卷目錄四卷　(清)張英等纂　清刻本　七十七冊　存一百七十七卷(二十七至四十三、六十四至九十、一百七至一百二十三、一百五十五至一百九十九、二百四十二至二百六十六、二百七十七至二百八十七、二百九十四至三百九、三百三十一至三百三十九、三百四十三至三百五十二)

610000－4010－0000136　C16
神農本草經讀四卷　(清)陳念祖著　(清)陳元豹　(清)陳元犀校　清同治七年(1868)陳修園公餘醫錄六種刻本　一冊

610000－4010－0000137　C17
張子全書九種　(宋)張載著　清刻本　七冊　存七種

610000－4010－0000138　C18

朱子語類一百四十卷 (宋)朱熹著 清光緒二年(1876)刻本 三十八册 存一百十一卷(一至六十四、八十至八十一、八十九至九十六、一百四至一百四十)

610000－4010－0000139 C19
福永堂彙鈔二卷 (清)約齋居士輯 清刻本 一册 存一卷(下)

610000－4010－0000140 C2
新刊校正增補圓機詩韻活法全書十四卷 (明)王士貞增校 (明)蔣先庚重訂 明末刻本 六册 存十一卷(一至九、十一至十二)

610000－4010－0000141 C20
課子隨筆鈔六卷 (明)張又渠輯 (清)夏錫疇鈔錄 清道光三十年(1850)刻本 六册

610000－4010－0000142 C21
六藝綱目二卷附録一卷 (元)舒天民述 (元)舒恭注 (明)趙宜中坿注 清光緒二十二年(1896)刻本 二册

610000－4010－0000143 C22
莊子因六卷 (清)林雲銘評述 清刻本 六册

610000－4010－0000144 C23
紀效新書十八卷首一卷 (明)戚繼光撰 清道光十年(1830)刻本 四册 存九卷(一至七、十八,首一卷)

610000－4010－0000145 C24
農桑輯要七卷 (元)司農司撰 清刻本 三册

610000－4010－0000146 C25
農桑輯要七卷 (元)司農司撰 清刻本 三册

610000－4010－0000147 C26
本草綱目五十二卷序例二卷藥品總目一卷圖三卷附瀕湖脈學一卷脈訣攷證一卷奇經八脈攷一卷 (清)李時珍編輯 清刻本 四十八册

610000－4010－0000148 C27
大生要旨五卷 (清)唐千頃纂 清刻本 一册 存三卷(三至五)

610000－4010－0000149 C28
景岳新方砭四卷 (清)陳念祖著 (清)陳元豹 (清)陳元犀校 清刻本 一册

610000－4010－0000150 C3
册府元龜一千卷目錄十卷 (宋)王欽若等編 (明)李嗣京条閱 (明)文翔鳳訂正 (明)黄國琦較釋 明刻本 四册 存十六卷(二十一至二十六,目錄十卷)

610000－4010－0000151 C30
説鈴後集十七種 (清)吳震方輯 清刻本 五册 存八種

610000－4010－0000152 C31
輟畊錄三十卷 (明)陶宗儀撰 明末清初刻本 八册

610000－4010－0000153 C32
四大奇書第一種十九卷 (清)毛宗崗評 清刻本 九册 存十卷(四至六、十、十四至十九)

610000－4010－0000154 C33
山海經廣注十八卷讀山海經語一卷雜述一卷圖五卷 (清)吳任臣注 清刻本 六册

610000－4010－0000155 C34
川主三神合傳不分卷 (清)陳懷仁編輯 (清)向京城参訂 (清)向時鳴校訛 清光緒十一年(1885)刻本 一册

610000－4010－0000156 C35
博物志十卷 (晉)張華撰 (清)汪士漢校 清刻本 一册

610000－4010－0000157 C36
文房肆攷圖説八卷 (清)唐秉鈞纂 (清)馮孝壽同参 清刻本 四册 存五卷(一至二、五至六、八)

610000－4010－0000158 C37
佛説大乘稻芉經不分卷 (唐)釋法成譯 清末鉛印本 一册

610000－4010－0000159　C38

好生救劫編五卷　(□)常存敬畏齋主人著　清光緒二十二年(1896)刻本　一册

610000－4010－0000160　C39

妙法蓮華經觀世音菩薩普門品一卷　(後秦)釋鳩摩羅什譯　清刻本　一册

610000－4010－0000161　C4

寄傲山房塾課新增幼學故事瓊林四卷首一卷　(清)程允升撰　(清)鄒聖脈增補　(清)謝梅林　(清)鄒可庭參訂　清刻本　四册

610000－4010－0000162　C40

妙法蓮華經觀世音菩薩普門品一卷　(後秦)釋鳩摩羅什譯　清刻本　一册

610000－4010－0000163　C44

正蒙韻文不分卷　(□)□□撰　清刻本　一册

610000－4010－0000164　C45

芥子園畫傳六卷　(清)王槩摹繪　清刻本　二册　存三卷(一至二、六)

610000－4010－0000165　C46

廣廣事類賦三十二卷　(清)吳世旃注　清刻本　五册　存二十七卷(六至三十二)

610000－4010－0000166　C47

分類代言四卷　(清)爾爾埜人撰　清刻本　四册

610000－4010－0000167　C48

評註圖像水滸傳三十五卷七十回　(清)金聖嘆書　清刻本　一册　存三卷(十四至十六)

610000－4010－0000168　C49

醫學實在易八卷　(清)陳念祖著　清光緒十八年(1892)刻本　一册　存四卷(一至四)

610000－4010－0000169　C5

重訂事類賦三十卷　(宋)吳淑撰註　(明)華麟祥校刊　清道光二十七年(1847)刻本　六册

610000－4010－0000170　C50

孫子參同五卷　(明)李贄撰　明刻朱墨印本　二册　存二卷(四至五)

610000－4010－0000171　C6

重訂廣事類賦四十卷　(清)華希閔著　(清)鄒升恒參　(清)華希閎重訂　清刻本　七册　存三十七卷(四至四十)

610000－4010－0000172　C7

事類賦補遺十四卷　(清)張均撰註　清刻本　一册　存三卷(九至十一)

610000－4010－0000173　C8

增補事類統編九十三卷首一卷　(清)黄葆真增輯　清刻本　十四册　存三十二卷(二十五至二十六、三十至三十二、三十九至四十、四十三至四十六、五十至六十、七十至七十六、八十二至八十四)

610000－4010－0000174　C9

續廣事類賦三十卷　(清)王鳳喈譔註　(清)王仕偉校錄　清刻本　八册

610000－4010－0000175　CS1

抗希堂十六種　(清)方苞著　清刻本　六十一册

610000－4010－0000176　CS2

抗希堂十六種　(清)方苞著　清刻本　十二册　存九種

610000－4010－0000177　D1

漢丞相諸葛忠武侯列傳一卷　(宋)張栻重修　清末石印本　一册

610000－4010－0000178　D10

太白山人槲葉集五卷南遊草一卷附補遺一卷附刊一卷　(清)李柏著　清宣統三年(1911)刻本　六册　存五卷(太白山人槲葉集五卷)

610000－4010－0000179　D11

池陽吟草二卷續草一卷　(清)余庚陽撰　清刻本　三册

610000－4010－0000180　D12

翠筠館詩存二卷　(清)魁玉撰　清同治七年(1868)刻本　一册　存一卷(上)

610000－4010－0000181　D13

陳文恭公手札節要四卷　(清)陳宏謀撰　清宣統元年(1909)石印本　二册

610000－4010－0000182　D14
弱水集二十二卷　(清)屈復著　清末抄本　六册

610000－4010－0000183　D15
杜詩詳註二十五卷　(清)仇兆鰲輯註　清刻本　十一册　存二十二卷(二至二十一、二十四至二十五)

610000－4010－0000184　D16
枕善堂尺牘一隅二十卷　(清)陳大溶著　(清)陸光宗系　(清)劉儀校　清刻本　二册　存四卷(二、十五至十七)

610000－4010－0000185　D17
切問齋集十六卷　(清)陸燿撰　清乾隆刻本　二册　存四卷(十三至十六)

610000－4010－0000186　D18
增訂古文集解八卷　(清)程潤德評註　清嘉慶元年(1796)刻本　八册

610000－4010－0000187　D19
古文析義六卷　(清)林雲銘評註　(清)鄭郏等校　清刻本　六册

610000－4010－0000188　D2
唐陸宣公集二十二卷附年譜輯畧一卷　(唐)陸贄著　(清)周右　(清)吳紹沅重校刊　清嘉慶二十三年(1818)刻本　六册　存十八卷(一至三、七至十四、十七至二十二,年譜輯畧一卷)

610000－4010－0000189　D20
古文釋義新編八卷　(清)余誠評註　(清)余芝系閱　清嘉慶五年(1800)刻本　八册

610000－4010－0000190　D21
經世文要八卷　(清)李元春評輯　(清)李來校　(清)李維訂　清道光十八年(1838)刻本　八册

610000－4010－0000191　D22
古唐詩合解十二卷　(清)王堯衢註　清刻本　五册

610000－4010－0000192　D23
全唐詩九百卷　(清)曹寅等編　清末石印本　十三册　存十五卷(九至二十三)

610000－4010－0000193　D24
新鐫千家詩五言絕句四卷　(清)宏道堂書林重輯　清刻本　一册

610000－4010－0000194　D25
全五代詩一百卷　(清)李調元編　清末刻本　六册　存三十八卷(六十三至一百)

610000－4010－0000195　D26
古文喈鳳新編八卷　(清)汪基鈔輯　清末刻本　七册　存七卷(二至八)

610000－4010－0000196　D27
五十名家書札十二卷　(清)陸心源輯　清光緒二十年(1894)石印本　四册

610000－4010－0000197　D28
皇朝經世文續編一百二十卷　(清)葛士濬輯　清光緒二十四年(1898)石印本　二十四册

610000－4010－0000198　D29
皇朝經世文新增續編一百二十卷　(清)葛士濬輯　清末鉛印本　一册　存三卷(五至七)

610000－4010－0000199　D3
杜工部全集六十六卷目錄六卷　(唐)杜甫著　明萬曆四十年(1612)刻本　十册

610000－4010－0000200　D30－1
皇朝經世文編一百二十卷姓名總目二卷　(清)賀長齡輯　清光緒十三年(1887)上海點石齋石印本　十二册

610000－4010－0000201　D30－2
皇朝經世文編一百二十卷　(清)賀長齡輯　清末刻本　八册　存十二卷(十一至二十二)

610000－4010－0000202　D31
大題文精選不分卷　(□)□□撰　清刻本　二册

610000－4010－0000203　D32

小題文精選不分卷　(□)□□撰　清刻本　二册

610000－4010－0000204　D33
秦文歸十卷　(明)鍾惺選評　(明)張煜如裁定　(明)朱東観叅閲　明末刻本　六册

610000－4010－0000205　D34
六臣註文選六十卷　(南朝梁)蕭統撰　(唐)李善等註　清康熙二十四年(1685)刻本　三十八册　存五十八卷(一至四十三、四十六至六十)

610000－4010－0000206　D35
文選六十卷　(南朝梁)蕭統撰　(唐)李善注　清刻本　五册　存十五卷(三至十七)

610000－4010－0000207　D36
昭明文選集成六十卷首一卷　(清)方廷珪評點　(清)方輝祖校刻　清乾隆三十年(1765)刻本　八册　存三十一卷(一至六、十一至十八、三十三至四十三、五十六至六十,首一卷)

610000－4010－0000208　D37
文選六十卷　(唐)李善注　清乾隆二十四年(1759)刻本　十五册　存五十五卷(一至四十七、五十三至六十)

610000－4010－0000209　D38
意中緣傳奇二卷　(清)李漁編次　清刻本　一册　存一卷(下之上)

610000－4010－0000210　D39
漢文歸二十卷　(明)鍾惺選評　明末刻本　四册　存四卷(一至四)

610000－4010－0000211　D40
望溪先生集外文補遺二卷　(清)方苞撰　(清)戴鈞衡編栞　清刻本　一册

610000－4010－0000212　D41
[道光丁酉]福建鄉試第九房同門卷不分卷　(□)□□撰　清刻本　一册

610000－4010－0000213　D47
湘綺樓詩八卷　王闓運著　清刻本　二册　存七卷(一至七)

610000－4010－0000214　D48
湘綺樓文集八卷　王闓運撰　清刻本　四册

610000－4010－0000215　D49
呂新吾先生去偽齋文集十卷　(明)呂坤著　清康熙十三年(1674)刻本　四册　存四卷(三、七至八、十)

610000－4010－0000216　D5
劍南詩鈔不分卷　(宋)陸游著　(清)楊大鶴選　(清)許貞幹校　清末石印本　二册

610000－4010－0000217　D50
東周列國全志二十七卷一百八十回　(清)蔡界評點　清刻本　三册　存三卷(十五至十六、二十二)

610000－4010－0000218　D51
聊齋志異十六卷　(清)蒲松齡著　(清)王士正評　清刻本　四册　存四卷(十二、十四至十六)

610000－4010－0000219　D52－1
西山先生真文忠公文章正宗讀本不分卷　(宋)真德秀輯　(清)李翰熙編校　清刻本　一册　存(左傳)

610000－4010－0000220　D52－2
西山先生真文忠公續文章正宗讀本不分卷　(宋)真德秀輯　(清)李翰熙編校　清刻本　一册　存(南豐集)

610000－4010－0000221　D53
江漢炳靈集二卷　(清)張之洞選　清同治十三年(1874)刻本　三册

610000－4010－0000222　D54
紅樓夢一百二十回　(清)曹雪芹　(清)高鶚撰　清刻本　二册　存十回(八十一至九十)

610000－4010－0000223　D55
御選唐宋詩醇四十七卷目錄二卷　(清)高宗弘曆選　清刻本　一册　存四卷(三十至三十三)

610000－4010－0000224　D56
新刻劍嘯閣批評西漢演義傳八卷　(明)甄偉

撰　清刻本　一冊　存二卷(三至四)

610000－4010－0000225　D57

光緒壬午科陝西闈墨不分卷　(清)李邵鑒定　清光緒八年(1882)刻本　一冊

610000－4010－0000226　D58

今古奇觀四十卷　(明)抱甕主人選　清刻本　一冊　存四卷(五至八)

610000－4010－0000227　D59

憶舊文不分卷　(□)□□著　清刻本　二冊

610000－4010－0000228　D6

苑洛集二十二卷　(明)韓邦奇撰　清道光八年(1828)刻本　十冊

610000－4010－0000229　D60

來紫堂合集三卷　(清)李天秀等撰　清刻本　一冊　存一卷(三)

610000－4010－0000230　D61

臯蘭課業經訓約編十四種　(清)盛元珍輯　清刻本　六冊　存五種(易、左傳、禮記上、周禮、性理)

610000－4010－0000231　D62

河東先生文集六卷　(唐)柳宗元撰　清宣統二年(1910)上海會文堂石印本　六冊

610000－4010－0000232　D7

空同子集六十六卷目錄三卷附錄二卷　(明)李夢陽撰　(明)鄧雲霄校　明末刻本　九冊　存六十五卷(一至十八、二十五至六十六,目錄三卷,附錄二卷)

610000－4010－0000233　D8

葛端肅公文集十八卷　(明)葛守禮撰　清刻本　八冊

610000－4010－0000234　D9

太華山人詩存五卷　(清)王益謙撰　清同治元年(1862)刻本　二冊

610000－4010－0000235　XX1

增訂格物入門七卷　(美國)丁韙良著　(清)姚治安重刊　清末刻本　一冊　存一卷(三)

610000－4010－0000236　XX2

中外時務策府統宗四十四卷　(清)文盛書局主人編輯　清光緒二十三年(1897)上海文盛堂石印本　二十冊

610000－4010－0000237　XX3

測繪淺説一卷　(清)陝西布政使司編　清光緒十六年(1890)刻本　一冊

610000－4010－0000238　XX4

外交報　張元濟等編譯　清末鉛印本　一冊　存一期(一百七十五)

610000－4010－0000239　XX5

平時國際公法　(□)□□編　清刻本　一冊

陝西省韓城市司馬遷圖書館古籍普查登記目録

全國古籍普查登記目録

國家圖書館出版社
National Library of China Publishing House

610000－4012－0000001　400029

曾文正公奏稿三十六卷　（清）曾國藩撰　清刻本　十三册　存十三卷（十八至三十）

610000－4012－0000002　100001

附釋音周禮注疏四十二卷　（唐）賈公彦疏（唐）陸德明釋文　**附校勘記四十二卷**　（清）阮元撰　清嘉慶二十年（1815）江西南昌府學刻本　二十册

610000－4012－0000003　100002

監本附音春秋穀梁注疏二十卷　（晉）范甯集解　（唐）楊士勛疏　**附校勘記二十卷**　（清）阮元撰　清嘉慶二十年（1815）江西南昌府學刻本　六册

610000－4012－0000004　100003

附釋音尚書注疏二十卷　（唐）孔穎達撰　**附校勘記二十卷**　（清）阮元撰　清嘉慶二十年（1815）江西南昌府學刻本　十册

610000－4012－0000005　100004

監本附音春秋公羊注疏二十八卷　（漢）何休注　（唐）徐彦疏　（唐）陸德明音義　**附校勘记二十八卷**　（清）阮元撰　清嘉慶二十年（1815）江西南昌府學刻本　十二册

610000－4012－0000006　100005

爾雅疏十卷　（宋）邢昺撰　**附校勘記十卷**（清）阮元撰　清嘉慶二十年（1815）江西南昌府學刻本　七册

610000－4012－0000007　100006

論語注疏解經二十卷　（三國魏）何晏集解（宋）邢昺疏　**附校勘記二十卷**　（清）阮元撰　清嘉慶二十年（1815）江西南昌府學刻本　十四册

610000－4012－0000008　100007

附釋音春秋左傳注疏六十卷　（唐）孔穎達撰　（唐）陸德明釋文　**附校勘記六十卷**　（清）阮元撰　清嘉慶二十年（1815）江西南昌府學刻本　三十二册

610000－4012－0000009　100008

釋音毛詩注疏二十卷　（漢）鄭玄箋　（唐）孔穎達疏　（唐）陸德明音釋　**附校勘記二十卷**（清）阮元撰　（清）盧宣旬摘錄　清嘉慶二十年（1815）江西南昌府學刻本　二十四册

610000－4012－0000010　100009

附釋音禮記注疏六十三卷　（漢）鄭玄注（唐）孔穎達撰　（唐）陸德明釋文　**附校勘記六十三卷**　（清）阮元撰　清嘉慶二十年（1815）江西南昌府學刻本　三十二册

610000－4012－0000011　100010

儀禮疏五十卷　（唐）賈公彦等撰　**附校勘記五十卷**　（清）阮元撰　清嘉慶二十年（1815）江西南昌府學刻本　十八册

610000－4012－0000012　100011

周易兼義十卷　（三國魏）王弼　（晉）韓康伯注　（唐）孔穎達疏　**附校勘記十卷**　（清）阮元撰　（清）盧宣旬摘錄　清嘉慶二十年（1815）江西南昌府學刻本　八册

610000－4012－0000013　100090

康熙字典十二集附總目一卷檢字一卷辨似一卷等韻一卷備考一卷補遺一卷　（清）張玉書等撰　清光緒元年（1875）湖北崇文書局刻本　三十九册

610000－4012－0000014　100012

周禮註疏刪翼三十卷　（明）王志長輯　清乾隆六十年（1795）刻本　十四册　缺二卷（二十七至二十八）

610000－4012－0000015　100013

爾雅疏十一卷　（宋）邢昺等校定　清光緒二十年（1894）陕甘味經刊書處刻本　七册　缺四卷（二、六、十至十一）

610000－4012－0000016　100014

爾雅疏十卷　（宋）邢昺等校定　**附校勘記十卷**　（清）阮元撰　清嘉慶二十年（1815）江西南昌府學刻本　八册

610000－4012－0000017　100015

附釋音毛詩注疏二十卷　（漢）鄭玄注　（唐）孔穎達疏　清光緒二十年（1894）刻本　三十一册　缺一卷（一）

610000－4012－0000018　100016
周禮註疏校勘記四十二卷　(清)阮元撰　(清)盧宣旬錄　清光緒二十六年(1900)刻本　二十五冊

610000－4012－0000019　100017
易經體注大全會解四卷　(清)來爾繩纂輯　清嘉慶十三年(1808)刻本　二冊

610000－4012－0000020　100018
四書體注七卷　(清)范翔參訂　清嘉慶五年(1800)銅板印本　六冊

610000－4012－0000021　100019
全本禮記體註十卷　(清)范翔原定　(清)徐敬軒補輯　清刻本　五冊　存五卷(六至十)

610000－4012－0000022　100020
禮記十卷　(元)陳澔集說　清同治十年(1871)刻本　十冊

610000－4012－0000023　100021
漱芳軒合纂禮記體註四卷　(清)范翔輯　清道光十三年(1833)刻本　四冊

610000－4012－0000024　100022
詩經體注八卷　(清)沈世楷輯　清刻本　四冊

610000－4012－0000025　100023
易經體注大全會解四卷　(清)來爾繩纂輯　清刻本　二冊　存二卷(一至二)

610000－4012－0000026　100024
易經體註大全合叅四卷　(清)李兆賢輯　(清)來木臣參訂　清刻本　四冊

610000－4012－0000027　100025
易經體註大全合叅四卷　(清)李兆賢輯　(清)來木臣參訂　清刻本　四冊

610000－4012－0000028　100026
禮記十卷　(元)陳澔集說　清刻本　九冊　缺一卷(三)

610000－4012－0000029　100027
全本禮記體註十卷　(清)范翔原定　(清)徐敬軒補輯　清刻本　五冊　存五卷(一至五)

610000－4012－0000030　100028
書經體註大全合叅六卷　(清)錢希祥纂輯　清乾隆四十三年(1778)刻本　四冊

610000－4012－0000031　100029
中庸章句本義匯參六卷　(清)王步青輯　清刻本　五冊

610000－4012－0000032　100030
中庸章句本義匯參六卷　(清)王步青輯　清刻本　四冊

610000－4012－0000033　100031
禮記約編十卷　(清)汪基鈔撰　(清)江永校纂　清雍正十年(1732)刻本　四冊　存六卷(一至六)

610000－4012－0000034　100032
論語集注本義匯叅二十卷首一卷　(清)王步青輯　(清)王士蘢編　清刻本　九冊　存十二卷(一至十二、首一卷)

610000－4012－0000035　100033
左繡三十卷首一卷　(清)馮李驊　(清)陸浩評輯　清嘉慶七年(1802)刻本　十二冊

610000－4012－0000036　100034
四書章句本義匯叅四十三卷　(清)王步青輯　(清)王士蘢編　清刻本　二十六冊　存四十一卷(大學三、中庸一至七、論語一至二十一、孟子一至十二)

610000－4012－0000037　100035
孟子集注本義匯參十四卷首一卷　(清)王步青輯　(清)王士蘢編　清刻本　十三冊

610000－4012－0000038　100036
四書章句集註十九卷　(宋)朱熹章句　清光緒十二年(1886)刻本　六冊

610000－4012－0000039　100037
毛詩二十卷　(漢)鄭玄箋　清刻本　三冊　存十七卷(四至二十)

610000－4012－0000040　100038
左繡三十卷首一卷　(清)馮李驊　(清)陸浩評輯　清刻本　六冊　存十六卷(一至十六)

610000－4012－0000041　100039
孟子集註本義匯衆二十卷　(清)王步青輯　清刻本　十一冊　存十九卷(二至二十)

610000－4012－0000042　100040
孟子集註本義滙衆十四卷首一卷　(清)王步青輯　(清)王士虀編　清刻本　八冊　存十一卷(一至八、十三至十四,首一卷)

610000－4012－0000043　100041
禮記十卷　(元)陳澔集說　清光緒十二年(1886)刻本　十冊

610000－4012－0000044　100042
書經六卷　(宋)蔡沈集傳　清刻本　三冊

610000－4012－0000045　100043
禮記十卷　(元)陳澔集說　明刻本　十冊

610000－4012－0000046　100044
欽定禮記義疏八十二卷首一卷　(清)允祿等撰　清刻本　四十五冊　缺四卷(七十一至七十四)

610000－4012－0000047　100045
欽定禮記義疏八十二卷首一卷　(清)允祿等撰　清刻本　四十一冊　缺十一卷(一至八、二十一至二十二、八十)

610000－4012－0000048　100046
欽定禮記義疏八十二卷首一卷　(清)允祿等撰　清刻本　四十四冊

610000－4012－0000049　100047
欽定周官義疏四十八卷　(清)鄂爾泰等撰　清刻本　二十七冊

610000－4012－0000050　100048
欽定儀禮義疏四十八卷首二卷　(清)允祿等撰　清刻本　三十一冊

610000－4012－0000051　100049
欽定儀禮義疏四十八卷首二卷　(清)允祿等撰　清刻本　四十冊

610000－4012－0000052　100050
欽定儀禮義疏四十八卷首二卷　(清)允祿等撰　清刻本　三十冊

610000－4012－0000053　100051
欽定周官義疏四十八卷首一卷　(清)鄂爾泰修　清刻本　二十三冊　缺二卷(十五至十六)

610000－4012－0000054　100052
欽定周官義疏四十八卷首一卷　(清)鄂爾泰等撰　清刻本　二十三冊　缺二卷(十七至十八)

610000－4012－0000055　100053
欽定春秋傳說彙纂三十八卷首二卷　(清)王掞等撰　清刻本　二十冊

610000－4012－0000056　100054
欽定詩經傳說彙纂二十一卷首二卷詩序二卷　(清)王鴻緒撰　(清)揆敘撰　清刻本　二十二冊　缺二卷(十七、十九)

610000－4012－0000057　100055
欽定詩經傳說彙纂二十一卷首二卷詩序二卷　(清)王鴻緒撰　(清)揆敘撰　清同治十一年(1872)刻本　十八冊　缺一卷(一)

610000－4012－0000058　100056
欽定春秋傳說彙纂三十八卷首二卷　(清)王掞等撰　清同治十一年(1872)刻本　二十四冊

610000－4012－0000059　100057
欽定春秋傳說彙纂三十八卷首二卷　(清)王掞等撰　清刻本　二十四冊

610000－4012－0000060　100058
欽定書經傳說彙纂二十一卷首二卷書序一卷　(清)王頊齡等撰　清同治十一年(1872)刻本　十六冊

610000－4012－0000061　100059
欽定詩經傳說彙纂二十一卷首二卷詩序二卷　(清)王鴻緒撰　(清)揆敘撰　清刻本　二十四冊

610000－4012－0000062　100060
欽定詩經傳說彙纂二十一卷首二卷詩序二卷　(清)王鴻緒等撰　清雍正五年(1727)刻本

十六冊

610000－4012－0000063　100061

欽定詩經傳說彙纂二十一卷首二卷詩序二卷　(清)王鴻緒等撰　清雍正五年(1727)刻本　二十四冊

610000－4012－0000064　100062

欽定詩經傳說彙纂二十一卷首二卷詩序二卷　(清)王鴻緒等撰　清雍正八年(1730)刻本　十八冊　缺二卷(詩序二卷)

610000－4012－0000065　100063

四音釋義十二集　(清)鄭長庚輯　清刻本(子集配抄本)　十二冊

610000－4012－0000066　100064

欽定詩經傳說彙纂二十一卷首二卷詩序二卷　(清)王鴻緒等撰　清雍正八年(1730)刻本　十二冊　缺十三卷(一至十、十八至二十)

610000－4012－0000067　100065

御纂周易折中二十二卷首一卷　(清)李光地等撰　清康熙五十四年(1715)刻本　十二冊

610000－4012－0000068　100066

御纂周易折中二十二卷首一卷　(清)李光地等撰　清同治十年(1871)刻本　十一冊　缺三卷(十六至十八)

610000－4012－0000069　100067

御纂周易折中二十二卷首一卷　(清)李光地等撰　清康熙五十四年(1715)刻本　十二冊

610000－4012－0000070　100068

四書集注□□卷　(宋)朱熹集註　清刻本　四冊　存十七卷(論语集注一至十、孟子集注一至七)

610000－4012－0000071　100069

四書反身錄四卷　(清)李顒口授　(清)王心敬錄　清刻本　二冊　存二卷(一至二)

610000－4012－0000072　100070

四書左國彙纂四卷　(清)高其名　(清)鄭師成纂　清刻本　二冊

610000－4012－0000073　100071

四書朱子本義匯參四十三卷首四卷　(清)王步青輯　清乾隆十年(1745)刻本　二十四冊　存三十七卷(大學一至三、首一卷,中庸一至六、首一卷,論語一至十、首一卷,孟子一至十四、首一卷)

610000－4012－0000074　100072

四書疏注撮言大全三十七卷　(宋)朱熹章句　(清)胡蓉芝輯　清刻本　二十冊　存二十七卷(大學一、中庸一至二、論語一至十、孟子一至十四)

610000－4012－0000075　100073

四書類典賦二十四卷年譜二卷　(清)甘紱著　清嘉慶二年(1797)刻本　三冊　存十三卷(一至十一、年譜二卷)

610000－4012－0000076　100074

監本四書十九卷　(宋)朱熹集注　清光緒刻本　六冊

610000－4012－0000077　100075

四書題鏡三十六卷　(清)汪鯉翔纂述　清嘉慶六年(1801)刻本　十六冊

610000－4012－0000078　100076

四書述要旁訓十九卷　(清)楊玉緒著　清刻本　二冊　存七卷(大學一、中庸一、論語一至五)

610000－4012－0000079　100077

四書章句集註十九卷　(宋)朱熹章句　清光緒十八年(1892)刻本　六冊

610000－4012－0000080　100078

四書大全　(清)汪武曹輯　清刻本　十三冊

610000－4012－0000081　100079

關中書院大學講義一卷中庸講義一卷論語講義四卷孟子講義三卷四書講義補二卷　(清)孫景烈著　清乾隆三十四年(1769)刻本　四冊

610000－4012－0000082　100080

春秋繁露十七卷附錄一卷漢廣川董子集一卷下馬陵詩文集二卷　(漢)董仲舒著　(明)孫

鑛等評　(明)朱養和訂　清乾隆十三年(1748)刻本　六冊

610000－4012－0000083　100081

四書字詁七十四卷　(清)段諤廷撰　(清)黄本驥編　清刻本　十四冊　缺十八卷(一至二、三十三至四十八)

610000－4012－0000084　100082

字學舉隅不分卷　(清)龍啟瑞撰　清同治十年(1871)刻本　二冊

610000－4012－0000085　100084

欽定四書文選不分卷　(清)方苞等選評　清刻本　十九冊

610000－4012－0000086　100085

康熙字典十二集　(清)張玉書等撰　清刻本　二十六冊　存九集(子、丑上中、寅至申)

610000－4012－0000087　100086

韻偶便蒙二卷　(清)劉學文編　(清)劉邦殿箋註　清道光二十二年(1842)刻本　一冊

610000－4012－0000088　100087

康熙字典十二集　(清)張玉書等撰　清刻本　三十冊　缺二卷(子至丑)

610000－4012－0000089　100088

天聖明道本國語二十一卷　(清)汪遠孫撰　清光緒二十二年(1896)石印本　三冊

610000－4012－0000090　100089

四書貫解十九卷　(清)朱良玉纂輯　清刻本　四冊

610000－4012－0000091　100091

康熙字典十二集附總目一卷檢字一卷辨似一卷等韻一卷備考一卷補遺一卷　(清)張玉書等撰　清刻本　四十冊

610000－4012－0000092　100092

爾雅蒙求二卷　(清)李拔式撰　清同治十二年(1873)刻本　二冊

610000－4012－0000093　100093

欽定書經傳説彙纂二十一卷首二卷書序一卷　(清)王頊齡等撰　清雍正八年(1730)刻本　二冊　存三卷(二、首二卷)

610000－4012－0000094　100094

四音釋義十二集　(清)鄭長庚輯　清刻本　二冊　存五集(午至申、戌至亥)

610000－4012－0000095　100095

新增説文韻府羣玉二十卷　(元)陰時夫編輯　(元)陰中夫編註　清刻本　二十冊

610000－4012－0000096　100096

新增説文韻府羣玉二十卷　(元)陰時夫編輯　(元)陰中夫編註　清刻本　十冊　存十卷(十一至二十)

610000－4012－0000097　100097

董子春秋繁露十七卷　(漢)董仲舒撰　清光緒二年(1876)浙江書局刻本　二冊　存十六卷(一至十六)

610000－4012－0000098　100098

左繡三十卷首一卷　(清)馮李驊　(清)陸浩評輯　清刻本　十六冊

610000－4012－0000099　100099

四書大全摘要二十卷　(清)李武纂輯　清刻本　六冊　存十一卷(論語一至八、孟子五至七)

610000－4012－0000100　100100

儀禮約編二卷　(清)汪基撰鈔　(清)江永較纂　清光緒三十二年(1906)陝西學務公所鉛印本　一冊

610000－4012－0000101　100101

禮記約編五卷　(清)汪基鈔譔　(清)江永校纂　清光緒三十二年(1906)陝西學務公所鉛印本　五冊

610000－4012－0000102　100102

禮記約編五卷　(清)汪基鈔譔　(清)江永校纂　清光緒三十二年(1906)陝西學務公所鉛印本　五冊

610000－4012－0000103　100103

六書音韻表五卷　(清)段玉裁撰　清同治十一年(1872)刻本　六冊

610000－4012－0000104　100104
小學句讀記六卷　（明）陳選點　（清）王建常記　清同治十二年（1873）刻本　五冊

610000－4012－0000105　100105
小學六卷　（清）陳鎣集註　清刻本　二冊

610000－4012－0000106　100106
小學句讀記六卷　（明）陳選點　（清）王建常記　清順治五年（1648）刻本　五冊

610000－4012－0000107　100107
儀禮約編二卷　（清）汪基撰鈔　（清）江永較纂　清光緒三十二年（1906）陝西學務公所鉛印本　一冊

610000－4012－0000108　100108
周禮約編六卷　（清）汪基鈔譔　（清）江永校（清）陳士謙叅訂　清光緒三十二年（1906）陝西學務公所鉛印本　三冊

610000－4012－0000109　100109
周禮約編六卷　（清）汪基鈔譔　（清）江永校（清）陳士謙叅訂　清光緒三十二年（1906）陝西學務公所鉛印本　三冊

610000－4012－0000110　100111
四書左國彙纂四卷　（清）高其名　（清）鄭師成撰　清刻本　六冊

610000－4012－0000111　100112
五禮通考二百六十二卷首四卷總目二卷（清）秦蕙田撰　清光緒二十二年（1896）新化三味堂刻本　一百二十冊

610000－4012－0000112　100113
五經類編二十八卷　（清）周世樟輯　清乾隆五十一年（1786）刻本　十五冊

610000－4012－0000113　100114
五經類編二十八卷　（清）周世樟輯　清刻本　二冊　存十五卷（一至十五）

610000－4012－0000114　100115
評點春秋綱目左傳句解彙雋六卷　（清）韓菼重訂　清刻本　二冊

610000－4012－0000115　100116
書經六卷　（宋）蔡沈集注　清石印本　四冊

610000－4012－0000116　100117
春秋經傳集解三十卷首一卷　（晉）杜預撰（唐）陸德明音釋　（宋）林堯叟附注　（清）馮李驊增訂　清乾隆五十九年（1794）刻本　八冊　存十六卷（一至十五、首一卷）

610000－4012－0000117　100118
三字經注解備旨二卷　（宋）王應麟撰　（清）賀興思註解　清刻本　一冊　存一卷（下）

610000－4012－0000118　100119
評點春秋綱目左傳句解彙雋六卷　（清）韓菼重訂　清刻本　三冊

610000－4012－0000119　100120
如酉所刻諸名家評點春秋綱目左傳句解彙雋六卷　（清）韓菼重訂　清刻本　六冊　存五卷（一至五）

610000－4012－0000120　100121
如酉所刻諸名家評點春秋綱目左傳句解彙雋六卷　（清）韓菼重訂　清刻本　六冊

610000－4012－0000121　100122
左傳易讀六卷　（清）司徒修輯　清刻本　四冊　存四卷（三至六）

610000－4012－0000122　100123
詩經八卷首一卷　（宋）朱熹集傳　清光緒三十四年（1908）陝西學務公所圖書局鉛印本　七冊

610000－4012－0000123　100124
春秋經傳集解三十卷首一卷　（晉）杜預撰（唐）陸德明音釋　（宋）林堯叟附注　（清）馮李驊增訂　清嘉慶十六年（1811）刻本　八冊　存十六卷（一至十六）

610000－4012－0000124　100125
春秋經傳集解三十卷首一卷　（晉）杜預撰（唐）陸德明音釋　（宋）林堯叟附注　（清）馮李驊增訂　清嘉慶十六年（1811）刻本　十二冊

610000－4012－0000125　100126

春秋經傳集解三十卷首一卷　(晉)杜預撰　(唐)陸德明音釋　(宋)林堯叟附注　(清)馮李驊增訂　清刻本　八册　存十五卷(十六至三十)

610000－4012－0000126　100127
左繡三十卷首一卷　(清)馮李驊　(清)陸浩評輯　清刻本　十二册

610000－4012－0000127　100128
周禮注疏刪翼三十卷　(明)王志長輯　清刻本　四册　存四卷(九、十一至十二、十四)

610000－4012－0000128　100129
羣經字詁七十二卷　(清)段諤廷撰　(清)黄本驥編　清道光二十九年(1849)刻本　二十册

610000－4012－0000129　100130
説文解字三十二卷　(清)段玉裁注　清同治十一年(1872)湖北崇文書局刻本　二十四册

610000－4012－0000130　100131
説文解字三十二卷　(清)段玉裁注　清同治十一年(1872)湖北崇文書局刻本　十八册

610000－4012－0000131　100132
易經大全會解四卷　(清)來爾繩纂　清光緒五年(1879)刻本　三册

610000－4012－0000132　100133
詩經喈鳳詳解八卷　(清)陳抒孝輯著　(清)汪基增訂　清雍正十三年(1735)刻本　四册

610000－4012－0000133　100134
易經精華六卷末一卷　(清)薛嘉穎編　清道光十二年(1832)刻本　三册

610000－4012－0000134　100135
詩經審鵠要解五卷　(清)林錫齡輯　清刻本　六册

610000－4012－0000135　100136
勉學堂中庸講義不分卷　(清)孫景烈著　清乾隆三十四年(1769)刻本　一册

610000－4012－0000136　100137
禮記心典傳本三卷　(清)胡瑤光輯　清康熙三十二年(1693)刻本　四册

610000－4012－0000137　100138
禮器圖説五卷　(清)汪基撰　清光緒三十三年(1907)陝西學務公所鉛印本　一册

610000－4012－0000138　100139
周易筮述八卷　(清)王宏撰著　清乾隆五十八年(1793)刻本　四册

610000－4012－0000139　100140
新訂詩經附考備旨八卷圖説一卷　(清)陳抒孝輯解　(清)汪基增評　清道光三年(1823)刻本　四册

610000－4012－0000140　100141
詩經融註大全體要八卷　(清)高朝瓔定　(清)沈世楷輯　清光緒五年(1879)刻本　四册

610000－4012－0000141　100142
禮記圖説五卷　(□)□□編　清光緒三十三年(1907)陝西學務公所鉛印本　一册

610000－4012－0000142　100143
詩八卷　(宋)朱熹集傳　清刻本　四册

610000－4012－0000143　100144
孝經一卷　(唐)玄宗李隆基注　(唐)陸德明音義　清光緒三十二年(1906)刻本　一册

610000－4012－0000144　100145
女孝經一卷　(唐)鄭氏撰　清光緒二十八年(1902)西安刻本　一册

610000－4012－0000145　100146
周禮十二卷　(漢)鄭玄注　(唐)陸德明音義　清光緒十二年(1886)刻本　六册

610000－4012－0000146　200001
史記一百三十卷　(漢)司馬遷撰　(南朝宋)裴駰集解　(唐)司馬貞索隱　(唐)張守節正義　清同治十一年(1872)成都書局刻本　二十六册

610000－4012－0000147　200002
史記一百三十卷　(漢)司馬遷撰　(南朝宋)裴駰集解　(唐)司馬貞索隱　(唐)張守節正

義　清光緒十年(1884)上海同文書局石印本　二十六册　缺二十卷(六、二十一至二十三、七十二至七十八、八十五至九十一、一百二十二至一百二十三)

610000－4012－0000148　200003
史記一百三十卷　(漢)司馬遷撰　(南朝宋)裴駰集解　(唐)司馬貞索隱　(唐)張守節正義　清刻本　十五册　缺三十七卷(五至七、八十七至九十九、一百十至一百三十)

610000－4012－0000149　200004
前漢書一百二十卷　(漢)班固撰　(唐)顏師古注　清同治十年(1871)成都書局刻本　三十二册

610000－4012－0000150　200005
御批歷代通鑑輯覽一百二十卷　(清)傅恒等撰　清同治十一年(1872)湖北崇文書局刻本　六十册

610000－4012－0000151　200006
五代史七十四卷　(宋)歐陽修撰　清光緒十七年(1891)陝甘味經書院刻本　九册　存六十八卷(一至六十八)

610000－4012－0000152　200007
御批歷代通鑑輯覽一百二十卷　(清)傅恒等撰　清同治十一年(1872)湖北崇文書局刻本　五十册　存九十九卷(二十二至一百二十)

610000－4012－0000153　200008
資治通鑑綱目前編二十五卷正編五十九卷續編二十七卷　(明)陳仁錫評閲　清嘉慶八年(1803)宏道堂刻本　一百二十九册

610000－4012－0000154　200009
史記一百三十卷　(漢)司馬遷撰　(南朝宋)裴駰集解　(唐)司馬貞索隱　(唐)張守節正義　清光緒四年(1878)金陵書局刻本　十六册

610000－4012－0000155　200010
新唐書二百二十五卷　(宋)歐陽修　(宋)宋祁撰　清同治十二年(1873)浙江書局刻本　四十册

610000－4012－0000156　200011
五代史七十四卷　(宋)歐陽修撰　清同治十一年(1872)崇文書局刻本　八册

610000－4012－0000157　200012
遼史一百十五卷　(元)托克托等修　清同治十二年(1873)江蘇書局刻本　十二册

610000－4012－0000158　200013
舊五代史一百五十卷目錄二卷　(宋)薛居正等撰　清同治十一年(1872)湖北崇文書局刻本　十六册

610000－4012－0000159　200014
宋史四百九十六卷目錄三卷　(元)脱脱等撰　清光緒元年(1875)浙江書局刻本　一百册

610000－4012－0000160　200015
元史二百十卷目錄二卷　(明)宋濂等修　清同治十三年(1874)江蘇書局刻本　四十册

610000－4012－0000161　200016
金史一百三十五卷　(元)托克托修　清同治十三年(1874)江蘇書局刻本　二十册

610000－4012－0000162　200017
明史三百三十二卷　(清)張廷玉等修　清光緒三年(1877)湖北崇文書局刻本　八十册

610000－4012－0000163　200018
通商約章類纂三十五卷　(清)徐宗亮輯　清光緒二十四年(1898)石印本　二十册

610000－4012－0000164　200019
東洋史要二卷　(日本)桑原鷺藏撰　樊炳清譯　清光緒二十五年(1899)東文學社石印本　四册

610000－4012－0000165　200020
天下郡國利病書一百二十卷　(清)顧炎武撰　清光緒二十七年(1901)圖書集成局鉛印本　二十四册　缺十八卷(六至十四、九十三至九十六、一百十六至一百二十)

610000－4012－0000166　200021
史記一百三十卷　(漢)司馬遷撰　(南朝宋)裴駰集解　(唐)司馬貞索隱　(唐)張守節正

義　清同治十一年(1872)成都書局刻本　二十六册

610000－4012－0000167　200022
史記一百三十卷　(漢)司馬遷撰　(南朝宋)裴駰集解　清光緒四年(1878)金陵書局刻本　二十册

610000－4012－0000168　200023
王本史記一百三十卷　(漢)司馬遷撰　(南朝宋)裴駰集解　(唐)司馬貞索隱　(唐)張守節正義　清同治九年(1870)湖北崇文書局刻本　二十四册　缺四卷(二十三至二十六)

610000－4012－0000169　200024
海國圖志一百卷　(清)魏源撰　清光緒二十八年(1902)文賢閣石印德育叢書本　十六册

610000－4012－0000170　200025
後漢書一百卷　(南朝宋)范曄撰　(唐)李賢注　**續漢書志三十卷**　(晉)司馬彪撰　(南朝梁)劉昭注補　清同治八年(1869)金陵書局刻本　十六册

610000－4012－0000171　200026
後漢書一百卷　(南朝宋)范曄撰　(唐)李賢注　**續漢書志三十卷**　(晉)司馬彪撰　(南朝梁)劉昭注補　清同治八年(1869)金陵書局刻本　十六册

610000－4012－0000172　200027
後漢書一百卷　(南朝宋)范曄撰　(唐)李賢注　**續漢書志三十卷**　(晉)司馬彪撰　(南朝梁)劉昭注補　清同治八年(1869)金陵書局刻本　二十四册

610000－4012－0000173　200028
明史三百三十二卷目錄四卷　(清)張廷玉等撰　清光緒二十九年(1903)上海同文書局石印本　一百十二册

610000－4012－0000174　200029
唐書二百二十五卷　(宋)歐陽修撰　清光緒二十九年(1903)上海同文書局石印本　五十册

610000－4012－0000175　200030
舊唐書二百卷　(五代)劉昫撰　清光緒二十九年(1903)五洲同文局石印本　四十七册　缺三卷(一百八十七至一百八十九)

610000－4012－0000176　200031
北齊書五十卷　(唐)李百藥撰　清光緒二十九年(1903)上海同文書局石印本　八册

610000－4012－0000177　200032
周書五十卷　(唐)令狐德棻等撰　清光緒二十九年(1903)上海同文書局石印本　八册

610000－4012－0000178　200033
梁書五十六卷　(唐)姚思廉撰　清光緒二十九年(1903)上海同文書局石印本　八册

610000－4012－0000179　200034
陳書三十六卷　(唐)姚思廉撰　清光緒二十九年(1903)五洲同文局石印本　六册

610000－4012－0000180　200035
三國志六十五卷　(晉)陳壽撰　(南朝宋)裴松之注　清光緒二十九年(1903)五洲同文局石印本　十四册

610000－4012－0000181　200036
後漢書一百二十卷　(南朝宋)范曄撰　(唐)李賢注　清光緒二十九年(1903)五洲同文局石印本　二十八册

610000－4012－0000182　200037
隋書八十五卷　(唐)魏徵撰　清光緒二十九年(1903)五洲同文局石印本　二十四册

610000－4012－0000183　200038
南史八十卷　(唐)李延壽撰　清光緒二十九年(1903)五洲同文局石印本　二十册

610000－4012－0000184　200039
北史一百卷　(唐)李延壽撰　清光緒二十九年(1903)五洲同文局石印本　二十四册

610000－4012－0000185　200040
後漢書一百三十卷　(南朝宋)范曄撰　(南朝梁)劉昭補志　(唐)李賢注　清同治十年(1871)成都書局刻本　二十八册

610000－4012－0000186　200041

三國志六十五卷　(晉)陳壽撰　(南朝宋)裴松之注　清光緒十三年(1887)江南書局刻本　十二册

610000－4012－0000187　200042

晉書一百三十卷　(唐)太宗李世民撰　清同治十年(1871)金陵書局刻本　三十二册

610000－4012－0000188　200043

史記一百三十卷　(漢)司馬遷撰　(南朝宋)裴駰集解　(唐)司馬貞索隱　(唐)張守節正義　清光緒二十九年(1903)五洲同文局石印本　二十六册

610000－4012－0000189　200044

前漢書一百二十卷　(漢)班固撰　(唐)顔師古注　清光緒二十九年(1903)五洲同文局石印本　三十一册　缺四卷(四十七至五十)

610000－4012－0000190　200045

遼史一百十六卷　(元)脱脱等修　清光緒二十九年(1903)五洲同文局石印本　八册

610000－4012－0000191　200046

金史一百三十五卷　(元)脱脱等修　清光緒二十九年(1903)五洲同文局石印本　二十四册

610000－4012－0000192　200047

元史二百十卷目録二卷　(明)宋濂等修　清光緒二十九年(1903)五洲同文局石印本　五十一册

610000－4012－0000193　200048

魏書一百十四卷　(北齊)魏收撰　清光緒二十九年(1903)五洲同文局石印本　二十四册

610000－4012－0000194　200049

泰西新史攬要二十四卷　(英國)李提摩太譯　蔡爾康述　清光緒二十四年(1898)美華書館鉛印本　八册

610000－4012－0000195　200050

俄史輯譯七十七卷　(英國)闞裴迪譯　(清)徐景羅重譯　清光緒十四年(1888)益智書會刻本　四册

610000－4012－0000196　200051

史外八卷　(清)汪有典著　清同治三年(1864)廬陵尋樂山房刻本　八册

610000－4012－0000197　200052

魏書一百十四卷　(北齊)魏收撰　清同治十一年(1872)金陵書局刻本　二十四册

610000－4012－0000198　200053

韻史二卷補一卷　(清)許遯翁撰　(清)朱玉岑補　清同治十一年(1872)貴州臬署刻本　一册

610000－4012－0000199　200054

韻史二卷補一卷　(清)許遯翁撰　(清)朱玉岑補　清同治十一年(1872)貴州臬署刻本　一册

610000－4012－0000200　200055

韻史二卷補一卷　(清)許遯翁撰　(清)朱玉岑補　清同治十一年(1872)貴州臬署刻本　一册

610000－4012－0000201　200056

韻史二卷補一卷　(清)許遯翁撰　(清)朱玉岑補　清同治十一年(1872)貴州臬署刻本　一册

610000－4012－0000202　200057

韻史二卷補一卷　(清)許遯翁撰　(清)朱玉岑補　清同治十一年(1872)貴州臬署刻本　一册

610000－4012－0000203　200058

韻史二卷補一卷　(清)許遯翁撰　(清)朱玉岑補　清同治十一年(1872)貴州臬署刻本　一册

610000－4012－0000204　200059

韻史二卷補一卷　(清)許遯翁撰　(清)朱玉岑補　清同治十一年(1872)貴州臬署刻本　一册

610000－4012－0000205　200060

三國志六十五卷　(晉)陳壽撰　(南朝宋)裴

松之注　清同治九年(1870)金陵書局刻本　三冊　存十七卷(一至十七)

610000－4012－0000206　200061
金石史二卷　(清)郭宗昌撰　清刻本　一冊

610000－4012－0000207　200062
竹書紀年統箋十二卷　(南朝梁)沈約注　(清)徐文靖統箋　清光緒三年(1877)浙江書局刻本　四冊

610000－4012－0000208　200063
五代史校勘札記七十四卷　(清)劉光蕡撰　清光緒十七年(1891)陝甘味經書院刻本　四冊

610000－4012－0000209　200064
史記校勘札記一百三十卷補一卷　(清)劉光蕡等撰　清光緒二十年(1894)陝甘味經書院刻本　六冊　存六卷(一至六)

610000－4012－0000210　200065
前漢書校勘札記一百卷　(清)劉光蕡等撰　清光緒二十年(1894)陝甘味經書院刻本　六冊　存六卷(一至六)

610000－4012－0000211　200066
南齊書五十九卷　(南朝梁)蕭子顯著　清同治十三年(1874)金陵書局刻本　八冊

610000－4012－0000212　200067
讀史大畧六十卷首一卷　(清)沙張白著　**附小沙子史畧一卷**　(清)沙晉著　清道光二十五年(1845)刻本　十二冊

610000－4012－0000213　200068
戰國策三十三卷　(漢)高誘注　清光緒二十二年(1896)鴻寶齋石印本　四冊

610000－4012－0000214　200069
風俗通義八卷　(漢)應劭著　(清)汪士漢校　**列仙傳二卷**　(漢)劉向撰　(清)汪士漢校　**集異記一卷**　(唐)薛用弱撰　清刻本　一冊

610000－4012－0000215　200070
古泉匯首集四卷元集十四卷亨集十四卷利集十八卷貞集十四卷　(清)李佐賢輯　清同治三年(1864)利津李氏石泉書屋刻本　二十冊

610000－4012－0000216　200071
金石索十二卷首一卷　(清)馮雲鵬等輯　清光緒三十三年(1907)上海文新局石印本　二十三冊

610000－4012－0000217　200072
義盛堂增定課兒鑑畧妥註善本五卷　(明)李廷機著　(明)張瑞圖校正　清刻本　一冊

610000－4012－0000218　200073
海國圖志一百卷　(清)魏源撰　清刻本　二十五冊　缺二十二卷(一至二、十二至十八、二十四至三十、三十五至三十六、五十五至五十六、八十六至八十七)

610000－4012－0000219　200074
三才略三卷　(清)蔣德鈞輯　清光緒十四年(1888)湖南蔣氏求實齋刻本　一冊

610000－4012－0000220　200075
戡定新疆記八卷　(清)魏光燾撰　清光緒二十五年(1899)鉛印本　二冊

610000－4012－0000221　200076
從政遺規二卷　(清)陳宏謀編輯　清乾隆七年(1742)培遠堂刻本　四冊

610000－4012－0000222　200077
前漢書一百二十卷　(漢)班固撰　(唐)顔師古注　清同治八年(1869)金陵書局刻本　十六冊

610000－4012－0000223　200078
名勝全圖不分卷　清刻本　六冊

610000－4012－0000224　200079
前漢書一百二十卷　(漢)班固撰　(唐)顔師古注　清同治八年(1869)金陵書局刻本　十六冊

610000－4012－0000225　200080
前漢書一百二十卷　(漢)班固撰　(唐)顔師古注　清同治八年(1869)金陵書局刻本　二十四冊

610000－4012－0000226　200081
隋書八十五卷　(唐)魏徵撰　清同治十年(1871)淮南書局刻本　十二册

610000－4012－0000227　200082
南史八十卷　(唐)李延壽撰　清同治十一年(1872)金陵書局刻本　十六册

610000－4012－0000228　200083
北史一百卷　(唐)李延壽撰　清同治十一年(1872)金陵書局刻本　三十二册

610000－4012－0000229　200084
梁書五十六卷　(唐)姚思廉撰　清同治十三年(1874)金陵書局刻本　八册

610000－4012－0000230　200085
周書五十卷　(唐)令狐德棻等撰　清同治十三年(1874)金陵書局刻本　六册

610000－4012－0000231　200086
北齊書五十卷　(唐)李百藥撰　清同治十三年(1874)金陵書局刻本　六册

610000－4012－0000232　200087
昭代名人尺牘小傳二十四卷　(清)吳修輯　清光緒三十四年(1908)集古齋石印本　十四册

610000－4012－0000233　200088
明儒學案六十二卷　(清)黄宗羲撰　清光緒十四年(1888)南昌縣學刻本　三十六册

610000－4012－0000234　200089
水經注四十卷　(北魏)酈道元撰　清光緒二十三年(1897)新化三味書室刻本　十六册

610000－4012－0000235　200090
呂叔簡先生四禮翼不分卷　(明)呂坤撰　清同治十二年(1873)刻本　一册

610000－4012－0000236　200091
宋元學案一百卷首一卷　(清)黄宗羲原本　(清)黄百家纂輯　(清)全祖望修定　清光緒五年(1879)長沙刻本　四十八册

610000－4012－0000237　200092
宋史四百九十六卷　(元)脱脱等修　清光緒二十九年(1903)五洲同文局石印本　一百册

610000－4012－0000238　200093
晉書一百三十卷　(唐)太宗李世民撰　清光緒二十九年(1903)五洲同文局石印本　二十九册　缺四卷(三十七至四十)

610000－4012－0000239　200094
南齊書五十九卷　(南朝梁)蕭子顯撰　清光緒二十九年(1903)五洲同文局石印本　八册

610000－4012－0000240　200095
五代史七十四卷　(宋)歐陽修撰　清光緒二十九年(1903)五洲同文局石印本　十册

610000－4012－0000241　200096
舊五代史一百五十卷目録二卷　(宋)薛居正等撰　清光緒二十九年(1903)五洲同文局石印本　二十四册

610000－4012－0000242　200097
元史二百十卷　(明)宋濂等撰　清光緒三十四年(1908)上海集成圖書公司鉛印本　八册　存七十二卷(一至二十五、三十五至五十三、六十五至七十三、一百七十二至一百七十九、一百九十一至二百一)

610000－4012－0000243　200098
宋書一百卷　(南朝梁)沈約撰　清光緒二十三年(1897)五洲同文局石印本　二十四册

610000－4012－0000244　200099
三國志六十五卷　(晉)陳壽撰　清刻本　六册　缺二十五卷(一至二十五)

610000－4012－0000245　200100
後漢書一百三十卷　(南朝宋)范曄撰　(唐)李賢注　(晉)司馬彪續纂　(南朝梁)劉昭注補　清光緒二十三年(1897)金陵書局刻本　二十四册

610000－4012－0000246　200101
陳書三十六卷　(唐)姚思廉撰　清同治十一年(1872)金陵書局刻本　四册

610000－4012－0000247　200102
宋書一百卷　(南朝梁)沈約撰　清同治十一

年(1872)金陵書局刻本　二十冊

610000-4012-0000248　200103

舊唐書二百卷　(五代)劉昫等撰　清刻本　十六冊　存九十四卷(一百七至二百)

610000-4012-0000249　200104

前漢書一百卷　(漢)班固撰　(唐)顔師古注　清刻本　十四冊　存六十四卷(三十七至一百)

610000-4012-0000250　200105

舊唐書二百卷　(五代)劉昫等撰　清光緒三十四年(1908)上海集成圖書公司鉛印本　二十三冊　存一百六十二卷(一至三十三、四十一至七十、七十九至一百六十三、一百七十二至一百七十八、一百九十至一百九十六)

610000-4012-0000251　200106

文獻通考二十四卷首一卷　(元)馬端臨撰　清光緒二十五年(1899)上海點石齋石印本　二十四冊

610000-4012-0000252　200107

水道提綱二十八卷　(清)齊召南編錄　清刻本　七冊　缺三卷(四至六)

610000-4012-0000253　200108

前漢書一百卷　(漢)班固撰　(唐)顔師古注　清刻本　三冊　存十五卷(十八至十九、二十八至四十)

610000-4012-0000254　200109

南齊書五十九卷　(南朝梁)蕭子顯撰　清光緒三十四年(1908)上海集成圖書公司鉛印本　五冊　存四十七卷(一至四十七)

610000-4012-0000255　200110

梁書五十六卷　(唐)姚思廉撰　清鉛印本　一冊　存十六卷(三十至四十五)

610000-4012-0000256　200111

陳書三十六卷　(唐)姚思廉撰　清鉛印本　一冊　存八卷(二十九至三十六)

610000-4012-0000257　200112

北史一百卷　(唐)李延壽撰　清光緒三十四年(1908)上海集成圖書公司鉛印本　五冊　存三十二卷(一至五、十二至十七、八十至一百)

610000-4012-0000258　200113

北齊書五十卷　(唐)李百藥撰　清鉛印本　三冊　存二十六卷(八至十六、三十四至五十)

610000-4012-0000259　200114

周書五十卷　(唐)令狐德棻等撰　清鉛印本　一冊　存十五卷(十三至二十七)

610000-4012-0000260　200115

南史八十卷　(唐)李延壽撰　清鉛印本　三冊　存十九卷(十七至二十二、六十八至八十)

610000-4012-0000261　200116

五代史七十四卷　(宋)歐陽修撰　(宋)徐無黨注　清光緒三十四年(1908)上海集成圖書公司鉛印本　三冊　存四十卷(一至二十八、四十四至五十五)

610000-4012-0000262　200117

隋書八十五卷　(唐)魏徵等撰　清石印本　五冊　存三十八卷(十七至十九、三十一至三十五、四十六至五十六、六十七至八十五)

610000-4012-0000263　200118

金史一百三十五卷　(元)脱脱等撰　清鉛印本　八冊　存六十九卷(三十三至七十三、八十五至一百十二)

610000-4012-0000264　200119

尺木堂綱鑑易知錄九十二卷　(清)吳乘權等輯　清刻本　四十八冊

610000-4012-0000265　200120

歷代職官表六卷　(清)黄本驥撰　(清)柏森校刊　清刻本　一冊　存三卷(一至三)

610000-4012-0000266　200121

史記評林一百三十卷　(明)凌稚隆輯校　清光緒十七年(1891)星沙養翮書齋刻本　十四冊　存三十八卷(一至十七、十九至三十九)

610000－4012－0000267　200122

歷代名臣言行錄二十四卷　（清）朱桓編　清刻本　十册　存十卷（十四至十六、十八至二十四）

610000－4012－0000268　200123

唐書二百二十五卷釋音二十五卷　（宋）歐陽修等撰　清光緒三十四年（1908）上海集成圖書公司鉛印本　三十一册　缺十二卷（一百七十六至一百八十七）

610000－4012－0000269　200124

國朝先正事略六十卷　（清）李元度纂　清刻本　十二册　存三十九卷（二十二至六十）

610000－4012－0000270　200125

宋史四百九十六卷目錄三卷　（元）脱脱等修　清光緒三十四年（1908）上海集成圖書公司鉛印本　五十一册　缺一百三十二卷（一至三十六、九十五至一百十六、二百四十二至二百六十五、三百三十九至三百四十七、三百九十八至四百八、四百六十七至四百九十六）

610000－4012－0000271　200126

四大奇書第一種五十一卷一百二十回　（明）羅本撰　（清）金人瑞批　（清）毛宗崗評　清刻本　十二册　存十二卷（二至五、九、十一至十五、十八至十九）

610000－4012－0000272　200127

資治通鑑綱目前編二十五卷正編五十九卷續編二十七卷　（宋）朱熹撰　（明）陳仁錫評閱　清康熙四十年（1701）王公行刻本　八十七册　缺三十五卷（前編一至六、十九至二十五，正編六至八、十七、三十七至四十三、四十六，續編十八至二十七）

610000－4012－0000273　200128

通鑑綱目五十九卷　（宋）朱熹撰　清刻本　五册　存五卷（三十七至四十一）

610000－4012－0000274　200129

綱鑑會纂三十九卷首一卷　（明）王世貞編　清刻本　十八册　存十七卷（十一至十六、二十九至三十九）

610000－4012－0000275　200130

御撰資治通鑑綱目三編二十卷　（清）張廷玉等編次　清刻本　六册

610000－4012－0000276　200131

御撰資治通鑑綱目三編二十卷　（清）張廷玉等編次　清刻本　六册

610000－4012－0000277　200132

重訂王鳳洲先生會纂綱鑑二十三卷　（明）王世貞纂　（明）陳仁錫訂　清刻本　十四册

610000－4012－0000278　200133

資治通鑑全書　（清）胡元常輯　清長沙楊氏刻本　八十册　存六種

610000－4012－0000279　200134

［雍正］陝西通志一百卷首一卷　（清）劉於義修　（清）沈青崖纂　清雍正十三年（1735）刻本　九十三册　缺七卷（六、八、十二、十四、二十七、二十九、七十一）

610000－4012－0000280　200135

重訂王鳳洲先生綱鑑會纂四十六卷　（明）王世貞纂　（明）陳仁錫訂　清刻本　二十八册

610000－4012－0000281　200136

亦政堂重修考古圖十卷　（宋）呂大臨撰　清乾隆十七年（1752）刻本　四册　存四卷（三至五、八）

610000－4012－0000282　200137

亦政堂重考古玉圖二卷　（元）朱德潤撰　清乾隆十七年（1752）刻本　一册　存一卷（一）

610000－4012－0000283　200138

亦政堂重修宣和博古圖錄三十卷　（宋）王黼撰　清刻本　六册　存六卷（五、八、十、十二、二十一、二十九）

610000－4012－0000284　200139

三國志六十五卷　（晉）陳壽撰　（南朝宋）裴松之注　清同治十年（1871）成都書局刻本　十四册

610000－4012－0000285　200140

地球韻言四卷　（清）張士瀛撰　清刻本　一

冊　存二卷(一至二)

610000－4012－0000286　200141
萬國史記二十卷　(日本)岡本監輔撰　清光緒二十七年(1901)上海兩宜齋石印本　六冊

610000－4012－0000287　200142
尺木堂綱鑑易知錄九十二卷　(清)吳乘權等輯　清刻本　三十九冊

610000－4012－0000288　200143
明史三百三十二卷　(清)張廷玉等撰　清刻本　十六冊　存一百二十八卷(一至二十四、三十二至六十二、九十一至一百二十五、一百四十九至一百六十、二百十六至二百三十四、三百十二至三百十八)

610000－4012－0000289　200144
陝西志輯要六卷首一卷關中漢唐存碑跋一卷漢南游草一卷　(清)王志沂纂　清刻本　一冊　存一卷(六)

610000－4012－0000290　200145
御撰資治通鑑綱目三編二十卷　(清)張廷玉等編次　清刻本　三冊　存十五卷(一至十五)

610000－4012－0000291　200146
御批歷代通鑑輯覽一百二十卷　(清)傅恒等撰　清刻本　十六冊　缺二十七卷(一至二十一、四十七至五十二)

610000－4012－0000292　200147
同菴史彙十卷　(清)蔣善輯　清刻本　六冊

610000－4012－0000293　200148
尺木堂明鑑易知錄十五卷　(清)吳乘權等輯　清鉛印本　一冊　存九卷(七至十五)

610000－4012－0000294　200149
尺木堂綱鑑易知錄九十二卷　(清)吳乘權等輯　清鉛印本　八冊　存五十四卷(七至二十一、二十九至三十四、四十至五十八、七十一至八十四)

610000－4012－0000295　200150
尺木堂綱鑑易知錄九十二卷　(清)吳乘權等輯　清鉛印本　十二冊　存八十一卷(十二至九十二)

610000－4012－0000296　200151
尺木堂明鑑易知錄十五卷　(清)吳乘權等輯　清鉛印本　二冊

610000－4012－0000297　200152
[嘉慶]韓城縣續志五卷　(清)冀蘭泰修　(清)陸耀通纂　清嘉慶二十三年(1818)刻本　一冊

610000－4012－0000298　200153
[嘉慶]韓城縣續志五卷　(清)冀蘭泰修　(清)陸耀通纂　清嘉慶二十三年(1818)刻本　一冊

610000－4012－0000299　200154
五大洲各國政治通考八卷　(清)錢恂輯　清光緒二十八年(1902)古餘書局刻本　四冊　存四卷(一至二、四、六)

610000－4012－0000300　200155
[乾隆]韓城縣志十六卷首一卷　(清)傅應奎修　(清)錢坫纂　清乾隆四十九年(1784)韓城縣署刻本　二冊　存五卷(四至五、十四至十六)

610000－4012－0000301　200156
[乾隆]韓城縣志十六卷首一卷　(清)傅應奎修　(清)錢坫纂　清乾隆四十九年(1784)韓城縣署刻本　一冊　存一卷(十四)

610000－4012－0000302　200157
修築堡寨章程一卷　清刻本　一冊

610000－4012－0000303　200158
欽定四庫全書總目二百卷首一卷　(清)紀昀等編　清刻本　六十一冊　缺五卷(八、十一至十四)

610000－4012－0000304　200159
大清律例彙輯便覽附秋審實緩比較彙案二卷　(清)桑春榮等纂　清光緒三年(1877)刻本　一冊　存一卷(一)

610000－4012－0000305　200160

御製古稀説一卷　(清)高宗弘曆撰　清刻本　一册

610000－4012－0000306　200161
三通考輯要　湯壽潛輯要　清光緒二十五年(1899)圖書集成局鉛印本　二十七册

610000－4012－0000307　200162
御批資治通鑑綱目五十九卷首一卷　(宋)朱熹撰　**御批資治通鑑綱目前編十八卷外記一卷舉要三卷**　(宋)金履祥撰　**御批續資治通鑑綱目二十七卷**　(明)商輅撰　清光緒十三年(1887)上海同文書局石印本　一册

610000－4012－0000308　200163
舊五代史一百五十卷　(宋)薛居正等撰　清刻本　三册　存三十六卷(二十二至四十六、八十九至九十九)

610000－4012－0000309　200164
十朝東華録五百二十五卷(天命朝至道光朝)　王先謙編　清光緒二十五年(1899)石印本　四十六册　存二百四十七卷(天聰八至十一,崇德一至八,順治一至三十六,康熙十五至二十四、五十六至七十一、九十一至一百十,雍正一至十一,乾隆一至二十四、四十二至八十一、九十一至一百二十,嘉慶一至十一、十八至二十九,道光十六至三十一、四十三至五十一)

610000－4012－0000310　200165
東華録一百九十五卷(天命朝至雍正朝)續録二百三十卷(乾隆朝至道光朝)　王先謙編　清光緒十年(1884)廣百宋齋石印本　七十三册　缺二十二卷(嘉慶二十九至五十)

610000－4012－0000311　200166
東華續録二百二十卷(光緒朝)　(清)朱壽朋編　清石印本　一册　存四卷(一百七十七至一百八十)

610000－4012－0000312　200167
東華續録六十九卷(咸豐朝)　(清)潘頤福編　清石印本　十册　缺二十卷(一至九、二十一至三十一)

610000－4012－0000313　200168
東華録擥要一百十四卷(天命朝至同治朝)　(清)汪文安輯　清光緒二十九年(1903)上海商務印書館鉛印本　二十八册

610000－4012－0000314　200169
鑾書十卷　(唐)樊綽撰　清乾隆三十九年(1774)武英殿刻本　一册

610000－4012－0000315　200170
御覽闕史二卷　(唐)高彦休撰　清刻本　一册

610000－4012－0000316　200171
同治東華續録一百卷　王先謙編　清石印本　十九册　存八十三卷(十八至一百)

610000－4012－0000317　200172
大清律例彙輯便覽四十卷附督捕則例二卷五軍道里表一卷三流道里表一卷　(清)刑部制訂　(清)湖北讞局輯　清刻本　二十册　缺十七卷(便覽一至三、五至十七、二十六)

610000－4012－0000318　300001
呂氏春秋二十六卷　(秦)呂不韋撰　(漢)高誘注　(清)畢沅輯校　清乾隆刻本　六册

610000－4012－0000319　300002
黄石公素書一卷　(漢)黄石公撰　清道光十九年(1839)刻本　一册

610000－4012－0000320　300003
道德真經註四卷　(元)吴澄述　清光緒元年(1875)刻本　一册

610000－4012－0000321　300004
老子道德經二卷　(春秋)李耳撰　(晉)王弼注　清光緒元年(1875)浙江書局刻本　一册

610000－4012－0000322　300005
莊子南華真經三卷　(晉)郭象注　清光緒元年(1875)刻本　二册

610000－4012－0000323　300006
莊子十卷　(晉)郭象注　(唐)陸德明音義　清光緒二年(1876)浙江書局刻本　四册

610000－4012－0000324　300007

聖諭像解二十卷 (清)梁延年編輯 清石印本 一冊 存二卷(十九至二十)

610000－4012－0000325 300009
淮南子二十一卷 (漢)劉安撰 (漢)高誘注 清光緒二年(1876)浙江書局刻本 六冊

610000－4012－0000326 300010
文子纘義十二卷 (元)杜道堅撰 清光緒三年(1877)刻本 二冊

610000－4012－0000327 300011
孫子十家注十三卷敍錄一卷遺說一卷 (春秋)孫武撰 (清)孫星衍 (清)吳人驥校 清咸豐五年(1855)淡香齋活字印本 四冊

610000－4012－0000328 300012
孫子十家注十三卷敍錄一卷遺說一卷 (春秋)孫武撰 (清)孫星衍 (清)吳人驥校 清光緒三年(1877)浙江書局刻本 八冊

610000－4012－0000329 300013
尸子存疑一卷 (清)汪繼培輯 **尸子二卷** (戰國)尸佼撰 清光緒三年(1877)浙江書局刻本 一冊

610000－4012－0000330 300014
揚子法言十三卷音義學行一卷 (漢)揚雄撰 (晉)李軌注 (唐)柳宗元注 (宋)司馬光重注 清光緒二年(1876)刻本 一冊

610000－4012－0000331 300015
荀子二十卷 (戰國)荀況撰 (唐)楊倞注 清刻本 六冊

610000－4012－0000332 300016
龍文鞭影二卷 (明)蕭良有撰 (清)楊臣諍增訂 清刻本 二冊

610000－4012－0000333 300017
龍文鞭影二卷 (明)蕭良有撰 (清)楊臣諍增訂 (清)陳世龍編次 清乾隆四十四年(1779)刻本 二冊

610000－4012－0000334 300018
自強軍西法類編十八卷 (清)沈敦和纂輯 (清)洪恩波參訂 清光緒二十四年(1898)上海順成書局石印本 十二冊 存六卷(七、十三至十四、十六至十八)

610000－4012－0000335 300019
二十二子 (清)浙江書局輯 清光緒十九年(1893)上海積山書局石印本 八冊 存十種

610000－4012－0000336 300020
中論六卷 (後秦)釋鳩摩羅什譯 清刻本 二冊

610000－4012－0000337 300021
紀效新書十八卷首一卷 (明)戚繼光撰 清刻本 四冊

610000－4012－0000338 300022
新鍥希夷陳先生紫微斗數全書三卷 (宋)陳摶撰 (清)潘希尹補輯 清刻本 一冊 存二卷(一至二)

610000－4012－0000339 300023
慶祝表文不分卷 (□)□□編 清光緒二十三年(1897)刻本 一冊

610000－4012－0000340 300024
增補大生要旨五卷 (清)唐千頃纂 (清)馬振蕃續增 清刻本 一冊

610000－4012－0000341 300025
籌算三卷 (清)梅文鼎撰 清光緒十八年(1892)樹德堂刻本 一冊

610000－4012－0000342 300026
朱子家禮八卷首一卷 (明)丘濬撰 (明)楊廷筠補 清康熙四十年(1701)刻本 七冊

610000－4012－0000343 300028
子書百家 (清)湖北崇文書局輯 清光緒元年(1875)湖北崇文書局刻本 五冊 存十種

610000－4012－0000344 300081
日知錄三十二卷 (清)顧炎武撰 清光緒二十一年(1895)上海點石齋石印本 六冊

610000－4012－0000345 300029
墨子十六卷 (戰國)墨翟撰 (清)畢沅校注 清光緒元年(1875)湖北崇文書局刻本 四冊

610000－4012－0000346　300031
近思錄十四卷　(宋)朱熹　(宋)呂祖謙編　清光緒十年(1884)刻本　二册

610000－4012－0000347　300032
近思錄十四卷　(宋)朱熹　(宋)呂祖謙編　清光緒十年(1884)刻本　二册

610000－4012－0000348　300033
近思錄十四卷　(宋)朱熹　(宋)呂祖謙編　清光緒十年(1884)刻本　二册

610000－4012－0000349　300034
五子近思錄發明十四卷　(清)施璜纂註　清刻本　二册　存十一卷(四至十四)

610000－4012－0000350　300035
三角須知不分卷　(英國)傅蘭雅著　清光緒十四年(1888)刻本　八册

610000－4012－0000351　300036
釋教三字經不分卷　(明)吹萬老人著　(明)釋敏修注　清刻本　一册

610000－4012－0000352　300037
小學節本二卷　(清)陝西學務公所編　清光緒三十二年(1906)陝西學務公所鉛印本　一册

610000－4012－0000353　300038
世説新語三卷　(南朝宋)劉義慶撰　(南朝梁)劉孝標注　(清)李錫齡校刊　清刻本　六册

610000－4012－0000354　300039
列子八卷　(戰國)列禦寇著　清光緒二年(1876)浙江書局刻本　二册

610000－4012－0000355　300040
輶軒語三卷　(清)張之洞撰　清刻本　一册

610000－4012－0000356　300041
育正堂重訂幼學須知句解四卷　(清)程登吉著　(清)錢元龍校　清乾隆二十二年(1757)錢恕齋刻本　一册　存二卷(一至二)

610000－4012－0000357　300042
育英源一卷　(清)石成金撰　清同治十二年(1873)甘露凝珠堂刻本　一册

610000－4012－0000358　300043
御覽曲洧舊聞十卷　(宋)朱弁撰　清刻本　二册

610000－4012－0000359　300044
雲谷雜記四卷　(宋)張淏撰　清刻本　二册

610000－4012－0000360　300045
五經算術二卷　(北周)甄鸞撰　(唐)李淳風注　清刻本　一册

610000－4012－0000361　300046
鹽鐵論二卷　(漢)桓寬撰　清光緒元年(1875)刻本　二册

610000－4012－0000362　300047
豳風廣義三卷　(清)楊屾編　清刻本　二册　存二卷(一至二)

610000－4012－0000363　300048
景岳全書六十四卷　(明)張介賓著　(清)賈棠訂　清乾隆四十八年(1783)刻本　三册　存四卷(一至四)

610000－4012－0000364　300049
因果集四卷　清刻本　四册

610000－4012－0000365　300050
農桑輯要七卷　(元)司農司撰　清咸豐十一年(1861)刻本　二册　存四卷(四至七)

610000－4012－0000366　300051
微積溯源八卷　(英國)華里司輯　(英國)傅蘭雅口譯　(清)華蘅芳筆述　清刻本　六册

610000－4012－0000367　300052
呻吟語六卷　(明)呂坤撰　清刻本　四册　缺二卷(一至二)

610000－4012－0000368　300053
文昌帝君陰騭文不分卷　(清)劉世瑞注　清道光二十四年(1844)黄家刻字處刻本　一册

610000－4012－0000369　300054
首楞嚴經疏二十卷　(宋)釋子璿集　清光緒三十二年(1906)刻本　八册

610000－4012－0000370　300055

唱道真言五卷　清道光二十七年(1847)刻本　二册

610000－4012－0000371　300056

大方廣佛華嚴經六十卷　(唐)釋實叉難陀譯　清光緒七年(1881)刻本　十六册

610000－4012－0000372　300057

大佛頂首楞嚴經十卷　(唐)釋般剌密帝譯　(烏萇國)釋彌伽釋迦譯語　(唐)房融筆受　清同治八年(1869)金陵刻經處刻本　二册

610000－4012－0000373　300059

陳修園醫書四十種　(清)陳念祖撰　清光緒石印本　五册　存二十種

610000－4012－0000374　300060

金剛經不分卷　(後秦)釋鳩摩羅什譯　清光緒十五年(1889)刻本　一册

610000－4012－0000375　300061

大乘止觀釋要六卷　(清)南嶽大師著　清光緒二十二年(1896)刻本　二册

610000－4012－0000376　300062

半半山莊農言著實一卷　(清)楊秀沅著　清光緒二十三年(1897)柏經正堂刻本　一册

610000－4012－0000377　300063

瑜伽燄口施食起止規範不分卷　(□)□□撰　清刻本　一册

610000－4012－0000378　300064

新刻訂補彙解白眉故事八卷　(明)鄧志謨原本　清乾隆二十四年(1759)刻本　三册　存六卷(一至四、七至八)

610000－4012－0000379　300065

松陽講義十二卷　(清)陸隴其著　清光緒十四年(1888)涇陽柏經正堂刻本　四册

610000－4012－0000380　300067

孫真人備急千金要方三十卷　(唐)孫思邈撰　(清)張璐衍義　(清)席世臣校勘　清光緒三十四年(1908)上海久敬齋書莊鉛印本　十六册

610000－4012－0000381　300068

讀史兵略續編十卷　(清)胡林翼纂　清光緒二十六年(1900)鉛印本　七册　缺三卷(四、九至十)

610000－4012－0000382　300069

山海經十八卷　(晉)郭璞傳　(清)畢沅校　清光緒三年(1877)浙江書局刻本　二册　存六卷(一至六)

610000－4012－0000383　300070

飛鴻堂印譜初集八卷二集八卷三集八卷四集八卷五集八卷　(清)汪啟淑鑒藏　清乾隆十四年(1749)鈐印本　二十册

610000－4012－0000384　300071

啟幼文法規矩不分卷　(□)□□撰　清刻本　一册

610000－4012－0000385　300072

關學編四卷　(明)馮從吾纂　清刻本　一册

610000－4012－0000386　300073

晨鐘暮鼓醒迷纂要四卷　(□)□□撰　清光緒八年(1882)刻本　三册

610000－4012－0000387　300074

敬齋古今黈八卷　(元)李冶撰　清刻本　二册

610000－4012－0000388　300075

孔子集語十七卷　(清)孫星衍撰　清光緒三年(1877)浙江書局刻本　四册

610000－4012－0000389　300076

縹湘對類大全二十卷　(清)屠隆考訂　清刻本　十二册

610000－4012－0000390　300077

詩鐘鳴盛集十卷　沈宗畸撰　清光緒三十四年(1908)刻本　一册

610000－4012－0000391　300078

晏子春秋七卷　(春秋)晏嬰撰　(清)孫星衍校　清光緒元年(1875)刻本　二册

610000－4012－0000392　300079

晏子春秋音義二卷　(清)孫星衍撰　清刻本

二冊

610000－4012－0000393　300080
御刻三希堂石渠寶笈法帖釋文十六卷　（清）梁詩正等編　清刻本　四冊

610000－4012－0000394　400001
古文眉詮七十九卷首一卷　（清）浦起龍編　清刻本　十四冊　存四十四卷（十八至三十三、五十二至七十九）

610000－4012－0000395　400003
曾文正公[國藩]年譜十二卷　（清）李瀚章撰　（清）黎庶昌等編輯　清光緒二年（1876）傳忠書局刻本　四冊　存九卷（一至九）

610000－4012－0000396　400004
經史百家雜鈔二十六卷　（清）曾國藩纂　（清）李鴻章校　清刻本　二十冊　缺三卷（一、十二、十六）

610000－4012－0000397　400005
曾文正公批牘六卷　（清）曾國藩批點　清光緒二年（1876）傳忠書局刻本　六冊

610000－4012－0000398　400006
曾文正公書札三十三卷　（清）曾國藩撰　（清）李瀚章編　清光緒二年（1876）傳忠書局刻本　十四冊　存二十四卷（一至十三、二十三至三十三）

610000－4012－0000399　400002
伊川文集八卷伊川易傳四卷明道文集五卷　（宋）程顥　（宋）程頤撰　清刻本　五冊　存十二卷（伊川文集一至七、伊川易傳二至四、明道文集四至五）

610000－4012－0000400　400045
文選六十卷　（南朝梁）蕭統撰　（唐）李善等注　清光緒十三年（1887）湖北書局刻本　十五冊　缺四卷（五十三至五十六）

610000－4012－0000401　400044
經史百家簡編二卷　（清）曾國藩纂　清同治十三年（1874）傳忠書局刻本　一冊　存一卷（上）

610000－4012－0000402　400052
曾文正公文集四卷詩集四卷雜著四卷　（清）曾國藩撰　（清）李瀚章輯　清同治十三年（1874）傳忠書局刻本　五冊　缺二卷（雜著一至二）

610000－4012－0000403　400048
文選六十卷考異十卷　（南朝梁）蕭統編　（唐）李善等注　清宣統三年（1911）上海會文堂書局石印本　十五冊　缺四卷（文選四十七至五十）

610000－4012－0000404　400070
十八家詩鈔二十八卷首一卷　（清）曾國藩纂　清同治十三年（1874）傳忠書局刻本　二十四冊

610000－4012－0000405　400073
十八家詩鈔二十八卷　（清）曾國藩纂　清同治十三年（1874）傳忠書局刻本　二十五冊　缺三卷（二、四、十九）

610000－4012－0000406　400063
古文淵鑒六十四卷　（清）徐乾學等編　清刻本　三十冊　缺八卷（四十七至五十四）

610000－4012－0000407　400011
溫國文正公文集八十卷　（宋）司馬光撰　清刻本　一冊　存五卷（七十至七十四）

610000－4012－0000408　400012
求闕齋讀書録十卷　（清）曾國藩著　（清）王啟原輯　清光緒二年（1876）刻本　三冊

610000－4012－0000409　400007
有懷堂詩藁六卷文藁二十二卷　（清）田肇麗著　清康熙四十二年（1703）刻本　六冊

610000－4012－0000410　400013
皇朝經世文續編一百二十卷姓名總目一卷　（清）葛士濬編　清光緒二十四年（1898）上海書局石印本　二十冊

610000－4012－0000411　400016
简明限期表不分卷　（清）瞿懷亭輯　清光緒十五年（1889）李氏代耕堂刻本　一冊

610000－4012－0000412　400018
惜心書屋詩鈔不分卷　(清)王正誼撰　清光緒十五年(1889)刻本　一册

610000－4012－0000413　400019
峩秀堂詩鈔四卷　(清)朱世重輯　清光緒二十八年(1902)刻本　一册

610000－4012－0000414　400020
乖崖集存六卷　(宋)張詠著　清光緒十五年(1889)刻本　一册

610000－4012－0000415　400021
王陽明先生全集二十二卷　(明)王守仁撰　(清)俞嶙編　清康熙十二年(1673)刻本　十一册

610000－4012－0000416　400027
皇朝經世文編一百二十卷姓名總目二卷　(清)賀長齡輯　清石印本　八册　存八卷(四、十、二十、二十四、三十、三十五、八十五、一百十六)

610000－4012－0000417　400028
蘭山課業風騷補編不分卷　(清)周樽輯　清刻本　三册

610000－4012－0000418　400030
皇朝經世文新增續編一百二十卷　(清)葛士濬輯　清鉛印本　四册　存二十二卷(三十五至三十九、八十四至一百)

610000－4012－0000419　400032
惜心書屋詩鈔不分卷　(清)王正誼撰　清光緒十五年(1889)刻本　一册

610000－4012－0000420　400033
漁洋山人精華録箋注十二卷　(清)金榮箋　清刻本　五册　存五卷(一至二、四、六、十)

610000－4012－0000421　400034
江上艸堂堉稾十四卷　(清)李嘉績撰　清光緒二十六年(1900)少華山堂刻本　七册

610000－4012－0000422　400035
古文雅正十四卷　(清)蔡世遠撰　清刻本　八册

610000－4012－0000423　400036
經史百家簡編二十六卷　(清)曾國藩纂　清同治十三年(1874)刻本　十七册　缺七卷(六至七、十六、二十至二十三)

610000－4012－0000424　400037
今文分法小題嘉言四卷　(清)杜起元評述　清刻本　四册

610000－4012－0000425　400038
弱水集二十二卷　(清)屈復著　清刻本　二册　存八卷(十五至二十二)

610000－4012－0000426　400039
桐齋課幼文不分卷　(清)王中孚鑒定　清刻本　一册

610000－4012－0000427　400040
童蒙金鏡不分卷　(清)鄭命新著　(清)謝鶴亭評選　清嘉慶二十二年(1817)刻本　一册

610000－4012－0000428　400041
陝西校士録不分卷　(清)趙惟熙著　清光緒二十三年(1897)刻本　一册

610000－4012－0000429　400042
葆淳閣集二十四卷易說二卷　(清)王杰撰　清刻本　一册　存二卷(易說二卷)

610000－4012－0000430　400043
三蘇策論十二卷　(宋)蘇洵等著　清光緒二十七年(1901)鴻寶書局石印本　六册

610000－4012－0000431　400046
古文觀止十二卷　(清)吳乘權　(清)吳大職編　清刻本　六册

610000－4012－0000432　400047
時尚花樣新裁不分卷　(清)鮑西坪著　清道光二十年(1840)刻本　一册

610000－4012－0000433　400049
館課我法詩箋四卷　(清)紀昀撰　清嘉慶九年(1804)刻本　二册

610000－4012－0000434　400050
緝古算經攷注二卷　(唐)王孝通撰並注　清刻本　二册

610000－4012－0000435　400051
憑山閣增輯留青新集三十卷　(清)陳枚選　(清)陳德裕增輯　清刻本　九册　存十三卷(八至十五、十八、二十至二十三)

610000－4012－0000436　400053
歷科墨選質言六卷　(清)譚鵬霄編次　清道光二十八年(1848)刻本　一册

610000－4012－0000437　400054
八銘塾鈔初集不分卷二集不分卷　(清)吳懋政編　清刻本　六册

610000－4012－0000438　400055
花樣集錦四卷　(清)張鵬翂輯　清道光十九年(1839)刻本　四册

610000－4012－0000439　400056
御選古文淵鑒六十四卷　(清)徐乾學等編注　清光緒二十九年(1903)刻本　十六册

610000－4012－0000440　400057
八家四六文註八卷首一卷　(清)孫星衍著　(清)許貞幹註　**八家四六文補註一卷**　陳衍撰　清光緒十八年(1892)上海圖書集成書局石印本　八册

610000－4012－0000441　400058
兩竿竹室文集六卷　(清)王篤著　清咸豐七年(1857)刻本　五册

610000－4012－0000442　400059
二曲集二十六卷　(清)李顒著　清刻本　八册

610000－4012－0000443　400060
兩竿竹室文集六卷　(清)王篤著　清咸豐七年(1857)刻本　五册

610000－4012－0000444　400061
敦庵集八卷　(清)安而恭撰　清刻本　一册　存五卷(四至八)

610000－4012－0000445　400062
敦庵續稿一卷　(清)安而恭撰　清刻本　一册

610000－4012－0000446　400064
唐陸宣公集二十二卷　(唐)陸贄撰　清乾隆五年(1740)懷德堂刻本　八册

610000－4012－0000447　400065
唐陸宣公翰苑集二十四卷首一卷末一卷　(唐)陸贄撰　(清)張佩芳註釋　清光緒十八年(1892)柏經正堂刻本　十一册　缺二卷(二十四、末一卷)

610000－4012－0000448　400066
唐陸宣公集二十二卷　(唐)陸贄撰　清同治五年(1866)楊氏問竹軒家塾刻本　六册

610000－4012－0000449　400067
皇朝經世文續編一百二十卷姓名總目一卷　(清)葛士濬編　清光緒二十三年(1897)邵州經綸書局刻本　一册　存一卷(姓名總目一卷)

610000－4012－0000450　400068
秦中校士録不分卷　(□)□□編　清嘉慶刻本　一册

610000－4012－0000451　400069
七家詩詳註六卷　(清)張熙宇撰　清刻本　七册

610000－4012－0000452　400071
古文喈鳳新編八卷　(清)汪基鈔輯　清嘉慶六年(1801)刻本　三册　存二卷(五至六)

610000－4012－0000453　400072
古文眉詮七十九卷　(清)浦起龍編　清刻本　十一册　缺七卷(六十至六十二、七十六至七十九)

610000－4012－0000454　400074
詩韻合璧五卷　(清)湯文潞編　清光緒十一年(1885)刻本　五册

610000－4012－0000455　400075
[道光庚子科]墨卷大醇二編四卷　(清)夏子齡等鑒定　清道光二十年(1840)刻本　二册

610000－4012－0000456　400077
律髓輯要七卷　(元)方回撰　(清)紀昀刊误　清刻本　六册

610000－4012－0000457　400078
古文賞心集新編八卷　(清)張錚評注　清雍正七年(1729)刻本　八册

610000－4012－0000458　400079
受祺堂文集四卷　(清)李因篤撰　(清)馮雲杏編　清道光七年(1827)刻本　四册

610000－4012－0000459　400080
竹笑軒賦鈔初集一卷二集一卷　(清)孫清達編次　清道光二十二年(1842)刻本　四册

610000－4012－0000460　400081
有正味齋駢文十六卷　(清)吴錫麒著　(清)葉聯芬箋註　清光緒十七年(1891)刻本　六册　缺四卷(三至四、八至九)

610000－4012－0000461　400082
御選唐宋詩醇四十七卷目錄二卷　(清)高宗弘曆選　清乾隆二十五年(1760)刻本　十三册　存二十七卷(一至四、七至二十、二十九至三十二、三十七至三十八、四十三至四十四,目錄上)

610000－4012－0000462　400083
御選唐宋文醇五十八卷　清刻本　六册　存十四卷(四十五至五十八)

610000－4012－0000463　400084
仰節堂集十四卷　(明)曹于汴撰　清刻本　八册

610000－4012－0000464　400085
而菴説唐詩二十二卷首一卷　(清)徐增述　清刻本　二册　存七卷(十六至二十二)

610000－4012－0000465　400086
全唐詩話十卷　(宋)尤袤輯　(清)孫濤訂　清刻本　二册　存四卷(三至六)

610000－4012－0000466　400087
應試唐詩類釋十九卷　(清)臧岳編　清刻本　三册　存六卷(一至六)

610000－4012－0000467　400088
應試唐詩類釋十九卷　(清)臧岳編　清刻本　二册　存三卷(三至五)

610000－4012－0000468　400089
初學行文語類四卷　(清)孫埏編輯　清刻本　三册　缺一卷(二)

610000－4012－0000469　400092
鳴原堂論文二卷　(清)曾國藩撰　(清)曾國荃審定　清同治十二年(1873)勵志齋刻本　二册

610000－4012－0000470　400093
鄉會墨卷崇風不分卷　(清)何明禮等撰　清刻本　一册

610000－4012－0000471　400094
桐雲閣試帖輯註二卷　(清)楊庚著　清刻本　二册

610000－4012－0000472　400095
尚絅堂試帖輯註一卷　(清)劉嗣綰著　清刻本　一册

610000－4012－0000473　400096
味蘭軒百篇賦鈔四卷　(清)張世壽輯　清刻本　二册

610000－4012－0000474　400098
文選六十卷　(南朝梁)蕭統撰　(唐)李善注　清同治八年(1869)金陵書局刻本　十册

610000－4012－0000475　400099
韞山堂時文初集一卷二集一卷三集一卷　(清)管世銘著　清咸豐七年(1857)刻本　三册

610000－4012－0000476　400100
關中書院課藝一卷附志學齋日記一卷　(清)柏景偉選編　清刻本　一册　存一卷(課藝一卷)

610000－4012－0000477　400101
國朝試律春鯨集四卷　(清)張國華編　清刻本　四册

610000－4012－0000478　400102
塾課小題正鵠初集一卷二集二卷三集三卷　(清)李元度編輯　清刻本　二册　存二卷(二集一、三集一)

610000－4012－0000479　400104
槐軒解湯海若先生纂輯名家詩二卷　(清)夏世欽訂　清刻本　一册

610000－4012－0000480　400103
御選唐宋文醇五十八卷　(清)高宗弘曆選　清刻本　十九册　缺十三卷(一至二、六至七、十三至十七、四十四、四十八至五十)

610000－4012－0000481　400104
古文喈鳳新編八卷　(清)汪敬堂輯　清刻本　四册

610000－4012－0000482　400105
皇朝經世文編初續一百二十卷　(清)饒玉成撰　清刻本　三十六册　缺八卷(五十八至六十、七十七、七十九至八十二)

610000－4012－0000483　400108
國朝山左詩鈔六十卷　(清)盧見曾纂　清乾隆二十三年(1758)雅雨堂刻本　十九册　缺三卷(二十四至二十六)

610000－4012－0000484　400109
壯悔堂文集十卷　(清)侯方域撰　(清)賈開宗等選　清乾隆二十三年(1758)刻本　六册

610000－4012－0000485　400110
四憶堂詩集六卷　(清)侯方域撰　(清)賈開宗等選注　清乾隆二十三年(1758)刻本　二册

610000－4012－0000486　400112
古文眉詮七十九卷　(清)浦起龍編　清光緒二十四年(1898)刻本　二十九册　缺七卷(六十至六十二、七十六至七十九)

610000－4012－0000487　400113
有懷堂文稿　(清)李祖寄增校　清刻本　一册

610000－4012－0000488　400114
綴白裘新集三編四卷　(清)錢德蒼編　清乾隆四十六年(1781)刻本　三册

610000－4012－0000489　400115
昭明文選六十卷　(清)胡紹煐學　(清)劉世珩校刊　清刻本　十六册

610000－4012－0000490　400117
皇朝經世文編一百二十卷姓名總目二卷　(清)賀長齡輯　清刻本　七十三册　缺十卷(一至三、五十五、七十七、八十一至八十二、八十四,姓名總目二卷)

610000－4012－0000491　400118
文選六十卷　(南朝梁)蕭統撰　(唐)李善注　清同治八年(1869)湖北崇文書局刻本　二十四册

610000－4012－0000492　400119
漢魏六朝百三名家集　(明)張溥輯　清光緒五年(1879)彭懋謙信述堂刻本　一百册　缺一種

610000－4012－0000493　400122
古文翼八卷　(清)唐德宜編　清乾隆六年(1741)刻本　四册

610000－4012－0000494　400124
八銘塾鈔初集不分卷二集不分卷　(清)吳懋政編次　清刻本　五册

610000－4012－0000495　400170
[康熙庚辰科至乾隆庚辰科]庚辰集五卷　(清)紀昀編　清刻本　五册

610000－4012－0000496　400172
弱水集二十二卷　(清)屈復著　清刻本　二册　存八卷(十五至二十二)

610000－4012－0000497　500001
太平廣記五百卷　(宋)李昉等編　清刻本　四十一册　存三百二十一卷(八至十五、二十四至三十二、四十至四十九、六十至六十七、七十一至八十三、九十至九十八、一百三十一至二百六十八、三百十八至三百二十六、三百五十九至四百四十四、四百五十三至四百八十三)

610000－4012－0000498　500002
廣事類賦四十卷　(清)華希閔著　清刻本　八册

610000－4012－0000499　500003

事類賦三十卷　(宋)吳淑撰註　(明)華麟祥校刊　清刻本　四册

610000－4012－0000500　500004

子史精華一百六十卷　(清)張廷玉等編　清光緒二十三年(1897)上海順成書局石印本　七册　缺二十卷(二十一至四十)

610000－4012－0000501　500006

懷潞園叢刊十四種　(清)李嘉績輯　清刻本　十一册　存十三種

610000－4012－0000502　500007

懷潞園叢刊十四種　(清)李嘉績輯　清刻本　六册　存六種

610000－4012－0000503　500008

千金裘二十七卷　(清)蔣義彬纂　**千金裘二集二十六卷**　(清)蔣義彬　(清)徐元麟纂　清光緒七年(1881)經國堂刻本　三册　存五卷(一集一至三,二集八、二十一)

610000－4012－0000504　500009

懷潞園叢刊十四種　(清)李嘉績輯　清刻本　三册　存四種

610000－4012－0000505　600001

西政叢書三十二種　梁啟超輯　清光緒二十三年(1897)慎記書莊石印本　三十二册

610000－4012－0000506　600002

西政叢書三十二種　梁啟超輯　清光緒二十三年(1897)慎記書莊石印本　三十二册

610000－4012－0000507　600003

製火藥法三卷　(英國)利稼孫　(英國)華得斯輯　(英國)傅蘭雅口譯　(清)丁樹棠筆述　清刻本　一册

610000－4012－0000508　600004

約章成案匯覽甲篇十卷乙篇四十二卷　(清)北洋洋務局編纂　清光緒石印本　四十六册

陝西省延安市圖書館古籍普查登記目録

全國古籍普查登記目録

國家圖書館出版社
National Library of China Publishing House

610000－1005－0000001　00005

李文忠公全集　（清）李鴻章撰　（清）吴汝綸編　清光緒三十一年（1905）金陵刻三十四年（1908）印本　一百册

610000－1005－0000002　00013

御撰資治通鑑綱目三編二十卷　（清）張廷玉等編　清乾隆十一年（1746）刻本　四册

610000－1005－0000003　00016

説文解字十五卷　（漢）許慎撰　（宋）徐鉉等校定　清乾隆三十八年（1773）刻本　八册

610000－1005－0000004　00023

讀杜心解六卷首二卷　（清）浦起龍講解　清雍正二年至三年（1724－1725）浦氏寧我齋刻本　十二册

610000－1005－0000005　00029

周禮政要二卷　（清）孫詒讓撰　清光緒二十九年（1903）上海書局石印本　二册

610000－1005－0000006　00030

白香山詩長慶集二十卷後集十七卷别集一卷補遺二卷　（唐）白居易撰　（清）汪立名編訂　清一隅草堂刻本　十二册

610000－1005－0000007　00032

廣治平畧三十六卷　（清）蔡方炳撰　清刻本　六册

610000－1005－0000008　00033

禮經會元四卷　（宋）葉時撰　清刻本　二册

610000－1005－0000009　00035

禮記節本十卷　（清）汪基撰　（清）江永校纂　清宣統元年（1909）上海會文學社刻本　二册

610000－1005－0000010　00140

重刊宋本十三經註疏附校勘記　（清）阮元撰校勘記　（清）盧宣旬摘錄　清光緒十三年（1887）上海脈望仙館石印本　五册　存三種

610000－1005－0000011　00165

湖山便覽十二卷　（清）翟灝　（清）翟瀚輯　（清）王維翰重訂　清光緒元年（1875）槐蔭堂王氏刻本　六册

610000－1005－0000012　00177

大清一統志四百二十四卷　（清）和珅等撰　清光緒二十三年（1897）杭州竹簡齋石印本　六十册

610000－1005－0000013　00181

湘軍記二十卷　（清）王定安撰　清光緒十六年（1890）袖海山房影印本　四册

610000－1005－0000014　00184

名賢手札不分卷　（清）曾國藩等撰　清光緒十一年（1885）上海同文書局石印本　二册

610000－1005－0000015　00186

西巡大事本末記六卷　（日本）吉田良太郎譯　（清）八詠樓主人錄　清光緒二十七年（1901）上海書局石印本　六册

610000－1005－0000016　00189

戡定新疆記八卷　（清）魏光燾撰　清光緒二十五年（1899）鉛印本　二册

610000－1005－0000017　00190

左傳舊疏考正八卷　（清）劉文淇撰　清光緒三年（1877）湖北崇文書局刻本　四册

610000－1005－0000018　00191

西洋史要一卷　（日本）小川銀次郎著　樊炳清　（清）薩端譯　清末味經官書局鉛印本　二册

610000－1005－0000019　00192

俄史輯譯四卷　（英國）闞斐迪譯　（清）徐景羅重譯　清光緒十四年（1888）益智書會刻本　四册

610000－1005－0000020　00193

禮記約編五卷　（清）汪基鈔撰　清光緒三十二年（1906）陝西學務公所鉛印本　五册

610000－1005－0000021　00194

大學衍義四十三卷　（宋）真德秀撰　清光緒十三年（1887）陝西涇陽柏經正堂刻本　十二册

610000－1005－0000022　00195

說文段註撰要九卷 (清)馬壽齡撰 清光緒九年(1883)金陵胡氏愚園刻本 四册

610000－1005－0000023 00200
禹貢本義一卷 楊守敬撰 清光緒三十二年(1906)鄂城菊灣刻本 一册

610000－1005－0000024 00203
埤雅二十卷 (宋)陸佃撰 明天啟六年(1626)堂策檻刻本 六册

610000－1005－0000025 00204
日知録三十二卷 (清)顧炎武撰 清刻本 十二册

610000－1005－0000026 00205
算學書目提要三卷 (清)丁福保述 清光緒二十五年(1899)無錫竢實學堂刻疇隱廬叢書本 一册

610000－1005－0000027 00206
庾子山集十六卷年譜一卷總釋一卷 (北周)庾信撰 (清)倪璠註 清刻本 十二册

610000－1005－0000028 00208
杭郡庠得表忠觀碑記事一卷 (清)余懋棅輯 清光緒七年(1881)錢唐山刻本 一册

610000－1005－0000029 00213
徐騎省集三十卷補遺一卷 (宋)徐鉉撰 **校勘記一卷** (清)李英元撰 清光緒十九年(1893)黟南李氏刻本 八册

610000－1005－0000030 00214
重刊五百家註音辯昌黎先生文集四十卷 (唐)韓愈撰 清乾隆四十九年(1784)刻本 十二册

610000－1005－0000031 00215
文史通義八卷校讐通義三卷 (清)章學誠著 清道光十三年(1833)刻本 五册

610000－1005－0000032 00216
儒門法語輯要一卷 (清)彭定求編 (清)湯金釗輯 清光緒十六年(1890)浙江書局刻本 一册

610000－1005－0000033 00218
使俄草八卷 (清)王之春紀 清光緒二十一年(1895)上海石印本 四册

610000－1005－0000034 00219
李義山詩集三卷詩譜一卷諸家詩評一卷 (唐)李商隱撰 (清)朱鶴齡箋註 (清)沈厚塽輯評 清同治九年(1870)廣州倅署刻三色套印本 四册

610000－1005－0000035 00220
瀛寰志畧十卷 (清)徐繼畬纂 清道光二十八年(1848)福建刻本 六册

610000－1005－0000036 00222
橫塘集二十卷 (宋)許景衡撰 清光緒二年(1876)刻本 四册

610000－1005－0000037 00223
曾南豐先生全集五十卷 (宋)曾鞏撰 清光緒十六年(1890)慈利漁浦書院刻本 十册

610000－1005－0000038 00225
敬齋古今黈八卷 (元)李冶撰 清光緒十九年(1893)刻本 二册

610000－1005－0000039 00226
酉陽雜俎正集二十卷續集十卷 (唐)段成式撰 清道光二十九年(1849)小嫏嬛山館刻本 六册

610000－1005－0000040 00230
離騷箋二卷 (清)龔景瀚撰 清乾隆五十九年(1794)澹敬齋刻本 一册

610000－1005－0000041 00231
形學備旨十卷 (美國)狄考文選譯 (清)鄒立文筆述 (清)劉永錫參閲 清光緒二十三年(1897)上海美華書館刻本 二册

610000－1005－0000042 00256
爾雅正義二十卷 (清)邵晉涵撰 **爾雅釋文三卷** (唐)陸德明撰 清乾隆五十三年(1788)餘姚邵氏家塾刻本 八册

610000－1005－0000043 00257
欽定禮記義疏八十二卷首一卷 (清)鄂爾泰等撰 清刻本 二十三册 存四十三卷(一

至四十二、首一卷)

610000－1005－0000044　00259

通鑑類纂二十卷　(清)松椿纂　清光緒二十四年(1898)刻本　四十册

610000－1005－0000045　00260

御批歷代通鑑輯覽一百二十卷　(清)傅恒等撰　清同治十一年(1872)崇文書局刻本　六十册

610000－1005－0000046　00261

欽定詩經傳説彙纂二十一卷首二卷詩序二卷　(清)王鴻緒等纂　清刻本　十九册　存二十四卷(一至十八、二十至二十一,首二卷,詩序二卷)

610000－1005－0000047　00263

大清會典二百五十卷　(清)尹泰等纂修　清雍正十年(1732)内府刻本　一百册

610000－1005－0000048　00267

胡文忠公政書十四卷目録一卷本傳一卷　(清)但湘良編輯　清光緒二十五年(1899)湖南糧儲道署刻本　十六册

610000－1005－0000049　00270

韻目表一卷　(清)錢學嘉撰　清光緒七年(1881)刻朱印本　一册

610000－1005－0000050　00271

儀禮十七卷　(漢)鄭玄註　**嚴本儀禮鄭氏註校録一卷**　(清)黄丕烈撰　清嘉慶二十年(1815)讀未見書齋刻本　二册

610000－1005－0000051　00285

談天十八卷首一卷附表一卷　(英國)侯失勒原本　(英國)偉烈亞力口譯　(清)李善蘭刪述　(清)徐建寅續述　清光緒二十七年(1901)上海日新社石印本　四册

610000－1005－0000052　00286

萬國近政考略十六卷　(清)鄒弢編輯　清光緒二十七年(1901)三借廬鉛印本　四册

610000－1005－0000053　00287

奏議初編十二卷　(清)張之洞撰　清光緒二十七年(1901)上海圖書集成印書局鉛印本　六册

610000－1005－0000054　00330

佩文韻府一百六卷韻府拾遺一百六卷　(清)張玉書等編　清康熙刻本　一百八十三册　存一百十三卷(佩文韻府一百六卷、韻府拾遺一至七)

610000－1005－0000055　00337

增版東西學書録四卷　(清)徐維則輯　(清)顧燮光補　清光緒二十八年(1902)石印本　四册

610000－1005－0000056　00338

集宋四家詞聯四卷　(清)林葆恒輯　清光緒二年(1876)影印本　一册

610000－1005－0000057　00340

新刻釋名八卷　(漢)劉熙撰　明畢效欽刻本　四册

610000－1005－0000058　00341

通鑑地理通釋十四卷　(宋)王應麟著　明汲古閣刻本　四册

610000－1005－0000059　00342

高僧傳三集三十卷　(宋)釋贊寧等撰　清光緒十三年(1887)江北刻經處刻本　八册

610000－1005－0000060　00343

詞律二十卷　(清)萬樹撰　清康熙二十六年(1687)陽羨萬氏堆絮園刻本　六册

610000－1005－0000061　00344

高僧傳二集四十卷　(唐)釋道宣撰　清光緒十六年(1890)江北刻經處刻本　十册

610000－1005－0000062　00345

忠雅堂詩集二十七卷補遺二卷　(清)蔣士銓撰　清刻本　八册

610000－1005－0000063　00346

毛經註疏二十卷　(漢)鄭玄箋　(唐)孔穎達疏　明萬曆十七年(1589)刻本　十六册

610000－1005－0000064　00347

大學衍義補一百六十卷首一卷　(明)丘濬著

（明）陳仁錫評閱　明萬曆三十三年（1605）刻本　四十八册

610000－1005－0000065　00349
藏書紀事詩六卷　葉昌熾撰　（清）江標校訂　清光緒二十三年（1897）長沙學使署刻本　十二册

610000－1005－0000066　00350
唐陸宣公集二十二卷　（唐）陸贄撰　（清）年羹堯重訂　清康熙六十一年（1722）刻本　八册

610000－1005－0000067　00351
草字彙十二卷　（清）石梁集　清乾隆五十二年（1787）大成齋刻本　六册

610000－1005－0000068　00353
左恪靖侯奏稿初編三十八卷　（清）左宗棠撰　清同治七年（1868）刻本　二十册

610000－1005－0000069　00356
湖墅小志四卷　（清）高鵬年撰　清光緒二十二年（1896）石印本　二册

610000－1005－0000070　00362
增補事類統編九十三卷首一卷　（清）黄葆真增輯　清光緒十四年（1888）上海積山書局石印本　十二册

610000－1005－0000071　00365
尺木堂綱鑑易知錄二十卷　（清）吳乘權等輯　清光緒二十五年（1899）上海鴻寶齋石印本　八册

610000－1005－0000072　00366
列國歲計政要十二卷首一卷　（英國）麥丁富得力編纂　（美國）林樂知口譯　（清）鄭昌棪筆述　清光緒二十四年（1898）小倉山房石印本　二册

610000－1005－0000073　00367
御選古文淵鑒六十四卷　（清）徐乾學編註　清光緒二十九年（1903）蜚英書局石印本　十六册

610000－1005－0000074　00368
瀛寰志畧十卷　（清）徐繼畬輯著　清光緒二十八年（1902）秦中書局石印本　四册

610000－1005－0000075　00372
秋燈叢話十八卷　（清）王椷著　清咸豐元年（1851）刻本　六册

610000－1005－0000076　00374
小倉山房尺牘十卷牘外餘言一卷　（清）袁枚撰　清刻本　五册

610000－1005－0000077　00375
隨園詩話十六卷　（清）袁枚撰　清乾隆十四年（1749）刻本　五册　存十三卷（一至十三）

610000－1005－0000078　00391
秘書廿一種　（清）汪士漢輯　清康熙七年（1668）新安汪氏刻本　十二册

610000－1005－0000079　00392
兩朝御批通鑑輯覽一百二十卷　（清）傅恒等撰　清宣統元年（1909）上海公記書局石印本　二十四册

610000－1005－0000080　00490
日本訪書志十六卷　楊守敬撰　清光緒二十三年（1897）鄰蘇園刻本　八册

610000－1005－0000081　00491
澹静齋説課二卷　（清）龔景瀚撰　清澹静齋刻本　一册

610000－1005－0000082　00492
西崑酬唱集二卷　（宋）楊億撰　清咸豐四年（1854）邵武徐氏刻本　一册

610000－1005－0000083　00493
春秋世族譜一卷　（清）陳厚耀撰　清光緒十二年（1886）邵武徐氏刻本　一册

610000－1005－0000084　00494
祭儀攷四卷　（清）龔景瀚輯　清咸豐三年（1853）澹静齋刻本　一册

610000－1005－0000085　00495
邶風説二卷　（清）龔景瀚箸　清刻本　一册

610000－1005－0000086　00500

隨園駢體文註十六卷 （清）袁枚著 （清）黎光地註 清光緒五年（1879）長沙竹素書局刻本 十二册

610000－1005－0000087 00501
屈子章句七卷 （清）劉夢鵬訂 清嘉慶五年（1800）黎青堂刻本 二册

610000－1005－0000088 00506
定盦文集三卷續集四卷補編四卷附小作一卷集補續錄一卷文集補二卷雜詩一卷詞選一卷詩錄一卷 （清）龔自珍撰 清光緒二十四年（1898）浙江寶晉齋石印本 二册

610000－1005－0000089 00509
曾文正公家書十卷 （清）曾國藩撰 清末石印本 四册

610000－1005－0000090 00510
韓昌黎詩集編年箋註十二卷 （清）方世舉考訂 清宣統二年（1910）石印本 十二册

610000－1005－0000091 00528
曾文正公家訓二卷榮哀錄一卷 （清）曾國藩撰 清末石印本 一册

610000－1005－0000092 00529
曾文正公大事記四卷 （清）王定安撰 清末石印本 一册

610000－1005－0000093 00567
亥白詩草八卷 （清）張問安撰 清道光二十九年（1849）清白齋刻本 四册

610000－1005－0000094 00568
飲杜詩集二卷 （清）張問彤著 清道光四年（1824）刻本 一册

610000－1005－0000095 00569
居士傳五十六卷 （清）彭際清撰 清乾隆四十一年（1776）刻本 四册

610000－1005－0000096 00572
爾雅三卷 （晉）郭璞註 （唐）陸德明音義 清嘉慶二十年（1815）清芬閣刻本 三册

610000－1005－0000097 00573
華嶽志八卷首一卷 （清）李榕纂輯 清光緒九年（1883）玉泉院刻本 四册

610000－1005－0000098 00574
漁洋山人精華錄箋註十二卷年譜一卷補一卷附錄一卷 （清）金榮箋註 （清）徐淮纂輯 清刻本 十册

610000－1005－0000099 00577
春秋大事表五十卷輿圖一卷附錄一卷 （清）顧棟高輯 清乾隆十二年（1747）萬卷樓刻本 二十册

610000－1005－0000100 00578
飲杜文集一卷 （清）張問彤著 清道光五年（1825）刻本 一册

610000－1005－0000101 00580
曾文正公文鈔四卷 （清）曾國藩撰 （清）張瑛編校 清同治十一年（1872）蘇郡刻本 四册

610000－1005－0000102 00582
後山詩十二卷 （宋）陳師道撰 （宋）任淵註 清乾隆武英殿木活字印本 四册

610000－1005－0000103 00584
佩文韻府一百六卷 （清）張玉書等纂修 清光緒十二年（1886）上海同文書局石印本 五十二册

610000－1005－0000104 00585
韻府拾遺一百六卷 （清）張廷玉等纂 清光緒十二年（1886）上海同文書局石印本 一册 存五卷（一至五）

610000－1005－0000105 00646
儀禮節本三卷 （清）汪基撰鈔 （清）江永校纂 清宣統二年（1910）上海會文堂石印本 一册

610000－1005－0000106 00729
蒙川先生遺稾四卷補遺一卷 （宋）劉黻撰 （元）劉應奎校正 （明）阮存編次 清同治十二年（1873）刻本 一册

610000－1005－0000107 00730
劉給諫文集五卷 （宋）劉安上著 清同治十

二年(1873)刻本　一冊

610000－1005－0000108　00731
劉左史文集四卷　(宋)劉安節撰　清同治十二年(1873)刻本　一冊

610000－1005－0000109　00733
尚書考異六卷　(明)梅鷟撰　清光緒十八年(1892)浙江書局刻本　四冊

610000－1005－0000110　00735
湘軍記二十卷　(清)王定安撰　清光緒十五年(1889)江南書局刻本　八冊

610000－1005－0000111　00769
江西考古錄十卷　(清)王謨著　清光緒十七年(1891)刻本　四冊

610000－1005－0000112　00771
日本國志四十卷　(清)黄遵憲編纂　清光緒二十八年(1902)上海書局石印本　四冊

610000－1005－0000113　00788
石渠餘紀六卷　(清)王慶雲述　清光緒鉛印本　六冊

610000－1005－0000114　00789
金石續鈔二卷　(清)趙紹祖輯　清刻本　二冊

610000－1005－0000115　00793
東方時局論畧一卷　(朝鮮)鄧鏗撰　清光緒十五年(1889)鉛印本　一冊

610000－1005－0000116　00794
潛研堂金石文字目錄八卷　(清)錢大昕撰　(清)瞿中溶識　清嘉慶十年(1805)刻本　二冊

610000－1005－0000117　00795
潛研堂金石文跋尾六卷續七卷又續六卷三續六卷　(清)錢大昕撰　清刻本　六冊

610000－1005－0000118　00797
斜川集六卷　(宋)蘇過著　清乾隆五十三年(1788)刻本　一冊

610000－1005－0000119　00799
船山詩草二十卷　(清)張問陶撰　清嘉慶二十年(1815)刻本　六冊

610000－1005－0000120　00800
船山詩草補遺六卷　(清)張問陶撰　清道光五年(1825)刻本　二冊

610000－1005－0000121　00801
唐詩三百首註疏六卷　(清)孫洙編　(清)章燮註　清道光十四年(1834)刻本　六冊

610000－1005－0000122　00802
曾文正公奏議十卷首一卷末一卷　(清)曾國藩撰　(清)薛福成輯　清同治十二年(1873)蘇郡刻本　十冊

610000－1005－0000123　00823
子史精華一百六十卷　(清)吳襄等纂修　清刻本　六十三冊　存一百五十九卷(二至一百六十)

610000－1005－0000124　00827
爾雅蒙求二卷　(清)李拔式撰　清嘉慶三年(1798)刻本　二冊

610000－1005－0000125　00833
公法便覽四卷總論一卷續一卷　(美國)吳爾璽撰　(美國)丁韙良譯　(清)汪鳳藻刪　清光緒三年(1877)同文館鉛印本　六冊

610000－1005－0000126　00835
文信國公集二十卷首一卷　(宋)文天祥撰　清同治七年(1868)楚醴景萊書室刻本　十六冊

610000－1005－0000127　00836
蟲薈五卷　(清)方旭撰　清光緒十六年(1890)刻本　四冊

610000－1005－0000128　00837
石遺室詩集五卷續集一卷三集一卷文集十二卷　(清)陳衍撰　**木庵文稾一卷**　(清)陳書撰　清光緒三十一年(1905)武昌刻本　六冊

610000－1005－0000129　00838
金詩選四卷　(清)顧奎光選輯　(清)陶玉禾參評　清乾隆十六年(1751)刻本　四冊

610000－1005－0000130　00839

天聖明道本國語二十一卷考異四卷　(三國吳)韋昭解　(清)汪遠孫考異　清同治八年(1869)崇文書局刻本　五册

610000－1005－0000131　00843

程一夔文乙集四卷　程先甲撰　清宣統二年(1910)千一齋刻本　一册　存二卷(一至二)

610000－1005－0000132　00844

琉球地理小志不分卷　(日本)中根淑等撰　(清)姚文棟輯譯　清光緒九年(1883)刻本　一册

610000－1005－0000133　00849

壯悔堂文集十卷四憶堂詩集六卷　(清)侯方域著　清宣統二年(1910)上海掃葉山房石印本　六册

610000－1005－0000134　00856

孟東野集十卷附一卷　(唐)孟郊撰　**追昔遊集三卷**　(唐)李紳撰　清宣統二年(1910)上海著易堂石印本　四册

610000－1005－0000135　00857

習之先生文集二卷　(唐)李翺撰　清宣統三年(1911)上海會文堂書局石印本　二册

610000－1005－0000136　00860

韋蘇州集十卷　(唐)韋應物撰　清宣統三年(1911)上海自強書局石印本　六册

610000－1005－0000137　00861

曾南豐文集四卷　(宋)曾鞏撰　清宣統二年(1910)上海會文堂書局石印本　二册

610000－1005－0000138　00863

史通通釋二十卷　(唐)劉知幾撰　(清)浦起龍釋　清光緒十九年(1893)上海文瑞樓石印本　八册

610000－1005－0000139　00869

分類字錦六十四卷　(清)何焯等纂　清康熙六十一年(1722)刻本　七十二册

610000－1005－0000140　00873

韓非子集解二十卷首一卷　王先謙註　清末上海掃葉山房石印本　六册

610000－1005－0000141　00875

洋務經濟通考十六卷　(清)應祖錫纂定　清光緒二十七年(1901)鴻寶齋石印本　十二册

610000－1005－0000142　00879

聖武記十四卷　(清)魏源撰　清道光二十二年(1842)刻本　八册

610000－1005－0000143　00889

洗冤録詳義四卷首一卷　(清)許樋編校　**洗冤録摭遺二卷摭遺補一卷**　(清)葛元煦撰　清光緒三年(1877)刻本　六册

610000－1005－0000144　00891

鐵厓三種　(明)楊維楨著　清宣統二年(1910)上海掃葉山房石印本　十册

610000－1005－0000145　00892

古玉圖攷一卷　(清)吳大澂輯　清光緒十五年(1889)上海同文書局石印本　四册

610000－1005－0000146　00893

西政叢書　梁啟超輯　清光緒二十三年(1897)慎記書莊石印本　三十二册

610000－1005－0000147　00897

王臨川文集四卷　(宋)王安石撰　清宣統二年(1910)上海會文堂書局石印本　四册

610000－1005－0000148　00903

唐賢三昧集三卷　(清)王士禛選　(清)吳煊　(清)胡棠輯註　清宣統二年(1910)淵古齋石印本　六册

610000－1005－0000149　00908

洋務時事彙編八卷　(清)葛子源輯　清光緒二十四年(1898)上海書局石印本　十二册

610000－1005－0000150　00909

洋務備考十六卷　(清)沈維堉撰　清光緒二十二年(1896)上海書局石印本　六册

610000－1005－0000151　00911

海國圖志一百卷續集二十五卷首一卷　(清)魏源撰　清光緒二十八年(1902)文賢閣石印本　十六册

610000－1005－0000152　00912

中國江海險要圖誌二十二卷補編五卷圖五卷　（清）陳壽彭譯　清光緒二十七年（1901）石印本　十五册

610000－1005－0000153　00913

字學舉隅不分卷　（清）龍啟瑞撰　清同治十年（1871）刻本　一册

610000－1005－0000154　00914

字學舉隅不分卷　（清）龍啟瑞撰　清道光二十六年（1846）刻本　一册

610000－1005－0000155　00915

選雅二十卷　（清）程一夔述　清光緒二十八年（1902）千一齋刻本　八册

610000－1005－0000156　00916

漱芳軒合纂禮記體註四卷　（清）范翔参訂　清光緒二十年（1894）文富堂刻本　四册

610000－1005－0000157　00919

後山詩十二卷　（宋）陳師道撰　清三榆書屋刻本　六册

610000－1005－0000158　00922

茗柯文初編一卷二編二卷三編一卷四編一卷　（清）張惠言撰　清光緒七年（1881）刻本　二册

610000－1005－0000159　00924

文獻通考詳節二十四卷續二十六卷　（宋）馬端臨著　（清）嚴虞惇錄　清光緒二十七年（1901）上海鴻寶堂石印本　十册　存四十一卷（文獻通考詳節二十四卷、續一至十七）

610000－1005－0000160　00925

皇朝文獻通考詳節二十六卷　（清）嵇璜等纂　（清）平陽主人錄　清光緒二十七年（1901）上海鴻寶堂書局石印本　十册

610000－1005－0000161　00926

金石文鈔八卷　（清）趙紹祖輯　清嘉慶七年（1802）刻本　八册

610000－1005－0000162　00934

唐棲志略稾二卷　（清）何琪輯　清光緒七年（1881）錢塘丁氏刻本　一册

610000－1005－0000163　00935

英軺日記十二卷　（清）載振撰　清光緒二十九年（1903）上海文明編譯書局鉛印本　四册

610000－1005－0000164　00938

論衡三十卷　（漢）王充著　清刻本　二十四册

610000－1005－0000165　00939

禮記註疏六十三卷　（漢）鄭玄註　（唐）孔穎達疏　明崇禎十二年（1639）汲古閣刻本　三十册

610000－1005－0000166　00940

大學章句本義匯参四十三卷　（清）王步青輯　清嘉慶十八年（1813）書業堂刻本　三十二册

610000－1005－0000167　00941

孟子註疏解經十四卷　（漢）趙岐註　（宋）孫奭疏　明崇禎六年（1633）汲古閣刻本　六册

610000－1005－0000168　00942

儀禮註疏十七卷　（漢）鄭玄註　（唐）賈公彦疏　明崇禎九年（1636）汲古閣刻本　十四册

610000－1005－0000169　00943

春秋左傳註疏六十卷　（晉）杜預註　（唐）孔穎達疏　明崇禎十一年（1638）毛氏汲古閣刻本　三十册

610000－1005－0000170　00944

周禮註疏四十二卷　（漢）鄭玄註　（唐）賈公彦疏　清汲古閣刻本　二十册

610000－1005－0000171　00945

論語註疏解經二十卷　（三國魏）何晏註　（宋）邢昺疏　明崇禎十年（1637）汲古閣刻本　四册

610000－1005－0000172　00946

爾雅註疏十一卷　（晉）郭璞註　（宋）邢昺疏　明崇禎十六年（1643）汲古閣刻本　四册

610000－1005－0000173　00947

孝經註疏九卷　（宋）邢昺校　明崇禎二年

(1629)毛氏汲古閣刻十三經注疏本　一册

610000－1005－0000174　00952
林和靖詩集四卷　(宋)林逋撰　清同治十二年(1873)刻本　二册

610000－1005－0000175　00959
新論十卷　(南朝梁)劉勰著　清嘉慶刻本　三册

610000－1005－0000176　00960
淮南鴻烈解二十一卷　(漢)劉安著　(漢)高誘註　清刻本　十四册

610000－1005－0000177　00961
孔叢二卷　(漢)孔鮒著　清嘉慶刻本　二册

610000－1005－0000178　00962
新書十卷　(漢)賈誼撰　(清)盧文弨校　清刻本　五册

610000－1005－0000179　00963
新語二卷　(漢)陸賈著　清嘉慶刻本　一册

610000－1005－0000180　00964
高士傳三卷　(晉)皇甫謐著　清刻本　二册

610000－1005－0000181　00965
英雄記鈔一卷　(三國魏)王粲撰　清嘉慶刻本　一册

610000－1005－0000182　00966
参同契一卷　(漢)魏伯陽著　**陰符經一卷**　(漢)張良撰　清嘉慶刻本　一册

610000－1005－0000183　00967
黄石公素書一卷　(漢)黄石公撰　(宋)張商英註　(明)楊慎評　清刻本　一册

610000－1005－0000184　00968
新書一卷　(三國蜀)諸葛亮撰　清嘉慶刻本　一册

610000－1005－0000185　00969
孫子二卷　(春秋)孫武撰　(三國魏)魏武帝註　清嘉慶刻本　二册

610000－1005－0000186　00970
新序十卷　(漢)劉向著　(明)翁立環閱　清嘉慶刻本　五册

610000－1005－0000187　00971
黄山谷内集二十卷外集十七卷别集二卷　(宋)黄庭堅撰　清光緒二十五年(1899)刻本　二十册

610000－1005－0000188　00972
平定關隴紀畧十三卷　(清)易孔昭等撰　清光緒十三年(1887)刻本　八册

610000－1005－0000189　00973
星軺指掌三卷續一卷　(清)聯芳　(清)慶常譯　清光緒二年(1876)北京同文館鉛印本　四册

610000－1005－0000190　00979
新鋟葛稚川外編四卷　(晉)葛洪撰　清嘉慶刻本　八册

610000－1005－0000191　00980
新鋟葛稚川内編四卷　(晉)葛洪撰　清嘉慶刻本　八册

610000－1005－0000192　00981
中説二卷　(隋)王通著　(明)張易閲　清嘉慶刻本　二册

610000－1005－0000193　00982
法言十卷　(漢)揚雄撰　清嘉慶刻本　二册

610000－1005－0000194　00983
中論二卷　(漢)徐幹著　清嘉慶刻本　二册

610000－1005－0000195　00984
申鑒五卷　(漢)荀悦著　清嘉慶刻本　一册

610000－1005－0000196　00986
教務紀略四卷首一卷末一卷　(清)李剛己輯　(清)魏家驊重編　清光緒三十一年(1905)南洋官報局刻本　四册

610000－1005－0000197　00987
五經同異三卷　(清)顧炎武撰　清刻本　二册

610000－1005－0000198　00991
莊子十卷　(晉)郭象註　(唐)陸德明音義

清光緒二年(1876)浙江書局刻本　四册

610000－1005－0000199　00992
大學衍義四十三卷　(宋)真德秀撰　清同治十一年(1872)浙江書局刻本　十册

610000－1005－0000200　00994
高僧傳初集十五卷　(南朝梁)釋慧皎撰　清光緒十年(1884)金陵刻經處刻本　四册

610000－1005－0000201　00997
六朝四家全集　(清)胡鳳丹輯　清同治九年(1870)退補齋刻本　六册

610000－1005－0000202　00998
通商約章類纂三十五卷　(清)徐宗亮輯　清光緒二十四年(1898)石印本　二十册

610000－1005－0000203　01002
小知録十二卷　(清)陸鳳藻輯　清同治十二年(1873)淮南書局刻本　六册

610000－1005－0000204　01016
搜神記八卷　(晉)干寶撰　清嘉慶刻本　二册

610000－1005－0000205　01017
神異經一卷海内十洲記一卷　(漢)東方朔著　清嘉慶刻本　一册

610000－1005－0000206　01018
述異記二卷　(南朝梁)任昉著　**續齊諧記一卷**　(南朝梁)吴均著　清嘉慶刻本　二册

610000－1005－0000207　01019
西京雜記六卷　(漢)劉歆著　清嘉慶刻本　二册

610000－1005－0000208　01020
拾遺記十卷　(晉)王嘉著　(南朝梁)蕭綺録　清嘉慶刻本　四册

610000－1005－0000209　01021
博物志十卷　(晉)張華著　清嘉慶刻本　二册

610000－1005－0000210　01022
古今註三卷　(晉)崔豹著　清嘉慶刻本　一册

610000－1005－0000211　01023
風俗通義十卷　(漢)應劭著　清嘉慶刻本　四册

610000－1005－0000212　01024
别國洞冥記四卷　(漢)郭憲著　清嘉慶刻本　一册

610000－1005－0000213　01025
人物志三卷　(三國魏)劉邵撰　(北魏)劉昞釋篇　清刻本　一册

610000－1005－0000214　01026
文心雕龍十卷　(南朝梁)劉勰著　清嘉慶刻本　四册

610000－1005－0000215　01027
詩品三卷　(南朝梁)鍾嶸著　**書品一卷**　(南朝梁)庾肩吾著　清刻本　一册

610000－1005－0000216　01029
鹽鐵論十二卷　(漢)桓寬著　(明)徐仁毓閲　清光緒刻本　六册

610000－1005－0000217　01030
三輔黄圖六卷　(清)王謨輯　清刻本　三册

610000－1005－0000218　01031
華陽國志不分卷　(晉)常璩著　清刻本　八册

610000－1005－0000219　01034
星經二卷　(漢)甘公　(漢)石申著　清嘉慶刻本　二册

610000－1005－0000220　01036
南方草木狀三卷　(晉)嵇含著　清刻本　一册

610000－1005－0000221　01037
竹譜一卷　(晉)戴凱之撰　**古今刀劍録一卷**　(南朝梁)陶弘景纂　**鼎録一卷**　(南朝梁)虞荔纂　清嘉慶刻本　一册

610000－1005－0000222　01038
潛夫論十卷　(漢)王符著　(明)黄嘉惠閲

清嘉慶刻本　五册

610000－1005－0000223　01039

天禄閣外史八卷　(漢)黄憲著　清嘉慶刻本　六册

610000－1005－0000224　01040

説苑二十卷　(漢)劉向著　清嘉慶刻本　八册

610000－1005－0000225　01041

白虎通德論四卷　(漢)班固撰　**校勘補遺一卷**　(清)盧文弨撰　**闕文一卷**　(清)莊述祖輯　清嘉慶刻本　七册

610000－1005－0000226　01042

獨斷一卷　(漢)蔡邕著　清嘉慶刻本　一册

610000－1005－0000227　01043

忠經一卷　(漢)馬融撰　(明)黄嘉惠閲　**孝傳一卷**　(晉)陶潛著　(清)陳繼儒閲　清嘉慶刻本　一册

610000－1005－0000228　01044

方言十三卷　(漢)楊雄撰　(晉)郭璞解　清刻本　三册

610000－1005－0000229　01045

釋名四卷　(漢)劉熙著　清刻本　四册

610000－1005－0000230　01046

博雅十卷　(三國魏)張輯纂輯　(隋)曹憲音義　清刻本　三册

610000－1005－0000231　01047

易傳三卷　(漢)京房著　(漢)陸績註　明萬曆二十年(1592)武林何久中刻本　一册

610000－1005－0000232　01048

廣漢魏叢書　(明)何允中輯　明萬曆二十年(1592)刻本　五册　存二種

610000－1005－0000233　01049

越絕十五卷　(漢)袁康撰　清刻本　三册

610000－1005－0000234　01050

三國志辯誤一卷　(宋)亡民氏著　清刻本　一册

610000－1005－0000235　01051

元經薛氏傳十卷　(隋)王通撰　(唐)薛收傳　(宋)阮逸註　清刻本　七册

610000－1005－0000236　01052

毛詩註疏二十卷　(漢)毛亨撰　(漢)鄭玄箋　(唐)孔穎達疏　明崇禎三年(1630)汲古閣刻本　二十册

610000－1005－0000237　01053

公羊註疏二十八卷　(漢)何休學　明崇禎七年(1634)毛氏汲古閣刻本　十册

610000－1005－0000238　01054

春秋穀梁註疏二十卷　(晉)范甯集解　(唐)楊士勛疏　明崇禎八年(1635)毛氏汲古閣刻本　五册

610000－1005－0000239　01063

人範六卷　(清)蔣元輯　清光緒十六年(1890)守拙軒刻本　二册

610000－1005－0000240　01064

文廟通考六卷首一卷　(清)牛樹梅輯　清光緒十四年(1888)岐山學署刻本　四册

610000－1005－0000241　01066

欽定詩經傳説彙纂二十一卷首二卷詩序二卷　(清)王鴻緒等撰　清同治七年(1868)刻本　十六册

610000－1005－0000242　01073

爾雅音圖三卷　(晉)郭璞註　清光緒十年(1884)上海同文書局石印本　二册

610000－1005－0000243　01074

聖祖仁皇帝庭訓格言一卷　(清)世宗胤禛撰　清末刻本　二册

610000－1005－0000244　01075

金史紀事本末五十二卷首一卷末一卷　(清)李有棠編纂　清光緒二十九年(1903)李移鄂樓刻本　十二册

610000－1005－0000245　01076

遼史紀事本末四十卷首一卷末一卷　(清)李有棠編纂　清光緒二十九年(1903)李移鄂樓

刻本　八冊

610000－1005－0000246　01078
御撰資治通鑑綱目三編二十卷　（清）張廷玉等撰　清光緒三十年（1904）西記書局刻本　六冊

610000－1005－0000247　01079
新喻三劉文集六卷首一卷　（宋）劉敞等撰　清乾隆十五年（1750）水西劉氏刻本　四冊

610000－1005－0000248　01080
宋岳忠武王集八卷末一卷　（宋）岳飛撰　清同治四年（1865）鳩江刻本　二冊

610000－1005－0000249　01081
宋宗忠簡公集七卷　（宋）宗澤撰　清同治四年（1865）鳩江刻本　二冊

610000－1005－0000250　01086
文心雕龍十卷　（南朝梁）劉勰撰　清道光十三年（1833）兩廣節署刻朱墨印本　四冊

610000－1005－0000251　01087
千家詩音釋二卷　（清）□□撰　清光緒三十年（1904）刻本　一冊

610000－1005－0000252　01090
論語古訓十卷　（清）陳鱣述　清光緒九年（1883）浙江書局刻本　二冊

610000－1005－0000253　01091
唐詩三百首註疏六卷　（清）孫洙編　（清）章燮註　**唐詩三百首續選一卷**　（清）于慶元編　清道光十四年（1834）刻本　四冊

610000－1005－0000254　01092
廬陵歐陽文忠公全集　（宋）歐陽修撰　清光緒二十八年（1902）周氏莫濂山刻本　三十二冊

610000－1005－0000255　01156
皇朝經世文統編一百七卷　（清）邵之棠輯　清光緒二十七年（1901）上海寶善齋石印本　五十二冊

610000－1005－0000256　01158
萬國近政考略十六卷　（清）鄒弢編輯　清光緒二十七年（1901）三借廬鉛印本　三冊　存十二卷（一至十二）

610000－1005－0000257　01159
皇朝通典一百卷　（清）嵇璜等纂　清光緒二十七年（1901）上海圖書集成局鉛印本　十二冊

610000－1005－0000258　01160
欽定續通典一百五十卷　（清）嵇璜等纂　清光緒二十七年（1901）上海圖書集成局石印本　十二冊

610000－1005－0000259　01161
瀛環新志十卷　（清）李慎儒著　（清）夏霖夢校　清光緒二十八年（1902）銀思軒石印本　六冊

610000－1005－0000260　01164
甕牖閒評八卷　（宋）袁文撰　清光緒刻本　二冊

610000－1005－0000261　01168
竹軒雜著六卷　（宋）林季仲撰　清光緒二年（1876）刻本　一冊

610000－1005－0000262　01169
半巖廬遺詩二卷　（清）邵懿辰撰　清同治十年（1871）刻本　一冊

610000－1005－0000263　01172
莫愁湖志六卷首一卷　（清）馬士圖輯著　清光緒八年（1882）刻本　二冊

610000－1005－0000264　01178
讀通鑑論十卷末一卷　（清）王夫之撰　清光緒二十九年（1903）上海官書局鉛印本　八冊

610000－1005－0000265　01179
疑雨集四卷　（明）王彥泓著　清宣統元年（1909）石印本　二冊

610000－1005－0000266　01180
列國變通興盛記四卷　（英國）李提摩太著　清光緒二十二年（1896）玉雞苗館鉛印本　一冊

610000－1005－0000267　01181

東華録三十二卷(天命至雍正朝) (清)蔣良騏撰 清乾隆二十三年(1758)刻本 八册

610000－1005－0000268 01181
貳臣傳十二卷逆臣傳四卷 (清)國史館編 清都城琉璃廠半松居士木活字印本 八册

610000－1005－0000269 01182
國朝先正事略六十卷 (清)李元度纂 (清)許時庚校 清光緒十二年(1886)鉛印本 十册

610000－1005－0000270 01183
聖武記十四卷 (清)魏源撰 清光緒二十八年(1902)上海書局石印本 四册

610000－1005－0000271 01184
寤言二卷 (清)陳澹然撰 清光緒二十八年(1902)刻本 二册

610000－1005－0000272 01185
人譜類記二卷 (明)劉宗周撰 清刻本 二册

610000－1005－0000273 01186
曾惠敏公全集 (清)曾紀澤撰 清光緒二十年(1894)上海書局石印本 四册

610000－1005－0000274 01188
蘇東坡全集一百十五卷 (宋)蘇軾撰 清宣統元年(1909)刻本 四十八册

610000－1005－0000275 01189
經籍纂詁一百六卷首一卷 (清)阮元撰 清光緒十四年(1888)上海鴻寶齋書局石印本 十二册

610000－1005－0000276 01195
芥子園畫傳初集六卷 (清)王概輯摹 清光緒十三年(1887)上海千頃堂書局石印本 四册

610000－1005－0000277 01202
詩地理攷六卷 (宋)王應麟纂 清光緒七年(1881)浙江書局鉛印本 一册

610000－1005－0000278 01203
爾雅正郭三卷 (清)潘衍桐撰 清光緒十七年(1891)刻本 一册

610000－1005－0000279 01204
御選唐宋詩醇四十七卷目録二卷 (清)高宗弘曆選 (清)梁詩正等編 清光緒七年(1881)浙江書局刻本 二十册

610000－1005－0000280 01206
水師操練十八卷首一卷附卷一卷 (英國)傅蘭雅口譯 (清)徐建寅筆述 清末刻本 三册

610000－1005－0000281 01207
兵船礮法六卷 (美國)水師書院原書 (美國)金楷理口譯 (清)朱恩錫筆述 (清)李鳳苞刪潤 清光緒江南機器製造總局刻本 三册

610000－1005－0000282 01208
克虜伯礮説四卷克虜伯礮操法四卷克虜伯礮彈造法二卷克虜伯礮表八卷附圖一卷 (美國)金楷理口述 (清)李鳳苞筆述 清光緒江南機器製造總局刻本 五册

610000－1005－0000283 01209
御纂詩義折中二十卷 (清)傅恒等修 (清)陳兆崙等纂 清光緒十二年(1886)敬業堂刻本 十册

610000－1005－0000284 01210
曹集銓評十卷逸文一卷附録一卷年譜一卷 (三國魏)曹植撰 (清)丁晏編 清同治十一年(1872)金陵書局刻本 二册

610000－1005－0000285 01218
有正味齋詩集十六卷外集五卷駢體文二十四卷詞集八卷續集八卷 (清)吳錫麒著 清嘉慶十三年(1808)刻本 二十册

610000－1005－0000286 01220
詞律校勘記二十卷 (清)杜文瀾撰 清咸豐十一年(1861)刻本 二册

610000－1005－0000287 01221
詞律拾遺八卷 (清)徐本立纂 清同治十二年(1873)刻本 二册

610000－1005－0000288　01222

冬心先生集四卷自度曲一卷雜著一卷隨筆一卷續集一卷三體詩一卷　(清)金農撰　清同治七年(1868)刻本　三册

610000－1005－0000289　01223

關中書院課藝一卷附志學齋日記一卷　(清)柏景偉選編　清光緒十四年(1888)關中書院刻本　十册

610000－1005－0000290　01224

地球韻言四卷　(清)張士瀛編　清光緒二十四年(1898)鄂垣務急書館刻本　二册

610000－1005－0000291　01225

開地道轟藥法三卷圖一卷　(英國)英國武備工程學堂輯　(英國)傅蘭雅口譯　(清)汪振聲筆述　清光緒江南機器製造總局刻本　二册

610000－1005－0000292　01226

三角數理十二卷　(英國)海麻士輯　(英國)傅蘭雅口譯　(清)華蘅芳筆述　清末刻本　六册

610000－1005－0000293　01227

聖諭像解二十卷　(清)梁延年編輯　清光緒二十九年(1903)石印本　十册

610000－1005－0000294　01228

厦門志十六卷　(清)周凱等纂修　清道光十二年(1832)修十九年(1839)玉屏書院刻本　六册

610000－1005－0000295　01229

續通商條約章程成案彙編八卷　(清)李有棻輯　清光緒二十五年(1899)秦中書局鉛印本　二册

610000－1005－0000296　01246

古詩源十四卷　(清)沈德潛選　清嘉慶八年(1803)西山堂刻本　二册

610000－1005－0000297　01247

全唐詩三十二卷　(清)聖祖玄燁編　清光緒十三年(1887)上海同文書局石印本　三十二册

610000－1005－0000298　01248

說文解字三十二卷　(漢)許慎撰　**今韻古分十七部表五卷**　(清)段玉裁撰　清光緒七年(1881)木漸齋刻本　二十四册　存二十卷(說文解字一至十五、今韻古分十七部表五卷)

610000－1005－0000299　01249

十九周新學史一卷　(英國)華麗士撰　(清)梁瀾勛譯述　(清)許家惺纂輯　清光緒二十八年(1902)鉛印本　一册

610000－1005－0000300　01250

萍課演算一卷　(清)毛宗藩學　清末會稽顧氏刻本　一册

610000－1005－0000301　01251

御撰資治通鑑綱目三編五卷　(清)張廷玉撰　清光緒二十五年(1899)上海鴻寶齋石印本　二册

610000－1005－0000302　01252

地理全志四卷　(英國)慕維廉著　清光緒二十八年(1902)上海書局石印本　一册

610000－1005－0000303　01254

六通訂誤六卷　(清)席裕福編　清光緒上海圖書集成局鉛印本　一册　存三卷(一至三)

610000－1005－0000304　01264

西藏通覽不分卷　(日本)山縣初男著　(日本)三原辰次校閲　(清)四川西藏研究會編譯　清宣統元年(1909)成都文倫書局鉛印本　四册

610000－1005－0000305　01265

禹貢圖攷一卷　(清)雷柱述　清宣統元年(1909)陝西學務公所圖書館石印本　一册

610000－1005－0000306　01266

婺學治事文編五卷　(清)繼良輯　(清)汤蟄仙點定　清光緒石印本　二册

610000－1005－0000307　01267

彭剛直公奏稿四卷　(清)彭玉麟撰　清光緒

二十八年(1902)上海西法石印本　四册

610000－1005－0000308　01268
地理須知一卷　(英國)傅蘭雅著　清光緒九年(1883)刻本　一册

610000－1005－0000309　01269
韻辨附文五卷　(清)沈兆霖輯　清道光二十四年(1844)義興堂刻本　五册

610000－1005－0000310　01270
增補東萊博議二十五卷　(宋)呂祖謙撰　清光緒二十九年(1903)秦中官書局石印本　四册

610000－1005－0000311　01271
增删算法統宗十一卷　(明)程大位編集　(清)梅瑴成增删　清光緒二十二年(1896)上海璣衡堂石印本　二册

610000－1005－0000312　01272
御批資治通鑑綱目三編二十卷　(清)張廷玉等撰　清末石印本　一册

610000－1005－0000313　01273－01278
西學十六種啟蒙　(英國)艾約瑟譯　清光緒二十四年(1898)石印本　十六册

610000－1005－0000314　01279
新編筭學啓蒙三卷　(元)朱世傑編撰　清光緒二十二年(1896)上海璣衡堂石印本　一册

610000－1005－0000315　01290、01301
格致啟蒙　(美國)林樂知　(清)鄭昌棪譯　清光緒二十四年(1898)上海六先書局石印本　二册　存二種

610000－1005－0000316　01297
皇朝經世文三編八十卷　(清)陳忠倚輯　清光緒二十八年(1902)龍文書局石印本　十二册

610000－1005－0000317　01298
皇朝經世文四編五十二卷　(清)何良棟輯　清光緒二十八年(1902)上海書局石印本　十二册

610000－1005－0000318　01299
時務分類文編三十二卷　(清)蛟川求是齋校輯　清光緒二十八年(1902)上海宜今室石印本　十二册

610000－1005－0000319　01311
十三經註疏　(□)□□輯　清嘉慶三年(1798)金閶書業堂刻本　十六册　存二種

610000－1005－0000320　01312
資治通鑑綱目五十九卷　(明)陳仁錫評　清嘉慶九年(1804)聚文堂刻本　九十四册

610000－1005－0000321　01313
資治通鑑綱目前編二十五卷　(明)南軒撰　(明)陳仁錫評閲　清嘉慶九年(1804)聚文堂刻本　十二册

610000－1005－0000322　01314
續資治通鑑綱目二十七卷　(明)商輅等撰　(明)陳仁錫評閲　**五代史補編卷末一卷**　(明)陳仁錫評閲　清嘉慶九年(1804)聚文堂刻本　三十八册

610000－1005－0000323　01316
廿一史四譜五十四卷　(清)沈炳震鈔　清同治十年(1871)武林吴氏清來堂刻本　十六册

610000－1005－0000324　01317
兩淮鹽法志一百六十卷首一卷　(清)王定安等纂修　清光緒三十一年(1905)金陵刻本　六十二册

610000－1005－0000325　01318
宋元學案一百卷首一卷　(清)黄宗羲原本　(清)黄百家纂輯　(清)全祖望修定　清光緒五年(1879)長沙寄廬刻本　四十八册

610000－1005－0000326　01319
養志居僅存藁十八卷　(清)陳宗起著　清光緒十一年(1885)刻本　八册

610000－1005－0000327　01320
續古文辭類纂三十四卷　王先謙纂集　清光緒八年(1882)刻本　八册

610000－1005－0000328　01321
古文辭類纂七十四卷　(清)姚鼐輯　清光緒

十九年(1893)思賢講舍刻本　十六冊

610000－1005－0000329　01322
資治通鑑二百九十四卷釋文辨誤十二卷　(宋)司馬光編集　(元)胡三省音註　清同治十年(1871)崇文書局刻本　一百四冊

610000－1005－0000330　01323
續資治通鑑二百二十卷　(清)畢沅編集　清同治六年(1867)刻本　六十四冊

610000－1005－0000331　01327
吾學錄初編二十四卷　(清)吴榮光述　清光緒七年(1881)三原李氏桐蔭軒刻本　十二冊

610000－1005－0000332　01329
經心書院輿地學課程一卷　(清)姚炳奎撰　清光緒二十八年(1902)經心書院刻本　八冊

610000－1005－0000333　01331
書經讀本不分卷　(清)徐立綱撰　清刻本　二冊

610000－1005－0000334　01340
籌辦萍鄉鐵路公牘四卷　(清)顧家相著　清光緒二十六年(1900)萍鄉縣署木活字印本　二冊

610000－1005－0000335　01341
精選分類古今名人尺牘十三卷　(清)鮑廷博撰　清光緒三十四年(1908)博文學社石印本　四冊

610000－1005－0000336　01342
明會要八十卷　(清)龍文彬纂　清光緒十三年(1887)永懷堂刻本　二十冊

610000－1005－0000337　01347
公法總論一卷　(英國)羅柏村著　(英國)傅蘭雅　(清)汪振聲譯　清末江南機器製造總局刻本　一冊

610000－1005－0000338　01348
平山堂圖志十卷首一卷　(清)趙之壁編纂　清光緒九年(1883)楚南歐陽利見刻本　四冊

610000－1005－0000339　01360
出使英法義比四國日記六卷　(清)薛福成著　清光緒十八年(1892)上海鴻寶書局石印本　三冊

610000－1005－0000340　01362
彭剛直公奏稿八卷　(清)彭玉麟著　清光緒十七年(1891)吳下刻本　四冊

610000－1005－0000341　01363
莊子集解八卷　王先謙集解　清宣統元年(1909)上海涵芬樓影印本　三冊

610000－1005－0000342　01364
御選語錄十九卷附棢堂山居詩一卷　(清)世宗胤禛選　清光緒四年(1878)刻十一年(1885)南京金陵刻經處印本　一冊　存三卷(三、八,棢堂山居詩一卷)

610000－1005－0000343　01372
明史三百三十二卷　(清)張廷玉等撰　清乾隆四年(1739)刻本　一百十二冊

610000－1005－0000344　01373
牧齋初學集一百十卷　(清)錢謙益撰　清宣統二年(1910)鉛印本　二十四冊

610000－1005－0000345　01378
平三角舉要五卷　(清)梅文鼎著　清光緒十四年(1888)陝西求友齋刻本　二冊

610000－1005－0000346　01379
代數術二十五卷首一卷　(英國)華里司輯　(英國)傅蘭雅口譯　(清)華蘅芳筆述　清關中味經官書局刻本　六冊

610000－1005－0000347　01381
朱子大全文集一百卷目錄二卷續集十一卷別集十卷　(宋)朱熹撰　清同治十二年(1873)刻本　六十四冊

610000－1005－0000348　01383
重訂王鳳洲先生綱鑑會纂四十六卷　(明)王世貞纂　(明)陳仁錫訂　清光緒二十九年(1903)上海經香閣石印本　四冊

610000－1005－0000349　01384
各國交涉公法論初集四卷二集四卷三集八卷　(英國)費利摩羅巴德撰　(英國)傅蘭雅口

譯 （清）俞世爵筆述 清光緒二十二年(1896)慎記書莊石印本 八冊

610000－1005－0000350 01386
敏求機要十六卷 （元）劉實撰 清光緒二十六年(1900)秦中官書局鉛印本 四冊

610000－1005－0000351 01387
西學書目表三卷附一卷讀西學書法一卷 梁啟超撰 清光緒二十八年(1902)秦中官書局鉛印本 一冊

610000－1005－0000352 01388
中興論略八卷 （清）興元著 清宣統三年(1911)西安福盛堂刻本 二冊

610000－1005－0000353 01389
聖諭十六條附律易解一卷 （清）聖祖玄燁撰 （清）夏炘繹 清同治刻本 一冊

610000－1005－0000354 01390
歷代史論十二卷 （明）張溥論正 清光緒二十八年(1902)居易軒石印本 三冊

610000－1005－0000355 01391
歷代史論續編一卷 （明）張溥著 清光緒二十八年(1902)石印本 一冊

610000－1005－0000356 01392
明史論一卷 （清）豐潤谷論正 清光緒二十八年(1902)石印本 一冊

610000－1005－0000357 01395
水師章程續編六卷 （英國）水師兵部原書 （美國）林樂知口譯 （清）鄭昌棪筆述 清光緒刻本 四冊

610000－1005－0000358 01396
營城揭要二卷 （英國）儲意比撰 （英國）傅蘭雅口譯 （清）徐壽筆述 清光緒江南機器製造總局刻本 二冊

610000－1005－0000359 01397
爆藥記要六卷 （美國）水雷局原書 （清）舒高第口譯 （清）趙元益筆述 清光緒刻本 一冊

610000－1005－0000360 01398
金精廖公秘授地學心法正傳畫筴扒砂經四卷廖金精畫筴撥砂經心法地理學直訓補遺一卷 （宋）廖禹著 （明）江之棟輯 清嘉慶二十五年(1820)刻本 六冊

610000－1005－0000361 01399
增訂輶軒語一卷 （清）張之洞撰 清光緒二十一年(1895)陝西學署刻本 一冊

610000－1005－0000362 01403－01405
定盦文集三卷續集四卷文集補編四卷餘集一卷文集補一卷 （清）龔自珍撰 清光緒二十八年(1902)浙江文彙書局鉛印本 四冊

610000－1005－0000363 01407
梅氏叢書輯要 （清）梅文鼎撰 清光緒十四年(1888)龍文書局石印本 六冊

610000－1005－0000364 01408
新撰亞細亞洲大地誌七章 （日本）山上萬次郎編 （清）葉瀚譯 清光緒二十七年(1901)上海正記書局石印本 四冊

610000－1005－0000365 01410
萍鄉課士新藝四卷續編四卷 （清）顧家相編 清光緒二十七年(1901)刻本 六冊 存七卷(萍鄉課士新藝四卷、續編一至三)

610000－1005－0000366 01411
九章算術細草圖說九卷附海島算經細草圖說一卷 （晉）劉徽註 （唐）李淳风註釋 （清）李潢撰 清光緒二十二年(1896)上海文淵山房石印本 二冊

610000－1005－0000367 01412
代數通藝錄十六卷 （清）方愷撰 清光緒二十四年(1898)上海著易堂石印本 五冊

610000－1005－0000368 01413
御批歷代通鑑輯覽一百二十卷 （清）傅恒等撰 清光緒二十九年(1903)美華書局石印本 二十冊

610000－1005－0000369 01414
聖武記十卷武事記餘四卷 （清）魏源撰 清光緒二十七年(1901)夢坡室石印本 八冊

610000－1005－0000370　01415、01417－01418
庸庵文編四卷文續編二卷文外編四卷海外文編四卷　(清)薛福成撰　清光緒二十八年(1902)秦中官書局石印本　五册　存十二卷(文編三至四、文續編二卷、文外編四卷、海外文編四卷)

610000－1005－0000371　01419
出使英法義比四國日記六卷　(清)薛福成撰　清光緒二十八年(1902)秦中官書局石印本　三册

610000－1005－0000372　01420
重訂普法戰紀四卷　(清)張宗良譯　(清)王韜撰　(清)李光廷纂　清光緒二十四年(1898)中華印務總局石印本　四册

610000－1005－0000373　01421
萬國公法四卷　(美國)惠頓撰　(美國)丁韙良譯　清光緒二十八年(1902)秦中官書局石印本　四册

610000－1005－0000374　01422
萬國史綱目八卷　(日本)重野安繹著　清光緒二十八年(1902)東京勸學會鉛印本　八册

610000－1005－0000375　01423
資治通鑑綱目前編十八卷舉要三卷　(元)金履祥撰　**外紀一卷**　(明)陳桱撰　清光緒十三年(1887)上海同文書局石印本　四册

610000－1005－0000376　01424
御批資治通鑑綱目五十九卷　(宋)朱熹撰　清光緒十三年(1887)上海同文書局石印本　十四册

610000－1005－0000377　01426
萬國史記二十卷　(日本)岡本監輔撰　清光緒二十三年(1897)鉛印本　八册

610000－1005－0000378　01427
陸操新義四卷　(德國)康貝撰　(清)李丹崖譯　清光緒十年(1884)石印本　二册

610000－1005－0000379　01429
錢謙益詩鈔三卷　(清)錢謙益撰　清咸豐十一年(1861)上海進化書局石印本　三册

610000－1005－0000380　01430
東華錄詳節二十四卷　(清)鄔樹庭編　清光緒二十六年(1900)上海東文學堂石印本　十六册

610000－1005－0000381　01435
東華續錄一百卷(同治朝)　王先謙編　清光緒二十四年(1898)文瀾書局石印本　二十四册

610000－1005－0000382　01436
孫批胡刻文選六十卷　(南朝梁)蕭統撰　(唐)李善註　(清)胡克家校刊　清光緒二十五年(1899)石印本　五册　存五卷(一至五)

610000－1005－0000383　01437
孫批胡刻文選六十卷　(南朝梁)蕭統撰　(唐)李善注　(清)胡克家校刊　**攷異一卷**　(清)胡克家撰　清光緒二十五年(1899)石印本　一册　存一卷(攷異一卷)

610000－1005－0000384　01438
西藝知新二十二卷　(英國)諾格德撰　(英國)傅蘭雅口譯　(清)徐壽筆述　清光緒二十二年(1896)上海璣衡堂石印本　六册　存十九卷(一至六、十至二十二)

610000－1005－0000385　01439
泰西新史攬要二十四卷　(英國)馬懇西著　(英國)李提摩太譯　蔡爾康述稿　清光緒二十八年(1902)秦中官書局石印本　八册

610000－1005－0000386　01441
海國圖志一百卷　(清)魏源撰　清光緒二十一年(1895)上海積山書局石印本　十四册

610000－1005－0000387　01442
海國圖志續集二十五卷首一卷　(英國)麥高爾撰　(美國)林樂知　(清)瞿昂來譯　清光緒二十一年(1895)上海書局石印本　二册

610000－1005－0000388　01443
三通考輯要　湯壽潛輯　清光緒二十六年

(1900)石印本　三十冊

610000－1005－0000389　01444
航海簡法四卷　(英國)那麗撰　(美國)金楷理口譯　(清)王德均筆述　清末上海江南機器製造總局刻本　二冊

610000－1005－0000390　01445
五代史七十四卷　(宋)歐陽修撰　清光緒十七年(1891)陝甘味經書院刻本　十冊

610000－1005－0000391　01446
咸同以來中俄交涉記三卷　(清)江標譯　清光緒二十一年(1895)味經刊書處刻本　一冊

610000－1005－0000392　01451
欽定大清會典一百卷　(清)托津等纂　清光緒鉛印本　七冊　存九十二卷(九至一百)

610000－1005－0000393　01452
文獻通考二十四卷　(元)馬端臨撰　清光緒二十五年(1899)上海點石齋石印本　二十四冊

610000－1005－0000394　01456
庸書內篇二卷　(清)陳次亮撰　清光緒二十二年(1896)石印本　一冊

610000－1005－0000395　01457
蒙學地文教科書一卷　文明書局編纂　清光緒三十二年(1906)上海文明書局鉛印本　一冊

610000－1005－0000396　01461
萬國分類時務大成四十卷首一卷　(清)錢豐選輯　清光緒二十七年(1901)石印本　二十七冊

610000－1005－0000397　01462
中倭戰守始末記二卷　(清)□□編　清光緒石印本　二冊

610000－1005－0000398　01463
中俄中法交涉不分卷　上海書局編　清光緒二十一年(1895)上海書局石印本　一冊

610000－1005－0000399　01475
對數表四卷　(清)賈步緯校述　清光緒江南機器製造總局鉛印本　四冊

610000－1005－0000400　01476
松陽講義十二卷　(清)陸隴其著　(清)侯銓等編次　清光緒十四年(1888)涇陽柏經正堂刻本　六冊

610000－1005－0000401　01477
蠶桑萃編十五卷首一卷　(清)衛杰纂　清光緒二十四年(1898)刻本　八冊

610000－1005－0000402　01479
代數術二十五卷首一卷　(英國)華里司輯　(英國)傅蘭雅口譯　(清)華蘅芳筆述　清末江南機器製造總局刻本　六冊

610000－1005－0000403　01481
談天十八卷首一卷附表一卷　(英國)侯失勒原本　(英國)偉烈亞力口譯　(清)李善蘭刪述　(清)徐建寅續述　清末江南機器製造總局刻本　四冊

610000－1005－0000404　01483
瀛寰志畧十卷　(清)徐繼畬輯著　清光緒二十一年(1895)上海寶文局石印本　四冊

610000－1005－0000405　01485
四書義正鵠一卷　(清)朱鈞著　清光緒二十七年(1901)石印本　四冊

610000－1005－0000406　01486
盛世危言六卷　(清)鄭觀應著　清光緒二十四年(1898)上海書局石印本　六冊

610000－1005－0000407　01487
精選五經義一卷　(清)湖南校經堂輯　清光緒二十八年(1902)上海書局石印本　二冊

610000－1005－0000408　01488
萬國新史簡要三卷　(清)薛福成輯　(清)錢恂校　清末石印本　三冊

610000－1005－0000409　01491
五大洲述異錄四卷　(清)藜床舊主輯　清光緒二十二年(1896)上海書局石印本　四冊

610000－1005－0000410　01492
中外經世緒言三編二十卷　(清)廬山老人輯

清光緒二十四年(1898)上海文盛書局石印本　八冊

610000－1005－0000411　01493
中外經世緒言十六卷　余貽範輯　清光緒二十一年(1895)上海文盛堂石印本　八冊

610000－1005－0000412　01494
中外經世緒言續編八卷　余貽範輯　清光緒二十四年(1898)石印本　八冊

610000－1005－0000413　01500
陝西存古學校初辦節略一卷　(清)高曦亭撰　清宣統元年(1909)刻本　一冊

610000－1005－0000414　01503
小學節本二卷　(清)陝西學務公所編　清光緒三十二年(1906)陝西學務公所鉛印本　一冊

610000－1005－0000415　01504
奏定度量權衡畫一制度圖說總表推行章程不分卷　(清)傅頲等擬　清光緒三十四年(1908)鉛印本　一冊

610000－1005－0000416　01505
四禮翼四卷　(明)呂坤撰　清光緒三十二年(1906)陝西學務公所石印本　一冊

610000－1005－0000417　01506
明夷待訪錄一卷　(清)黃宗羲著　清光緒二十六年(1900)復邠學舍刻本　一冊

610000－1005－0000418　01507
曾子二卷　(清)雷柱點註　(清)張晉校刊　清光緒三十一年(1905)三原張氏刻本　一冊

610000－1005－0000419　01508
史鑑節要便讀六卷　(清)鮑東里編輯　清光緒二十九年(1903)陝西官運書局鉛印本　二冊

610000－1005－0000420　01509
地理全志一卷　(清)連斗山編次　清光緒九年(1883)刻本　二冊

610000－1005－0000421　01510
周官精義十二卷　(清)連斗山編次　清同治十年(1871)粵東臬署刻本　六冊

610000－1005－0000422　01511
聖武記十卷武事記餘四卷　(清)魏源撰　清光緒二十五年(1899)正記書局石印本　六冊

610000－1005－0000423　01512
萬國公法會通十卷　(德國)步倫撰　(美國)丁韙良譯　清光緒二十二年(1896)上海飛鴻閣石印本　四冊

610000－1005－0000424　01513
增廣時務新策十二卷　(清)□□撰　清光緒二十三年(1897)石印本　六冊

610000－1005－0000425　01514
洋務新論六卷　(英國)李提摩太著　清光緒二十年(1894)長白吏隱僊館石印本　六冊

610000－1005－0000426　01515
各省西學課藝匯海四十卷　(清)宜今室主人編　清光緒二十三年(1897)石印本　八冊

610000－1005－0000427　01517
聖朝名公奏議八卷　(清)陳弢輯　清光緒二十七年(1901)上海宏文閣石印本　六冊

610000－1005－0000428　01518
欽定春秋傳說彙纂三十八卷首二卷　(清)王掞等撰　清康熙六十年(1721)刻本　二十冊

610000－1005－0000429　01519
九數通考十一卷首一卷末一卷　(清)屈曾發輯　清光緒二十三年(1897)陝西味經刊書處刻本　八冊

610000－1005－0000430　01520
曾文正公水陸行軍練兵誌四卷　(清)王定安纂　清光緒二十六年(1900)柏經正堂刻本　二冊

610000－1005－0000431　01521
小學集解六卷　(清)張伯行輯註　清光緒三十四年(1908)陝西布政司刻本　四冊

610000－1005－0000432　01522
朱子原訂近思錄十四卷　(宋)朱熹撰　(清)江永集註　清光緒十五年(1889)長安少墟書

院刻本　四册

610000－1005－0000433　01523
御批歷代通鑑輯覽一百二十卷　(清)傅恒等撰　清光緒二十七年(1901)上海經香閣石印本　十六册

610000－1005－0000434　01525
大清律例增修統纂集成四十卷督捕則例附纂二卷　(清)陶東皋等增修　清光緒二十六年(1900)上海文淵山房鉛印本　二十四册

610000－1005－0000435　01526
地學指略三卷　(英國)文教治口譯　(清)李慶軒筆述　清光緒七年(1881)刻本　一册

610000－1005－0000436　01527
勸學篇二卷　(清)張之洞撰　清光緒二十四年(1898)菁華報館刻本　一册

610000－1005－0000437　01529
佩文詩韻釋要五卷　(清)周蓮塘撰　(清)林重輯　清光緒十二年(1886)刻本　一册

610000－1005－0000438　01532
訓士一卷　(清)王植撰　清光緒十三年(1887)西安關中書院刻本　一册

610000－1005－0000439　01534
滇粹一卷　(清)呂志伊　李根源輯　清光緒三十四年(1908)鉛印本　一册

610000－1005－0000440　01535
孝經本義一卷　(清)劉古愚撰　清涇陽柏經正堂刻本　一册

610000－1005－0000441　01536
吏戶禮兵刑工律内應刪各例一卷　(清)□□編　清光緒三十一年(1905)刻本　一册

610000－1005－0000442　01540
子藥準則一卷　(清)丁友雲撰　清光緒十四年(1888)江南機器製造總局刻本　一册

610000－1005－0000443　01541
周禮約編六卷　(清)汪基鈔撰　清光緒三十二年(1906)陝西學務公所鉛印本　三册

610000－1005－0000444　01542
儀禮約編二卷　(清)汪基撰鈔　(清)江永校纂　清光緒三十二年(1906)陝西學務公所鉛印本　一册

610000－1005－0000445　01545
華盛頓全傳八卷　(清)黎汝謙　(清)蔡國昭譯　清光緒十二年(1886)刻本　八册

610000－1005－0000446　01546
考訂朱子世家一卷近思錄集注校勘記一卷　(清)江永著　清同治八年(1869)刻本　一册

610000－1005－0000447　01547
近思錄十四卷　(清)汪永集註　清同治八年(1869)刻本　五册

610000－1005－0000448　01548
公法會通十卷　(德國)步倫撰　(美國)丁韙良譯　清光緒二十四年(1898)長沙南學會刻本　四册

610000－1005－0000449　01549
數學理九卷附錄一卷　(英國)棣麼甘撰　(英國)傅蘭雅口譯　(清)趙元益筆述　清末江南機器製造總局刻本　四册

610000－1005－0000450　01550
微積溯源八卷　(英國)華里司輯　(英國)傅蘭雅口譯　(清)華蘅芳筆述　清末刻本　六册

610000－1005－0000451　01553
張子全書　(宋)張載撰　清同治九年(1870)張連科刻本　八册

610000－1005－0000452　01563
墨緣彙觀四卷　(清)安岐編　清光緒二十六年(1900)鉛印本　六册

610000－1005－0000453　01565
禮記二十卷　(唐)賈公彦撰　(唐)陸德明釋文　清光緒十七年(1891)關中味經官書局刻本　十册

610000－1005－0000454　01566
附釋音周禮註疏四十二卷　(漢)鄭玄註

(唐)陸德明釋文 (唐)賈公彥疏 **附校勘記一卷** (清)阮元撰 清光緒二十六年(1900)味經刊書處刻本 二十四册

610000－1005－0000455 01568
八閩理學源流四卷 (清)蔣垣纂輯 清末石印本 一册

610000－1005－0000456 01569
補註洗冤録集證四卷附刊檢骨圖格一卷 (宋)宋慈撰 **作吏要言一卷** (清)葉玉屏著 (清)朱性齋增 清道光二十三年(1843)刻三色套印本 四册

610000－1005－0000457 01571
六書通十卷 (明)閔齊伋撰 (清)畢弘述篆訂 清刻本 五册 存五卷(一、四至五、七、九)

610000－1005－0000458 01572
列女傳八卷 (漢)劉向纂 (清)梁端校註 清道光十七年(1837)刻本 二册

610000－1005－0000459 01576
校正元親征錄一卷 (清)何秋濤校正 清光緒二十年(1894)小漚巢刻本 一册

610000－1005－0000460 01577
夏小正通釋一卷 (明)梁章鉅輯 清光緒十三年(1887)浙江書局刻本 一册

610000－1005－0000461 01580
翻譯名義集選一卷 (宋)釋法云編 (清)□□選 清同治十二年(1873)江北刻經處刻本 一册

610000－1005－0000462 01581
元詩選六卷補遺一卷 (清)顧奎光選輯 (清)陶瀚等參評 清乾隆十六年(1751)刻本 四册

610000－1005－0000463 01583
六藝綱目二卷附錄一卷札記一卷 (元)舒天民述 清光緒八年(1882)刻本 二册

610000－1005－0000464 01585
二曲集四十六卷 (清)李顒著 清光緒三年(1877)刻本 十六册

610000－1005－0000465 01586
甯古塔記略一卷 (清)吳振臣著 清光緒浙西村舍刻本 一册

610000－1005－0000466 01591
稧帖緒餘四卷 (清)曾廷枚撰 清嘉慶十二年(1807)刻本 二册

610000－1005－0000467 01592
鳳臺祗謁筆記一卷 (清)董恂撰 清同治九年(1870)刻本 一册

610000－1005－0000468 01593
朱子論語集註訓詁攷二卷 (清)潘衍桐輯 清光緒十七年(1891)浙江書局刻本 一册

610000－1005－0000469 01595
鷓史擷餘二卷 (明)吳廷謨述 (清)蔡學蘇校 清光緒九年(1883)三餘書屋刻本 一册

610000－1005－0000470 01596
老子道德經解二卷 (明)釋德清著 清光緒十二年(1886)金陵刻經處刻本 二册

610000－1005－0000471 01597
十駕齋養新錄二十卷餘錄三卷 (清)錢大昕撰 **錢辛楣[大昕]先生年譜一卷竹汀居士年譜續編一卷** (清)錢慶曾校註 清光緒二年(1876)浙江書局刻本 八册

610000－1005－0000472 01598
焦山志二十六卷首一卷 (清)吳雲輯 清同治四年(1865)刻本 八册

610000－1005－0000473 01599
焦山續志八卷 (清)陳任暘輯 清光緒三十一年(1905)刻本 二册

610000－1005－0000474 01600
山村遺集一卷稗史一卷附錄一卷 (元)仇遠撰 清光緒二十一年(1895)錢塘丁氏刻本 一册

610000－1005－0000475 01601
韻補五卷 (宋)吳棫撰 **韻補正一卷** (清)顧炎武撰 清光緒九年(1883)邵武徐氏刻本

二册

610000－1005－0000476　01602
牧潛集七卷　(元)釋圓至撰　清光緒二十五年(1899)南昌錢塘丁氏刻本　一册

610000－1005－0000477　01603
資治通鑑二百九十四卷　(宋)司馬光編輯　清光緒二十六年(1900)上海圖書集成局鉛印本　四十四册

610000－1005－0000478　01604
尸子二卷存疑一卷　(清)汪繼培輯　清光緒三年(1877)浙江書局刻本　一册

610000－1005－0000479　01605
孔子集語十七卷　(清)孫星衍撰　清光緒三年(1877)浙江書局刻本　四册

610000－1005－0000480　01606
晏子春秋七卷音義二卷校勘二卷　(春秋)晏嬰撰　(清)孫星衍校　清光緒元年(1875)浙江書局刻本　四册

610000－1005－0000481　01607
呂氏春秋二十六卷　(秦)呂不韋撰　(漢)高誘註　(清)畢沅校　清光緒元年(1875)浙江書局刻本　六册

610000－1005－0000482　01608
孫子十家註十三卷　(春秋)孫武撰　(清)孫星衍　(清)吳人驥校　**遺説一卷**　(宋)鄭友賢撰　**敘錄一卷**　(清)畢以珣撰　清光緒三年(1877)浙江書局刻本　六册

610000－1005－0000483　01609
新書十卷　(漢)賈誼撰　清光緒元年(1875)浙江書局刻本　二册

610000－1005－0000484　01610
董子春秋繁露十七卷　(漢)董仲舒撰　(清)董慎行註　清光緒二年(1876)盧氏抱經堂刻本　二册

610000－1005－0000485　01611
揚子法言十三卷音義一卷　(漢)揚雄撰　(晉)李軌註　清光緒二年(1876)浙江書局刻本　一册

610000－1005－0000486　01612
文子纘義十二卷　(宋)杜道堅撰　清光緒三年(1877)浙江書局刻本　二册

610000－1005－0000487　01613
補註黄帝内經素問二十四卷　(宋)林億校正　**黄帝内經素問遺篇一卷**　(宋)劉溫舒撰　清光緒三年(1877)浙江書局刻本　七册

610000－1005－0000488　01614
竹書紀年統箋十二卷　(清)徐文靖箋　清光緒三年(1877)浙江書局刻本　四册

610000－1005－0000489　01615
商君書五卷　(秦)商鞅撰　(清)嚴萬里校　清光緒二年(1876)浙江書局刻本　一册

610000－1005－0000490　01616
韓非子二十卷識誤三卷　(戰國)韓非撰　清光緒元年(1875)浙江書局刻本　六册

610000－1005－0000491　01618
山海經十八卷　(晉)郭璞傳　(清)畢沅校　清光緒三年(1877)浙江書局刻本　三册

610000－1005－0000492　01619
文中子中説十卷　(宋)阮逸註　清光緒二年(1876)浙江書局刻本　二册

610000－1005－0000493　01620
淮南子二十一卷　(漢)劉安撰　(漢)高誘註　清光緒二年(1876)浙江書局刻本　六册

610000－1005－0000494　01623
管子二十四卷　(春秋)管仲撰　(唐)房玄齡註　清光緒二年(1876)刻本　六册

610000－1005－0000495　01624
列子八卷　(戰國)列禦寇撰　(晉)張湛註　清光緒二年(1876)浙江書局刻本　二册

610000－1005－0000496　01625
墨子十六卷　(清)畢沅撰　清光緒二年(1876)浙江書局刻本　四册

610000－1005－0000497　01626

荀子二十卷校勘補遺一卷　（戰國）荀況撰　（唐）楊倞註　清光緒二年（1876）嘉善謝氏刻本　六冊

610000－1005－0000498　01628
徐孝穆全集六卷　（南朝陳）徐陵撰　（清）吳兆宜箋註　清刻本　三冊

610000－1005－0000499　01629
吉林外記十卷　（清）薩英額撰　清光緒浙西村舍刻本　四冊

610000－1005－0000500　01630
蠻書十卷　（唐）樊綽撰　清光緒浙西村舍刻本　一冊

610000－1005－0000501　01646
古文辭類纂七十五卷　（清）姚鼐纂集　清光緒二十五年（1899）秦中官書局鉛印本　八冊

610000－1005－0000502　01647
大清律例輯要不分卷　（清）□□輯　清光緒三十一年（1905）法政學堂鉛印本　六冊

610000－1005－0000503　01648
唐陸宣公翰苑集二十四卷首一卷末一卷　（唐）陸贄撰　（清）張佩芳註釋　清光緒十八年（1892）柏經正堂刻本　十二冊

610000－1005－0000504　01649
歐洲列國戰事本末二十二卷　王樹枏撰　清光緒二十七年（1901）陝西官運書局石印本　六冊

610000－1005－0000505　01650
白芙堂算書廿一種　（清）吳嘉善述　（清）丁取忠補　清光緒關中味經官書局刻本　四冊

610000－1005－0000506　01653
詩說一卷　（漢）申培著　清刻本　一冊

610000－1005－0000507　01654
焦氏易林四卷　（漢）焦贛著　清嘉慶刻本　七冊

610000－1005－0000508　01655
增訂漢魏叢書　（清）王謨輯　清刻本　一冊　存二種

610000－1005－0000509　01656
詩傳一卷　（春秋）端木賜撰　明萬曆刻本　一冊

610000－1005－0000510　01657
韓詩外傳十卷　（漢）韓嬰著　清嘉慶刻本　五冊

610000－1005－0000511　01658
大戴禮記十三卷　（漢）戴德著　（明）沈泰閲　清嘉慶刻本　四冊

610000－1005－0000512　01659
春秋繁露十七卷　（漢）董仲舒撰　清乾隆刻本　四冊

610000－1005－0000513　01660
資治通鑑二百八十五卷　（宋）司馬光編集　（元）胡三省音註　清光緒二十四年（1898）上海積山書局石印本　三十冊

610000－1005－0000514　01664
西藥大成十卷首一卷　（英國）來拉　（英國）海德蘭撰　（英國）傅蘭雅口譯　（清）趙元益筆述　清光緒刻本　十六冊

610000－1005－0000515　01665
臨陣傷科捷要四卷　（英國）帕脱編　（清）舒高第　（清）鄭昌棪譯　清光緒鉛印本　四冊

610000－1005－0000516　01667
赫胥黎天演論二卷　（英國）赫胥黎撰　嚴復譯　清光緒二十一年（1895）陝西味經售書處刻本　二冊

610000－1005－0000517　01668
中國地理學教科書三卷　（清）屠寄纂　清光緒三十二年（1906）鉛印本　二冊

610000－1005－0000518　01669
秋審實緩比較條欵五卷　（清）謝誠鈞纂　清光緒二十八年（1902）秦中官書局鉛印本　一冊

610000－1005－0000519　01670
洗冤録歌訣不分卷　（清）程夢元編　清光緒二十六年（1900）秦中官書局刻本　一冊

610000－1005－0000520　01671
大清律例歌訣三卷　(清)程夢元編　清光緒二十六年(1900)秦中官書局刻本　一冊

610000－1005－0000521　01672
西洋歷史教科書六卷附中西名表一卷　(英國)默爾化著　(清)出洋學生編輯所譯述　清光緒三十一年(1905)鉛印本　二冊

610000－1005－0000522　01673
周禮政要四卷　(清)孫詒讓著　清光緒三十年(1904)西安官書局鉛印本　二冊

610000－1005－0000523　01674
時務齋隨錄不分卷　(清)劉光蕡編　清光緒刻本　二冊

610000－1005－0000524　01675
為政忠告四卷　(元)張養浩著　清道光十一年(1831)碧鮮齋刻本　二冊

610000－1005－0000525　01676
古文詞署讀本二十四卷　(清)梅曾亮選輯　清光緒三十三年(1907)陝西學務公所圖書局鉛印本　四冊

610000－1005－0000526　01677
冶金錄三卷　(美國)阿發滿撰　(英國)傅蘭雅口譯　(清)趙元益筆述　清光緒江南機器製造總局刻本　二冊

610000－1005－0000527　01678
幼學歌五卷續編一卷　(清)王用臣編次　清光緒十二年(1886)斯陶書屋刻本　二冊

610000－1005－0000528　01679
聖諭像解二十卷　(清)梁延年編輯　清咸豐六年(1856)廣州味經堂書坊刻本　八冊

610000－1005－0000529　01680
英話註解一卷　(清)馮祖憲撰　清光緒十二年(1886)上海著易堂書局鉛印本　一冊

610000－1005－0000530　01681
英字入門一卷　(清)曹驤編譯　清光緒二十七年(1901)上海博文書局石印本　一冊

610000－1005－0000531　01683
四書講義十二卷　(清)陸隴其著　清光緒二十七年(1901)上海圖書集成印書局鉛印本　四冊

610000－1005－0000532　01684
春明詩課彙選八卷　(清)胡俊章等增輯　**補遺一卷**　(清)李潤均增輯　清光緒九年(1883)關中道署刻本　四冊

610000－1005－0000533　01685
澄衷蒙學堂字課圖說四卷　(清)劉樹屏輯　清光緒二十七年(1901)澄衷蒙學堂石印本　一冊

610000－1005－0000534　01690
倚雲閣詩存三卷補遺一卷詩餘三卷　(清)張友書著　清光緒十二年(1886)刻本　一冊

610000－1005－0000535　01692
董方立遺書　(清)董祐誠撰　清同治八年(1869)四川成都刻本　六冊

610000－1005－0000536　01693
聊齋先生文集二卷　(清)蒲松齡撰　清宣統元年(1909)國學扶輪社鉛印本　二冊

610000－1005－0000537　01694
國朝漢學師承記八卷附經師經義一卷國朝宋學淵源記二卷附記一卷　(清)江藩纂　清光緒二十二年(1896)長沙周大文堂刻本　四冊

610000－1005－0000538　01697
說文解字三十二卷　(清)段玉裁註　清同治十一年(1872)湖北崇文書局刻本　十冊　存七卷(一至七)

610000－1005－0000539　01698
欽定書經傳說彙纂二十一卷首二卷書序一卷　(清)王頊齡撰　清雍正八年(1730)刻本　二十冊

610000－1005－0000540　01713
通鑑綱目分類策論檢題不分卷　(清)夢蝨生編輯　清光緒二十九年(1903)上海官書局石印本　四冊

610000－1005－0000541　01716

日本興學之經驗一卷　(清)學部編譯圖書局編　清末鉛印本　一冊

610000－1005－0000542　01719
波斯志一卷　(清)學部編譯圖書局編　清光緒三十三年(1907)學部編譯圖書局鉛印本　一冊

610000－1005－0000543　01720
阿富汗土耳其斯坦志不分卷　(清)學部編譯圖書局編　清光緒三十三年(1907)學部編譯圖書局鉛印本　一冊

610000－1005－0000544　01722
西比利亞志不分卷　(清)學部編譯圖書局編　清光緒三十四年(1908)學部編譯圖書局鉛印本　一冊

610000－1005－0000545　01723
英領開浦殖民地志不分卷　(清)學部圖書局編　清光緒三十四年(1908)學部編譯圖書局鉛印本　一冊

610000－1005－0000546　01724
緬甸國志一卷英領緬甸志一卷緬甸新志一卷暹羅國志一卷布哈爾志一卷　(清)學部圖書局編　清光緒三十三年(1907)學部圖書局鉛印本　一冊

610000－1005－0000547　01725
印度國志一卷　(清)學部編譯圖書局編　清光緒三十三年(1907)學部圖書局鉛印本　一冊

610000－1005－0000548　01726
爪哇志不分卷　(清)學部編譯圖書局編　清光緒三十三年(1907)學部圖書局鉛印本　一冊

610000－1005－0000549　01727
俄羅斯史十六章　(俄國)伊羅瓦伊基撰　(日本)八代六郎譯　**大事年譜一章卷**　(俄國)羅瓦伊斯撰　清光緒二十九年(1903)上海商務印書館鉛印本　一冊

610000－1005－0000550　01728
亞拉伯志一卷亞拉伯新志一卷　(清)學部圖書局編　清光緒三十三年(1907)學部圖書局鉛印本　一冊

610000－1005－0000551　01729
小亞西亞志一卷　(清)學部編譯圖書局編　清光緒三十三年(1907)學部圖書局鉛印本　一冊

610000－1005－0000552　01730
印度新志一卷　(清)學部編譯圖書局編　清光緒三十三年(1907)學部編譯圖書局鉛印本　一冊

610000－1005－0000553　01732
三國郡縣表八卷　(清)吳增僅學　清光緒二十一年(1895)刻本　四冊

610000－1005－0000554　01733
地學淺釋三十八卷　(英國)雷俠兒撰　(清)華蘅芳筆述　(美國)瑪高溫口譯　清同治十二年(1873)江南機器製造總局刻本　八冊

610000－1005－0000555　01734
水師章程十四卷　(英國)水師兵部原書　(美國)林樂知口譯　(清)鄭昌棪筆述　清光緒江南機器製造總局刻本　十二冊

610000－1005－0000556　01735
兵船汽機六卷附一卷　(英國)息尼德撰　(英國)傅蘭雅口譯　(清)華備鈺筆述　清光緒十一年(1885)刻本　八冊

610000－1005－0000557　01747
御批歷代通鑑輯覽一百二十卷　(清)傅恒等編　清光緒三十一年(1905)上海商務印書館鉛印本　二十四冊　存一百十五卷(一至一百十五)

610000－1005－0000558　01748
皇朝文獻通考三百卷　(清)嵇璜等纂修　清光緒二十七年(1901)上海圖書集成局鉛印本　四十八冊

610000－1005－0000559　01749
遏雲閣曲譜不分卷　(清)王錫純輯　清光緒

十九年(1893)上海易著堂石印本　十二册

610000－1005－0000560　01754
四裔編年表四卷　(美國)林樂知　(清)嚴良勳譯　清光緒二十三年(1897)石印本　四册

610000－1005－0000561　01755
學案初模續編二十卷　(清)伊里布編　清光緒二十五年(1899)陝西秦中書局鉛印本　六册

610000－1005－0000562　01756
學案初模二十卷　(清)伊里布編　清光緒二十五年(1899)陝西秦中書局鉛印本　四册

610000－1005－0000563　01757
國朝先正事略正編八卷　(清)李元度纂　清光緒二十八年(1902)廣益書局石印本　八册

610000－1005－0000564　01758
國朝先正事略續編四卷　(清)朱孔彰撰　清光緒二十八年(1902)廣益書局石印本　二册

610000－1005－0000565　01808
續古文辭類饕二十八卷　(清)黎庶昌編　清光緒十一年(1885)金陵狀元閣刻本　十二册

610000－1005－0000566　01809
古文辭類篹七十五卷　(清)姚鼐輯　清光緒二十七年(1901)滁州李氏求要堂刻本　十二册

610000－1005－0000567　01817
歷代名臣言行錄二十四卷　(清)朱桓輯　清光緒二十八年(1902)秦中官書局石印本　八册

610000－1005－0000568　01819
陳檢討集二十卷　(清)陳維崧撰　(清)程師恭註　清刻本　六册

610000－1005－0000569　01820
幼學操身一卷　(英國)慶丕　(清)翟汝舟編著　清光緒二十四年(1898)關中味經官書局刻本　一册

610000－1005－0000570　01821
後山先生集二十四卷首一卷　(宋)陳師道撰　清光緒十一年(1885)番禺陶福祥刻本　四册

610000－1005－0000571　01822
日知錄集釋三十二卷刊誤二卷續刊誤二卷　(清)顧炎武著　(清)黄汝成集釋　清同治八年(1869)述古堂刻本　十六册

610000－1005－0000572　01825
澹靜齋詩鈔六卷　(清)龔景瀚著　清刻本　二册

610000－1005－0000573　01826
論衡三十卷　(漢)王充撰　清光緒元年(1875)湖北崇文書局刻本　六册

610000－1005－0000574　01827
御纂朱子全書六十六卷　(宋)朱熹撰　(清)李光地等纂修　清康熙刻本　三十二册

610000－1005－0000575　01829
近思錄十四卷　(宋)朱熹撰　(清)江永集註　清光緒二十五年(1899)浙江官書局刻本　四册

610000－1005－0000576　01831
黑龍江外記八卷　(清)西清撰　清光緒十一年(1885)浙西村舍刻本　二册

610000－1005－0000577　01832
永懷堂文鈔十卷　(清)龍文彬撰　清光緒十七年(1891)刻本　二册　存四卷(一至四)

610000－1005－0000578　01833
南條水道考異五卷　(清)方堃著　清文經堂刻本　一册

610000－1005－0000579　01834
老子翼八卷首一卷　(明)焦竑輯　清光緒二十一年(1895)刻本　四册

610000－1005－0000580　01835
明張文忠公全集四十六卷附錄二卷　(明)張居正撰　清光緒二十七年(1901)紅藤碧樹山館刻本　十六册

610000－1005－0000581　01836
艮齋先生薛常州浪語集三十五卷　(宋)薛季

宜撰　清同治十年(1871)金陵書局刻本　六册

610000－1005－0000582　01837
通鑑策論經世編二十七卷　(清)魏裔介纂　清光緒二十七年(1901)上海書局石印本　五册

610000－1005－0000583　01838
二十四史分類輯要十二卷　(清)沈桐生輯　清光緒二十八年(1902)鉛印本　十二册

610000－1005－0000584　01839
三蘇策論十二卷　(宋)蘇洵等著　清光緒二十七年(1901)鍊石書局石印本　六册

610000－1005－0000585　01840
御批續資治通鑑綱目二十七卷　(明)商輅等撰　清康熙四十六年(1707)刻本　六册

610000－1005－0000586　01841
欽定四庫全書簡明目錄二十卷首一卷　(清)紀昀編　清刻本　十二册

610000－1005－0000587　01869
説文解字十五卷　(漢)許慎撰　(清)段玉裁註　清嘉慶二年(1797)刻本　十四册　存八卷(八至十五)

610000－1005－0000588　01870
續文選三十二卷　(明)湯紹祖撰　明萬曆三十年(1602)希貴堂刻本　八册　存十五卷(十八至三十二)

610000－1005－0000589　01873
續資治通鑑二百二十卷　(清)畢沅編集　清光緒十六年(1890)上海積山書局石印本　二十二册

610000－1005－0000590　01875
文選六十卷　(南朝梁)蕭統撰　(唐)李善註　**文選考異十卷**　(清)胡克家撰　清末上海掃葉山房刻本　二十四册

610000－1005－0000591　01886
皇朝經世文新編二十一卷　(清)麥仲華輯　清光緒二十七年(1901)上海書局石印本　十二册

610000－1005－0000592　01887
皇朝經世文編一百二十卷　(清)賀長齡輯　清光緒二十五年(1899)上海中西書局石印本　十二册　存五十卷(一至五十)

610000－1005－0000593　01888
皇朝經世文續編一百二十卷　(清)葛士濬輯　清光緒二十二年(1896)寳善書局石印本　二十册

610000－1005－0000594　01889
中西兵略指掌二十四卷首一卷　(清)陳龍昌輯　清光緒二十八年(1902)陝西秦中官書局石印本　八册　存十八卷(一至十五、十九至二十一)

610000－1005－0000595　01890
各國交涉公法論初集四卷二集四卷三集八卷　(英國)費利摩羅巴德撰　(英國)傅蘭雅口譯　(清)俞世爵筆述　清光緒二十七年(1901)上海日新社石印本　八册

610000－1005－0000596　01891
新譯列國歲計政要三編　(清)海上譯社譯　清光緒二十七年(1901)海上譯社鉛印本　十二册

610000－1005－0000597　01895
癸卯列國歲計政要續編不分卷　(清)海上譯社譯纂　清光緒二十九年(1903)海上譯社鉛印本　四册

610000－1005－0000598　01896
皇朝政典挈要八卷　(日本)增田貢著　清光緒二十八年(1902)陝西官書局鉛印本　三册　存七卷(一至六、八)

610000－1005－0000599　01897
本事詩十二卷　(清)徐釚編輯　(清)徐幹校刊　清光緒邵武徐氏刻本　三册　存九卷(一至九)

610000－1005－0000600　01903
希臘名士伊索寓言一卷　(清)林紓等譯　清

光緒二十九年(1903)商務印書館鉛印本 一册

610000－1005－0000601 01907
尼羅海戰史十七章溫聖脱海戰史九章哥品杭海戰史二編十七章 (美國)耶特瓦德斯邊撰 (日本)越山平三郎譯 清光緒二十九年(1903)商務印書館鉛印本 一册

610000－1005－0000602 01910
欽定大清會典一百卷 (清)允祹等纂 清光緒十九年(1893)上海圖書集成印書局鉛印本 一册 存八卷(一至八)

610000－1005－0000603 01912
俄史輯譯四卷 (清)徐景羅譯 清光緒二十三年(1897)湖南新學書局刻本 四册

610000－1005－0000604 01913
西例便覽五卷 (英國)何敢鑒定 (清)馮鈞葆編次 (清)胡禮垣譯著 (清)張嵩年校訂 清光緒二十八年(1902)石印本 三册 存四卷(一至四)

610000－1005－0000605 01914
重訂普法戰紀四卷 (清)張宗良譯 (清)王韜撰 (清)李光廷纂 清光緒二十四年(1898)中華印務總局石印本 四册

610000－1005－0000606 01915
籌洋芻議一卷 (清)薛福成撰 清光緒二十八年(1902)秦中官書局石印本 一册

610000－1005－0000607 01917
四書經註集證十九卷 (宋)朱熹集註 (清)吳昌宗輯 清刻本 四册 存七卷(一至七)

610000－1005－0000608 01918
測繪淺説一卷 (清)陝西布政使司編 清光緒十六年(1890)刻本 一册

610000－1005－0000609 01919
萬國輿圖不分卷附西藏全圖一幅西藏通道一幅 (清)陳兆桐撰 清光緒十二年(1886)上海六先書局刻本 一册

610000－1005－0000610 01921
文選六十卷 (南朝梁)蕭統撰 (唐)李善注 **文選考異十卷** (清)胡克家撰 清同治八年(1869)崇文書局刻本 十二册 存三十五卷(三十六至六十、考異十卷)

610000－1005－0000611 01923
左恪靖侯奏稿續編七十六卷 (清)左宗棠撰 清光緒八年(1882)刻本 五十册

610000－1005－0000612 01924－01926
四書經註集證十九卷 (宋)朱熹註 (清)吳昌宗輯 清光緒二十六年(1900)刻本 十六册

610000－1005－0000613 01928
太師誠意伯劉文成公集二十卷 (明)劉基撰 清末民初影印本 五册 存十一卷(十至二十)

610000－1005－0000614 01933
御纂周易折中二十二卷 (清)李光地等撰 清康熙五十四年(1715)刻本 七册 存十四卷(九至二十二)

610000－1005－0000615 01935
學務管見一卷 (清)河南高等學堂編 清末鉛印本 一册

610000－1005－0000616 01949
評註聊齋志異圖詠十六卷 (清)蒲松齡著 (清)但明倫新評 清末上海掃葉山房石印本 二册 存八卷(五至八、十三至十六)

610000－1005－0000617 01950
敬告牧令學官勸導士民入學堂習洋文條議一卷 (清)顧家相撰 清末刻本 一册

610000－1005－0000618 01951
富國農書一卷 (清)陳熾著 清光緒二十五年(1899)江西萍鄉縣署木活字印本 一册

610000－1005－0000619 01956
廣東武備學堂章程外論一卷 (清)廣東武備學堂編 清末刻本 一册

610000－1005－0000620 01957
人譜一卷 (明)劉宗周撰 清光緒三十二年

(1906)陝西學務公所鉛印本　一冊

610000－1005－0000621　02059

最新詳註化學講義完璧一卷　(清)徐亞伯著

清宣統元年(1909)上海科學書局石印本　一冊

陝西省榆林市綏德縣子洲圖書館古籍普查登記目録

全國古籍普查登記目録

國家圖書館出版社
National Library of China Publishing House

610000－4020－0000001　經 000001
毛詩註疏二十卷　(漢)鄭玄箋　(唐)孔穎達疏　清刻本　二册　存二卷(九、十八)

610000－4020－0000002　經 000002
周禮註疏刪翼三十卷　(明)王志長輯　清刻本　三册　存五卷(五至六、九、十七至十八)

610000－4020－0000003　經 000003
字彙十二集首一卷末一卷　(明)梅膺祚音釋　清刻本　一册　存一卷(一)

610000－4020－0000004　經 000004
春秋穀梁註疏二十卷　(晉)范甯集解　(唐)楊士勛疏　明崇禎八年(1635)毛氏汲古閣刻本　二册　存十卷(六至十、十六至二十)

610000－4020－0000005　經 000005
禮記二十卷　(漢)鄭玄注　清光緒十七年(1891)關中味經官書局刻本　十册

610000－4020－0000006　經 000006
欽定詩經傳說彙纂二十一卷首二卷詩序二卷　(清)王鴻緒等撰　(清)張廷玉等校對　清雍正五年(1727)刻本　二十册

610000－4020－0000007　經 000007
欽定儀禮義疏四十八卷首二卷　(清)鄂爾泰等編　清刻本　二十册　存二十七卷(一至十一、十五至十六、三十七至四十八,首二卷)

610000－4020－0000008　經 000008
尚書說要五卷　(明)呂柟著　(清)李錫齡校刊　清三原李錫齡刻惜陰軒叢書本　二册

610000－4020－0000009　經 000009
春秋左傳註疏六十卷　(晉)杜預註　(唐)孔穎達疏　明末四友堂刻本　六册　存十九卷(四至六、十三至十八、四十至四十二、五十二至五十八)

610000－4020－0000010　經 000010
御纂周易述義十卷　(清)傅恒等撰　清同治十二年(1873)味經書院刻本　八册

610000－4020－0000011　經 000011
左傳易讀六卷　(清)司徒修輯　清光緒二十七年(1901)有益堂刻本　三册　存三卷(四至六)

610000－4020－0000012　經 000012
四書集註二十卷　(宋)朱熹集註　清末上海錦章書局石印本　一册　存五卷(六至十)

610000－4020－0000013　經 000013
春秋體註大全合粂四卷　(清)徐寅賓新纂　(清)解志元粂訂　清刻本　一册　存一卷(四)

610000－4020－0000014　經 000014
禮記註疏六十三卷　(漢)鄭玄註　(唐)孔穎達疏　明崇禎刻本　六册　存二十四卷(十五至十七、二十九至四十五、五十七至六十)

610000－4020－0000015　經 000015
禮器圖說不分卷　(清)汪基撰　清光緒三十三年(1907)陝西學務公所鉛印本　一册

610000－4020－0000016　經 000016
四書五經義不分卷　(清)居易軒主人輯　清光緒二十七年(1901)石印本　二册

610000－4020－0000017　經 000017
英字入門不分卷　(清)曹驤編譯　清光緒二十七年(1901)上海博文書局石印本　一册

610000－4020－0000018　經 000018
周禮註疏四十二卷　(漢)鄭玄註　(唐)賈公彥疏　清刻本　四册　存十四卷(四至十四、十八至二十)

610000－4020－0000019　經 000019
四書章句集註二十六卷　(宋)朱熹集注　清光緒十八年(1892)刻本　五册　存十九卷(孟子一至七、論語一至十、大學一、中庸一)

610000－4020－0000020　經 000020
慎詒堂詩經八卷　(宋)朱熹集傳　清刻本　二册　存四卷(一至四)

610000－4020－0000021　經 000021
四書經註集證十九卷　(宋)朱熹注　(清)吳昌宗撰　清光緒二十六年(1900)石印本　七册　存七卷(一至七)

610000－4020－0000022　經000023
康熙字典十二集總目一卷檢字一卷辨似一卷等韻一卷備考一卷補遺一卷　（清）張玉書纂（清）陳廷敬纂　清康熙五十五年（1716）刻本　四冊　存四集（子集上中、丑集上、巳集中）

610000－4020－0000023　經000024
欽定七經綱領不分卷　（清）□□輯　清宣統元年（1909）學部圖書局鉛印本　一冊

610000－4020－0000024　經000025
四書義正鵠四卷　（清）朱鈞著　清光緒二十七年（1901）石印本　四冊

610000－4020－0000025　經000026
大學中庸解義不分卷　（清）曾受一著　（清）曾思謙等編　清乾隆二十三年（1758）慎積堂刻本　一冊　存一卷（大學解義一）

610000－4020－0000026　經000027
御纂周易折中二十三卷　（清）李光地纂修　清刻本　十三冊

610000－4020－0000027　經000028
新訂四書補註備旨十卷　（明）鄧林著　（清）杜定基增訂　清同治十一年（1872）刻本　六冊

610000－4020－0000028　經000029
書經體註大全合叅六卷　（清）錢希祥　（清）范翔纂輯　清末刻本　五卷　缺一卷（一）

610000－4020－0000029　經000030
四書類典賦二十四卷　（清）甘紱著　（清）包大爟編　清乾隆三十五年（1770）刻本　七冊　存九卷（一至九）

610000－4020－0000030　經000031
儀禮註疏十七卷　（漢）鄭玄注　（唐）賈公彥疏　清刻本　二冊　存三卷（十三至十五）

610000－4020－0000031　經000032
書經體註圖考大全六卷　（清）錢希祥輯　清道光二十七年（1847）崇順堂刻本　一冊　存一卷（一）

610000－4020－0000032　經000033
五經合纂大成四十四卷　（清）□□輯　清光緒石印本　三冊　存六卷（書經一至六）

610000－4020－0000033　經000034
周禮約編六卷　（清）汪基鈔譔　（清）江永校纂　（清）陳士謙參訂　清光緒三十三年（1907）陝西學務公所鉛印本　七冊

610000－4020－0000034　經000035
四書去疑□□卷　（宋）朱熹集註　清刻本　一冊　存二卷（孟子六至七）

610000－4020－0000035　經000036
春秋經傳集解三十卷首一卷　（晉）杜預原本（宋）林堯叟附註　（唐）陸德明音釋　（清）馮李驊增訂　清嘉慶七年（1802）華川書屋刻本　七冊　存十三卷（四至十三、十六至十七、三十）

610000－4020－0000036　經000037
四書講義十二卷　（清）陸隴其著　清光緒二十七年（1901）上海圖書集成印書局鉛印本　四冊

610000－4020－0000037　經000038
評點春秋綱目左傳句解彙雋六卷　（清）韓菼重訂　清刻本　一冊　存一卷（三）

610000－4020－0000038　經000039
漱芳軒合纂四書體註十九卷　（清）范翔參訂（清）沈世楣校　清世德堂刻本　一冊　存五卷（六至十）

610000－4020－0000039　經000040
春秋公羊註疏二十八卷　（漢）何休學　清刻本　三冊　存九卷（八至十、十五至十七、二十二至二十四）

610000－4020－0000040　經000041
周易輯聞六卷　（宋）趙汝楳述　（清）成德校訂　清巴陵鍾謙鈞刻本　四冊

610000－4020－0000041　經000042
詩經體註大全體要八卷　（清）高朝瓔定（清）沈世楷輯　清刻本　三冊　缺二卷（一

至二)

610000－4020－0000042　經000043

孝經本義不分卷　(清)劉光蕡著　(清)柏惠民校刊　清光緒三十一年(1905)柏經正堂刻本　一册

610000－4020－0000043　經000044

佩文詩韻釋要五卷　(清)林重輯　清光緒十二年(1886)刻本　一册

610000－4020－0000044　經000045

四書類典賦二十四卷　(清)甘紱著　清乾隆三十五年(1770)刻本　五册　存九卷(十至十一、十五至十九、二十三至二十四)

610000－4020－0000045　經000046

左傳舊疏考正八卷　(清)劉文淇考正　清光緒三年(1877)湖北崇文書局刻本　四册

610000－4020－0000046　經000047

酌雅齋四書遵註合講十九卷　(清)翁復編次　清刻本　四册　存十四卷(論語一至十,孟子四至七)

610000－4020－0000047　經000048

詩經融註大全體要八卷　(清)高朝瓔定　(清)沈世楷輯　清光緒十二年(1886)刻本　四册　存二卷(一至二)

610000－4020－0000048　經000049

儀禮約編二卷　(清)汪基撰　清光緒三十二年(1906)陝西學務公所鉛印本　一册

610000－4020－0000049　經000050

授經圖二十卷　(明)朱睦㮮著　(清)李錫齡校刊　清三原李錫齡刻惜陰軒叢書本　二册

610000－4020－0000050　經000052

大文堂合纂四書體註十九卷　(清)范翔參訂　清大文堂刻本　六册　存十四卷(大學一、中庸一、孟子一至七、論語六至十)

610000－4020－0000051　經000053

評點春秋綱目左傳句解彙雋六卷　(清)韓菼重訂　清永順堂刻本　一册　存二卷(四、六)

610000－4020－0000052　經000054

四書五經義不分卷　(清)居易軒主人輯　清光緒二十七年(1901)秦中官書局鉛印本　一册

610000－4020－0000053　經000055

太史張天如詳節春秋綱目句解左傳彙雋六卷　(清)韓菼重訂　清刻本　一册　存一卷(五)

610000－4020－0000054　經000056

澄衷蒙學堂字課圖說四卷　(清)劉樹屏編　清光緒二十七年(1901)澄衷蒙學堂石印本　五册

610000－4020－0000055　經000057

四禮翼八卷　(明)吕坤書　清光緒三十三年(1907)陝西學務公所石印本　一册

610000－4020－0000056　經000058

詩經八卷　(宋)朱熹集傳　清同治十一年(1872)刻本　一册　存三卷(六至八)

610000－4020－0000057　經000059

松陽講義十二卷　(清)陸隴其著　清光緒十四年(1888)涇陽柏經正堂刻本　六册

610000－4020－0000058　經000060

禮記約編五卷　(清)汪基鈔譔　(清)江永校纂　(清)叔熙閲訂　清光緒三十二年(1906)陝西學務公所鉛印本　五册

610000－4020－0000059　經000061

欽定禮記義疏八十二卷首一卷　(清)鄂爾泰等撰　清乾隆十九年(1754)刻本　四十四册

610000－4020－0000060　經000062

春秋大事表五十卷輿圖一卷附録一卷　(清)顧棟高輯　(清)華玉湻參　清光緒十四年(1888)陝西求友齋刻本　二十三册

610000－4020－0000061　經000063

欽定春秋傳説彙纂三十八卷首二卷　(清)王掞纂　清康熙六十年(1721)刻本　二十一册

610000－4020－0000062　經000064

評點春秋綱目左傳句解彙雋六卷　(清)韓菼

重訂　清末石印本　二冊

610000－4020－0000063　經000065
孟子七卷　(宋)朱熹集註　清刻本　一冊　存二卷(四至五)

610000－4020－0000064　經000066
增廣新訂四書補註備旨十卷　(明)鄧林著　(清)杜定基增訂　清刻本　二冊　存二卷(一、三)

610000－4020－0000065　經000067
新訂四書補註備旨十卷　(明)鄧林著　(清)杜定基增訂　清刻本　六冊　存六卷(上孟一至二、下孟三至四、上論一、下論四)

610000－4020－0000066　經000068
新訂四書補註備旨十卷　(明)鄧林著　(清)杜定基增訂　清刻本　四冊　存三卷(下論三、上孟一、下孟三)

610000－4020－0000067　經000069
左繡三十卷首一卷　(清)馮李驊　(清)陸浩評輯　清康熙五十九年(1720)書業堂刻本　八冊　存十五卷(一至三、十八至十九、二十二至二十五、二十八至三十一、三十六至三十七)

610000－4020－0000068　經000070
欽定詩義折中二十卷　(清)傅恒編　(清)姚光昭刊　清光緒十二年(1886)敬業堂刻本　十冊

610000－4020－0000069　經000071
涇野先生周易說翼三卷　(明)呂柟撰　清三原李錫齡刻惜陰軒叢書本　三冊

610000－4020－0000070　經000072
五方元音十二卷　(清)樊騰鳳原本　(清)年希堯增補　清光緒十九年(1893)石印本　一冊

610000－4020－0000071　經000073
左傳易讀六卷　(清)司徒修輯　清光緒二十七年(1901)有益堂刻本　二冊　存二卷(一、三)

610000－4020－0000072　經000074
詩經八卷　(宋)朱熹集傳　清光緒三十四年(1908)陝西學務公所圖書局鉛印本　四冊

610000－4020－0000073　經000075
涇野先生毛詩說序六卷　(明)呂柟著　(明)李錫齡校刊　(明)孟熙校刊　清三原李錫齡刻惜陰軒叢書本　二冊

610000－4020－0000074　經000076
說文解字斠詮十四卷　(清)錢坫撰　清光緒九年(1883)淮南書局刻本　四冊　存八卷(一至六、十至十一)

610000－4020－0000075　經000077
周禮政要四卷　(清)孫詒讓著　清光緒三十年(1904)西安官書局鉛印本　二冊

610000－4020－0000076　經000078
辨學啟蒙一卷　(英國)艾約瑟譯　清光緒二十四年(1898)石印西學啟蒙本　一冊

610000－4020－0000077　經000079
英話註解一卷　(清)馮澤夫編　清光緒十二年(1886)著易堂書局鉛印本　一冊

610000－4020－0000078　史000001
四裔編年表四卷　(美國)林樂知譯　(清)嚴良勳譯　清光緒二十三年(1897)石印本　四冊

610000－4020－0000079　史000002
資治通鑑綱目前編二十五卷　(明)陳仁錫評閱　清康熙四十年(1701)王公行刻本　七冊　存十九卷(三至十九、二十四至二十五)

610000－4020－0000080　史000003
後漢書一百二十卷　(南朝宋)范曄撰　(唐)李賢注　清光緒十八年(1892)武林竹簡齋石印本　八冊

610000－4020－0000081　史000004
[光緒]山西通志一百八十四卷首一卷　(清)曾國荃等修　(清)王軒　楊篤等纂　清光緒十八年(1892)刻本　八冊　存十三卷(一至十三)

610000－4020－0000082　史000005
萬國近政考略十六卷　(清)鄒弢編輯　清光緒二十七年(1901)上海圖書集成局鉛印本　四冊

610000－4020－0000083　史000006
尺木堂明鑑易知録十五卷　(清)吳乘權　(清)周之炯　(清)周之燦輯　清光緒十四年(1888)鉛印本　二冊

610000－4020－0000084　史000007
史鑑節要便讀六卷　(清)鮑東里編輯　清光緒二十九年(1903)陝西官運書局石印本　二冊

610000－4020－0000085　史000008
西洋歷史教科書二卷　(英國)默爾化著　清光緒二十九年(1903)商務印書館鉛印本　二冊

610000－4020－0000086　史000009
史記一百三十卷　(漢)司馬遷撰　(南朝宋)裴駰集解　清光緒二十八年(1902)武林竹簡齋石印本　八冊

610000－4020－0000087　史000010
前漢書一百卷　(漢)班固撰　(唐)顏師古注　清光緒二十八年(1902)武林竹簡齋石印本　八冊

610000－4020－0000088　史000011
宋史四百九十六卷目録三卷　(元)脱脱等撰　清光緒刻本　十冊　存五十七卷(三百七十七至四百三十三)

610000－4020－0000089　史000012
戡定新疆記八卷　(清)魏光燾撰　清光緒二十五年(1899)鉛印本　二冊

610000－4020－0000090　史000013
資治通鑑綱目五十九卷　(明)陳仁錫評閱　清康熙四十年(1701)王公行刻本　七十冊　存五十卷(一至二十一、二十三至五十、五十二)

610000－4020－0000091　史000014
五代史七十四卷　(宋)歐陽修撰　(宋)徐無黨注　清光緒二十九年(1903)五洲同文局石印本　十冊

610000－4020－0000092　史000015
增評加批歷史綱鑑補三十九卷　(明)王世貞　(明)袁黄編纂　清光緒二十八年(1902)上海富强齋石印本　十三冊　缺三卷(三至五)

610000－4020－0000093　史000016
尺木堂綱鑑易知録九十二卷　(清)吳乘權　(清)周之炯　(清)周之燦輯　清康熙五十年(1711)刻本　十二冊　存三十卷(三至七、二十一至四十五)

610000－4020－0000094　史000017
經進風憲忠告一卷　(元)張養浩著　清道光十一年(1831)碧鮮齋刻本　一冊

610000－4020－0000095　史000018
續資治通鑑綱目二十七卷　(明)商輅撰　(明)陳仁錫評閱　清刻本　十八冊　存十六卷(二至十七)

610000－4020－0000096　史000019
同治東華續録一百卷　王先謙編　清光緒二十四年(1898)文瀾書局石印本　二十四冊

610000－4020－0000097　史000020
東華録詳節二十四卷　(清)鄔樹庭編　(清)李葆璋　(清)李盛校　清光緒二十六年(1900)上海東文學堂石印本　十六冊

610000－4020－0000098　史000021
三國志六十五卷　(晉)陳壽撰　(南朝宋)裴松之注　清光緒二十八年(1902)武林竹簡齋石印本　四冊

610000－4020－0000099　史000022
唐語林八卷　(宋)王讜撰　(清)李錫齡校刊　清三原李錫齡刻惜陰軒叢書本　二冊　存四卷(五至八)

610000－4020－0000100　史000023
歷代史論十二卷　(明)張溥著　清光緒二十八年(1902)鉛印本　五冊

610000－4020－0000101　史000024

時務分類文編三十二卷　（清）蛟川求是齋校輯　清光緒二十八年（1902）上海宜今室石印本　十二册

610000－4020－0000102　史000025

舊五代史一百五十卷　（宋）薛居正等撰　清光緒十四年（1888）上海圖書集成印書局鉛印二十四史本　八册　存一百四卷（四十七至一百五十）

610000－4020－0000103　史000026

亞拉伯志一卷新志一卷　（清）學部編譯圖書局編　清光緒三十三年（1907）學部圖書局鉛印本　一册

610000－4020－0000104　史000027

重訂王鳳洲先生綱鑑會纂續編二十三卷　（明）王世貞纂　清光緒二十九年（1903）上海經香阁石印本　三册

610000－4020－0000105　史000028

漢書一百卷　（唐）顔師古注　清光緒十三年（1887）金陵書局刻本　二十四册

610000－4020－0000106　史000029

御批資治通鑑綱目五十九卷續編二十七卷　（宋）朱熹撰　清光緒十三年（1887）上海同文書局石印本　二十册

610000－4020－0000107　史000030

皇朝通志一百二十六卷　（清）嵇璜等纂修　清光緒八年（1882）浙江書局刻本　四十册

610000－4020－0000108　史000031

明紀六十卷　（清）陳鶴纂　清光緒十六年（1890）上海積山書局石印本　六册

610000－4020－0000109　史000032

重訂王鳳洲先生綱鑑會纂四十六卷續編二十三卷　（明）王世貞纂　清光緒二十九年（1903）上海經香阁石印本　四册

610000－4020－0000110　史000033

通商約章類纂三十五卷　（清）張開運編　清光緒二十四年（1898）北洋石印官書局石印本　二十册

610000－4020－0000111　史000034

文獻通考三百四十八卷　（元）馬端臨著　清光緒二十七年（1901）上海圖書集成局石印本　三十七册　存三百十五卷（五至十一、四十至三百四十七）

610000－4020－0000112　史000035

通志二百卷　（宋）鄭樵撰　清光緒二十七年（1901）上海圖書集成局石印本　四十三册　存一百四十四卷（一至四、十至五十、五十八至八十四、八十八至九十三、九十八至九十九、一百二至一百十、一百十七至一百十九、一百四十六至一百八十、一百八十四至二百）

610000－4020－0000113　史000036

勸學篇二卷　（清）張之洞撰　清光緒二十四年（1898）菁華報館木活字印本　一册

610000－4020－0000114　史000037

欽定續文獻通考輯要二十六卷　湯壽潛輯　清光緒二十五年（1899）通雅堂鉛印本　十册

610000－4020－0000115　史000038

魏書一百十四卷　（北齊）魏收撰　清同治十一年（1872）金陵書局刻本　二十册

610000－4020－0000116　史000039

聖武記十四卷　（清）魏源撰　清道光二十六年（1846）刻本　八册　存八卷（一至八）

610000－4020－0000117　史000040

明史論四卷　（清）谷應泰論正　清光緒二十八年（1902）鉛印本　一册

610000－4020－0000118　史000041

資治通鑑二百九十四卷　（宋）司馬光奉敕編集　（元）胡三省音註　清光緒二十八年（1902）上海積山書局石印本　四十四册　存二百四十六卷（一至四十、五十一至六十、七十一至二百、二百十一至二百七十六）

610000－4020－0000119　史000042

聖武記十四卷　（清）魏源撰　清道光二十六年（1846）古微堂刻本　六册　存六卷（一至

六)

610000－4020－0000120　史000043

重訂普法戰紀四卷　(清)張宗良譯　清光緒二十四年(1898)中華印務總局鉛印本　八冊

610000－4020－0000121　史000044

皇朝政典類纂五百卷目錄六卷　(清)席裕福編　清光緒二十九年(1903)上海圖書集成局鉛印本　一百冊　存四百三十五卷(一至三十三、四十三至六十九、七十三至八十八、九十七至三百五十五、三百六十三至三百七十三、三百七十九至三百九十一、四百六至四百十九、四百二十五至四百四十四、四百五十一至四百六十一、四百六十九至四百七十六、四百八十至四百八十七、四百九十二至五百,目録一至六)

610000－4020－0000122　史000045

各省西學課藝匯海四十卷　(清)宜今室主人編　清光緒二十三年(1897)石印本　八冊

610000－4020－0000123　史000046

御撰資治通鑑綱目三編二十卷　(清)張廷玉等編　清光緒二十五年(1899)上海鴻寶齋石印本　二冊　存五卷(一至五)

610000－4020－0000124　史000047

俄史輯譯四卷　(英國)闞裴迪譯　(清)徐景羅重譯　清光緒二十三年(1897)湖南新學書局刻本　五冊

610000－4020－0000125　史000048

御批資治通鑑綱目三編二十卷　(清)張廷玉等編　清末石印本　一冊

610000－4020－0000126　史000049

聖武記十四卷　(清)魏源撰　清光緒二十五年(1899)正記書局石印本　六冊

610000－4020－0000127　史000050

通鑑論三卷稽古録論一卷　(宋)司馬光撰　(清)伍耀光輯録　清光緒二十九年(1903)陝西官運書局鉛印本　四冊

610000－4020－0000128　史000051

會稽三賦註四卷　(宋)王十朋撰　(明)南逢吉註　(明)尹壇補註　(清)李錫齡校刊　清三原李錫齡刻惜陰軒叢書本　二冊

610000－4020－0000129　史000052

通志二百卷　(宋)鄭樵撰　清光緒二十七年(1901)上海圖書集成局石印本　三冊　存十二卷(五至六、五十一至五十七、一百十一至一百十三)

610000－4020－0000130　史000053

萬國新史簡要三卷　(清)薛福成輯　清光緒二十三年(1897)石印本　三冊

610000－4020－0000131　史000054

秋審實緩比較條欵五卷　(清)謝信斎撰　清光緒二十八年(1902)秦中官書局鉛印本　一冊

610000－4020－0000132　史000055

史記菁華録六卷　(清)姚祖恩編著　清光緒二十二年(1896)上海書局石印本　六冊

610000－4020－0000133　史000056

左傳史論一卷　(清)高士奇論正　清光緒鉛印本　一冊

610000－4020－0000134　史000057

增補東萊博議二十五卷　(宋)呂祖謙撰　(清)張文炳點定　清光緒二十九年(1903)秦中官書局石印本　四冊

610000－4020－0000135　史000058

歷代名臣言行錄二十四卷　(清)朱桓輯　(清)潘永季校訂　(清)邱興久重校　清光緒二十八年(1902)官書局石印本　八冊

610000－4020－0000136　史000059

富國養民策　(英國)艾約瑟譯　清光緒二十四年(1898)石印西學啟蒙本　一冊

610000－4020－0000137　史000060

歐洲史畧十三卷　(英國)艾約瑟譯　清光緒二十四年(1898)石印西學啟蒙本　一冊

610000－4020－0000138　史000061

資治通鑑綱目前編二十五卷附一卷　(明)陳

仁錫評閲　清康熙四十年(1701)王公行刻本　二册　存二卷(一至二)

610000－4020－0000139　史000062
刪除律例不分卷　沈家本等編　清光緒三十一年(1905)鉛印本　三册

610000－4020－0000140　史000063
經理須知三卷　(清)馮國璋鑒定　清光緒二十六年(1900)北洋武備翻譯局鉛印本　三册

610000－4020－0000141　史000064
續通商條約章程成案彙編八卷　(清)李有棻輯　清光緒二十五年(1899)秦中書局鉛印本　二册

610000－4020－0000142　史000065
新撰亞細亞洲大地誌七章　(日本)山上萬次郎編　清光緒二十七年(1901)上海正記書局石印本　四册

610000－4020－0000143　史000066
地球韻言四卷　(清)張士瀛撰　清光緒二十四年(1898)鄂垣務急書館刻本　二册

610000－4020－0000144　史000067
增批歷史綱鑑補註四十六卷　(明)王世貞(明)袁黄編纂　清宣統二年(1910)陳泳記書局石印本　四册　存十九卷(二十八至四十六)

610000－4020－0000145　史000068
皇朝文獻通考輯要二十六卷　湯壽潛輯　清光緒二十五年(1899)通雅堂鉛印本　五册　存十一卷(一至十一)

610000－4020－0000146　史000069
西比里亞志一卷新志一卷　(清)□□撰　清光緒三十四年(1908)學部圖書局鉛印本　二册

610000－4020－0000147　史000070
中美商約不分卷　(清)呂海寰　(清)盛宣懷簽訂　清光緒三十年(1904)上海緯文閣鉛印本　一册

610000－4020－0000148　史000071
資治通鑑外紀十卷　(宋)劉恕編集　(清)胡克家注補　清光緒二十八年(1902)上海積山書局石印本　一册

610000－4020－0000149　史000072
廣東武備學堂試辦簡要章程不分卷　(清)廣東武備學堂編　清末鉛印本　一册

610000－4020－0000150　史000073
大清宣宗成皇帝聖訓一百三十六卷　(清)宣宗旻寧撰　清咸豐六年(1856)石印本　一册　存八卷(八十三至九十)

610000－4020－0000151　史000074
中英訂定商約不分卷　(清)呂海寰　(清)盛宣懷簽訂　清光緒三十年(1904)上海緯文閣石印本　一册

610000－4020－0000152　史000075
欽定商律全書不分卷　蔡乃煌纂　清光緒三十年(1904)上海緯文閣石印本　一册

610000－4020－0000153　史000076
希臘志畧七卷　(英國)艾約瑟譯　清光緒二十四年(1898)石印西學啟蒙本　一册

610000－4020－0000154　史000077
英國水師律例四卷　(英國)德麟等纂　(清)舒高第等譯　清光緒江南製造總局刻本　一册　存二卷(三至四)

610000－4020－0000155　史000078
公法會通十卷　(美國)丁韙良譯　清光緒二十四年(1898)湖南實學書局刻本　一册　存一卷(十)

610000－4020－0000156　史000079
羅馬志畧十三卷　(英國)艾約瑟譯　清光緒二十四年(1898)石印西學啟蒙本　一册

610000－4020－0000157　史000080
地志啟蒙四卷　(英國)艾約瑟譯　清光緒二十四年(1898)石印西學啟蒙本　二册

610000－4020－0000158　史000081
地理哲學啟蒙七卷　(英國)艾約瑟譯　清光緒二十四年(1898)石印西學啟蒙本　一册

610000－4020－0000159　史000082
地學啟蒙一卷　（英國）艾約瑟譯　清光緒二十四年（1898）石印西學啟蒙本　一册

610000－4020－0000160　史000083
出使英法義比四國日記六卷　（清）薛福成著　清光緒二十八年（1902）秦中官書局石印本　三册

610000－4020－0000161　史000084
資治通鑑外紀十卷　（宋）劉恕編集　清光緒十六年（1890）上海積山書局石印本　一册

610000－4020－0000162　史000085
歷代職官表六卷　（清）高宗弘曆敕撰　清光緒二十四年（1898）柏經正堂刻本　四册

610000－4020－0000163　史000086
雲南機務抄黃不分卷　（明）張紞編　（清）李錫齡校刊　清三原李錫齡刻惜陰軒叢書本　一册

610000－4020－0000164　史000087
欽定大清會典一百卷　（清）允祹等編　清光緒十九年（1893）石印本　八册

610000－4020－0000165　史000088
地學指略三卷　（英國）文教治口譯　（清）李慶軒筆述　清光緒七年（1881）益智書會刻本　一册

610000－4020－0000166　史000089
埃及近世史二十七卷　（日本）柴四郎撰　（清）章起謂譯　清光緒二十九年（1903）上海商務印書館鉛印本　一册

610000－4020－0000167　史000090
唐書釋音二十五卷　（宋）董衝撰　清光緒十四年（1888）上海圖書集成印書局鉛印本　一册

610000－4020－0000168　史000091
十九周新學史五十五節　（英國）華麗士原著　（清）梁瀾勳譯述　清光緒二十八年（1902）鉛印本　一册

610000－4020－0000169　史000092
戰功紀畧一卷　（清）劉厚基撰　清光緒二年（1876）刻本　一册

610000－4020－0000170　史000093
史記評林一百三十卷　（明）凌稚隆輯校　清同治十三年（1874）長沙魏氏養翮書屋刻本　十一册　存八十一卷（二十五至二十七、五十三至一百三十）

610000－4020－0000171　史000094
牧民忠告二卷　（元）張養浩著　清道光十一年（1831）碧鮮齋刻本　一册

610000－4020－0000172　史000095
印度新志不分卷　（清）□□撰　清光緒三十三年（1907）學部圖書局鉛印本　一册

610000－4020－0000173　史000096
時務齋隨録不分卷　（清）左宗堂著　清末刻本　二册

610000－4020－0000174　史000097
十家牌法一卷　（清）胡啟文編　清咸豐七年（1857）刻本　一册

610000－4020－0000175　史000098
日本興學之經驗不分卷　（日本）野尻精一講述　清光緒三十三年（1907）鉛印本　一册

610000－4020－0000176　史000099
西學書目表三卷附録一卷讀西學書法一卷　梁啟超著　清光緒二十八年（1902）秦中官書局鉛印本　一册

610000－4020－0000177　史000100
廣東武備學堂試辦簡要章程不分卷　（清）廣東武備學堂編　清光緒鉛印本　一册

610000－4020－0000178　史000101
聖諭十六條附律易解不分卷　（清）聖祖玄燁撰　（清）夏炘繹　清光緒鉛印本　一册

610000－4020－0000179　史000102
俄羅斯史　（俄國）伊羅瓦伊基著　（日本）八代六郎原譯　商務印書館重譯　清光緒二十九年（1903）上海商務印書館鉛印歷史叢書本　一册

610000－4020－0000180　史 000103
紀恩慕義不分卷　(清)劉厚基撰　清光緒二年(1876)刻本　一冊

610000－4020－0000181　史 000104
御批歷代通鑑輯覽一百二十卷　(清)傅恒纂　清同治十一年(1872)湖北崇文書局刻本　六十冊

610000－4020－0000182　史 000105
[光緒]綏德直隸州志八卷首一卷　(清)孔繁樸修　(清)高維嶽纂　清光緒三十一年(1905)刻本　六冊

610000－4020－0000183　史 000106
婺學治事文編五卷　(清)繼良輯　清光緒石印本　二冊

610000－4020－0000184　史 000107
定盦文集三卷補編四卷續四卷　(清)龔自珍著　清光緒二十八年(1902)浙省文彙書局鉛印本　四冊

610000－4020－0000185　史 000108
通鑑綱目分類策論檢題不分卷　(清)夢婕生編輯　清光緒二十九年(1903)上海官書局石印本　四冊

610000－4020－0000186　史 000109
華盛頓傳八卷　(清)黎汝謙譯　清光緒十二年(1886)鉛印本　八冊

610000－4020－0000187　史 000110
六通訂誤六卷　(清)席裕福撰　清光緒上海圖書集成局鉛印本　一冊

610000－4020－0000188　史 000111
唐陸宣公翰苑集二十四卷首一卷末一卷　(唐)陸贄撰　(清)張佩芳注　清光緒十八年(1892)柏經正堂刻本　十二冊

610000－4020－0000189　史 000112
綱鑑會纂三十九卷首一卷　(明)王世貞撰　清刻本　三十七冊　缺三卷(十二、十五至十六)

610000－4020－0000190　史 000113
御批資治通鑑綱目前編十八卷附外紀一卷舉要三卷　(宋)朱熹撰　清光緒十三年(1887)上海同文書局石印本　五冊

610000－4020－0000191　史 000114
十朝東華録六百二十五卷　王先謙編　清光緒二十五年(1899)石印本　六十三冊　存五百十五卷(順治一至三十六、康熙一至一百十、雍正一至二十六、乾隆一至一百二十、嘉慶一至五十、道光十一至六十、咸豐一至一百二十三)

610000－4020－0000192　史 000115
御撰資治通鑑綱目三編二十卷　(清)張廷玉等編　清石印本　一冊　存六卷(一至六)

610000－4020－0000193　史 000116
二十四史分類輯要十二卷　(清)沈桐生輯　清光緒二十八年(1902)會文學社鉛印本　十二冊

610000－4020－0000194　史 000117
文獻通考輯要二十四卷　湯壽潛編輯　清光緒二十五年(1899)圖書集成局鉛印本　十冊

610000－4020－0000195　史 000118
瀛環志畧十卷　(清)徐繼畬輯　清光緒二十八年(1902)秦中書局石印本　四冊

610000－4020－0000196　史 000119
尺木堂綱鑑易知録九十二卷　(清)吳乘權　(清)周之炯　(清)周之燦輯　清光緒十四年(1888)鉛印本　十四冊

610000－4020－0000197　史 000120
萬國分類時務大成四十卷首一卷　(清)錢豐選輯　(清)高味中參訂　(清)謝晉封校字　清光緒二十三年(1897)石印本　十冊　存十八卷(二十三至四十)

610000－4020－0000198　史 000121
春秋大事表五十卷輿圖一卷附録一卷　(清)顧棟高輯　(清)華玉淯參　清光緒十四年(1888)陝西求友齋刻本　一冊　存二卷(十至十一)

610000－4020－0000199　史000122
續西國近事彙編十四卷　(清)鍾天緯編輯　清光緒八年(1882)鉛印本　八册　存八卷(一、三至四、六至八、十二、十四)

610000－4020－0000200　史000123
史記一百三十卷　(漢)司馬遷撰　(南朝宋)裴駰集解　(唐)司馬貞索隱　(唐)張守節正義　清光緒二十年(1894)陝甘味經書院刻本　二册　存四卷(一至四)

610000－4020－0000201　史000124
御撰資治通鑑綱目三編二十卷　(清)張廷玉等編　清刻本　六册

610000－4020－0000202　史000125
尺木堂綱鑑易知録二十卷　(清)吳乘權　(清)周之炯　(清)周之燦輯　清光緒二十五年(1899)上海鴻寶齋石印本　八册

610000－4020－0000203　史000126
文獻通考二十四卷首一卷　(元)馬端臨著　清光緒二十五年(1899)上海點石齋石印本　十五册　存十五卷(一至四、十四至二十四)

610000－4020－0000204　史000127
歐洲列國戰事本末二十二卷　王樹枏輯　清光緒二十九年(1903)陝西官運書局刻陶廬叢稿本　六册

610000－4020－0000205　史000128
文獻通考詳節二十四卷　(元)馬端臨著　清光緒二十七年(1901)鴻寶齋書局石印本　六册

610000－4020－0000206　史000129
欽定續文獻通考詳節二十六卷　(元)馬端臨著　清光緒二十七年(1901)鴻寶齋書局石印本　四册　存十七卷(一至十七)

610000－4020－0000207　子000001
衛生寶鑑二十四卷　(元)羅天益著　(清)李錫齡校刊　清三原李錫齡刻惜陰軒叢書本　二册　存七卷(七至十、十一至十三)

610000－4020－0000208　子000002
新增格古要論十三卷　(明)曹昭著　(清)李錫齡校刊　清三原李錫齡刻惜陰軒叢書本　六册

610000－4020－0000209　子000003
清異録二卷　(宋)陶穀撰　(清)李錫齡校刊　清三原李錫齡刻惜陰軒叢書本　二册

610000－4020－0000210　子000004
梅氏叢書輯要六十二卷　(清)梅文鼎著　(清)梅穀成輯　清光緒石印本　六册

610000－4020－0000211　子000005
見物五卷　(明)李蘇撰　(清)李錫齡校刊　清三原李錫齡刻惜陰軒叢書本　一册　存三卷(三至五)

610000－4020－0000212　子000006
曾文正公水陸行軍練兵誌四卷　(清)王定安纂　(清)柏森校勘　清光緒二十六年(1900)柏經正堂刻本　二册

610000－4020－0000213　子000007
曾子二卷　(清)雷柱點註　(清)張晉校刊　清光緒三十一年(1905)三原張氏刻本　一册

610000－4020－0000214　子000008
宋四子抄釋二十一卷　(明)呂柟著　(清)李錫齡校刊　清三原李錫齡刻惜陰軒叢書本　八册

610000－4020－0000215　子000009
人譜一卷　(明)劉宗周撰　清光緒三十二年(1906)陝西學務公所鉛印本　一册

610000－4020－0000216　子000010
學算筆談十二卷　(清)華蘅芳學　清光緒關中味經官書局刻本　四册　缺二卷(七、十)

610000－4020－0000217　子000011
白芙堂算書廿一種　(清)吳嘉善述　(清)丁取忠補　清光緒二十二年(1896)關中味經官書局刻本　四册

610000－4020－0000218　子000012
地理辨正五卷　(清)蔣平階補傳　(清)姜垚辨正　清刻本　二册

610000－4020－0000219　子000013
小學節本二卷　(宋)朱熹撰　清光緒三十二年(1906)陝西學務公所鉛印本　一冊

610000－4020－0000220　子000014
小學集解六卷　(清)張伯行輯註　清光緒十三年(1887)陝西布政司刻本　四冊

610000－4020－0000221　子000015
古尊宿語錄四十八卷　(宋)釋賾藏主輯　明末刻徑山藏本　二冊　存八卷(一至四、四十一至四十四)

610000－4020－0000222　子000016
聖祖仁皇帝庭訓格言不分卷　(清)世宗胤禛撰　清末石印本　一冊

610000－4020－0000223　子000017
聖諭像解二十卷　(清)梁延年編輯　清咸豐六年(1856)廣州味經堂書坊刻本　二冊　存三卷(一至三)

610000－4020－0000224　子000018
小學集解六卷　(清)張伯行輯註　清光緒十三年(1887)陝西布政司刻本　四冊

610000－4020－0000225　子000019
聖諭像解二十卷　(清)梁延年編輯　(清)恩壽恭校重印　清光緒二十九年(1903)石印本　四冊　存九卷(十二至二十)

610000－4020－0000226　子000020
經餘必讀續編八卷　(清)錢樹棠　(清)雷琳　(清)錢樹立輯　清永康胡鳳丹刻本　一冊　存二卷(三至四)

610000－4020－0000227　子000021
庸書内篇二卷外篇二卷　(清)陳次亮撰　清光緒二十二年(1896)鉛印本　二冊

610000－4020－0000228　子000022
教女遺規三卷　(清)陳弘謀編輯　(清)李安民校字　清乾隆七年(1742)培遠堂刻本　一冊

610000－4020－0000229　子000023
對數表四卷　(清)何國宗　(清)梅瑴成彙編　(清)賈步緯校述　清末江南機器製造總局鉛印算學十書本　四冊

610000－4020－0000230　子000024
驚風辯證必讀書福幼編一卷附治驗錄一卷　(清)莊一夔著　清光緒二十七年(1901)上元江氏刻本　一冊

610000－4020－0000231　子000025
九章算術細草圖說九卷　(三國魏)劉徽注　(唐)李淳風注釋　(清)李潢譔　清光緒上海文淵山房石印本　二冊

610000－4020－0000232　子000026
洗冤録歌訣不分卷　(清)寶鑒編　清光緒二十六年(1900)秦中官書局鉛印本　一冊

610000－4020－0000233　子000027
本經序疏要八卷　(清)鄒澍撰　清同治十二年(1873)反經堂刻本　三冊

610000－4020－0000234　子000028
蠶桑萃編十五卷首一卷　(清)衛杰編　清光緒二十四年(1898)刻本　一冊　存一卷(二)

610000－4020－0000235　子000029
平三角舉要五卷　(清)梅文鼎撰　清光緒十四年(1888)陝西求友齋刻本　二冊

610000－4020－0000236　子000030
大學衍義四十三卷　(宋)真德秀撰　清光緒十三年(1887)柏經正堂刻本　十二冊

610000－4020－0000237　子000031
墨緣彙觀四卷　(清)安岐撰　清光緒二十六年(1900)鉛印本　八冊

610000－4020－0000238　子000032
北溪字義二卷　(宋)陳淳著　(清)李錫齡校刊　清三原李錫齡刻惜陰軒叢書本　二冊

610000－4020－0000239　子000033
提綱釋義不分卷　(□)□□撰　清刻本　一冊

610000－4020－0000240　子000034
新編算學啟蒙三卷　(元)朱世傑編撰　清光緒二十二年(1896)上海璣衡堂石印本　一冊

610000－4020－0000241　子000035
龍文鞭影二集二卷　(清)李暉吉　(清)徐瓚輯　清無錫錢黎民石印本　一冊　存一卷(一上)

610000－4020－0000242　集000002
古文詞畧讀本二十四卷　(清)梅曾亮選輯　清光緒三十三年(1907)陝西學務公所圖書局鉛印本　四冊

610000－4020－0000243　集000003
壯悔堂文集十卷附遺稿一卷　(清)侯方域著　(清)賈開宗等評點　(清)孫詡等校訂　清末上海彪蒙書室石印本　四冊

610000－4020－0000244　集000004
明文小題傳薪不分卷　(清)臧岳評釋　清刻本　一冊

610000－4020－0000245　集000005
古文辭類纂七十四卷附一卷　(清)姚鼐纂　清光緒二十五年(1899)秦中官書局鉛印本　十冊　存七十四卷(一至五十一、五十三至七十四,附一卷)

610000－4020－0000246　集000006
庸庵文外編四卷續編二卷　(清)薛福成撰　清光緒二十八年(1902)秦中官書局石印本　三冊

610000－4020－0000247　集000007
三蘇策論十二卷　(宋)蘇洵等撰　清光緒二十七年(1901)鍊石書局石印本　六冊

610000－4020－0000248　集000008
皇朝經世文編一百二十卷姓名總目二卷　(清)賀長齡輯　清光緒二十五年(1899)上海中西書局石印本　十二冊

610000－4020－0000249　集000009
江漢炳靈詩賦四集一卷　(清)張之洞輯　清同治十三年(1874)樓外樓刻本　一冊

610000－4020－0000250　集000010
重訂古文釋義新編八卷　(清)于誠評註　清光緒十五年(1889)刻本　八冊

610000－4020－0000251　集000011
皇朝經世文統編一百七卷　(清)邵之棠輯　清光緒二十七年(1901)上海寶善齋石印本　五十二冊

610000－4020－0000252　集000012
御選唐宋詩醇四十七卷目錄二卷　(清)高宗弘曆選　清刻本　九冊　存十八卷(四至五、十至二十三,目錄二卷)

610000－4020－0000253　集000013
皇朝經世文新編二十一卷　(清)麥仲華輯　清光緒二十七年(1901)上海書局石印本　十二冊

610000－4020－0000254　集000014
曾惠敏公全集四卷　(清)曾紀澤撰　清光緒上海書局石印本　四冊

610000－4020－0000255　集000015
皇朝經世文續編一百二十卷　(清)葛士濬輯　清光緒二十二年(1896)寶善書局石印本　十四冊　存七十九卷(一至六、十七、四十九至一百二十)

610000－4020－0000256　集000016
養素堂文集三十五卷首一卷　(清)張澍撰　清道光十七年(1837)棗華書屋刻本　十四冊　存三十一卷(一至十七、二十至二十九、三十三至三十六)

610000－4020－0000257　集000017
貫華堂第六才子書八卷　(元)王實甫撰　(清)金聖歎批點　清刻本　八冊

610000－4020－0000258　集000018
古文析義十四卷　(清)林雲銘評註　清嘉慶十八年(1813)刻本　三冊

610000－4020－0000259　集000019
皇朝經世文四編五十二卷　(清)何良棟輯　清光緒二十八年(1902)上海書局石印本　十二冊

610000－4020－0000260　集000020
皇朝經世文三編八十卷　(清)陳忠倚輯　清

光緒二十八年(1902)龍文書局石印本　十二册

610000－4020－0000261　新 000001
中國江海險要圖志二十二卷首一卷補編五卷圖五卷　(清)陳壽彭譯　清光緒二十七年(1901)經世文社石印本　四册

610000－4020－0000262　新 000002
談天十八卷首一卷　(英國)侯失勒撰　(英國)偉烈亞力口譯　(清)李善蘭删述　(清)徐建寅續述　清光緒二十二年(1896)上海著易堂石印本　四册

610000－4020－0000263　新 000003
代數術二十五卷　(英國)華里司輯　(英國)傅蘭雅口譯　(清)華蘅芳筆述　清光緒關中味經官書局刻本　六册

610000－4020－0000264　新 000004
格致啟蒙四卷　(英國)羅斯古等纂　(美國)林樂知　(清)鄭昌棪譯　清光緒二十四年(1898)上海六先書局石印本　一册　存一卷(四)

610000－4020－0000265　新 000005
增廣時務新策十二卷　(清)□□撰　清光緒二十三年(1897)石印本　十册　存十一卷(一、五至十四)

610000－4020－0000266　新 000006
泰西新史攬要二十四卷　(英國)馬懇西元本　(英國)李提摩太譯　蔡爾康述稿　清光緒二十九年(1903)秦中官書局石印本　八册

610000－4020－0000267　新 000007
考試司機七卷　(英國)拖爾那著　(英國)傅蘭雅口譯　(清)徐華封筆述　清光緒九年(1883)刻本　六册

610000－4020－0000268　新 000008
化學啟蒙不分卷　(英國)艾約瑟譯　清光緒二十四年(1898)石印西學啟蒙本　一册

610000－4020－0000269　新 000009
時務分類文編三十二卷　(清)蛟川求是齋校輯　清光緒二十八年(1902)上海宜今室石印本　一册　存四卷(十二至十五)

610000－4020－0000270　新 000010
營城揭要二卷　(英國)儲意比撰　(英國)傅蘭雅口譯　(清)徐壽筆述　清光緒江南製造總局刻本　二册

610000－4020－0000271　新 000011
御風要術三卷　(英國)白爾特撰　(美國)金楷理口譯　(清)華蘅芳筆述　清同治十二年(1873)江南製造局刻本　三册

610000－4020－0000272　新 000012
西藥大成十卷首一卷　(英國)來拉撰　(英國)海德蘭撰　(英國)傅蘭雅口譯　(清)趙元益筆述　清光緒十年(1884)刻本　十二册　缺一卷(四)

610000－4020－0000273　新 000013
水師操練十八卷首一卷附一卷　(英國)戰船部原書　(英國)傅蘭雅口譯　(清)徐建寅筆述　清末江南機器製造總局刻本　三册

610000－4020－0000274　新 000014
幼學操身不分卷　(英國)慶丕編　(清)翟汝舟編　清光緒二十四年(1898)關中味經官書局刻本　一册

610000－4020－0000275　新 000015
身理啟蒙十章　(英國)艾約瑟譯　清光緒二十四年(1898)石印西學啟蒙本　一册

610000－4020－0000276　新 000016
格致質學啟蒙　(英國)艾約瑟譯　清光緒二十四年(1898)石印西學啟蒙本　一册

610000－4020－0000277　新 000017
汽機發軔九卷　(英國)美以納撰　(英國)白勞那撰　(英國)偉烈口譯　(清)徐壽筆述　清光緒江南製造總局刻本　四册

610000－4020－0000278　新 000018
赫胥黎天演論二卷　(英國)赫胥黎撰　嚴復譯　清光緒二十一年(1895)陝西味經售書處刻本　二册

610000－4020－0000279　新 000019

富國農書一卷　(清)陳熾著　清光緒二十五年(1899)江西萍鄉縣署木活字印本　一冊

610000－4020－0000280　新 000020

開地道轟藥法三卷圖一卷　(英國)武備工程學堂編定　(英國)傅蘭雅口譯　(清)汪振聲筆述　清光緒江南製造總局刻本　二冊

610000－4020－0000281　新 000021

内科理法前編六卷　(英國)虎伯撰　(清)舒高第口譯　(清)趙元益筆述　清光緒江南製造總局刻本　二冊　存二卷(三至四)

610000－4020－0000282　新 000022

聲學八卷　(英國)田大里著　(英國)傅蘭雅口譯　(清)徐建寅筆述　清光緒江南製造總局刻本　二冊

610000－4020－0000283　新 000023

克虜伯礮準心法不分卷　(德國)布國軍政局編　(美國)金楷理口譯　(清)李鳳苞筆述　清光緒江南製造總局刻本　一冊

610000－4020－0000284　新 000024

井礦工程三卷　(英國)白爾捺輯　(英國)傅蘭雅口譯　(清)趙元益筆述　清同治江南機器制造總局刻本　二冊

610000－4020－0000285　新 000025

動物學啟蒙八卷　(英國)艾約瑟譯　清光緒二十四年(1898)石印西學啟蒙本　一冊

610000－4020－0000286　新 000026

天文啟蒙七卷　(英國)艾約瑟譯　清光緒二十四年(1898)石印西學啟蒙本　一冊

610000－4020－0000287　新 000027

兵船汽機六卷附一卷　(英國)息尼德撰　(英國)傅蘭雅口譯　(清)華備鈺筆述　清光緒十一年(1885)江南製造局刻本　八冊

610000－4020－0000288　新 000028

形學備旨十卷開端一卷　(美國)狄考文選譯　(清)鄒立文筆述　清光緒十一年(1885)上海美華書館刻光緒二十三年(1897)印本　二冊

610000－4020－0000289　新 000029

格致總學啟蒙三卷　(英國)艾約瑟譯　清光緒二十四年(1898)石印西學啟蒙本　一冊

610000－4020－0000290　新 000030

鑄錢工藝三卷總論一卷圖一卷　(英國)傅蘭雅　(清)鍾天緯譯　清光緒江南機器製造總局鉛印本　二冊

610000－4020－0000291　新 000031

測繪淺說一卷　(清)陝西布政使司編　清光緒十六年(1890)刻本　一冊

610000－4020－0000292　新 000032

鐵甲叢譚五卷圖一卷　(英國)黎特撰　(清)舒高第　(清)鄭昌棪譯　清江南製造局鉛印本　二冊

610000－4020－0000293　新 000033

兵船礮法六卷　(美國)水師書院原書　(美國)金楷理口譯　(清)朱恩錫筆述　(清)李鳳苞刪潤　清光緒江南製造總局刻本　三冊

610000－4020－0000294　新 000034

中西兵略指掌二十四卷首一卷　(清)陳龍昌輯　清光緒二十八年(1902)秦中官書局石印本　七冊　存二十二卷(一至二十一、首一卷)

610000－4020－0000295　新 000035

西學畧述十卷　(英國)艾約瑟譯　清光緒二十四年(1898)石印西學啟蒙本　一冊

610000－4020－0000296　新 000036

陸操新義四卷　(德國)康貝撰　(清)李丹崖譯　清光緒十年(1884)石印本　二冊

610000－4020－0000297　新 000037

中外經世緒言十六卷　(清)于貽范撰　清光緒二十一年(1895)上海文盛堂石印本　八冊

610000－4020－0000298　新 000038

增廣時務新策十二卷　(清)□□撰　清光緒二十三年(1897)石印本　五冊　存十一卷(二至十二)

610000－4020－0000299　新 000039
盛世危言六卷　(清)鄭觀應輯著　清光緒二十四年(1898)上海書局石印本　六册

610000－4020－0000300　新 000040
洋務備考十六卷　(清)沈維堉撰　清光緒二十二年(1896)上海書局石印本　六册

610000－4020－0000301　新 000041
中外經世緒言三編二十卷　(清)廬山老人輯　清光緒二十四年(1898)上海文盛書局石印本　八册

610000－4020－0000302　新 000042
克虜伯礮彈造法二卷附餅藥造法一卷　(德國)布國軍政局撰　(美國)金楷理口譯　(清)李鳳苞筆述　清光緒江南製造總局刻本　三册

610000－4020－0000303　新 000043
萬國史記二十卷　(日本)岡本監輔撰　清光緒鉛印本　八册

610000－4020－0000304　新 000044
泰西新史攬要二十四卷　(英國)馬懇西元本　(英國)李提摩太譯　蔡爾康述稿　清光緒二十八年(1902)商務印書館鉛印本　七册

610000－4020－0000305　新 000045
地理須知不分卷　(英國)傅蘭雅著　清光緒九年(1883)刻本　一册

610000－4020－0000306　新 000046
萬國公法四卷　(英國)惠頓撰　(美國)丁韙良譯　清光緒二十八年(1902)秦中官書局石印本　四册

610000－4020－0000307　新 000047
植物學啟蒙不分卷　(英國)艾約瑟譯　清光緒二十四年(1898)石印西學啟蒙本　一册

610000－4020－0000308　新 000048
公法便覽四卷續一卷　(美國)丁韙良譯　清光緒三年(1877)同文館鉛印本　六册

610000－4020－0000309　新 000049
中國地理學教科書三卷　(清)屠寄纂　清光緒三十二年(1906)鉛印本　二册

610000－4020－0000310　新 000050
經心書院課程輿地學不分卷戊戌遊記不分卷　(清)姚炳奎編　清光緒三十一年(1905)秦中官書局石印本　八册

610000－4020－0000311　新 000051
西國近事彙編□□卷　(美國)金楷理口譯　(清)蔡錫齡筆述　清光緒二十三年(1897)慎記書莊石印本　二册　存四卷(一至四)

610000－4020－0000312　新 000052
萬國分類時務大成四十卷首一卷　(清)錢豐選輯　(清)高味中參訂　(清)謝晉封校字　清光緒二十三年(1897)石印本　十七册　存二十三卷(一至二十二、首一卷)

610000－4020－0000313　新 000053
地理全志四卷　(英國)慕維廉著　清光緒二十八年(1902)上海書局石印西學新政叢書本　一册

610000－4020－0000314　新 000054
新譯列國歲計政要三卷　(清)傅運森譯纂　清光緒二十七年(1901)海上譯社鉛印本　二十一册

610000－4020－0000315　新 000055
地理全志不分卷　(英國)慕維廉撰　清光緒九年(1883)關中味經官書局刻本　二册

610000－4020－0000316　新 000056
西政叢書　梁啟超輯　清光緒二十三年(1897)慎記書莊石印本　八册

610000－4020－0000317　類叢 000001
三才紀要一卷　(清)□□輯　清上海著易堂書局石印本　一册

610000－4020－0000318　類叢 000002
涇野先生禮問二卷　(明)吕柟著　(清)李錫齡校刊　清三原李錫齡刻惜陰軒叢書本　一册

610000－4020－0000319　類叢 000003
張子全書　(宋)張載撰　(宋)朱熹註　清同

治九年(1870)刻本　八册

610000－4020－0000320　類叢 000004

石渠意見四卷拾遺二卷　(明)王恕著　(清)李錫齡校刊　清三原李錫齡刻惜陰軒叢書本　二册

610000－4020－0000321　類叢 000005

春秋説志五卷　(明)吕柟著　清三原李錫齡刻惜陰軒叢書本　二册

610000－4020－0000322　類叢 000006

敏求機要十六卷　(元)劉實撰　(元)劉茂實注　清光緒二十六年(1900)秦中官書局鉛印本　四册

陝西省榆林市星元圖書樓古籍普查登記目録

全國古籍普查登記目録

國家圖書館出版社
National Library of China Publishing House

610000－4019－0000001　經 001
孝經全註一卷　(清)李光地注　(清)李維迪重梓　清李維迪刻本　一冊

610000－4019－0000002　經 001
周易觀象十二卷　(清)李光地注　清刻本　四冊

610000－4019－0000003　經 001
朱子語類四纂五卷　(清)李光地輯　清刻本　三冊

610000－4019－0000004　經 002
詩韻集成十卷　(清)余照輯　清咸豐十年(1860)書業德記刻本　六冊

610000－4019－0000005　經 003
康熙字典十二集檢字一卷辨似一卷等韻一卷總目一卷備考一卷補遺一卷　(清)張玉書等纂　清刻本　二十八冊

610000－4019－0000006　經 004
試帖百篇最豁解二卷　(清)王澤泩評注　清刻本　一冊　存一卷(一)

610000－4019－0000007　經 005
禮記十卷　(元)陳澔集傳　清光緒十六年(1890)蘭州刻本　八冊　存四卷(五至八)

610000－4019－0000008　經 007
全本禮記體註十卷　(清)范翔原定　(清)徐瑄補輯　(元)陳澔集說　清刻本　二冊　存二卷(二至三)

610000－4019－0000009　經 008
禮記增訂旁訓六卷　(清)徐立綱撰　清匠門書屋刻本　三冊　存二卷(五至六)

610000－4019－0000010　經 009
禮記心典傳本三卷　(清)胡瑶光輯　清刻本　三冊

610000－4019－0000011　經 010
康熙字典十二集檢字一卷辨似一卷等韻一卷總目一卷備考一卷補遺一卷　(清)張玉書等纂　清刻本　二十八冊

610000－4019－0000012　經 011
欽定禮記義疏八十二卷首一卷　(清)允祿等撰　清乾隆刻本　四十二冊　存七十三卷(一至七十二、首一卷)

610000－4019－0000013　經 015
韵字略十二卷　(清)毛謨撰　清末刻本　一冊　存五卷(午至戌)

610000－4019－0000014　經 016
佩文詩韻五卷　(清)□□編　清同治九年(1870)刻本　一冊

610000－4019－0000015　經 017
勸教合編不分卷　(清)周曜東　(清)劉厚基撰　清同治十一年(1872)西安府刻本　一冊

610000－4019－0000016　經 018
三字經　(宋)王應麟撰　清同治元年(1862)三義堂刻本　一冊

610000－4019－0000017　經 019
千字文　(南朝梁)周興嗣撰　清絳州養協堂刻本　一冊

610000－4019－0000018　經 021
康熙字典十二集檢字一卷辨似一卷等韻一卷總目一卷備考一卷補遺一卷　(清)張玉書等纂　清刻本　一冊　存一卷(等韻一卷)

610000－4019－0000019　經 022
詩韻集成十卷　(清)余照輯　清末刻本　三冊

610000－4019－0000020　經 023
欽定儀禮義疏四十八卷首二卷　(清)允祿等撰　清刻本　三十一冊　存四十二卷(一至四十、首二卷)

610000－4019－0000021　經 024
評點春秋綱目左傳句解彙雋六卷　(清)韓菼重訂　清光緒五年(1879)刻本　六冊

610000－4019－0000022　經 026
左傳易讀六卷　(清)司徒修選訂　清道光十六年(1836)絡野堂刻本　一冊　存四卷(一、四至六)

610000－4019－0000023　經 027

春秋左傳杜林匯參三十卷首一卷　(清)周正思合纂　清嵩山書屋刻本　二册　存四卷(六至七、十四至十五)

610000－4019－0000024　經 028
康熙字典十二集總目一卷檢字一卷辨似一卷等韻一卷備考一卷補遺一卷　(清)張玉書等纂　清刻本　十三册　存十三卷(子集中、丑集上、寅集中、卯集上下、集中下、午集下、未集上下、申集上、酉集上、亥集下)

610000－4019－0000025　經 029
字彙十二卷首一卷末一卷　(明)梅膺祚音釋　清刻本　九册　存九卷(寅至辰、午至亥)

610000－4019－0000026　經 030
字彙十二卷首一卷末一卷　(明)梅膺祚音釋　清刻本　一册　存一卷(巳)

610000－4019－0000027　經 031
春秋經傳集解三十卷　(晉)杜預原本　(宋)林堯叟附註　(唐)陸德明音釋　(清)馮李驊增訂　清華川書屋刻本　三册

610000－4019－0000028　經 034
字彙四卷　(明)梅膺祚原輯　清刻本　一册　存一卷(元集)

610000－4019－0000029　經 035
字彙十二卷首一卷末一卷　(明)梅膺祚音釋　清刻本　一册　存一卷(丑)

610000－4019－0000030　經 036
春秋十六卷首一卷　(晉)杜預注　清同治十年(1871)刻本　十一册　存九卷(一至二、五至十,首一卷)

610000－4019－0000031　經 037
欽定春秋傳説彙纂三十八卷首二卷　(清)王掞等撰　清刻本　八册　存九卷(七、九、十一、十四、二十六至二十七、三十,首二卷)

610000－4019－0000032　經 038
左傳易讀六卷　(清)司徒修輯　清學德堂刻本　二册　存二卷(四至五)

610000－4019－0000033　經 039
增補左傳易讀六卷　(清)司徒修輯注　清末忠興堂刻本　四册　存四卷(一至三、六)

610000－4019－0000034　經 040
善卷堂四六十卷　(清)陸繁弨撰　(清)吳自高注　清道光二年(1822)金閶步月樓刻本　三册　存四卷(一至四)

610000－4019－0000035　經 041－1
暗室燈二卷　(清)深山居士輯　清光緒九年(1883)京都晉文齋刻字處刻本　二册

610000－4019－0000036　經 041－2
暗室燈二卷　(清)深山居士輯　清刻本　一册

610000－4019－0000037　經 042
春秋左傳五十卷　(晉)杜預注釋　(宋)林堯叟注釋　(唐)陸德明音義　(明)鍾惺等評點　清末刻本　五册　存十九卷(三至六、八至十、二十、二十八至三十三、三十四至三十八)

610000－4019－0000038　經 043
春秋穀梁傳註疏二十卷　(晉)范甯集解　(唐)楊士勛疏　明崇禎八年(1635)毛氏汲古閣刻十三經註疏本　四册

610000－4019－0000039　經 044
易經旁訓辨體合訂三卷　(清)徐立綱輯　清孝思堂刻五經旁訓辨體讀本本　二册

610000－4019－0000040　經 045
周易四卷　(宋)朱熹本義　清三讓堂刻本　一册　存二卷(三至四)

610000－4019－0000041　經 046
周易□□卷　(□)□□撰　清寧遠堂刻本　一册　存一卷(末)

610000－4019－0000042　經 047
書經六卷　(宋)蔡沈集傳　清李光明家刻本　四册

610000－4019－0000043　經 048
尚書注疏二十卷　(漢)孔安國序　(唐)孔穎達疏　明崇禎虞山毛氏汲古閣刻十三經註疏本　五册　存十七卷(一至十四、十八至二

十)

610000－4019－0000044　經 049

書經體註大全合条六卷　(清)范翔鑒定　(清)錢希祥纂輯　清嘉慶二十四年(1819)蕭山裕文堂刻本　五册　存五卷(一、三至六)

610000－4019－0000045　經 050

書經體注大全合条六卷　(清)范翔鑒定　(清)張聖度訂　(清)錢希祥參　清刻本　三册　存四卷(一至四)

610000－4019－0000046　經 051

書經六卷　(宋)蔡沈集傳　清義興堂刻本　一册　存一卷(一)

610000－4019－0000047　經 052

書經六卷　(宋)蔡沈集傳　清成錦堂刻本　一册　存四卷(一至四)

610000－4019－0000048　經 053

禮記訓纂四十九卷　(清)朱彬輯　清宣統元年(1909)影印本　五册　存十三卷(一至十三)

610000－4019－0000049　經 054

附釋音毛詩注疏二十卷　(漢)毛亨傳　(漢)鄭玄箋　(唐)陸德明音義　(唐)孔穎達疏　清刻本　二册　存四卷(十至十一、十四至十五)

610000－4019－0000050　經 055

禮記約編五卷　(清)汪基鈔撰　清光緒三十二年(1906)陝西學務公所鉛印本　一册　存一卷(二)

610000－4019－0000051　經 056

儀禮約編二卷　(清)汪基撰　(清)江永纂　清光緒三十二年(1906)陝西學務公所鉛印本　一册

610000－4019－0000052　經 057

周禮約編六卷　(清)汪基鈔撰　清光緒三十二年(1906)陝西學務公所鉛印本　一册　存二卷(三至四)

610000－4019－0000053　經 058

周易四卷　(宋)朱熹原本　清凌雲堂刻本　二册　存二卷(一至二)

610000－4019－0000054　經 059

周易四卷　(宋)朱熹本義　清同治刻本　二册　存二卷(上經、下經)

610000－4019－0000055　經 060

周易兼義九卷　(三國魏)王弼注　(唐)孔穎達正義　明崇禎四年(1631)毛氏汲古閣刻十三經註疏本　四册

610000－4019－0000056　經 061

周易廣義四卷　(宋)程頤著傳　(宋)朱熹本義　(清)鄭敷教廣義　清張鵬飛刻本　二册　存二卷(二至三)

610000－4019－0000057　經 062

易經精華六卷末一卷　(清)薛嘉穎撰　清道光元年(1821)光題堂刻本　一册　存二卷(一至二)

610000－4019－0000058　經 063

周易纂註四卷　(清)王纘謨編輯　清道光十八年(1838)刻本　二册　存二卷(一至二)

610000－4019－0000059　經 064

欽定詩經傳説彙纂二十一卷首二卷詩序二卷　(清)王鴻緒纂　清刻本　三册　存四卷(八、十四至十六)

610000－4019－0000060　經 065

詩經八卷　(宋)朱熹集傳　清乾隆三十一年(1766)錫山懷涇堂刻本　四册

610000－4019－0000061　經 066

詩經八卷　(宋)朱熹集傳　清同治十年(1871)刻本　二册　存二卷(一、三)

610000－4019－0000062　經 067

關中書院課解五卷蘭山書院課解一卷　(清)孫景烈著　(清)瑪星阿校刊　清乾隆二十六年(1761)長白瑪星阿刻本　一册　存二卷(關中書院課解四、蘭山書院課解一)

610000－4019－0000063　經 069

爾雅註疏十一卷　(晉)郭璞注　(宋)邢昺疏

明崇禎毛氏汲古閣刻十三經註疏本　三冊

610000－4019－0000064　經 070
小學集註六卷　(明)陳選集註　清同治十年(1871)刻本　一冊　存四卷(一至四)

610000－4019－0000065　經 071
四書反身錄八卷　(清)李顒著　(清)王心敬錄　清道光十六年(1836)惜陰齋刻本　一冊　存二卷(大學、中庸)

610000－4019－0000066　經 072
二曲擇要不分卷　(清)李顒撰　清光緒十八年(1892)馬忠信堂刻本　一冊

610000－4019－0000067　經 073
新訂四書補注備旨十卷　(明)鄧林著　(清)鄧煜編次　(清)祁文友重校　(清)杜定基增訂　清刻本　一冊　存二卷(大學一、中庸一)

610000－4019－0000068　經 074
小學集解六卷　(清)張伯行輯註　(清)李蘭汀校訂　清光緒十三年(1887)陝西布政司刻本　二冊　存三卷(一至二、五)

610000－4019－0000069　經 075
論語十卷　(宋)朱熹集注　清光緒十七年(1891)文明堂刻本　二冊

610000－4019－0000070　經 076
論語集註十卷　(宋)朱熹集注　(清)程氏校刻　清吳郡程氏刻本　二冊

610000－4019－0000071　經 077
關中書院論語講義四卷　(清)孫景烈著　(清)張玉樹校刊　清乾隆三十八年(1773)滋樹堂刻本　二冊

610000－4019－0000072　經 078
增訂二論詳解四卷　(清)劉忠輯　清刻本　一冊　存一卷(四)

610000－4019－0000073　經 079
漱芳軒合纂四書體注十九卷　(清)范翔參訂　(宋)朱熹集注　清刻本　六冊　存十卷(一至十)

610000－4019－0000074　經 080
春秋增訂旁訓四卷　(清)徐立綱撰　清匠門書屋刻本　一冊　存二卷(一至二)

610000－4019－0000075　經 081
春秋體注大全合叅四卷　(清)范翔鑒定　(清)周熾纂輯　清刻本　四冊

610000－4019－0000076　經 082
詩經體注大全合參八卷　(清)沈世楷輯　(清)沈存仁參　清刻本　四冊

610000－4019－0000077　經 083
詩經喈鳳詳解八卷　(清)陳抒孝輯解　(清)汪基增訂　清刻本　四冊

610000－4019－0000078　經 084
讀詩輯論一卷　(清)盛元珍撰　清刻蘭山課業經訓約編本　一冊

610000－4019－0000079　經 085
四書題鏡　(清)汪鯉翔纂述　清刻本　三冊

610000－4019－0000080　經 086
禮記十卷　(元)陳澔集說　清同治十年(1871)刻本　九冊　存九卷(一、三至十)

610000－4019－0000081　經 087
詩經融註大全體要八卷　(清)高朝瓔定　(清)沈世楷輯　清嘉慶二十二年(1817)刻本　四冊

610000－4019－0000082　經 088
周禮精義六卷首一卷末一卷　(清)黃淦纂　清刻本　一冊　存七卷(一至六、首一卷)

610000－4019－0000083　經 089
澄衷蒙學堂字課圖說四卷檢字一卷類字一卷　(清)劉樹屏撰　清光緒石印本　五冊　存三卷(二至四)

610000－4019－0000084　經 090
四音釋義十二集　(清)鄭長庚輯　清嘉慶二十五年(1820)刻本　五冊　存九集(子至卯、午至酉、亥)

610000－4019－0000085　經 091
剔弊廣增分韻五方元音三卷首一卷　(清)樊

騰鳳撰　(清)趙培梓輯錄　清光緒三十年(1904)刻本　一册　存二卷(上、首一卷)

610000－4019－0000086　經 092
小學韻語一卷　(清)羅澤南著　清末中和堂刻本　十一册

610000－4019－0000087　經 093
註釋八銘塾鈔二集不分卷　(清)吴懋政輯　清刻本　一册

610000－4019－0000088　經 094
新訂四書補注備旨十卷　(明)鄧林著　(清)鄧煜編次　(清)祁文友重校　(清)杜定基增訂　清道光十七年(1837)刻本　一册　存二卷(大學一、中庸一)

610000－4019－0000089　經 095
御註孝經一卷　(清)世祖福臨註　清光緒十一年(1885)西安省城榮慶堂書坊刻本　一册

610000－4019－0000090　經 096
大學中庸講義四卷　(清)史可亭輯　清寸知堂刻本　四册

610000－4019－0000091　經 096
二論講義養正編十卷　(清)史可亭輯　清寸知堂刻本　三册　存八卷(三至十)

610000－4019－0000092　經 098
中庸章句本義匯參六卷首一卷　(清)王步青輯　清刻本　二册　存三卷(四至六)

610000－4019－0000093　經 099
關中書院大學講義一卷　(清)孫景烈著　(清)薛宁廷　(清)蔣兆甲校刊　清乾隆十年(1745)滋樹堂刻本　一册

610000－4019－0000094　經 100
潄芳軒合纂四書體註十九卷　(清)范翔參訂　(宋)朱熹集註　清乾隆五十四年(1789)文光堂刻本　六册　存七卷(孟子一至七)

610000－4019－0000095　經 101
春秋公羊註疏　(漢)何休學　明崇禎七年(1634)毛氏汲古閣刻十三經註疏本　八册

610000－4019－0000096　經 102
孟子集注本義匯參十四卷　(清)王步青輯　(清)王士鼇編　清敦復堂刻本　四册　存八卷(一至二、九至十四)

610000－4019－0000097　經 103
孟子講義十二卷　(清)史可亭輯　(清)牛靜庵授　清寸知堂刻本　十二册

610000－4019－0000098　經 104
孟子集註七卷　(宋)朱熹集注　清吴郡程氏刻本　三册

610000－4019－0000099　經 105
孟子七卷　(宋)朱熹集注　清宣統二年(1910)文明堂刻本　三册

610000－4019－0000100　經 106
潄芳軒合纂四書體註十九卷　(清)范翔參訂　(宋)朱熹章句　清乾隆五十四年(1789)文光堂刻本　一册　存二卷(大學一、中庸一)

610000－4019－0000101　經 107
新訂四書補注備旨十卷　(明)鄧林著　(清)鄧煜編次　(清)祁文友重校　(清)杜定基增訂　清光緒二十一年(1895)刻本　一册　存二卷(大學一、中庸一)

610000－4019－0000102　經 108
新訂四書補注備旨十卷　(明)鄧林著　(清)鄧煜編次　(清)祁文友重校　(清)杜定基增訂　清刻本　七册　存八卷(論語一至四、孟子一至四)

610000－4019－0000103　經 109
潄芳軒合纂四書體註十九卷　(清)范翔參訂　(宋)朱熹章句　清大文堂刻本　一册　存一卷(一)

610000－4019－0000104　經 110
欽定儀禮義疏四十八卷首二卷　(清)允祿等撰　清刻本　十六册　存十五卷(二、四、十、十六、十九、二十三、二十六、三十、三十五、三十七、四十二、四十七至四十八,首二卷)

610000－4019－0000105　經 112
小學集註六卷　(清)陳選集註　清刻本　一

冊　存二卷(五至六)

610000－4019－0000106　經113
春秋左傳註疏六十卷　(晉)杜預注　(唐)孔穎達疏　明崇禎十一年(1638)毛氏汲古閣刻十三經註疏本　十九冊　存五十七卷(一至三十七、四十一至六十)

610000－4019－0000107　經114
春秋左傳五十卷　(晉)杜預注釋　(宋)林堯叟注釋　(唐)陸德明音義　(明)鍾惺等評點　清嘉慶二十一年(1816)刻本　十六冊

610000－4019－0000108　經115
春秋經傳集解三十卷　(晉)杜預撰　(唐)陸德明音義　清同治八年(1869)楚北崇文書局刻本　四冊　存九卷(一、五至七、二十至二十二、二十九至三十)

610000－4019－0000109　經116
春秋左傳五十卷綱目一卷　(晉)杜預注釋　清刻本　二冊　存五卷(三十九至四十、四十八至五十)

610000－4019－0000110　經118
欽定周官義疏四十八卷首一卷　(清)允祿等撰　清乾隆刻本　十七冊　存二十九卷(一至十四、三十一至四十四,首一卷)

610000－4019－0000111　經119
字彙十二卷首一卷末一卷　(明)梅膺祚集　清乾隆九年(1744)古吳三樂齋刻本　一冊　存一卷(首一卷)

610000－4019－0000112　經120
康熙字典十二集檢字一卷辨似一卷等韻一卷總目一卷備考一卷補遺一卷　(清)張玉書等纂　清刻本　十九冊　存九集二卷(子至丑、卯至辰、巳、未至申、戌至亥,檢字一卷,總目一卷)

610000－4019－0000113　經121
字彙十二卷首一卷末一卷　(明)梅膺祚音釋　清刻本　四冊　存四卷(丑、卯至巳)

610000－4019－0000114　經122
字彙十二卷首一卷末一卷　(明)梅膺祚音釋　清道光二十八年(1848)經元堂刻本　一冊　存一卷(首一卷)

610000－4019－0000115　經123
六書通十卷　(明)閔齊伋撰　清刻本　一冊　存二卷(五至六)

610000－4019－0000116　經124
字彙十二卷首一卷末一卷　(明)梅膺祚撰　**韻法直圖**　(明)梅膺祚撰　清刻本　一冊　存一卷(末一卷)

610000－4019－0000117　經127
爾雅註疏十一卷　(晉)郭璞注　(宋)邢昺疏　明崇禎毛氏汲古閣刻十三經註疏本　五冊　存十卷(二至十一)

610000－4019－0000118　經129
書經六卷　(宋)蔡沈集傳　清刻本　一冊　存二卷(五至六)

610000－4019－0000119　經130
四書題鏡　(清)汪鯉翔纂述　清刻本　一冊

610000－4019－0000120　經131
康熙字典十二集檢字一卷辨似一卷等韻一卷總目一卷備考一卷補遺一卷　(清)張玉書等纂　清刻本　一冊　存一卷(等韻一卷)

610000－4019－0000121　經132
女二十四孝　(清)潘守廉鑒定　(清)孫炳三校正　清宣統二年(1910)天津華新印刷局石印本　一冊

610000－4019－0000122　史001
歷代大事歌略四卷　(清)賈拱辰輯　(清)賈恩紱參訂　清末敬畏堂鉛印本　一冊

610000－4019－0000123　史002
戰國策三十三卷　(漢)高誘注　清刻本　三冊　存二十四卷(十至三十三)

610000－4019－0000124　史003
歷代名臣言行錄二十四卷　(清)朱桓編輯　(清)潘永季校定　(清)許時庚重校　清光緒二十九年(1903)經藝齋石印本　六冊　存十

六卷(一至七、十一至十四、十六至十七、二十二至二十四)

610000－4019－0000125　史 004
綱鑑易知錄九十二卷　(清)周之炯輯　(清)吳乘權輯　(清)周之燦輯　清刻本　十冊　存二十七卷(六至七、二十五至二十八、三十五至三十七、五十六至五十九、六十四至七十、八十至八十二、八十七至九十)

610000－4019－0000126　史 005
宋史四百九十六卷　(元)脱脱等修　清光緒二十八年(1902)上海文瀾書局石印本　十七冊　存四百十九卷(一至二百三十二、二百四十九至三百三十六、三百九十八至四百九十六)

610000－4019－0000127　史 006
資治通鑑二百九十四卷目錄三十卷　(宋)司馬光編集　(元)胡三省音註　清光緒二十六年(1900)圖書集成局鉛印本　三十四幅　存二百六十七卷(七至十三、二十一至一百六十一、一百六十九至二百六十五、二百七十三至二百九十四)

610000－4019－0000128　史 007
聖諭十六條附律易解一卷　(清)聖祖玄燁撰　(清)夏炘注解　清刻本　一冊

610000－4019－0000129　史 008
庸庵文編四卷續編二卷文外編四卷海外文編四卷籌洋芻議一卷英法義比日記六卷　(清)薛福成撰　清光緒二十七年(1901)上海書局石印庸盦全集本　五冊　存七卷(文編一至三、續編二卷、外編三至四)

610000－4019－0000130　史 009
欽定大清會典一百卷　(清)允祹等纂　清光緒二十七年(1901)上海文林石印本　三冊　存三十卷(一至十一、六十四至八十二)

610000－4019－0000131　史 010
戰國策校注十卷　(宋)鮑彪校注　(元)吳師道重校　(清)李錫齡校訂　清光緒二十二年(1896)刻惜陰軒叢書本　二冊　存二卷(三、六)

610000－4019－0000132　史 011
山堂肆考二百二十八卷補遺十二卷　(明)彭大翼編著　明刻本　三十二冊　存一百十五卷(角集一至六、十四至十五、四十至四十八,徵集四至九、二十至二十四、三十七至四十二、四十六至四十八,宮集八至十二、二十八至四十八,商集一至二十四、三十三至四十、四十五至四十八,羽集五至七、二十八至三十七、四十三至四十五)

610000－4019－0000133　史 012
秦中官報　(清)課吏館輯　清光緒三十年(1904)課吏館鉛印本　十冊　存八冊(甲辰年一至四、二十六、五十二至五十三、五十八)

610000－4019－0000134　史 013
陝西官報　(清)學務公所編輯　清光緒三十四年(1908)鉛印本　六冊　存六期(戊申年三、六、十、十三至十四、十九)

610000－4019－0000135　史 014
[乾隆]上諭條例　(清)江蘇布政使司編　清江蘇布政使司衙門刻本　四冊　存四冊(乾隆十六年、乾隆四十一年、乾隆四十五年、乾隆四十六年)

610000－4019－0000136　史 015
御撰資治通鑑綱目三編四十卷　(清)張廷玉等纂　清光緒六年(1880)山東書局刻本　十二冊

610000－4019－0000137　史 016
八編類纂二百八十五卷　(明)陳仁錫纂評　明天啟刻本　二十五冊　存六十八卷(一至五、十一至十六、二十四至三十一、三十九至四十五、五十二至五十七、八十七至八十九、九十至一百、一百十一至一百十六、二百二十二至二百二十九、二百六十二至二百七十)

610000－4019－0000138　史 017
皇朝經世文三編八十卷　(清)陳忠倚輯　清末石印本　十一冊　存五十五卷(六至十、十六至四十、四十六至六十五、七十一至七十

五）

610000－4019－0000139　史 019
唐陸宣公翰苑集二十四卷　（唐）陸贄撰　（清）張佩芳注釋　（清）汪肇龍等參訂　清刻本　二册　存七卷（三至六、十至十二）

610000－4019－0000140　史 020
史鑑節要便讀六卷　（清）鮑東里編輯　清光緒二十六年（1900）復郊學舍刻本　一册　存三卷（一至三）

610000－4019－0000141　史 021
新鐫翰林考正歷朝故事統宗一卷　（明）李廷機撰　（明）丘宗孔增釋　明刻本　一册

610000－4019－0000142　史 022
歷代史纂左編一百四十二卷　（明）唐順之編輯　（明）吳用先校　（明）陳邦瞻校　（明）蕭近高校　明萬曆三十九年（1611）吳用先等刻本　四册　存八卷（一、四至八、十三至十四）

610000－4019－0000143　史 023
史記一百三十卷　（漢）司馬遷撰　（宋）裴駰集解　（唐）司馬貞索隱　（唐）張守節正義　清光緒二十八年（1902）上海文瀾書局石印本　四册

610000－4019－0000144　史 024
五代史七十四卷　（宋）歐陽修撰　清光緒二十八年（1902）上海文瀾書局石印本　一册　存四十三卷（一至四十三）

610000－4019－0000145　史 025
讀史方輿紀要一百三十卷　（清）顧祖禹著　（清）彭元瑞校定　清光緒二十七年（1901）上海圖書集成局鉛印本　五册　存十六卷（一至四、十六至二十一、三十九至四十一、四十九至五十一）

610000－4019－0000146　史 026
撫豫宣化録四卷　（清）田文鏡撰　清刻本　三册　存三卷（一、三上、四）

610000－4019－0000147　史 027
欽定大清會典一百卷　（清）允祹等纂　清光緒二十七年（1901）上海文林石印本　一册　存十八卷（八十三至一百）

610000－4019－0000148　史 028
欽定大清會典一百卷　（清）允陶等修　清刻本　五册　存十七卷（三十六至三十八、七十七至七十八、八十五至九十六）

610000－4019－0000149　史 029
科名顯報一卷　（清）淡友居士輯錄　（清）滌凡居士增訂　清道光十五年（1835）成都來鹿堂刻本　一件

610000－4019－0000150　史 030
[光緒]歷科朝元卷　（清）□□輯　清光緒二十五年（1899）刻本　一册

610000－4019－0000151　史 031
綱鑑擇語十卷　（清）司徒修輯　清道光十六年（1836）絡野堂刻本　六册　存七卷（一至七）

610000－4019－0000152　史 032
東萊博議四卷　（宋）吕祖謙撰　（清）馮泰松重刊　清光緒十七年（1891）益元堂書局刻本　三册　存三卷（一至三）

610000－4019－0000153　史 033
新增格古要論十三卷　（明）曹昭撰　清刻惜陰軒叢書本　一册　存三卷（十一至十三）

610000－4019－0000154　史 034
皇朝經世文統編一百七卷　（清）邵之棠輯　清末石印本　五十册　存一百三卷（三至六十六、六十九至一百七）

610000－4019－0000155　史 035
皇朝文獻通考三百卷　（清）嵇璜纂　清刻本　四十一册　存七十三卷（十五至十六、二十五至二十六、三十至三十二、九十五至一百、一百四至一百七、一百十一至一百十三、一百十七至一百二十一、一百二十六至一百二十七、一百二十九至一百三十、一百三十四至一百三十五、一百五十至一百五十一、一百五十三至一百五十四、一百五十六、一百六十一至一百六十二、一百八十六、一百八十八至一百九十一、一百九十四至一百九十六、一百九十八至二百一、二百十六至二百十九、二百二十二、二百三十三至二百三十四、二百四十一至二百四十二、二百四十九至二百五十四、二百五十八至二百五十九、二百六十六至二百六十八、二百八十四至二百八十五、二百九十三)

610000-4019-0000156　史036
樊山公牘四卷　樊增祥撰　清末法政學社石印本　二册　存二卷(二、四)

610000-4019-0000157　史037
重刊補註洗冤錄集證五卷增一卷附一卷　(清)王又槐增輯　(清)王又梧校訂　清刻本　二册　存二卷(一至二)

610000-4019-0000158　史038
新編樊山批牘精華□□卷　樊增祥撰　清末東溪草堂刻本　四册　存十五卷(十三至二十四、三十二至三十四)

610000-4019-0000159　史039
皇朝文獻通考輯要二十六卷　湯壽潛輯　清末通雅堂鉛印本　五册　存十四卷(一至五、十至十二、十七至十八、十九至二十二)

610000-4019-0000160　史041
督捕則例二卷　(清)刑部編　清刻本　二册

610000-4019-0000161　史042
大清律集解附例三十卷附一卷　(清)常鼐纂修　清雍正刻本　七册　存十四卷(二至六、十一至十七、十九,總目一卷)

610000-4019-0000162　史043
外交報　張元濟等主編　清光緒二十八年(1902)鉛印本　三册　存三號(壬寅年二、五、十)

610000-4019-0000163　史044
洋務經濟通考十六卷　(清)邵友濂纂　(清)徐毓洙校正　(清)應祖錫校正　清光緒二十四年(1898)上海鴻寶齋石印本　十一册　存十五卷(一至七、九至十六)

610000-4019-0000164　史045
秦中官報　(清)課吏館輯　清光緒三十三年(1907)陝西法政學堂鉛印本　六册　存六册(丁未年三十八、四十、四十六至四十七、六十、六十三)

610000-4019-0000165　史046
資治通鑑綱目五十九卷首一卷　(宋)朱熹撰　清光緒五年(1879)山東書局刻本　七十八册

610000-4019-0000166　史047
資治通鑑綱目前編十八卷外紀首一卷　(宋)金履祥撰　(明)陳子桱編輯　清石印本　十六册

610000-4019-0000167　史048
隋書八十五卷　(唐)長孫無忌撰　清光緒二十八年(1902)上海文瀾書局石印本　三册　存五十七卷(一至三十三、六十二至八十五)

610000-4019-0000168　史049
魏書一百十四卷　(北齊)魏收撰　清光緒二十八年(1902)上海文瀾書局石印本　二册　存三十七卷(一至十八、八十七至一百五)

610000-4019-0000169　史050
三國志六十五卷　(晉)陳壽撰　(南朝宋)裴松之注　清光緒二十八年(1902)上海文瀾書局石印本　一册　存三十五卷(蜀志一至十五、吳志一至二十)

610000-4019-0000170　史051
元史二百十卷　(明)宋濂等修　清光緒二十八年(1902)上海文瀾書局石印本　四册　存一百三卷(一至五十六、七十八至一百二十四)

610000-4019-0000171　史052
南齊書五十九卷　(南朝梁)蕭子顯撰　清光緒二十八年(1902)上海文瀾書局石印本　一册　存二十七卷(一至二十七)

610000-4019-0000172　史053
梁書五十六卷　(唐)姚思廉撰　清光緒二十八年(1902)上海文瀾書局石印本　一册

610000－4019－0000173　史054
晉書一百三十卷　(唐)太宗李世民御撰　清光緒二十八年(1902)上海文瀾書局石印本　五冊　存一百十二卷(一至十八、三十七至一百三十)

610000－4019－0000174　史055
周書五十卷　(唐)令狐德棻等撰　清光緒二十八年(1902)上海文瀾書局石印本　一冊

610000－4019－0000175　史056
三國志六十五卷　(晉)陳壽撰　(南朝宋)裴松之注　清光緒二十八年(1902)上海文瀾書局石印本　一冊　存十卷(吳志一至十)

610000－4019－0000176　史057
後漢書一百二十卷　(南朝宋)范曄撰　清光緒二十八年(1902)上海文瀾書局石印本　三冊　存九十六卷(一至九十六)

610000－4019－0000177　史059
前漢書一百卷　(漢)班固撰　(唐)顔師古注　清光緒二十八年(1902)上海文瀾書局石印本　六冊

610000－4019－0000178　史061
明史三百三十二卷目錄四卷　(清)張廷玉修　清光緒二十八年(1902)上海文瀾書局石印本　八冊　存一百六十九卷(三十三至五十三、七十七至九十五、一百九十六至二百四十三、二百五十二至三百三十二)

610000－4019－0000179　史062
金史一百三十五卷附欽定金國語解一卷　(元)脱脱等修　清光緒二十八年(1902)上海文瀾書局石印本　一冊　存三十七卷(一百至一百三十五、金國語解一卷)

610000－4019－0000180　史063
遼史一百十六卷　(元)脱脱等修　清光緒二十八年(1902)上海文瀾書局石印本　一冊　存四十六卷(一至四十六)

610000－4019－0000181　史064
漢書補注一百卷首一卷　(漢)班固撰　(唐)顔師古注　王先謙補注　清末虛受堂石印本　二十冊　存四十卷(二十一至二十八、六十九至一百)

610000－4019－0000182　史065
皇朝經世文三編八十卷　(清)陳忠倚輯　清光緒二十三年(1897)埽葉山房鉛印本　五冊　存四十卷(一至四十)

610000－4019－0000183　史066
皇朝經世文編一百二十卷　(清)賀長齡輯　清末石印本　十八冊　存六十二卷(一至五十五、七十九至八十三、八十八、一百二十)

610000－4019－0000184　史067
大清中外壹統輿圖中一卷南十卷北二十卷首一卷　(清)鄒世詒等編　清同治二年(1863)新繁嚴樹森刻本　十六冊

610000－4019－0000185　史068
皇朝經世文新編二十一卷　(清)麥仲華輯　清末石印本　六冊　存十三卷(一下、二、四至五、十二至十三、十八至二十一、二十七至二十九)

610000－4019－0000186　史069
分類歷代通鑑輯覽六十四卷　(清)陳善恭次　(清)曹錦春校　清光緒二十九年(1903)上海文瀾書局石印本　十八冊　存五十二卷(一至三、五至八、十一至十四、十八至二十一、二十六至五十、五十三至六十四)

610000－4019－0000187　史070
重訂王鳳洲先生綱鑑會纂四十六卷　(明)王世貞纂　(明)陳仁錫訂　(明)呂一經較　清光緒二十五年(1899)上海富文書局石印本　二冊　存二十卷(一至二十)

610000－4019－0000188　史071
在官法戒錄四卷　(清)陳弘謀編輯　(清)葛正笏　(清)張鳳孫同訂　(清)李安民參校　清乾隆八年(1743)培遠堂刻本　一冊　存二卷(一至二)

610000－4019－0000189　史072
唐書二百二十五卷　(宋)歐陽修撰　清光緒二十八年(1902)上海文瀾書局石印本　六冊

存一百七十八卷(一至一百七十八)

610000－4019－0000190　史 073
舊五代史一百五十卷　(宋)薛居正等撰　清光緒二十八年(1902)上海文瀾書局石印本　三冊　存一百十四卷(三十七至一百五十)

610000－4019－0000191　史 074
舊唐書二百卷　(五代)劉昫撰　清光緒二十八年(1902)上海文瀾書局石印本　八冊　存一百七十卷(一至一百七十)

610000－4019－0000192　史 075
北史一百卷　(唐)李延壽撰　清光緒二十八年(1902)上海文瀾書局石印本　六冊

610000－4019－0000193　史 076
南史八十卷　(唐)李延壽撰　清光緒二十八年(1902)上海文瀾書局石印本　一冊　存十八卷(一至十八)

610000－4019－0000194　史 077
續資治通鑑二百二十卷　(清)畢沅編集　清光緒二十六年(1900)圖書集成局鉛印本　七冊　存五十五卷(一至八、二十九至七十五)

610000－4019－0000195　史 078
資治通鑑目錄三十卷　(宋)司馬光編集　清末石印本　二冊　存十五卷(八至十四、二十三至三十)

610000－4019－0000196　史 079
日本新史攬要七卷　(日本)石村貞一編輯　(清)遊瀛主人譯　清光緒二十七年(1901)時學廬石印本　七冊

610000－4019－0000197　史 080
皇朝經濟文新編六十一卷　(清)宜今室主人輯　清光緒浙東宜今室石印本　二十一冊　存十九種

610000－4019－0000198　史 081
皇朝經世文續編一百二十卷　(清)葛士濬輯　清光緒二十七年(1901)上海敬齋鉛印本　十八冊　存一百七卷(一至十七、二十五至四十二、四十九至一百二十)

610000－4019－0000199　史 082
皇朝經世文續編一百二十卷　(清)葛士濬輯　清末鉛印本　十冊　存四十八卷(五至七、六十八至八十九、九十至一百、一百四至一百十五)

610000－4019－0000200　史 083
欽定大清會典一百卷　(清)允祹等修　清光緒十九年(1893)上海圖書集成印書局刻本　八冊

610000－4019－0000201　史 084
憑山閣增定留青全集二十四卷　(清)陳枚選輯　(清)張國泰訂　清刻本　一冊　存四卷(二至五)

610000－4019－0000202　史 085
御批通鑑輯覽合璧一百二十卷　(清)□□纂　清末石印本　一冊　存五卷(八十七至九十一)

610000－4019－0000203　史 086
史鑑節要二卷　(清)鮑東里撰　清末石印本　一冊　存一卷(下)

610000－4019－0000204　史 088
龍文鞭影四卷　(明)蕭良有纂輯　(明)楊臣諍增訂　(明)李恩綬校補　清光緒十九年(1893)滄雅書局刻本　四冊

610000－4019－0000205　史 090
大清同治九年歲次庚午時憲書一卷　(清)欽天監編　清同治刻朱墨印本　一冊

610000－4019－0000206　史 091
大清光緒二十六年歲次庚子時憲書一卷　(清)欽天監編　清光緒朱墨印本　一冊

610000－4019－0000207　史 092
大清光緒三十一年歲次乙巳時憲書一卷　(清)欽天監編　清光緒朱墨印本　一冊

610000－4019－0000208　史 093
大清光緒三十五年歲次己酉時憲書一卷　(清)欽天監編　清光緒朱墨印本　一冊

610000－4019－0000209　史 094

大清宣統二年歲次庚戌時憲書一卷　（清）欽天監編　清宣統朱墨印本　一册

610000－4019－0000210　史 095
大清宣統三年歲次辛亥時憲書一卷　（清）欽天監編　清宣統朱墨印本　一册

610000－4019－0000211　史 096
高宗純皇帝聖訓三百卷　（清）高宗弘曆撰　清末石印本　二十三册　存二百五十卷（二十三至五十二、六十三至二百、二百十一至二百二十二、二百三十一至三百）

610000－4019－0000212　史 097
大清穆宗毅皇帝聖訓一百六十卷　（清）穆宗載淳撰　清末石印本　十一册　存一百六卷（一至四十二、七十五至一百十四、一百三十七至一百六十）

610000－4019－0000213　史 098
大清仁宗受天興運敷化綏猷崇文經武孝恭勤儉端敏英哲睿皇帝聖訓一百十卷　（清）仁宗顒琰撰　清末石印本　九册　存六十八卷（一至二十、四十七至六十二、七十一至九十四、一百三至一百十）

610000－4019－0000214　史 099
大清文宗顯皇帝聖訓一百十卷　（清）文宗奕詝撰　清末石印本　十册

610000－4019－0000215　史 100
聖祖仁皇帝聖訓六十卷首一卷　（清）聖祖玄燁撰　清末石印本　六册　存五十八卷（一至四十、四十三至六十）

610000－4019－0000216　史 101
大清太祖高皇帝聖訓四卷　（清）太祖努爾哈赤撰　清末石印本　一册

610000－4019－0000217　史 101（2）
大清太宗文皇帝聖訓六卷　（清）太宗皇太極撰　清末石印本　一册

610000－4019－0000218　史 101（3）
大清世祖章皇帝聖訓六卷　（清）世祖福臨撰　清末石印本　一册

610000－4019－0000219　史 102
大清世宗憲皇帝聖訓三十六卷　（清）世宗胤禛撰　清末石印本　一册　存十卷（一至十）

610000－4019－0000220　史 103
讀史方輿紀要一百三十卷　（清）顧祖禹撰　清末石印本　二十二册　存八十一卷（一至九、十九至三十八、四十八至五十一、六十至六十五、七十五至一百十二、一百二十至一百二十三）

610000－4019－0000221　史 104
新譯列國歲計政要不分卷　（清）傅運森譯述　（清）白作霖勘定　清光緒二十七年（1901）海上譯社鉛印本　一册

610000－4019－0000222　史 105
瀛環志略續集四卷末一卷補遺一卷　（英國）慕維廉撰　清光緒二十四年（1898）掃葉山房鉛印本　一册　存二卷（一至二）

610000－4019－0000223　史 106
日本國志四十卷首一卷　（清）黄遵憲編纂　清光緒二十四年（1898）上海圖書集成印書局鉛印本　六册　存二十六卷（一至九、二十一至三十一、三十五至四十）

610000－4019－0000224　史 107
泰西新史攬要二十四卷　（英國）馬懇西撰　（英國）李提摩太譯　蔡爾康述稿　清末鉛印本　一册　存三卷（一至三）

610000－4019－0000225　史 108
皇朝通志一百二十六卷　（清）嵇璜纂　清刻本　八册　存三十卷（三至十四、十七至三十四）

610000－4019－0000226　史 109
大清光緒二十七年歲次辛丑時憲書一卷　（清）欽天監編　清光緒朱墨印本　一册

610000－4019－0000227　史 110
華嶽志八卷首一卷　（清）李榕纂輯　（清）楊翼武評閲　清道光十一年（1831）楊翼武清白别墅刻本　二册　存三卷（一至二、五）

610000－4019－0000228　史 111
地球韻言四卷　(清)張士瀛撰　清光緒二十八年(1902)刻本　四册

610000－4019－0000229　史 112
忠武祠墓志七卷首一卷末一卷　(清)虛白道人彙輯　清同治五年(1866)刻本　三册　存七卷(一、四至七,首一卷,末一卷)

610000－4019－0000230　史 113
增補事類統編九十三卷首一卷　(清)黄葆真輯　清道光敦好堂刻本　一册　存一卷(二十四)

610000－4019－0000231　史 114
華陽國志十二卷　(晉)常璩撰　清嘉慶十九年(1814)刻本　二册　存五卷(八至十二)

610000－4019－0000232　史 116
直隸程限不分卷　(清)□□輯　清刻本　一册

610000－4019－0000233　史 117
重修宣和博古圖録三十卷　(宋)王黼等輯　明刻本　四册　存八卷(三至四、十三至十六、二十九至三十)

610000－4019－0000234　史 119
史記論文一百三十卷　(清)吴見思評點　(清)吴興祚參訂　清刻本　二册　存十六卷(一至四、十至二十一)

610000－4019－0000235　史 120
大清律例增修統纂集成四十卷督捕則例二卷　(清)陶駿增修　(清)陶念霖增修　清末鉛印本　一册　存二卷(督捕則例二卷)

610000－4019－0000236　史 121
武場條例八卷首一卷　(清)兵部纂　清光緒刻本　一册　存三卷(六至八)

610000－4019－0000237　史 122
續資治通鑑綱目二十七卷　(明)商輅等撰　清光緒七年(1881)山東書局刻本　二十八册

610000－4019－0000238　史 123
格致須知　(英國)傅蘭雅著　清光緒刻本　十六册　存十六種

610000－4019－0000239　史 124
格致叢書　(英國)傅蘭雅著　清光緒刻本　八册　存十五種

610000－4019－0000240　史 125
讀史兵略十二卷　(清)胡林翼纂　(清)李遜齋校字　清光緒二十九年(1903)上海紹先書局石印本　十一册　存十一卷(一至六、八至十二)

610000－4019－0000241　史 126
新輯各國政治藝學分類全書五十三種　(清)東山主人輯　清光緒二十八年(1902)上海東山書局石印本　二十四册　存十一種

610000－4019－0000242　史 130
西學富彊叢書　(清)張蔭桓編輯　清光緒二十二年(1896)鴻文書局石印本　五十六册　存八十五種

610000－4019－0000243　史 132
西洋兵書五種　(清)張之洞編　清末江南製造局石印本　六册　存四種

610000－4019－0000244　史 133
通商條約章程成案彙編三十卷　(清)李鴻章撰　清光緒十二年(1886)鉛印本　六册　存十六卷(一至四、十九至三十)

610000－4019－0000245　史 134
西政叢書三十二種　梁啟超輯　清光緒二十三年(1897)慎記書莊石印本　三十二册

610000－4019－0000246　史 135
資治通鑑綱目前編二十五卷　(明)陳仁錫評閲　明崇禎刻本　一册　存三卷(九至十一)

610000－4019－0000247　史 136
讀史方輿紀要一百三十卷　(清)顧祖禹輯著　清光緒石印本　八册　存四十二卷(七十五至一百十二、一百二十至一百二十三)

610000－4019－0000248　史 138
史外八卷　(清)汪有典著　清刻本　六册　存六卷(一、三至四、六至八)

610000－4019－0000249　史138

西洋兵書後五種　（清）張之洞編　清末石印本　六冊

610000－4019－0000250　史139

大清史略十一卷　（日本）佐藤楚材編輯　清光緒刻本　二冊　存四卷（五至六、十下至十一）

610000－4019－0000251　史141

尺木堂綱鑑易知錄九十二卷　（清）周之炯輯　（清）吳乘權輯　（清）周之燦輯　清末上海錦章書局石印本　四冊　存十九卷（六十五至七十四、八十四至九十二）

610000－4019－0000252　史142

曾文正公全集　（清）曾國藩撰　清光緒二十九年（1903）鴻賓書局石印本　六冊　存四種

610000－4019－0000253　史143

歷代名臣言行錄二十四卷　（清）朱桓編輯　（清）潘永季校定　清光緒二十六年（1900）湖南書局刻本　十二冊　存十二卷（一、三至四、七至九、十二、十六、十八至十九、二十一、二十四）

610000－4019－0000254　史144

重刻詳訂世史類編四十五卷　（明）李純卿草創　（明）謝遷補遺　（明）王守仁覆詳　（明）王世貞會纂　（明）李槃增修　（明）文安之是正　明末毓秀齋刻本　七冊　存七卷（三十二至三十五、三十八至四十）

610000－4019－0000255　史145（1）

御批歷代通鑑輯覽一百二十卷　（清）傅恒等纂　清光緒二十四年（1898）上洋圖書集成局石印本　四冊　存三十七卷（一至五、六十一至六十五、七十一至七十五、九十九至一百二十）

610000－4019－0000256　史145（2）

御批歷代通鑑輯覽一百二十卷　（清）傅恒等編　清同治十三年（1874）刻朱墨印本　七冊　存八十五卷（七至六十二、六十八至八十九、一百十四至一百二十）

610000－4019－0000257　史145（3）

御批歷代通鑑輯覽一百二十卷　（清）傅恒等纂　清末石印本　十四冊　存九十五卷（七至六十二、六十八至八十九、一百十四至一百二十）

610000－4019－0000258　史146

綱鑑彙纂三十九卷首一卷　（明）王世貞編　清刻本　十七冊　存十七卷（二至四、六至八、十二、十三、十七、二十、二十一、二十八至三十、三十三、三十五、三十六）

610000－4019－0000259　史147

續西國近事彙編二十八卷　（清）鍾天緯編輯　清末鉛印本　二十七冊　存二十七卷（一至五、七至二十八）

610000－4019－0000260　史148

續西國近事彙編二十八卷　（清）鍾天緯編輯　清末鉛印本　十四冊　存十四卷（一至六、二十一至二十八）

610000－4019－0000261　史149

西國近事彙編三十六卷　（美國）金楷理口譯　（清）姚棻筆述　清光緒二十三年（1897）上海慎記書莊石印本　十二冊

610000－4019－0000262　史150

天下郡國利病書一百二十卷　（清）顧炎武輯　清光緒二十五年（1899）上海二林齋石印本　十二冊　存五十三卷（一至十、十五至三十二、五十三至六十八、一百七至一百十、一百十六至一百二十）

610000－4019－0000263　史151

天下郡國利病書一百二十卷　（清）顧炎武輯　（清）龍萬育訂　清末慎記書莊石印本　十三冊　存七十一卷（一至四、十至十二、十七至二十六、二十九至三十四、四十五至四十九、五十至七十五、八十三至八十六、一百五至一百八、一百十二至一百二十）

610000－4019－0000264　史152

方輿全圖總說五卷　（清）顧祖禹輯　清石印本　二冊　存三卷（三至五）

610000－4019－0000265　史 153
大清一統志五百卷　(清)和珅等重纂　清光緒石印本　四册　存二十五卷(四十九、一百十七至一百二十四、一百五十六至一百六十四、二百二十六至二百三十二)

610000－4019－0000266　史 154
河套圖考　(清)楊江編　清咸豐七年(1857)關中書院監院官署刻本　一册

610000－4019－0000267　史 155
左傳博議續編二卷　(清)王夫之撰　(清)席威校刊　清光緒二十四年(1898)上海掃葉山房鉛印本　一册

610000－4019－0000268　史 155(2)
左傳博議續編二卷　(清)王夫之撰　**左傳博議三編二卷**　(清)朱元英撰　清光緒二十四年(1898)上海掃葉山房鉛印本　一册

610000－4019－0000269　史 156
讀史論略一卷　(清)杜詔撰　清與文堂刻本　一册

610000－4019－0000270　史 159
昭德先生郡齋讀書志二十卷　(宋)晁公武撰　(宋)姚應績編　清光緒十年(1884)刻本　二册　存二卷(十七至十八)

610000－4019－0000271　史 160
聖武記十四卷　(清)魏源撰　清刻本　七册　存十二卷(一至七、十至十四)

610000－4019－0000272　史 161
古文辭類纂七十四卷　(清)姚鼐纂集　清光緒三十三年(1907)上海商務印書館鉛印本　一册　存十卷(三十五至四十四)

610000－4019－0000273　史 162
大清宣宗成皇帝聖訓一百三十卷　(清)宣宗旻寧撰　清末石印本　十八册

610000－4019－0000274　史 163
奏議初編十二卷　(清)張之洞撰　清光緒二十七年(1901)上海圖書集成印書局鉛印本　五册

610000－4019－0000275　史 164
黎襄勤公奏議六卷　(清)黎世序撰　清刻本　三册　存三卷(二至四)

610000－4019－0000276　史 165
江楚會奏變法第一二三摺附片一件　(清)劉坤一　(清)張之洞撰　清光緒二十七年(1901)甘肅藩署刻本　一册

610000－4019－0000277　史 177
[嘉慶]重修延安府志八十卷　(清)洪蕙纂修　清嘉慶七年(1802)刻本　四册　存二十九卷(二十八至三十四、四十一至五十、六十七至七十八)

610000－4019－0000278　史 182
[雍正]陝西通志一百卷首一卷　(清)劉於義修　(清)沈青崖纂　清雍正十三年(1735)刻本　一百册

610000－4019－0000279　史 184
[雍正]陝西通志一百卷首一卷　(清)劉於義修　(清)沈青崖纂　清雍正十三年(1735)刻本　九十六册　存九十七卷(一至十二、十四至八十、八十三至八十九、九十一至一百,首一卷)

610000－4019－0000280　史 186
[道光]榆林府志五十卷首一卷　(清)李熙齡纂修　清道光二十一年(1841)刻本　四册　存十六卷(十三至十六、十七至十九、二十至二十四、三十八至四十一)

610000－4019－0000281　史 189
[正德]武功縣志三卷首一卷　(明)康海纂　(清)孫景烈評注　(清)瑪星阿參訂　清乾隆二十六年(1761)瑪星阿刻本　一册

610000－4019－0000282　史 190
[乾隆]宜川縣志八卷首一卷末一卷　(清)吳炳纂修　清乾隆十八年(1753)刻本　一册　存一卷(一)

610000－4019－0000283　史 191
[同治]大邑縣志二十卷　(清)趙霦等纂修　清同治六年(1867)刻本　三册　存六卷(九

至十、十四至十七)

610000－4019－0000284　史192
遵義沙灘黎氏家譜不分卷　(清)黎庶昌纂修　清刻本　一冊

610000－4019－0000285　史195
王鳳洲先生綱鑑正史全編二十四卷　(明)陳仁錫評　(明)于慎行摘　(明)陳臣忠纂　(明)林夢熊校　(明)張睿卿輯　(明)陳森參　明末刻本　一冊　存二卷(二十一至二十二)

610000－4019－0000286　史197
綱鑑擇語十卷　(清)司徒修輯　清刻本　一冊　存二卷(三至四)

610000－4019－0000287　史198
綱鑑擇語十卷　(清)司徒修輯　清來鹿堂刻本　二冊　存四卷(三至六)

610000－4019－0000288　史199
綱鑑擇語十卷　(清)司徒修輯　清道光二十二年(1842)刻本　一冊　存三卷(一至三)

610000－4019－0000289　子001
古尊宿語錄四十八卷　(宋)釋賾藏主輯　明刻清初遞修雍正五年(1727)江南陳龍山經房印永樂南藏本　十冊　存十卷(十三至十四、十六至十九、二十一至二十四)

610000－4019－0000290　子005
開元釋教目錄二十卷　(唐)釋智昇撰　明刻清初遞修雍正五年(1727)江南陳龍山經房印永樂南藏本　七冊　存六卷(十三至十八)

610000－4019－0000291　子006
佛祖歷代通載三十六卷　(元)釋念常集　明刻清初遞修雍正五年(1727)江南陳龍山經房印永樂南藏本　十冊　存十卷(十一至二十)

610000－4019－0000292　子006:2
佛祖歷代通載三十六卷　(元)釋念常集　明刻清初遞修雍正五年(1727)江南陳龍山經房印永樂南藏本　九冊　存九卷(一至九)

610000－4019－0000293　子006:3
佛祖歷代通載三十六卷　(元)釋念常集　明刻清初遞修雍正五年(1727)江南陳龍山經房印永樂南藏本　二冊　存二卷(二十三至二十四)

610000－4019－0000294　子007
金光明經文句記十二卷　(宋)釋知禮述　明刻清初遞修雍正五年(1727)江南陳龍山經房印永樂南藏本　二冊　存二卷(八、十二)

610000－4019－0000295　子009
佛說佛名經十二卷附禮佛名經事儀一卷　(北魏)釋菩提留支譯　明刻本　五冊　存四卷(一、三、十一至十二)

610000－4019－0000296　子010
放光般若波羅蜜經三十卷　(晉)釋無羅叉譯　(晉)釋竺叔蘭譯　明刻清初遞修雍正五年(1727)江南陳龍山經房印永樂南藏本　十冊　存十卷(十一至二十)

610000－4019－0000297　子011
道行般若波羅蜜經十卷　(漢)釋支婁迦讖譯　明刻清初遞修雍正五年(1727)江南陳龍山經房印永樂南藏本　十冊

610000－4019－0000298　子012
比丘尼僧祇律波罗提木叉戒經一卷　(晉)釋法顯譯　(晉)釋覺賢譯　明刻清初遞修雍正五年(1727)江南陳龍山經房印永樂南藏本　一冊

610000－4019－0000299　子012
根本說一切有部目得迦五卷　(唐)釋義淨譯　明刻清初遞修雍正五年(1727)江南陳龍山經房印永樂南藏本　五冊

610000－4019－0000300　子012
根本說一切有部尼陀那五卷　(唐)釋義淨譯　明刻清初遞修雍正五年(1727)江南陳龍山經房印永樂南藏本　五冊

610000－4019－0000301　子013
持人菩薩所問經四卷　(晉)釋竺法護譯　明刻清初遞修雍正五年(1727)江南陳龍山經房印永樂南藏本　四冊

610000－4019－0000302　子 015

妙法蓮華經要解十九卷　（宋）釋戒環解（後秦）釋鳩摩羅什譯　明刻清初遞修雍正五年（1727）江南陳龍山經房印永樂南藏本　十冊　存十卷（一至十）

610000－4019－0000303　子 016

菩薩本生鬘論十六卷　（宋）釋紹德譯　（宋）釋慧詢譯　明刻清初遞修雍正五年（1727）江南陳龍山經房印永樂南藏本　十冊

610000－4019－0000304　子 017

佛阿毗曇經二卷　（南朝陳）釋真諦譯　明刻清初遞修雍正五年（1727）江南陳龍山經房印永樂南藏本　二冊

610000－4019－0000305　子 018

阿毗達磨順正理論八十卷　（唐）釋玄奘譯　明刻清初遞修雍正五年（1727）江南陳龍山經房印永樂南藏本　六冊　存六卷（十二至十三、十五至十七、十九）

610000－4019－0000306　子 019

經律異相五十卷　（南朝梁）釋寶唱等集　明刻清初遞修雍正五年（1727）江南陳龍山經房印永樂南藏本　二冊　存二卷（十二至十三）

610000－4019－0000307　子 020

注法界觀門一卷　（唐）釋宗密注　明刻清初遞修雍正五年（1727）江南陳龍山經房印永樂南藏本　一冊

610000－4019－0000308　子 023

舍利弗阿毗曇論二十二卷　（晉）釋曇摩崛多（晉）釋曇摩耶舍譯　明刻清初遞修雍正五年（1727）江南陳龍山經房印永樂南藏本　八冊　存八卷（九至十六）

610000－4019－0000309　子 024

摩訶僧祇律四十卷　（晉）釋佛陀跋陀羅（晉）釋法顯譯　明刻清初遞修雍正五年（1727）江南陳龍山經房印永樂南藏本　八冊　存八卷（十七至二十四）

610000－4019－0000310　子 025

佛說一切如來真實攝大乘現證三昧大教王經三十卷　（宋）釋施護等譯　明刻清初遞修雍正五年（1727）江南陳龍山經房印永樂南藏本　十冊　存十卷（一至十）

610000－4019－0000311　子 026

不空羂索神變真言經三十卷　（唐）釋菩提流志譯　明刻清初遞修雍正五年（1727）江南陳龍山經房印永樂南藏本　十冊　存十卷（十一至二十）

610000－4019－0000312　子 027

大寶積經論四卷　（北魏）釋菩提留支譯　明刻清初遞修雍正五年（1727）江南陳龍山經房印永樂南藏本　一冊　存一卷（一）

610000－4019－0000313　子 028

續傳燈錄三十六卷　（明）釋居頂輯　明刻清初遞修雍正五年（1727）江南陳龍山經房印永樂南藏本（江南陳龍山經房）　一冊　存一卷（二十二）

610000－4019－0000314　子 029

十不二門一卷　（唐）釋湛然撰　明刻清初遞修雍正五年（1727）江南陳龍山經房印永樂南藏本　一冊

610000－4019－0000315　子 031

般若燈論十五卷　（唐）釋波羅頗迦羅蜜多羅譯　明刻清初遞修雍正五年（1727）江南陳龍山經房印永樂南藏本　一冊　存一卷（十一）

610000－4019－0000316　子 031:2

百論二卷　（後秦）釋鳩摩羅什譯　明刻清初遞修雍正五年（1727）江南陳龍山經房印永樂南藏本　二冊

610000－4019－0000317　子 031:3

廣百論本一卷　題聖天菩薩造　（唐）釋玄奘譯　明刻清初遞修雍正五年（1727）江南陳龍山經房印永樂南藏本　一冊

610000－4019－0000318　子 032

攝大乘論釋十卷　題世親菩薩造　（隋）釋達摩笈多譯　明刻清初遞修雍正五年（1727）江南陳龍山經房印永樂南藏本　十冊

610000－4019－0000319　子 033
十住斷結經十二卷　明刻清初遞修雍正五年(1727)江南陳龍山經房印永樂南藏本　十二册

610000－4019－0000320　子 034
金剛般若波羅蜜經一卷　(後秦)釋鳩摩羅什譯　明刻本　一册

610000－4019－0000321　子 035
首楞嚴經義海三十卷　(宋)釋咸輝輯　明刻清初遞修雍正五年(1727)江南陳龍山經房印永樂南藏本　五册　存五卷(二十三至二十七)

610000－4019－0000322　子 036
阿毗達磨順正理論八十卷　(唐)釋玄奘譯　明刻清初遞修雍正五年(1727)江南陳龍山經房印永樂南藏本　十册　存十卷(七十一至八十)

610000－4019－0000323　子 037
阿毗達磨發智論二十卷　(唐)釋玄奘譯　明刻清初遞修雍正五年(1727)江南陳龍山經房印永樂南藏本　十册　存十卷(一至十)

610000－4019－0000324　子 038
阿毗達磨俱舍論三十卷　(唐)釋玄奘譯　明刻清初遞修雍正五年(1727)江南陳龍山經房印永樂南藏本　十册　存十卷(一至十)

610000－4019－0000325　子 039
佛本行集經六十卷　(隋)釋闍那崛多譯　明刻清初遞修雍正五年(1727)江南陳龍山經房印永樂南藏本　六十册

610000－4019－0000326　子 040
阿毗曇毗婆沙論八十二卷　(北涼)釋浮陀跋摩　(北涼)釋道泰譯　明刻清初遞修雍正五年(1727)江南陳龍山經房印永樂南藏本　七册　存七卷(四十一至四十六、五十)

610000－4019－0000327　子 040
阿毗曇毗婆沙論八十二卷　(北涼)釋浮陀跋摩　(北涼)釋道泰譯　明刻清初遞修雍正五年(1727)江南陳龍山經房印永樂南藏本　十册　存十卷(二十一至三十)

610000－4019－0000328　子 041
阿毗達磨藏顯宗論四十卷　(唐)釋玄奘譯　明刻清初遞修雍正五年(1727)江南陳龍山經房印永樂南藏本　二十册　存二十卷(十一至三十)

610000－4019－0000329　子 042
大寶積經一百二十卷　(唐)釋菩提流志等譯　明刻清初遞修雍正五年(1727)江南陳龍山經房印永樂南藏本　六十册　存六十卷(一至十、二十一至四十、五十一至七十、八十一至九十)

610000－4019－0000330　子 043
佩文齋書畫譜一百卷　(清)孫岳頒等纂　清康熙揚州詩局刻本　一册　存三卷(四十五至四十七)

610000－4019－0000331　子 045
嶺表錄異三卷　(唐)劉恂撰　清刻本　一册

610000－4019－0000332　子 046
新刻異説南唐演義全傳十卷一百回　(清)如蓮居士編次　清似菊别墅刻本　一册　存三卷(一至三)

610000－4019－0000333　子 048
修習止觀坐禪法要二卷附六妙法門一卷　(隋)釋智顗述　清光緒二十九年(1903)南京金陵刻經處刻本　一册

610000－4019－0000334　子 049
食愈方一卷　(清)石成金訂集　**重刻大宗伯董玄宰先生秘傳延壽丹方一卷**　(清)石成金校訂　清刻本　一册

610000－4019－0000335　子 050
醫方集解六卷　(清)汪昂輯著　清刻本　四册　存四卷(二、四至六)

610000－4019－0000336　子 051
針灸大成十卷　(明)楊繼洲著　(明)靳賢重編　清刻本　三册　存三卷(七至八、十)

610000－4019－0000337　子 052

圖注八十一難經四卷　(戰國)秦越人述　(明)張世賢注　(清)張青萬　(清)汪斗南校　清張青萬、汪斗南刻本　一册　存二卷(一至二)

610000－4019－0000338　子 053
學訓不分卷　(清)鄭二陽撰　(清)石成金評改　清刻本　一册

610000－4019－0000339　子 054
二曲集二十六卷　(清)李顒著　清同治五年(1866)牛氏刻本　一册　存五卷(一至五)

610000－4019－0000340　子 062
酉陽雜俎二十卷　(唐)段成式撰　(明)毛晉訂　明末虞山毛氏汲古閣刻本　二册　存九卷(一至四、十一至十五)

610000－4019－0000341　子 063
續高僧傳四十卷　(唐)釋道宣撰　明刻清初遞修雍正五年(1727)江南陳龍山經房印永樂南藏本　七册　存七卷(一至七)

610000－4019－0000342　子 064
續高僧傳四十卷　(唐)釋道宣撰　明刻清初遞修雍正五年(1727)江南陳龍山經房印永樂南藏本　十七册　存十七卷(八、十一至十六、二十至二十一、二十四至三十一)

610000－4019－0000343　子 065
正法華經十卷　(晉)釋竺法護譯　明刻清初遞修雍正五年(1727)江南陳龍山經房印永樂南藏本　十册

610000－4019－0000344　子 066
摩訶止觀二十卷　(隋)智者大師說　明刻清初遞修雍正五年(1727)江南陳龍山經房印永樂南藏本　二十册　存十卷(一至十)

610000－4019－0000345　子 067
大慈恩寺三藏法師傳十卷　(唐)釋慧立撰　(唐)釋彦悰注　明刻清初遞修雍正五年(1727)江南陳龍山經房印永樂南藏本　十册

610000－4019－0000346　子 068
密雲圓悟禪師年譜　(明)釋圓悟撰　明刻清初遞修雍正五年(1727)江南陳龍山經房印永樂南藏本　一册

610000－4019－0000347　子 068
密雲圓悟禪師語錄十二卷　(明)釋圓悟撰　(明)釋道忞上進　明刻清初遞修雍正五年(1727)江南陳龍山經房印永樂南藏本　十册　存十卷(一至十)

610000－4019－0000348　子 069
大乘寶要義論十卷　(南朝宋)釋法護等譯　明刻清初遞修雍正五年(1727)江南陳龍山經房印永樂南藏本　一册　存二卷(五至六)

610000－4019－0000349　子 070
佛說大方廣善巧方便經四卷　(宋)釋施護譯　明刻清初遞修雍正五年(1727)江南陳龍山經房印永樂南藏本　二册

610000－4019－0000350　子 071
菩薩戒義疏二卷　(隋)智者大師說　(隋)釋灌頂記　明刻清初遞修雍正五年(1727)江南陳龍山經房印永樂南藏本　一册　存一卷(上)

610000－4019－0000351　子 072
佛說密跡力士大權神王經一卷　(唐)釋無能勝譯　明刻清初遞修雍正五年(1727)江南陳龍山經房印永樂南藏本　一册

610000－4019－0000352　子 073
大方等大集經三十卷　(北涼)釋曇無讖譯　明刻清初遞修雍正五年(1727)江南陳龍山經房印永樂南藏本　十册　存十卷(一至十)

610000－4019－0000353　子 074
大方等大集月藏經十卷　(隋)釋那邊提耶舍譯　明刻清初遞修雍正五年(1727)江南陳龍山經房印永樂南藏本　十册

610000－4019－0000354　子 075
大方廣佛華嚴經疏四十卷　(唐)釋澄觀述　(唐)釋淨源録疏注經　明刻清初遞修雍正五年(1727)江南陳龍山經房印永樂南藏本　十册　存十卷(一至八、二十一、二十四)

610000－4019－0000355　子 076

大方廣佛華嚴經八十卷　(唐)釋實義難陀譯　明張家鋪刻本(清雍正五年江南陳龍山經房印永樂南藏補配本)　二十一册　存二十三卷(十二、二十四、二十七、二十九至三十、四十一至四十五、四十七至五十四、六十一至六十五)

610000－4019－0000356　子 078

大六壬大全十三卷　(清)郭載騋輯　清刻本　六册　存七卷(三至九)

610000－4019－0000357　子 079:1

天文須知一卷　(英國)傅蘭雅著　清光緒十三年(1887)刻本　一册

610000－4019－0000358　子 079:2

地理須知一卷　(英國)傅蘭雅著　清光緒九年(1883)刻本　一册

610000－4019－0000359　子 079:3

地志須知一卷　(英國)傅蘭雅著　清光緒八年(1882)刻本　一册

610000－4019－0000360　子 079:4

地學須知一卷　(英國)傅蘭雅著　清光緒九年(1883)刻本　一册

610000－4019－0000361　子 079:5

算法須知一卷　(英國)傅蘭雅著　清光緒十三年(1887)刻本　一册

610000－4019－0000362　子 079:6

化學須知一卷　(英國)傅蘭雅著　清光緒十二年(1886)刻本　一册

610000－4019－0000363　子 079:7

氣學須知一卷　(英國)傅蘭雅著　清光緒十二年(1886)刻本　一册

610000－4019－0000364　子 079:8

聲學須知一卷　(英國)傅蘭雅著　清光緒十三年(1887)刻本　一册

610000－4019－0000365　子 080

墨子間詁十五卷附錄一卷後語二卷　(清)孫詒讓輯　清掃葉山房石印本　一册

610000－4019－0000366　子 081

新編楊會地理家傳心法捷訣一貫堪輿八卷　(明)唐世友編輯　(清)朱弘海訂釋　(清)朱毅士參閱　清恒書堂刻本　三册　存三卷(一、三、八)

610000－4019－0000367　子 082

二如亭群芳譜三十卷　(明)王象晉纂輯　(明)陳繼儒等較　明末刻本　一册　存一卷(果部四)

610000－4019－0000368　子 083

豳風廣義三卷　(清)楊屾編輯　清光緒十六年(1890)陝西求友齋刻本　三册

610000－4019－0000369　子 084

吴氏醫學述第三種六卷　(清)吴儀洛輯　(清)周蘭九等較　清刻本　一册　存一卷(六上、下)

610000－4019－0000370　子 085

重訂外科正宗十二卷　(明)陳實功撰　清刻本　一册　存二卷(五至六)

610000－4019－0000371　子 086

四雪草堂重訂通俗隋唐演義二十卷一百回　(清)褚人獲著　清刻本　一册　存十回(九十一至一百)

610000－4019－0000372　子 088

朱子原訂近思錄十四卷　(宋)朱熹撰　(清)江永集注　(清)王鼎校次　清光緒十五年(1889)刻本　八册

610000－4019－0000373　子 091

後紅樓夢三十二回　(清)逍遙子撰　清刻本　二册　存八卷(一至八)

610000－4019－0000374　子 093

西遊真詮十卷一百回　(清)陳士斌詮解　清刻本　一册　存四十三回(一至四十三)

610000－4019－0000375　子 095

傳家必讀不分卷　(清)王文選輯　清咸豐九年(1859)京都晉文齋刻字鋪刻本　三册

610000－4019－0000376　子 096

新刊醫林狀元壽世保元十卷　(明)龔廷賢編　清刻本　五册　存五卷(四至六、九至十)

610000－4019－0000377　子097
淵鑑類函四百五十卷　(清)張英等纂修　清光緒十三年(1887)上海同文書局石印本　四十八册

610000－4019－0000378　子098
天目中峰和尚廣錄三十卷　(元)釋慈寂上進　明刻清初遞修雍正五年(1727)江南陳龍山經房印永樂南藏本　十九册　存十八卷(一至十八)

610000－4019－0000379　子099
景德傳燈錄三十卷　(宋)釋道原撰　明刻清初遞修雍正五年(1727)江南陳龍山經房印永樂南藏本　十册　存十卷(二十一至三十)

610000－4019－0000380　子100
古尊宿語錄四十八卷　(宋)釋賾藏主輯　(明)釋淨戒重校　明刻清初遞修雍正五年(1727)江南陳龍山經房印永樂南藏本　十二册　存十二卷(三十七至四十八)

610000－4019－0000381　子102
景德傳燈錄三十卷　(宋)釋道原撰　明刻清初遞修雍正五年(1727)江南陳龍山經房印永樂南藏本　十册　存十卷(十一至二十)

610000－4019－0000382　子103
莊子集釋十卷　(清)郭慶藩　(清)孟純輯　清光緒二十年(1894)思賢講舍刻本　三册　存五卷(一至三、六至七)

610000－4019－0000383　子104
妙法蓮華經七卷　(後秦)釋鳩摩羅什譯　清抄本　二册　存二卷(五至六)

610000－4019－0000384　子105
止觀輔行傳弘決四十卷　(唐)釋湛然述　明刻清初遞修雍正五年(1727)江南陳龍山經房印永樂南藏本　十二册　存四卷(七至十)

610000－4019－0000385　子106
關帝桃園明聖經註一卷　(清)□□輯　清道光二十二年(1842)刻本　一册

610000－4019－0000386　子107
大乘集菩薩學論十一卷　(南朝宋)釋法護等譯　明刻清初遞修雍正五年(1727)江南陳龍山經房印永樂南藏本　十一册

610000－4019－0000387　子108
五千五百佛名神咒除障滅罪經八卷　(隋)釋闍那崛多等譯　明刻清初遞修雍正五年(1727)江南陳龍山經房印永樂南藏本　六册　存六卷(三至八)

610000－4019－0000388　子109
賢劫經(颰陀劫三昧經晉日賢劫定意)十卷　(晉)釋竺法護譯　明刻清初遞修雍正五年(1727)江南陳龍山經房印永樂南藏本　十册

610000－4019－0000389　子110
禪宗正脉二十卷　(明)釋如巹集　明刻清初遞修雍正五年(1727)江南陳龍山經房印永樂南藏本　七册　存六卷(十一至十六)

610000－4019－0000390　子111
菩薩瓔珞經(現在報經)十四卷　(晉)釋竺佛念譯　明刻清初遞修雍正五年(1727)江南陳龍山經房印永樂南藏本　七册　存七卷(一至七)

610000－4019－0000391　子112
佛祖統紀四十五卷通例目錄一卷　(宋)釋志磐撰　明刻清初遞修雍正五年(1727)江南陳龍山經房印永樂南藏本　十二册　存十三卷(一至十二、目錄一卷)

610000－4019－0000392　子113
四分律藏六十卷　(後秦)釋佛陀耶舍譯　(後秦)釋竺佛念等譯　明刻清初遞修雍正五年(1727)江南陳龍山經房印永樂南藏本　三十六册　存三十六卷(一至十、二十一至三十、三十二、三十四、三十九至四十六、四十九至五十四)

610000－4019－0000393　子114:1
廣弘明集三十卷　(唐)釋道宣撰　明刻清初遞修雍正五年(1727)江南陳龍山經房印永樂

南藏本　九册　存九卷(七至十五)

610000－4019－0000394　子 114:2

廣弘明集三十卷　(唐)釋道宣撰　明刻清初遞修雍正五年(1727)江南陳龍山經房印永樂南藏本　十八册　存九卷(十六至二十四)

610000－4019－0000395　子 115

大乘大悲分陀利經八卷　(後秦)□□譯　明刻清初遞修雍正五年(1727)江南陳龍山經房印永樂南藏本　七册　存七卷(二至八)

610000－4019－0000396　子 116

一切經音義二十五卷　(唐)釋玄應撰　明刻清初遞修雍正五年(1727)江南陳龍山經房印永樂南藏本　十册　存十卷(六至十五)

610000－4019－0000397　子 117

有宋高僧傳三十卷　(宋)釋贊寧撰　(宋)釋智輪撰　明刻清初遞修雍正五年(1727)江南陳龍山經房印永樂南藏本　二十册　存二十卷(一至十、二十一至三十)

610000－4019－0000398　子 118

諸經要集二十卷　(唐)釋道世撰　明刻清初遞修雍正五年(1727)江南陳龍山經房印永樂南藏本　六册　存六卷(七至十二)

610000－4019－0000399　子 119

佛説大方廣十輪經八卷　(晉)□□譯　明刻清初遞修雍正五年(1727)江南陳龍山經房印永樂南藏本　五册　存五卷(二、四至六、八)

610000－4019－0000400　子 120

痘學真傳八卷　(清)葉大椿著　清刻本　一册　存一卷(一)

610000－4019－0000401　子 122

馮氏錦囊秘錄痘疹全集十五卷　(清)馮兆張纂輯　清刻本　二册　存五卷(四至七、十一)

610000－4019－0000402　子 123

醫門法律六卷　(清)喻昌著　清刻本　一册　存一卷(二)

610000－4019－0000403　子 124

鼎鍥幼幼集成六卷　(清)陳復正輯訂　(清)劉勷校正　(清)周宗頤參訂　清刻本　二册　存二卷(二至三)

610000－4019－0000404　子 125

痘疹定論四卷　(清)朱純嘏編輯　清刻本　一册　存二卷(一至二)

610000－4019－0000405　子 126

南華發覆八卷　(明)釋性涵注　(清)方應祥較　清乾隆十四年(1749)雲林懷德堂刻本　六册

610000－4019－0000406　子 127

千手千眼觀世音菩薩廣大圓滿無礙大悲心陀羅尼經一卷　(唐)釋伽梵達摩譯　清咸豐九年(1859)刻本　一册

610000－4019－0000407　子 128

金剛般若波羅蜜經破空論一卷附觀心釋一卷般若波羅蜜多心經釋要一卷　(後秦)釋鳩摩羅什譯　(明)釋智旭造論　清同治十年(1871)如皋刻經處刻本　一册

610000－4019－0000408　子 129

淡芭菰栽製法　(英國)厄斯宅士藏著　(清)陳壽彭譯　清末北洋官報局石印本　一册

610000－4019－0000409　子 130

國清百錄四卷　(唐)釋灌頂纂　明刻清初遞修雍正五年(1727)江南陳龍山經房印永樂南藏本　四册

610000－4019－0000410　子 131

光讃般若波羅蜜經十卷　(晉)釋竺法護譯　明刻清初遞修雍正五年(1727)江南陳龍山經房印永樂南藏本　十册

610000－4019－0000411　子 133

補注黄帝内經素問二十四卷　(唐)王冰注　(宋)林億等校正　(宋)孫兆改誤　清上海廣益書局石印本　一册　存七卷(一至七)

610000－4019－0000412　子 134

驗方新編□□卷　(清)鮑相璈編輯　清刻本　一册　存一卷(十)

610000－4019－0000413　子 135
勸學篇二卷　(清)張之洞撰　清光緒二十四年(1898)甘肅藩署刻本　一冊

610000－4019－0000414　子 136
雞跖賦續刻三十卷　(清)應泰泉等輯　清光緒十一年(1885)文英堂刻本　一冊　存二卷(一至二)

610000－4019－0000415　子 138
敦行錄二卷　(清)張鵬翮輯　清刻本　一冊

610000－4019－0000416　子 139
文昌帝君陰騭文等不分卷　(□)□□輯　清刻本　一冊

610000－4019－0000417　子 140
中西算學大成一百卷　(清)陳維祺纂　清石印本　一冊　存七卷(三十九至四十五)

610000－4019－0000418　子 141
天文地球圖說三卷　(清)華蘅芳筆述　(清)葉瀾校　(清)阮元鑒定　清光緒二十四年(1898)石印本　一冊　存一卷(上)

610000－4019－0000419　子 142
學算筆談十二卷　(清)華蘅芳學　清光緒二十二年(1896)上海文海書局石印本　一冊　存六卷(一至六)

610000－4019－0000420　子 143
學算筆談十二卷　(清)華蘅芳學　清光緒十年(1884)石印本　三冊　存九卷(一至六、十至十二)

610000－4019－0000421　子 144
增刪算法統宗十一卷　(明)程大位原編集　(清)梅瑴成增刪　(清)梅玕成校字　清石印本　一冊　存三卷(七至九)

610000－4019－0000422　子 145
原本直指算法統宗十二卷　(明)程大位編集　清刻本　二冊　存四卷(三至六)

610000－4019－0000423　子 146
詳註全圖新算法大成八卷　(明)程大位編　(清)王庸校正　清石印本　二冊　存三卷(二至四)

610000－4019－0000424　子 147
同仁堂藥目不分卷　(清)同仁堂編　清光緒十五年(1889)京都同仁堂重刻本　二冊

610000－4019－0000425　子 148
光緒癸卯科湖北優選貢卷　(清)□□輯　清光緒刻本　一冊

610000－4019－0000426　子 149
活幼心法九卷　(清)聶久吾著　(清)周雨郇編　清抄本　一冊

610000－4019－0000427　子 150
筆花醫鏡四卷　(清)江涵暾著　清光緒十九年(1893)重刻本　一冊

610000－4019－0000428　子 152
論衡三十卷　(漢)王充撰　清光緒元年(1875)湖北崇文書局刻本　一冊　存四卷(一至四)

610000－4019－0000429　子 153
根本說一切有部苾芻尼毗奈耶二十卷　(唐)釋義淨譯　明刻清初遞修雍正五年(1727)江南陳龍山經房印永樂南藏本　十一冊　存十一卷(一至十一)

610000－4019－0000430　子 154
御纂性理精義十二卷　(清)李光地等編　清刻本　一冊　存二卷(一至二)

610000－4019－0000431　子 156
增評加批金玉緣圖說十六卷首一卷一百二十回　(清)曹雪芹著　(清)高鶚續撰　(清)蝶鄉仙史評訂　清末石印本　一冊　存十回(八十九至九十八)

610000－4019－0000432　子 157
增評加批金玉緣圖說一百二十卷　(清)曹雪芹著　(清)高鶚續撰　(清)蝶鄉仙史評訂　清末石印本　一冊　存十卷(八十九至九十八)

610000－4019－0000433　子 158
齊民要術十卷　(北魏)賈思勰撰　清光緒元

年(1875)湖北崇文書局刻本　一冊　存三卷(一至三)

610000－4019－0000434　子159
農學初階　(英國)華來思著　(清)吳治劍譯　清末北洋官報局石印本　一冊

610000－4019－0000435　子160
圖像水黄牛經合併大全二卷駝經一卷　(明)喻本元　(明)喻本亨傳方　清末上海校經山房石印本　一冊

610000－4019－0000436　子161
農產制造學二卷　(日本)楠嚴編　(清)沈紘譯　清末北洋官報局鉛印本　一冊　存一卷(下)

610000－4019－0000437　子163
青江修方案證四卷　(清)蓬窠子撰　(清)青江子述編　清刻本　一冊

610000－4019－0000438　子164
太醫院校注婦人良方大全二十四卷　(宋)陳自明編　(明)薛巳校注　(明)唐富春梓　明金陵唐富春刻本　一冊　存四卷(十六至十九)

610000－4019－0000439　子169
大般若波羅蜜多經六百卷　(唐)釋玄奘譯　明刻清初遞修雍正五年(1727)江南陳龍山經房印永樂南藏本　十冊　存十卷(三百二十一至三百三十)

610000－4019－0000440　子173
大般若波羅蜜多經六百卷　(唐)釋玄奘譯　明刻清初遞修雍正五年(1727)江南陳龍山經房印永樂南藏本　十冊　存十卷(三百六十一至三百七十)

610000－4019－0000441　子183
大般涅槃經疏三十六卷　(隋)釋頂法師撰　(唐)釋湛然再治　明刻清初遞修雍正五年(1727)江南陳龍山經房印永樂南藏本　二十冊　存十五卷(四至十八)

610000－4019－0000442　子187
南本大般涅槃經三十六卷　(北涼)釋曇無讖譯　(南朝宋)釋慧嚴等再治　明刻清初遞修雍正五年(1727)江南陳龍山經房印永樂南藏本　六冊　存六卷(二十八、三十至三十一、三十四至三十六)

610000－4019－0000443　子189
金剛般若波羅蜜經一卷　(後秦)釋鳩摩羅什譯　清刻本　一冊

610000－4019－0000444　子190
諸子彙函二十六卷　(明)歸有光蒐輯　(明)文震孟叅訂　明末刻本　三冊　存四卷(十五至十六、二十一至二十二)

610000－4019－0000445　子191
聖諭像解二十卷　(清)梁延年編輯　(清)恩壽校　清末石印本　十五冊　存十八卷(三至二十)

610000－4019－0000446　子195
妙法蓮華經科註　(明)釋一如集註　清刻本　一冊

610000－4019－0000447　子196
妙法蓮華經七卷　(後秦)釋鳩摩羅什譯　清刻本　三冊　存三卷(一、三、七)

610000－4019－0000448　子197
大佛頂如來密因修證了義諸菩薩萬行首楞嚴經十卷　(唐)釋般刺密諦譯　(明)釋智旭文句　(明)釋道昉參訂　清刻本　五冊　存五卷(一至四、七)

610000－4019－0000449　子198
佛說觀無量壽佛經附圖頌一卷附錄一卷　(南朝宋)釋畺良耶舍譯　(明)釋傳燈撰頌　清刻本　一冊　存一卷(佛說觀無量壽佛經附圖頌一卷)

610000－4019－0000450　子199
徑中徑又徑徵義三卷首一卷　(清)張師誠輯　(清)徐槐廷徵義　清末刻本　一冊　存三卷(徑中徑又徑徵義三卷)

610000－4019－0000451　子200

御纂醫宗金鑑九十卷首一卷 (清)吳謙等輯 清末石印本 一册 存三卷(八至十)

610000－4019－0000452 子202

御纂醫宗金鑑九十卷首一卷 (清)吳謙等輯 清宣統元年(1909)簡青齋書局石印本 一册 存六卷(二十四至二十九)

610000－4019－0000453 子203

御纂醫宗金鑑九十卷首一卷 (清)吳謙等輯 清刻本 三册 存八卷(四十四至四十九、七十一至七十二)

610000－4019－0000454 子205

妙法蓮華經七卷 (後秦)釋鳩摩羅什譯 明崇禎九年(1636)南京季蘭庭經坊刻本 一册 存三卷(五至七)

610000－4019－0000455 子207

時方歌括二卷 (清)陳念祖著 清光緒十八年(1892)上海圖書集成公司鉛印陳修園醫書廿一種本 一册

610000－4019－0000456 子209

增補本草原始十二卷 (明)李中立纂輯 (清)周亮登較訂 清刻本 一册 存一卷(十)

610000－4019－0000457 子210

增補本草備要八卷 (清)汪昂輯 清石印本 一册 存四卷(五至八)

610000－4019－0000458 子212

摩訶般若波羅蜜經三十卷 (後秦)釋鳩摩羅什譯 (後秦)釋僧叡譯 明刻清初遞修雍正五年(1727)江南陳龍山經房印永樂南藏本 二册 存二卷(二十一、三十)

610000－4019－0000459 子213

阿毗達磨界身足論三卷 (唐)釋玄奘譯 明刻清初遞修雍正五年(1727)江南陳龍山經房印永樂南藏本(江南陳龍山經房) 三册

610000－4019－0000460 子216

大般若波羅蜜多經六百卷 (唐)釋玄奘譯 明刻清初遞修雍正五年(1727)江南陳龍山經房印永樂南藏本 二百十一册 存二百十一卷(一百六十一至一百七十、一百九十一至二百、二百五十一至二百六十、二百八十一至三百、三百四十一至三百六十、三百七十一至四百十、四百三十一至四百七十、四百七十四、四百八十一至五百、五百四十一至五百六十、五百七十一至五百八十、五百九十一至六百)

610000－4019－0000461 子217

御纂醫宗金鑑九十卷首一卷 (清)吳謙等輯 清刻本 一册 存二卷(六至七)

610000－4019－0000462 子218

御纂醫宗金鑑九十卷首一卷 (清)吳謙等輯 清刻本 二册 存三卷(一、五十四至五十五)

610000－4019－0000463 子220

金剛般若波羅蜜經一卷 (後秦)釋鳩摩羅什譯 清刻本 一册

610000－4019－0000464 子222

南嶽思大禪師立誓願文一卷 (南朝陳)釋慧思撰 明刻清初遞修雍正五年(1727)江南陳龍山經房印永樂南藏本 一册

610000－4019－0000465 子223

淨土十疑論一卷 (隋)釋智者大師說 明刻清初遞修雍正五年(1727)江南陳龍山經房印永樂南藏本 一册

610000－4019－0000466 子224

方等三昧行法一卷 (隋)釋智者大師說 (隋)釋灌頂記 明刻清初遞修雍正五年(1727)江南陳龍山經房印永樂南藏本 一册

610000－4019－0000467 子225

大方等陀羅尼經四卷 (北涼)釋法眾譯 明刻清初遞修雍正六年(1728)江南陳龍山經房印永樂南藏本 四册

610000－4019－0000468 子226

善思童子經二卷 (隋)釋闍那崛多譯 明刻清初遞修雍正五年(1727)江南陳龍山經房印永樂南藏本 二册

610000－4019－0000469 子227

持世經四卷　(後秦)釋鳩摩羅什譯　明刻清初遞修雍正五年(1727)江南陳龍山經房印永樂南藏本　四冊

610000－4019－0000470　子 228
等集眾德三昧經三卷　(晉)釋竺法護譯　明刻清初遞修雍正五年(1727)江南陳龍山經房印永樂南藏本　一冊　存一卷(上)

610000－4019－0000471　子 229
醫學三字經四卷　(清)陳念祖著　(清)張鵬飛梓　清道光十一年(1831)安康張鵬翂刻本　一冊　存二卷(一至二)

610000－4019－0000472　子 231
[三國演義]□□卷　(清)毛宗崗評　清抄本　一冊　存一卷(殘)

610000－4019－0000473　子 232
南本大般涅槃經三十六卷　(北涼)釋曇無讖譯　(南朝宋)釋慧嚴等再治　明刻清初遞修雍正五年(1727)江南陳龍山經房印永樂南藏本　八冊　存八卷(二至九)

610000－4019－0000474　子 234
傷寒論淺注補正七卷首一卷　(漢)張仲景原文　(清)陳念祖淺注　(清)唐宗海補正　清石印本　一冊　存一卷(一中)

610000－4019－0000475　子 236
南本大般涅槃經三十六卷　(北涼)釋曇無讖譯　(南朝宋)釋慧嚴等再治　明刻清初遞修雍正五年(1727)江南陳龍山經房印永樂南藏本　九冊　存九卷(十至十八)

610000－4019－0000476　子 237
南本大般涅槃經三十六卷　(北涼)釋曇無讖譯　(南朝宋)釋慧嚴等再治　明刻清初遞修雍正五年(1727)江南陳龍山經房印永樂南藏本　九冊　存九卷(十九至二十七)

610000－4019－0000477　子 238
大集須彌藏經二卷　(北齊)釋那連提耶舍譯　(北齊)釋法智譯　明刻清初遞修雍正五年(1727)江南陳龍山經房印永樂南藏本　一冊　存一卷(下)

610000－4019－0000478　子 239
十不二門指要鈔二卷　(宋)釋知禮述　明刻清初遞修雍正五年(1727)江南陳龍山經房印永樂南藏本　一冊　存一卷(上)

610000－4019－0000479　子 240
集大乘相論二卷六十頌如理論一卷大乘二十頌論一卷佛母般若圓集要義論二卷　(宋)釋施護譯　明刻清初遞修雍正五年(1727)江南陳龍山經房印永樂南藏本　一冊

610000－4019－0000480　子 241
宗鏡錄一百卷　(宋)釋延壽集　明刻清初遞修雍正五年(1727)江南陳龍山經房印永樂南藏本　四十六冊　存四十六卷(二十三至三十、五十一至七十五、八十八至一百)

610000－4019－0000481　子 242
弘明集十四卷　(南朝梁)釋僧佑撰　明刻清初遞修雍正五年(1727)江南陳龍山經房印永樂南藏本　十冊　存十卷(一至十)

610000－4019－0000482　子 244
酉陽雜俎續集十卷　(唐)段成式著　(明)毛晉訂　明末虞山毛氏汲古閣刻本　二冊

610000－4019－0000483　集 001
應試唐詩類釋十九卷　(清)臧岳編次　清刻本　六冊　存十四卷(一至二、五至十二、十六至十九)

610000－4019－0000484　集 002
蘭山課業風騷補編不分卷　(清)周樽輯論　(清)丁珠校閱　(清)吳鎮參訂　清刻本　一冊

610000－4019－0000485　集 004
續古文辭類纂三十四卷　王先謙纂集　清光緒三十三年(1907)上海商務印書館鉛印本　一冊　存七卷(一至七)

610000－4019－0000486　集 005
瀛海探驪集八卷　(清)朱埏之輯　清刻本　三冊

610000－4019－0000487　集 005

瀛海探驪集八卷 （清）朱埏之輯 清刻本 三冊

610000－4019－0000488 集006

古唐詩合解十六卷 （清）王堯衢注 （清）李模 （清）李恒校 清刻本 二冊 存六卷（一至六）

610000－4019－0000489 集007

唐詩三百首六卷 （清）蘅塘退士編 清道光二十八年（1848）崇德堂刻本 二冊 存四卷（一至四）

610000－4019－0000490 集008

虛堅詩集二卷補遺一卷 （清）莊秉中編 清刻本 一冊 存二卷（虛堅詩集二卷）

610000－4019－0000491 集009

唐詩三百首註疏六卷 （清）蘅塘退士編 （清）章燮注 （清）孫孝根校正 清道光十四年（1834）大文堂刻本 三冊 存三卷（一至三）

610000－4019－0000492 集010

唐排律詩偶鈔 （清）康綸鈞輯 清嘉慶六年（1801）霞蔭堂刻本 一冊

610000－4019－0000493 集012

我法集註釋四卷 （清）紀昀撰 （清）魏景文註釋 清刻本 一冊

610000－4019－0000494 集015

楚辭後語六卷 （宋）朱熹撰 清刻本 一冊

610000－4019－0000495 集016

楚辭辯證二卷 （宋）朱熹撰 清刻本 一冊

610000－4019－0000496 集019

亦步齋詩鈔二卷 （清）楊江撰 清咸豐七年（1857）關中書院監院官署刻本 二冊

610000－4019－0000497 集020

邈雲四編一卷 （清）楊鸞著 清刻本 一冊

610000－4019－0000498 集021

檉華館試帖彙鈔輯注十卷 （清）路德撰 清刻本 四冊 存四卷（五至六、九至十）

610000－4019－0000499 集022

鐵堂詩草二卷 （清）許珌著 （清）吳鎮錄 （清）楊芳燦選 清乾隆五十五年（1790）蘭山書院刻本 二冊

610000－4019－0000500 集023

增批寄嶽雲齋試體詩選四卷 （清）聶銑敏撰 （清）張學蘇箋 清咸豐四年（1854）刻朱墨套印本 一冊

610000－4019－0000501 集024

明張文忠公全集四十六卷 （明）張居正撰 清光緒二十七年（1901）紅藤碧樹山館刻本 六冊 存十六卷（奏疏一至五、九至十三，書牘二至四，女誡直解一，附錄一至二）

610000－4019－0000502 集025

光緒乙亥恩科陝西闈墨 （清）□□輯 清光緒衡鑑堂刻本 一冊

610000－4019－0000503 集026

［榆陽書院試卷］ （清）冉尊爵撰 清末朱絲欄稿本 一冊

610000－4019－0000504 集027

御製詩二集九十卷目錄十卷 （清）高宗弘曆撰 （清）蔣溥等編 清刻本 七冊 存十六卷（十二至十三、四十八至四十九、六十三至六十五、六十八至七十、七十一至七十二、八十九至九十，目錄一至二）

610000－4019－0000505 集028

關中書院課士詩不分卷 （清）路德輯注 清道光二十三年（1843）敬文堂刻本 二冊

610000－4019－0000506 集029

關中書院課士詩不分卷 （清）路德評選 清刻本 一冊

610000－4019－0000507 集030

文選六十卷 （南朝梁）蕭統撰 （唐）李善注 （清）何焯評 （清）葉樹藩參訂 清朱墨套印本 一冊 存二卷（九至十）

610000－4019－0000508 集031

欽定古今圖書集成一萬卷目錄三十二卷 （清）陳夢雷編 （清）蔣廷錫編 清光緒三十

年(1904)上海圖書集成鉛版印書局鉛印本　一册　存五卷(十二至十六)

610000－4019－0000509　集 032
歲寒堂詩話二卷　(宋)張戒撰　清刻本　一册

610000－4019－0000510　集 033
靜志居詩話二十四卷　(清)朱彝尊著　(清)扶荔山房編輯　清嘉慶扶荔山房刻本　一册　存一卷(二十一)

610000－4019－0000511　集 034
味道腴齋賦存□□卷　(清)□□撰　清刻本　一册　存一卷(殘)

610000－4019－0000512　集 035
關中書院課士賦不分卷　(清)路德評選　清道光十八年(1838)刻本　二册

610000－4019－0000513　集 036
關中書院課士詩不分卷　(清)路德評選　清道光十八年(1838)刻本　二册

610000－4019－0000514　集 037
聊齋志異新評十六卷　(清)蒲松齡著　(清)王士正評　(清)但明倫新評　清刻本　五册　存五卷(四至五、九、十二、十五)

610000－4019－0000515　集 038
唐詩鼓吹十卷　(元)郝天挺註　(明)廖文炳解　清刻本　三册　存五卷(六至十)

610000－4019－0000516　集 039
四大奇書第一種五十一卷一百二十回　(明)羅貫中撰　(清)金聖嘆批　(清)毛宗崗評　清刻本　一册　存二卷(四十七至四十八)

610000－4019－0000517　集 041
古文淵鑒六十四卷　(清)徐乾學等編注　清康熙二十四年(1685)内府刻四色套印本　十六册　存五十三卷(九至五十五、五十九至六十四)

610000－4019－0000518　集 042
新增七家試帖輯註彙鈔不分卷　(清)張熙宇輯評　(清)王植桂輯註　清光緒十二年(1886)刻本　四册

610000－4019－0000519　集 043
杜工部集二十卷首一卷　(唐)杜甫撰　清同治仿玉勾草堂刻本　三册　存六卷(十一至十二、十七至十八、十九至二十)

610000－4019－0000520　集 044
唐陸宣公集二十二卷　(唐)陸贄撰　清刻本　五册　存十卷(一至二、七至十二、十五至十六)

610000－4019－0000521　集 045
杜詩詳註二十五卷首一卷諸家詠杜附錄一卷杜詩補註一卷　(唐)杜甫撰　(清)仇兆鰲輯註　清刻本　一册　存二卷(十五至十六)

610000－4019－0000522　集 046
廿一史彈詞註十一卷　(明)楊慎撰　(清)張三異增定　清刻本　一册　存一卷(十一上)

610000－4019－0000523　集 049
有正味齋詞集八卷　(清)吳錫麒撰　清刻本　一册　存四卷(一至四)

610000－4019－0000524　集 050
詩正初集四卷　(清)□□輯　清刻本　一册

610000－4019－0000525　集 051
儒興堂唐詩合解十二卷　(清)王堯衢註　清同治八年(1869)刻本　一册　存二卷(一至二)

610000－4019－0000526　集 054
光緒戊子科陝西闈墨不分卷　(清)□□輯　清光緒衡鑑堂刻本　一册

610000－4019－0000527　集 056
施註蘇詩四十二卷年譜一卷目录一卷　(宋)蘇軾撰　(宋)施元之注　(清)張榕端等閱定　(清)顧嗣立等删補　清刻本　三册　存十四卷(二十五至三十、三十七至四十二,年譜一卷,目錄一卷)

陝西省榆林市佳縣國楨圖書館古籍普查登記目録

全國古籍普查登記目録

國家圖書館出版社
National Library of China Publishing House

610000－4022－0000001　0000001
成均課士錄不分卷　(清)汪廷珍等編　清光緒刻本　八册

610000－4022－0000002　0000002
聚秀堂古文十二卷　(清)吳留村鑒定　(清)吳乘權　(清)吳大職手錄　清聚秀堂刻本　一册　存二卷(三至四)

610000－4022－0000003　0000003
四朝詩史甲集八卷　(清)孫雄輯　清宣統二年(1910)刻本　二册　存二卷(二、五)

610000－4022－0000004　0000004
韻辨附文五卷　(清)沈兆霖撰　清道光二十三年(1843)刻本　三册

610000－4022－0000005　0000005
自訂時文全集不分卷　(清)汪武曹等定　清刻本　二册

610000－4022－0000006　0000006
育英源一卷附新刻學堂條約一卷　(清)石成金撰　清同治十二年(1873)甘露凝珠堂刻本　一册

610000－4022－0000007　0000007
小題初集啟蒙一卷附先生論文一卷　(清)王步青評述　清敦復堂刻塾課分編註釋八集本　一册

610000－4022－0000008　0000008
增訂河間試律矩八卷　(清)紀昀撰　(清)林昌評釋　清刻本　一册　存四卷(五至八)

610000－4022－0000009　0000009
[元天上帝金科玉律等十三種]　(□)□□輯　清刻本　一册

610000－4022－0000010　0000010
增訂詩料備覽詳解八卷　(清)郭一經　(清)秦照輯　(清)陳風增解　清光緒刻本　一册

610000－4022－0000011　0000011
[道光□□科直省鄉墨]不分卷　(清)□□輯　清刻本　四册

610000－4022－0000012　0000012
增補鄧退菴先生家藏遵註四書講義備旨十卷　(明)鄧林著　(清)鄧煜編次　清道光二十四年(1844)文裕堂刻本　一册　存二卷(一至二)

610000－4022－0000013　0000013
論語十卷　(宋)朱熹集註　清刻本　一册　存三卷(一至三)

610000－4022－0000014　0000014
增訂小學金丹集註六卷附忠孝經　(清)王期齡講義　(清)張惠春增訂　清聚三堂刻本　一册

610000－4022－0000015　0000015
[汪炳煦詩文抄]不分卷　(清)汪炳煦著　清抄本　一册

610000－4022－0000016　0000016
詩韻集成十卷　(清)余照輯　清光緒九年(1883)永順堂刻本　二册

610000－4022－0000017　0000017
書經六卷　(宋)蔡沈集傳　清刻本　一册　存二卷(五至六)

610000－4022－0000018　0000018
有正味齋試帖詩註八卷　(清)吳錫麒著　清嘉慶二十四年(1819)刻本　六册　存六卷(一至六)

610000－4022－0000019　0000019
瀛海探驪集八卷　(清)朱埏之輯　(清)毛寅初等註　清嘉慶十九年(1814)崇錦堂刻本　六册　存六卷(一至五、七)

610000－4022－0000020　0000020
分韻試帖青雲集合注四卷　(清)楊逢春輯　(清)沈品華等注　(清)沈錫慶校正　清光緒四年(1878)書業德記刻本　一册　存一卷(三)

610000－4022－0000021　0000021
栢蘊皐稿不分卷　(清)栢謙撰　清刻本　一册

610000－4022－0000022　0000022

筆算數學三卷　(美國)狄考文輯　清光緒二十四年(1898)鉛印本　三册

610000－4022－0000023　0000023
周易正解二十三卷　(清)吳蓀右等彙輯　清康熙三十二年(1693)刻本　一册　存一卷(一)

610000－4022－0000024　0000024
小雅□□卷　(宋)朱熹集傳　清刻本　一册　存一卷(五)

610000－4022－0000025　0000025
翰苑巧搭文輝不分卷　(清)王殿佐選　清道光二十七年(1847)京都群英堂刻本　一册

610000－4022－0000026　0000026
禮記十卷　(元)陳澔集說　清刻本　一册　存一卷(十)

610000－4022－0000027　0000027
聊齋志異十六卷　(清)蒲松齡撰　清刻本　一册　存二卷(七至八)

610000－4022－0000028　0000028
聊齋志異十六卷　(清)蒲松齡撰　清刻本　一册　存二卷(三至四)

610000－4022－0000029　0000029
秦中校士錄不分卷　(清)陸以莊定　清嘉慶十五年(1810)刻本　一册

610000－4022－0000030　0000030
[光緒甲午科]三場程式不分卷　(清)監臨院撰　清光緒十九年(1893)刻本　一册

610000－4022－0000031　0000031
朱子學規要略四種　(宋)朱熹撰　清咸豐四年(1854)柳塘書舍刻本　一册

610000－4022－0000032　0000032
中庸章句大全三卷　(明)胡廣撰　(清)汪份增訂　清刻四書大全本　一册　存一卷(三)

610000－4022－0000033　0000033
欽定本朝四書文不分卷　(清)方苞纂修　清刻本　一册

610000－4022－0000034　0000034
十四科鄉會程墨文徵大學全集不分卷　(清)仇兆鰲評定　清刻本　一册

610000－4022－0000035　0000035
欽定啟禎四書文不分卷　(清)方苞等選評　清光緒二年(1876)刻本　一册

610000－4022－0000036　0000036
應試清利慰貼集不分卷　(清)耿氏撰　清乾隆四十二年(1777)文寶堂刻本　一册

610000－4022－0000037　0000037
[科舉文抄]不分卷　(明)湯賓尹等撰　清抄本　一册

610000－4022－0000038　0000038
聖帝勉勤王文不分卷　(□)□□撰　清咸豐七年(1857)刻本　一册

610000－4022－0000039　0000039
學文彙典四卷　(清)鄭文煥彙訂　清刻本　一册　存二卷(三至四)

610000－4022－0000040　0000040
[道光庚戌科]會墨拔尤不分卷　(清)□□輯　清來鹿堂刻本　一册

610000－4022－0000041　0000041
歷朝賦楷八卷　(清)王修玉輯　清刻本　三册

610000－4022－0000042　0000042
古文雅正十四卷　(清)蔡世遠撰　清嘉慶九年(1804)刻本　一册　存四卷(十一至十四)

610000－4022－0000043　0000043
初等小學體操教授書不分卷　(清)學部編纂　清光緒三十三年(1907)學部圖書局石印本　一册

610000－4022－0000044　0000044
玉堂攷正字彙二卷　(清)梅华館主人撰　清光緒三十三年(1907)石印本　一册

610000－4022－0000045　0000045
古唐詩合解十二卷古詩四卷　(清)王堯衢註　(清)李模　(清)李桓校　清道光二十一年

(1841)蘇州桐石山房刻本　三册

610000－4022－0000046　0000046

傅鄭合集不分卷　(清)傅燮　(清)鄭思敬撰　清光緒十一年(1885)華原署刻本　一册

610000－4022－0000047　0000047

論文枕祕不分卷　(清)史禮堂　(清)費耕亭著　清光緒十年(1884)刻本　一册

610000－4022－0000048　0000048

湯頭歌一卷　(清)汪昂撰　清咸豐六年(1856)抄本　一册

610000－4022－0000049　0000049

東萊博議四卷　(宋)吕祖謙撰　清抄本　一册　存一卷(一)

610000－4022－0000050　0000050

新鍥希夷陳先生紫微斗數全書四卷　(清)潘希夷補輯　清刻本　二册　存三卷(一至三)

610000－4022－0000051　0000051

爾雅二卷　(晉)郭璞注　清刻本　一册　存一卷(二)

610000－4022－0000052　0000052

梅花易數五卷　(宋)邵雍撰　清咸豐十一年(1861)刻本　一册　存三卷(三至五)

610000－4022－0000053　0000053

十國雜事詩十七卷敘目二卷　(清)饒智元撰　清光緒十七年(1891)竹素齋刻本　一册　存六卷(五至十)

610000－4022－0000054　0000054

詩經八卷　(宋)朱熹集傳　清同治十年(1871)刻本　一册　存三卷(六至八)

610000－4022－0000055　0000055

陳卧子先生輯著詩經旦□□卷　(明)陳子龍輯著　清刻本　三册　存十卷(三至十二)

610000－4022－0000056　0000056

二續近科分體墨式不分卷　(清)□□撰　清同治八年(1869)二西堂刻本　一册

610000－4022－0000057　0000057

詩經八卷　(宋)朱熹集傳　清金陵木和堂刻本　四册

610000－4022－0000058　0000058

詩所八卷　(清)李光地註　清刻本　四册

610000－4022－0000059　0000059

論語集註本義匯条二十卷首一卷　(清)王步青輯　(清)王士鼇編　(清)孫維甸　(清)孫乃昀校　清敦復堂刻本　一册　存二卷(一、首一卷)

610000－4022－0000060　0000060

曾文正公文鈔四卷　(清)曾國藩撰　清刻本　一册　存一卷(四)

610000－4022－0000061　0000061

大學古本説一卷中庸章段一卷中庸餘論一卷讀論語札記三卷讀孟子札記二卷　(清)李光地撰　清刻本　一册

610000－4022－0000062　0000062

新鐫全補發微曆正通書大全三十卷　(明)顧乃德編集　(明)羅崇麟增補　清刻本　一册　存一卷(二)

610000－4022－0000063　0000063

小學韻語一卷　(清)羅澤南著　清光緒三十二年(1906)翰墨齋刻本　二册

610000－4022－0000064　0000064

孟子集註七卷　(宋)朱熹集註　清刻本　一册　存二卷(二至三)

610000－4022－0000065　0000065

分類賦學三十卷附錄一卷　(清)張維城撰　清刻本　二册　存四卷(二、五至七)

610000－4022－0000066　0000066

新鐫分類評註奇正合編百子金丹十卷　(明)郭偉選註　清刻本　一册　存一卷(八)

610000－4022－0000067　0000067

增補事類統編九十三卷首一卷　(清)黄葆真增輯　清刻本　一册　存八卷(五十一至五十八)

610000－4022－0000068　0000068

[光緒丙子科]時墨采真不分卷 (清)吳鴻恩選評 清光緒二年(1876)觀善堂刻本 一册

610000－4022－0000069 0000069

聊齋志異新評十六卷 (清)蒲松齡著 (清)王士正評 (清)但明倫新評 清中新書局刻本 四册 存四卷(九至十、十四、十六)

610000－4022－0000070 0000070

禁種罌粟示一卷 (□)□□撰 清光緒十一年(1885)刻本 一册

610000－4022－0000071 0000071

論語集註大全二十卷 (明)胡廣等撰 (清)汪份輯 清遄喜齋刻四書大全本 一册 存二卷(八至九)

610000－4022－0000072 0000072

大清同治五年歲次丙寅時憲書不分卷 (清)欽天監編 清同治四年(1865)刻朱墨印本 一册

610000－4022－0000073 0000073

應試程式不分卷附詩韻同文釋異摘要一卷 (清)俞子相撰 清咸豐六年(1856)刻本 一册

610000－4022－0000074 0000074

孝經一卷 (唐)玄宗李隆基注 (唐)陸德明音義 清光緒三十二年(1906)陝西學務處鉛印本 一册

610000－4022－0000075 0000075

四書體註十九卷 (清)范翔參訂 清乾隆五十四年(1789)文光堂刻本 三册 存九卷(孟子六至七、論語六至十、大學一、中庸一)

610000－4022－0000076 0000076

詩經八卷 (宋)朱熹集傳 清同治十年(1871)刻本 二册 缺三卷(三至五)

610000－4022－0000077 0000077

聊齋志異十六卷 (清)蒲松齡著 (清)王士正評 清刻本 一册 存四卷(五至八)

610000－4022－0000078 0000078

光緒壬午科陝西闈墨不分卷 (清)典試使者邵氏等鑒定 清光緒八年(1882)衡鑑堂刻本 一册

610000－4022－0000079 0000079

登瀛社稾不分卷 (清)羅惇衍撰 清同治六年(1867)刻本 一册

610000－4022－0000080 0000080

增訂二論典故引端四卷 (清)劉藎侯著 清誠意堂刻本 四册

610000－4022－0000081 0000081

增訂初學行文語類四卷 (清)孫上登 (清)蔣季眉編輯 清嘉慶十年(1805)文秀堂刻本 二册

610000－4022－0000082 0000082

聊齋志異評註十六卷 (清)蒲松齡著 (清)王士正評 (清)呂湛恩注 清何彤文刻本 六册 存六卷(五、十至十一、十四至十六)

610000－4022－0000083 0000083

醫學心語五卷附外科十法一卷 (清)程國彭著 清刻本 一册 存一卷(一)

610000－4022－0000084 0000084

大學一卷中庸一卷 (宋)朱熹章句 清刻本 一册

610000－4022－0000085 0000085

康熙字典十二集三十六卷總目一卷檢字一卷辨似一卷等韻一卷備考一卷補遺一卷附字典考證一卷 (清)張玉書等纂 清光緒六年(1880)昭陵玉光堂刻本 二十三册

610000－4022－0000086 0000086

靈棋經二卷 (漢)東方朔撰 (晉)顔幼明 (宋)何承天注 (元)陳師凱 (明)劉基解 清咸豐十一年(1861)致遠堂刻本 二册

610000－4022－0000087 0000087

四書題鏡三十六卷 (清)汪鯉翔撰 清嘉慶六年(1801)崇文堂刻本 三册 存三卷(論語二至三、中庸一)

610000－4022－0000088 0000088

五經類編二十八卷 (清)周世樟輯 清刻本

一册　存二卷(四至五)

610000－4022－0000089　0000089
咸豐辛酉科同治庚午科光緒丙子科四川鄉試硃卷不分卷　(清)□□編　清刻本　一册

610000－4022－0000090　0000090
書經六卷　(宋)蔡沈集傳　清集錦堂刻本　三册

610000－4022－0000091　0000091
天花藏合刻七才子書五卷　(清)荑秋散人編次　清乾隆六十年(1795)刻本　三册

610000－4022－0000092　0000092
光緒乙亥恩科直省鄉墨協矩不分卷　(清)彭福源輯　清光緒元年(1875)復合堂刻本　二册

610000－4022－0000093　0000093
尤太史西堂全集　(清)尤侗撰　清康熙刻本　十三册　存十二種

610000－4022－0000094　0000094
初學小題秘訣不分卷　(清)戴名世等撰　清刻本　一册

610000－4022－0000095　0000094
新增太史王韞輝入泮金針不分卷　(□)□□撰　清乾隆五十三年(1788)淩雲齋刻本　一册

610000－4022－0000096　0000095
[光緒丙子科]三場程式不分卷　(清)監臨院撰　清光緒元年(1875)刻本　一册

610000－4022－0000097　0000096
馮夔颺稿不分卷　(清)馮創野　(清)馮禹拜編次　清文會堂刻本　四册

610000－4022－0000098　0000097
庚辰集五卷　(清)紀昀編　清刻本　二册

610000－4022－0000099　0000098
小題孚新不分卷　(清)高敏編次　清刻本　二册

610000－4022－0000100　0000099
大學章句一卷　(宋)朱熹注　清刻本　一册

610000－4022－0000101　0000100
光緒乙酉科直省闈墨不分卷　(清)□□撰　清光緒十二年(1886)石印本　二册

610000－4022－0000102　0000101
光緒辛卯科直省鄉墨新編不分卷　(清)俞培元評選　清光緒十七年(1891)刻本　三册

610000－4022－0000103　0000102
詩韻集成十卷　(清)余照輯　清道光五年(1825)埽葉山房刻本　二册

610000－4022－0000104　0000103
西堂樂府　(清)尤侗撰　清康熙刻西堂全集本　二册　存五種

610000－4022－0000105　0000104
詩韻集成十卷　(清)余照輯　清道光二十三年(1843)敬文堂刻本　三册

610000－4022－0000106　0000105
醫宗必讀五卷　(明)李中梓著　(明)吳肇廣等叅　(明)李廷芳訂　清九經堂刻本　三册

610000－4022－0000107　0000106
論語集註本義匯叅二十卷首一卷　(清)王步青輯　(清)王士龕編　(清)孫維甸　(清)孫乃昀校　清敦復堂刻本　一册　存一卷(四)

610000－4022－0000108　0000107
辛卯課不分卷　(清)□□撰　清抄本　一册

610000－4022－0000109　0000108
新刊萬病回春原本八卷　(明)龔廷賢編　(清)周亮登校　清刻本　三册　存三卷(三至四、八)

610000－4022－0000110　0000109
孟子集註七卷　(宋)朱熹集註　清刻本　二册　存五卷(一至五)

610000－4022－0000111　0000110
有正味齋試帖詳註四卷　(清)吳錫麒著　(清)吳掄　(清)吳敬恒注　清嘉慶十年(1805)成錦堂刻本　四册

610000－4022－0000112　0000111

西堂餘集　(清)尤侗撰　清康熙刻西堂全集本　十五册　存五種

610000－4022－0000113　0000112

[嘉慶□□科]陝西鄉試闈墨不分卷　(清)□□編　清刻本　一册

610000－4022－0000114　0000113

外科鈐吉方一卷　(明)張介賓撰　清刻景岳全書本　一册

610000－4022－0000115　0000114

本草匯十八卷補遺一卷　(清)郭佩蘭纂輯　(清)郭樹畹　(清)郭維均參閲　清康熙梅花嶼刻本　二册　存四卷(五至六、十三至十四)

610000－4022－0000116　0000115

[科舉應試文抄]不分卷　(清)□□撰　清抄本　一册

610000－4022－0000117　0000116

應試分月詩賦註釋十二卷　(清)肖元冠選評　(清)方醇　(清)陳炳融校　清刻本　一册　存六卷(一至六)

610000－4022－0000118　0000117

春秋胡傳三十卷　(宋)胡安國傳　清刻本　四册　存十九卷(一至十四、二十至二十四)

610000－4022－0000119　0000118

重刊訂正篇海十卷　(明)李登撰　(明)張忻訂正　明崇禎七年(1634)北海張氏刻本　十册

610000－4022－0000120　0000119

康熙字典十二集三十六卷總目一卷檢字一卷辨似一卷等韻一卷備考一卷補遺一卷　(清)張玉書等撰　清刻本　一册　存一卷(辰集中)

610000－4022－0000121　0000120

新鐫許真君玉匣記增補諸家選擇日用通書六卷　(晉)許真君撰　清刻本　一册　存一卷(四)

610000－4022－0000122　0000121

管韞山稿不分卷　(清)管世銘撰　清稿本　一册

610000－4022－0000123　0000122

擇選論不分卷　(清)王琦等撰　清抄本　一册

610000－4022－0000124　0000123

論語十卷　(宋)朱熹集註　清刻本　一册　存三卷(八至十)

610000－4022－0000125　0000124

醫方集解六卷　(清)汪昂輯　清刻本　六册

610000－4022－0000126　0000125

東西晉演義十二卷　(明)楊爾曾撰　清刻本　一册　存一卷(五)

610000－4022－0000127　0000126

歷科考卷商後集不分卷　(清)□□撰　清刻本　一册

610000－4022－0000128　0000127

醫方不分卷　(□)□□撰　清末抄本　一册

610000－4022－0000129　0000128

字彙十二集首一卷末一卷　(明)梅膺祚音釋　清致和堂刻本　十二册

610000－4022－0000130　0000129

酬世錦囊全集四集　(清)謝梅林　(清)鄒可庭定　(清)鄒景揚輯　清姑蘇三樂堂刻本　四册　存二集

610000－4022－0000131　0000130

毛詩注疏三十卷　(漢)毛亨傳　(漢)鄭玄箋　(唐)陸德明音義　(唐)孔穎達疏　(清)勵宗萬等考證　清乾隆四年(1739)刻本　六册　存十二卷(十九至三十)

610000－4022－0000132　0000131

關中書院課士詩一卷　(清)路德評選　清道光十八年(1838)刻本　一册

610000－4022－0000133　0000132

四書大全四十卷首一卷附録一卷　(清)汪份輯　(清)馮鬐等訂　清帶月樓刻本　十册

存十五卷(論語集註三至十、十五至二十,首一卷)

610000－4022－0000134 0000133
四書大全學知錄二十三卷字畫辨訛一卷 (清)許泰交纂輯 清乾隆七年(1742)三槐堂刻本 九册 存二十二卷(大學一至二,中庸一至四,孟子一至七,論語一至二、六至十,字畫辨訛一卷)

610000－4022－0000135 0000134
禮記增訂旁訓六卷 (清)徐立綱撰 清匠門書屋刻本 二册 存二卷(五至六)

610000－4022－0000136 0000135
古唐詩合解十二卷古詩四卷 (清)王堯衢註 (清)李模 (清)李桓校 清道光十年(1830)金閶步月樓刻本 八册

610000－4022－0000137 0000136
重訂藥性賦解十卷 (清)王晉三重訂 **珍珠囊指掌補遺藥性賦四卷** (金)李杲編輯 (清)王晉三重訂 **雷公炮製藥性解六卷** (明)李中梓編輯 (清)王子接重訂 清乾隆五十年(1785)金閶傳萬堂刻本 四册

610000－4022－0000138 0000137
四書題鏡三十六卷 (清)汪鯉翔纂述 清刻本 六册 存十九卷(下論六至十、上孟一至六、下孟一至八)

610000－4022－0000139 0000138
禮記增訂旁訓六卷 (清)徐立綱撰 清匠門書屋刻本 二册 存二卷(四、六)

610000－4022－0000140 0000139
試律大觀三十二卷 (清)竹屏居士輯 清道光十八年(1838)刻本 五册

610000－4022－0000141 0000140
應酬彙選新集不分卷 (清)陸九如輯 清嘉慶二十二年(1817)山□堂刻本 三册

610000－4022－0000142 0000141
續試律大觀三十二卷 (清)王家相選 清咸豐元年(1851)鳳池亭刻本 八册

610000－4022－0000143 0000142
簡明中西匯參醫學圖說不分卷 (清)王有忠輯 (清)章秉鉞校閱 清光緒三十二年(1906)石印本 二册

610000－4022－0000144 0000143
新鐫外科活人定本四卷 (清)龔居中纂 清刻本 二册 存二卷(二至三)

610000－4022－0000145 0000144
痘症慢驚秘訣二卷 (清)莊一夔著 清嘉慶十五年(1810)刻本 一册

610000－4022－0000146 0000145
梅氏籌算三卷 (清)梅文鼎著 清光緒十三年(1887)陝西求友齋刻本 二册

610000－4022－0000147 0000146
韓子粹言不分卷 (唐)韓愈撰 (清)李光地輯 清刻本 二册

610000－4022－0000148 0000147
人生必讀書十二卷 (清)唐彪撰錄 清四美堂刻本 六册

610000－4022－0000149 0000148
孟子集註七卷 (宋)朱熹集註 清世德堂刻晉陽四書本 三册

610000－4022－0000150 0000149
關中書院課士賦不分卷 (清)路德評選 清道光十八年(1838)刻本 一册

610000－4022－0000151 0000150
關中書院課士詩一卷 (清)路德評選 清道光十八年(1838)刻本 一册

610000－4022－0000152 0000151
同治癸酉科直省鄉墨正宗不分卷附甲戌會墨一卷 (清)王思沂評選 清光緒五年(1879)孫振銓刻本 四册

610000－4022－0000153 0000152
周禮精華六卷 (清)陳龍標編輯 清道光十二年(1832)刻本 三册

610000－4022－0000154 0000153
四書述要十九卷 (清)楊玉緒著 (清)張尹

鑒定　清光緒二十年(1894)益元堂刻本　一册　存二卷(一至二)

610000－4022－0000155　0000154
中庸一卷　(宋)朱熹章句　清刻本　一册

610000－4022－0000156　0000155
考卷存雅不分卷　(清)□□撰　清刻本　一册

610000－4022－0000157　0000156
光緒甲午科直省鄉墨粹十七卷　(清)傅子純評選　清光緒二十年(1894)京都琉璨廠刻本　二册

610000－4022－0000158　0000157
光緒壬午科直省鄉墨快不分卷　(清)陳世五評選　清光緒八年(1882)三善書坊刻本　一册

610000－4022－0000159　0000158
三命通會十二卷　(明)萬民英撰　清刻本　三册　存三卷(六至七、十)

610000－4022－0000160　0000159
新鐫鑑略四字書一卷　(清)王仕雲撰　清光緒二十八年(1902)刻本　一册

610000－4022－0000161　0000160
而菴説唐詩二十二卷首一卷　(清)徐增撰　清乾隆二十三年(1758)文茂堂刻本　六册

610000－4022－0000162　0000161
皇朝經世文編一百二十卷姓名總目二卷　(清)賀長齡編　清同治十二年(1873)雙峰書屋刻本　二十二册　缺九十三卷(四、十五、三十至一百二十)

610000－4022－0000163　0000162
目耕齋小題不分卷　(清)沈叔眉編　清光緒十四年(1888)湖南文昌書局刻本　三册

610000－4022－0000164　0000163
仁在堂時藝辨一卷　(清)路德撰　清道光十六年(1836)文筠堂刻本　一册

610000－4022－0000165　0000164
簡明中西匯參醫學圖説不分卷　(清)王有忠輯　(清)章秉鉞校閲　清光緒三十二年(1906)石印本　一册

610000－4022－0000166　0000165
易經大全會解四卷　(清)來爾繩纂　清崇道堂刻本　一册　存一卷(三)

610000－4022－0000167　0000166
周易四卷　(宋)朱熹集註　清慎詒堂刻本　一册　存一卷(二)

610000－4022－0000168　0000167
詩經喈鳳詳解八卷　(清)陳抒孝纂錄　(清)汪基增訂　清刻本　二册　存二卷(五至六)

610000－4022－0000169　0000168
寄傲山房塾課新增幼學故事瓊林四卷首一卷　(清)程允升撰　(清)鄒聖脈增補　清刻本　一册　存二卷(三至四)

610000－4022－0000170　0000169
春秋心典傳本十二卷　(清)胡瑤光等纂輯
春秋傳本十二卷　(宋)胡瑗撰　清綸錫堂刻本　一册　存十二卷(春秋心典傳本七至十二、春秋傳本七至十二)

610000－4022－0000171　0000170
禮記集註四卷　(元)陳澔集註　清興盛堂刻本　四册

610000－4022－0000172　0000171
仁在堂時藝話一卷　(清)路德輯　清道光十七年(1837)文筠堂刻本　一册

610000－4022－0000173　0000172
後漢書一百卷續漢志三十卷　(南朝宋)范曄撰　(唐)李賢注　清刻本　五册　存二十五卷(七至三十一)

610000－4022－0000174　0000173
黄陶菴稿不分卷　(明)黄淳耀著　清刻本　一册

610000－4022－0000175　0000174
禮記備旨十一卷　(清)鄒聖脉纂輯　(清)鄒可庭編次　(清)鄒景陽訂　清刻本　二册　存六卷(一至三、六至八)

610000－4022－0000176　0000175
論語集註本義匯參二十卷首一卷　(清)王步青輯　(清)王士䵻編　(清)孫維甸　(清)孫乃昀校　清敦復堂刻本　一册　存二卷(九至十)

610000－4022－0000177　0000176
目耕齋讀本不分卷　(清)沈叔眉編次　(清)徐楷評注　清光緒十四年(1888)湖南文昌書局刻本　二册

610000－4022－0000178　0000177
戰國策選不分卷　(□)□□撰　清刻本　一册

610000－4022－0000179　0000178
寄嶽雲齋試帖詳註四卷　(清)聶銑敏著　(清)張學蘇箋　(清)王茂松　(清)宋廷芳校　清刻本　一册　存一卷(三)

610000－4022－0000180　0000179
增訂一夕話新集六卷　(清)咄咄夫撰　(清)嗤嗤子增訂　清乾隆四十七年(1782)書業堂刻本　二册

610000－4022－0000181　0000180
瀛奎玉律二集　(清)高敏編次　(清)夏子齡　(清)徐之銘參訂　清道光十八年(1838)刻本　四册

610000－4022－0000182　0000181
四書全解□□卷　(□)□□撰　清刻本　一册　存三卷(八至十)

610000－4022－0000183　0000182
呂叔簡先生四禮翼不分卷　(明)呂坤撰　清同治十二年(1873)刻本　一册

610000－4022－0000184　0000183
昭德先生郡齋讀書志二十卷附志一卷首一卷　(宋)晁公武撰　(宋)姚應績編　清刻本　一册　存三卷(十一至十三)

610000－4022－0000185　0000184
目耕齋二刻不分卷　(清)沈叔眉　(清)徐楷編次　清光緒十四年(1888)湖南文昌書局刻本　三册

610000－4022－0000186　0000185
少嵒賦草三卷　(清)夏思沺著　清道光十年(1830)桐石山房刻本　三册

610000－4022－0000187　0000186
塾課小題正鵠三編　(清)李元度編輯　清刻本　一册

610000－4022－0000188　0000187
書業堂重訂古文釋義新編八卷　(清)余誠評註　清書業堂刻本　一册　存一卷(二)

610000－4022－0000189　0000188
康熙字典十二集三十六卷總目一卷檢字一卷辨似一卷等韻一卷備考一卷補遺一卷　(清)張玉書等纂　清道光七年(1827)刻本　四十册

610000－4022－0000190　0000189
康熙字典十二集三十六卷總目一卷檢字一卷辨似一卷等韻一卷備考一卷補遺一卷　(清)張玉書等纂　清道光七年(1827)刻本　四十册

610000－4022－0000191　0000190
康熙字典十二集三十六卷總目一卷檢字一卷辨似一卷等韻一卷備考一卷補遺一卷　(清)張玉書等撰　清刻本　三十五册　缺六卷(午上中下、未上中下)

610000－4022－0000192　0000191
正字通十二卷　(明)張自烈撰　(清)廖文英輯　清康熙芥子園刻本　三十册　存十一卷(丑一、寅三、卯三、辰三、巳三、午三、未三、申三、酉三、戌二、亥三)

610000－4022－0000193　0000192
廣事類賦四十卷　(清)華希閔著　(清)鄒兆升等參　清乾隆二十年(1755)劍光閣刻本　十册

610000－4022－0000194　0000193
春秋左傳注疏六十卷　(晉)杜預注　(唐)陸德明音義　(唐)孔穎達疏　清末石印本　五

冊　存十五卷(三十三至三十八、四十三至四十五、五十二至五十七)

610000－4022－0000195　0000194
禮記旁訓辨體合訂六卷　(清)徐立綱輯　清循陔堂刻本　六冊

610000－4022－0000196　0000195
畿輔試牘不分卷　(清)馮氏鑒定　清刻本　一冊

610000－4022－0000197　0000196
東周列國全志二十三卷一百八回　(清)蔡界評點　清刻本　六冊　存五卷(二至六)

610000－4022－0000198　0000197
袁王綱鑑合編三十九卷附明紀綱目二十卷　(明)袁黄輯　(明)王世貞編　清光緒三十年(1904)鉛印本　八冊

610000－4022－0000199　0000198
湯頭歌訣一卷　(清)汪昂撰　清抄本　一冊

610000－4022－0000200　0000199
格物入門七卷　(美國)丁韙良著　清石印本　三冊　存三卷(三至五)

610000－4022－0000201　0000200
經畬堂稿四卷　(清)儲在文著　清刻本　三冊　存三卷(論語一至二、孟子一)

610000－4022－0000202　0000201
經畬堂課孫草不分卷　(清)儲在文撰　清刻本　一冊

610000－4022－0000203　0000202
詩經融註大全體要八卷　(清)高朝瓔定　(清)沈世楷輯　清刻本　一冊　存一卷(五)

610000－4022－0000204　0000203
新鐫孫龐演義四卷二十回　(□)□□撰　清古吳文秀堂刻本　二冊　存十四回(一至十四)

610000－4022－0000205　0000204
仁在堂時藝話一卷　(清)路德輯　清道光十七年(1837)刻本　一冊

610000－4022－0000206　0000205
崔建三文稿不分卷　(清)崔光斗撰　清道光十六年(1836)刻本　一冊

610000－4022－0000207　0000206
二曲集二十六卷　(清)李顒著　(清)王心敬摭次　清刻本　一冊　存二卷(十八至十九)

610000－4022－0000208　0000207
眼科不分卷　(□)□□撰　清末抄本　一冊

610000－4022－0000209　0000208
尺木堂綱鑑易知錄九十二卷　(清)吳乘權等輯　清刻本　一冊　存二卷(四十二至四十三)

610000－4022－0000210　0000209
正蒙二卷　(宋)張載撰　(清)李光地注　清刻本　一冊　存一卷(二)

610000－4022－0000211　0000210
唐詩三百首不分卷　(清)孫洙編　清刻本　一冊

610000－4022－0000212　0000211
花樣集六卷　(清)楊昌光編　清刻本　一冊　存四卷(五至八)

610000－4022－0000213　0000212
[雍正壬子科]鄉墨賞新集不分卷　(清)□□輯　清刻本　一冊

610000－4022－0000214　0000213
孟子集註本義匯叅十四卷首一卷　(清)王步青輯　(清)王士鼇編　(清)孫維甸　(清)孫乃昀校　清敦復堂刻本　一冊　存一卷(五)

610000－4022－0000215　0000214
策學纂要十六卷　(清)戴朋　(清)黄卷輯　清合義堂刻本　二冊

610000－4022－0000216　0000215
制藝萃珍十卷　(清)懷芳居士輯　清刻本　一冊　存二卷(九至十)

610000－4022－0000217　0000216
四書體註十九卷　(清)范翔參訂　清刻本

二册　存四卷(孟子二至三、六至七)

610000－4022－0000218　0000217

樊山政書二十卷　樊增祥撰　清宣統二年(1910)政學社刻本　九册　存十八卷(一至四、七至二十)

610000－4022－0000219　0000218

瀛奎律髓四十九卷　(元)方回選　清刻本　一册　存一卷(二十)

610000－4022－0000220　0000219

新訂四書補註備旨十卷　(明)鄧林著　(清)鄧煜編次　(清)祁文友重校　(清)杜定基增訂　清刻本　一册　存一卷(下孟卷之四)

610000－4022－0000221　0000220

五經類語八卷　(明)梁宇喬纂述　(明)施宗誼訂閱　(明)吳民泰重較　清刻本　四册　存五卷(四至八)

610000－4022－0000222　0000221

瀛海探驪集八卷　(清)朱埏之輯　(清)毛寅初等著　清集錦堂刻本　五册

610000－4022－0000223　0000222

註釋八銘塾鈔初集不分卷　(清)吳蘭陔編次　清怡蓮堂刻本　五册

610000－4022－0000224　0000223

周官精義十二卷　(清)連叔度纂輯　清嘉慶二十三年(1818)刻本　六册

610000－4022－0000225　0000224

春雲詩鈔六卷　(清)張襄綸輯　(清)張維城編次　(清)繆有本牋註　清道光十二年(1832)寶仁堂刻本　三册

610000－4022－0000226　0000225

詩韻集成十卷　(清)余照輯　清道光十八年(1838)刻本　四册

610000－4022－0000227　0000226

字彙十二卷首一卷末一卷　(明)梅膺祚音釋　清康熙三十九年(1700)刻本　十四册

610000－4022－0000228　0000227

西漢文選四卷　(清)儲欣評　清雍正元年(1723)受祉堂刻本　二册

610000－4022－0000229　0000228

論語集註十卷序說一卷　(宋)朱熹集註　清刻本　二册

610000－4022－0000230　0000229

增補春秋左傳易讀六卷　(清)司徒修輯注　清光緒十五年(1889)永順堂刻本　五册

610000－4022－0000231　0000230

四書大全四十二卷　(清)汪份輯　(清)馮暠等訂　清遄喜齋刻本　八册　存八卷(大學章句一至三、或問一卷,中庸章句一至三、或問一卷)

610000－4022－0000232　0000231

榕村別集五卷　(清)李光地撰　清刻本　一册

610000－4022－0000233　0000232

硃批七家詩選箋注七卷　(清)張熙宇輯評　(清)李惺等著　清大文堂刻朱墨印本　二册

610000－4022－0000234　0000233

康熙字典十二集三十六卷總目一卷檢字一卷辨似一卷等韻一卷補遺一卷備考一卷　(清)張玉書等纂　清刻本　二册　存二卷(補遺一卷、備考一卷)

610000－4022－0000235　0000234

康熙字典十二集三十六卷總目一卷檢字一卷辨似一卷等韻一卷備考一卷補遺一卷　(清)張玉書等纂　清刻本　四册　存八卷(丑上下、寅中、未下,總目一卷,檢字一卷,辨似一卷,等韻一卷)

610000－4022－0000236　0000235

四書大全四十二卷　(清)汪份輯　(清)馮暠等訂　清刻本　二册　存三卷(大學章句一至二、或問一卷)

610000－4022－0000237　0000236

四書大全四十二卷　(清)汪份輯　(清)馮暠等訂　清刻本　八册　存九卷(中庸章句一至二、或問一卷,孟子一至三、十一至十三)

610000－4022－0000238　0000237

前漢書一百卷　(漢)班固撰　清刻本　一册　存六卷(三十四至三十九)

610000－4022－0000239　0000238

[光緒戊子科]秦闈分校錄不分卷　(清)□□輯　清光緒十四年(1888)刻本　一册

610000－4022－0000240　0000239

銅板四書體注附攷十九卷　(清)范翔訂　清乾隆二十年(1755)三多齋刻本　六册

610000－4022－0000241　0000240

詩經鄉嬛體註大全八卷　(清)范翔重訂　清嘉慶二十四年(1819)裕文堂刻本　六册

610000－4022－0000242　0000241

尚書解義一卷　(清)李光地撰　清刻本　一册

610000－4022－0000243　0000242

詩經精華十卷　(清)薛嘉穎撰　清刻本　五册　存八卷(三至十)

610000－4022－0000244　0000243

傅氏眼科審視瑶函六卷首一卷　(明)傅仁宇纂輯　(明)林長生校補　清乾隆步雲閣刻本　二册　缺一卷(六)

610000－4022－0000245　0000244

書業堂重訂古文釋義新編八卷　(清)余誠評註　清聚文堂刻本　三册　存六卷(三至八)

610000－4022－0000246　0000245

中庸章句一卷　(宋)朱熹章句　清刻本　一册

610000－4022－0000247　0000246

四書體註十九卷　(清)范翔参訂　清刻本　四册　存十二卷(孟子一至七、論語六至十)

610000－4022－0000248　0000247

孟子集註七卷　(宋)朱熹集註　清刻本　一册　存二卷(四至五)

610000－4022－0000249　0000248

經餘必讀續編八卷　(清)雷琳　(清)錢樹棠等輯　清刻本　一册　存二卷(七至八)

610000－4022－0000250　0000249

問可集□□卷　(□)□□撰　清抄本　四册　存四卷(一至四)

610000－4022－0000251　0000250

本朝則例類編目錄二卷吏部二卷戶部二卷禮部二卷兵部二卷刑部二卷工部一卷續增新例一卷　(清)陸海編　清刻本　一册

610000－4022－0000252　0000251

論語十卷　(宋)朱熹集註　清世德堂刻晉陽四書本　一册　存六卷(五至十)

610000－4022－0000253　0000252

痧癥全書三卷　(清)林森傳授　(清)王凱編輯　清刻本　一册　存一卷(上)

610000－4022－0000254　0000253

新訂四書補註備旨十卷　(明)鄧林著　(清)鄧煜編次　(清)祁文友重校　(清)杜定基增訂　清刻本　一册　存二卷(下論三至四)

610000－4022－0000255　0000254

榕村語錄三十卷　(清)李光地撰　清刻本　十册

610000－4022－0000256　0000255

東醫寶鑑二十二卷目錄二卷　(朝鮮)許浚撰　清刻本　一册　存一卷(一)

610000－4022－0000257　0000256

醫方集解六卷　(清)汪昂著輯　(清)汪桓条閲　(清)汪端　(清)汪惟寵較訂　清刻本　二册　存四卷(一至四)

610000－4022－0000258　0000257

新刊萬病回春原本八卷　(明)龔廷賢編　(清)周亮登校　清乾隆九年(1744)三樂齋刻本　四册

610000－4022－0000259　0000258

讀論語劄記二卷讀孟子劄記二卷　(清)李光地撰　清刻本　二册

610000－4022－0000260　0000259

先抄藥方不分卷　(□)□□撰　清抄本　一册

610000－4022－0000261　0000260

繪圖施公案八集三十二卷　(□)□□撰　清刻本　一册　存十二卷(六集一至四、七集一至四、八集一至四)

610000－4022－0000262　0000261

太上感應篇一卷　(□)□□撰　清光緒十八年(1892)寶樹堂刻本　一册

610000－4022－0000263　0000262

書經體註大全合参六卷　(清)錢希祥纂輯　清刻本　一册　存二卷(二至三)

610000－4022－0000264　0000263

佩文詩韻釋要五卷　(清)林重輯　清光緒十二年(1886)刻本　一册

610000－4022－0000265　0000264

同仁堂藥目不分卷　(清)樂鳳鳴編　清刻本　一册

610000－4022－0000266　0000265

明文明二集不分卷　(清)路德輯評　清刻本　一册

610000－4022－0000267　0000266

古文雅正十四卷　(清)蔡世遠撰　清刻本　一册　存三卷(七、十一至十二)

610000－4022－0000268　0000267

新刻增補古今醫鑑八卷　(明)龔信編　(明)龔廷賢續編　清刻本　一册　存二卷(一至二)

610000－4022－0000269　0000268

禮記易讀四卷　(清)致远堂主人輯　清刻本　一册　存一卷(四)

610000－4022－0000270　0000269

圖註脈訣四卷　(晉)王叔和譔　清刻本　一册　存一卷(三)

610000－4022－0000271　0000270

經驗廣集四卷　(清)李文炳輯　清刻本　一册　存一卷(一)

610000－4022－0000272　0000271

馮氏錦囊秘錄八種　(清)馮兆張輯　清延壽堂刻本　一册　存二種

610000－4022－0000273　0000272

近科考卷脱穎集不分卷　(清)李秬香編　清嘉慶二十年(1815)刻本　二册

610000－4022－0000274　0000273

詩經集傳八卷　(宋)朱熹集傳　清刻本　一册　存一卷(五)

610000－4022－0000275　0000274

[咸豐□□科直省鄉墨]不分卷　(清)□□輯　清刻本　二册

610000－4022－0000276　0000275

四書體註十九卷　(清)范翔参訂　清刻本　一册　存二卷(孟子六至七)

610000－4022－0000277　0000276

詩學圓機活法摘要四卷　(明)王世貞校訂　清嘉慶八年(1803)文光堂刻本　一册

610000－4022－0000278　0000277

女科仙方四卷　(清)傅青主著　(清)魯清藩校　清刻本　一册　存一卷(四)

610000－4022－0000279　0000278

石渠閣新鐫周易幼學能解六卷　(明)黄淳耀注　(清)壽國等参補　清石渠閣刻本　一册　存二卷(五至六)

610000－4022－0000280　0000279

新訂鄧退菴先生家授四書講義補註附考備旨十卷　(明)鄧林著　(清)祁文友　(清)尹源進增訂　(清)張成遇参訂　(清)楊瀾西補　(清)鄒梧岡参補　清刻本　一册　存一卷(上論一)

610000－4022－0000281　0000280

孝經一卷　(明)陳選集註　清抄本　一册

610000－4022－0000282　0000281

傅氏眼科審視瑶函六卷首一卷　(明)傅仁宇纂輯　清醉畊堂刻本　二册　存二卷(二、四)

610000－4022－0000283　0000282

吴騷集四卷　(明)王穉登輯　清刻本　一册

存一卷(四)

610000－4022－0000284　0000283

春秋三傳十六卷首一卷陸氏三傳釋文音義十六卷　(春秋)左丘明撰　(唐)陸德明音義　清同治十年(1871)刻本　十四冊　缺五卷(春秋三傳二、四、六、十三、十六)

610000－4022－0000285　0000284

孟子集註七卷　(宋)朱熹集註　清刻本　一冊　存二卷(六至七)

610000－4022－0000286　0000285

策學總纂大全五十卷目錄二卷　(清)蔡壽祺編　清刻本　四冊　存十二卷(一至五、三十至三十六)

610000－4022－0000287　0000286

鑑略四字書不分卷　(清)王仕雲著　清刻本　一冊

陝西省寶鷄市圖書館古籍普查登記目録

全國古籍普查登記目録

國家圖書館出版社
National Library of China Publishing House

610000－1004－0000001　000001－000006
御纂周易折中二十二卷首一卷　(清)李光地等纂　清康熙五十四年(1715)刻本　六册　存十卷(一至十)

610000－1004－0000002　000007－000018
御纂周易折中二十二卷首一卷　(清)李光地等纂　清同治十年(1871)湖北崇文書局刻本　十二册

610000－1004－0000003　000019－000024
周易辨畫四十卷　(清)連斗山著　清乾隆刻本　六册　存二十一卷(一至二十一)

610000－1004－0000004　000025－000131
十三經注疏　(□)□□輯　清乾隆四年(1739)武英殿刻本　一百十一册

610000－1004－0000005　000141－000142
易經體註四卷　(清)來爾繩纂輯　(清)朱采治　(清)朱之澄編訂　清乾隆二十二年(1757)三樂齋刻本　二册

610000－1004－0000006　000143－000144
易經體註大全合conclusion四卷　(清)范翔鑑　(清)李兆賢緝著　清道光八年(1828)刻本　二册

610000－1004－0000007　000145－000148
易經體註大全合叅四卷　(清)范翔鑑　(清)李兆賢緝著　清嘉慶二十年(1815)刻本　四册

610000－1004－0000008　000149－000152
易經體註大全合叅四卷　(清)范翔鑑　(清)李兆賢緝著　清奎光堂刻本　四册

610000－1004－0000009　000153－000154
易經體註大全四卷　(清)來爾繩纂輯　(清)朱采治　(清)朱之澄編訂　清康熙五十八年(1719)光霽堂刻本　二册

610000－1004－0000010　000155－000156
易經體註大全合叅四卷　(清)范翔鑑　(清)李兆賢緝著　清永順堂刻本　二册

610000－1004－0000011　000157－000160
易經體註大全合叅四卷　(清)范翔鑑　(清)李兆賢緝著　清刻本　四册

610000－1004－0000012　000161－000172
來瞿唐先生易註十五卷首一卷末一卷　(明)來知德撰　清刻本　十二册

610000－1004－0000013　000173
新增訂易經講義備旨四卷　(明)鄧林輯著　(清)仇兆鰲叅補　清康熙二十五年(1686)聖益齋刻本　一册

610000－1004－0000014　000174－000175
寄傲山房塾課纂輯御案易經備旨七卷　(清)鄒聖脉纂輯　清道光二年(1822)刻本　二册

610000－1004－0000015　000180
世德堂新訂周易備旨詳解四卷　(宋)朱熹本義　(清)鄒梧岡輯　清文運堂刻本　一册

610000－1004－0000016　000181－000183
世德堂新訂周易備旨詳解四卷　(宋)朱熹本義　(清)鄒梧岡輯　清大經堂刻本　三册

610000－1004－0000017　000184－000185
周易四卷　(宋)朱熹本義　清光緒十六年(1890)刻本　二册

610000－1004－0000018　000190－000191
楊氏誠齋先生易傳二十卷首一卷　(宋)楊萬里撰　清刻本　二册　存十二卷(五至十六)

610000－1004－0000019　000192－000193
周易四卷　(宋)朱熹本義　清嘉慶五年(1800)刻本　二册

610000－1004－0000020　000194－000197
書經六卷　(宋)蔡沈集傳　清光緒十三年(1887)刻本　四册

610000－1004－0000021　000198
寄傲山房塾課纂輯書經備旨七卷　(清)鄒聖脉纂輯　清刻本　一册

610000－1004－0000022　000199－000202
書經六卷　(宋)蔡沈集傳　清同治十年(1871)刻本　四册

610000－1004－0000023　000207－000210

書六卷　(宋)蔡沈集傳　清咸豐七年(1857)刻本　四冊

610000－1004－0000024　000211－000214
書六卷　(宋)蔡沈集傳　清咸豐七年(1857)刻本　四冊

610000－1004－0000025　000215－000216
新刻書經備旨善本輯要六卷　(清)汪右衡鑒定　(清)馬良奇輯　清同治五年(1866)刻本　二冊

610000－1004－0000026　000217－000220
書經六卷　(宋)蔡沈集傳　清光緒十六年(1890)刻本　四冊

610000－1004－0000027　000221－000223
書經六卷　(宋)蔡沈集傳　清同治十年(1871)刻本　三冊

610000－1004－0000028　000224－000226
書經讀本不分卷　(宋)蔡沈纂輯　清光緒十九年(1893)刻本　三冊

610000－1004－0000029　000227－000230
書經離句六卷　(清)劉梅坨鑒定　(清)錢在培輯解　清道光十九年(1839)刻本　四冊

610000－1004－0000030　000231－000234
尚書離句六卷　(清)劉梅坨鑒定　(清)錢在培輯解　清光緒十二年(1886)刻本　四冊

610000－1004－0000031　000235－000238
書經體註大全合条六卷　(清)范翔鑒定　(清)張聖度訂　(清)錢希祥条　清光緒二年(1876)刻本　四冊

610000－1004－0000032　000239－000242
書經體註大全合条六卷　(清)范翔鑒定　(清)張聖度訂　(清)錢希祥条　清學源堂刻本　四冊

610000－1004－0000033　000243－000246
書經體註大全合条六卷　(清)范翔鑒定　(清)張聖度訂　(清)錢希祥条　清桂林堂刻本　四冊

610000－1004－0000034　000247－000250
書經體註大全合条六卷　(清)范翔鑒定　(清)張聖度訂　(清)錢希祥条　清刻本　四冊

610000－1004－0000035　000251－000252
書經體註大全合条六卷　(清)范翔鑒定　(清)張聖度訂　(清)錢希祥条　清乾隆八年(1743)三樂齋刻本　二冊

610000－1004－0000036　000253－000256
書經體註大全合条六卷　(清)范翔鑒定　(清)張聖度訂　(清)錢希祥条　清文賢堂刻本　四冊

610000－1004－0000037　000257－000260
書經體註大全合条六卷　(清)范翔鑒定　(清)張聖度訂　(清)錢希祥条　清文賢堂刻本　四冊

610000－1004－0000038　000261－000264
書經體註大全合条六卷　(清)范翔鑒定　(清)張聖度訂　(清)錢希祥条　清乾隆四十三年(1778)刻本　四冊

610000－1004－0000039　000265－000266
書經體註大全合条六卷　(清)范翔鑒定　(清)張聖度訂　(清)錢希祥条　清嘉慶十三年(1808)大經堂刻本　二冊

610000－1004－0000040　000267－000270
書經體註大全合条六卷　(清)范翔鑒定　(清)張聖度訂　(清)錢希祥条　清嘉慶七年(1802)刻本　四冊

610000－1004－0000041　000271－000274
書經體註大全合条六卷　(清)范翔鑒定　(清)張聖度訂　(清)錢希祥条　清嘉慶七年(1802)刻本　四冊

610000－1004－0000042　000275－000278
書經體註大全合条六卷　(清)范翔鑒定　(清)張聖度訂　(清)錢希祥条　清致和堂刻本　四冊

610000－1004－0000043　000279－000282
書經體註大全合条六卷　(清)范翔鑒定

（清）張聖度訂　（清）錢希祥桑　清雍正三年（1725）永順堂刻本　四册

610000－1004－0000044　000283－000292
欽定書經傳説彙纂二十一卷首二卷書序一卷　（清）王頊齡等纂　清雍正八年（1730）刻本　二十册

610000－1004－0000045　000303－000312
欽定詩經傳説彙纂二十一卷首二卷詩序二卷　（清）王鴻緒等纂　清雍正五年（1727）刻本　二十册

610000－1004－0000046　000323－000332
欽定詩經傳説彙纂二十一卷首二卷詩序二卷　（清）王鴻緒等纂　清雍正五年（1727）刻本　二十册

610000－1004－0000047　000343－000351
御纂詩義折中二十卷　（清）傅恒等纂　清刻本　九册

610000－1004－0000048　000352－000361
御纂詩義折中二十卷　（清）傅恒等纂　清乾隆二十年（1755）刻本　十册

610000－1004－0000049　000362－000369、17090－17093
御纂詩義折中二十卷　（清）傅恒等纂　清光緒十二年（1886）刻本　十二册

610000－1004－0000050　000370－000372
詩經八卷　（宋）朱熹集傳　清光緒元年（1875）刻本　三册　存六卷（一至三、六至八）

610000－1004－0000051　000373－000376
詩經音訓不分卷　（清）楊國楨撰　清光緒元年（1875）刻本　四册

610000－1004－0000052　000377－000380
詩經音訓不分卷　（清）楊國楨撰　清光緒元年（1875）刻本　四册

610000－1004－0000053　000381－000384
重訂詩經衍義合条集註八卷　（清）黄坤五定　（清）江晉雲輯著　清道光二十六年（1846）刻本　四册

610000－1004－0000054　000385－000388
新鐫晉雲江先生詩經衍義集註八卷　（清）江晉雲輯著　清同德堂刻本　四册

610000－1004－0000055　000393－000396
詩經八卷　（宋）朱熹集傳　清刻本　四册

610000－1004－0000056　000397－000400
詩經融註大全體要八卷　（清）高朝瓔定　（清）沈世楷輯　清光緒二年（1876）刻本　四册

610000－1004－0000057　000401－000404
詩經八卷　（宋）朱熹集傳　清同治十年（1871）刻本　四册

610000－1004－0000058　000405－000408
新增詩經補註附考備旨八卷　（清）鄒梧岡纂輯　清三讓堂刻本　四册

610000－1004－0000059　000409－000413
詩經精華十卷首一卷　（清）薛嘉穎撰　清道光五年（1825）刻本　五册

610000－1004－0000060　000414－000417
詩經體註大全體要八卷　（清）高朝瓔定　（清）沈世楷輯　清崇文堂刻本　四册

610000－1004－0000061　000418－000421
詩經體註大全合条八卷　（清）高朝瓔定　（清）沈世楷輯　清嘉慶元年（1796）刻本　四册

610000－1004－0000062　000422－000425
詩經體註大全合条八卷　（清）高朝瓔定　（清）沈世楷輯　清致盛堂刻本　四册

610000－1004－0000063　000426－000429
詩經融註大全體要八卷　（清）高朝瓔定　（清）沈世楷輯　清文盛堂刻本　四册

610000－1004－0000064　000430－000433
詩經融註大全體要八卷　（清）高朝瓔定　（清）沈世楷輯　清致和堂刻本　四册

610000－1004－0000065　000434

詩經融註大全體要八卷　(清)高朝瓔定　(清)沈世楷輯　清致和堂刻本　四冊

610000－1004－0000066　000438－000441
詩經體註大全合枀八卷　(清)高朝瓔定　(清)沈世楷輯　清大道堂刻本　四冊

610000－1004－0000067　000442－000445
詩經體註大全合枀八卷　(清)高朝瓔定　(清)沈世楷輯　清奎光堂刻本　四冊

610000－1004－0000068　000446－000449
詩經體註大全合枀八卷　(清)高朝瓔定　(清)沈世楷輯　清奎光堂刻本　四冊

610000－1004－0000069　000450－000453
詩經體註大全合枀八卷　(清)高朝瓔定　(清)沈世楷輯　清學源堂刻本　四冊

610000－1004－0000070　000454－000457
詩經體註大全合枀八卷　(清)高朝瓔定　(清)沈世楷輯　清嘉慶十六年(1811)刻本　四冊

610000－1004－0000071　000458－000461
詩經融註大全體要八卷　(清)高朝瓔定　(清)沈世楷輯　清乾隆四十二年(1777)刻本　四冊

610000－1004－0000072　000462－000465
詩經融註大全體要八卷　(清)高朝瓔定　(清)沈世楷輯　清乾隆四十二年(1777)刻本　二冊

610000－1004－0000073　000466－000467
詩經融註大全體要八卷　(清)高朝瓔定　(清)沈世楷輯　清文會堂刻本　二冊

610000－1004－0000074　000468－000471
詩經融註大全體要八卷　(清)高朝瓔定　(清)沈世楷輯　清嘉慶三年(1798)刻本　四冊

610000－1004－0000075　000472－000475
詩經融註大全體要八卷　(清)高朝瓔定　(清)沈世楷輯　清大文堂刻本　四冊

610000－1004－0000076　000476－000489
欽定周官義疏四十八卷首一卷　(清)允祿等纂　清刻本　二十一冊　缺九卷(四十至四十八)

610000－1004－0000077　000504－000507
周禮易讀六卷　(清)司徒修選訂　(清)沈士荃等檢校　清道光十五年(1835)刻本　四冊

610000－1004－0000078　000508－000515
周官精義十二卷　(清)連斗山編次　清嘉慶二十二年(1817)刻本　八冊

610000－1004－0000079　000516－000519
周官經六卷　(漢)鄭玄注　清光緒二十二年(1896)刻本　四冊

610000－1004－0000080　000520－000521
周禮政要四卷　(清)孫詒讓著　清光緒三十年(1904)刻本　二冊

610000－1004－0000081　000522－000523
周禮精華六卷　(清)陳龍標編輯　清嘉慶二十一年(1816)刻本　二冊

610000－1004－0000082　000524－000529
周官精義十二卷　(清)連斗山編次　清嘉慶二年(1797)刻本　六冊

610000－1004－0000083　000530－000535
周禮註釋十二卷　(清)鮑梁纂輯　清刻本　六冊

610000－1004－0000084　000536－000538
周禮約編六卷　(清)汪基譔　清光緒三十三年(1907)鉛印本　三冊

610000－1004－0000085　000539－000541
周禮約編六卷　(清)汪基譔　清光緒三十三年(1907)鉛印本　三冊

610000－1004－0000086　000542－000574
欽定儀禮義疏四十八卷首二卷　(清)允祿等纂　清刻本　三十三冊　缺八卷(四十一至四十八)

610000－1004－0000087　000582－000608
欽定儀禮義疏四十八卷首一卷　(清)允祿等纂　清刻本　二十七冊　存四十一卷(一至

四、六至七、九至十三、十五至二十四、二十六至四十、四十三至四十四、四十六至四十八)

610000－1004－0000088　000609
儀禮約編二卷　(清)汪基撰鈔　(清)江永校纂　清光緒三十二年(1906)鉛印本　一冊

610000－1004－0000089　000610
儀禮約編二卷　(清)汪基撰鈔　(清)江永校纂　清光緒三十二年(1906)鉛印本　一冊

610000－1004－0000090　000611
儀禮約編二卷　(清)汪基撰鈔　(清)江永校纂　清光緒三十二年(1906)鉛印本　一冊

610000－1004－0000091　000612－000655
欽定禮記義疏八十二卷首一卷　(清)鄂爾泰等纂修　清乾隆十三年(1748)武英殿刻本　四十四冊

610000－1004－0000092　000656－000665
禮記四十六卷　(漢)鄭玄注　清光緒二十二年(1896)刻本　十冊

610000－1004－0000093　000666－000668
禮記大全傳本三卷　(清)胡瑤光纂　清崇文堂刻本　三冊

610000－1004－0000094　000669－000671
禮記心典傳本三卷　(清)胡瑤光纂　清銀杏房刻本　三冊

610000－1004－0000095　000672－000675
禮記心典傳本三卷　(清)胡瑤光纂　清刻本　四冊

610000－1004－0000096　000676－000679
禮記心典傳本三卷　(清)胡瑤光纂　清翰墨齋刻本　四冊

610000－1004－0000097　000680－000683
禮記心典傳本三卷　(清)胡瑤光纂　清刻本　四冊

610000－1004－0000098　000684－000687
禮記心典傳本三卷　(清)胡瑤光纂　清崇文堂刻本　四冊

610000－1004－0000099　000688－000690
禮記心典傳本四卷　(清)胡瑤光纂　清刻本　三冊

610000－1004－0000100　000691－000700
禮記十卷　(元)陳澔集說　清光緒十六年(1890)刻本　十冊

610000－1004－0000101　000701－000709
禮記註疏六十三卷　(漢)鄭玄註　(唐)孔穎達疏　明汲古閣刻本　九冊　存二十三卷(八至十一、十六至二十、三十五至三十九、五十二至五十七、六十一至六十三)

610000－1004－0000102　000710－000713
漱芳軒合纂禮記體註四卷　(清)范翔參訂　(清)吳有文等校　清道光元年(1821)三多齋刻本　四冊　存一卷(一)

610000－1004－0000103　000714－000717
禮記體註大全四卷　(清)范翔原定　(清)徐旦參訂　清乾隆四十三年(1778)刻本　四冊

610000－1004－0000104　000718－000721
漱芳軒合纂禮記體註四卷　(清)范翔參訂　(清)吳有文等校　清道光元年(1821)刻本　三冊

610000－1004－0000105　000722－000725
漱芳軒合纂禮記體註四卷　(清)范翔參訂　(清)吳有文等校　清永順堂刻本　四冊

610000－1004－0000106　000726－000729
漱芳軒合纂禮記體註四卷　(清)范翔參訂　(清)吳有文等校　清文成堂刻本　四冊

610000－1004－0000107　000730－000733
漱芳軒合纂禮記體註四卷　(清)范翔參訂　(清)吳有文等校　清道光十五年(1835)刻本　四冊

610000－1004－0000108　000734－000737
漱芳軒合纂禮記體註四卷　(清)范翔參訂　(清)吳有文等校　清道光二年(1822)刻本　四冊

610000－1004－0000109　000738－000741

漱芳軒合纂禮記體註四卷　（清）范翔叅訂　（清）吳有文等校　清嘉慶十三年（1808）刻本　四冊

610000－1004－0000110　000742－000745
漱芳軒合纂禮記體註四卷　（清）范翔叅訂　（清）吳有文等校　清嘉慶十三年（1808）刻本　四冊

610000－1004－0000111　000746－000749
漱芳軒合纂禮記體註四卷　（清）范翔叅訂　（清）吳有文等校　清光緒二年（1876）刻本　四冊

610000－1004－0000112　000750－000751
漱芳軒合纂禮記體註四卷　（清）范翔叅訂　（清）吳有文等校　清道光二十年（1840）刻本　二冊

610000－1004－0000113　000752－000758
禮記述解闡倫滙叅十五卷　（清）馬履成編輯　清敦雅堂刻本　七冊

610000－1004－0000114　000759－000768
全本禮記體註大全合叅十卷　（清）范翔原定　（清）徐旦叅訂　（清）徐瑄補輯　清乾隆三十一年（1766）刻本　十冊

610000－1004－0000115　000769－000770
漱芳軒合纂禮記體註四卷　（清）范翔叅訂　（清）吳有文等校　清刻本　二冊

610000－1004－0000116　000771－000774
漱芳軒合纂禮記體註四卷　（清）范翔叅訂　（清）吳有文等校　清乾隆五十五年（1790）刻本　四冊

610000－1004－0000117　000775－000779
禮記約編五卷　（清）汪基譔　（清）江永纂　清光緒三十二年（1906）刻本　五冊

610000－1004－0000118　000780－000784
禮記約編五卷　（清）汪基譔　（清）江永纂　清光緒三十二年（1906）刻本　五冊

610000－1004－0000119　000785－000789
禮記約編五卷　（清）汪基譔　（清）江永纂　清光緒三十二年（1906）刻本　五冊

610000－1004－0000120　000790－000794
禮記約編五卷　（清）汪基譔　（清）江永纂　清光緒三十二年（1906）刻本　五冊

610000－1004－0000121　000795－000800
三禮約編喈鳳十九卷　（清）汪基譔　（清）江永校纂　（清）陳土謙叅訂　清嘉慶九年（1804）刻本　六冊

610000－1004－0000122　000801
四禮翼八卷　（清）呂坤輯　清光緒三十三年（1907）石印本　一冊

610000－1004－0000123　000802－000825
左繡三十卷首一卷　（清）馮李驊　（清）陸浩評輯　清宏道堂刻本　二十四冊

610000－1004－0000124　000826－000837
左繡三十卷首一卷　（清）馮李驊　（清）陸浩評輯　清嘉慶十六年（1811）刻本　十二冊

610000－1004－0000125　000838－000851
春秋左傳杜林滙叅三十卷　（清）周正思纂　清乾隆十四年（1749）刻本　十四冊

610000－1004－0000126　000852－000867
左繡三十卷首一卷　（清）馮李驊　（清）陸浩評輯　清道光十二年（1832）刻本　十六冊

610000－1004－0000127　000868－000874
左繡三十卷首一卷　（清）馮李驊　（清）陸浩評輯　清嘉慶七年（1802）刻本　十二冊

610000－1004－0000128　000880－000885
左傳易讀六卷　（清）司徒修輯　清道光二十九年（1849）刻本　六冊

610000－1004－0000129　000886－000891
左傳易讀六卷　（清）司徒修輯　清光緒十七年（1891）刻本　六冊

610000－1004－0000130　000892－000897
左傳易讀六卷　（清）司徒修輯　清道光二十年（1840）刻本　六冊

610000－1004－0000131　000898－000903

左傳易讀六卷　(清)司徒修輯　清文聚堂刻本　六冊

610000－1004－0000132　000904－000908

左傳易讀六卷　(清)司徒修輯　清學德堂刻本　五冊　存五卷(二至六)

610000－1004－0000133　000909－000914

左傳易讀六卷　(清)司徒修輯　清道光二十九年(1849)刻本　六冊

610000－1004－0000134　000915－000920

左傳易讀六卷　(清)司徒修輯　清海清樓刻本　六冊

610000－1004－0000135　000921－000925

左傳翼三十八卷　(清)張藥齋鑒定　(清)周大璋輯評　清乾隆五年(1740)刻本　十八冊

610000－1004－0000136　000939－000944

附釋音春秋左傳注疏六十卷　(唐)孔穎達撰　(唐)陸德明釋文　**春秋左傳校勘記六十卷**　(清)阮元撰　(清)盧宜旬摘錄　清光緒十三年(1887)石印本　六冊

610000－1004－0000137　000945－000956

春秋左傳杜注三十卷首一卷　(清)姚培謙學　清光緒十六年(1890)刻本　十二冊

610000－1004－0000138　000957－000972

春秋左傳十八卷　(晉)杜預　(宋)林堯叟註釋　(唐)陸德明音義　(明)鍾惺等評點　清致和堂刻本　十六冊

610000－1004－0000139　000973－000976

春秋左傳五十卷　(晉)杜預　(宋)林堯叟註釋　(唐)陸德明音義　(明)鍾惺等評點　清刻本　四冊

610000－1004－0000140　000977－000982

春秋左傳五十卷　(晉)杜預　(宋)林堯叟註釋　(唐)陸德明音義　(明)鍾惺等評點　清光緒二年(1876)刻本　六冊

610000－1004－0000141　000983－000988

評點春秋綱目左傳句解彙雋六卷　(清)韓菼重訂　清致和堂刻本　六冊

610000－1004－0000142　000989－000994

評點春秋左傳句解彙雋六卷　(清)韓菼重訂　清文發堂刻本　六冊

610000－1004－0000143　000995－001000

評點春秋綱目左傳句解彙雋六卷　(清)韓菼重訂　清崇順堂刻本　六冊

610000－1004－0000144　001001－001003

如西所刻諸名家評點春秋綱目左傳句解彙雋六卷　(清)韓菼重訂　清九經堂刻本　三冊

610000－1004－0000145　001004－001006

如西所刻諸名家評點春秋綱目左傳句解彙雋六卷　(清)韓菼重訂　清光緒二十一年(1895)刻本　三冊

610000－1004－0000146　001007－001010

左傳舊疏考正八卷　(清)劉文淇撰　清光緒三年(1877)刻本　四冊

610000－1004－0000147　001011－001030

欽定春秋傳說彙纂三十八卷首二卷　(清)王掞等纂　清刻本　二十冊

610000－1004－0000148　001031－001033

春秋穀梁傳十二卷　(晉)范甯集解　清刻本　三冊

610000－1004－0000149　001034－001057

欽定春秋傳說彙纂三十八卷首二卷　(清)王掞等纂　清康熙六十年(1721)刻本　二十四冊

610000－1004－0000150　001058－001071

春秋十六卷首一卷音義十六卷　(明)萬淺源輯　清同治十年(1871)刻本　十四冊

610000－1004－0000151　001072－001085

春秋十六卷首一卷音義十六卷　(明)萬淺源輯　清同治十年(1871)刻本　十四冊

610000－1004－0000152　001086－001089

春秋體註四卷　(清)范翔叅訂　(清)吳有文等校　清乾隆五十四年(1789)刻本　四冊

610000－1004－0000153　001090

春秋增訂旁訓四卷　(清)徐立綱撰　清嘉慶

二年(1797)刻本　一冊

610000－1004－0000154　001091－001092
春秋增訂旁訓四卷　(清)徐立綱撰　清乾隆五十六年(1791)匠門書屋刻本　二冊

610000－1004－0000155　001093－001096
孝經詳說六卷　(清)冉覲祖輯撰　清光緒七年(1881)刻本　四冊

610000－1004－0000156　001097－001098
論語十卷　(宋)朱熹集註　清光緒三十二年(1906)刻本　二冊

610000－1004－0000157　001101－001102
論語十卷　(宋)朱熹集註　清富春堂刻本　二冊

610000－1004－0000158　001103－001104
論語十卷　(宋)朱熹集註　清刻本　二冊

610000－1004－0000159　001105－001106
增訂二論詳解四卷　(清)劉忠輯　清宏道堂刻本　二冊

610000－1004－0000160　001107－001108
增訂二論詳解四卷　(清)劉忠輯　清經緯堂刻本　二冊

610000－1004－0000161　001109－001110
增訂二論詳解四卷　(清)劉忠輯　清鴻德堂刻本　二冊

610000－1004－0000162　001116－001125
大學衍義四十三卷　(宋)真德秀撰　(清)丁辛重較　清乾隆二年(1737)内府刻本　十冊

610000－1004－0000163　001126－001131
論語集註本義匯參二十卷首一卷　(清)王步青輯　(清)王士鼇編　清敦復堂刻本　六冊　存十一卷(一至十、首一卷)

610000－1004－0000164　001133－001144
孟子集註本義滙參十四卷首一卷　(清)王步青輯　清文會堂刻本　十二冊

610000－1004－0000165　001145－001154
孟子集註本義滙參十四卷首一卷　(清)王步青輯　清文會堂刻本　十冊　存十二卷(二至十三)

610000－1004－0000166　001155－001158
十先生中庸集解二卷　(宋)石𡼖編　清道光二十九年(1849)刻本　四冊

610000－1004－0000167　001160－001161
大學中庸講義四卷　(清)史可亭輯　清寸知堂刻本　二冊

610000－1004－0000168　001162－001166
四書朱子本義滙參四十三卷首四卷　(清)王步青輯　(清)王士鼇編　清刻本　五冊　存七卷(大學章句本義匯參一至三、首一卷,中庸章句本義匯參一至三)

610000－1004－0000169　001167－001174
孟子集註本義滙參十四卷首一卷　(清)王步青輯　(清)王士鼇編　清敦復堂刻本　八冊　存八卷(一至七、首一卷)

610000－1004－0000170　001175－001185
論語集註本義匯參二十卷首一卷　(清)王步青輯　(清)王士鼇編　清敦復堂刻本　十一冊　存十九卷(一至五、七至二十)

610000－1004－0000171　001186－001197
孟子集註本義滙參十四卷首一卷　(清)王步青輯　(清)王士鼇編　清敦復堂刻本　十二冊

610000－1004－0000172　001204－001215
四書經註集證十九卷　(宋)朱熹集註　清富文堂刻本　十二冊　存七卷(論語六至十、孟子六至七)

610000－1004－0000173　001216－001222
論語集註本義匯參二十卷首一卷　(清)王步青輯　(清)王士鼇編　清敦復堂刻本　七冊　存八卷(十一至十八)

610000－1004－0000174　001223－001231
銅板四書集註十九卷　(宋)朱熹集註　清刻本　九冊

610000－1004－0000175　001240－001250

四書人物類典串珠四十卷　(清)臧志仁編輯　清刻本　十一冊　存三十八卷(三至四十)

610000-1004-0000176　001251-001260
四書人物類典串珠四十卷　(清)臧志仁編輯　清刻本　十冊　缺四卷(一至四)

610000-1004-0000177　001261-001265
漱芳軒合纂四書體註十九卷　(清)范翔叅訂　(清)吳有文等校　清嘉慶二十一年(1816)刻本　五冊

610000-1004-0000178　001266-001275
四書人物類典串珠四十卷　(清)臧志仁編輯　清嘉慶四年(1799)刻本　十冊　存三十二卷(一至四、八至三十、三十六至四十)

610000-1004-0000179　001276-001281
學源堂四書體註合講十九卷　(清)翁復編次　(清)詹文煥叅訂　清雍正八年(1730)刻本　六冊

610000-1004-0000180　001282-001287
大文堂四書體註合講十九卷　(清)翁復編次　(清)詹文煥叅訂　清雍正八年(1730)刻本　六冊

610000-1004-0000181　001288-001290
新訂四書補註備旨十卷　(明)鄧林著　(清)杜定基增訂　清嘉慶二十一年(1816)刻本　三冊

610000-1004-0000182　001291-001293
新訂四書補註備旨十卷　(明)鄧林著　(清)杜定基增訂　清令德堂刻本　三冊

610000-1004-0000183　001294-001305
四書人物類典串珠四十卷　(清)臧志仁編輯　清嘉慶十八年(1813)刻本　十二冊

610000-1004-0000184　001306-001309
四書人物類典串珠四十卷　(清)臧志仁編輯　清嘉慶十六年(1811)刻本　四冊

610000-1004-0000185　001310-001319
四書題鏡三十六卷　(清)汪鯉翔纂述　清嘉慶五年(1800)刻本　十冊

610000-1004-0000186　001320-001327
四書題鏡三十六卷　(清)汪鯉翔纂述　清乾隆二十年(1755)刻本　八冊

610000-1004-0000187　001328-001333
增訂龍門四書圖像人物備考十二卷　(明)薛應旂撰　(明)陳仁錫增定　清康熙五十六年(1717)三樂齋刻本　六冊

610000-1004-0000188　001334-001337
增補四書精繡圖像人物備考十二卷　(明)陳仁錫增定　清乾隆六年(1741)刻本　四冊

610000-1004-0000189　001338-001349
西河全集二十二卷　(清)毛奇齡撰　清嘉慶十六年(1811)刻本　十二冊

610000-1004-0000190　001370-001375
四書述要十九卷　(清)楊玉緒著　清光緒二十年(1894)經文堂刻本　六冊

610000-1004-0000191　001376-001381
四書述要十九卷　(清)楊玉緒著　清永順堂刻本　六冊

610000-1004-0000192　001383-001388
四書述要十九卷　(清)楊玉緒著　清大道堂刻本　六冊

610000-1004-0000193　001389-001394
四書述要十九卷　(清)楊玉緒著　清大興堂刻本　六冊

610000-1004-0000194　001395-001398
四書述要十九卷　(清)楊玉緒著　清雲興堂刻本　四冊

610000-1004-0000195　001399-001404
四書述要十九卷　(清)楊玉緒著　清嘉慶二年(1797)刻本　六冊

610000-1004-0000196　001405-001408
四書講義十二卷　(清)陸隴其著　清光緒二十七年(1901)石印本　四冊

610000-1004-0000197　001415-001420
四書闡註十卷　(清)張大中鑒定　(清)浦泰輯　清雍正六年(1728)刻本　六冊

610000－1004－0000198　001421－001426

桂林堂合訂四書發註十九卷　(清)朱奇生纂輯　(清)張大中等校　清同治五年(1866)刻本　六册

610000－1004－0000199　001427－001432

四書闡註十九卷　(清)張大中鑒定　(清)浦泰輯　清咸豐四年(1854)刻本　六册

610000－1004－0000200　001433－001440

四書講義補十一卷　(清)孫景烈著　清乾隆四十三年(1778)刻本　八册

610000－1004－0000201　001441－001446

四書闡註十九卷　(清)張大中鑒定　(清)浦泰輯　清嘉慶二年(1797)致和堂刻本　六册

610000－1004－0000202　001447－001450

四書左國輯要二卷　(清)周龍官輯　清乾隆三十九年(1774)刻本　四册

610000－1004－0000203　001451－001474

四書大全摘要二十卷　(清)黄際飛鑒定　(清)李武纂輯　清雍正九年(1731)刻本　二十四册

610000－1004－0000204　001475－001494

四書大全摘要二十卷　(清)黄際飛鑒定　(清)李武纂輯　清雍正九年(1731)刻本　二十册

610000－1004－0000205　001495－001498

四書貫解十九卷　(清)朱良玉纂輯　清致盛堂刻本　五册

610000－1004－0000206　001499－001513

纂補四書大全二十卷　(清)劉嗣固纂補　清康熙四十九年(1710)刻本　十五册

610000－1004－0000207　001519

羣經義證八卷　(清)武億著　清道光二十三年(1843)授堂刻本　一册

610000－1004－0000208　001520－001521

經讀考異十卷　(清)武億著　清道光二十三年(1843)授堂刻本　二册

610000－1004－0000209　001522－001533

經典釋文三十卷　(唐)陸德明撰　清乾隆五十六年(1791)刻本　十二册

610000－1004－0000210　001534－001547

七經精義三十七卷　(清)黄淦纂　清嘉慶十五年(1810)刻本　十四册

610000－1004－0000211　001548－001561

七經精義三十七卷　(清)黄淦纂　清嘉慶十五年(1810)刻本　十四册

610000－1004－0000212　001563－001572

五經類編二十八卷　(清)周世樟輯　清雍正二年(1724)刻本　十册

610000－1004－0000213　001573－001578

五經類編二十八卷　(清)周世樟輯　清雍正二年(1724)刻本　六册

610000－1004－0000214　001579－001583

八銘堂塾鈔初集六卷　(清)吴懋政編次　清光緒二十八年(1902)刻朱墨印本　五册

610000－1004－0000215　001584－001587

八銘堂塾鈔二集六卷　(清)吴懋政編次　清刻本　四册

610000－1004－0000216　001588－001589

爾雅蒙求二卷　(清)李拔式撰　清同治十二年(1873)味經書院刻本　二册

610000－1004－0000217　001590－001595

爾雅郭注佚存補訂二十卷　王樹枏纂　清光緒十八年(1892)文莫室刻本　六册

610000－1004－0000218　001596－001601

爾雅註疏十一卷　(晉)郭璞註　(宋)邢昺疏　清行恕堂刻本　六册

610000－1004－0000219　001602－001605

爾雅註疏十一卷　(晉)郭璞註　(宋)邢昺疏　清嘉慶七年(1802)刻本　四册

610000－1004－0000220　001606－001611

爾雅註疏十一卷　(晉)郭璞註　(宋)邢昺疏　清嘉慶七年(1802)刻本　六册

610000－1004－0000221　001612－001617

爾雅註疏十一卷　(晉)郭璞註　(宋)邢昺疏　清尚論堂刻本　六冊

610000－1004－0000222　001618
爾雅註疏十一卷　(晉)郭璞註　(宋)邢昺疏　清咸豐四年(1854)刻本　一冊

610000－1004－0000223　001619－001620
爾雅註疏十一卷　(晉)郭璞註　(宋)邢昺疏　清嘉慶七年(1802)刻本　二冊

610000－1004－0000224　001623－001626
段氏說文注訂八卷　(清)鈕樹玉著　清道光四年(1824)刻本　四冊

610000－1004－0000225　001627－001634
說文解字三十卷　(漢)許慎著　清光緒二年(1876)刻本　八冊

610000－1004－0000226　001635－001654
正字通十二集三十六卷首一卷　(明)張自烈撰　(清)廖文英輯　清康熙刻本　二十冊　缺十五卷(子集上中下、丑集上中下、寅集上中下、卯集上中下、辰集上中下)

610000－1004－0000227　001655
校增字學舉隅不分卷　(清)龍啟瑞撰　清同治十三年(1874)刻本　一冊

610000－1004－0000228　001656
校增字學舉隅不分卷　(清)龍啟瑞撰　清同治十三年(1874)刻本　一冊

610000－1004－0000229　001657－001660
十三經文字偏旁考略三卷　(清)吳熙撰　清道光二十五年(1845)刻本　四冊

610000－1004－0000230　001661－001668
十三經集字摹本不分卷　(清)萬清銓　(清)彭玉雯輯　清道光二十九年(1849)刻本　八冊

610000－1004－0000231　001669－001670
校增字學舉隅不分卷　(清)龍啟瑞撰　清同治十三年(1874)刻本　二冊

610000－1004－0000232　001671－001680
隸篇十五卷續十五卷再續十五卷　(清)翟雲升著　清道光十八年(1838)刻本　十冊

610000－1004－0000233　001681－001687
澄衷蒙學堂字課圖說四卷　(清)劉樹屏編　清末石印本　七冊

610000－1004－0000234　001704－001737
康熙字典十二集　(清)張玉書等撰　清道光七年(1827)刻本　三十四冊　缺二集(辰至巳)

610000－1004－0000235　001738－001776
康熙字典十二集總目一卷檢字一卷辨似一卷等韻一卷備考一卷補遺一卷　(清)張玉書等撰　清康熙五十五年(1716)刻本　三十九冊　缺一卷(戌集下)

610000－1004－0000236　001777－001810
康熙字典十二集　(清)張玉書等撰　清道光七年(1827)刻本　三十四冊

610000－1004－0000237　001811－001826
康熙字典十二集　(清)張玉書等撰　清道光七年(1827)刻本　十六冊

610000－1004－0000238　001827－001838
篆字彙十二卷　(清)佟世男編　清康熙三十年(1691)刻本　十二冊

610000－1004－0000239　001839－001850
字彙十二卷首一卷末一卷　(明)梅膺祚音釋　明萬曆四十三年(1615)刻本　十二冊

610000－1004－0000240　001851－001862
增釋片玉字彙十二卷　(清)許思直纂　清道光二年(1822)刻本　十二冊

610000－1004－0000241　001870－002049
佩文韻府一百六卷　(清)張玉書等纂　清康熙五十年(1711)刻本　一百八十冊

610000－1004－0000242　002050－002058
韻府約編二十四卷　(清)鄧愷輯　清嘉慶二十二年(1817)刻本　九冊

610000－1004－0000243　002059－002077
韻府約編二十四卷　(清)鄧愷輯　清嘉慶二十二年(1817)刻本　十九冊

610000－1004－0000244　002078－002082
新增說文韻府羣玉二十卷　(元)陰時夫編輯　(元)陰中夫編註　清乾隆二十四年(1759)刻本　五册

610000－1004－0000245　002083－002102
新增說文韻府羣玉二十卷　(元)陰時夫編輯　(元)陰中夫編註　清康熙五十五年(1716)刻本　二十册

610000－1004－0000246　002103－002122
韻府拾遺一百六卷　(清)張廷玉等纂　清康熙五十九年(1720)刻本　二十册

610000－1004－0000247　002130
成化丁亥重刊改併五音類聚四聲篇十五卷　(金)韓孝彦撰　明成化四年(1468)刻本　一册　存三卷(十至十二)

610000－1004－0000248　002131
五方元音二卷　(清)樊騰鳳撰　(清)年希堯增補　清道光二十三年(1843)刻本　一册

610000－1004－0000249　002132－002133
成化庚寅重刊改併五音集韻十五卷　(金)韓道昭撰　明成化六年(1470)刻本　二册　存六卷(七至九、十三至十五)

610000－1004－0000250　002134
四聲便覽四卷　(清)余六師編　清乾隆五十六年(1791)刻本　一册

610000－1004－0000251　002135
四聲便覽四卷　(清)余六師編　清咸豐元年(1851)奎文堂刻本　一册

610000－1004－0000252　002136
四聲便覽四卷　(清)余六師編　清道光四年(1824)刻本　一册

610000－1004－0000253　002137
四聲便覽四卷　(清)余六師編　清咸豐元年(1851)奎文堂刻本　一册

610000－1004－0000254　002138
詩韻題解合璧十卷　(清)甘蘭友輯　清道光元年(1821)玫盛堂刻本　一册

610000－1004－0000255　002145
詩韻集成十卷　(清)余照輯　清光緒九年(1883)刻本　一册

610000－1004－0000256　002146
詩韻集成十卷　(清)余照輯　清刻本　一册

610000－1004－0000257　002147
詩學圓機活法摘要四卷　(清)李衡仲校訂　清榮盛堂刻本　一册

610000－1004－0000258　002148－002159
史記一百三十卷　(漢)司馬遷著　明崇禎十四年(1641)刻本　十二册　存一百十卷(一至四十、四十八至一百十七)

610000－1004－0000259　002160－002189
前漢書一百二十卷　(漢)班固撰　清同治八年(1869)刻本　三十册

610000－1004－0000260　002210－002227
後漢書一百二十卷　(南朝宋)范曄撰　(唐)李賢註　明汲古閣刻本　十八册

610000－1004－0000261　002228－002257
後漢書一百二十卷　(南朝宋)范曄撰　(唐)李賢註　明萬曆二十四年(1596)刻本　三十册

610000－1004－0000262　002258－002270
三國志六十五卷　(晉)陳壽撰　(南朝宋)裴松之注　明末刻本　十三册　缺六卷(六十至六十五)

610000－1004－0000263　002271－002278
南齊書五十九卷　(南朝梁)蕭子顯撰　明崇禎十年(1637)刻本　八册

610000－1004－0000264　002279－002302
魏書一百十四卷　(北齊)魏收撰　明汲古閣刻本　二十四册

610000－1004－0000265　002303－002305
北齊書五十卷　(唐)李百藥撰　明萬曆十六年(1588)刻本　三册　存二十二卷(一至八、十八至三十一)

610000－1004－0000266　002336－002343

五代史七十四卷 （宋）歐陽修撰　明崇禎三年(1630)毛氏汲古閣刻本　八冊

610000－1004－0000267　002344－002353

五代史七十四卷 （宋）歐陽修撰　清光緒十七年(1891)陝甘味經書院刻本　十冊

610000－1004－0000268　002354－002361

梁書五十六卷 （唐）姚思廉撰　明崇禎六年(1633)毛氏汲古閣刻本　八冊

610000－1004－0000269　002362－002373

遼史一百十五卷 （元）脱脱等修　清刻本　十二冊

610000－1004－0000270　002374－002388

宋史四百九十六卷 （元）脱脱等纂　清乾隆四年(1739)刻本　十五冊　存三百五十三卷(一百十九至三百四十九、三百七十五至四百九十六)

610000－1004－0000271　002389－002392

宋史四百九十六卷 （元）脱脱等纂　明刻明清遞修本　四冊　存二十八卷(九十四至一百七、一百十五至一百二十二、一百二十九至一百三十四)

610000－1004－0000272　002393－002401

通鑑直解二十八卷 （明）張居正輯著　（明）鍾惺重訂　明天啟元年(1621)刻本　九冊

610000－1004－0000273　002402－002425

御批資治通鑑綱目前編十八卷前編舉要三卷前編外紀一卷正編五十九卷續編二十七卷 （宋）朱熹撰　清光緒十三年(1887)上海同文書局石印本　二十四冊

610000－1004－0000274　002426－002545

資治通鑑綱目前編二十五卷正編五十九卷續編二十七卷 （明）陳仁錫評閱　清嘉慶八年(1803)刻本　一百二十冊

610000－1004－0000275　002488－002495

傳家寶吉徵三集八卷 （清）石成金撰集　清刻本　八冊

610000－1004－0000276　002585－002586

御撰資治通鑑綱目三編五卷 （清）張廷玉等編　清光緒二十五年(1899)上海鴻寶齋石印本　二冊

610000－1004－0000277　002587－002594

御撰資治通鑑綱目三編二十卷 （清）張廷玉等編　清乾隆十一年(1746)刻本　八冊

610000－1004－0000278　002595－002600

御撰資治通鑑綱目三編二十卷 （清）張廷玉等編　清乾隆十一年(1746)刻本　六冊

610000－1004－0000279　002601－002606

御撰資治通鑑綱目三編二十卷 （清）張廷玉等編　清刻本　六冊

610000－1004－0000280　002607－002628

續資治通鑑二百二十卷 （清）畢沅撰　清光緒十六年(1890)石印本　二十三冊

610000－1004－0000281　002630－002636、002645

重訂王鳳洲先生綱鑑會纂四十六卷 （明）王世貞纂　清光緒二十九年(1903)上海經香閣石印本　八冊

610000－1004－0000282　002637－002644

尺木堂綱鑑易知錄二十卷 （清）吳乘權等輯　清光緒二十五年(1899)上海鴻寶齋石印本　八冊

610000－1004－0000283　002706－002745

新刊趙田了凡袁先生編纂古本歷史大方綱鑑補三十九卷首一卷御選資治通鑑綱目三編二十卷 （宋）司馬光通鑑　（宋）朱熹綱目　(明)袁黄編纂　清光緒二十三年(1897)成都書局刻本　四十冊

610000－1004－0000284　002746－002778

新刊趙田了凡袁先生編纂古本歷史大方綱鑑補三十九卷首一卷 （宋）司馬光通鑑　（宋）朱熹綱目　（明）袁黄編纂　清同治五年(1866)光道堂刻本　三十三冊　缺一卷(二)

610000－1004－0000285　002782－002841

御批歷代通鑑輯覽一百二十卷 （清）傅恒等

編纂　清同治十一年(1872)湖北崇文書局刻本　六十册

610000－1004－0000286　002842－002861
御批歷代通鑑輯覽一百二十卷　(清)傅恒等編纂　清光緒二十九年(1903)石印本　二十册

610000－1004－0000287　002862－002877
御批歷代通鑑輯覽一百二十卷　(清)傅恒等編纂　清光緒二十七年(1901)上海經雲閣石印本　十六册

610000－1004－0000288　002878－002901
御批歷代通鑑輯覽一百二十卷　(清)傅恒等編纂　清光緒三十年(1904)上海商務印書館鉛印本　二十四册

610000－1004－0000289　002902－002925
御批歷代通鑑輯覽一百二十卷　(清)傅恒等編纂　清光緒三十一年(1905)上海商務印書館鉛印本　二十四册

610000－1004－0000290　002926－002929
通鑑綱目分類策論檢題不分卷　(清)夢蝜生編輯　清光緒二十九年(1903)上海官書局石印本　四册

610000－1004－0000291　002930－002933
通鑑綱目分類策論檢題不分卷　(清)夢蝜生編輯　清光緒二十九年(1903)上海官書局石印本　四册

610000－1004－0000292　002934－002943
讀通鑑論十六卷　(清)王夫之譔　清光緒三十年(1904)上海商務印書館鉛印本　十册

610000－1004－0000293　002944－002949
通鑑策論經世編二十七卷　(清)魏裔介纂　清光緒二十七年(1901)上海書局石印本　六册

610000－1004－0000294　002950－002951
史鑑節要便讀六卷　(清)鮑東里編輯　清同治七年(1868)李光明莊刻本　二册

610000－1004－0000295　002953－002954
益元堂增定課讀鑑略妥註善本五卷　(明)李廷機著　(明)張瑞圖校正　清光緒二十年(1894)益元局刻本　二册

610000－1004－0000296　002955－002958
通鑑論三卷　(宋)司馬光撰　(清)伍耀光輯錄　清光緒二十九年(1903)陝西官運書局鉛印本　四册

610000－1004－0000297　002959－002970
鼎鍥趙田了凡袁先生編纂古本歷史大方綱鑑補三十九卷首一卷　(明)袁黄編纂　清刻本　十二册

610000－1004－0000298　002971－003030
御批歷代通鑑輯覽一百二十卷　(清)傅恒等編纂　清光緒二十四年(1898)刻本　六十册

610000－1004－0000299　003031－003038
南巡盛典一百二十卷　(清)高晉等纂輯　清光緒八年(1882)石印本　八册

610000－1004－0000300　003043－003048
聖武記十四卷　(清)魏源譔　清光緒二十五年(1899)正記書局石印本　六册

610000－1004－0000301　003049－003054
聖武記十四卷　(清)魏源譔　清道光二十二年(1842)刻本　六册

610000－1004－0000302　003061－003064
戰國策補註三十三卷　(漢)高誘注　清宣統二年(1910)商務印書館鉛印本　四册

610000－1004－0000303　003071－003074
清史攬要六卷　(日本)增田貢著　清光緒二十六年(1900)上海書局石印本　四册

610000－1004－0000304　003075－003076
中興論略八卷　(清)興元著　清宣統三年(1911)刻本　二册

610000－1004－0000305　003081－003084
四裔編年表四卷　(美國)林樂知　(清)嚴良勳譯　(清)李鳳苞彙編　清光緒二十三年(1897)石印本　四册

610000－1004－0000306　003085－003093

鼎鋟鍾伯敬訂正資治綱鑑正史大全七十四卷首一卷　（明）鍾惺訂正　（明）余應虬彙閲　明崇禎元年（1628）呈祥館刻本　九册

610000－1004－0000307　003097－003104
東華録三十二卷（天命朝至雍正朝）　（清）蔣良騏撰　清乾隆三十年（1765）刻本　八册　存八卷（一至八）

610000－1004－0000308　003105－003112
東華録三十二卷（天命朝至雍正朝）　（清）蔣良騏撰　清乾隆三十年（1765）刻本　八册　存八卷（一至八）

610000－1004－0000309　003113－003200
十朝東華録五百六十五卷　王先謙編　清光緒二十五年（1899）石印本　八十八册

610000－1004－0000310　003201－003203
國富策三卷　（清）王生鳳譯　清光緒八年（1882）上海美華書館鉛印本　三册

610000－1004－0000311　003204－003218
東華録詳節二十四卷（天命朝至雍正朝）　（清）鄖樹庭編　清光緒二十六年（1900）上海東文學堂石印本　十五册

610000－1004－0000312　003219－003222
萬國近政考略十六卷　（清）鄒弢編輯　清光緒二十七年（1901）三借廬石印本　四册

610000－1004－0000313　003223－003232
萬國通史三編十卷　（英國）李思倫白約翰輯譯　（清）曹曾涵纂述　清光緒三十一年（1905）上海廣學會鉛印本　十册

610000－1004－0000314　003233－003243、003281、012057－012064
新刻黄掌綸先生評訂神仙鑑二十二卷　（清）徐衜述　清刻本　二十册　缺三卷（一至三）

610000－1004－0000315　003244－003247
萬國近政考略十六卷　（清）鄒弢編輯　清光緒二十七年（1901）三借廬石印本　四册

610000－1004－0000316　003248－003254
泰西新史攬要二十四卷　（英國）馬懇西著　（英國）李提摩太譯　清光緒二十八年（1902）商務印書館鉛印本　七册

610000－1004－0000317　003255－003256
西洋歷史教科書二卷　（英國）默爾化撰　（清）出洋學生編輯所譯　清末味經官書局鉛印本　二册

610000－1004－0000318　003257－003258
西洋史要發端四卷　（日本）小川銀次郎著　樊炳清　（清）薩端譯　清末味經官書局鉛印本　二册

610000－1004－0000319　003259－003318
國朝先正事略六十卷　（清）李元度纂　清同治五年（1866）循陔草堂刻本　二十四册

610000－1004－0000320　003267－003274
日本國志四十卷首一卷　（清）黄遵憲編纂　清光緒二十七年（1901）上海書局石印本　八册

610000－1004－0000321　003275－003280
日本維新三十年史十二卷　（日本）博文館編輯　清光緒二十九年（1903）上海廣智書局鉛印本　六册

610000－1004－0000322　003282
東華録一百四十六卷（順治朝至康熙朝）　王先謙輯　清抄本　一册　存五卷（四至八）

610000－1004－0000323　003283－003286
俄史輯譯四卷　（英國）闞斐迪譯　清光緒十四年（1888）刻本　四册

610000－1004－0000324　003287－003288
西洋史要發端四卷　（日本）小川銀次郎著　樊炳清　（清）薩端譯　清末味經官書局鉛印本　二册

610000－1004－0000325　003289－003294
歐洲列國戰事本末二十二卷　王樹枏輯　清光緒二十九年（1903）陝西官運書局石印本　六册

610000－1004－0000326　003319－003330
宋名臣言行録前集十卷後集十四卷　（宋）朱

熹纂　**續集八卷別集二十六卷外集十七卷**　(宋)李幼武纂　清光緒十三年(1887)傳經堂刻本　十二冊

610000－1004－0000327　003331－003333
出使英法義比四國日記六卷　(清)薛福成撰　清光緒二十八年(1902)秦中官書局石印本　三冊

610000－1004－0000328　003334－003341
泰西新史攬要二十四卷　(英國)馬懇西著　(英國)李提摩太譯　清光緒二十九年(1903)秦中官書局石印本　八冊

610000－1004－0000329　003342－003349
史外八卷　(清)汪有典著　清光緒三年(1877)刻本　八冊

610000－1004－0000330　003350－003357
歷代名臣言行錄二十四卷　(清)朱恒編輯　(清)潘永季校定　清光緒二十八年(1902)秦中官書局石印本　八冊

610000－1004－0000331　003360－003361
宣統庚戌科優貢授職官職錄二卷　(清)禮部輯　清京都龍文齋等刻本　二冊

610000－1004－0000332　003362－003365
華盛頓泰西史畧八卷　(清)黎汝謙　(清)蔡國昭譯　清光緒二十三年(1897)新學會石印本　四冊

610000－1004－0000333　003366－003373
華盛頓泰西史畧八卷　(清)黎汝謙　(清)蔡國昭譯　清光緒十二年(1886)鉛印本　八冊

610000－1004－0000334　003374－003378
泰西人物韻編不分卷　(清)汪成教編　清光緒二十九年(1903)上海書局石印本　五冊

610000－1004－0000335　003379－003385
增廣古今人物論三十六卷　(明)鄭元直輯　**續編十二卷**　(清)願學齋同人續輯　清光緒石印本　七冊

610000－1004－0000336　003386－003395
國朝先正事略正編八卷續編四卷　(清)李元度纂　(清)朱孔彰續編　清光緒二十八年(1902)廣益書局石印本　十冊

610000－1004－0000337　003396－003401
古品節錄六卷　(清)松筠輯　清嘉慶四年(1799)刻本　六冊

610000－1004－0000338　003417－003420
綱鑑擇語十卷　(清)司徒修輯　清咸豐三年(1853)刻本　一冊

610000－1004－0000339　003421－003427
綱鑑擇語十卷　(清)司徒修輯　清道光十六年(1836)絡野堂刻本　七冊

610000－1004－0000340　003428－003435
校補廿四史約編三卷　(清)陳瞿石鑒定　(清)鄭元慶述　清康熙三十六年(1697)刻本　八冊

610000－1004－0000341　003436－003443
二十一史約編三卷　(清)鄭元慶述　清康熙三十五年(1696)刻本　八冊

610000－1004－0000342　003444－003447
史記菁華錄四卷　(清)姚祖恩輯　清道光二十三年(1843)刻本　四冊

610000－1004－0000343　003448－003449
史記菁華錄六卷　(清)姚祖恩輯　清光緒二十二年(1896)上海書局石印本　二冊

610000－1004－0000344　003470－003485
讀史兵略四十六卷　(清)胡林翼纂　清咸豐十一年(1861)刻本　十六冊

610000－1004－0000345　003486－003489
文光堂增定課兒鑑畧妥註善本五卷　(明)李廷機著　(明)張瑞圖校正　清道光十二年(1832)刻本　四冊

610000－1004－0000346　003490－003513
歷代名臣言行錄二十四卷　(清)朱恒編輯　(清)潘永季校定　清光緒元年(1875)湖北文源堂刻本　二十四冊

610000－1004－0000347　003514－003517
綱鑑擇語十卷　(清)司徒修選輯　清道光十

六年(1836)刻本　四冊

610000－1004－0000348　003518－003523
歷代史論十二卷續編一卷明史一卷左傳一卷　(明)張溥論正　清光緒二十八年(1902)石印本　六冊

610000－1004－0000349　003524－003531
歷代史論二十二卷　(明)張溥論正　清光緒二十七年(1901)上海書局石印本　八冊

610000－1004－0000350　003532－003538
史論五種　(清)李祖陶撰　清同治十年(1871)尚友樓刻本　七冊

610000－1004－0000351　003539－003540
史鑑節要便讀六卷　(清)鮑東里編輯　清光緒二十九年(1903)陝西官運書局石印本　二冊

610000－1004－0000352　003541－003544
重刊史鑑節要便讀六卷　(清)鮑東里編輯　清同治十二年(1873)刻本　四冊

610000－1004－0000353　003545－003548
歷代史論二十二卷　(明)張溥論正　清光緒二十三年(1897)石印本　四冊

610000－1004－0000354　003549－003464
史事論五編三十四卷　(清)雷瑨編輯　清末石印本　十六冊　缺七卷(甲編一至二、乙編一至二、丁編一、新編一至二)

610000－1004－0000355　003565－003580
史事論四編二十四卷　(清)雷瑨編輯　清光緒二十九年(1903)硯耕山莊石印本　十六冊

610000－1004－0000356　003581－003586
史記鈔二十卷　(明)沈科編次　明刻本　十二冊

610000－1004－0000357　003593－003602
史記評林一百三十卷　(明)凌稚隆輯校　(明)李光縉增補　明萬曆五年(1577)立本堂刻本　四十冊

610000－1004－0000358　003641
讀史論略一卷　(清)杜詔撰　清光緒三年(1877)京都敬業堂刻本　一冊

610000－1004－0000359　003642
讀史論略一卷　(清)杜詔撰　清光緒三年(1877)京都敬業堂刻本　一冊

610000－1004－0000360　004809－004812
詩韻集成十卷　(清)余照輯　清文富堂刻本　三冊

610000－1004－0000361　004812－004814
黃太史糸補古今大方詩經大全八卷　(清)葉向高編纂　清鬱鬱堂刻本　三冊　存三卷(一至三)

610000－1004－0000362　004819－004866
皇朝文獻通考三百卷　(清)嵇璜等纂修　清光緒二十七年(1901)上海圖書集成局鉛印本　四十八冊

610000－1004－0000363　004876－004881
文獻通考詳節二十四卷　(元)馬端臨著　(清)嚴虞惇錄　清光緒二十七年(1901)鴻寶齋書局石印本　六冊

610000－1004－0000364　004882－004887
欽定續文獻通考詳節二十六卷　(清)嚴虞惇錄　清光緒二十七年(1901)鴻寶齋書局石印本　六冊

610000－1004－0000365　004889－004893
欽定續文獻通考詳節二十六卷　(清)嚴虞惇錄　清光緒二十七年(1901)鴻寶齋書局石印本　六冊

610000－1004－0000366　004894－004901
皇朝文獻通考詳節二十六卷　(清)嵇璜等纂　(清)平陽主人節錄　清光緒二十七年(1901)鴻寶齋書局石印本　八冊

610000－1004－0000367　004902－004911
皇朝文獻通考輯要二十六卷　湯壽潛輯　清通雅堂鉛印本　十冊

610000－1004－0000368　004912－004921
文獻通考輯要二十六卷　湯壽潛編輯　清光緒二十五年(1899)上海圖書集成局鉛印本

十册

610000－1004－0000369　004922－004931

欽定續文獻通考輯要二十六卷　湯壽潛等輯　清末通雅堂鉛印本　十册

610000－1004－0000370　004932－004955

文獻通考二十四卷　（元）馬端臨著　清光緒二十五年（1899）上海點石齋石印本　二十四册

610000－1004－0000371　004956－005035

九通分類總纂二百四十卷　（清）汪鍾霖纂校　清上海文瀾書局石印本　八十册

610000－1004－0000372　005056－005057

周書十一卷　（宋）朱右曾校釋　清光緒三年（1877）湖北崇文書局刻本　二册

610000－1004－0000373　005058－005069

四書味根錄三十七卷　（清）金澄撰　清光緒十年（1884）刻本　十二册

610000－1004－0000374　005070－005081

大學衍義四十三卷　（宋）真德秀撰　清光緒十三年（1887）刻本　十二册

610000－1004－0000375　005082－005093

通典二百卷　（唐）杜佑纂　清光緒二十八年（1902）上海鴻寶書局石印本　十二册

610000－1004－0000376　005094－005103

欽定大清會典一百卷首一卷　（清）崑岡等纂修　清宣統元年（1909）商務印書館石印本　十册

610000－1004－0000377　005104－005252

欽定大清會典事例一千二百二十卷首一卷　（清）德宗載湉敕修　清宣統元年（1909）商務印書館石印本　一百四十九册　缺十卷（一千二十二至一千三十一）

610000－1004－0000378　005253－005257

通志二十略五十二卷　（宋）鄭樵撰　清刻本　四册

610000－1004－0000379　005258－005261

皇朝政典挈要八卷　（日本）增田貢原著　（清）毛淦補編　清光緒二十八年（1902）陝西官書局鉛印本　四册

610000－1004－0000380　005262－005263

列國歲計政要十二卷首一卷　（英國）麥丁富得利編纂　（美國）林樂知口譯　（清）鄭昌棪筆述　清光緒二十四年（1898）石印本　二册

610000－1004－0000381　005270－005281

欽定續通典一百五十卷　（清）嵇璜等纂　清光緒二十七年（1901）上海圖書集成局石印本　十二册

610000－1004－0000382　005282－005289

各國交涉公法論十六卷　（英國）費利摩羅巴德著　（英國）傅蘭雅口譯　（清）俞世爵筆述　（清）汪振聲校正　（清）錢國祥覆校　清光緒二十二年（1896）慎記書莊石印本　八册

610000－1004－0000383　005290－005297

各國交涉公法論三集八卷　（英國）費利摩羅巴德著　（英國）傅蘭雅口譯　（清）俞世爵筆述　（清）汪振聲校正　（清）錢國祥覆校　清光緒二十七年（1901）上海日新社石印本　八册

610000－1004－0000384　005298－005301

萬國公法四卷　（美國）惠頓撰　（美國）丁韙良譯　（清）何師孟等譯　清光緒二十八年（1902）秦中官書局石印本　四册

610000－1004－0000385　005302－005303

續通商條約章程成案彙編八卷　（清）李有棻編　清光緒二十五年（1899）秦中書局鉛印本　二册

610000－1004－0000386　005304－005307

公法會通十卷　（德國）步倫撰　（美國）丁韙良譯　清光緒二十四年（1898）長沙南學會刻本　四册

610000－1004－0000387　005308－005311

文廟通考六卷首一卷　（清）牛樹梅著　清宣統二年（1910）刻本　四册

610000－1004－0000388　005321－005328

國朝麗體金膏八卷　(清)馬俊良識　清乾隆五十九年(1794)刻本　八册

610000－1004－0000389　005329－005332
彭剛直公奏稿四卷　(清)彭玉麟著　清光緒二十八年(1902)上海西法石印本　四册

610000－1004－0000390　005333－005338
南皮張宮保政書奏議初編十二卷　(清)張之洞著　清光緒二十七年(1901)上海圖書集成印書局鉛印本　六册

610000－1004－0000391　005339－005340
時務齋隨錄不分卷　(清)劉光蕡編　清光緒刻本　二册

610000－1004－0000392　005341－005360
大清律例四十七卷　(清)永瑊等纂　清乾隆四十八年(1783)刻本　二十册

610000－1004－0000393　005361－005364
核定現行刑律四卷　(清)奕劻等編　清宣統元年(1909)鉛印本　四册

610000－1004－0000394　005365－005368
大清新法令十三卷　商務印書館編　清末商務印書館鉛印本　四册　存五卷(一、十至十三)

610000－1004－0000395　005369－005374
大清律例輯要六卷　(清)刑部編　清末政法學堂鉛印本　六册

610000－1004－0000396　005375－005390
新譯列國歲計政要四卷　(清)傅運森譯纂　(清)白作霖校正　清光緒二十七年(1901)海上譯社鉛印本　十六册

610000－1004－0000397　005391－005410
通商約章類纂三十五卷　(清)徐宗亮編　清光緒二十四年(1898)北洋石印官書局石印本　二十册

610000－1004－0000398　005411－005416
讀史方輿紀要一百三十卷　(清)顧祖禹輯著　清光緒二十五年(1899)新化三味書室刻本　六册　存十卷(歷代州域形勢一至十)

610000－1004－0000399　005417－005418
地理全志不分卷　(英國)慕維廉著　清光緒九年(1883)關中味經官書局刻本　二册

610000－1004－0000400　005419－005422
廣輿記二十四卷　(明)陸應陽纂　(清)蔡方炳增輯　清嘉慶七年(1802)刻本　四册

610000－1004－0000401　005423－005430
南川公業圖說二十卷首一卷　(清)張濤編　清光緒十五年(1889)刻本　八册

610000－1004－0000402　005443－005450
工程致富論略十三卷首一卷　(英國)瑪體生著　(英國)傅蘭雅　(清)鍾天瑋譯　清光緒四年(1878)鉛印本　八册

610000－1004－0000403　005687－005690
[乾隆]醴泉縣志十四卷圖一卷　(清)蔣騏昌修　(清)孫星衍纂　清乾隆四十九年(1784)刻本　四册

610000－1004－0000404　005691－005697
[乾隆]鳳翔府志十卷首一卷　(清)達靈阿修　(清)周方炯　(清)高登科纂　清乾隆三十一年(1766)刻本　十一册

610000－1004－0000405　005702－005709
[乾隆]鳳翔縣志八卷首一卷　(清)羅鰲修　(清)周方炯　(清)劉震纂　清乾隆三十二年(1767)刻本　八册

610000－1004－0000406　005710－005716
[乾隆]鳳翔縣志八卷首一卷　(清)羅鰲修　(清)周方炯　(清)劉震纂　清乾隆三十二年(1767)刻本　七册

610000－1004－0000407　005729－005732
[嘉慶]扶風縣志十八卷首一卷　(清)宋世犖修　(清)吳鵬翱　(清)王樹堂纂　清嘉慶二十四年(1819)刻本　四册

610000－1004－0000408　005733－005735
[嘉慶]扶風縣志十八卷首一卷　(清)宋世犖修　(清)吳鵬翱　(清)王樹堂纂　清嘉慶二十四年(1819)刻本　三册

610000－1004－0000409　005737－005740
[乾隆]合陽縣全志四卷　(清)席奉乾修　(清)孫景烈纂　清乾隆三十四年(1769)刻本　四册

610000－1004－0000410　005777－005780
[道光]咸陽縣志二十二卷首一卷末一卷續一卷　(清)臧應桐纂修　清道光十六年(1836)增修本　四册

610000－1004－0000411　005794－005798、005736
[同治]遷安縣志十八卷首一卷末一卷　(清)韓耀光修　(清)史夢蘭纂　清同治二年(1863)文華書館刻本　六册

610000－1004－0000412　005827－005831
[乾隆]富順縣志五卷首一卷　(清)段玉裁　(清)李芝纂修　清光緒八年(1882)刻本　五册

610000－1004－0000413　005850－005855
[正德]朝邑縣志二卷　(明)王道修　(明)韓邦靖纂　**[萬曆]續朝邑縣志八卷**　(明)郭實修　(明)王學謨纂　**朝邑縣後志八卷**　(清)王兆鰲纂修　清刻本　六册

610000－1004－0000414　005872－005875
[光緒]岐山縣志八卷　(清)胡昇猷修　(清)張殿元編　清光緒十年(1884)刻本　四册

610000－1004－0000415　005880－005882
[康熙]寶雞縣志三卷　(清)何錫爵修　(清)吳之翰纂　清康熙二十一年(1682)刻本　三册

610000－1004－0000416　005887－005888
[光緒]麟遊縣新志草十卷　(清)彭洵撰次　清光緒九年(1883)刻本　二册

610000－1004－0000417　005889－005894
[道光]重修汧陽縣志十二卷首一卷　(清)羅曰璧纂修　**[道光]增續汧陽縣志二卷**　(清)焦思善修　(清)張元璧　(清)王潤纂　清光緒十三年(1887)刻本　六册

610000－1004－0000418　005923
[乾隆]寶雞縣志十卷　(清)許起鳳修　(清)高登科纂　清乾隆二十九年(1764)刻本　一册

610000－1004－0000419　005928－005931
[宣統]重修涇陽縣志十六卷首一卷末一卷　劉懋官修　宋伯魯　周斯億纂　清宣統三年(1911)天津華新印刷局鉛印本　四册

610000－1004－0000420　005953－005961
[光緒]臨榆縣志二十四卷首一卷　(清)趙允祜修　(清)高錫疇纂　清光緒四年(1878)刻本　九册

610000－1004－0000421　005968－005969
[康熙]吉水縣志十六卷　(清)王雅修　(清)李振裕纂　清刻本　二册　存三卷(十二至十四)

610000－1004－0000422　005981－005984
三國郡縣表八卷　(清)吳增僅編　清光緒二十一年(1895)刻本　四册

610000－1004－0000423　005991－005992
[正德]武功縣志三卷首一卷　(明)康海纂　清同治十二年(1873)刻本　二册

610000－1004－0000424　005987－005988
[正德]武功縣志三卷首一卷　(明)康海纂　清同治十二年(1873)刻本　二册

610000－1004－0000425　005989－005990
[正德]武功縣志三卷首一卷　(明)康海纂　清道光十一年(1831)來鹿堂刻本　二册

610000－1004－0000426　005993
[正德]武功縣志三卷首一卷　(明)康海纂　清乾隆二十六年(1761)刻本　一册

610000－1004－0000427　005995－005996
[正德]武功縣志三卷首一卷　(明)康海纂　清光緒十三年(1887)刻本　二册

610000－1004－0000428　005997
[正德]武功縣志三卷首一卷　(明)康海纂　清光緒十三年(1887)刻本　一册

610000－1004－0000429　005998
[正德]武功縣志三卷首一卷　(明)康海纂　清乾隆二十六年(1761)刻本　一册

610000－1004－0000430　005999－006000
[正德]武功縣志三卷首一卷　(明)康海纂　清光緒十三年(1887)刻本　二册

610000－1004－0000431　006043－006062
[同治]長沙縣志三十六卷　(清)劉采邦修　(清)張延珂纂　清同治十年(1871)刻本　二十册

610000－1004－0000432　006063－006066
瀛環志略十卷　(清)徐繼畬輯著　清光緒二十八年(1902)秦中書局石印本　四册

610000－1004－0000433　006067－006072
瀛環新志十卷　(清)李慎儒著　(清)夏霖校　清光緒二十八年(1902)石印本　六册

610000－1004－0000434　006073－006092
[乾隆]盛京通志四十八卷　(清)吕耀曾等修　(清)魏樞等纂　清咸豐二年(1852)刻本　二十册

610000－1004－0000435　006093－006100
地學淺釋三十八卷　(英國)雷俠兒撰　(美國)瑪高溫口譯　(清)華蘅芳筆述　清同治十二年(1873)江南機器製造總局刻本　八册

610000－1004－0000436　006101－006104
地理啖蔗錄八卷　(清)袁守定著　清乾隆二十年(1755)世文堂刻本　四册

610000－1004－0000437　006105－006108
新撰亞細亞洲大地誌七卷　(日本)山上萬次郎編　(清)葉瀚譯　清光緒二十七年(1901)上海正記書局石印本　四册

610000－1004－0000438　006109－006111
地理三字經二卷　(清)程思樂著　清道光十三年(1833)刻本　三册

610000－1004－0000439　006112－006119
經心書院課程輿地學不分卷　(清)經心書院編　清光緒二十八年(1902)刻本　八册

610000－1004－0000440　006120－006127
新疆國界圖志八卷　王樹枏著　清宣統元年(1909)新城王樹枏刻陶廬叢刻本　八册

610000－1004－0000441　006128－006131
讀史方輿紀要十卷　(清)顧祖禹輯著　清光緒二十八年(1902)湖南書局刻本　四册

610000－1004－0000442　006132－006133
中國地理學教科書三卷　(清)屠寄纂　清光緒三十二年(1906)鉛印本　三册

610000－1004－0000443　006134
中國地理學教科書三卷　(清)屠寄纂　清光緒三十二年(1906)鉛印本　一册　存一卷(三)

610000－1004－0000444　006157－006162
汴京遺蹟志二十四卷　(明)李濂撰　清同治元年(1862)河南官書局刻本　六册

610000－1004－0000445　006165－006166
地球韻言四卷　(清)張士瀛著　清光緒二十四年(1898)鄂垣務急書館刻本　二册

610000－1004－0000446　006207－006212
新疆山脈圖志六卷　王樹枏著　清宣統元年(1909)新城王樹枏刻陶廬叢刻本　六册

610000－1004－0000447　006219－006230
水經注四十卷首一卷　(北魏)酈道元撰　清光緒三年(1877)湖北崇文書局刻本　十二册

610000－1004－0000448　006231－006250
西湖志四十八卷　(清)李衛修　(清)傅王露等纂　清光緒四年(1878)浙江書局刻本　二十册

610000－1004－0000449　006251－006270
四川鹽法志四十卷首一卷　(清)丁寶楨總纂　(清)羅文彬等編輯　清光緒八年(1882)刻本　二十册

610000－1004－0000450　006271－006276
西湖志纂十五卷首一卷　(清)沈德潛　(清)傅王露輯　(清)梁詩正纂　清乾隆刻本　六册

610000－1004－0000451　006277－006284
蜀景匯覽十四卷　(清)鍾登甲編校　清光緒刻本　八册　缺四卷(七至十)

610000－1004－0000452　006287－006292
山志初集六卷二集六卷　(清)王弘撰著　清道光元年(1821)刻本　六册

610000－1004－0000453　006293－006296
華嶽志八卷首一卷　(清)李榕纂輯　(清)楊翼武評閲　清光緒九年(1883)補刻本　四册

610000－1004－0000454　006297－006308
關中金石文字存逸考十二卷首一卷　(清)毛鳳枝撰　清光緒二十七年(1901)刻本　十二册

610000－1004－0000455　006312－006323
匋齋藏石記四十四卷首一卷　(清)端方撰　清宣統元年(1909)石印本　十二册

610000－1004－0000456　006324－006325
安康縣興賢學倉志二卷　(清)趙祥等修　清道光二十五年(1845)刻本　二册

610000－1004－0000457　006326－006333
亞洲地理志八卷　(清)學部編譯圖書局編　清光緒三十三年(1907)鉛印本　八册

610000－1004－0000458　006334－006337
蜀龜鑑七卷首一卷　(清)劉景伯輯　清宣統三年(1911)刻本　四册

610000－1004－0000459　006338－006361
中外地輿圖説集成一百三十卷首三卷　(清)同康廬主人編輯　(清)胡振元　(清)孫永昌校　清光緒二十年(1894)上海順成書局石印本　二十四册

610000－1004－0000460　006362－006377
海國圖志一百卷首一卷　(清)魏源撰　清光緒二十八年(1902)文賢閣石印本　十六册

610000－1004－0000461　006378－006391
海國圖志一百卷首一卷　(清)魏源撰　清光緒二十一年(1895)上海積山書局石印本　十四册

610000－1004－0000462　006392－006403
皇朝中外壹統輿圖三十卷首一卷　(清)鄒世詒編著　(清)李廷蕭增訂　清同治二年(1863)湖北撫署景桓樓刻本　十二册

610000－1004－0000463　006404－006414
皇朝中外壹統輿圖三十卷首一卷　(清)鄒世詒編著　(清)李廷蕭增訂　清同治二年(1863)湖北撫署景桓樓刻本　十一册　缺一卷(首一卷)

610000－1004－0000464　006425
西學書目表三卷附錄一卷讀西學書法一卷　梁啟超撰　清光緒二十八年(1902)秦中官書局鉛印本　一册

610000－1004－0000465　006432－006451
彙刻書目二十卷　(清)顧修編　清光緒十五年(1889)上海福瀛書局刻本　二十册

610000－1004－0000466　006455－006466
新鐫分類評註文武合編百子金丹十卷　(明)郭偉選註　清刻本　十二册

610000－1004－0000467　006467－006494
金石萃編一百六十卷　(清)王昶譔　清光緒十九年(1893)石印本　二十八册

610000－1004－0000468　006467－006494
金石續編二十一卷首一卷　(清)陸耀遹纂　清光緒十九年(1893)石印本　二十四册

610000－1004－0000469　006467－006494
金石萃編補正四卷　(清)方履籛撰　清光緒二十年(1894)石印本　二十四册

610000－1004－0000470　006495－006503
淵鑒齋御纂朱子全書六十六卷　(宋)朱熹撰　清康熙五十三年(1714)武英殿刻本　九册　存二十五卷(一至二十五)

610000－1004－0000471　006504－006519
明儒學案六十二卷　(清)黄宗羲著　(清)萬言訂　清光緒八年(1882)上海文瑞樓石印本　十六册

610000－1004－0000472　006520－006523

敏求機要十六卷 (清)劉實撰 (清)劉茂實注 清光緒二十六年(1900)石印本 四册

610000－1004－0000473 006524－006525

人範六卷 (清)蔣元輯 清光緒十六年(1890)刻本 二册

610000－1004－0000474 006526－006530

近思錄十四卷校勘記一卷考訂朱子世家一卷 (清)江永集註 清同治八年(1869)刻本 五册

610000－1004－0000475 006531－006534

朱子原訂近思錄十四卷 (清)江永集注 (清)王鼎校次 清光緒十五年(1889)刻本 四册

610000－1004－0000476 006535－006562

淵鑒齋御纂朱子全書六十六卷小學六卷 (宋)朱熹撰 清刻本 二十八册 缺九卷(御纂朱子全書二十至二十五、六十一至六十二,小學一)

610000－1004－0000477 006563－006568

松陽講義十二卷 (清)陸隴其著 清光緒十四年(1888)刻本 六册

610000－1004－0000478 006569－006576

聖諭像解二十卷 (清)梁延年編輯 清咸豐六年(1856)刻本 八册

610000－1004－0000479 006577－006586

聖諭像解二十卷 (清)梁延年編輯 清光緒二十九年(1903)北洋官報局石印本 十册

610000－1004－0000480 006587－006588

庭訓格言不分卷 (清)聖祖玄燁撰 清末石印本 二册

610000－1004－0000481 006589－006590

潛夫論十卷 (漢)王符撰 清光緒元年(1875)湖北崇文書局刻本 二册

610000－1004－0000482 006630－006660

性理大全會通七十卷 (明)汪明際點閱 (清)鍾人傑訂正 清光裕堂刻本 三十一册 缺四卷(六十三至六十六)

610000－1004－0000483 006669－006670

性理體註標題講義八卷 (清)許鏘賢增訂 清咸豐二年(1852)刻本 二册

610000－1004－0000484 006671－006674

朱子晚年全論八卷 (清)萬承蒼訂 (清)李紱編 清末石印本 四册

610000－1004－0000485 006675－006679

御纂性理精義十二卷 (清)李光地等編 清康熙五十六年(1717)刻本 五册 缺三卷(四至六)

610000－1004－0000486 006680－006685

省身輯要二十二卷 (清)李之素編 清光緒二十八年(1902)刻本 六册

610000－1004－0000487 006686－006690

增訂小學說約大全體註凌雲解六卷 (清)沈士衡輯著 清刻本 五册

610000－1004－0000488 006691－006694

小學集解六卷 (清)張伯行集註 (清)李蘭灑校訂 清光緒十三年(1887)陝西布政司刻本 四册

610000－1004－0000489 006695－006702

朱子家禮八卷首一卷 (明)丘濬輯 (明)楊廷筠補 清康熙四十年(1701)刻本 八册

610000－1004－0000490 006703－006706

小學集註六卷 (清)陳選集註 清光緒元年(1875)刻本 四册

610000－1004－0000491 006707－006714

張子全書 (宋)張載撰 清同治九年(1870)鳳翔李慎刻本 八册

610000－1004－0000492 006715－006718

小學大成六卷 (清)毛繼登等輯 清刻本 四册

610000－1004－0000493 006719－006723

御纂性理精義十二卷 (清)李光地等編 清康熙五十六年(1717)刻本 六册

610000－1004－0000494 006724－006728

性理體註訓解標題八卷 (清)張道升 (清)

仇廷桂纂輯 (清)呂從律增訂 清文興堂刻本 五冊

610000－1004－0000495 006729－006732
禮記易讀四卷 (清)聚元堂主人輯 清刻本 四冊

610000－1004－0000496 006733－006736
禮記旁訓辨體合訂六卷 (清)徐立綱輯 清孝思堂刻本 四冊

610000－1004－0000497 006743－006744
小學六卷 (宋)朱熹著 清光緒十二年(1886)刻本 二冊

610000－1004－0000498 006747－006750
張子全書 (宋)張載撰 清嘉慶十一年(1806)郿縣刻本 四冊

610000－1004－0000499 006751－006758
張子全書 (宋)張載撰 清光緒十七年(1891)三原劉傳經堂刻本 八冊

610000－1004－0000500 006769－006772
南華真經解四卷 (清)宣穎著 清上海會文堂書局石印本 四冊

610000－1004－0000501 006776－006779
莊子集解八卷 王先謙輯 清宣統元年(1909)上海埽葉山房石印本 四冊

610000－1004－0000502 006780－006183
南華眞經解三卷首一卷 (清)宣穎著 (清)王暉吉較 清大經堂刻本 四冊

610000－1004－0000503 006784－006788
新鍥悟真篇四註三卷 (宋)張伯端撰 (明)薛道光等註 明刻本 五冊

610000－1004－0000504 006789－006798
學案初模二十卷 (清)伊里布輯 清光緒二十五年(1899)秦中書局石印本 十冊

610000－1004－0000505 006799－006800
青囊心印二卷天玉經内傳心印四卷 (清)王宗臣註 清刻本 二冊

610000－1004－0000506 006801－007061
重刊道藏輯要 (清)彭定求輯 (清)閻永和增 清光緒三十二年(1906)成都二仙庵刻本 二百十六冊

610000－1004－0000507 007017－007025
太上靈寶靜明二帝君三天秘法掌訣法旨七卷 (清)許遜著 清光緒三十二年(1906)刻本 一冊

610000－1004－0000508 007017－007025
重刊道藏輯要心香妙語四卷 (清)陳復烜校輯 清光緒三十二年(1906)刻本 四冊

610000－1004－0000509 007017－007025
重刊道藏輯要玄宗通事雅宜集四卷 (清)陳復慧著 清光緒三十二年(1906)刻本 四冊

610000－1004－0000510 007026－007028
水師操練十八卷首一卷附一卷 (英國)戰船部編 (英國)傅蘭雅口譯 (清)徐建寅筆述 清光緒江南機器製造總局刻本 三冊

610000－1004－0000511 007029－007030
航海簡法四卷 (英國)那麗撰 (美國)金楷理口譯 (清)王德均筆述 清光緒刻本 三冊

610000－1004－0000512 007031－007033
行海要術四卷 (美國)金楷理口譯 (清)李鳳苞筆述 清光緒江南製造總局刻本 三冊

610000－1004－0000513 007038－007045
蠶桑萃編十五卷首一卷 (清)衛杰纂 清光緒二十四年(1898)刻本 八冊

610000－1004－0000514 007046－007059
重刊道藏輯要上清靈寶文檢十四卷 (清)金體原編輯 清光緒三十二年(1906)刻本 十四冊

610000 － 1004 － 0000515 007060 －007066、007119
道門一切經總目四卷 (清)賀龍驤抄 清光緒三十二年(1906)刻本 七冊

610000－1004－0000516 007067－007086
欽定授時通考七十八卷 (清)鄂爾泰等撰

清刻本　二十册

610000－1004－0000517　007087－007092

韓非子集解二十卷首一卷　王先謙註　清光緒埽葉山房石印本　六册

610000－1004－0000518　007093－007094

沖虛至德真經八卷　（晉）張湛註　（唐）殷敬順釋文　清光緒五年（1879）刻本　二册

610000－1004－0000519　007095－007096

沖虛至德真經八卷　（晉）張湛註　（唐）殷敬順釋文　清光緒五年（1879）刻本　二册

610000－1004－0000520　007097－007102

除欲究本六卷　（清）董清奇著　清嘉慶十八年（1813）刻本　六册

610000－1004－0000521　007103－007112

徐氏醫書六種　（清）徐大椿撰　清同治十二年（1873）湖北崇文書局刻本　十册

610000－1004－0000522　007113－007118

礮乘新法三卷首一卷圖一卷　（英國）製造官局編　（清）舒高第口譯　（清）鄭昌棪筆述　清末鉛印本　六册

610000－1004－0000523　007120－007121

開地道轟藥法三卷圖一卷　（英國）武備工程學堂編定　（英國）傅蘭雅口譯　（清）汪振聲筆述　清光緒江南機器製造總局刻本　二册

610000－1004－0000524　007122－007123

克虜伯礮說四卷操法四卷礮表八卷　（德國）布國軍政局編　（美國）金楷理口譯　（清）李鳳苞筆述　清光緒江南機器製造總局刻本　二册

610000－1004－0000525　007124

爆藥記要六卷　（美國）水雷局編　（清）舒高第口譯　（清）趙元益筆述　清光緒刻本　一册

610000－1004－0000526　007125－007128

重刊補註洗冤錄集證四卷　（清）王又槐增纂　（清）阮其新補註　（清）李觀瀾補輯　清光緒七年（1881）刻本　四册

610000－1004－0000527　007129－007132

補註洗冤錄集證四卷　（清）王又槐集證　（清）阮其新補註　清道光二十三年（1843）刻三色套印本　四册

610000－1004－0000528　007133－007135

武經講義全彙合參四卷　（清）朱墉輯著　（清）王安邦參訂　清康熙五十一年（1712）大盛堂刻本　三册　存三卷（一至三）

610000－1004－0000529　007136

摘注聖武記城守篇一卷　（清）魏源撰　清光緒二十一年（1895）陝西味經售書處刻本　三册

610000－1004－0000530　007137

摘注聖武記城守篇一卷　（清）魏源撰　清光緒二十一年（1895）陝西味經售書處刻本　三册

610000－1004－0000531　007138

摘注聖武記城守篇一卷　（清）魏源撰　清光緒二十一年（1895）陝西味經售書處刻本　三册

610000－1004－0000532　007139－007146

中西兵略指掌二十四卷首一卷　（清）陳龍昌輯　清光緒二十八年（1902）秦中官書局石印本　八册

610000－1004－0000533　007147－007152

嵩厓尊生書十九卷　（清）景日昣撰　清康熙三十九年（1700）刻本　六册

610000－1004－0000534　007153－007168

六科證治準繩　（明）王肯堂輯　明萬曆三十二年（1604）帶月樓刻本　十六册　存二種

610000－1004－0000535　007169－007172

重訂增補陶朱公致富全書四卷　（清）石巖逸叟增定　清乾隆四十四年（1779）刻本　四册　存三卷（一至二、四）

610000－1004－0000536　007206－007217

東垣十書　（明）王宇泰訂正　清映旭齋刻本　十二册

610000－1004－0000537　007218

全體新論一卷　（英國）合信　（清）陳修堂撰　清咸豐元年（1851）上海墨海書館刻本　一册

610000－1004－0000538　007219

婦嬰新説一卷　（英國）合信　（清）管茂材撰　清咸豐八年（1858）上海仁濟醫館刻本　一册

610000－1004－0000539　007220

内科新説二卷　（英國）合信　（清）管茂材撰　清咸豐八年（1858）上海仁濟醫館刻本　一册

610000－1004－0000540　007221

博物新編三集　（英國）合信著　清咸豐五年（1855）上海墨海書館刻本　一册

610000－1004－0000541　007222

西醫略論三卷　（英國）合信　（清）管茂材撰　清咸豐七年（1857）上海仁濟醫館刻本　一册

610000－1004－0000542　007234－007242

初等農業教科書五卷　（清）仇曾詒編纂　清宣統三年（1911）鉛印本　九册

610000－1004－0000543　007243－007245

農桑輯要七卷　（元）司農司撰　清乾隆三十九年（1774）刻本　三册

610000－1004－0000544　007246－007247

曾文正公水陸行軍練兵誌四卷　（清）王定安纂　清光緒二十六年（1900）柏經正堂刻本　二册

610000－1004－0000545　007248－007275

馮氏錦囊秘録　（清）馮兆張纂輯　清刻本　二十八册

610000－1004－0000546　007276－007287

醫書八種　（清）徐大椿著　清光緒四年（1878）掃葉山房刻本　十二册

610000－1004－0000547　007288－007290

醫方集解三卷　（清）汪昂著輯　清大文堂刻本　三册

610000－1004－0000548　007291－007306

本草綱目五十二卷　（明）李時珍纂輯　清刻本　十六册　存二十六卷（十九至二十八、三十七至五十二）

610000－1004－0000549　007307－007317

西藥大成十卷首一卷　（英國）來拉　（英國）海得蘭撰　（英國）傅蘭雅口譯　（清）趙元益筆述　清刻本　十一册　存三卷（三至五）

610000－1004－0000550　007318－007326

本草綱目五十二卷首一卷　（明）李時珍纂輯　清康熙二十三年（1684）刻本　九册

610000－1004－0000551　007358－007361

陶節菴傷寒全生集四卷　（清）葉天士評　清乾隆四十七年（1782）眉壽堂刻本　四册

610000－1004－0000552　007362－007367

傷寒論註四卷　（漢）張機著　（清）柯韻伯編註　**傷寒附翼二卷**　（清）柯韻伯編　清宣統元年（1909）刻本　六册

610000－1004－0000553　007368－007375

傷寒論三註十七卷　（漢）張機著　（清）劉宏璧删補　清刻本　八册

610000－1004－0000554　007376－007383

劉河間醫學六書　（金）劉守眞輯訂　清同德堂刻本　八册

610000－1004－0000555　007384－007390

新刊醫林狀元壽世保元八卷　（清）龔廷賢編　清嘉慶六年（1801）金陵致和堂刻本　七册

610000－1004－0000556　007391－007438

御纂醫宗金鑑九十卷首一卷　（清）吳謙等撰　清刻本　四十八册

610000－1004－0000557　007439－007462

御纂醫宗金鑑九十卷首一卷　（清）吳謙等撰　清刻本　二十四册

610000－1004－0000558　007463－007468

醫宗必讀五卷首一卷　（明）李中梓著　清道光三十年（1850）刻本　六册

610000－1004－0000559　007469－007472
尚論張仲景傷寒論重編三百九十七法四卷首一卷　(清)喻昌著　清乾隆二十八年(1763)刻本　四册

610000－1004－0000560　007473－007476
注解傷寒論十卷　(漢)張機述　(晉)王叔和撰次　(宋)成無已注解　**傷寒明理論四卷**　(宋)成無已撰　清同治四年(1865)刻本　四册

610000－1004－0000561　007477－007480
傷寒辨證四卷　(清)陳堯道編集　清康熙十八年(1679)刻本　四册

610000－1004－0000562　007481－007495
陳修園醫書　(清)陳念祖集註　清刻本　二十五册　存八種

610000－1004－0000563　007504－007513
黄帝素問靈樞經合註十八卷　(清)張志聰集註　清刻本　二十册

610000－1004－0000564　007524－007526
校刊目經大成三卷　(明)黄庭鏡著　清述古堂刻本　三册

610000－1004－0000565　007527－007530
痘疹定論四卷　(清)朱純嘏編輯　清乾隆刻本　四册

610000－1004－0000566　007531－007536
驗方新編八卷　(清)鮑相璈編輯　清刻本　六册　缺二卷(三至四)

610000－1004－0000567　007537－007543
陳修園醫書　(清)陳念祖集註　清光緒三十三年(1907)巴蜀善成堂刻本　七册　存十三種

610000－1004－0000568　007544－007549
瘡瘍經驗全書六卷　(宋)竇漢卿輯著　(宋)洪瞻巖　(宋)陳友恭校　清乾元堂刻本　六册

610000－1004－0000569　007550－007552
外科大成四卷　(清)祁坤輯著　(清)祁嘉錫等正字　清聚錦堂刻本　三册　存三卷(一至三)

610000－1004－0000570　007553－007556
臨陣傷科捷要四卷　(英國)帕脱編　(清)舒高第　(清)鄭昌棪譯　清末江南機器製造總局鉛印本　四册

610000－1004－0000571　007557－007564
鼎鍥幼幼集成六卷　(清)陳復正輯訂　(清)劉勷校正　(清)周宗頤叅訂　清乾隆十六年(1751)刻本　八册

610000－1004－0000572　007565－007583
御製曆象考成上編十六卷下編十卷後編十卷表十六卷　(清)允祿　(清)允祉纂修　清抄本　十九册

610000－1004－0000573　007584
本草萬方鍼線八卷　(清)蔡烈先輯　清道光六年(1826)英德堂刻本　一册

610000－1004－0000574　007585－007586
小兒藥證眞訣三卷　(宋)錢乙撰　(清)李錫齡校刊　清末惜陰軒刻本　二册

610000－1004－0000575　007587－007594
傅氏眼科審視瑤函六卷首一卷　(明)傅仁宇纂輯　(明)林長生校補　明崇禎十七年(1644)匯源堂刻本　八册

610000－1004－0000576　007595－007597
金匱心典三卷　(漢)張機著　(清)尤怡集註　清雍正十年(1732)刻本　三册

610000－1004－0000577　007598－007600
金匱要畧直解三卷　(漢)張機著　(清)程林註　清康熙十二年(1673)刻本　三册

610000－1004－0000578　007609－007610
形學備旨十卷　(美國)狄考文譯　(清)鄒立文筆述　清光緒二十八年(1902)鉛印本　二册

610000－1004－0000579　007611－007614
白芙堂算書廿一種　(清)吳嘉善述　(清)丁取忠補　清光緒二十二年(1896)關中味經官

書局刻本　四册

610000－1004－0000580　007615－007620
微積溯源八卷　(英國)華里司輯　(英國)傅蘭雅口譯　(清)華蘅芳筆述　清同治刻本　六册

610000－1004－0000581　007621－007626
三角數理十二卷　(英國)海麻士輯　(英國)傅蘭雅口譯　(清)華蘅芳筆述　清末江南製造總局刻本　六册

610000－1004－0000582　007627－007634
戊笈談兵十卷首一卷　(清)汪紱錄　清光緒二十一年(1895)刻本　八册

610000－1004－0000583　007635－007636、007638－007649
兵鏡備考十三卷孫子集注一卷兵鏡或問二卷　(清)鄧廷羅纂輯　清刻本　十四册　缺二卷(兵鏡備考一、孫子集注一)

610000－1004－0000584　007637
兵鏡備考十三卷孫子集注一卷兵鏡或問二卷　(清)鄧廷羅纂輯　清刻本　一册　存一卷(兵鏡備考一)

610000－1004－0000585　007650－007655
微積溯源八卷　(英國)華里司輯　(英國)傅蘭雅口譯　(清)華蘅芳筆述　清同治十三年(1874)關中味經官書局刻本　六册

610000－1004－0000586　007656－007661
代數術二十五卷首一卷　(英國)傅蘭雅口譯　(英國)華里司輯　(清)華蘅芳筆述　清刻本　六册

610000－1004－0000587　007662－007665
數學理九卷　(英國)棣麼甘譔　(英國)傅蘭雅口譯　(清)趙元益筆述　清刻本　四册

610000－1004－0000588　007666－007667
平三角舉要五卷　(清)梅文鼎著　清光緒十四年(1888)刻本　二册

610000－1004－0000589　007668－007673
太乙數統宗大全四十卷　(清)李自明撰　清乾隆刻本　六册

610000－1004－0000590　007674－007678
管窺輯要八十卷　(清)黃鼎纂定　清刻本　五册　存八卷(二至四、六十八至七十、七十七至七十八)

610000－1004－0000591　007679－007682
溫病條辨六卷首一卷　(清)吳瑭著　清道光十五年(1835)刻本　四册

610000－1004－0000592　007683－007684
醫方集解二卷　(清)汪昂著輯　清富春堂刻本　二册

610000－1004－0000593　007685－007687
可簡方四卷　(清)鄭慶崧集　(清)鄭道煜　(清)鄭道深校　清同治十年(1871)刻本　三册

610000－1004－0000594　007688－007695
傷寒論三註十七卷　(漢)張機著　(清)劉宏璧删補　清刻本　八册

610000－1004－0000595　007711－007714
新鐫曆法便覽象吉備要通書大全二十九卷　(清)魏鑑彙述　清康熙五十一年(1712)刻本　四册

610000－1004－0000596　007715
五洲圖韻四卷　(清)張士瀛編著　(清)梁國邦繪圖　清光緒二十八年(1902)左棉日新學堂刻本　一册

610000－1004－0000597　007724－007729
筆算數學三卷　(美國)狄考文輯　(清)鄒立文述　清光緒十八年(1892)鉛印本　六册

610000－1004－0000598　007730－007734
代數通藝錄十六卷　(清)方愷撰　清光緒二十四年(1898)上海著易堂石印本　五册

610000－1004－0000599　007735
王洪緒先生外科證治全生一卷　(清)王洪緒著　清咸豐十一年(1861)武昌節署刻本　一册

610000－1004－0000600　007736

醫宗備要三卷　(清)田鼎輯　清同治八年(1869)崇文書局刻本　一册

610000－1004－0000601　007737－007741
九數通考十一卷首一卷末一卷　(清)屈曾發輯　清同治十一年(1872)刻本　五册

610000－1004－0000602　007742－007749
九數通考十一卷首一卷末一卷　(清)屈曾發輯　清光緒二十三年(1897)味經刊書處刻本　八册

610000－1004－0000603　007750－007756
筆算數學三卷　(美國)狄考文輯　(清)鄒立文述　清末鉛印本　七册

610000－1004－0000604　007757－007758
九章算術細草圖説九卷海島算經細草圖説一卷　(三國魏)劉徽注　(唐)李淳風等釋　(清)李潢細草　清光緒二十二年(1896)上海文淵山房石印本　二册

610000－1004－0000605　007759－007762
對數表不分卷　(清)賈步緯　(清)葉迪生校　清末石印本　四册

610000－1004－0000606　007763－007766
芥子園畫傳二集九卷　(清)王槩編　清光緒十四年(1888)石印本　四册

610000－1004－0000607　007767－007772
新增格古要論十三卷　(明)曹昭著　(明)舒敏編　(明)王佐增訂　清光緒惜陰軒刻本　六册

610000－1004－0000608　007773－007775
新編直指演算法統宗十二卷　(明)程汝思編　明萬曆二十一年(1593)大盛堂刻本　三册

610000－1004－0000609　007777－007782
墨緣彙觀四卷　(清)安岐撰　清光緒二十六年(1900)鉛印本　六册

610000－1004－0000610　007783－007788
墨緣彙觀四卷　(清)安岐撰　清光緒二十六年(1900)鉛印本　六册

610000－1004－0000611　007793－007812
説鈴　(清)吳震方輯　清刻本　二十册　存五十二種

610000－1004－0000612　007816－007823
經餘必讀八卷續讀八卷　(清)雷琳等輯　清嘉慶八年(1803)致和堂刻本　八册

610000－1004－0000613　007862－007867
陽宅三要四卷地理五訣八卷　(清)趙廷棟著　(清)王庸弼　(清)張含章条著　清乾隆五十二年(1787)刻本　六册

610000－1004－0000614　007868－007872
新編古今事文類聚前集六十卷後集五十卷續集二十八卷別集三十二卷　(宋)祝穆編　**新集三十六卷外集十五卷**　(元)富大用輯　**遺集十五卷**　(元)祝淵輯　明萬曆三十二年(1604)刻本　五十册

610000－1004－0000615　007918－007996
分類字錦六十四卷　(清)何焯等纂　清刻本　七十九册

610000－1004－0000616　007997－008002
陽宅大成九卷　(清)魏青江述編　清乾隆六年(1741)刻本　六册　存九卷(宅譜指要一至四、宅譜修方一至五)

610000－1004－0000617　008003－008008
事類賦三十卷　(宋)吳淑撰註　(明)華麟祥校　清嘉慶四年(1799)刻本　六册

610000－1004－0000618　008009－008012
周易参同契正義三卷　(清)董德寧註　清嘉慶元年(1796)刻本　四册

610000－1004－0000619　008013
譚子化書六卷　(五代)譚峭撰　清光緒六年(1880)刻本　一册

610000－1004－0000620　008014
譚子化書六卷　(五代)譚峭撰　清光緒六年(1880)刻本　一册

610000－1004－0000621　008015
譚子化書六卷　(五代)譚峭撰　清光緒六年(1880)刻本　一册

610000－1004－0000622　008016
譚子化書六卷　(五代)譚峭撰　清光緒六年(1880)刻本　一册

610000－1004－0000623　008017
譚子化書六卷　(五代)譚峭撰　清光緒六年(1880)刻本　一册

610000－1004－0000624　008018
譚子化書六卷　(五代)譚峭撰　清光緒六年(1880)刻本　一册

610000－1004－0000625　008019
譚子化書六卷　(五代)譚峭撰　清光緒六年(1880)刻本　一册

610000－1004－0000626　008020
譚子化書六卷　(五代)譚峭撰　清光緒六年(1880)刻本　一册

610000－1004－0000627　008021－008023
新訂王氏羅經透解二卷　(清)王道亨輯錄　(清)李維實等參閲　(清)王紹之校正　清道光十五年(1835)四合堂刻本　三册

610000－1004－0000628　008024－008029
金精廖公秘授地學心法正傳畫筴扒砂經四卷廖金精畫筴撥砂經心法地理學直訓補遺一卷　(宋)廖禹著　(宋)彭大雄集　(明)江之棟輯　(明)汪元標校　清嘉慶二十五年(1820)刻本　六册

610000－1004－0000629　008030－008036
陳子性藏書十二卷首一卷　(清)陳應選闡述　(清)陳衍枀集　(清)陳式基　(清)陳式猷纂緝　清刻本　七册　存七卷(二至三、七至十一)

610000－1004－0000630　008037－008068
格致鏡原一百卷　(清)陳元龍纂　清刻本　三十二册

610000－1004－0000631　008069
十竹齋畫譜八卷　(明)胡正言輯　清刻彩色套印本　一册　存三卷(梅譜、墨華、果譜)

610000－1004－0000632　008075－008082
類書纂要三十三卷　(清)周魯輯　清刻本　八册

610000－1004－0000633　008083－008087
事類賦三十卷　(宋)吴淑撰註　(明)華麟祥校　清乾隆五十八年(1793)劍光閣刻本　五册

610000－1004－0000634　008088－008093
選時造命四卷宅譜問答邇言二卷　(清)魏青江纂　清刻本　六册

610000－1004－0000635　008094－008097
金闕玄元太上老君八十化圖說四卷太上老君西升化胡經初始品六卷　(元)令狐璋編修　清刻本　四册

610000－1004－0000636　008098
般若波羅蜜多心經一卷　(後秦)釋鳩摩羅什譯　清昭慶慧空經房刻本　一册

610000－1004－0000637　008099－008111
讀書雜志八十二卷誌餘二卷　(清)王念孫著　清同治九年(1870)金陵書局刻本　十三册

610000－1004－0000638　008120－008123
松雪堂印萃不分卷　(清)郭啓翼纂　清乾隆五十年(1785)刻鈐印本　四册

610000－1004－0000639　008126－008129
千金裘二集二十六卷　(清)蔣義彬　(清)徐元麟纂　清嘉慶二十三年(1818)刻本　四册

610000－1004－0000640　008130－008141
日知錄三十二卷之餘四卷　(清)顧炎武著　清乾隆二十四年(1759)刻本　十二册

610000－1004－0000641　008142
水鏡集四卷　(清)范騋撰　清天德堂刻本　一册

610000－1004－0000642　008143－008150
墨子閒詁十五卷目錄一卷附錄一卷後語二卷　(清)孫詒讓輯　清光緒三十三年(1907)掃葉山房石印本　八册

610000－1004－0000643　008151－008155
奇門遁甲統宗十二卷　(三國蜀)諸葛亮著

清刻本　五冊

610000－1004－0000644　008156－008163

奇門遁甲秘笈大全三十卷　(明)劉伯溫校訂

諸葛武侯行兵遁甲金函玉鏡圖六卷首一卷　(三國蜀)諸葛亮著　清刻本　八冊

610000－1004－0000645　008164－008187

御選唐宋詩醇四十七卷目錄二卷　(清)高宗弘曆選　清光緒十八年(1892)刻本　二十四冊

610000－1004－0000646　008188－008211

御選唐宋詩醇四十七卷目錄二卷　(清)高宗弘曆選　清乾隆十六年(1751)刻本　二十四冊

610000－1004－0000647　008212－008223

御選唐宋詩醇四十七卷目錄二卷　(清)高宗弘曆選　清乾隆二十五年(1760)刻本　十二冊　存二十二卷(十至十七、三十四至四十七)

610000－1004－0000648　008241－008360

全唐詩九百卷目錄十二卷　(清)曹寅等編　清康熙四十六年(1707)刻本　一百二十冊

610000－1004－0000649　008361

詩料備覽十四卷　(清)劉文蔚輯　(清)張晴峯校訂　清刻本　一冊

610000－1004－0000650　008362

子史輯要詩賦題解四卷續編四卷　(清)胡本淵編輯　清九如堂刻本　一冊

610000－1004－0000651　008363－008364

關中兩朝詩鈔十二卷　(清)李元春彙選　(清)李來瀚輯錄　清刻本　二冊　存五卷(八至十二)

610000－1004－0000652　008365－008366

善卷堂四六十卷　(清)陸繁弨撰　(清)吳自高注　清道光二年(1822)刻本　二冊

610000－1004－0000653　008367－008368

硃批七家詩註七卷　(清)張熙宇輯評　清道光二十六年(1846)崇順堂刻本　二冊

610000－1004－0000654　008372－008375

惜抱軒今體詩選十八卷　(清)姚鼐選　清光緒七年(1881)山西濬文書局刻本　四冊

610000－1004－0000655　008380－009397

古文辭類纂七十五卷　(清)姚鼐纂集　清光緒八年(1882)鉛印本　八冊

610000－1004－0000656　008388－008395

續古文辭類纂三十四卷　王先謙撰　清光緒八年(1882)刻本　八冊

610000－1004－0000657　008408－008411

子史輯要詩賦題解四卷續編四卷　(清)胡本淵編輯　清乾隆三十九年(1774)刻本　四冊

610000－1004－0000658　008412－008419

子史精華一百六十卷　(清)吳襄等纂修　清光緒十二年(1886)上海同文書局石印本　八冊

610000－1004－0000659　008420－008424

新編評註通玄先生張果星宗大全五卷　(明)陸位輯校　清登瀛堂刻本　一冊

610000－1004－0000660　008425－008427

文史眞經言外經旨二卷　(宋)陳顯微註　清光緒五年(1879)刻本　二冊

610000－1004－0000661　008427

文史眞經言外經旨二卷　(宋)陳顯微註　清光緒五年(1879)刻本　一冊　存一卷(下)

610000－1004－0000662　008428－008429

注老子道德眞經二卷　(漢)河上公章句　清刻本　二冊

610000－1004－0000663　008435－008436

太上玄門功課經不分卷　(春秋)李耳著　清光緒五年(1879)刻本　二折

610000－1004－0000664　008439－008454

忠雅堂詩集二十七卷補遺二卷詞集二卷文集十二卷　(清)蔣士銓著　清道光二十三年(1843)刻本　十六冊

610000－1004－0000665　008455－008460

不自是齋詩草八卷末一卷詩餘一卷野鶴山房

詩草四卷 (清)許恬著 **性理字訓一卷** (清)程達原撰次 清咸豐五年(1855)刻本 六册

610000－1004－0000666 008461－008473
歐陽文忠公全集一百五卷 (宋)歐陽修著 清康熙焉文堂刻本 十三册

610000－1004－0000667 008474－008475
酉戌公餘錄二卷 (清)吳大勳撰 清嘉慶七年(1802)刻本 二册

610000－1004－0000668 008522－008524
增訂古文集解八卷 (清)程潤德評註 清嘉慶元年(1796)致和堂刻本 三册

610000－1004－0000669 008525－008526
古文集解八卷 (清)程潤德評註 清刻本 二册 存四卷(三至六)

610000－1004－0000670 008551－008558
養一齋文集二十卷 (清)李兆洛著 清光緒四年(1878)刻本 八册

610000－1004－0000671 008578－008581
二十家文稿五卷 (清)朱爲弼 (清)李涵編輯 清嘉慶二十四年(1819)刻本 四册

610000－1004－0000672 008587－008589
新訂明文分類小題貫一卷 (清)樓渢撰述 清道光十一年(1831)刻本 三册

610000－1004－0000673 008590－008649
三蘇全集 (清)弓翊清校 清道光十二年(1832)眉州三蘇祠刻本 八十册

610000－1004－0000674 008650－008669
文選六十卷 (南朝梁)蕭統撰 (唐)李善注 清嘉慶十五年(1810)刻本 二十册

610000－1004－0000675 008670－008677
文選六十卷 (南朝梁)蕭統撰 (唐)李善注 清乾隆五十九年(1794)刻本 八册 存三十二卷(一至十六、三十至四十五)

610000－1004－0000676 008678－008683
讀書堂杜工部文集註解二卷詩集註解二十卷 (明)張溍評註 (清)張榕端校訂 清讀書堂刻本 六册 缺四卷(詩集註解一至四)

610000－1004－0000677 008743－008752
廣事類賦四十卷 (清)華希閔著 (清)鄒升恒条 (清)華希閎重訂 清嘉慶四年(1799)刻本 十册

610000－1004－0000678 008753－008763
廣事類賦四十卷 (清)華希閔著 (清)鄒升恒条 (清)華希閎重訂 清乾隆五十八年(1793)刻本 十一册

610000－1004－0000679 008764－008771
廣事類賦四十卷 (清)華希閔著 (清)鄒升恒条 (清)華希閎重訂 清康熙三十八年(1699)刻本 八册

610000－1004－0000680 008772－008776
新書十卷 (漢)賈誼著 **新語二卷** (漢)陸賈著 清乾隆刻本 五册

610000－1004－0000681 008777－008778
正教奉褒不分卷 (清)黄伯禄編 清光緒二十年(1894)上海慈母堂鉛印本 二册

610000－1004－0000682 008779－008781
因果集四卷 (清)□□撰 清刻本 三册

610000－1004－0000683 008782
因果集四卷 (清)□□撰 清刻本 一册 存一卷(二)

610000－1004－0000684 008789
文史眞經言外經旨二卷 (宋)陳顯微註 清乾隆十九年(1754)刻本 一册

610000－1004－0000685 008790－008839
漢魏六朝百三名家集 (明)張溥輯 清刻本 五十册

610000－1004－0000686 008840－008843
蓉峰詩話八卷 (清)聶銑敏著 清嘉慶十四年(1809)刻本 四册

610000－1004－0000687 008844－008847
賦學指南十卷 (清)余丙照編輯 清道光九年(1829)刻本 四册

610000－1004－0000688　008848－008851
律賦選青四卷　(清)任聘三纂註　(清)方汝帶評點　清嘉慶十七年(1812)刻本　四册

610000－1004－0000689　008852－008855
春明詩課彙選八卷　(清)陳研薌原選　(清)胡俊章　(清)胡多祺增輯　清光緒九年(1883)關中道署刻本　四册

610000－1004－0000690　008896－008899
唐詩三百首註釋六卷　(清)蘅塘退士編　(清)章燮註　清光緒十六年(1890)刻本　四册

610000－1004－0000691　008900－008903
古唐詩合解十二卷　(清)王堯衢註　(清)李模　(清)李桓校　清九思堂刻本　四册

610000－1004－0000692　008904－008905
唐詩三百首註釋六卷　(清)蘅塘退士編　**續選一卷**　(清)于慶元撰　清道光十七年(1837)刻本　二册　缺二卷(一至二)

610000－1004－0000693　008906－008907
古唐詩合解十二卷　(清)王堯衢註　(清)李模　(清)李桓校　清令德堂刻本　二册

610000－1004－0000694　008908－008909
唐詩三百首四卷首二卷　(清)蘅塘退士編　清咸豐刻本　二册

610000－1004－0000695　008910－008911
唐詩三百首六卷首二卷　(清)蘅塘退士編　清同治十三年(1874)刻本　二册

610000－1004－0000696　008912－008913
唐詩應試註釋七卷　(清)聞式堂主人編次　清乾隆二十四年(1759)三樂齋刻本　二册

610000－1004－0000697　008914－008915
古唐詩合解十二卷　(清)王堯衢註　(清)李模　(清)李桓校　清道光十二年(1832)天德堂刻本　二册

610000－1004－0000698　008916
古唐詩合解十二卷　(清)王堯衢註　(清)李模　(清)李桓校　清恒德堂刻本　一册

610000－1004－0000699　008917
古唐詩合解十二卷　(清)王堯衢註　(清)李模　(清)李桓校　清經文堂刻本　一册

610000－1004－0000700　008914－008918
古唐詩合解十二卷　(清)王堯衢註　(清)李模　(清)李桓校　清刻本　一册

610000－1004－0000701　008919
古唐詩合解十二卷　(清)王堯衢註　(清)李模　(清)李桓校　清令德堂刻本　一册

610000－1004－0000702　008920－008923
古唐詩合解十二卷　(清)王堯衢註　(清)李模　(清)李桓校　清令德堂刻本　四册

610000－1004－0000703　008924
古唐詩合解十二卷　(清)王堯衢註　(清)李模　(清)李桓校　清光緒四年(1878)意誠堂刻本　一册

610000－1004－0000704　008925
古唐詩合解十二卷　(清)王堯衢註　(清)李模　(清)李桓校　清刻本　一册　存三卷(五至七)

610000－1004－0000705　008926－008927
古唐詩合解十二卷　(清)王堯衢註　(清)李模　(清)李桓校　清致和堂刻本　二册　存五卷(八至十二)

610000－1004－0000706　008928－008930
應試唐詩類釋十九卷　(清)臧岳編　清刻本　三册　存十七卷(三至十九)

610000－1004－0000707　008931－008934
律賦選青四卷　(清)任聘三纂註　(清)方汝帶評點　清嘉慶二十一年(1816)刻本　四册

610000－1004－0000708　008935－008938
醉芸窗試帖詳註四卷　(清)楊昌光著　(清)楊延亮註　清道光元年(1821)致盛堂刻本　四册

610000－1004－0000709　008955－008957
全批八家詩註八卷　(清)張熙宇輯評　清光緒十六年(1890)刻本　三册

610000－1004－0000710　008960－008967
阮亭古詩鈔三十二卷　(清)王士禛選　清康熙三十六年(1697)刻本　八册

610000－1004－0000711　008968－008969
花樣集六卷　(清)楊昌光編　清道光八年(1828)崇德堂刻本　二册

610000－1004－0000712　008970－008975
唐宋八家文讀本三十卷　(清)沈德潛評點　清光緒二十四年(1898)石印本　六册

610000－1004－0000713　008976－008981
唐宋八家文讀本三十卷　(清)沈德潛評點　清刻本　六册　存二十四卷(七至三十)

610000－1004－0000714　008982－008985
唐宋八家鈔八卷　(清)高嵣輯　清乾隆五十三年(1788)刻本　四册　存四卷(一至四)

610000－1004－0000715　008986－008989
八家四六文鈔　(清)吴鼒編　清嘉慶三年(1798)刻本　四册　存四種

610000－1004－0000716　008990－009021
唐宋八大家文鈔　(明)茅坤批評　清康熙四十五年(1706)刻本　三十二册

610000－1004－0000717　009022－009035
古文淵鑒六十四卷　(清)徐乾學等編注　清光緒二十九年(1903)石印本　十六册

610000－1004－0000718　009044－009049
孫批胡刻文選五卷首一卷考異十卷　(南朝梁)蕭統編　(唐)李善注　(明)孫月峰批　清光緒元年(1875)焕文書局石印本　六册

610000－1004－0000719　009052－009055
古文詞略讀本二十四卷　(清)梅曾亮編　(清)陳太僕　(清)吴京卿評　清光緒三十三年(1907)陝西學務公所圖書局鉛印本　四册

610000－1004－0000720　009056－009058
古文詞略讀本二十四卷　(清)梅曾亮編　(清)陳太僕　(清)吴京卿評　清光緒三十三年(1907)陝西學務公所圖書局鉛印本　三册

610000－1004－0000721　009063－009064
古文翼八卷　(清)唐德宜編　清谷經國莊刻本　二册　存二卷(五至六)

610000－1004－0000722　009065
庚辰集三卷　(清)紀昀編　清乾隆二十七年(1762)太和堂刻本　一册

610000－1004－0000723　009066
有正味齋詩集十六卷詩續集八卷駢體文二十四卷續集八卷詞集八卷詞續集二卷外集五卷　(清)吴錫麒撰　清刻本　一册　存三十三卷(駢體文二十四卷、詞集五至八、外集五卷)

610000－1004－0000724　009067－009068
陶廬文集四卷　王樹枏撰　清刻本　二册

610000－1004－0000725　009069
寄嶽雲齋試體詩選詳註四卷　(清)聶銑敏撰　(清)張學蘇箋　清崇順堂刻本　一册

610000－1004－0000726　009070－009071
東萊博議四卷首一卷　(宋)呂祖謙撰　清光緒二十四年(1898)上海文富樓石印本　二册

610000－1004－0000727　009072－009075
瀛奎玉律四卷　(清)高敏編　清道光二十年(1840)刻本　四册

610000－1004－0000728　009092－009095
味蘭軒百篇賦鈔四卷　(清)張世燾　(清)彭克惠編輯　清乾隆二十九年(1764)刻本　四册

610000－1004－0000729　009100－009103
古文喈鳳新編八卷　(清)汪基輯　清乾隆七年(1742)三多齋刻本　四册

610000－1004－0000730　009104－009106
古文喈鳳新編八卷　(清)汪基輯　清雍正十二年(1734)文光堂刻本　三册　存六卷(一至六)

610000－1004－0000731　009107－009109
古文喈鳳新編八卷　(清)汪基輯　清雍正十二年(1734)學庫山房刻本　三册　存六卷(一至六)

610000－1004－0000732　009110－009112

古文喈鳳新編八卷 （清）汪基輯　清刻本　三册　存六卷（三至八）

610000－1004－0000733　009113－009115
古文喈鳳新編八卷 （清）汪基輯　清刻本　三册　存六卷（三至八）

610000－1004－0000734　009116－009117
牧民忠告二卷風憲忠告一卷廟堂忠告一卷 （元）張養浩撰　清道光十一年（1831）碧鮮齋刻本　二册

610000－1004－0000735　009118－009123
授堂遺書 （清）武億著　清道光二十三年（1843）刻本　六册　存三種

610000－1004－0000736　009124－009135
吾學録初編二十四卷 （清）吳榮光述　清光緒七年（1881）桐蔭軒刻本　十二册

610000－1004－0000737　009182－0009197
小倉山房文集三十五卷 （清）袁枚撰　清刻本　十六册

610000－1004－0000738　009198－009212
小倉山房詩集三十七卷續二卷 （清）袁枚撰　清刻本　十五册

610000－1004－0000739　009213
南園詩選二卷 （清）何士顒著　清乾隆五十二年（1787）刻隨園三十種本　一册

610000－1004－0000740　009214
袁家三妹合稿不分卷 （清）袁枚輯　清刻本　一册

610000－1004－0000741　009215
緑秋草堂詞一卷 （清）顧翰撰　**玉山堂詞一卷** （清）汪度撰　**崇睦山房詞一卷** （清）汪全德撰　清隨園刻本　一册

610000－1004－0000742　009216
筱雲詩集二卷 （清）陸應宿著　清隨園刻本　一册

610000－1004－0000743　009217
飲水詞鈔二卷 （清）納蘭性德著　（清）袁通録　**箏船詞不分卷** （清）劉嗣綰著　清隨園刻本　一册

610000－1004－0000744　009218
過雲精舍詞二卷 （清）楊夔生著　**碧梧山館詞二卷** （清）汪世泰著　清刻隨園叢書本　一册

610000－1004－0000745　009219
捧月樓詞二卷 （清）袁通撰　清刻隨園叢書本　一册

610000－1004－0000746　009220
粲花軒詩藁二卷 （清）陸建著　清刻隨園三十種本　一册

610000－1004－0000747　009221－009228
小倉山房尺牘十卷外集八卷 （清）袁枚著　清刻本　八册

610000－1004－0000748　009229－009236
隨園隨筆二十八卷 （清）袁枚著　清刻本　八册

610000－1004－0000749　009237－009241
隨園詩話十六卷補遺十卷 （清）袁枚著　清末石印本　五册

610000－1004－0000750　009242－009251
隨園詩話十六卷袁太史稿一卷 （清）袁枚著　清刻本　十册

610000－1004－0000751　009252－009257
隨園詩話十六卷補遺四卷 （清）袁枚著　清刻本　六册　缺六卷（一至四、九至十）

610000－1004－0000752　009258－009266
小倉山房文集三十五卷隨園詩話十卷外集八卷尺牘五卷 （清）袁枚撰　清光緒三十四年（1908）上海集成圖書公司鉛印本　九册　存四十九卷（文集五至三十五、詩話六至十、外集八卷、尺牘五卷）

610000－1004－0000753　009267－009269
桐城吳氏古文讀本十三卷 （清）吳汝綸評選　（清）常堉璋編　清光緒三十二年（1906）上海文明書局鉛印本　三册

610000－1004－0000754　009270－009271

訓蒙條要四卷　(清)計良著　清道光十三年(1833)不自是齋刻本　二冊

610000－1004－0000755　009272－009273
蒙養日記故事四卷　(清)計恬輯　清道光十三年(1833)刻本　二冊

610000－1004－0000756　009282－009289
船山詩草二十卷　(清)張問陶撰　清嘉慶十年(1805)刻本　八冊

610000－1004－0000757　009290－009291
船山詩補遺六卷　(清)張問陶撰　清道光二十九年(1849)刻本　二冊

610000－1004－0000758　009292－009296
樊山批判十四卷　樊增祥著　清光緒二十三年(1897)刻本　五冊　缺二卷(六至七)

610000－1004－0000759　009297－009298
樊山公牘三卷　樊增祥著　清光緒二十年(1894)刻本　二冊

610000－1004－0000760　009299－009312
太史升菴全集八十一卷目錄二卷　(明)楊慎著　清乾隆六十年(1795)養拙山房刻本　十四冊　缺二十四卷(五十三至五十六、五十九至七十八)

610000－1004－0000761　009313－009336
升菴外集一百卷　(明)楊慎著　(明)焦竑編　清道光二十四年(1844)刻本　二十四冊

610000－1004－0000762　009349－009354
嘯亭雜錄八卷　(清)昭槤撰　清光緒六年(1880)刻本　六冊　存六卷(一至六)

610000－1004－0000763　009355－009358
曾惠敏公全集　(清)曾紀澤撰　清光緒上海書局石印本　四冊　存三種

610000　－　1004　－　0000764　　009359　－009363、009433
曾文正公家書　(清)曾國藩撰　清光緒上海廣益書局石印本　六冊

610000－1004－0000765　009364－009365
庸書四卷　宋育仁著　清光緒二十二年(1896)石印本　二冊

610000－1004－0000766　009370－009373
定盦文集三卷續集四卷文集補編四卷餘集一卷　(清)龔自珍撰　清光緒二十八年(1902)浙省文彙書局鉛印本　四冊

610000－1004－0000767　009380－009392
寒松堂全集十二卷年譜一卷　(清)魏象樞著　清嘉慶十六年(1811)刻本　十三冊

610000－1004－0000768　009393－009428
國朝文錄續編六十七卷　(清)李祖陶評　清同治七年(1868)刻本　三十六冊

610000－1004－0000769　009429－009432
漁洋山人文略十四卷　(清)王士禛撰　清康熙三十四年(1695)刻本　四冊

610000－1004－0000770　009454－009457
漁洋山人精華錄十卷　(清)王士禛撰　(清)林佶等編　清康熙三十九年(1700)林佶刻本　四冊

610000－1004－0000771　009458－009461
許文正公遺書十二卷首一卷末一卷　(元)許衡撰　清光緒十三年(1887)傳經堂刻本　四冊

610000－1004－0000772　009462－009467
艮石山人全集不分卷　(清)何敏藻著　清抄本　六冊

610000－1004－0000773　009468－009475
家寶四集八卷　(明)石天基譔　清刻本　八冊

610000－1004－0000774　009487－009493
梅村集四十卷目錄二卷　(清)吳偉業著　(清)許旭　(清)顧湄訂　清康熙刻本　七冊　缺五卷(十至十四)

610000－1004－0000775　009510－005949
國朝文錄八十二卷　(清)李祖陶選　(清)吳作霖校刊　清道光十九年(1839)瑞州鳳儀書院刻本　四十冊

610000－1004－0000776　009550－009555

隨園續同人集十七卷 (清)袁枚輯 清刻本 六冊

610000-1004-0000777 009557
碧腴齋詩存八卷 (清)胡德琳著 清刻隨園三十種本 一冊

610000-1004-0000778 009556
隨園食單不分卷 (清)袁枚著 清隨園刻本 一冊

610000-1004-0000779 009564-009571
顯志堂稿十二卷 (清)馮桂芬著 清光緒二年(1876)校邠廬刻本 八冊

610000-1004-0000780 009572-009575
初學行文語類四卷 (清)孫埏編輯 清乾隆四十四年(1779)刻本 四冊

610000-1004-0000781 009589-009598
唐詩歸三十六卷目錄一卷 (明)鍾惺 (明)譚元春選定 (明)閔及申重訂 明刻本 十冊

610000-1004-0000782 009599-009606
十駕齋養新錄二十卷餘錄三卷 (清)錢大昕撰 **錢辛楣[大昕]先生年譜一卷** (清)錢慶曾校注 清光緒二年(1876)浙江書局刻本 八冊

610000-1004-0000783 009618-009620
樫華館文集六卷 (清)路德撰 清抄本 三冊 存三卷(一至三)

610000-1004-0000784 009677-009682
居易錄三十四卷 (清)王士禛著 清刻本 六冊

610000-1004-0000785 009683-009684
陶淵明詩集六卷 (晉)陶淵明撰 (明)張自烈評閲 明崇禎敦化堂刻本 二冊

610000-1004-0000786 009685-009686
東萊博議四卷增補虚字註釋六卷 (宋)吕祖謙撰 清光緒二十年(1894)蒲圻但氏刻本 二冊

610000-1004-0000787 009687-009698
鮚埼亭集外編五十卷 (清)全祖望撰 清嘉慶十六年(1811)刻本 十二冊

610000-1004-0000788 009699-009710
唐陸宣公翰苑集二十四卷首一卷末一卷 (唐)陸贄撰 (清)張佩芳註釋 (清)汪肇龍等参訂 清光緒十八年(1892)柏經正堂刻本 十二冊

610000-1004-0000789 009711-009722
擊缽吟偶存二卷二集二卷三集二卷四集二卷五集二卷六集二卷七集二卷 (清)楊慶琛等撰 清同治刻本 十二冊

610000-1004-0000790 009739-009769
增補策學總纂大全五十卷 (清)蔡壽祺撰 清光緒八年(1882)刻本 三十一冊 缺一卷(二十一)

610000-1004-0000791 009770-009777
策學總纂大成四十六卷目錄二卷 (清)蔡壽祺輯 清光緒十一年(1885)北京琉璃廠經藝堂刻本 八冊

610000-1004-0000792 009810-009813
銅鼓書堂遺稾三十二卷 (清)查禮撰 清乾隆五十七年(1792)刻本 四冊

610000-1004-0000793 009814-009818
塾課小題正鵠三集 (清)李元度編輯 清同治十二年(1873)刻本 五冊 缺一集(初集)

610000-1004-0000794 009819-009823
小題正鵠三集坿後訓蒙草一集養正草一集 (清)李元度編輯 (清)李元吉等校訂 (清)何忠駿等校 清光緒八年(1882)文昌書局刻本 五冊

610000-1004-0000795 009824
鳥鼠山人小集十六卷 (明)胡纘宗撰 (明)陳以道等編 明刻本 一冊 存三卷(五至七)

610000-1004-0000796 009825-009826
青山風月詩存四卷首一卷 (清)計恬撰 清咸豐五年(1855)善養堂計氏刻本 二冊

610000－1004－0000797　009827－009828
龍文鞭影二卷　（明）蕭良有著　（明）楊臣静增訂　清西安芸香齋刻本　二册

610000－1004－0000798　009829－009838
樫華館試帖彙鈔輯注十卷　（清）路德撰　清道光十四年（1834）刻本　十册

610000－1004－0000799　009839－009848
關中書院課藝一卷附志學齋日記一卷　（清）柏景偉輯　清光緒十四年（1888）刻本　十册

610000－1004－0000800　009846－009852
關中書院課解五卷　（清）孫景烈著　（清）瑪星阿校　清乾隆二十六年（1761）滋樹堂刻本　十册

610000－1004－0000801　009853－009856
滋樹堂文集四卷　（清）孫景烈著　（清）張孝友　（清）張寶書編次　清道光十一年（1831）刻本　四册

610000－1004－0000802　009857
可園草一卷　（清）孫景烈著　（清）李方華校刊　清乾隆三十八年（1773）刻本　一册

610000－1004－0000803　009858
孫檢討四書文一卷　（清）孫景烈著　（清）孫燮等校　清乾隆三十四年（1769）滋樹堂刻本　一册

610000－1004－0000804　009866－009869
紅豆村人詩稿十四卷　（清）袁樹著　清刻本　四册

610000－1004－0000805　009870－009871
隨園八十壽言六卷　（清）袁枚輯　清嘉慶元年（1796）隨園刻本　二册

610000－1004－0000806　009872－009873
隨園女弟子詩選六卷　（清）袁枚輯　清嘉慶元年（1796）隨園刻本　二册

610000－1004－0000807　009874－009877
義門先生集十二卷　（清）何焯著　（清）韓崇等輯　清宣統三年（1911）中華圖書館影印本　四册

610000－1004－0000808　009878－009889
皇朝經世文編一百二十卷姓名總目二卷　（清）賀長齡輯　清光緒二十五年（1899）上海中西書局石印本　十二册

610000－1004－0000809　009890－009909
皇朝經世文續編一百二十卷　（清）葛士濬輯　清光緒二十二年（1896）上海寶善書局石印本　二十册

610000－1004－0000810　009910－009921
皇朝經世文三編八十卷　（清）陳忠倚輯　清光緒二十八年（1902）龍文書局石印本　十二册

610000－1004－0000811　009922－009933
皇朝經世文四編五十二卷　（清）何良棟編　清光緒二十八年（1902）上海書局石印本　十二册

610000－1004－0000812　009934－009945
皇朝經世文編五集三十二卷　（清）求是齋校輯　清光緒二十八年（1902）宜今室石印本　十二册

610000－1004－0000813　009946－009965
皇朝經世文新編二十一卷　（清）麥仲華輯　清光緒二十八年（1902）上海鍊石書局石印本　二十册

610000－1004－0000814　009966－009977
皇朝經世文新編二十一卷　（清）麥仲華輯　清光緒二十七年（1901）上海書局石印本　十二册

610000－1004－0000815　009978－010029
皇朝經世文統編一百七卷　（清）邵之棠輯　清光緒二十七年（1901）上海寶善齋石印本　五十二册

610000－1004－0000816　010030－010038
小題鄉嬛不分卷　（□）□□撰　清末石印本　九册

610000－1004－0000817　010039－010044、010052－010052

評選直省闈藝菁華八卷 (清)久敬齋主人編 清光緒三十年(1904)上海久敬齋石印本 八册

610000-1004-0000818 010045-010051
斯文精粹六卷 (清)尹繼善編 清乾隆七年(1742)刻本 七册

610000-1004-0000819 010054-010055
宮吏部公制義一卷 (清)宮建章著 清光緒十五年(1889)刻本 二册

610000-1004-0000820 010056
登瀛社稾不分卷 (清)曾之撰等輯 清同治九年(1870)刻本 一册

610000-1004-0000821 010057
登瀛社稾續刊不分卷 (清)曾之撰等輯 清同治九年(1870)刻本 一册

610000-1004-0000822 010058
鳳起課藝一卷 (清)楊思成等著 清刻本 一册

610000-1004-0000823 010059-010061
目耕齋讀本三集 (清)沈少潭編 清道光十年(1830)刻本 三册

610000-1004-0000824 010062-010065
八銘堂塾鈔初集六卷 (清)吳懋政編次 清嘉慶十一年(1806)刻本 四册

610000-1004-0000825 010066-010069
八銘堂塾鈔二集六卷 (清)吳懋政編次 清嘉慶十一年(1806)刻本 四册

610000-1004-0000826 010070-010073
八銘堂塾鈔初集六卷 (清)吳懋政編次 清乾隆五十一年(1786)刻本 四册

610000-1004-0000827 010074-010075
鹵厓四書文不分卷 (清)張聯珠著 (清)張裕生校 清道光二十三年(1843)知困齋刻本 二册

610000-1004-0000828 010076
鐵網珊瑚二集 (清)陶琸等撰 清道光二十七年(1847)刻本 一册

610000-1004-0000829 010077
簡摩集國初文不分卷 (清)司徒修輯 清刻本 一册

610000-1004-0000830 010078-010079
時藝階不分卷 (清)路德編 清道光二十二年(1842)來鹿堂刻本 二册

610000-1004-0000831 010080-010083
三元秘授六卷 (清)張廷濟集 清道光十九年(1839)刻朱墨印本 四册

610000-1004-0000832 010084-010103
大題文府不分卷 (清)積山書局輯 清光緒十九年(1893)上海積山書局石印本 二十册

610000-1004-0000833 010104-010109
大題文府不分卷 (清)同文書局輯 清光緒十三年(1887)上海同文書局石印本 六册 缺一卷(下孟)

610000-1004-0000834 010110-010113
十八科鄉會墨式不分卷 (清)賈楨鑒定 清刻本 四册

610000-1004-0000835 010114-010116
十八科鄉會墨式不分卷 (清)賈楨鑒定 清同治五年(1866)京都琉璃廠刻本 三册

610000-1004-0000836 010117
光緒己卯科直省鄉試墨腜不分卷 (清)傅鍾麟評選 清光緒京都琉璃廠刻本 一册

610000-1004-0000837 010118-010120
己丑恩科直省鄉試墨腜五編不分卷 (清)傅鍾麟評選 清光緒十六年(1890)刻本 三册 存三册(一至三)

610000-1004-0000838 010121-010126
子史試帖彙鈔十卷 (清)屈宗談編 清嘉慶二十年(1815)雙溪書屋刻本 六册

610000-1004-0000839 010127
陝甘闈墨咸豐戊午科不分卷 (清)潘翁鑒定 清衡鑑堂刻本 一册

610000-1004-0000840 010128
陝甘闈墨同治庚午科帶補丁卯科不分卷

（清）陸孫鑒定　清衡鑑堂刻本　一冊

610000－1004－0000841　010129

陝甘闈墨同治癸酉科不分卷　（清）吳寶恕（清）潘衍桐鑒定　清衡鑑堂刻本　一冊

610000－1004－0000842　010130

陝甘闈墨道光丁酉科不分卷　（清）彭蘇鑒定　清衡鑑堂刻本　一冊

610000－1004－0000843　010131－010142

二十四史分類輯要十二卷　（清）沈桐生輯　清光緒二十八年（1902）會文學社石印本　十二冊

610000－1004－0000844　010143－010144

春明詩課彙選八卷　（清）陳研薌原選　（清）胡俊章　（清）胡多祺增輯　清光緒九年（1883）關中道署刻本　二冊

610000－1004－0000845　010145－010147

陝甘試牘不分卷　（清）金國均輯　清道光二十五年（1845）刻本　三冊

610000－1004－0000846　010148－010149

分類詳註飲香尺牘四卷首一卷　（清）飲香居士原輯　（清）白下慵隱子牋釋　清嘉慶二年（1797）樹本堂刻本　二冊

610000－1004－0000847　010150－010156、010316

繡虎軒尺牘十六卷　（清）曹亮采著　清康熙十七年（1678）刻本　八冊

610000－1004－0000848　010157－010164

仁在堂時藝課不分卷　（清）路德編　清道光十五年（1835）刻本　八冊

610000－1004－0000849　010165－010167

音註小倉山房尺牘八卷補遺一卷　（清）袁枚著　（清）胡光斗箋釋　清咸豐九年（1859）青蘿室刻本　四冊

610000－1004－0000850　010168－010176

中外經世緒言十六卷　（清）汪紫卿輯　清光緒二十一年（1895）上海文盛堂石印本　九冊

610000－1004－0000851　010177－010183

中外經世緒言續編八卷　余貽範輯　清光緒二十四年（1898）石印本　七冊　存七卷（一至七）

610000－1004－0000852　010184－010191

中外經世緒言三編二十卷　（清）廬山老人輯　清光緒二十四年（1898）上海文盛書局石印本　八冊

610000－1004－0000853　010192－010194

兩週甲會墨文海二十六卷　（□）□□輯　清刻本　三冊　存八卷（二至三、六至八、二十四至二十六）

610000－1004－0000854　010195

十八科鄉會墨式不分卷　（清）賈楨鑒定　清同治五年（1866）京都琉璃廠刻本　一冊

610000－1004－0000855　010196－010205

小題文府六卷　（清）同文書局主人編　清光緒十二年（1886）上海同文書局石印本　十冊　缺二卷（論語一至二）

610000－1004－0000856　010250－010253

鄉黨圖考十卷　（清）江永著　清乾隆五十二年（1787）刻本　四冊

610000－1004－0000857　010254

陝西鄉試闈墨不分卷　（清）楊劉鑒定　清末刻本　一冊

610000－1004－0000858　010255

陝西鄉試闈墨不分卷　（清）王趙鑒定　清末刻本　一冊

610000－1004－0000859　010256

陝西鄉試闈墨不分卷　（清）□□鑒定　清末刻本　一冊

610000－1004－0000860　010257－010260

三科墨卷新畬二十四卷　（清）顧東山評選　清乾隆五十八年（1793）致和堂刻本　四冊

610000－1004－0000861　010288－010292

二曲集二十六卷　（清）李顒著　清康熙四十四年（1705）陝西督學刻本　六冊　缺六卷（十九至二十四）

610000－1004－0000862　010292
二曲集二十六卷　（清）李顒著　清刻本　一冊　存三卷（十六至十八）

610000－1004－0000863　010293－010296
楚辭八卷　（宋）朱熹注　清光緒三年（1877）湖北崇文書局刻本　二冊

610000－1004－0000864　010293－010296
離騷草木疏四卷　（清）吳仁傑撰　清光緒三年（1877）崇文書局刻本　一冊

610000－1004－0000865　010293－010296
楚辭辯證二卷　（宋）朱熹撰　清光緒三年（1877）湖北崇文書局刻本　一冊

610000－1004－0000866　010297
關中書院課士詩一卷　（清）路德輯　清道光十八年（1838）刻本　一冊

610000－1004－0000867　010298
關中書院課士詩一卷　（清）路德輯　清道光十八年（1838）刻本　一冊

610000－1004－0000868　010299
關中書院課士詩一卷　（清）路德輯　清光緒三年（1877）刻本　一冊

610000－1004－0000869　010300
關中書院課士詩一卷　（清）路德輯　清道光二十三年（1843）刻本　一冊

610000－1004－0000870　010301－010302
關中書院課士詩一卷　（清）路德輯　清道光十八年（1838）刻本　二冊

610000－1004－0000871　010303－010304
關中書院課士同賦不分卷　（清）路德輯　清道光十八年（1838）刻本　二冊

610000－1004－0000872　010305－010306
關中書院課士同賦不分卷　（清）路德輯　清道光十八年（1838）刻本　二冊

610000－1004－0000873　010307
今文小題英華一卷　（清）周次伊評選　（清）顧景嶽鑒定　清乾隆三十八年（1773）刻本　一冊

610000－1004－0000874　010308－010309
明文小題傳薪不分卷　（清）臧岳評釋　清刻本　二冊

610000－1004－0000875　010310－010311
五經樓小題拆字四卷　（清）山仲甫等輯　清咸豐七年（1857）刻本　二冊

610000－1004－0000876　010312－010315
寄傲山房塾課新增幼學故事瓊林四卷　（清）程允升著　（清）鄒梧岡增補　清乾隆二十五年（1760）藜照書屋刻本　四冊

610000－1004－0000877　010318－010322
雨村詩話十六卷　（清）李調元著　清刻本　五冊

610000－1004－0000878　010323－010326
曝書亭集詞註七卷　（清）李富孫纂　清刻本　四冊

610000－1004－0000879　010327－010329
律賦春華不分卷　（清）吳永之輯選　（清）陳汝楨等校　清同志堂刻本　三冊

610000－1004－0000880　010346、010348
直省鄉墨新編不分卷　（清）俞培元評選　清光緒十八年（1892）刻本　二冊

610000－1004－0000881　010347
乙酉直省不分卷　（□）□□撰　清末刻本　一冊

610000－1004－0000882　010349
甲午鄉墨□□卷　（□）□□撰　清末刻本　一冊　存五卷（六至十）

610000－1004－0000883　010350
己丑恩科鄉墨□□卷　（□）□□撰　清末刻本　一冊

610000－1004－0000884　010351－010354
娱目醒心編十五卷　（清）杜綱編　（清）自怡軒主人評　清道光九年（1829）刻本　四冊

610000－1004－0000885　010363－010378
湖海詩傳四十六卷　（清）王昶輯　清同治四年（1865）刻本　十六冊

610000－1004－0000886　010379－010394
湖海文傳七十五卷　(清)王昶輯　清道光十九年(1839)刻本　十六册

610000－1004－0000887　010395－010410
湖海文傳七十五卷　(清)王昶輯　清道光十九年(1839)刻本　十六册

610000－1004－0000888　010411－010414
作如是觀四卷　(清)喻師顔纂輯　清嘉慶二十四年(1819)刻本　四册

610000－1004－0000889　010423
讀書作文譜十二卷　(清)唐彪冀輯著　**父師善誘法二卷**　(清)唐彪冀輯著　清嘉慶八年(1803)刻本　一册

610000－1004－0000890　010424－010427
東周列國全志二十三卷一百八回　(清)蔡界評點　清乾隆刻本　四册　存二十二卷(一至六、八至二十三)

610000－1004－0000891　010428－010450
東周列國全志二十三卷一百八回　(清)蔡界評點　清咸豐四年(1854)書成山房刻朱墨印本　二十三册

610000－1004－0000892　010453－010471
三國演義五十一卷一百二十回　(清)金聖嘆書　(清)毛宗崗評　清順治元年(1644)刻本　十九册　存四十二卷(一至九、十二至十三、十五至三十六、四十三至五十一)

610000－1004－0000893　010472－010487
三國演義五十一卷一百二十回　(清)金聖嘆書　(清)毛宗崗評　清道光二十六年(1846)刻本　十册

610000－1004－0000894　010520－010535
西學十六種啟蒙　(英國)艾約瑟譯　清光緒二十四年(1898)上海盈記書莊石印本　十六册

610000－1004－0000895　010536－010539
坐花誌果八卷　(清)汪道鼎述　清同治十二年(1873)刻本　四册

610000－1004－0000896　010540－010546
續太平廣記八卷　(清)陸壽名集　清嘉慶五年(1800)刻本　七册

610000－1004－0000897　010547－010551
聊齋志異十六卷　(清)蒲松齡著　(清)王士正評　(清)但明倫新評　清刻本　五册　存五卷(十至十一、十四至十六)

610000－1004－0000898　010558－010564
增補繪圖官場現形記五編六十卷　(清)李寶嘉撰　清末石印本　七册　存二十八卷(續編十七至二十四、三編二十九至三十六、四編三十七至四十八)

610000－1004－0000899　010581－010637
太平廣記五百卷目錄十卷　(宋)李昉等編　清嘉慶元年(1796)刻本　五十七册　缺十七卷(一百十至一百十八、三百四十一至三百四十八)

610000－1004－0000900　010638－010643
梅氏叢書輯要　(清)梅文鼎撰　清光緒十四年(1888)龍文書局石印本　六册

610000－1004－0000901　010644－010670
正覺樓叢書　(清)崇文書局輯　清光緒崇文書局刻本　二十七册

610000－1004－0000902　010671－010674
涑水紀聞十六卷　(宋)司馬光著　清末石印本　四册

610000－1004－0000903　010675－010676
荒政輯要九卷首一卷　(清)汪志伊纂　清道光五年(1825)聞妙香室刻本　二册

610000－1004－0000904　010677－010682
秘書廿一種　(清)劉際清編　清乾隆七年(1742)文盛堂刻本　六册

610000－1004－0000905　010683－010686
異方便淨土傳燈歸元鏡三祖實錄二卷　(清)釋智達拈頌　(清)釋德日閱錄　清咸豐三年(1853)刻本　四册

610000－1004－0000906　010705－010758

陶廬叢刻 王樹枏撰 清光緒至民國新城王氏刻本 五十四册

610000－1004－0000907 010779－010795
古逸叢書 (清)黎庶昌編 清光緒黎庶昌日本東京使署影刻本 十七册 存八種

610000－1004－0000908 010796－010845
槐廬叢書 (清)朱記榮輯 清光緒十三年(1887)吴縣朱氏家塾刻本 五十册

610000－1004－0000909 010847－010852、010854、010856－010859
金石全例 (清)朱記榮輯 清光緒十八年(1892)吴縣朱氏彙印本 十一册 缺三種

610000－1004－0000910 010853、010855
金石綜例四卷附石經閣金石跋文一卷 (清)朱記榮輯 清光緒十八年(1892)吴縣朱氏彙印本 二册

610000－1004－0000911 010846
鍾山札記四卷 (清)盧文弨撰 清光緒三十年(1904)刻本 一册

610000－1004－0000912 010860－010880
亭林先生遺書彙輯 (清)席威 (清)朱記榮輯 清光緒十四年(1888)朱氏校徑山房彙印本 二十一册

610000－1004－0000913 010887－011010
惜陰軒叢書 (清)李錫齡輯 清道光二十六年(1846)宏道書院刻咸豐八年(1858)續刻本 一百二十四册

610000－1004－0000914 011011－011018
衛生寶鑑二十四卷 (元)羅天益著 清刻惜陰軒叢書本 八册

610000－1004－0000915 011019－011028
惜陰軒叢書 (清)李錫齡輯 清道光二十六年(1846)宏道書院刻咸豐八年(1858)續刻本 十册

610000－1004－0000916 011029－011030
授經圖義例二十卷 (明)朱睦㮮著 清道光二十六年(1846)刻本 二册

610000－1004－0000917 011031－001032
雍州金石記十卷 (清)朱楓著 清道光二十年(1840)刻本 二册

610000－1004－0000918 011033－011045
唐宋八大家文鈔 (明)茅坤批評 清康熙四十五年(1706)刻本 十三册 存七種

610000－1004－0000919 011046－011049
續新齊諧十卷 (清)袁枚撰 清刻本 四册

610000－1004－0000920 011050－011053
詩話補遺十卷 (清)袁枚著 清刻本 四册

610000－1004－0000921 011054－011063
續新齊諧二十卷 (清)袁枚撰 清刻本 十册

610000－1004－0000922 011064－011065
新鐫校正評註分類百子金丹全書十卷任兆麟述記三卷 (明)郭偉選註 (清)任兆麟述 清上海文盛書局石印本 二册

610000－1004－0000923 011066－011069
全生集四卷 (明)陶華著 清抄本 四册

610000－1004－0000924 011090－011105
說鈴 (清)吴震方輯 清嘉慶五年(1800)明新堂刻本 十六册

610000－1004－0000925 011106－011110
池上草堂筆記六卷三錄六卷 (清)梁恭辰撰 清同治九年(1870)刻本 五册

610000－1004－0000926 011111－011113
痧脹玉衡書四卷 (清)郭志邃著 清康熙十七年(1678)刻本 四册

610000－1004－0000927 011114－011119
酉陽雜俎二十卷續集十卷 (唐)段成式撰 (明)毛晉訂 明崇禎汲古閣刻本 六册

610000－1004－0000928 011120－011121
文心雕龍十卷 (南朝梁)劉勰著 清光緒三年(1877)湖北崇文書局刻本 二册

610000－1004－0000929 011123－011152
校經山房叢書 (清)朱記榮編 清光緒三十

年(1904)孫谿槐廬家塾刻本　三十冊

610000－1004－0000930　011122
校經山房叢書　(清)朱記榮編　清光緒三十年(1904)孫谿槐廬家塾刻本　一冊　存二種

610000－1004－0000931　011241－011281
青照堂叢書　(清)李元春輯　清道光十五年(1835)刻本　四十一冊

610000－1004－0000932　011282－011287
嘯亭雜錄八卷續錄二卷　(清)昭槤撰　清光緒六年(1880)刻本　六冊　缺六卷(一至六)

610000－1004－0000933　011358－011366
雲林別墅新輯酧世錦囊書啟合編四集　(清)鄒景揚輯　清乾隆刻本　九冊　存三集

610000－1004－0000934　011390－011405、15490－15497
西政叢書　梁啟超輯　清光緒二十三年(1897)慎記書莊石印本　三十二冊

610000－1004－0000935　011414－011439
皇清經解縮版編目十六卷皇清經解一百九十卷　(清)陶治元編輯　清光緒十七年(1891)鴻寶齋石印本　二十六冊

610000－1004－0000936　011443－011446
日典紀要十二卷　(清)葉騰驤輯　清道光二十年(1840)品石山房刻本　四冊

610000－1004－0000937　011447－011451
金石三跋十卷授堂金石文字續跋十四卷　(清)武億著錄　(清)武穆淳編　清光緒二十九年(1903)授堂刻本　五冊

610000－1004－0000938　011452－011458
東坡詩選十二卷　(明)譚元春選　明天啟元年(1621)文盛堂刻本　七冊　存十卷(一至十)

610000－1004－0000939　011459－011478
文萃十三種　(清)張道緒評　清嘉慶十六年(1811)刻本　二十冊

610000－1004－0000940　011481－011487
鏡花緣二十卷一百回　(清)李汝珍撰　清刻本　七冊　存七卷(三、五、七、九至十、十二至十三)

610000－1004－0000941　011488－011505
大清律例四十七卷　(清)徐本修　(清)唐紹祖等纂　清乾隆四十八年(1783)刻本　十八冊　存三十九卷(一至三十九)

610000－1004－0000942　011506－011509
滆水集十六卷　(宋)李復撰　清嘉慶七年(1802)刻本　四冊

610000－1004－0000943　011510－011514
瀛環志略十卷　(清)徐繼畬輯著　清同治五年(1866)刻本　五冊

610000－1004－0000944　011515
二論講義養正編十卷　(清)史廷煇輯　清乾隆二十九年(1764)刻本　三冊　存五卷(一至五)

610000－1004－0000945　011516－011517
莫愁湖志六卷首一卷　(清)馬士圖輯　清光緒八年(1882)刻本　二冊

610000－1004－0000946　011518－011533
水師章程十四卷續編六卷　(英國)水師兵部輯　(美國)林樂知口譯　(清)鄭昌棪筆述　清光緒刻本　十六冊

610000－1004－0000947　011534－011539
代數術二十五卷首一卷　(英國)傅蘭雅口譯　(英國)華里司輯　(清)華蘅芳筆述　清末關中味經官書局刻本　六冊

610000－1004－0000948　011602－011615
本經疏證十二卷續疏六卷本經續疏要八卷　(清)鄒澍撰　清同治十二年(1873)反經堂刻本　十四冊

610000－1004－0000949　011616－011629
字彙十二卷首一卷末一卷　(明)梅膺祚音釋　明萬曆四十三年(1615)刻本　十四冊

610000－1004－0000950　011630－011639
禮記十卷　(元)陳澔集說　清同治十年(1871)刻本　十冊

610000－1004－0000951　011640－011649

字彙十二卷首一卷末一卷　（明）梅膺祚音釋　清道光十二年（1832）文發堂刻本　十三冊

610000－1004－0000952　011650－011651

三禮義證十二卷　（清）武億撰　清道光二十三年（1843）刻本　二冊　存六卷（一至六）

610000－1004－0000953　011654

性理字訓不分卷　（清）程達原撰次　清咸豐五年（1855）不自是齋刻本　一冊

610000－1004－0000954　011654、011657

綠萼梅齋遺稿二卷題詞一卷　（清）馮朝彬撰　清咸豐五年（1855）什邡縣同善閣書房刻本　二冊

610000－1004－0000955　011655

訓蒙條要二卷　（清）計良著　清咸豐五年（1855）不自是齋刻本　一冊

610000－1004－0000956　011656

貞孝録不分卷　（清）計祉庭輯　清咸豐五年（1855）山泉書屋刻本　一冊

610000－1004－0000957　011658－011669

洋務經濟通考十六卷　（清）應祖錫纂定　清光緒二十七年（1901）鴻寶齋石印本　六冊

610000－1004－0000958　011678－011687、011948－011952

中國江海險要圖誌二十二卷首一卷補編五卷圖五卷　（英國）海軍海圖官局編　（清）陳壽彭譯　清光緒二十七年（1901）經世文社石印本　十五冊

610000－1004－0000959　011688－011691

尚書離句六卷　（清）劉梅垞鑒定　（清）錢在培輯解　清光緒十二年（1886）刻本　四冊

610000－1004－0000960　011692－011695

詩經釋傳八卷　（清）陳抒孝纂錄　清乾隆四十五年（1780）刻本　四冊

610000－1004－0000961　011696－011697

易經體註大全合參四卷　（清）范翔鑑　（清）李兆賢緝著　清學源堂刻本　二冊

610000－1004－0000962　011698－011701

尚書離句六卷　（清）劉梅垞鑒定　（清）錢在培輯解　清光緒十二年（1886）刻本　四冊

610000－1004－0000963　011702－011724

周易便蒙襯解四卷　（清）李盤輯著　清嘉慶十六年（1811）刻本　三冊

610000－1004－0000964　011705－011708

詩經喈鳳詳解八卷　（清）陳抒孝輯著　（清）汪敬堂增訂　清三多齋刻本　四冊

610000－1004－0000965　011709－011717

孟子講義十二卷　（清）史可亭輯　清刻本　九冊

610000－1004－0000966　011718－011721

歷代職官表六卷　（清）黃本驥撰　（清）柏森校刊　清光緒二十四年（1898）柏經正堂刻本　四冊

610000－1004－0000967　011722－011725

易經大全會解四卷　（清）來爾繩纂輯　（清）朱采治　（清）朱之澄編訂　清康熙三十四年（1695）刻本　四冊

610000－1004－0000968　011726－011731

新鐫增補周易備旨一見能解六卷　（明）黃淳耀撰　（清）嚴而寬增補　清光緒二十年（1894）刻本　六冊

610000－1004－0000969　011735－011737

春秋公羊傳二十卷　（漢）何休撰　清刻本　三冊

610000－1004－0000970　011740－011747

萬國史記二十卷　（日本）重野安繹編　清光緒五年（1879）石印本　八冊

610000－1004－0000971　011761－011762

二南文集二卷　（清）周樂撰　清道光二十二年（1842）刻本　二冊

610000－1004－0000972　011763－011768

策學纂要十六卷　（清）戴朋　（清）黃卷輯　清嘉慶十三年（1808）書業堂刻本　六冊

610000－1004－0000973　011772－011773

有正味齋試帖詳註四卷 (清)吳錫麒著 (清)吳掄 (清)吳敬恒註 清道光三年(1823)文發堂刻本 二册

610000－1004－0000974 011774－011778
變雅堂文集八卷詩集十卷附錄二卷 (清)杜濬撰 清光緒二十年(1894)黄岡沈氏刻本 五册

610000－1004－0000975 011779－011784
九家詩課合存註釋九卷 (清)吳錫麒著 清嘉慶十三年(1808)文光堂刻本 六册

610000－1004－0000976 011785－011788
味蘭軒百篇賦鈔四卷 (清)張世燾 (清)彭克惠編輯 清乾隆三十八年(1773)刻本 四册

610000－1004－0000977 011789－011794
善卷堂四六十卷 (清)陸繁弨撰 (清)吳自高注 清乾隆三十五年(1770)刻本 六册

610000－1004－0000978 011795－011796
戡定新疆記八卷 (清)魏光燾著 清光緒二十五年(1899)鉛印本 二册

610000－1004－0000979 011801－011806
書經精華十卷首一卷 (清)王巨源編 清刻本 六册

610000－1004－0000980 011807－011812
東周列國全志二十三卷一百八回 (清)蔡界評點 清刻本 六册

610000－1004－0000981 011813－011819
宋丞相文山先生全集二十卷 (宋)文天祥著 清康熙十二年(1673)焉文堂刻本 七册

610000－1004－0000982 011865－011874
大清律續纂條例三十九卷督捕則例二卷三流道里表二卷洗冤錄四卷 (清)刑部陝西司主事律例舘纂修 清刻本 十册

610000－1004－0000983 011875－011879
西藥大成十卷首一卷 (英國)來拉 (英國)海得蘭撰 (英國)傅蘭雅口譯 清光緒十年(1884)刻本 五册 缺三卷(三至五)

610000－1004－0000984 011905－011916
國朝詞綜四十八卷二集八卷 (清)王昶纂 清刻本 十二册

610000－1004－0000985 011917－011919
奏定學堂章程不分卷 (清)張之洞等纂 清光緒刻本 三册

610000－1004－0000986 011938－011947
昭明文選六十卷 (南朝梁)蕭統撰 (唐)李善注 清三多齋刻本 十册 缺九卷(四十一至四十四、五十一至五十五)

610000－1004－0000987 011953－011954
禮器圖說五卷 (清)汪基鈔譔 清光緒三十三年(1907)鉛印本 二册

610000－1004－0000988 011954
禮器圖說五卷 (清)汪基鈔譔 清光緒三十三年(1907)鉛印本 一册

610000－1004－0000989 011955－011959
長江圖說十二卷首一卷 (清)馬徵麟編 清同治十年(1871)崇文書局刻本 五册

610000－1004－0000990 012001－012002
四聖心源十卷 (清)黄元御著 清道光十二年(1832)刻本 一册 存三卷(一至三)

610000－1004－0000991 012001－012002
四聖懸樞五卷 (清)黄元御著 清道光十二年(1832)刻本 一册 存三卷(三至五)

610000－1004－0000992 012003－012013
御纂詩義折中二十卷 (清)傅恒等纂 清乾隆二十年(1755)刻本 十一册

610000－1004－0000993 012014－012027
涇川叢書 (清)趙紹祖 (清)趙繩祖輯 清道光十二年(1832)古墨齋刻本 十四册

610000－1004－0000994 012028－012037
續涇川叢書 (清)趙紹祖 (清)趙繩祖輯 清道光十二年(1832)刻本 十一册 缺一種

610000－1004－0000995 012038－012039
六通訂誤六卷 (清)席裕福撰 清光緒上海圖書集成局鉛印本 二册

610000－1004－0000996　012040－012041
詩韻集成十卷　(清)余照輯　清咸豐十年(1860)刻本　二册

610000－1004－0000997　012042－012051
禮記十卷　(元)陳澔集說　清致和堂刻本　十册

610000－1004－0000998　012053－012056
困學紀聞集證二十卷補遺一卷　(宋)王應麟撰　(清)萬希槐輯　清嘉慶八年(1803)承美堂刻本　四册　存七卷(八至十四)

610000－1004－0000999　14081－14084
四書人物類典串珠四十卷　(清)臧志仁編輯　清刻本　四册　存十一卷(一至五、十三至十八)

610000－1004－0001000　14085
增補四書精繡圖像人物備考十二卷　(明)陳仁錫增定　清刻本　一册　存二卷(二至三)

610000－1004－0001001　14086
四書釋義□□卷　(清)李沛霖論定　清乾隆四十一年(1776)三槐堂刻本　一册　存二卷(大學一、中庸一)

610000－1004－0001002　14087－14088
四書釋義□□卷　(清)李沛霖論定　清文會堂刻本　二册　存四卷(孟子一至二、四至五)

610000－1004－0001003　14089－14091
四書貫解十九卷　(清)朱良玉纂輯　清三多齋刻本　三册　存七卷(大學一、中庸一、孟子一至五)

610000－1004－0001004　14092－14093
潄芳軒合纂四書體註十九卷　(清)范翔編訂　(清)吳有文等校　清乾隆五十六年(1791)刻本　二册　缺十二卷(論語六至十、孟子一至七)

610000－1004－0001005　14094
崇順堂合纂四書體註□□卷　(清)范翔衾訂　(清)吳有文等校　清學源堂刻本　一册　存二卷(大學一、中庸一)

610000－1004－0001006　14096－14098
潄芳軒合纂四書體註十九卷　(清)范翔衾訂　(清)吳有文等校　清學源堂刻本　三册　存五卷(孟子三至七)

610000－1004－0001007　14095
潄芳軒合纂四書體註十九卷　(清)范翔衾訂　(清)吳有文等校　清仁德堂、致和堂刻本　一册　存五卷(孟子三至七)

610000－1004－0001008　14100
合訂四書發註十九卷　(清)朱奇生纂輯　(清)張大中等校　清刻本　一册　存五卷(論語一至五)

610000－1004－0001009　14099
合訂四書發註十九卷　(清)朱奇生纂輯　(清)張大中等校　清刻本　一册　存五卷(論語一至五)

610000－1004－0001010　14101
桂林堂合訂四書發註十九卷　(清)朱奇生纂輯　(清)張大中等校　清刻本　一册　存二卷(孟子四至五)

610000－1004－0001011　14102－14106
新訂四書補註備旨十卷　(明)鄧林著　(清)杜定基增訂　清致盛堂刻本　五册　缺二卷(一至二)

610000－1004－0001012　14107－14108
新訂四書補註備旨十卷　(明)鄧林著　(清)杜定基增訂　清學源堂刻本　二册　存六卷(大學一、中庸一、上孟一至二、下孟三至四)

610000－1004－0001013　14109－14110
新訂四書補註備旨十卷　(明)鄧林著　(清)杜定基增訂　清致和堂刻本　二册　存六卷(上孟一至二、上論一至二、下論三至四)

610000－1004－0001014　14111－14113
增補四書精繡圖像人物備考十二卷　(明)陳仁錫增定　清嘉慶三年(1798)刻本　三册　缺四卷(三至六)

610000－1004－0001015　14114－14118

四書翼註論文三十六卷　（清）張甄陶述　（清）屠繼序重校　清乾隆五十三年（1788）四知堂刻本　五册　存二十一卷（大學一、上論一至十、下論一至十）

610000－1004－0001016　14132－14136、14136＊

註釋典制文琳五集　（清）曹之升鑒定　（清）倪鑑編次　（清）周瀛橋等箋註　清嘉慶九年（1804）筆花軒刻本　五册

610000－1004－0001017　16495

註釋典制文琳五集　（清）曹之升鑒定　（清）倪鑑編次　（清）周瀛橋等箋註　清嘉慶九年（1804）筆花軒刻本　一册　存一集（四）

610000－1004－0001018　14137－14138

增補四書精繡圖像人物備考十二卷　（明）陳仁錫增定　清刻本　二册　存三卷（四、九至十）

610000－1004－0001019　14139－14143

新訂四書補註備旨十卷　（明）鄧林著　（清）杜定基增訂　清致盛堂刻本　五册　缺二卷（上論一至二）

610000－1004－0001020　14144－14148

四書大全　（明）劉孔敬較閱　清夢松軒刻本　五册　存一種

610000－1004－0001021　14149－14151

四書大全摘要二十卷　（清）黄際飛鑒定　（清）李武纂輯　清雍正九年（1731）刻本　三册　缺十二卷（論語四至十、孟子三至七）

610000－1004－0001022　14155－14165

四書大全摘要二十卷　（清）黄際飛鑒定　（清）李武纂輯　清雍正九年（1731）刻本　十一册　缺八卷（論語一、四至十）

610000－1004－0001023　14166－14168

漱芳軒合纂四書體註十九卷　（清）范翔叅訂　（清）吳有文等校　清刻本　二册　存五卷（孟子一至三、六至七）

610000－1004－0001024　14166－14168

漱芳軒合纂四書體註十九卷　（清）范翔叅訂　（清）吳有文等校　清刻本　一册　存三卷（孟子一至三）

610000－1004－0001025　14169－14170

崇順堂合纂四書體註□□卷　（清）范翔叅訂　（清）吳有文等校　清文發堂刻本　二册　存七卷（大學一、中庸一、論語一至五）

610000－1004－0001026　14171－14173

崇順堂合纂四書體註□□卷　（清）范翔叅訂　（清）吳有文等校　清文發堂刻本　三册　存十二卷（大學一、中庸一、論語一至十）

610000－1004－0001027　14174

崇順堂合纂四書體註□□卷　（清）范翔叅訂　（清）吳有文等校　清學源堂刻本　一册　存三卷（孟子一至三）

610000－1004－0001028　14175

崇順堂合纂四書體註□□卷　（清）范翔叅訂　（清）吳有文等校　清學源堂刻本　一册　存二卷（孟子一至二）

610000－1004－0001029　14177

文發堂合纂四書體註□□卷　（清）范翔叅訂　（清）吳有文等校　清學源堂刻本　一册　存二卷（孟子四至五）

610000－1004－0001030　14176

文發堂合纂四書體註□□卷　（清）范翔叅訂　（清）吳有文等校　清刻本　一册　存五卷（論語六至十）

610000－1004－0001031　14178－14180

增註四書人物類典串珠四十卷首一卷　（清）臧志仁編輯　清光緒十一年（1885）上海點石齋印本　三册　缺十一卷（八至十八）

610000－1004－0001032　14181－14182

張謇批選四書義六卷　（清）張謇撰　清光緒三十一年（1905）上海書局石印本　二册　存四卷（一至二、五至六）

610000－1004－0001033　14183－14186

四書義正鵠不分卷　(清)朱鈞著　清光緒二十七年(1901)石印本　四冊

610000－1004－0001034　14187－14190

四書人物類典串珠四十卷　(清)臧志仁編輯　清嘉慶四年(1799)元茂堂刻本　四冊　存十二卷(一至二、五至十三、二十五)

610000－1004－0001035　14191

小題五集精詣□□卷　(□)□□撰　清刻本　一冊　存二卷(十四至十五)

610000－1004－0001036　14192－14195

四書闡註十九卷　(清)張大中鑒定　(清)浦泰輯　清嘉慶二年(1797)致和堂刻本　四冊　存十一卷(中庸一,孟子一至三、六至七,論語六至十)

610000－1004－0001037　14196－14198

四書闡註十九卷　(清)張大中鑒定　(清)浦泰輯　清刻本　三冊　存五卷(孟子一至三、六至七)

610000－1004－0001038　14196－14198

四書闡註十九卷　(清)張大中鑒定　(清)浦泰輯　清刻本　一冊　存三卷(孟子一至三)

610000－1004－0001039　14199

增訂四書通典人物備考十二卷　(明)陳仁錫增定　清三樂齋刻本　一冊　存二卷(九至十)

610000－1004－0001040　14200－14202、14204－14205

四書人物類典串珠四十卷　(清)臧志仁編輯　清嘉慶十八年(1813)刻本　五冊　存十四卷(四至十六、首一卷)

610000－1004－0001041　14203

四書人物類典串珠四十卷　(清)臧志仁編輯　清嘉慶十八年(1813)刻本　一冊　存七卷(六至十二)

610000－1004－0001042　14206－14216

四書類典賦二十四卷　(清)甘紱著　**年譜二卷**　(清)包大爟撰　(清)甘紱校訂　清嘉慶二年(1797)刻本　十一冊　存二卷(五至六)

610000－1004－0001043　14217－14221

新訂四書補註備旨十卷　(明)鄧林著　(清)杜定基增訂　清光緒十年(1884)刻本　五冊　存八卷(大學一、中庸一、上論一至二、下論三至四、下孟三至四)

610000－1004－0001044　14222

新訂四書補註備旨十卷　(明)鄧林著　(清)杜定基增訂　清刻本　一冊　存一卷(下論四)

610000－1004－0001045　14223－14230

四書人物類典串珠四十卷　(清)臧志仁編輯　清刻本　八冊　缺十二卷(六至十一、二十二至二十四、二十七、三十一至三十二)

610000－1004－0001046　14231

四書人物類典串珠四十卷　(清)臧志仁編輯　清刻本　一冊　存九卷(四至十二)

610000－1004－0001047　14232－14233

四書題鏡三十六卷　(清)汪鯉翔纂述　清崇文堂刻本　二冊　存十四卷(下孟七至十、下論十一至二十)

610000－1004－0001048　14234－14237

四書述要十九卷　(清)楊玉緒著　清崇順堂刻本　四冊　存九卷(大學一、中庸一、孟子卷一至七)

610000－1004－0001049　14240

四書典故□□卷　(□)□□撰　清刻本　一冊　存一卷(一)

610000－1004－0001050　14241

四書典故快觀三卷　(清)春暉堂主人纂　清經緯堂刻本　一冊

610000－1004－0001051　14242

四書課童詩不分卷　(清)吳鎮著　(清)梁濟瀍評　(清)李苞　(清)武安邦註　清道光六年(1826)興盛堂刻本　一冊

610000－1004－0001052　14243

漱芳軒合纂四書體註十九卷　(清)范翔糸訂

（清）吴有文等校　清刻本　一册　存二卷（孟子四至五）

610000－1004－0001053　14244

四書或問語類大全合訂四十一卷　（清）黄越等編　清刻本　一册　存二卷（二至三）

610000－1004－0001054　14248－14252

四書或問語類集解釋註大全四十一卷　（清）朱良玉纂輯　清雍正六年（1728）刻本　六册　存七卷（大學一至三、中庸一至四）

610000－1004－0001055　14258－14260

四書味根錄三十七卷　（清）金澄撰　清刻本　三册　存十一卷（論語一至十、首一卷）

610000－1004－0001056　14261

四書摭餘說七卷　（清）曹之升輯　清刻本　一册　存一卷（孟子二）

610000－1004－0001057　14262

四書述要十九卷　（清）楊玉緒著　清嘉慶五年（1800）刻本　一册　存二卷（大學一、中庸一）

610000－1004－0001058　14263

四書章句集註十九卷　（宋）朱熹章句　清光緒二十年（1894）刻本　一册　存二卷（大學一、中庸一）

610000－1004－0001059　14265

陶石簣先生四書要達二十七卷首一卷　（清）徐爍　（清）袁終彩重輯　（清）徐坤等叅較　清刻本　一册　存三卷（四至六）

610000－1004－0001060　14271

四書衷一□□卷　（清）王基昌編輯　（清）吴益謙叅閲　清康熙五十七年（1718）文盛堂刻本　一册　存二卷（大學一、中庸一）

610000－1004－0001061　14272

四書衷義錄□□卷　（清）□□輯　清致和堂刻本　一册　存二卷（孟子六至七）

610000－1004－0001062　14273

天蓋樓四書語錄四十六卷　（清）周在延編次　清刻本　一册　存八卷（中庸五至十二）

610000－1004－0001063　14274

天蓋樓四書語錄四十六卷　（清）周在延編次　清刻本　一册　存八卷（中庸五至十二）

610000－1004－0001064　14365－14368

詩經八卷　（宋）朱熹集傳　清永富堂刻本　四册

610000－1004－0001065　14369－14370

詩經八卷　（宋）朱熹集傳　清永富堂刻本　二册　存四卷（一至四）

610000－1004－0001066　14371

詩經八卷　（宋）朱熹集傳　清永富堂刻本　一册　存一卷（五）

610000－1004－0001067　14372

詩經八卷　（宋）朱熹集傳　清寶寧堂刻本　一册　存三卷（六至八）

610000－1004－0001068　14373－14376

詩經八卷　（宋）朱熹集傳　清耕書堂刻本　四册

610000－1004－0001069　14377－14379

詩經八卷　（宋）朱熹集傳　清耕書堂刻本　四册　存五卷（一至五）

610000－1004－0001070　14380

詩經八卷　（宋）朱熹集傳　清刻本　一册　存三卷（六至八）

610000－1004－0001071　14381－14384

詩經八卷　（宋）朱熹集傳　清寶盌堂刻本　四册

610000－1004－0001072　14385－14388

詩經八卷　（宋）朱熹集傳　清刻本　四册

610000－1004－0001073　14389－14392

詩經八卷　（宋）朱熹集傳　清刻本　四册

610000－1004－0001074　14393－14396

詩經八卷　（宋）朱熹集傳　清光緒三十三年（1907）文魁堂刻本　四册

610000－1004－0001075　14397－14400

詩經八卷　（宋）朱熹集傳　清光緒二十年

(1894)文魁堂刻本　四冊

610000－1004－0001076　14401－14404
詩經八卷　(宋)朱熹集傳　清文發堂刻本　四冊

610000－1004－0001077　14405－14408
詩經八卷　(宋)朱熹集傳　清興盛堂刻本　四冊

610000－1004－0001078　14409－14411
詩經八卷　(宋)朱熹集傳　清復興堂刻本　三冊　存五卷(一至五)

610000－1004－0001079　14409－14412
詩經八卷　(宋)朱熹集傳　清刻本　一冊　存三卷(六至八)

610000－1004－0001080　14413－14416
詩經八卷　(宋)朱熹集傳　清萬豐堂刻本　四冊

610000－1004－0001081　14417－14420
詩經八卷　(宋)朱熹集傳　清刻本　四冊

610000－1004－0001082　14421－14423
詩經八卷　(宋)朱熹集傳　清寶靈堂刻本　三冊　存五卷(一至五)

610000－1004－0001083　14424
詩經八卷　(宋)朱熹集傳　清刻本　一冊　存二卷(七至八)

610000－1004－0001084　14425
詩經八卷　(宋)朱熹集傳　清富春堂刻本　一冊　存二卷(一至二)

610000－1004－0001085　14426
詩經八卷　(宋)朱熹集傳　清刻本　一冊　存二卷(三至四)

610000－1004－0001086　14427－14428
詩經八卷　(宋)朱熹集傳　清海清樓刻本　二冊　存二卷(五至六)

610000－1004－0001087　14429
詩經八卷　(宋)朱熹集傳　清刻本　一冊　存二卷(三至四)

610000－1004－0001088　14430
詩經八卷　(宋)朱熹集傳　清全義堂刻本　一冊　存一卷(六)

610000－1004－0001089　14431
詩經八卷　(宋)朱熹集傳　清刻本　一冊　存二卷(三至四)

610000－1004－0001090　14432－14433
詩經八卷　(宋)朱熹集傳　清刻本　二冊　存四卷(五至八)

610000－1004－0001091　14434－14436
詩經八卷　(宋)朱熹集傳　清刻本　一冊　存二卷(三至四)

610000－1004－0001092　14435
詩經八卷　(宋)朱熹集傳　清刻本　一冊　存二卷(三至四)

610000－1004－0001093　14436
詩經八卷　(宋)朱熹集傳　清刻本　一冊　存一卷(五)

610000－1004－0001094　14438－14439
詩經體註大全體要八卷　(清)高朝瓔定　(清)沈世楷輯　清同治五年(1866)刻本　二冊　缺一卷(四)

610000－1004－0001095　14440－14441
詩經八卷　(宋)朱熹集傳　清上海鑄記書局石印本　二冊　存五卷(四至八)

610000－1004－0001096　14443－14444
詩經體註大全合絫八卷　(清)高朝瓔定　(清)沈世楷輯　清刻本　二冊　存四卷(五至八)

610000－1004－0001097　14445
詩經讀本不分卷　(清)求友齋校字　清臨潼傳遜志書屋刻本　一冊

610000－1004－0001098　14446
重訂詩經衍義合絫集註八卷　(清)黄坤五定　(清)江晉雲輯著　清刻本　一冊　存二卷(三至四)

610000－1004－0001099　14447

重訂詩經衍義合条集註八卷　（清）黄坤五定　（清）江晉雲輯著　清刻本　一册　存二卷（三至四）

610000－1004－0001100　14448－14449
詩經體註大全合条八卷　（清）高朝瓔定　（清）沈世楷輯　清刻本　二册　存三卷（一至二、五）

610000－1004－0001101　14450－14451
詩經融註大全體要八卷　（清）高朝瓔定　（清）沈世楷輯　清懷德堂刻本　二册　存四卷（五至八）

610000－1004－0001102　14452
詩經體註大全八卷　（清）范翔原本　（清）吴有文等校　清文茂堂刻本　一册　存二卷（一至二）

610000－1004－0001103　14453－14454
詩經體註大全合条八卷　（清）高朝瓔定　（清）沈世楷輯　清刻本　二册　存五卷（四至八）

610000－1004－0001104　14455
詩經八卷　（宋）朱熹集傳　清刻本　一册　存一卷（五）

610000－1004－0001105　14456
詩經八卷　（宋）朱熹集傳　清三多齋刻本　一册　存三卷（六至八）

610000－1004－0001106　14457
書經增訂旁訓四卷　（宋）蔡沈集傳　清乾隆五十六年（1791）文會堂刻本　一册

610000－1004－0001107　14458－14459
書經體註大全合条六卷　（清）范翔鑒定　（清）張聖度訂　（清）錢希祥条　清道光四年（1824）刻本　二册　存二卷（一、四）

610000－1004－0001108　14460－14462
書經體註大全合条六卷　（清）范翔鑒定　（清）張聖度訂　（清）錢希祥条　清刻本　三册　存四卷（一至四）

610000－1004－0001109　14463－14465
書經體註大全合条六卷　（清）范翔鑒定　（清）張聖度訂　（清）錢希祥条　清世順堂刻本　三册　缺二卷（二至三）

610000－1004－0001110　14466－14468
潄芳軒合纂書經體註六卷　（清）范翔条訂　（清）吴有文等校　清刻本　三册　存四卷（一至四）

610000－1004－0001111　14469－14471
書經體註大全合条六卷　（清）范翔鑒定　（清）張聖度訂　（清）錢希祥条　清刻本　三册　存四卷（一至四）

610000－1004－0001112　14472－14475
書經體註大全合条六卷　（清）范翔鑒定　（清）張聖度訂　（清）錢希祥条　清嘉慶八年（1803）刻本　四册

610000－1004－0001113　14476
山左經元鄒瞰東詩藝不分卷　（清）張渡　（清）邢曰玫評　清三樂齋刻本　一册

610000－1004－0001114　14477
詩經衷八卷　（清）張聖度訂　清光裕堂刻本　一册　存二卷（一至二）

610000－1004－0001115　14478－14479
重訂詩經衍義合条集註八卷　（清）黄坤五定　（清）江晉雲輯著　清道光二十六年（1846）刻本　二册　存四卷（一至四）

610000－1004－0001116　14481
詩經體註大全合条八卷　（清）高朝瓔定　（清）沈世楷輯　清嘉慶九年（1804）刻本　一册

610000－1004－0001117　14482
詩經體註大全合条八卷　（清）高朝瓔定　（清）沈世楷輯　清刻本　一册　存三卷（六至八）

610000－1004－0001118　14483、14480
詩經體註大全合条八卷　（清）高朝瓔定　（清）沈世楷輯　清刻本　二册　存五卷（一至二、六至八）

610000－1004－0001119　14484－14485

詩經融註大全體要八卷　（清）高朝瓔定（清）沈世楷輯　清乾隆二十二年（1757）刻本　二冊　存三卷（一至二、五）

610000－1004－0001120　14486

重訂詩經衍義合參集註八卷　（清）黄坤五定（清）江晉雲輯著　清嘉慶十五年（1810）刻本　一冊　存四卷（一至四）

610000－1004－0001121　14487－14488

詩經八卷　（宋）朱熹集傳　清德盛堂刻本　二冊　存五卷（一至五）

610000－1004－0001122　14489－14491

詩經八卷　（宋）朱熹集傳　清慎詒堂刻本　三冊　存六卷（三至八）

610000－1004－0001123　14492

詩經增訂旁訓四卷　（清）徐立綱撰　清匠門書屋刻本　一冊　存三卷（二至四）

610000－1004－0001124　14493

詩經八卷　（宋）朱熹集傳　清務本堂刻本　一冊　存二卷（三至四）

610000－1004－0001125　14494

龍泉四書□□卷　（宋）朱熹章句　清有益堂刻本　一冊　存二卷（大學一、中庸一）

610000－1004－0001126　14495

新刻張相國庭訓四書備旨進學靈捷解□□卷　（清）張素存著　（清）劉勗敏校訂　清康熙三十二年（1693）刻本　一冊　存二卷（一至二）

610000－1004－0001127　14496

四書全旨大成□□卷　（□）□□輯　清大雅堂刻本　一冊　存一卷（上孟八）

610000－1004－0001128　14497

增補鄧退菴先生家藏遵註四書講意備旨□□卷　（明）鄧林著　清煥文堂刻本　一冊　存三卷（大學一、中庸一、下孟四）

610000－1004－0001129　14498

伍非石四書全稿不分卷　（清）伍斯璸著（清）伍斯琴等編次　清乾隆二年（1737）七業堂刻本　一冊

610000－1004－0001130　14499

四書正韻不分卷　（清）李若浩彙輯　（清）文菁叅閲　清道光十八年（1838）大德堂刻本　一冊

610000－1004－0001131　14500

四書正韻平仄合叅一卷　（清）李若浩原本（清）許魚門增訂　清刻本　一冊

610000－1004－0001132　14502

增訂四書集成□□卷　（□）□□撰　清刻本　一冊　存一卷（十三）

610000－1004－0001133　14503

四書諸家辯二卷　（清）張自烈辯正　（清）張自勳叅定　清順治十二年（1655）刻本　一冊

610000－1004－0001134　14504

四書羽儀□□卷　（清）周冕　（清）劉景周纂（清）劉樹人等校　清寶旭齋刻本　一冊　存三卷（孟子一至三）

610000－1004－0001135　14505－14506

集虛齋四書口義十卷　（清）方楘如著　（清）于光華編次　清乾隆五十九年（1794）文盛堂刻本　二冊　存四卷（一至二、七至八）

610000－1004－0001136　14536

山東潘超菴聯捷詩藝不分卷　（清）吳啓昆評定　（清）唐維瓚叅訂　清康熙四十六年（1707）抄本　一冊

610000－1004－0001137　14545

四書引解二十六卷　（清）鄧柱瀾纂輯　（清）文煥明等校　清乾隆三十三年（1768）桂華樓刻本　一冊　存一卷（一）

610000－1004－0001138　14549－14551

四書引解二十六卷　（清）鄧柱瀾纂輯　（清）文煥明等校　清刻本　三冊　存五卷（十、十三至十四、十六至十七）

610000－1004－0001139　14552－14555

四書述要十九卷　（清）楊玉緒著　清刻本

三冊　存七卷(孟子一至七)

610000－1004－0001140　14552－14557
四書述要十九卷　(清)楊玉緒著　清乾隆二十五年(1760)刻本　三冊　缺七卷(孟子一至七)

610000－1004－0001141　14558－14560
四書述要十九卷　(清)楊玉緒著　清乾隆二十五年(1760)永順堂刻本　三冊　缺十卷(論語一至十)

610000－1004－0001142　14561－14564
四書述要十九卷　(清)楊玉緒著　清乾隆二十五年(1760)永順堂刻本　四冊

610000－1004－0001143　14565－14567
四書述要十九卷　(清)楊玉緒著　清刻本　三冊　存十二卷(論語一至十、孟子四至五)

610000－1004－0001144　14584－14590
四書題鏡三十六卷　(清)汪鯉翔纂述　清刻本　七冊　存十九卷(上孟一至六、下孟一至八、下論六至十)

610000－1004－0001145　14591－14594
書經六卷　(宋)蔡沈集傳　清三多齋刻本　四冊

610000－1004－0001146　14595
書經六卷　(宋)蔡沈集傳　清文星啟刻本　一冊　存一卷(一)

610000－1004－0001147　14596
書經六卷　(宋)蔡沈集傳　清三多齋刻本　一冊　存二卷(二至三)

610000－1004－0001148　14597
書經六卷　(宋)蔡沈集傳　清刻本　一冊　存一卷(四)

610000－1004－0001149　14598
書經六卷　(宋)蔡沈集傳　清刻本　一冊　存二卷(五至六)

610000－1004－0001150　14599－14602
書經六卷　(宋)蔡沈集傳　清三元堂刻本　四冊

610000－1004－0001151　14603－14605
書經六卷　(宋)蔡沈集傳　清大德堂刻本　三冊　存四卷(一至四)

610000－1004－0001152　14606－14608
書經六卷　(宋)蔡沈集傳　清三多齋刻本　三冊　缺一卷(一)

610000－1004－0001153　14609
書經六卷　(宋)蔡沈集傳　清三多齋刻本　一冊　存三卷(一至三)

610000－1004－0001154　14610－14611
書經體註大全合衆六卷　(清)范翔鑒定　(清)張聖度訂　(清)錢希祥衆　清刻本　二冊　存二卷(一、六)

610000－1004－0001155　14612
書經體註六卷　(宋)蔡沈集傳　清刻本　一冊　缺三卷(一至三)

610000－1004－0001156　14613－14614
書經體註大全合衆六卷　(清)范翔鑒定　(清)張聖度訂　(清)錢希祥衆　清道光二十年(1840)刻本　二冊

610000－1004－0001157　14615－14617
書經六卷　(宋)蔡沈集傳　清文林堂刻本　三冊　存四卷(一至四)

610000－1004－0001158　14618
書經六卷　(宋)蔡沈集傳　清刻本　一冊　存一卷(四)

610000－1004－0001159　14619
書經六卷　(宋)蔡沈集傳　清三多齋刻本　一冊　存二卷(五至六)

610000－1004－0001160　14620－14622
書經六卷　(宋)蔡沈集傳　清刻本　三冊　缺一卷(一)

610000－1004－0001161　14623
書經六卷　(宋)蔡沈集傳　清大德堂刻本　一冊　存一卷(一)

610000－1004－0001162　14624
書經六卷　(宋)蔡沈集傳　清刻本　一冊

存二卷(二至三)

610000－1004－0001163　14625

詩經八卷　(宋)朱熹集傳　清刻本　一册　存二卷(三至四)

610000－1004－0001164　14626

書經六卷　(宋)蔡沈集傳　清刻本　一册　存一卷(四)

610000－1004－0001165　14627

書經六卷　(宋)蔡沈集傳　清刻本　一册　存一卷(四)

610000－1004－0001166　14628

書經六卷　(宋)蔡沈集傳　清文星啟刻本　一册　存一卷(四)

610000－1004－0001167　14629

書經六卷　(宋)蔡沈集傳　清刻本　一册　存一卷(四)

610000－1004－0001168　14646

孝經不分卷　(唐)玄宗李隆基注　(唐)陸德明音義　清光緒三十二年(1906)陝西學務處鉛印本　一册

610000－1004－0001169　14647

孝經不分卷　(唐)玄宗李隆基注　(唐)陸德明音義　清光緒三十二年(1906)陝西學務處鉛印本　一册

610000－1004－0001170　14648

孝經不分卷　(唐)玄宗李隆基注　(唐)陸德明音義　清光緒三十二年(1906)陝西學務處鉛印本　一册

610000－1004－0001171　14658

孔易闡真二卷　(清)劉一明體述　清末石印本　一册

610000－1004－0001172　14661

周易四卷　(宋)朱熹本義　清刻本　一册　缺一卷(一)

610000－1004－0001173　14662

周易四卷　(宋)朱熹本義　清經緯堂刻本　一册　存一卷(一)

610000－1004－0001174　14663

易經大全會解四卷　(清)來爾繩纂輯　(清)朱采治　(清)朱之澄編訂　清道光二十年(1840)刻本　一册

610000－1004－0001175　14664

周易四卷　(宋)朱熹本義　清刻本　一册　存三卷(二至四)

610000－1004－0001176　14665－14666

周易四卷　(宋)朱熹本義　清刻本　二册

610000－1004－0001177　14667－14678

春秋左傳五十卷　(晉)杜預　(宋)林堯叟註釋　(唐)陸德明音義　(明)鍾惺等評點　清刻本　十二册　缺二卷(二十五至二十六)

610000－1004－0001178　14679－14681

太史張天如詳節解左傳彙雋六卷　(明)張溥撰　清刻本　一册　存一卷(二)

610000－1004－0001179　14679－14681

太史張天如詳節解左傳彙雋六卷　(明)張溥撰　清刻本　二册　存二卷(五至六)

610000－1004－0001180　14682

欽定春秋傳説彙纂三十八卷首二卷　(清)王掞等纂　清刻本　一册　存二卷(二十八至二十九)

610000－1004－0001181　14683

春秋體註四卷　(清)范翔叅訂　(清)吳有文等校　清乾隆四十年(1775)刻本　一册　存一卷(一)

610000－1004－0001182　14684

春秋增訂旁訓四卷　(清)徐立綱撰　清孝思堂刻本　一册　存二卷(一至二)

610000－1004－0001183　14685－14690

春秋左傳十八卷　(晉)杜預　(宋)林堯叟註釋　(唐)陸德明音義　(明)鍾惺等評點　清致和堂刻本　六册　存九卷(三至十、十八)

610000－1004－0001184　14691－14693

春秋體註大全四卷　(清)范翔鑒定　(清)徐寅賓新纂　清乾隆十一年(1746)刻本　三册

缺一卷(三)

610000－1004－0001185　14694－14696

春秋左傳杜林滙参三十卷　(清)周正思纂　清刻本　三冊　缺十九卷(一至七、十一至十二、十六至二十五)

610000－1004－0001186　14697－14700

春秋經傳集解三十卷首一卷　(晉)杜預原本　(唐)陸德明音釋　(宋)林堯叟附註　(清)馮李驊增訂　**左繡**　(清)馮李驊評輯　(清)陸浩評輯　(清)范允斌等參評　清嘉慶七年(1802)刻本　四冊　存七卷(一至三、八至九、十四至十五)

610000－1004－0001187　14701－14702

左傳易讀六卷　(清)司徒修輯注　清道光二十四年(1844)刻本　二冊　存二卷(一、五)

610000－1004－0001188　14703－14707

左傳易讀六卷　(清)司徒修輯注　清刻本　五冊　存五卷(二至六)

610000－1004－0001189　14708－14709

禮記旁訓辨體合訂六卷　(清)徐立綱輯　清循郊堂刻本　二冊　存二卷(五至六)

610000－1004－0001190　14710

禮記體註大全四卷　(清)范翔原定　(清)徐旦条訂　清乾隆四十二年(1777)三多齋刻本　一冊　存一卷(一)

610000－1004－0001191　14711－14714

春秋左傳三十卷　(晉)杜預　(宋)林堯叟註釋　(唐)陸德明音義　明汲古閣刻本　四冊　存八卷(二十至二十五、二十九至三十)

610000－1004－0001192　14715－14716

全本禮記體註十卷　(清)范翔原定　(清)徐旦条訂　(清)徐瑄補輯　清乾隆三十一年(1766)刻本　二冊　存二卷(四至五)

610000－1004－0001193　14717－14720

寄傲山房塾課纂輯禮記全文脩旨十一卷　(清)鄒聖脉纂輯　清刻本　四冊　存四卷(一、五、八至九)

610000－1004－0001194　14721－14724

呂氏春秋二十六卷　(秦)呂不韋著　清光緒元年(1875)湖北崇文書局刻本　四冊

610000－1004－0001195　14725－14730

春秋經傳集解三十卷　(晉)杜預原本　(唐)陸德明音釋　(宋)林堯叟附註　(清)馮李驊增訂　**左繡**　(清)馮李驊評輯　(清)陸浩評輯　(清)范允斌等參評　清刻本　六冊　存九卷(二十至二十八)

610000－1004－0001196　14731－14733

評點春秋綱目左傳句解彙雋六卷　(清)韓菼重訂　清刻本　三冊　存三卷(四至六)

610000－1004－0001197　14734－14735

春秋左傳十八卷　(晉)杜預　(宋)林堯叟註釋　(唐)陸德明音義　(明)鍾惺等評點　清致和堂刻本　二冊　存四卷(三至五、十八)

610000－1004－0001198　14736－14739

如西所刻諸名家評點春秋綱目左傳句解彙雋六卷　(清)韓菼重訂　清刻本　二冊　存二卷(一至二)

610000－1004－0001199　14736－14739

評點春秋綱目左傳句解彙雋六卷　(清)韓菼重訂　清大道堂刻本　一冊　存一卷(四)

610000－1004－0001200　14736－14739

批點春秋綱目左傳句解彙雋六卷　(清)韓菼重訂　清刻本　一冊　存一卷(六)

610000－1004－0001201　14740－14744

春秋左傳五十卷　(晉)杜預　(宋)林堯叟註釋　(唐)陸德明音義　(明)鍾惺等評點　清刻本　五冊　存十九卷(十四至十六、二十八至三十九、四十七至五十)

610000－1004－0001202　14745

春秋左傳綱目杜林詳注十四卷首一卷　(明)張岐然輯　清刻本　一冊　存二卷(十至十一)

610000－1004－0001203　14746－14756

春秋經傳集解三十卷　(晉)杜預原本　(唐)

陸德明音釋　(宋)林堯叟附註　(清)馮李驊增訂　左繡　(清)馮李驊評輯　(清)陸浩評輯　(清)范允斌等參評　清刻本　十一册　缺十一卷(一至四、九至十、十五至十九)

610000－1004－0001204　14757－14760
春秋經傳集解三十卷　(晉)杜預原本　(唐)陸德明音釋　(宋)林堯叟附註　(清)馮李驊增訂　**左繡**　(清)馮李驊評輯　(清)陸浩評輯　(清)范允斌等參評　清刻本　四册　存八卷(一至四、十至十三)

610000－1004－0001205　14761、14763
禮記增訂旁訓六卷　(清)徐立綱撰　清匠門書屋刻本　二册　存二卷(二至三)

610000－1004－0001206　14762
禮記增訂旁訓六卷　(清)徐立綱撰　清匠門書屋刻本　一册　存一卷(二)

610000－1004－0001207　14764
禮記增訂旁訓六卷　(清)徐立綱撰　清匠門書屋刻本　一册　存二卷(五至六)

610000－1004－0001208　14765
禮記十卷　(元)陳澔集說　清刻本　一册　存一卷(八)

610000－1004－0001209　14766－14767
禮記旁訓辨體合訂六卷　(清)徐立綱輯　清循郊堂刻本　二册　存二卷(三至四)

610000－1004－0001210　14768
禮記十卷　(元)陳澔集說　清同治十年(1871)刻本　六册　存一卷(一)

610000－1004－0001211　14769－14771
全本禮記體註十卷　(清)范翔原定　(清)徐旦叅訂　(清)徐瑄補輯　清乾隆三十一年(1766)三多齋刻本　三册　存三卷(一、五、七)

610000－1004－0001212　14772－14775
全本禮記體註十卷　(清)范翔原定　(清)徐旦叅訂　(清)徐瑄補輯　清刻本　四册　存四卷(六至九)

610000－1004－0001213　14776－14779
全本禮記體註十卷　(清)范翔原定　(清)徐旦叅訂　(清)徐瑄補輯　清乾隆二十九年(1764)刻本　四册　存四卷(一、三至五)

610000－1004－0001214　14780
禮記體註大全合叅四卷　(清)范翔原定　(清)徐旦叅訂　清懷德堂刻本　一册　存一卷(二)

610000－1004－0001215　14781－14782
禮記十卷　(元)陳澔集說　清嘉慶刻本　二册　存二卷(一至二)

610000－1004－0001216　14783－14786
漱芳軒合纂禮記體註四卷　(清)范翔叅訂　(清)吳有文等校　清刻本　四册

610000－1004－0001217　14787、14789
批點禮記易讀旁訓四卷　(□)□□編　清道光三十年(1850)刻本　二册　存二卷(一、三)

610000－1004－0001218　14788
批點禮記易讀旁訓四卷　(□)□□編　清光緒五年(1879)忠興堂刻本　一册　存一卷(一)

610000－1004－0001219　14795
禮記大全傳本三卷　(清)胡瑤光纂　清胡閬山刻本　一册　存一卷(一)

610000－1004－0001220　14796－14800
禮記十卷　(元)陳澔集說　清道光二十三年(1843)刻本　五册　存五卷(一至五)

610000－1004－0001221　14801－14805
禮記十卷　(元)陳澔集說　清刻本　五册　存五卷(六至十)

610000－1004－0001222　14806－14818
欽定禮記義疏八十二卷首一卷　(清)鄂爾泰等纂修　清刻本　二十二册　存二十八卷(八至十、十四至十七、三十五至三十八、四十一、五十至五十四、五十六至五十七、六十二、六十六、七十三、七十五、七十八至七十九、八

十至八十二）

610000－1004－0001223　14853－14854、14856－14858
新訂四書補註備旨十卷　（明）鄧林著　（清）杜定基增訂　清致和堂刻本　五册　存八卷（大學一、中庸一、上孟一至二、下孟三、上論一至二、下論三）

610000－1004－0001224　14855
新訂四書補註備旨十卷　（明）鄧林著　（清）杜定基增訂　清刻本　一册　存二卷（上論一至二）

610000－1004－0001225　14859
新訂四書補註備旨十卷　（明）鄧林著　（清）杜定基增訂　清刻本　一册　存一卷（下孟三）

610000－1004－0001226　14863－14864
尚書説要五卷　（明）吕柟著　（清）李錫齡校刊　清刻本　二册　存二卷（四至五）

610000－1004－0001227　14869
紫陽四書□□卷　（宋）朱熹章句　清玉合堂刻本　一册　存二卷（大學一、中庸一）

610000－1004－0001228　14880
監本四書□□卷　（宋）朱熹著　清萬順堂刻本　一册　存二卷（大學一、中庸一）

610000－1004－0001229　14903－14909
孝經衍義一百卷首二卷　（清）葉方藹等纂修　清刻本　七册　存二十一卷（十三至十六、二十一至二十四、三十五至三十七、六十三至六十六、八十三、八十六至九十）

610000－1004－0001230　14910
孝經小學集註標題便讀大全一卷　（明）徐九一集註　**小學大全二卷**　（明）姚張斌輯　（明）李春培較梓　清康熙三十六年（1697）文樞堂、寶玉堂刻本　一册

610000－1004－0001231　14911
易經大全會解四卷　（清）來爾繩纂輯　（清）朱采治　（清）朱之澄編訂　清嘉慶九年（1804）三多齋刻本　一册　存一卷（一）

610000－1004－0001232　14912
易經體註大全合參四卷　（清）范翔鑑　（清）李兆賢緝著　清刻本　一册

610000－1004－0001233　14913
御纂周易折中二十二卷首一卷　（清）李光地等纂　清康熙五十四年（1715）刻本　一册　存二卷（九至十）

610000－1004－0001234　14914－14915
御纂周易折中二十二卷首一卷　（清）李光地等纂　清康熙五十四年（1715）刻本　二册　存四卷（十三至十四、十九至二十）

610000－1004－0001235　14917－14919
書經體註大全合參六卷　（清）范翔鑒定　（清）張聖度訂　（清）錢希祥參　清刻本　三册　存五卷（二至六）

610000－1004－0001236　14920
監本書經六卷　（宋）蔡沈集傳　清道光十三年（1833）寶仁堂刻本　一册　存一卷（一）

610000－1004－0001237　14921－14922
尚書離句六卷　（清）劉梅垞鑒定　（清）錢在培輯解　清刻本　二册　存三卷（四至六）

610000－1004－0001238　14923－14924
尚書離句六卷　（清）劉梅垞鑒定　（清）錢在培輯解　清雍正八年（1730）崇順堂刻本　二册

610000－1004－0001239　14925
尚書離句六卷　（清）劉梅垞鑒定　（清）錢在培輯解　清刻本　一册　存三卷（一至三）

610000－1004－0001240　14926－14927
尚書離句六卷　（清）劉梅垞鑒定　（清）錢在培輯解　清刻本　二册　存三卷（二至四）

610000－1004－0001241　14928
書經六卷　（宋）蔡沈集傳　清刻本　一册　存一卷（一）

610000－1004－0001242　14929－14931
尚書離句六卷　（清）劉梅垞鑒定　（清）錢在

培輯解　清刻本　三册

610000－1004－0001243　14937
周易四卷　(宋)朱熹本義　清三多齋刻本　一册　缺一卷(一)

610000－1004－0001244　14938
周易四卷　(宋)朱熹本義　清刻本　一册　存一卷(二)

610000－1004－0001245　14939
詩經八卷　(宋)朱熹集傳　清文誠堂刻本　一册　存一卷(五)

610000－1004－0001246　14940－14941
春秋三十卷首一卷　(宋)胡安國傳　清三樂齋刻本　二册　存七卷(二十至二十六)

610000－1004－0001247　14942
易經體註大全合參四卷　(清)范翔鑑　(清)李兆賢緝著　清奎光堂刻本　四册

610000－1004－0001248　14946
春秋經傳集解三十卷　(晉)杜預原本　(唐)陸德明音釋　(宋)林堯叟附註　(清)馮李驊增訂　**左繡**　(清)馮李驊評輯　(清)陸浩評輯　(清)范允斌等參評　清刻本　一册　存二卷(八至九)

610000－1004－0001249　14948
欽定書經傳説彙纂二十一卷首二卷書序一卷　(清)王頊齡等纂　清刻本　一册　存一卷(五)

610000－1004－0001250　14972
尚書離句六卷　(清)劉梅垞鑒定　(清)錢在培輯解　清雍正十三年(1735)刻本　一册　存一卷(一)

610000－1004－0001251　14973
尚書離句六卷　(清)劉梅垞鑒定　(清)錢在培輯解　清刻本　一册　存一卷(三)

610000－1004－0001252　14974－14975
尚書離句六卷　(清)劉梅垞鑒定　(清)錢在培輯解　清刻本　二册　存四卷(二至三、五至六)

610000－1004－0001253　14978－14979
春秋左傳杜林滙參三十卷　(清)周正思纂　清刻本　二册　存五卷(五至七、十一至十二)

610000－1004－0001254　14980
春秋經傳集解三十卷首一卷　(晉)杜預原本　(唐)陸德明音釋　(宋)林堯叟附註　(清)馮李驊增訂　**左繡**　(清)馮李驊評輯　(清)陸浩評輯　(清)范允斌等參評　清刻本　一册　存一卷(一)

610000－1004－0001255　14981
潄芳軒合纂禮記體註四卷　(清)范翔參訂　(清)吳有文等校　清乾隆五十五年(1790)刻本　一册　存一卷(一)

610000－1004－0001256　14982
全本禮記體註十卷　(清)范翔原定　(清)徐旦參訂　(清)徐瑄補輯　清乾隆三十一年(1766)刻本　一册　存一卷(二)

610000－1004－0001257　14984－14985
欽定書經傳説彙纂二十一卷首二卷書序一卷　(清)王頊齡等纂　清刻本　二册　存八卷(三至十)

610000－1004－0001258　14993－14994
禮記體註大全合參四卷　(清)范翔原定　(清)徐旦參訂　清懷德堂刻本　二册　存二卷(三至四)

610000－1004－0001259　15034
尚書離句六卷　(清)劉梅垞鑒定　(清)錢在培輯解　清刻本　一册　存三卷(四至六)

610000－1004－0001260　15035
書經體註大全合參六卷　(清)范翔鑒定　(清)張聖度訂　(清)錢希祥參　清刻本　一册　存一卷(四)

610000－1004－0001261　15036
尚書離句六卷　(清)劉梅垞鑒定　(清)錢在培輯解　清雍正八年(1730)刻本　一册　存一卷(一)

610000－1004－0001262　15037－15038
尚書離句六卷　(清)劉梅垞鑒定　(清)錢在培輯解　清大有堂刻本　二册　存二卷(一、三)

610000－1004－0001263　15039
尚書離句六卷　(清)劉梅垞鑒定　(清)錢在培輯解　清雍正八年(1730)刻本　一册　存一卷(一)

610000－1004－0001264　15040
尚書離句六卷　(清)劉梅垞鑒定　(清)錢在培輯解　清刻本　一册　存三卷(四至六)

610000－1004－0001265　15041
尚書離句六卷　(清)劉梅垞鑒定　(清)錢在培輯解　清刻本　一册　存一卷(四)

610000－1004－0001266　15064
尚書攀桂不分卷　(清)□□撰　清乾隆五年(1740)刻本　一册

610000－1004－0001267　15094－15095
潄芳軒合纂禮記體註四卷　(清)范翔㕘訂　(清)吳有文等校　清道光元年(1821)三多齋刻本　二册　存三卷(一至三)

610000－1004－0001268　15096－15097
潄芳軒合纂書經體註六卷　(清)范翔㕘訂　(清)吳有文等校　清刻本　二册　存二卷(三至四)

610000－1004－0001269　15098－15100
潄芳軒合纂禮記體註四卷　(清)范翔㕘訂　(清)吳有文等校　清道光十五年(1835)刻本　三册　存三卷(一至三)

610000－1004－0001270　15101－15103
潄芳軒合纂禮記體註四卷　(清)范翔㕘訂　(清)吳有文等校　清道光二年(1822)三多齋刻本　三册　缺一卷(二)

610000－1004－0001271　15104－15106
易經大全會解四卷　(清)來爾繩纂輯　(清)朱采治　(清)朱之澄編訂　清乾隆五十四年(1789)三多齋刻本　三册　存二卷(一至二)

610000－1004－0001272　15107－15108
易經體註大全合㕘四卷　(清)范翔鑑　(清)李兆賢緝著　清刻本　二册

610000－1004－0001273　15109－15111
來瞿唐先生易註十五卷首一卷末一卷　(明)來知德撰　清世興堂刻本　三册　存六卷(一至六)

610000－1004－0001274　15112－15114
易經體註大全合㕘四卷　(清)范翔鑑　(清)李兆賢緝著　清學源堂刻本　三册

610000－1004－0001275　15115－15116
易經體註大全合㕘四卷　(清)范翔鑑　(清)李兆賢緝著　清道光二十七年(1847)刻本　二册

610000－1004－0001276　15117
易經衷一四卷　(□)□□撰　清光裕堂刻本　一册

610000－1004－0001277　15118－15119
易經體註四卷　(清)來爾繩纂輯　(清)朱采治　(清)朱之澄編訂　清乾隆二十二年(1757)刻本　二册

610000－1004－0001278　15120
易經體註四卷　(清)來爾繩纂輯　(清)朱采治　(清)朱之澄編訂　清刻本　一册　存三卷(二至四)

610000－1004－0001279　15140－15142
四書貫解十九卷　(清)朱良玉纂輯　清三多齋刻本　三册　存四卷(孟子一至二、孟子七、論語四)

610000－1004－0001280　15143－15145
四書大全摘要二十卷　(清)黄際飛鑒定　(清)李武纂輯　清雍正九年(1731)刻本　三册　存三卷(孟子一、六至七)

610000－1004－0001281　15146
四書大全摘要二十卷　(清)黄際飛鑒定　(清)李武纂輯　清刻本　一册　存四卷(論語二至五)

610000 - 1004 - 0001282　15197 - 15208
新刊趙田了凡袁先生編纂古本歷史大方綱鑑補三十九卷首一卷御選資治通鑑綱目三編二十卷　(宋)司馬光通鑑　(宋)朱熹綱目　(明)袁黃編纂　清光緒二十三年(1897)成都書局刻本　十二冊　存十三卷(一至十二、首一卷)

610000 - 1004 - 0001283　15226
御撰資治通鑑綱目三編二十卷　(清)張廷玉等編　清乾隆十一年(1746)刻本　一冊　存九卷(一至九)

610000 - 1004 - 0001284　15326 - 15331
御批歷代通鑑輯覽一百二十卷　(清)傅恒等編纂　清光緒十三年(1887)石印本　六冊　存三十八卷(一至六、十五至四十六)

610000 - 1004 - 0001285　15343
大清光緒十三年歲次丁亥時憲書不分卷　(清)欽天監編　清光緒刻朱墨印本　一冊

610000 - 1004 - 0001286　15461
聖諭廣訓一卷　(清)世宗胤禛撰　清刻本　一冊

610000 - 1004 - 0001287　15480
波斯志不分卷　(清)學部圖書局編　清光緒三十三年(1907)學部圖書局鉛印本　一冊

610000 - 1004 - 0001288　15481
亞細亞洲志不分卷　(清)學部編譯圖書局編　清光緒三十四年(1908)學部圖書局鉛印本　一冊

610000 - 1004 - 0001289　15537
[康熙]隴州志八卷首一卷　(清)羅彰彝纂修　清刻本　一冊　存三卷(一至三)

610000 - 1004 - 0001290　15678 - 15694、15702 - 15713
尺木堂綱鑑易知錄九十二卷　(清)吳乘權等輯　清康熙五十年(1711)刻本　二十八冊　存七十四卷(一至十六、二十七至五十六、六十三至九十)

610000 - 1004 - 0001291　15695 - 15701
尺木堂明鑑易知錄十五卷　(清)吳乘權等輯　清刻本　七冊

610000 - 1004 - 0001292　15714
聖諭廣訓一卷　(清)世宗胤禛撰　清刻本　一冊

610000 - 1004 - 0001293　15716
江西官報不分卷　(清)□□輯　清光緒三十一年(1905)石印本　一冊

610000 - 1004 - 0001294　15721
奏定度量權衡畫一制度圖說總表推行章程不分卷　(清)內閣政務處訂　清光緒三十四年(1908)農工商部鉛印本　一冊

610000 - 1004 - 0001295　15782
立效神方不分卷　(清)□□撰　**賈氏膚不求人一卷**　(清)賈逢會著　(清)董爾魯評　清道光元年(1821)刻本　一冊

610000 - 1004 - 0001296　15837 - 15839
御纂醫宗金鑑九十卷首一卷　(清)吳謙等撰　清刻本　三冊　存五卷(編輯外科心法要訣一、六至七、十五至十六)

610000 - 1004 - 0001297　15840 - 15846
御纂醫宗外科金鑑十六卷首一卷　(清)吳謙等撰　清刻本　七冊　缺二卷(七至八)

610000 - 1004 - 0001298　15848
文公家禮儀節八卷　(宋)朱熹編著　(明)夏允彝輯訂　清刻本　一冊　存二卷(五至六)

610000 - 1004 - 0001299　15849 - 15850
漱芳軒合纂禮記體註四卷　(清)范翔叅訂　(清)吳有文等校　清刻本　二冊　存二卷(三至四)

610000 - 1004 - 0001300　15854
文公家禮儀節八卷　(宋)朱熹編著　(明)夏允彝輯訂　清乾隆十一年(1746)中和堂刻本　一冊　存二卷(一至二)

610000 - 1004 - 0001301　15855
文公家禮儀節八卷　(宋)朱熹編著　(明)夏

允彝輯訂　清卓觀樓刻本　一册　存一卷(四)

610000－1004－0001302　15857
詩經八卷　(宋)朱熹集傳　清刻本　一册　存三卷(六至八)

610000－1004－0001303　15863
韻辨附文五卷　(清)沈兆霖編　清道光二十三年(1843)刻本　一册

610000－1004－0001304　15864
漱芳軒合纂書經體註六卷　(清)范翔糸訂　(清)吳有文等校　清刻本　一册　存一卷(四)

610000－1004－0001305　15866
禮記體註四卷　(清)范翔原定　(清)徐旦糸訂　清刻本　一册　存一卷(三)

610000－1004－0001306　15867
禮記體註四卷　(清)范翔原定　(清)徐旦糸訂　清刻本　一册　存一卷(三)

610000－1004－0001307　15868
禮記體註四卷　(清)范翔原定　(清)徐旦糸訂　清刻本　一册　存一卷(二)

610000－1004－0001308　15871
重刊許氏說文解字五音韻譜十二卷　(宋)李燾撰　明天啟七年(1627)刻本　一册　存一卷(四)

610000－1004－0001309　15872
易經體註大全四卷　(清)來爾繩纂輯　(清)朱采治　(清)朱之澄編訂　清致和堂刻本　一册　存一卷(一)

610000－1004－0001310　15945
新刻星平合訂命學須知二卷　(清)胡栢齡謄寫　清滋德堂刻本　一册　存一卷(一)

610000－1004－0001311　16173
精編歷法總覽合節鰲頭通書大全十卷　(明)熊宗立撰　清刻本　一册　存一卷(九)

610000－1004－0001312　16180
大成堂重訂增補釋義經書四民便用雜字通考全書□□卷　(清)戴惺菴訂補　(清)黄二水糸校　清刻本　一册　存二卷(外、下)

610000－1004－0001313　16209－16213
子史精華一百六十卷　(清)吳襄等纂修　清刻本　五册　存十八卷(六十九至七十一、七十五至八十二、一百五十至一百五十六)

610000－1004－0001314　16256
文昌帝君救刧寶誥註釋一卷　(□)□□註釋　清刻本　一册

610000－1004－0001315　16262
萬福攸同一卷　(清)□□撰　清嘉慶十七年(1812)刻本　一册

610000－1004－0001316　16274
竈王府君保命祈福真經一卷　(清)□□撰　清光緒二十六年(1900)刻本　一册

610000－1004－0001317　16317
華嚴經八十一卷　(唐)釋實叉難陀譯　明刻本　一册　存一卷(八十一)

610000－1004－0001318　16324
大方廣佛華嚴經八十卷　(唐)釋實叉難陀譯　明永樂十七年(1419)刻本　三册　存三卷(八、二十四、七十九)

610000－1004－0001319　16477
金先生文集三卷　(明)金聲撰　清刻本　一册

610000－1004－0001320　16479
增訂柏藴臯先生全稿不分卷　(清)柏藴臯著　(清)王瀛洲編　清乾隆五十年(1785)敦復堂刻本　一册

610000－1004－0001321　16481
魏昭士文集十卷　(清)魏世傚著　清刻本　一册　存二卷(一至二)

610000－1004－0001322　16495
入地眼全書十卷　(宋)釋靜道著　清道光元年(1821)敦化堂刻本　一册　存一卷(一)

610000－1004－0001323　16529－16534
周禮註疏刪翼三十卷　(明)葉培恕定　(明)

王志長輯　清刻本　六冊　存十二卷(三至五、九至十、十三至十六、二十二至二十四)

610000－1004－0001324　16535－16538
周官精義十二卷　(清)連斗山編次　清乾隆四十一年(1776)刻本　四冊　缺二卷(十至十一)

610000－1004－0001325　16540－16544
周禮註疏刪翼三十卷　(明)葉培恕定　(明)王志長輯　清刻本　五冊　存九卷(十七至二十一、二十七至三十)

610000－1004－0001326　16545
周官精義十二卷　(清)連斗山編次　清刻本　一冊　存二卷(七至八)

610000－1004－0001327　16546
周官精義十二卷　(清)連斗山編次　清刻本　一冊　存二卷(十至十一)

610000－1004－0001328　16547－16554
周禮註疏刪翼三十卷　(明)葉培恕定　(明)王志長輯　清刻本　八冊　存十四卷(十四、十六至二十四、二十七至三十)

610000－1004－0001329　16555－16556
周禮約編六卷　(清)汪基譔　清光緒三十二年(1906)鉛印本　二冊　存四卷(三至六)

610000－1004－0001330　16557
周禮精義六卷首一卷　(清)黃淦纂　清嘉慶十五年(1810)刻本　一冊

610000－1004－0001331　16558
周禮精義六卷首一卷　(清)黃淦纂　清嘉慶十五年(1810)刻本　一冊

610000－1004－0001332　16559
周禮精華六卷　(清)陳龍標編輯　清刻本　一冊　存四卷(三至六)

610000－1004－0001333　16676－16677
唐詩應試註釋七卷　(清)聞式堂主人編次　清乾隆二十四年(1759)三樂齋刻本　二冊

610000－1004－0001334　16679
唐詩三百首註釋六卷　(清)蘅塘退士編　(清)章燮注　清道光二十七年(1847)刻本　一冊　存二卷(一至二)

610000－1004－0001335　16680－16681
古唐詩合解十二卷　(清)王堯衢註　(清)李模　(清)李桓校　清光緒七年(1881)大道堂刻本　二冊　存七卷(一至四、十至十二)

610000－1004－0001336　16699
古文質義八卷　(清)王思迴輯　(清)王式轂等粂校　清乾隆五年(1740)古吳世德堂刻本　一冊　存二卷(一至二)

610000－1004－0001337　16775
詩經八卷　(宋)朱熹集傳　清刻本　一冊　存二卷(三至四)

610000－1004－0001338　16865
試律淺說易知集四卷　(清)任兆松評選　清乾隆三十二年(1767)經緯堂刻本　一冊　存二卷(一至二)

610000－1004－0001339　16873
四序景物排律四卷　(清)楊治選評　(清)孫士瑞　(清)李涵校閱　清乾隆三十四年(1769)榮盛堂刻本　一冊　存二卷(一至二)

610000－1004－0001340　16873
河間試律矩四卷　(清)紀昀著　(清)林昌評註　清嘉慶七年(1802)合盛堂刻本　一冊　存一卷(一)

610000－1004－0001341　17074
讀易摘要不分卷　(清)□□撰　清抄本　一冊

610000－1004－0001342　17103
周易四卷　(宋)朱熹本義　清刻本　一冊　存一卷(二)

610000－1004－0001343　17105
詩經八卷　(宋)朱熹集傳　清刻本　一冊　存三卷(六至八)

610000－1004－0001344　17205－17208
味蘭軒百篇賦鈔四卷　(清)張世燾　(清)彭克惠編輯　清乾隆三十八年(1773)刻本

四冊

610000－1004－0001345　17209－17210

味蘭軒百篇賦鈔四卷　（清）張世燾　（清）彭克惠編輯　清乾隆三十八年（1773）刻本　二冊　存二卷（一、四）

610000－1004－0001346　17389－17390

古文喈鳳新編八卷　（清）汪基輯　清雍正十二年（1734）大盛堂刻本　二冊　存六卷（一至六）

610000－1004－0001347　17419－17421

古唐詩合解十二卷　（清）王堯衢註　（清）李模　（清）李桓校　清刻本　三冊　存八卷（一、六至十二）

610000－1004－0001348　17431－17432

古唐詩合解十二卷　（清）王堯衢註　（清）李模　（清）李桓校　清致盛堂刻本　二冊　存四卷（一至二、八至九）

610000－1004－0001349　17433－17434

古唐詩合解十二卷　（清）王堯衢註　（清）李模　（清）李桓校　清令德堂刻本　二冊　存七卷（一至四、十至十二）

陝西省寶鷄市隴縣圖書館古籍普查登記目録

全國古籍普查登記目録

國家圖書館出版社
National Library of China Publishing House

610000－4027－0000001　001
周禮註疏刪翼三十卷　(明)葉培恕定　(明)王志長輯　清初刻本　一冊　存三卷(六至八)

610000－4027－0000002　002
禮記體註大全合灸四卷　(清)范翔鑒定　(清)徐旦灸訂　清刻本　一冊　存一卷(四)

610000－4027－0000003　003
禮記疏畧四十七卷　(清)張沐撰　清康熙四十年(1701)刻本　九冊

610000－4027－0000004　004
詩經融註大全體要八卷　(清)高朝瓔定　清光緒掃葉山房石印本　四冊

610000－4027－0000005　005
楊園訓子語一卷　(清)張履祥著　清刻本　一冊

610000－4027－0000006　006
康熙字典十二集總目一卷檢字一卷辨似一卷備考一卷等韻一卷補遺一卷　(清)張玉書等撰　清康熙五十五年(1716)刻本　二十二冊　存十五卷(子至丑、卯上中、午上下、未上、申上下、酉中下、戌中下、亥中,總目一卷,檢字一卷,辨似一卷,備考一卷,等韻一卷,補遺一卷)

610000－4027－0000007　007
春秋五傳十七卷首一卷年表一卷　(明)張岐然撰　清乾隆五十九年(1794)刻本　十七冊

610000－4027－0000008　008
皇朝經世文編一百二十卷續編一百二十卷姓名總目二卷　(清)賀長齡編　清同治十二年(1873)刻光緒八年(1882)補刻續編本　四十九冊　存七十一卷(文編一至二、五至六、十至十三、十五至十七、十九至二十、二十三至二十六、二十九、三十四至三十六、三十九至四十一、四十四至四十九、五十一至五十七、六十至六十一、六十八至七十一、七十四至七十五、八十一、九十至九十一、九十三至九十六、九十九、一百一至一百二、一百五至一百十二、一百十五至一百十六、一百十八至一百二十,續編二十四至二十六)

610000－4027－0000009　009
重刊宋本十三經註疏附校勘記　(清)阮元撰校勘記　(清)盧宣旬摘錄　清同治十二年(1873)江西書局刻本　六十九冊　存九種

610000－4027－0000010　010
四書疏註撮言大全三十七卷　(宋)朱熹集註　(清)紀昀鑒定　清光緒十八年(1892)益元書局刻本　四冊　存十二卷(大學一、中庸一至二、孟子一至六、論語一至三)

610000－4027－0000011　011
文選六十卷　(南朝梁)蕭統撰　(唐)李善注　(清)葉樹藩参訂　清光緒十八年(1892)京都琉璃廠刻朱墨套印本　十二冊

610000－4027－0000012　012
人範六卷　(清)蔣元輯　清光緒二十七年(1901)廣雅書局刻本　一冊

610000－4027－0000013　013
北堂書鈔一百六十卷首一卷　(唐)虞世南撰　清光緒十四年(1888)南海孔氏三十有三萬卷堂刻本　二十冊

610000－4027－0000014　014
湘陰相國文鈔一卷　(清)左宗棠著　清光緒十二年(1886)蘄州黃雲鵠刻本　一冊

610000－4027－0000015　015
關中兩朝文鈔二十二卷首一卷　(清)李元春彙選　清刻本　一冊　存一卷(十三)

610000－4027－0000016　016
古香齋鑒賞袖珍施註蘇詩四十二卷王註正譌一卷墓誌銘一卷本傳一卷年譜一卷續補遺二卷目錄二卷　(宋)蘇軾撰　(清)宋犖　(清)張榕端閱定　(清)顧嗣立等刪補　清光緒八年至九年(1882－1883)刻本　十七冊　缺一卷(續補遺下)

610000－4027－0000017　017
古唐詩和解□□卷　(清)王堯衢註　清刻本

一册　存二卷(一至二)

610000－4027－0000018　018

武威耆舊傳四卷　(清)潘挹奎撰　清刻本　一册

610000－4027－0000019　019

[簡鍊揣摩]不分卷　(□)張箴商撰　清抄本　二册

610000－4027－0000020　020

校正醫林狀元壽世保元十卷　(明)龔廷賢撰　清同治七年(1868)刻本　十册

610000－4027－0000021　021

嵇中散集不分卷　(三國魏)嵇康著　(明)張溥閱　清刻本　一册

610000－4027－0000022　022

玉函山房文集五卷　(清)馬國翰撰　清刻本　一册　存三卷(一至三)

610000－4027－0000023　023

二曲集四十六卷　(清)李顒著　清光緒三年(1877)刻本　十六册

610000－4027－0000024　024

小學集解六卷　(清)張伯行輯注　清光緒十三年(1887)陝西布政司刻本　一册　存四卷(一至四)

610000－4027－0000025　025

傅鶉觚集不分卷　(晉)傅玄著　(明)張溥閱　清刻本　一册

610000－4027－0000026　026

晉杜征南集一卷　(晉)杜預著　(明)張溥閱　清刻本　一册

610000－4027－0000027　027

陔餘叢考四十卷　(清)趙翼撰　清乾隆五十五年(1790)刻本　十二册

610000－4027－0000028　028

鴻濛室叢書三十六種　(清)方玉潤著　清刻本　三册　存二種

610000－4027－0000029　029

古香齋新刻袖珍御選古文淵鑑六十四卷　(清)徐乾學等編注　清光緒十一年(1885)刻五色套印本　二十八册　存六十卷(一至五十五、六十至六十四)

610000－4027－0000030　030

增補了凡綱鑑四十卷首一卷　(明)袁黃編纂　清刻本　二十八册　存三十二卷(七至三十八)

610000－4027－0000031　031

御撰資治通鑑綱目三編二十卷　(清)張廷玉等編次　清光緒十八年(1892)刻本　四册

610000－4027－0000032　032

綱鑑擇語十卷　(清)司徒修輯　清道光十六年(1836)刻本　五册

610000－4027－0000033　033

尺木堂綱鑑易知錄一百十二卷　(清)周之炯等輯　清刻本　四十二册　存九十二卷(一至九十二)

610000－4027－0000034　034

史記菁華錄六卷　(清)姚祖恩撰　清光緒九年(1883)廣州翰墨園刻朱墨套印本　六册

610000－4027－0000035　035

前漢書菁華錄四卷後漢書菁華錄二卷　(清)高塘撰　清光緒二十八年(1902)刻朱墨套印本　六册

610000－4027－0000036　036

原故文錄一卷詩錄一卷　(清)賀瑞麟編輯　清光緒六年(1880)刻本　一册

610000－4027－0000037　037

學古書院雜文偶錄不分卷　(清)賀瑞麟著　清光緒十六年(1890)刻本　一册

610000－4027－0000038　038

管窺輯要八十卷天文步天歌一卷　(清)黃鼎纂定　清順治十年(1653)刻本　三十六册

610000－4027－0000039　039

欽定四庫全書總目二百卷首一卷　(清)紀昀等編　清同治七年(1868)廣東書局刻本　一

百十八冊

610000－4027－0000040　040
子史精華一百六十卷　(清)吴襄等纂修　清雍正五年(1727)武英殿刻本　四十七冊

610000－4027－0000041　041
南華眞經評注五卷　(戰國)莊周撰　(晉)向秀註　(晉)郭象評　清刻本　六冊

610000－4027－0000042　042
玉坡先生奏議六卷　(明)張原著　(清)李錫齡校刊　清道光十八年(1838)惜陰軒刻本　二冊

610000－4027－0000043　043
四家奏議合鈔八卷首一卷　(清)王瑔輯　清光緒九年(1883)隨山館刻本　七冊　存八卷(二至八、首一卷)

610000－4027－0000044　044
刑名條例不分卷　(清)□□撰　清乾隆刻本　二冊

610000－4027－0000045　045
歐洲列國戰事本末二十二卷　王樹枏著　清光緒二十九年(1903)陝西官運書局石印本　六冊

610000－4027－0000046　046
左傳紀事本末五十三卷　(清)高士奇編纂　清光緒二十六年(1900)廣雅書局刻本　十一冊　存五十卷(一至五十)

610000－4027－0000047　047
宋史紀事本末一百九卷　(明)馮琦原編　(明)張溥論正　(明)陳邦瞻增訂　清光緒十三年(1887)廣雅書局刻本　十五冊

610000－4027－0000048　048
遼史紀事本末四十卷首一卷　(清)李有棠撰　清光緒二十六年(1900)廣雅書局刻本　四冊

610000－4027－0000049　049
金史紀事本末五十二卷首一卷　(清)李有棠編纂　清光緒二十七年(1901)廣雅書局刻本　六冊

610000－4027－0000050　050
元史紀事本末二十七卷　(明)陳邦瞻編輯　(明)張溥論正　清光緒十三年(1887)廣雅書局刻本　三冊

610000－4027－0000051　051
明史紀事本末八十卷　(清)谷應泰編輯　清光緒十三年(1887)廣雅書局刻本　十六冊

610000－4027－0000052　052
文中子中說一卷　(隋)王通撰　清光緒元年(1875)湖北崇文書局刻本　一冊

610000－4027－0000053　053
團守心鏡不分卷　(□)□□撰　清光緒二十一年(1895)隴州官廨刻本　一冊

610000－4027－0000054　054
團守心鏡不分卷　(□)□□撰　清光緒二十一年(1895)隴州官廨刻本　一冊

610000－4027－0000055　055
書目答問一卷　(明)張之洞撰　清光緒元年(1875)刻本　二冊

610000－4027－0000056　056
[光緒]開州志八卷首一卷　(清)陳兆麟修　(清)祁德昌纂　清光緒八年(1882)刻本　八冊

610000－4027－0000057　057
[嘉慶]漢陰廳志十卷首一卷　(清)錢鶴年修　(清)董詔纂　清嘉慶二十三年(1818)刻本　六冊

610000－4027－0000058　058
[光緒]定遠廳志二十六卷首一卷末一卷　(清)余修鳳纂修　清光緒五年(1879)刻本　五冊　存二十二卷(六至二十六、首一卷)

610000－4027－0000059　061
[康熙]隴州志八卷首一卷　(清)羅彰彝纂修　清康熙五十二年(1713)刻本　四冊

610000－4027－0000060　062
[康熙]隴州志八卷首一卷　(清)羅彰彝纂修

清康熙五十二年(1713)刻本　二册　存四卷(四至六、首一卷)

610000-4027-0000061　063

[乾隆]隴州續志八卷首一卷末一卷　(清)吴炳纂修　清乾隆三十一年(1766)刻本　四册

610000-4027-0000062　064

[乾隆]隴州續志八卷首一卷末一卷　(清)吴炳纂修　清乾隆三十一年(1766)刻本　四册

610000-4027-0000063　065

[乾隆]隴州續志八卷首一卷末一卷　(清)吴炳纂修　清乾隆三十一年(1766)刻本　一册　存一卷(八)

610000-4027-0000064　066

[乾隆]隴州續志八卷首一卷末一卷　(清)吴炳纂修　清乾隆三十一年(1766)刻本　三册

610000-4027-0000065　068

御撰資治通鑑綱目三編二十卷　(清)張廷玉編次　清乾隆十一年(1746)刻本　六册

陝西省寶鷄市陳倉區圖書館古籍普查登記目録

全國古籍普查登記目録

國家圖書館出版社
National Library of China Publishing House

610000－1038－0000001　A11
古文詞略讀本二十四卷　(清)梅曾亮編　清光緒三十三年(1907)陜西學務公所圖書局鉛印本　一册　存六卷(五至十)

610000－1038－0000002　A11－35
寄傲山房塾課新增幼學故事瓊林四卷首一卷　(清)程允升編　(清)鄒聖脈補　清刻本　一册　存二卷(三至四)

610000－1038－0000003　A11－7
康熙字典十二集附備考一卷補遺一卷　(清)張玉書等奉敕纂修　清光緒三十年(1904)石印本　六册

610000－1038－0000004　A14－3
詩經體註大全合參八卷　(清)高朝瓔定　清刻本　一册　存三卷(六至八)

610000－1038－0000005　A2－29
易經體注大全合參四卷　(清)李兆賢著　清永順堂刻本　二册　存三卷(二至四)

610000－1038－0000006　A3－43
書經體注六卷　(清)錢希祥纂輯　**書經六卷**　(宋)蔡沈集傳　清刻本　一册　存二卷(五至六)

610000－1038－0000007　A3－6
書經體注大全合參六卷　(清)范翔鑒定　(清)張聖度訂　(清)錢希祥參　清嘉慶十三年(1808)大經堂刻本　四册

610000－1038－0000008　A4
新刻書經備旨善本輯要六卷　(清)汪右衡鑒定　(清)馬大猷輯　清刻本　四册

610000－1038－0000009　A4－3
寄嶽雲齋試體詩選詳註四卷附論詩帖十則一卷　(清)聶銑敏藁　(清)張學蘇箋　清嘉慶九年(1804)刻本　一册

610000－1038－0000010　A5
全本禮記體注十卷　(清)范翔　(清)徐旦定　(清)徐瑄補輯　清學源堂刻本　一册　存一卷(一)

610000－1038－0000011　A5－10
寄傲山房塾課新增幼學故事瓊林四卷首一卷　(清)程允升編　(清)鄒聖脈增補　清末刻本　一册

610000－1038－0000012　A5－11
禮記心典傳本三卷　(清)胡瑤光輯　清刻本　三册　存二卷(一、三)

610000－1038－0000013　A5－25
禮記體注大全合參十卷　(清)范翔鑒定　(清)徐旦參訂　清刻本　三册　存三卷(二至四)

610000－1038－0000014　A5－26
全本禮記體注十卷　(清)范翔原定　(清)徐旦參訂　(清)徐瑄補輯　清刻本　八册　存八卷(二、四至十)

610000－1038－0000015　A5－28
周禮精華六卷　(清)陳龍標編輯　清古香閣刻本　二册　存三卷(二至四)

610000－1038－0000016　A6－2
春秋世系不分卷　(清)吴鳳來考訂　(清)趙衡臣訂補　清刻本　一册

610000－1038－0000017　A6－20
評點春秋綱目左傳句解彙雋六卷　(清)韓菼重訂　清崇順堂刻本　三册

610000－1038－0000018　A7－9
經餘必讀八卷　(清)雷琳　(清)錢樹棠　(清)錢樹立輯　清嘉慶八年(1803)刻本　四册

610000－1038－0000019　A8
四書朱子大全經傳蘊萃二十九卷　(清)朱良玉纂輯　清三多齋刻本　一册　存三卷(中庸一至三)

610000－1038－0000020　A8
孟子七卷　(宋)朱熹注　清刻本　三册

610000－1038－0000021　A8－12
四書述要十九卷　(清)楊玉緒著　清文賢堂刻本　六册

610000－1038－0000022　A8－13
四書述要十九卷　(清)楊玉緒著　清文發堂刻本　一册　存二卷(大學一、中庸一)

610000－1038－0000023　A8－14
四書疏注撮言大全三十七卷　(清)胡斐才輯　清刻本　五册　存十卷(論語十一至二十)

610000－1038－0000024　A8－15
四書朱子本義匯參四十三卷首四卷　(清)王步青輯　清末刻本　二十四册　存三十七卷(大學章句本義匯參三卷、首一卷,論語集注本義匯參二十卷、首一卷,孟子集注本義匯參一至三、六、八至十四、首一卷)

610000－1038－0000025　A8－16
中庸章句本義匯參六卷首一卷　(清)王步青輯　清敦復堂刻本　四册

610000－1038－0000026　A8－18
四書朱子本義匯參四十三卷首四卷　(清)王步青輯　清敦復堂刻本　一册　存三卷(大學章句本義匯參一至二、首一卷)

610000－1038－0000027　A8－19
四書朱子本義匯參四十三卷首四卷　(清)王步青輯　清敦復堂刻本　二册　存三卷(大學章句本義匯參一、首一卷,中庸章句本義匯參六)

610000－1038－0000028　A8－21
四書述要十九卷　(清)楊玉緒著　清桂林堂刻本　二册　存七卷(孟子一至七)

610000－1038－0000029　A8－22
四書集成□□卷　(清)趙燦英編輯　清刻本　一册　存三卷(中庸一至三)

610000－1038－0000030　A8－23
四書集成□□卷　(清)趙燦英編輯　清刻本　二册　存六卷(孟子一至六)

610000－1038－0000031　A8－24
四書集成□□卷　(清)趙燦英編輯　清刻本　一册　存三卷(四至六)

610000－1038－0000032　A8－27
四書述要十九卷　(清)楊玉緒著　清桂林堂刻本　二册　存十卷(論語一至十)

610000－1038－0000033　A8－30
四書引解二十六卷　(清)鄧柱瀾纂輯　清刻本　七册　存十五卷(論語九至十四,孟子十五至十九、二十三至二十六)

610000－1038－0000034　A8－32
四書會要錄三十卷　(清)黄瑞輯　清刻本　十二册　存十五卷(孟子一至三、七至十四,論語七至十)

610000－1038－0000035　A8－33
四書人物類典串珠四十卷　(清)臧志仁編輯　清刻本　五册　存二十卷(十三至十四、十九至二十一、二十六至四十)

610000－1038－0000036　A8－34
四書人物類典串珠四十卷　(清)臧志仁編輯　清刻本　一册　存四卷(十九至二十二)

610000－1038－0000037　A8－36
四書朱子本義匯參四十三卷首四卷　(清)王步青輯　清敦復堂刻本　十三册　存十六卷(論語章句本義匯參一至六、八、十二、首一卷,孟子章句本義匯參八、十一至十二,中庸章句本義匯參三至五,大學章句本義匯參二)

610000－1038－0000038　A8－37
中庸章句本義匯參六卷首一卷　(清)王步青輯　清敦復堂刻本　四册

610000－1038－0000039　A8－38
論語集註本義匯參二十卷首一卷　(清)王步青輯　清刻本　九册　存十三卷(一至八、十至十三,首一卷)

610000－1038－0000040　A8－4
四書撮言三十七卷　(清)胡斐才注　清刻本　一册　存三卷(論語十八至二十)

610000－1038－0000041　A8－4
四書疏注撮言大全三十七卷　(宋)朱熹章句　(清)紀昀鑒定　(清)吳冠山校正　(清)胡斐才輯　清文光堂刻本　十册　存十三卷

（大學一，中庸二，孟子七至九，論語五至九、十一至十二、十四）

610000－1038－0000042　A8－40

孟子集注本義匯參十四卷首一卷　（清）王步青輯　清敦復堂刻本　五冊　存六卷（六至七、九至十一、十三）

610000－1038－0000043　A8－54

增補四書精繡圖像人物備考十二卷　（明）陳仁錫增定　（清）唐光夔詳閲　（清）陳義錫重校　（清）陳鋭參訂　清文盛堂刻本　一冊　存二卷（十一至十二）

610000－1038－0000044　A8－8

殖學齋編訂四書大全□□卷　（清）王文烜編　清刻本　十一冊　存十二卷（論語一至三、五至七，孟子一、四之下、六之上下，中庸上下）

610000－1038－0000045　A9－1

廣事類賦四十卷　（清）華希閔著　（清）鄒兆升參　清康熙刻本　八冊

610000－1038－0000046　B11－1

禮記心典傳本三卷　（清）胡瑤光輯　清刻本　一冊　存一卷（一）

610000－1038－0000047　B11－5

大清律例通纂四十卷　（清）胡肇楷等編　清嘉慶十三年（1808）刻本　二十冊　存三十四卷（一至七、十至十一、十四至二十六、二十九至四十）

610000－1038－0000048　B11－6

欽定科場條例六十卷首一卷　（清）□□撰　清刻本　九冊　存三十一卷（三至九、二十六至四十二、四十六至五十、五十七至五十八）

610000－1038－0000049　B11－8

檉華館試帖彙鈔輯注十卷　（清）路德著　清道光十四年（1834）刻本　五冊　存五卷（一、三至四、六、八）

610000－1038－0000050　B12－2

欽定詩經傳説彙纂二十一卷首二卷詩序二卷　（清）王鴻緒等撰　清刻本　十三冊　存十四卷（一至四、七至十一、十三，首二卷，詩序二卷）

610000－1038－0000051　B3－13

御撰資治通鑑綱目三編□□卷　（清）高宗弘曆撰　清刻本　一冊　存五卷（十六至二十）

610000－1038－0000052　B3－14

綱鑑擇語十卷　（清）司徒修選輯　清刻本　三冊　存六卷（五至十）

610000－1038－0000053　B3－7

資治通鑑綱目一百十一卷　（宋）朱熹著　（明）陳仁錫評閲　清刻本　五十六冊　存五十九卷（正編一至四、九、十五至十八、二十、二十二至二十四、二十六至二十七、三十至四十三、四十五至五十九，續編十五、末一卷，前編五至六、十至十二、十五至十八、二十一至二十四）

610000－1038－0000054　B4－10

御批歷代通鑑輯覽一百二十卷　（清）傅恒等撰　清刻本　二十六冊　存五十四卷（五至六、十一至十五、二十二至二十三、三十至三十一、四十二至四十三、四十六至四十七、六十二至六十三、七十二至九十三、一百至一百一、一百四至一百九、一百十二至一百十三、一百十六至一百二十）

610000－1038－0000055　B4－11

資治通鑑綱目一百十一卷　（宋）朱熹著　（明）陳仁錫評閲　清刻本　十冊　存八卷（前編十三，正編六至九上、十至十二）

610000－1038－0000056　B4－12

重訂王鳳洲先生會纂綱鑑三十九卷　（明）王世貞纂　（明）陳仁錫訂　清刻本　七冊　存十一卷（六至七、九至十一、十五至二十）

610000－1038－0000057　B4－18

袁王綱鑑合編五十九卷　（明）袁黄輯　（明）王世貞編　清光緒三十年（1904）上海商務印書館鉛印本　一冊　存三卷（八至十）

610000－1038－0000058　B4－19

讀通鑑論三十卷 (清)王夫之撰 清末石印本 二冊 存十卷(十七至二十、二十六至三十,末一卷)

610000-1038-0000059 B4-20
尺木堂綱鑑易知錄九十二卷 (清)吴乘權等輯 清末鉛印本 八冊 存五十三卷(五至十、十二至十八、三十三至五十三、七十四至九十二)

610000-1038-0000060 B4-21
增修補注歷代通鑑輯覽□□卷 (□)□□撰 清末鉛印本 十八冊 存四十一卷(七至九、十三至十九、二十二至二十八、五十九至六十、六十三至六十八、九十七至一百二、一百五至一百十、一百十三至一百十四、一百十七至一百十八)

610000-1038-0000061 B4-5
綱鑑總論二卷 (清)顧祖禹撰 清刻本 一冊 存一卷(下)

610000-1038-0000062 B5-4
御批歷代通鑑輯覽一百二十卷 (清)傅恒等撰 清末刻本 二十冊 存四十卷(一至二、七至八、十三至十四、二十一至二十二、四十五至四十六、六十一至六十二、六十七至六十八、七十九至八十二、八十五至八十六、八十九至九十、九十七至一百十二、一百十五至一百十六)

610000-1038-0000063 B6-17
左傳易讀六卷 (清)司徒修輯 清刻本 二冊 存二卷(五至六)

610000-1038-0000064 B9
[乾隆]寶雞縣志十卷首一卷 (清)許起鳳重修 清乾隆二十九年(1764)刻本 四冊

610000-1038-0000065 B9-3
五洲圖考不分卷 (清)龔柴撰 清光緒二十四年(1898)徐家滙印書館刻本 二冊

610000-1038-0000066 C1
綱鑑擇語十卷 (清)司徒修輯 清光緒元年(1875)刻本 五冊 存八卷(一至二、五至十)

610000-1038-0000067 C11
事類賦三十卷 (宋)吴淑撰注 (清)華麟祥校刊 清初刻本 一冊 存八卷(十四至二十一)

610000-1038-0000068 C12
搭題芝蘭不分卷 (清)史鑑輯 清道光三十年(1850)興盛堂刻本 一冊

610000-1038-0000069 C13
字彙十二卷首一卷末一卷 (明)梅膺祚集 明萬曆四十三年(1615)三樂齋刻本 十二冊 缺二卷(子集、末一卷)

610000-1038-0000070 C14-1
詩經體注圖考大全八卷 (清)高朝瓔注 清嘉慶六年(1801)登雲堂刻本 三冊 存六卷(一至二、五至八)

610000-1038-0000071 C14-2
詩經體注大全八卷 (清)高朝瓔定 清致和堂刻本 三冊 存五卷(一至五)

610000-1038-0000072 C2
御纂詩義折中二十卷 (清)傅恒等修 清乾隆二十年(1755)經元堂刻本 十冊

610000-1038-0000073 C5
元亨療馬集四卷 (明)喻本元 (明)喻本亨集 清道光八年(1828)吉星堂刻本 二冊 存二卷(一、三)

610000-1038-0000074 C5
三農紀二十四卷 (清)張宗法著 清刻本 六冊 存十六卷(三至六、八至十七、十九至二十)

610000-1038-0000075 C9
古唐詩合解十六卷 (清)王堯衢注 清致盛堂刻本 五冊 存十二卷(唐詩一至十二)

610000-1038-0000076 D9
關中書院課士賦不分卷 (□)□□撰 清道光二十三年(1843)刻本 一冊

610000-1038-0000077 D10-1

庚辰集五卷　(清)紀昀編　清太和堂刻本　三册　存三卷(二至四)

610000－1038－0000078　D10－2

庚辰集五卷　(清)紀昀編　清刻本　一册　存一卷(二)

陝西省寶鷄市岐山縣圖書館古籍普查登記目録

全國古籍普查登記目録

國家圖書館出版社
National Library of China Publishing House

610000－4001－0000001　A0/01
宋本十三經注疏附校勘記　(清)阮元撰　(清)盧宣旬摘錄　清光緒十三年(1887)脈望仙館石印本　三十一冊

610000－4001－0000002　A0/04
小嫏嬛山館彙刊類書十二種　(清)小嫏嬛山館輯　清同治六年(1867)刻本　二冊　存八種

610000－4001－0000003　A0/05
五經類編二十八卷　(清)周世璋輯　清刻本　八冊　存二十卷(五至十、十三至二十、二十三至二十八)

610000－4001－0000004　A1/01
新鐫增註周易備旨一見能解四卷　(明)黃淳耀原本　(清)嚴而寬補　清末慎遠堂刻本　二冊　存三卷(二至四)

610000－4001－0000005　A1/02
周易四卷　(宋)朱熹註　清同治十年(1871)刻本　二冊

610000－4001－0000006　A1/03
御纂周易折中二十二卷首一卷　(清)李光地等纂　清刻本　六冊　存十二卷(十一至二十二)

610000－4001－0000007　A1/04
來瞿唐先生易註十五卷首一卷末一卷圖像一卷　(明)來知德注　清嘉慶十四年(1809)刻本　十冊　存十七卷(一至十五、首一卷、圖像一卷)

610000－4001－0000008　A1/05
易經體註大全合參四卷　(宋)朱熹本義　(清)范翔鑑　(清)李兆賢輯著　清末學源堂刻本　三冊

610000－4001－0000009　A1/06
周易精義四卷首一卷　(清)黃淦纂　清嘉慶十五年(1810)尊德堂刻本　二冊

610000－4001－0000010　A1/08
易傳燈四卷　(宋)徐總幹撰　(清)李調元校定　清刻本　一冊

610000－4001－0000011　A1/09
新鐫增補周易備旨一見能解六卷　(明)黃淳耀原本　(清)嚴而寬增補　清末致和堂刻本　二冊　存二卷(五至六)

610000－4001－0000012　A2/02
寄傲山房塾課纂輯書經備旨蔡註捷錄七卷　(清)鄒聖脈纂輯　(清)鄒廷猷編次　清末芸生堂刻本　二冊

610000－4001－0000013　A2/01
書經體註大全合參六卷　(清)范翔鑒定　(清)張聖度訂　(清)錢希祥參　清末桂林堂刻本　三冊　存四卷(一、四至六)

610000－4001－0000014　A2/03
欽定書經傳說彙纂二十一卷首二卷書序一卷　(清)王頊齡撰　(清)張廷玉等編　清雍正八年(1730)刻本　八冊　存二十卷(三至七、十至二十一,首二卷,書序一卷)

610000－4001－0000015　A2/03－2
欽定書經傳說彙纂二十一卷首二卷書序一卷　(清)王頊齡撰　(清)張廷玉編　清刻本　三冊　存三卷(二、八至九)

610000－4001－0000016　A2/04
黃翰林校正書經大全十卷書經考異一卷　(宋)黃際飛校訂　清康熙五十年(1711)郁郁堂刻本　十冊

610000－4001－0000017　A2/05
書經體註大全合參六卷　(清)范翔鑒定　(清)張聖度訂　(清)錢希祥參　(清)蔡沈集傳　清聚魁堂、文林堂刻本　四冊

610000－4001－0000018　A2/06
書經精義四卷首一卷末一卷　(清)黃淦纂　清嘉慶十五年(1810)尊德堂刻本　一冊

610000－4001－0000019　A2/07
鄭氏古文尚書十卷　(宋)王應麟撰集　(清)李調元撰按　清刻本　一冊　存九卷(二至十)

610000－4001－0000020　A3/01
詩經原始十八卷首二卷　(清)方玉潤撰　清刻本　九册　存九卷(九至十一、十三至十八)

610000－4001－0000021　A3/02
詩經精義三卷首一卷　(清)黄淦纂　清嘉慶刻本　一册

610000－4001－0000022　A3/03
詩經八卷首一卷詩序一卷詩集傳考異一卷　(宋)朱熹集傳　清光緒十三年(1887)傳經堂刻本　四册

610000－4001－0000023　A3/04
仇滄柱先生增補詩經備旨十二卷　(清)祁文友　(清)尹源進增定　清康熙衣德堂刻本　八册

610000－4001－0000024　A3/05
[周禮撮要]不分卷　(清)潘湘撰　清抄本　一册

610000－4001－0000025　A3/06
詩序便讀一卷　(清)柳大任輯　清光緒二十四年(1898)李輔罡抄本　一册

610000－4001－0000026　A3/07
詩緝三十六卷　(宋)嚴粲述　明抄元勤有書堂本　一册　存四卷(一至四)

610000－4001－0000027　A3/08
御纂詩義折中二十卷　(清)傅恒等撰　清經元堂刻本　十册

610000－4001－0000028　A3/09
詩經原始十八卷首二卷　(清)方玉潤撰　清光緒元年(1875)隴東衙署刻鴻濛室叢書本　四册　存八卷(五至六、十一至十六)

610000－4001－0000029　A3/10
齊魯韓三家詩釋五卷　(清)朱士端著　清道光抄本　四册

610000－4001－0000030　A3/10－2
齊魯韓三家詩釋五卷　(清)朱士端著　清道光抄本　一册　存一卷(一)

610000－4001－0000031　A3/10－3
齊魯韓三家詩釋五卷　(清)朱士端著　清道光抄本　四册

610000－4001－0000032　A3/10－4
齊魯韓三家詩釋五卷　(清)朱士端著　清道光抄本　四册

610000－4001－0000033　A3/11
御纂詩義折中二十卷　(清)傅恒等撰　清嘉慶刻本　十一册　存十八卷(三至二十)

610000－4001－0000034　A41/02
周官註釋十二卷　(清)鮑梁纂輯　清嘉慶十六年(1811)文賢堂刻本　二册

610000－4001－0000035　A41/04
周官精義十二卷　(清)連斗山編次　清嘉慶二年(1797)刻本　八册

610000－4001－0000036　A41/05
宋葉文康公禮經會元節本四卷　(清)陸龍其點定　(清)許元淮節錄　清嘉慶五年(1800)瘦竹山房刻本　四册

610000－4001－0000037　A42/02
儀禮約編二卷　(清)汪基纂鈔　(清)江永較纂　清光緒三十二年(1906)陝西學務公所鉛印本　一册

610000－4001－0000038　A43/02
漱芳軒合纂禮記體註四卷　(清)范翔參訂　(清)朱光斗　(清)吳有文校　清刻本　四册

610000－4001－0000039　A43/03
漱芳軒合纂禮記體註四卷　(清)范翔參訂　(清)朱光斗　(清)吳有文校　清光緒元年(1875)刻本　一册

610000－4001－0000040　A43/04
禮記大全傳本三卷　(清)胡瑤光輯　清末聚魁堂刻本　二册　存二卷(一、三)

610000－4001－0000041　A43/05
禮記旁訓辨體合訂六卷　(清)徐立綱輯　清嘉慶十三年(1808)敷文閣刻本　六册

610000－4001－0000042　A50/01

春秋精義四卷首一卷 (清)黄淦纂 清嘉慶十五年(1810)尊德堂刻本 一册

610000-4001-0000043 A50/02

春秋三傳十六卷首一卷 (晉)杜預注 清同治十年(1871)刻本 一册 存一卷(首一卷)

610000-4001-0000044 A50/03

春秋三傳揭要六卷首一卷 (□)□□撰 清末刻本 二册

610000-4001-0000045 A50/05

左繡三十卷首一卷 (清)馮李驊 (清)陸浩評輯 清刻本 十五册 存二十九卷(一至三、六至三十,首一卷)

610000-4001-0000046 A50/06

春秋滙四卷 (□)□□撰 清末刻本 二册

610000-4001-0000047 A50/07

春秋擬題集傳二卷 (清)研經堂主人撰 清光緒元年(1875)研經堂刻本 二册

610000-4001-0000048 A50/08

春秋左傳五十卷 (晉)杜預 (宋)林堯叟註釋 (唐)陸德明音義 (明)鍾惺等批點 清光緒元年(1875)刻本 二册

610000-4001-0000049 A51/01

批點春秋左傳綱目句解彙雋六卷 (清)韓菼撰 清刻本 五册 存五卷(二至六)

610000-4001-0000050 A51/02

左傳易讀六卷 (清)司徒修輯註 清咸豐六年(1856)西安藩署刻本 六册

610000-4001-0000051 A51/03

左傳易讀六卷 (清)司徒修輯註 清咸豐六年(1856)刻本 五册 存五卷(一至三、五至六)

610000-4001-0000052 A51/03-2

增補左傳易讀六卷 (清)司徒修輯 清刻本 一册 存一卷(四)

610000-4001-0000053 A51/05

東萊博議四卷 (宋)呂祖謙撰 清光緒崇明馮泰松刻本 二册 存二卷(三至四)

610000-4001-0000054 A51/06

增補東萊博議二十五卷 (宋)呂祖謙撰 **增補東萊博議虚字註釋六卷** (清)張文炳點定 清光緒二十四年(1898)上海書局石印本 一册

610000-4001-0000055 A51/07

左傳翼十八卷 (清)張葯齋鑒定 (清)周大璋輯評 清遂初堂刻本 一册 存二卷(十一至十二)

610000-4001-0000056 A52/01

公羊穀梁春秋合編附註疏纂十二卷 (漢)何休學 (晉)范甯集解 (唐)楊士勛疏 (明)朱泰禎纂述 清敬書堂刻本 六册

610000-4001-0000057 A52/02

春秋公羊傳十二卷 (明)閔齊伋裁注 **攷一卷** (明)閔齊伋學 明天啟元年(1621)閔齊伋刻朱墨印本 四册

610000-4001-0000058 A6/01

御註孝經不分卷 (清)世祖福臨註 清咸豐八年(1858)西安義興堂書坊刻本 一册

610000-4001-0000059 A6/02

孝經朱子刊誤不分卷 (宋)朱熹撰 清傳經堂刻本 一册

610000-4001-0000060 A70/03

四書大註滙叅合講題鏡合纂七卷 (清)□□撰 清刻本 八册 存六卷(一、三至七)

610000-4001-0000061 A70/04

四書題鏡不分卷 (清)汪鯉翔纂述 (清)汪皓崧等校 清嘉慶九年(1804)致和堂刻本 四册

610000-4001-0000062 A70/05

四書典制類聯音註三十三卷 (清)閻其淵編輯 清刻本 五册 存十卷(十九至二十四、二十七至三十)

610000-4001-0000063 A70/05-2

四書典制類聯音註三十三卷 (清)方春池鑒定 (清)閻其淵編輯 清嘉慶元年(1796)蕭

山縣署刻本　二冊　存六卷(一至三、十四至十六)

610000－4001－0000064　A70/08

四書考二十八卷四書考異一卷　(明)陳仁錫增訂　明崇禎七年(1634)刻本　二冊　存三卷(六至八)

610000－4001－0000065　A70/09

四書人物類典串珠四十卷首一卷　(清)臧志仁編輯　(清)楊春浦采補　清嘉慶十八年(1813)刻本　五冊　存十九卷(一至十八、首一卷)

610000－4001－0000066　A70/10

增補四書精繡圖像人物備考十二卷　(明)薛應旗彙輯　(明)陳仁錫增定　清嘉慶三年(1798)致和堂刻本　八冊

610000－4001－0000067　A70/11

四書典故快觀二卷　(清)呂麗明　(清)鈕谷芳纂　清經緯堂刻本　一冊

610000－4001－0000068　A70/12

四書人物類典串珠四十卷　(清)臧志仁編輯　清刻本　四冊　存二十卷(十八至二十四、二十八至四十)

610000－4001－0000069　A70/13

四書翼註論文□□卷　(清)張甄陶撰　清末刻本　五冊

610000－4001－0000070　A70/14

孟子要略五卷　(宋)朱熹原編　(清)曾國藩重編　清光緒十年(1884)三原劉氏傳經堂刻本　一冊

610000－4001－0000071　A70/15

四書闡註十九卷　(宋)朱熹集註　(清)張大中鑒定　(清)蒲泰輯　清乾隆六十年(1795)登雲堂刻本(孟子卷四至七補配清刻本)　六冊

610000－4001－0000072　A70/16

四書本註擇粹十八卷　(宋)朱熹集註　(清)勞潼輯　清刻本　四冊　存七卷(大學一、中庸一、論語六至七、孟子四至六)

610000－4001－0000073　A70/17

四書述要十九卷　(清)張尹鑒定　(清)楊玉緒著　清永順堂刻本　六冊

610000－4001－0000074　A70/18

四書讀本十九卷　(宋)朱熹章句　清光緒二十年(1894)味經刊書處刻本　一冊　存二卷(大學一、中庸一)

610000－4001－0000075　A70/19

正蒙四書十九卷　(宋)朱熹集註　清嘉慶十五年(1810)湘門劉式潤寫刻本　六冊

610000－4001－0000076　A70/20

復齋錄六卷　(清)王建常著　(清)賀瑞麟校　(清)劉質慧栞　清光緒元年(1875)述荊堂刻本　二冊

610000－4001－0000077　A70/21

學源堂四書體註合講十九卷　(宋)朱熹集註　(清)翁復編次　(清)詹文煥參定　清刻本　六冊

610000－4001－0000078　A70/22

三讓堂四書遵註合講十九卷　(清)翁復編次　(清)詹文煥參定　清嘉慶三讓堂刻本　六冊

610000－4001－0000079　A71/01

論語精要□□卷　(□)□□撰　清嘉慶衣德堂刻本　一冊　存一卷(七)

610000－4001－0000080　A71/02

論語集註本義匯參二十卷首一卷　(清)王步青輯　(清)王士鼇編　清敦復堂刻本　六冊

610000－4001－0000081　A71/03

二論詳解四卷　(清)劉忠輯　清鴻德堂刻本　一冊　存一卷(三)

610000－4001－0000082　A71/03－2

增訂二論詳解四卷　(清)劉忠輯　清鴻德堂刻本　一冊　存一卷(四)

610000－4001－0000083　A71/03－3

增訂二論詳解四卷　(清)劉忠輯　清末上海

文盛書局石印本　一冊　存二卷(一至二)

610000－4001－0000084　A72/01

孟子集註本義滙条十四卷首一卷　(清)王步青輯　(清)王士鼇編　清敦復堂刻本　七冊

610000－4001－0000085　A73/01

大學章句本義匯条三卷首一卷　(清)王步青輯　(清)王士鼇編　清敦復堂刻本　二冊

610000－4001－0000086　A73/02

大學直解二卷　(清)王建常著　清三原劉氏傳經堂刻本　一冊

610000－4001－0000087　A74/01

四書疏註撮言大全三十七卷　(宋)朱熹章句　(清)紀昀鑒定　(清)胡蓉芝輯　清刻本　一冊　存一卷(中庸二)

610000－4001－0000088　A74/02

中庸大全或問不分卷　(□)□□撰　清刻本　一冊

610000－4001－0000089　A74/03

中庸章句本義匯条六卷首一卷　(清)王步青輯　(清)王士鼇編　清敦復堂刻本　四冊

610000－4001－0000090　A8/01

讀書續録十二卷　(明)薛瑄撰　(清)柏森校刊　清光緒二十年(1894)柏經正堂刻本　二冊

610000－4001－0000091　A8/02

呂子呻吟語節鈔不分卷　(明)呂坤著　清抄本　一冊

610000－4001－0000092　A8/04

詩經會旨不分卷　(明)李若愚著　清刻本　一冊

610000－4001－0000093　A8/05

策學備纂三十二卷首一卷　(清)吳熲炎等纂輯　清光緒十三年(1887)上海點石齋石印本　一冊　存一卷(十二)

610000－4001－0000094　A9/01

初等小學國文教授書不分卷　(□)□□撰　清光緒三十三年至三十四年(1907－1908)陝西學務公所鉛印本　四冊

610000－4001－0000095　A9/03

小學句讀記六卷　(明)陳選點　(清)王建常記　清同治三原劉氏傳經堂刻本　一冊　存一卷(一)

610000－4001－0000096　A9/04

小學六卷　(清)高愈纂註　清錦江書院刻本　四冊

610000－4001－0000097　A9/05

[弟子規一卷學則一卷蒙童須知一卷訓子帖一卷訓蒙詩一卷字訓一卷]　(清)李毓秀等撰　清刻本　一冊

610000－4001－0000098　A9/06

小學韻語不分卷　(清)羅澤南著　(清)竇應昌校正　(清)周鐸振周彝秉重刊　清光緒三十年(1904)鳳翔周正誼堂刻本　一冊

610000－4001－0000099　A9/07

張約齋先生教小兒先入言一卷　(宋)張約齋撰　(清)趙金璽書　清咸豐四年(1854)汧邑三益堂刻本　一冊

610000－4001－0000100　A9/09

搭題芝蘭不分卷　(清)史鑑輯　清道光三十年(1850)忠心堂刻本　一冊

610000－4001－0000101　A9/10

三字經註解備要二卷　(宋)王應麟著　(清)賀興思註解　清同治三年(1864)京都刻本　二冊

610000－4001－0000102　A91/01

朱子家訓衍義不分卷　(清)朱鳳鳴註　清道光二十九年(1849)蔭福堂刻本　一冊

610000－4001－0000103　A91/02

百家姓考略不分卷　(清)王相撰　清崇順堂刻本　一冊

610000－4001－0000104　A91/03

繪圖五千字文不分卷　(清)宋鶴齡增補　清末萃文齋書莊石印本　一冊

610000－4001－0000105　A92/01

校增字學舉隅不分卷　(清)龍啟瑞撰　清同治十三年(1874)西安藩署刻本　一册

610000－4001－0000106　A92/03
周易書經集字一卷　(□)□□撰　清末刻本　一册

610000－4001－0000107　A92/04
字彙十二卷首一卷末一卷　(明)梅膺祚音釋　清道光二年(1822)刻本　十四册　存十二卷(字彙十二卷)

610000－4001－0000108　A92/05
澄衷蒙學堂字課圖說四卷　(清)劉樹屏編　清光緒石印本　三册　存二卷(二至三)

610000－4001－0000109　A92/07
六書通十卷　(清)畢弘述篆訂　清光緒二十一年(1895)上海鴻寶齋石印本　四册　存八卷(一至四、七至十)

610000－4001－0000110　A92/08
復古編二卷校正一卷附錄一卷曾樂軒稿一卷安陸集一卷　(宋)張有撰　清光緒八年(1882)揚州淮南書局刻本　三册

610000－4001－0000111　A92/09
康熙字典十二集總目一卷檢字一卷辨似一卷等韻一卷備考一卷補遺一卷　(清)張玉書等奉敕撰　清光緒十八年(1892)上海凌雲閣石印本　五册　存十五卷(子至戌、總目一卷、檢字一卷、辨似一卷、等韻一卷)

610000－4001－0000112　A92/11
康熙字典十二集檢字一卷辨似一卷總目一卷等韻一卷備考一卷補遺一卷　(清)張玉書等奉敕撰　清康熙刻本　十五册　存五卷(卯至辰、未、戌至亥)

610000－4001－0000113　A92/12
隸辨八卷　(清)顧藹吉撰　清同治十二年(1873)漁古山房刻本　八册

610000－4001－0000114　A93/01
蕭選韻系二卷　(清)李麟閣編輯　清光緒十年(1884)上海同文書局石印本　二册

610000－4001－0000115　B12/01
鼎鍥趙田了凡袁先生編纂古本歷史大方綱鑑補三十九卷首一卷　(明)袁黄編纂　明萬曆建陽余象斗刻本　一册　存二卷(二十九至三十)

610000－4001－0000116　B12/03
廿二史劄記三十六卷補遺一卷　(清)趙翼撰　清同治刻本　十六册

610000－4001－0000117　B12/04
史腴二卷　(清)周金壇纂輯　(清)金弼大校訂　清嘉慶刻本　一册

610000－4001－0000118　B12/06
史記一百三十卷首一卷　(漢)司馬遷撰　(明)徐孚遠　(明)陳子龍測議　清初刻本　二十九册　存一百二十一卷(一至八、十三至七十三、八十至一百三十,首一卷)

610000－4001－0000119　B12/07
綱鑑總論二卷　(清)顧祖禹撰　清末石印本　一册　存一卷(二)

610000－4001－0000120　B12/08
四字鑑略一卷　(□)□□撰　清光緒三十年(1904)富春堂刻本　一册

610000－4001－0000121　B12/09
史記一百三十卷首一卷　(漢)司馬遷撰　(明)徐孚遠　(明)陳子龍測議　明末刻本(卷四十一配清鈔本、卷四十二配清刻本)　三十二册　存一百二十七卷(一至三十一、三十五至一百三十)

610000－4001－0000122　B13/04
五代史七十四卷　(宋)歐陽修撰　(宋)徐無黨注　清光緒十七年(1891)陝甘味經書院刻本(卷六十八配清抄本)　九册　存六十六卷(一至四十二、五十一至七十四)

610000－4001－0000123　B13/05
後漢書一百二十卷　(南朝宋)范曄撰　(唐)李賢注　清同治十年(1871)成都書局刻本　二十一册　存九十卷(一、六至九、十八至二十四、三十一至四十二、四十七至八十四、八

十九至一百五、一百十至一百二十)

610000－4001－0000124　B13/06
五代史七十四卷　(宋)歐陽修撰　(明)敖文貞　(明)黄汝良等校刊　明萬曆二十八年(1600)國子監黄汝良刻本　九册　存六十六卷(一至六十六)

610000－4001－0000125　B21/01
重訂王鳳洲先生綱鑑會纂四十六卷　(明)王世貞纂　(明)陳仁錫訂　清大道堂刻本　二十五册　存三十八卷(一至十五、十七至二十、二十三至二十六、二十九至三十三、三十六至四十五)

610000－4001－0000126　B21/02
司馬溫公稽古録二十卷　(宋)司馬光撰　清同治十一年(1872)湖北崇文書局刻本　四册

610000－4001－0000127　B22/01
御批歷代通鑑輯覽一百二十卷　(清)傅恒等纂　清光緒二十五年(1899)新化三味堂刻本　四十五册　存九十卷(一至十六、二十一至五十八、六十一至八十四、九十七至一百八)

610000－4001－0000128　B22/01－2
御批歷代通鑑輯覽一百二十卷　(清)傅恒等纂　清刻本　八册　存十七卷(十七至十九、六十至六十一、八十四至八十九、九十八至九十九、一百十至一百十一、一百十四至一百十五)

610000－4001－0000129　B22/01－3
御批歷代通鑑輯覽一百二十卷　(清)傅恒等纂　清末石印本　五册　存三十卷(十五至二十一、五十八至六十二、八十四至九十五、一百七至一百十二)

610000－4001－0000130　B22/04
讀史兵略十二卷　(清)胡林翼纂　清光緒二十七年(1901)上海富文書局石印本　八册

610000－4001－0000131　B22/06
史鑑節要七卷　(清)鮑東里著　清末普新書局石印本　一册

610000－4001－0000132　B22/07
增補綱鑑輯要四十卷首一卷　(明)袁黄編纂　清光緒十三年(1887)玉尺山房刻本　六册　存九卷(一至六、十至十一,首一卷)

610000－4001－0000133　B22/12
韻史二卷　(清)許遯翁著　清光緒上海同文書局石印本　二册

610000－4001－0000134　B22/13
資治通鑑綱目五十九卷首一卷　(宋)朱熹撰　清光緒二年(1876)述荊堂刻本　三十册

610000－4001－0000135　B22/13－2
資治通鑑綱目五十九卷首一卷　(宋)朱熹撰　清光緒二年(1876)述荊堂刻本　一册　存二卷(三十四至三十五)

610000－4001－0000136　B22/15
御批增補了凡綱鑑四十卷首一卷　(明)袁黄編纂　清光緒二十七年(1901)上海經藝齋石印本　十册

610000－4001－0000137　B22/15－2
御撰資治通鑑綱目三編六卷　(清)張廷玉撰　清光緒二十七年(1901)上海經藝齋石印本　二册

610000－4001－0000138　B22/17
綱鑑擇語十卷　(清)司徒修輯　清刻本　一册　存一卷(二)

610000－4001－0000139　B23/01
重訂王鳳洲先生會纂綱鑑二十三卷　(明)王世貞纂　清刻本　八册　存十六卷(八至二十三)

610000－4001－0000140　B23/02
御撰資治通鑑綱目三編二十卷　(清)張廷玉撰　清刻本　五册　存十八卷(一至三、六至二十)

610000－4001－0000141　B23/02－2
御撰資治通鑑綱目三編六卷　(清)張廷玉撰　清末上海富強齋石印本　二册

610000－4001－0000142　B23/03

南史八十卷　(唐)李延壽撰　明萬曆十六年至十九年(1588－1591)南京國子監刻明清遞修本　八冊　存三十卷(四十七至六十五、七十至八十)

610000－4001－0000143　B23/04
皇朝政典挈要八卷　(日本)增田貢著　(清)毛淦補編　清光緒二十八年(1902)香港書局石印本　四冊

610000－4001－0000144　B31/01
戰國策十卷　(宋)鮑彪校註　(元)吳師道重校　清刻本　一冊　存一卷(七)

610000－4001－0000145　B31/02
聖武記十四卷　(清)魏源譔　清刻本　四冊　存八卷(七至十四)

610000－4001－0000146　B33/01
光緒壬寅小史一卷　(清)歛之英記　清光緒二十八年(1902)刻本　一冊

610000－4001－0000147　B33/01－2
癸卯中國新史一卷　(清)□□撰　清光緒二十九年(1903)成都圖書局刻本　一冊

610000－4001－0000148　B33/01－3
癸卯日本新史一卷　(清)□□撰　清光緒二十九年(1903)成都圖書局刻本　一冊

610000－4001－0000149　B33/01－4
癸卯西洋新史一卷　(清)□□撰　清光緒二十九年(1903)成都圖書局刻本　一冊

610000－4001－0000150　B33/01－5
西史一卷　(清)□□撰　清光緒傅氏圖書局刻本　一冊

610000－4001－0000151　B33/02
秘書廿一種　(清)汪士漢輯　清道光文盛堂刻本　十六冊

610000－4001－0000152　B33/04
唐史論斷三卷　(宋)孫甫撰　**東坡烏臺詩案一卷**　(宋)朋九萬撰　清光緒刻函海本　一冊　存二卷(唐史論斷三、東坡烏臺詩案一卷)

610000－4001－0000153　B33/05
幸存錄二卷　(明)夏允彝述　清嘉慶刻本　一冊　存一卷(二)

610000－4001－0000154　B33/06
烈皇小識八卷　(明)文秉輯撰　清刻明季稗史彙編本　一冊　存一卷(三)

610000－4001－0000155　B33/09
十朝東華錄五百二十五卷同治東華續錄一百卷　王先謙編　清光緒二十五年(1899)石印本　八十冊　存五百六十卷(天命一至四,天聰一至十一,順治十二至三十六,康熙十五至一百十,乾隆一至一百七、一百十四至一百二十,嘉慶一至五十,道光一至六十,咸豐一至一百,同治一至一百)

610000－4001－0000156　B33/12
廿一史彈詞註十卷　(明)楊慎編著　(清)張三異增定　(清)張仲璜註　清富平楊浚刻本　六冊　存九卷(一至二、四至十)

610000－4001－0000157　B33/13
明紀彈詞註二卷類聚數考一卷　(清)張三異著　(清)張仲璜註　清富平楊浚刻本　三冊

610000－4001－0000158　B33/16
事物原會四十卷　(清)汪汲撰　清古愚山房刻本　三冊　存八卷(一至五、三十八至四十)

610000－4001－0000159　B33/17
均藻四卷譚苑醍醐三卷　(明)楊慎撰　(清)李調元校定　清乾隆刻本　一冊　存四卷(均藻四、譚苑醍醐三卷)

610000－4001－0000160　B35/01
萬國史記二十卷　(日本)岡本監輔著　清末鉛印本　五冊　存十三卷(八至二十)

610000－4001－0000161　B35/03
外國龍文鞭影初集不分卷　(清)史雲書編　清光緒三十一年(1905)上海彪蒙書室石印本　一冊

610000－4001－0000162　B40/02

文廟通考六卷首一卷　(清)牛樹梅輯　清光緒十四年(1888)岐山學署刻栽培堂印本　四册

610000－4001－0000163　B40/03
新刊古列女傳八卷　(漢)劉向撰　(晉)顧愷之繪　清道光五年(1825)揚州阮福影宋刻本　二册　存四卷(五至八)

610000－4001－0000164　B40/04
國朝先正事略正編八卷續編四卷　(清)李元度纂　清末石印本　二册　存二卷(正編四、八)

610000－4001－0000165　B40/05
國朝先正事略六十卷首一卷　(清)李元度纂　(清)許時庚重校　清光緒十五年(1889)上海廣百宋齋鉛印本　十册

610000－4001－0000166　B40/06
中興名臣事略八卷　(清)朱孔彰譔　清光緒二十四年(1898)上海書局石印本　一册

610000－4001－0000167　B40/08
歷代畫史彙傳七十二卷首一卷附錄二卷　(清)彭蘊璨撰　(清)邱步洲輯　清同治十三年(1874)畊餘堂邱氏刻本　六册　存十五卷(一至十四、首一卷)

610000－4001－0000168　B41/01
李鴻章十二章　梁啟超撰　清末石印本　一册

610000－4001－0000169　B42/01
徵君孫先生[奇逢]年譜二卷　(清)趙御衆等編次　(清)方苞訂正　清刻本　一册

610000－4001－0000170　B42/02
建文年譜四卷　(清)趙士喆纂修　清味塵軒木活字印本　一册　存一卷(三)

610000－4001－0000171　B51/01
通鑑擇語不分卷　(□)抱殘齋主人選　清抄本　一册

610000－4001－0000172　B53/02
歷代名臣言行錄二十四卷　(清)朱桓編輯　(清)潘永季校定　清光緒二十八年(1902)秦中官書局石印本　六册　存十八卷(一至三、七至十、十四至二十四)

610000－4001－0000173　B53/02－2
歷代名臣言行錄二十四卷　(清)朱桓編輯　(清)潘永季校定　清光緒石印本　三册　存十二卷(八至十一上、十六下至二十上、二十二下至二十四)

610000－4001－0000174　B53/03
唐宋三十六家名賢史論八卷　湯壽潛撰　清光緒二十八年(1902)龢記書莊石印本　六册　存六卷(一、三、五至八)

610000－4001－0000175　B6/02
入幕須知五種附一種　(清)張廷驤輯　清光緒十一年(1885)刻本　六册

610000－4001－0000176　B6/03
欽定學政全書八十卷　(清)素爾訥等纂修　清乾隆刻本　十二册

610000－4001－0000177　B61/01
欽定中樞政考三十一卷　(清)鄂爾泰撰　(清)花善等纂修　清乾隆刻本　八册　存十五卷(一至十五)

610000－4001－0000178　B61/02
文獻通考三百四十八卷欽定通考考證三卷　(元)馬端臨著　清光緒二十八年(1902)上海鴻寶書局石印本　三十二册

610000－4001－0000179　B61/03
文獻通考三百四十八卷　(元)馬端臨著　清刻本　六册　存十八卷(二百六十至二百七十七)

610000－4001－0000180　B62/01
欽定吏部處分則例五十二卷　(清)吏部編　清道光刻本　二十册

610000－4001－0000181　B64/02
陝西省民總賦役全書□□卷　清道光二十四年(1844)刻本　九十四册　存九十四卷(一至九十四)

610000－4001－0000182　B64/02－2

陝西省屯衛總賦役全書□□卷　清道光二十四年(1844)刻本　六十九册　存六十九卷(一至六十九)

610000－4001－0000183　B64/02－3

陝西省更名總賦役全書□□卷　清道光二十四年(1844)刻本　三十二册　存三十二卷(一至三十二)

610000－4001－0000184　B67/01

資治新書二集二十卷　(清)李漁輯　(清)沈心友訂　清光緒二十年(1894)上海圖書集成印書局鉛印本　五册　存十三卷(一至七、十一至十四、十七至十八)

610000－4001－0000185　B67/01－2

資治新書二集二十卷　(明)李漁輯　(清)沈心友訂　清刻本　二册　存二卷(十九至二十)

610000－4001－0000186　B67/02

昭代名人論策讀本十三卷　(清)王長纂集　清光緒二十八年(1902)袁氏傳經塾石印本　五册　存六卷(一、三、七、十一至十三)

610000－4001－0000187　B67/03

欽頒州縣事宜一卷　(清)田文鏡撰　**牧民忠告二卷**　(元)張養浩著　清光緒二十二年(1896)上海圖書集成印書局石印本　一册

610000－4001－0000188　B67/05

欽定戶部軍需則例九卷續纂一卷兵部軍需則例五卷工部軍需則例一卷　(清)阿桂等纂修　清乾隆刻本　四册

610000－4001－0000189　B67/06

歷代名臣奏議三百十九卷目録一卷　(明)張溥删正　明崇禎八年(1635)刻本　八册　存二十七卷(八十三至一百六、一百八至一百十)

610000－4001－0000190　B67/07

大清律例通纂四十卷督捕則例附纂二卷　(清)胡肇楷　(清)周孟隣纂　清嘉慶十一年(1806)刻本　十二册　存二十一卷(一、四至九、二十七至二十八、三十一至四十,附纂二卷)

610000－4001－0000191　B67/08

大清律例集解四十卷末一卷督捕則例附纂二卷　(清)沈之奇原註　(清)姚潤纂輯　清道光刻本　二十一册　存三十二卷(一至四、六至九、十三至十八、二十至二十七、三十一至三十二、三十五至三十六、三十八至四十,末一卷,附纂二卷)

610000－4001－0000192　B67/09

刑案匯覽六十卷首一卷末一卷拾遺備考一卷　(清)鮑書芸參訂　(清)祝慶祺編次　清刻本　五册　存五卷(十五至十六、四十、四十六、五十)

610000－4001－0000193　B67/10

大清律例按語七十二卷　(清)刑部輯　清道光二十七年(1847)崇綸活字印本　七十二册

610000－4001－0000194　B67/11

大清律例集解四十卷末一卷督捕則例附纂二卷　(清)沈之奇原註　(清)姚潤纂輯　(清)胡熈　(清)周廷杰增輯　清道光七年(1827)三餘堂書坊刻本　二十四册

610000－4001－0000195　B67/12

刑案匯覽六十卷首一卷末一卷拾遺備考一卷續增刑案匯覽十六卷　(清)鮑書芸參訂　(清)祝慶祺編次　清道光二十九年(1849)味塵軒木活字印本　五十二册　存五十二卷(二至三十、三十九至四十六,首一卷,續增四至十六)

610000－4001－0000196　B69/01

湘軍記二十卷　(清)王定安撰　清光緒十五年(1889)江南書局刻本　八册

610000－4001－0000197　B69/02

紀效新書十八卷首一卷　(明)戚繼光撰　清嘉慶二十四年(1819)吳之勷刻本　二册　存六卷(一、十三至十六,首一卷)

610000－4001－0000198　B69/03

練兵實紀九卷雜集六卷　(明)戚繼光撰　清

嘉慶二十四年(1819)吴之勷刻本　一册　存一卷(一)

610000－4001－0000199　B69/04
新刻法筆驚天雷八卷　(□)□□撰　清光緒六年(1880)永順堂刻本　一册

610000－4001－0000200　B71/01
迴瀾紀要二卷　(清)徐端撰　清豫省聚文齋朱承刻本　一册

610000－4001－0000201　B71/02
西學大成十二編五十六種　(清)王西清輯　清光緒二十一年(1895)石印本　五册　存十七種

610000－4001－0000202　B8/02
步天歌一卷括地畧一卷讀史論略一卷　(□)□□撰　清刻本　一册

610000－4001－0000203　B8/04
讀史方輿紀要一百三十卷輿圖要覽四卷　(清)顧祖禹輯著　(清)彭元瑞校定　清光緒二十五年(1899)愼記書莊石印本　三十二册

610000－4001－0000204　B8/05
天下郡國利病書一百二十卷　(清)顧炎武輯　(清)龍萬育訂　清末愼記書莊石印本　二十四册

610000－4001－0000205　B81/01
皇清經解一千四百八卷　(清)阮元輯　清學海堂刻本　一册　存二卷(三十三至三十四)

610000－4001－0000206　B81/04
廣輿記二十四卷　(清)蔡方炳增輯　清刻本　十六册

610000－4001－0000207　B82/01
[雍正]陝西通志一百卷首一卷　(清)劉於義修　(清)沈青崖纂　清雍正十三年(1735)刻本　一百册

610000－4001－0000208　B82/01－2
[雍正]陝西通志一百卷首一卷　(清)劉於義修　(清)沈青崖纂　清雍正十三年(1735)刻本　十册　存十卷(五十一至六十)

610000－4001－0000209　B82/05
[光緒]岐山縣志八卷　(清)胡昇猷修　(清)張殿元纂　清光緒十年(1884)刻本　三册　存七卷(一至七)

610000－4001－0000210　B82/05－2
[光緒]岐山縣志八卷　(清)胡昇猷修　(清)張殿元纂　清光緒十年(1884)刻本　一册　存三卷(一至三)

610000－4001－0000211　B82/05－3
[光緒]岐山縣志八卷　(清)胡昇猷修　(清)張殿元纂　清光緒十年(1884)刻本　四册

610000－4001－0000212　B82/11
[宣統]鄠縣志十八卷首一卷　(清)李帶雙原本　(清)沈錫榮增補　清宣統二年(1910)陝西圖書館鉛印本　四册

610000－4001－0000213　B82/12
[光緒]同州府續志十六卷首一卷　(清)饒應祺修　(清)馬先登　(清)王守恭纂　清光緒七年(1881)刻本　六册

610000－4001－0000214　B82/13
[咸豐]同州府志三十四卷首二卷　(清)李恩繼　(清)文廉修　(清)蔣湘南纂　清光緒七年(1881)刻本　二册　存七卷(十九至二十五)

610000－4001－0000215　B82/16
[嘉慶]扶風縣志十八卷首一卷　(清)宋世犖修　(清)吴鵬翱　(清)王樹棠纂　清嘉慶二十四年(1819)刻本　二册　存十卷(一至五、十一至十四,首一卷)

610000－4001－0000216　B82/17
[道光]安定縣志八卷首一卷　(清)姚國齡修　(清)米毓璋纂　清道光二十六年(1846)刻本　四册

610000－4001－0000217　B82/18
[光緒]麟遊縣新志草十卷首一卷　(清)彭洵纂修　清光緒九年(1883)刻本　一册　存二卷(九至十)

610000－4001－0000218　B82/19
［乾隆］鄠縣新志六卷　（清）汪以誠修（清）孫景烈纂　清乾隆四十二年（1777）刻本　一冊　存一卷（六）

610000－4001－0000219　B82/20
［乾隆］咸陽縣志二十二卷首一卷　（清）臧應桐纂修　清乾隆十六年（1751）刻本　一冊　存五卷（一至四、首一卷）

610000－4001－0000220　B82/22
漆沮通考一卷附錄一卷　（清）鄭士範著（清）周鼎銘校刊　清光緒二十一年（1895）周正誼堂刻本　一冊

610000－4001－0000221　B82/23
［光緒］三原縣新志八卷　（清）焦雲龍修（清）賀瑞麟纂　清光緒六年（1880）刻本　三冊

610000－4001－0000222　B82/24
［乾隆］隴州續志八卷首一卷末一卷　（清）吳炳纂修　清乾隆三十一年（1766）刻本　四冊

610000－4001－0000223　B82/25
［乾隆］蒲城縣志十五卷　（清）張心鏡修（清）吳泰來纂　清乾隆四十七年（1782）刻本　六冊

610000－4001－0000224　B82/26
［乾隆］寶雞縣志十六卷　（清）鄧夢琴修（清）董詔纂　清乾隆五十年（1785）刻本　四冊

610000－4001－0000225　B82/28
［乾隆］鳳翔縣志八卷首一卷　（清）羅鰲修（清）周方炯　（清）劉震纂　清乾隆三十二年（1767）刻本　一冊　存一卷（六）

610000－4001－0000226　B82/30
［乾隆］重修鳳翔府志十二卷首一卷　（清）達靈阿修　（清）周方炯　（清）高登科纂　清乾隆三十一年（1766）刻本　十二冊

610000－4001－0000227　B82/33
［正德］武功縣志三卷首一卷　（明）康海纂（清）孫景烈評注　清光緒十三年（1887）張世英補刻本　一冊

610000－4001－0000228　B82/34
［道光］重修汧陽縣志十二卷首一卷　（清）羅曰璧纂修　**［光緒］增續汧陽縣志二卷**　（清）焦思善修　（清）張元璧　（清）王潤纂　清光緒十三年（1887）刻本　六冊

610000－4001－0000229　B83/01
宸垣識畧十六卷　（清）吳長元輯　清刻本　四冊　存八卷（七至十二、十五至十六）

610000－4001－0000230　B86/02
奧國學章不分卷　（清）李經邁譯編　清末鉛印本　一冊

610000－4001－0000231　B91/01
亦政堂重修宣和博古圖錄三十卷　（宋）王黼等撰　（清）黃晟鑒定　**亦政堂重修考古圖十卷**　（宋）呂大臨撰　清乾隆十七年（1752）亦政堂刻三古圖本　十冊　存十九卷（博古圖錄一至十一、二十五至三十，考古圖九至十）

610000－4001－0000232　B91/02
岐陽石鼓文考六卷　（清）李輔綱編輯　清光緒三十二年（1906）李書昌抄本　二冊

610000－4001－0000233　B911/03
金石索十二卷首一卷　（清）馮雲鵬　（清）馮雲鵷輯　清光緒三十二年（1906）上海文新局石印本　二十四冊

610000－4001－0000234　B93/02
書目答問不分卷　（清）張之洞撰　清光緒五年（1879）池陽蘊經閣刻本　二冊

610000－4001－0000235　B93/07
陝西鄉試硃卷光緒辛卯科不分卷（清光緒十七年）　（清）□□輯　清光緒十七年（1891）刻本　一冊

610000－4001－0000236　B93/08
陝西鄉試硃卷光緒壬午科不分卷（清光緒八年）　（清）□□輯　清光緒八年（1882）刻本　一冊

610000－4001－0000237　B93/10
陝甘拔貢會考題名錄不分卷　(□)□□撰　清末刻本　一冊

610000－4001－0000238　C0/01
千金裘二十七卷　(清)蔣義彬纂　清嘉慶二十一年(1816)刻本　一冊　存十四卷(十四至二十七)

610000－4001－0000239　C0/02
千金裘二集二十六卷　(清)蔣義彬　(清)徐元麟纂　清嘉慶二十三年(1818)三徑山房刻本　一冊　存八卷(一至八)

610000－4001－0000240　C0/03
校訂困學紀聞三箋二十卷　(宋)王應麟撰　清吳郡得桂堂刻本　八冊

610000－4001－0000241　C0/05
憑山閣增輯留青新集三十卷　(清)陳枚選　(清)陳德裕增輯　清刻本　二冊　存二卷(五至六)

610000－4001－0000242　C0/05－2
憑山閣增輯留青新集三十卷　(清)陳枚選　(清)陳德裕增輯　清刻本　一冊　存一卷(三十)

610000－4001－0000243　C0/06
憑山閣增輯留青新集三十卷　(清)陳枚選　(清)陳德裕增輯　清刻本　十八冊　存十七卷(一、七、十至十三、十五至十八、二十一、二十三至二十五、二十七至二十九)

610000－4001－0000244　C11/02
賜葛堂文集六卷　(清)岳震川著　清光緒五年(1879)刻本　二冊　存三卷(一、四至五)

610000－4001－0000245　C11/04
繩武齋文稿二卷　(清)張殿元著　清光緒二十五年(1899)日本齋刻本　二冊

610000－4001－0000246　C11/07
鄉黨圖考十卷　(清)江永著　清乾隆五十二年(1787)致和堂刻本　四冊

610000－4001－0000247　C11/08
朱子語類一百四十卷　(宋)朱熹撰　(宋)黎靖德編　清刻本　十一冊　存三十一卷(四至七、十九至三十、三十四至四十八)

610000－4001－0000248　C11/08－2
朱子語類一百四十卷　(宋)朱熹撰　(宋)黎靖德編　清刻本　五冊　存十九卷(六十八至八十六)

610000－4001－0000249　C11/10
程式編三卷　(清)龔鼎元再編　清同治十一年(1872)刻本　一冊

610000－4001－0000250　C11/14
二曲集正編外編二十八卷首一卷　(清)李顒著　清光緒九年(1883)刻本　一冊　存七卷(一至六、首一卷)

610000－4001－0000251　C11/14－2
二曲集四十六卷　(清)李顒口授　(清)王心敬錄　清刻本　一冊　存四卷(四十三至四十六)

610000－4001－0000252　C11/14－3
二曲集二十六卷　(清)李顒撰　清刻本　一冊　存三卷(二十四至二十六)

610000－4001－0000253　C11/15
王陽明先生傳習錄五卷　(明)徐愛手述　清刻本　一冊　存一卷(二)

610000－4001－0000254　C11/18
呂叔簡先生四禮翼不分卷　(明)呂坤撰　清同治十二年(1873)西安藩署刻本　一冊

610000－4001－0000255　C11/19
註釋八銘塾鈔二集不分卷　(清)吳懋政編次　清道光二十四年(1844)璧光堂刻本　五冊

610000－4001－0000256　C11/20
註釋八銘塾鈔初集不分卷　(清)吳懋政編次　清道光二十年(1840)令德堂刻本　五冊

610000－4001－0000257　C11/21
朱子五書五卷　(宋)朱熹撰　清光緒十年(1884)傳經堂刻本　一冊

610000－4001－0000258　C13/01

老子道德經二卷末一卷　(三國魏)王弼注　清宣統元年(1909)上海育文書局石印本　一冊

610000－4001－0000259　C13/02
黃庭經註解二卷　(清)李西月著　清刻本　二冊

610000－4001－0000260　C13/03
張三丰祖師無根樹詞註解一卷　(清)劉悟元註　(清)李西月增解　清刻本　一冊

610000－4001－0000261　C13/04
呂祖師編年詩集年譜七卷　(清)李西月述　清刻本　一冊　存一卷(一)

610000－4001－0000262　C13/05
新携韓祖成仙寶傳二十四回　(清)□□撰　清道光刻本　一冊

610000－4001－0000263　C13/08
張三丰祖師無根樹詞註解不分卷　(清)劉悟元註　(清)李涵虛增解　清刻本　一冊

610000－4001－0000264　C17/01
敏果齋七種　(清)許乃釗輯　清道光錢塘許乃釗刻本　十三冊　存五種

610000－4001－0000265　C17/07
洴澼百金方十四卷　(清)惠麓酒民編次　清抄本　八冊　存十二卷(三至十四)

610000－4001－0000266　C19/01
棉書一卷　(清)□□撰　清同治十三年(1874)刻本　一冊

610000－4001－0000267　C19/02
欽定授衣廣訓二卷　(清)董誥等編　清嘉慶十三年(1808)刻本　一冊　存一卷(一)

610000－4001－0000268　C19/03
農桑輯要七卷　(元)司農司撰　清咸豐十一年(1861)刻本　一冊　存二卷(六至七)

610000－4001－0000269　C19/04
蠶桑簡編一卷　(清)楊名颺編　清道光十二年(1832)刻本　一冊

610000－4001－0000270　C19/05
蠶桑輯要不分卷　(清)譚鍾麟纂編　清刻本　一冊

610000－4001－0000271　C19/06
豳風廣義三卷　(清)楊屾編輯　清光緒十六年(1890)陝西求友齋刻本　二冊　存二卷(一、三)

610000－4001－0000272　C2/01
御纂醫宗金鑑九十卷首一卷　(清)吳謙等撰　清竹秀山房刻本　五冊　存十一卷(六十二至六十七、七十至七十四)

610000－4001－0000273　C2/02
濟陰綱目十四卷　(明)武之望輯著　清刻本　一冊　存二卷(十三至十四)

610000－4001－0000274　C2/02－2
濟陰綱目十四卷　(明)武之望輯著　清天德堂刻本　一冊　存二卷(十二至十三)

610000－4001－0000275　C2/03
金匱要畧淺註十卷　(清)陳念祖集註　清刻本　三冊

610000－4001－0000276　C2/03－2
張仲景傷寒論原文淺註六卷　(清)陳念祖集註　清刻本　三冊　存五卷(二至六)

610000－4001－0000277　C2/04
醫學從眾八卷　(清)陳念祖著　(清)陳元犀參訂　清道光陳心典刻本　四冊

610000－4001－0000278　C2/04－2
景岳新方砭四卷　(清)陳念祖著　清刻本　一冊

610000－4001－0000279　C2/04－3
傷寒醫訣串解六卷　(清)陳念祖著　**十藥神書註解全一卷**　(清)葛可久編　清味根齋刻本　一冊

610000－4001－0000280　C2/06
鍼灸大成十卷　(明)楊繼洲撰　(清)李月桂重訂　清道光十四年(1834)聚文堂刻本　十冊

610000－4001－0000281　C2/07

增補醫林狀元壽世保元十卷　(明)龔廷賢編　(清)周亮登校　清末石印本　四册　存五卷(二至三、五、九至十)

610000－4001－0000282　C2/08
胎產答問二卷　(□)雲遊道人傳授　(□)楊並育訂　**續編一卷**　(清)李輔綱編輯　清光緒二十年(1894)李輔綱抄本　一册

610000－4001－0000283　C2/09
珍珠囊藥性賦醫方捷徑二卷　(元)李東垣撰　(明)羅必煒參訂　清宣統二年(1910)上海書局石印本　二册

610000－4001－0000284　C2/10
救偏瑣言八卷　(清)費啟泰著　清刻本　一册　存四卷(一至四)

610000－4001－0000285　C2/11
痘疹不求人一卷　(清)朱棟隆著　清道光來鹿堂刻本　一册

610000－4001－0000286　C2/12
新刊外科正宗四卷　(明)陳實功撰　清嘉慶十年(1805)刻本　三册　存三卷(一至三)

610000－4001－0000287　C2/12－2
重訂外科正宗十二卷　(明)陳實功撰　清致盛堂刻本　一册　存三卷(四至六)

610000－4001－0000288　C2/13
圖註脈訣辨真四卷　(晉)王叔和譔　(明)張世賢註　清刻本　一册　存二卷(三至四)

610000－4001－0000289　C2/14
脈經真本十卷首一卷　(晉)王叔和撰　清咸豐六年(1856)宏道書院刻本　四册

610000－4001－0000290　C2/15
景岳全書六十四卷　(明)張介賓著　(清)魯超訂　清乾隆三十三年(1768)越郡藜照樓刻本　三十四册　存五十九卷(一至二十七、三十三至六十四)

610000－4001－0000291　C2/16
經驗良方一卷　(清)涌生堂主人記　清抄本　一册

610000－4001－0000292　C2/17
醫學實在易八卷　(清)陳念祖著　(清)陳元犀參訂　清漁古山房刻本　四册

610000－4001－0000293　C2/18
圖註八十一難經辨真四卷　(戰國)秦越人著　(明)張世賢圖註　(清)沈鏡重校　清刻本　二册

610000－4001－0000294　C2/19
推拿小兒驚風妙方一卷　(□)□□撰　清易瑞生刻本　一册

610000－4001－0000295　C2/20
靈樞經九卷　(清)張志聰集註　清康熙刻本　九册

610000－4001－0000296　C2/21
醫林改錯一卷　(清)王清任著　清末鉛印本　一册

610000－4001－0000297　C2/22
女科二卷續一卷　(清)傅山著　清刻本　一册

610000－4001－0000298　C2/23
瀕湖脈學一卷奇經八脈攷一卷　(明)李時珍撰　清末抄本　一册

610000－4001－0000299　C2/24
較正醫林狀元壽世保元十卷　(明)龔廷賢編　(清)周亮登校　清同治八年(1869)世順堂刻本　十册

610000－4001－0000300　C2/25
本草綱目序例二卷　(明)李時珍編輯　清芥子園刻本　一册　存一卷(一)

610000－4001－0000301　C2/26
御纂醫宗金鑑九十卷首一卷　(清)吳謙等撰　清刻本　六十册

610000－4001－0000302　C2/27
達生編二卷　(清)唐千頃纂　清同治十年(1871)渭陽姜恒泰刻本　二册

610000－4001－0000303　C2/28
保赤五種　(清)牛樹梅輯　清光緒元年

(1875)牛樹梅刻本　一册

610000－4001－0000304　C41/02
芥子園畫傳初集五卷海上名人畫譜一卷　(清)王概摹古　清光緒三十四年(1908)上海章福記石印本　三册　存五卷(一至三、五至六)

610000－4001－0000305　C41/02－2
芥子園畫傳二集九卷　(清)王概摹古　清光緒三十四年(1908)上海章福記石印本　四册

610000－4001－0000306　C41/02－3
芥子園畫傳三集六卷　(清)王概摹古　清光緒三十四年(1908)上海章福記石印本　二册　存三卷(三至五)

610000－4001－0000307　C43/01
琴譜擇要不分卷　(清)牛受謙著　清末抄本　一册

610000－4001－0000308　C43/02
琴操摘要不分卷　(清)牛受謙選編　清光緒三十一年(1905)抄本　一册

610000－4001－0000309　C5/01
二如亭群芳譜二十九卷　(明)王象晉纂輯　明末沙村草堂刻本　二十四册

610000－4001－0000310　C5/02
都門紀略□□卷　(清)楊静亭編輯　清咸豐八年(1858)刻本　一册　存一卷(一)

610000－4001－0000311　C6/03
錦字箋四卷　(清)黄澐纂　清金閶講德齋刻本　四册

610000－4001－0000312　C61/06
佐治藥言一卷續佐治藥言一卷學治臆説二卷續説一卷説贅一卷　(清)汪輝祖纂　清同治七年(1868)湖北崇文書局刻本　一册

610000－4001－0000313　C63/02
[隨園三十八種]　(清)袁枚輯　清光緒十八年(1892)著易堂鉛印本　六册　存五種

610000－4001－0000314　C63/05
隨園詩話補遺十六卷　(清)袁枚著　清隨園刻本　六册　存十四卷(一至十、十三至十六)

610000－4001－0000315　C64/01
子品金函二十四卷　(明)陳仁錫原本　(清)李有芳增訂　清刻本　一册　存九卷(十六至二十四)

610000－4001－0000316　C65/05
思濟録不分卷　(清)俱建中採集　清咸豐四年(1854)中和堂刻本　一册

610000－4001－0000317　C65/06
經餘必讀八卷　(清)雷琳等輯　清嘉慶刻本　二册　存四卷(五至八)

610000－4001－0000318　C71/01
中西算學大成一百卷　(清)陳維祺纂　清光緒二十三年(1897)上海書局石印本　二十四册

610000－4001－0000319　C71/02
學算筆談十二卷　(清)華蘅芳學　清末刻本　三册　存六卷(五至八、十一至十二)

610000－4001－0000320　C81/01
玉皇心印妙經真解不分卷　(□)醒夢道人覺真子註　清同治七年(1868)鳳邑刻本　一册

610000－4001－0000321　C81/02
大方廣佛華嚴經八十卷　(唐)釋實叉難陀譯　清刻本　八册　存二十六卷(五至七、十二至二十一、二十六至二十八、五十六至五十八、六十二至六十八)

610000－4001－0000322　C82/01
道德經註釋不分卷　(唐)吕純陽評點　清道光二十年(1840)朱道生等刻本　一册

610000－4001－0000323　C9/01
重訂廣事類賦四十卷　(清)華希閔著　清嘉慶六年(1801)劍光閣刻本　二册　存六卷(一至六)

610000－4001－0000324　C9/01－2
重訂廣事類賦四十卷　(清)華希閔著　清刻本　一册　存八卷(二十九至三十六)

610000－4001－0000325　C9/01－3
重訂廣事類賦四十卷　(清)華希閔著　清刻本　七冊　存二十八卷(七至三十、三十七至四十)

610000－4001－0000326　C9/02
重訂事類賦三十卷　(宋)吳淑撰註　(明)華麟祥校刊　清嘉慶二十二年(1817)劍光閣刻本　二冊　存八卷(一至八)

610000－4001－0000327　C9/02－2
重訂事類賦三十卷　(宋)吳淑撰註　(明)華麟祥校刊　清刻本　二冊　存十一卷(七至十七)

610000－4001－0000328　C9/03
子史精華一百六十卷　(清)吳襄等纂修　清刻本　三冊　存九卷(一百二十九至一百三十七)

610000－4001－0000329　C9/04
廣事類賦四十卷　(清)華希閔著　清刻本　五冊　存二十八卷(十三至四十)

610000－4001－0000330　C9/05
學文彙典四卷　(清)鄭文煥彙訂　清登雲堂刻本　一冊　存二卷(一至二)

610000－4001－0000331　C9/06
子史輯要詩賦題解四卷　(清)胡本淵編輯　清鐘山書院刻本　二冊

610000－4001－0000332　C9/07
類腋天部八卷地部十六卷人部五十五卷物部五十五卷補遺三卷　(清)姚培謙集　清寶寧堂刻本　六冊　存二十四卷(天部八卷、地部十六卷)

610000－4001－0000333　C9/08
新刻重校增補圓機活法詩學全書二十四卷　(明)王世貞校正　(清)蔣先庚重訂　清文盛堂刻本　九冊　存十二卷(一至七、二十至二十四)

610000－4001－0000334　C9/10
玉海二百卷辭學指南四卷附刻十四種　(宋)王應麟撰　清刻本　五冊　存十卷(十八至十九、三十六至三十七、五十六至五十七、九十九至一百、一百四十四至一百四十五)

610000－4001－0000335　C9/11
新刻幼學須知直解二卷　(明)程登吉著　(清)王相晉增訂　(清)唐良瑜集註　清咸豐三年(1853)刻本　一冊

610000－4001－0000336　C9/12
新刊校正增補圓機詩韻活法全書十四卷　(明)王世貞增校　(清)蔣先庚重訂　清刻本　八冊

610000－4001－0000337　C9/13
古鹽補留堂精校新增繪圖幼學故事瓊林四卷首一卷　(明)程登吉原本　(清)鄒聖脈增補　清末上洋日新書莊石印本　一冊

610000－4001－0000338　D/04
詳註嚶求集二卷　(清)繆艮著　(清)倪照注　清光緒十六年(1890)上海江左書林石印本　一冊　存一卷(一)

610000－4001－0000339　D/05
古文喈鳳新編八卷　(清)汪基鈔輯　清刻本　一冊　存一卷(三)

610000－4001－0000340　D/05－2
古文喈鳳新編八卷　(清)汪基鈔輯　清刻本　二冊　存二卷(五至六)

610000－4001－0000341　D1/01
陝甘鄉墨擬偶存不分卷　(清)王贊襄撰　清末刻本　一冊

610000－4001－0000342　D1/02
登瀛社稾不分卷　(清)羅淳衍編　清同治九年(1870)京都琉璃廠刻本　一冊

610000－4001－0000343　D1/03
皇朝經世文編一百二十卷姓名總目二卷　(清)賀長齡輯　清末鉛印本　四冊　存二十卷(二十五至三十四、五十一至六十)

610000－4001－0000344　D1/04
皇朝經世文新編二十一卷　(清)麥仲華輯

清光緒二十八年(1902)瑤林書舘石印本　十冊　存十一卷(一、五下至八、十三至十五中下、十八上、二十至二十一)

610000－4001－0000345　D1/04－2
皇朝經世文新編二十一卷　(清)麥仲華輯　清末石印本　一冊　存一卷(十六上、中)

610000－4001－0000346　D1/05
皇朝經世文編一百二十卷姓名總目二卷　(清)賀長齡輯　清刻本　二冊　存四卷(一百三至一百四、一百十三至一百十四)

610000－4001－0000347　D1/06
槐軒解湯海若先生纂輯名家詩三卷槐軒論詩法一卷　(清)夏世欽訂　清文發堂刻本　一冊

610000－4001－0000348　D1/08
餞秋試詩不分卷　(清)路德撰　清光緒八年(1882)江西撫署刻本　一冊

610000－4001－0000349　D1/09
槐軒解湯海若先生纂輯名家詩二卷　(清)夏世欽訂　清咸豐八年(1858)宏道堂刻本　一冊

610000－4001－0000350　D1/10
古文觀止十二卷　(清)吳興祚鑒定　清光緒二十六年(1900)宏道堂刻本　二冊

610000－4001－0000351　D1/13
重刊李扶九原選古文筆法百篇二十卷首一卷　(清)李扶九選　(清)黃仁黼纂定　清光緒七年(1881)三味堂刻本　二冊　存十六卷(一至三、九至二十,首一卷)

610000－4001－0000352　D1/14
晚邨先生八家古文精選八卷　(清)呂留良輯　清康熙四十三年(1704)呂氏家塾刻本　七冊

610000－4001－0000353　D1/15
庚辰集五卷唐人試律說一卷　(清)紀昀編　清刻本　二冊　存四卷(三至五、唐人試律說一卷)

610000－4001－0000354　D11/03
欒城集五十卷　(宋)蘇轍著　清刻本　五冊　存二十卷(六至九、十四至二十九)

610000－4001－0000355　D11/04
東萊博議四卷　(宋)呂祖謙撰　清光緒三十年(1904)上海書局石印本　一冊

610000－4001－0000356　D12/02
立雪軒評註古文集解八卷　(清)程潤德評注　清康熙聚文堂張心所刻本　五冊　存五卷(一至二、四至六)

610000－4001－0000357　D12/03
崇儒堂重訂古文釋義新編八卷　(清)余誠評註　清刻本　三冊　存三卷(三至五)

610000－4001－0000358　D12/05
音註隨園尺牘八卷補遺一卷　(清)袁枚著　(清)胡光斗箋釋　清末上海廣益書局石印本　二冊

610000－4001－0000359　D12/06
古唐詩合解四卷　(清)王堯衢註　清令德堂刻本　一冊

610000－4001－0000360　D12/07
古文雅正十四卷　(清)蔡世遠選評　清光緒二十一年(1895)周正誼堂刻本　五冊　存九卷(四至五、八至十四)

610000－4001－0000361　D13/01
唐詩三百首註疏四卷　(清)孫洙編　(清)章燮註　清刻本　一冊　存二卷(三至四)

610000－4001－0000362　D13/02
全五代詩一百卷補遺一卷　(清)李調元編　清刻本　四冊　存二十一卷(八十一至一百、補遺一卷)

610000－4001－0000363　D13/03
古唐詩合解十二卷　(清)王堯衢註　清文發堂刻本　四冊　存九卷(一至四、八至十二)

610000－4001－0000364　D13/03－2
海清樓唐詩合解十二卷　(清)王堯衢箋註　清刻本　一冊　存三卷(五至七)

610000－4001－0000365　D13/04

全唐詩三十二卷　(清)聖祖玄燁編　清光緒十三年(1887)上海同文書局石印本　三十一冊　存三十一卷(一、三至三十二)

610000－4001－0000366　D2/02

楚辭八卷　(宋)朱熹集註　明萬曆二十五年(1597)吉府魏椿刻本　一冊　存三卷(一至三)

610000－4001－0000367　D3/02

二竹齋詩鈔六卷　(清)張井編　清道光十五年(1835)賜禮堂刻本　一冊　存二卷(一至二)

610000－4001－0000368　D3/04

粵東皇華集四卷　(清)李調元著　清刻本　一冊　存三卷(二至四)

610000－4001－0000369　D3/05

繩武齋詩稿二卷　(清)張殿元著　清光緒十五年(1889)日本齋刻本　一冊

610000－4001－0000370　D3/06

宋丞相文山先生全集二十卷　(宋)文天祥撰　清康熙十二年(1673)曾弘焉文堂刻本　四冊　存八卷(四至五、十二至十七)

610000－4001－0000371　D3/09

硯雲亭文稿二卷　(清)王樹堂著　清刻本　一冊　存一卷(二)

610000－4001－0000372　D32/01

唐詩三百首註疏四卷　(清)孫洙編　(清)章燮註　清道光二十七年(1847)刻本　二冊

610000－4001－0000373　D32/01－2

唐詩三百首續選一卷　(清)于慶元編　清咸豐六年(1856)致盛堂刻本　一冊

610000－4001－0000374　D32/02

唐詩三百首四卷　(清)孫洙手編　清道光二十三年(1843)文發堂刻本　一冊　存二卷(一至二)

610000－4001－0000375　D32/03

唐詩別裁集引典備註二十卷　(清)沈德潛選　(清)俞汝昌增注　清刻本　一冊　存一卷(九)

610000－4001－0000376　D36/01

三元秘授六卷　(清)張廷濟集　清道光十九年(1839)刻朱墨印本　三冊　存五卷(一至四、六)

610000－4001－0000377　D36/02

詩經心訣一卷　(明)康海撰　清同治十二年(1873)郃封官廨刻本　一冊

610000－4001－0000378　D36/03

張三丰先生全集古今詩類一卷訓體文類一卷　(清)李西月編次　清末刻本　一冊

610000－4001－0000379　D36/04

關中書院課士詩不分卷　(清)路德輯　清末刻本　一冊　存一卷(二)

610000－4001－0000380　D37/01

明文明二集不分卷　(清)路德輯　清咸豐二年(1852)文筠堂刻本　一冊

610000－4001－0000381　D37/02

三科墨卷秀雅不分卷　(清)陳觀民選輯　清乾隆四十九年(1784)致和堂刻本　一冊

610000－4001－0000382　D37/03

杏村詩集十五卷　(清)武澄撰　清咸豐九年(1859)刻本　二冊　存八卷(四至七、十二至十五)

610000－4001－0000383　D37/04

明文明初集三卷　(清)路德編　清咸豐二年(1852)文筠堂刻本　三冊

610000－4001－0000384　D37/05

味蘭軒百篇賦鈔四卷　(清)張世燾　(清)彭克惠編輯　清乾隆三十八年(1773)刻本　三冊　存三卷(一至二、四)

610000－4001－0000385　D37/06

國朝試賦匯海續編前集六卷　(清)黄爵滋編輯　清咸豐元年(1851)仙屏吟榭刻本　四冊　存五卷(一至五)

610000－4001－0000386　D37/07

國朝試賦匯海前集十卷後集二卷補遺一卷 (清)黄爵滋編輯 清仙屏書屋刻本 七册 存十二卷(前集一至三、五至十,後集二卷,補遺一卷)

610000－4001－0000387 D37/08
舊雨草堂所選墨不分卷 (清)陳康祺評輯 清同治十二年(1873)廠肆刻本 二册

610000－4001－0000388 D37/09
确山先生駢體文四卷 (清)宋世犖著 清道光二十年(1840)宏道書院刻本 二册

610000－4001－0000389 D37/10
确山先生時藝不分卷 (清)宋世犖撰 清惜陰軒刻本 二册

610000－4001－0000390 D37/11
鴻濛室文鈔二卷廣南防堵十危一卷 (清)方玉潤著 清咸豐四年(1854)抄本 一册 存二卷(二,廣南防堵十危一卷)

610000－4001－0000391 D37/13
西藏賦一卷 (清)和寧譔 **卜魁城賦一卷** (清)英和撰 **新疆賦一卷** (清)徐松撰 清光緒八年至九年(1882－1883)元尚居刻本 一册

610000－4001－0000392 D37/14
新學開路先鋒二卷 (清)張百熙編 清光緒三十年(1904)京都琉璃廠刻本 二册

610000－4001－0000393 D37/15
杏村詩集十五卷 (清)武澄撰 清咸豐九年(1859)刻本 一册 存三卷(一至三)

610000－4001－0000394 D37/16
分類詩腋八卷 (清)李楨編 清刻本 一册 存二卷(一至二)

610000－4001－0000395 D37/17
試律大觀三十二卷 (清)竹屏居士輯 清刻本 一册 存六卷(二十七至三十二)

610000－4001－0000396 D37/18
[光緒二十年]四川鄉試闈墨不分卷 (清)□□編 清光緒刻本 一册

610000－4001－0000397 D44/01
庚辰集五卷唐人試律說一卷 (清)紀昀編 清太和堂刻本 六册

610000－4001－0000398 D46/01
詩韻合璧五卷 (清)湯文潞編 **虚字韻藪一卷補遺一卷** (清)潘維城輯 清光緒四年(1878)上海淞隱閣鉛印本 五册

610000－4001－0000399 D46/03
詩韻合璧五卷 (清)湯文潞編 **虚字韻藪一卷補遺一卷** (清)潘維城輯 清刻本 一册 存三卷(詩韻合璧五、虚字韻數一卷、補遺一卷)

610000－4001－0000400 D46/04
詩韻集成十卷 (清)余照輯 清道光十六年(1836)刻本 二册

610000－4001－0000401 D46/05
新增說文韻府羣玉二十卷 (元)陰時夫編輯 (元)陰中夫編註 (明)王元貞校正 清三讓堂刻本 一册 存一卷(十三)

610000－4001－0000402 D46/05－2
新增說文韻府羣玉二十卷 (元)陰時夫編輯 (元)陰中夫編註 (明)王元貞校正 清東觀閣刻本 二册 存二卷(一、四)

610000－4001－0000403 D46/05－3
新增說文韻府羣玉二十卷 (元)陰時夫編輯 (元)陰中夫編註 (明)王元貞校正 清文光堂刻本 六册 存六卷(二至五、十九至二十)

610000－4001－0000404 D46/06
詩學含英十四卷 (清)劉文蔚輯 清刻本 二册 存四卷(十一至十四)

610000－4001－0000405 D46/06－2
詩學含英十四卷 (清)劉文蔚輯 清刻本 一册 存七卷(八至十四)

610000－4001－0000406 D46/07
詩韻題解十卷 (清)甘蘭友輯 清刻本 一册

610000－4001－0000407　D5/01

雲林別墅繪像妥註第六才子書六卷首一卷　(清)鄒聖脈註　清咸豐元年(1851)兩益堂刻本　四冊

610000－4001－0000408　D6/01

西湖佳話古今遺蹟十六卷　(清)墨浪子搜輯　清刻本　一冊　存三卷(一至三)

610000－4001－0000409　D61/01

重增三教源流聖帝佛師搜神大全四卷　(晉)干寶著　(清)鼓出如林重增　清刻本　二冊

610000－4001－0000410　D62/01

詳註聊齋志異圖詠十六卷　(清)蒲松齡著　(清)呂湛恩註　清末石印本　二冊　存四卷(五至六、九至十)

610000－4001－0000411　D62/01－2

聊齋志異新評十六卷　(清)蒲松齡著　(清)王士正評　(清)但明倫新評　(清)呂湛恩註　清末鉛印本　一冊　存二卷(十五至十六)

610000－4001－0000412　D63/01

第九才子書平鬼傳四卷十回　(清)樵雲山人(劉璋)編次　清維新書局刻本　二冊

610000－4001－0000413　D63/02

鏡花緣二十卷　(清)李汝珍撰　清光緒三年(1877)刻本　十九冊　存十九卷(一至十九)

610000－4001－0000414　D63/03

綉像七劍十三俠初集六卷二集六卷三集六卷　(清)唐芸洲撰　清末石印本　一冊　存四卷(初集四、二集一、三集一、三)

610000－4001－0000415　D63/04

第八才子書白圭志四卷首一卷　(清)崔象川輯　清盛德堂刻本　二冊

610000－4001－0000416　D63/05

繡像京本雲合奇踪玉茗英烈全傳十卷　(明)徐渭編　清啟元堂刻本　二冊　存七卷(一至七)

610000－4001－0000417　D63/05－2

繡像京本雲合奇踪全傳十卷　(明)徐渭編　清刻本　一冊　存一卷(八)

610000－4001－0000418　D63/06

第一才子書六十卷一百二十回　(明)羅貫中著　(清)毛宗崗評　清刻本　四冊　存十三卷(五至十七)

610000－4001－0000419　D63/07

繪圖湘軍平逆傳四卷八回　(清)禮泉居士著　清末石印本　一冊

610000－4001－0000420　D63/08

新刻天化藏批評玉嬌梨四卷二十回　(清)荻岸散人編次　清末維新書局刻本　二冊

610000－4001－0000421　D63/10

新刻天花藏批評平山冷燕四卷二十回　(清)荻岸散人編　清末刻本　一冊　存二卷(三至四)

610000－4001－0000422　D7/01

楊升菴先生批點文心雕龍十卷　(南朝梁)劉勰著　(明)楊慎批點　(明)梅慶生音註　明天啟二年(1622)金陵聚錦堂刻本　六冊

610000－4001－0000423　D7/02

文心雕龍十卷　(南朝梁)劉勰撰　(清)黃叔琳注　(清)紀昀評　清道光十三年(1833)朱墨印本　三冊　存四卷(五至七、十)

610000－4001－0000424　E/01

星烈日記滙要四十卷首二卷末一卷　(清)方玉潤筆識　清同治十二年至光緒元年(1873－1875)隴東分署刻鴻濛室叢書本　二十冊　存三十六卷(一至十八、二十一至二十二上中、二十四至三十三、三十六至三十七、四十,首二卷,末一卷)

610000－4001－0000425　E/02

御覽知不足齋叢書三十集　(清)鮑廷博輯　(清)鮑志祖續輯　清乾隆至道光間長塘鮑氏刻本　二百三十九冊

610000－4001－0000426　E/03

續知不足齋叢書二集十七種　(清)高承勳輯　清渤海高氏刻本　十六冊

陝西省漢中市勉縣圖書館古籍普查登記目録

全國古籍普查登記目録

國家圖書館出版社
National Library of China Publishing House

610000－4018－0000001　經 002

尚書古文疏證八卷　(清)閻若璩撰　(清)武億校　(清)吳人驥梓　**朱子古文書疑一卷**　(清)閻詠輯　清嘉慶元年(1796)天津吳人驥刻本　十册　存八卷(尚書古文疏證一至二、四至七,朱子古文書疑一卷)

610000－4018－0000002　經 004

左傳事緯十二卷前書八卷　(清)馬驌論編　(清)馬光　(清)馬駉閱　清刻本　十册

610000－4018－0000003　經 006

春秋經傳集解三十卷　(晉)杜預撰　清同治八年(1869)湖北崇文書局刻本　一册　存一卷(一)

610000－4018－0000004　經 007

四書朱子語類三十八卷　(清)張履祥　(清)吕留良摘鈔　清康熙四十年(1701)南陽講習堂刻本　八册　缺四卷(三十二至三十五)

610000－4018－0000005　經 008

儀禮恆解十六卷　(清)劉沅輯註　清末刻本　五册　存十三卷(四至十六)

610000－4018－0000006　經 010

古韵通說二十卷　(清)龍啟瑞撰　清光緒九年(1883)四川尊經書局刻本　四册

610000－4018－0000007　經 015

周易函書約存十五卷首三卷約註十八卷別集十六卷　(清)胡煦撰　清乾隆五十九年(1794)葆璞堂刻本　二十六册

610000－4018－0000008　經 016

疊雅十三卷雙名錄一卷　(清)史夢蘭撰　清同治六年(1867)刻本　四册

610000－4018－0000009　經 017

說文辨疑不分卷　(清)顧廣圻撰　清光緒三年(1877)湖北崇文書局刻本　一册

610000－4018－0000010　經 021

儀禮鄭註句讀十七卷監本正誤一卷石本誤字一卷　(漢)鄭玄註　(清)張爾岐句讀　清同治七年(1868)金陵書局刻本　四册　存十七卷(儀禮鄭註句讀十七卷)

610000－4018－0000011　經 022

字林考逸七卷首一卷　(清)任大椿學　清光緒七年(1881)章氏刻本　二册

610000－4018－0000012　經 025

文章練要左傳評十卷　(清)王源評訂　(清)甯世簪　(清)戴名世閱　(清)程城参正　清刻本　五册

610000－4018－0000013　經 026

大戴禮記補注十三卷　(清)孔廣森撰　清同治十三年(1874)淮南書局刻本　四册

610000－4018－0000014　經 027

字林古今正俗異同通攷四卷六書辨異二卷補遺一卷　(清)湯容煟輯　(清)吳應庚等編次　(清)湯以珪等校　清道光五年(1825)刻本　二册

610000－4018－0000015　經 029

御纂春秋直解十二卷　(清)傅恆等撰　清刻本　八册

610000－4018－0000016　經 031

周易通義二十二卷首一卷　(清)蘇秉國學　清嘉慶二十一年(1816)南清河蘇氏刻本　十册

610000－4018－0000017　經 033

廣雅疏證十卷博雅音十卷　(清)王念孫學　清光緒五年(1879)淮南書局刻本　八册

610000－4018－0000018　經 034

儀禮釋官九卷首一卷　(清)胡匡衷著　清嘉慶二十一年(1816)研六閣刻本　四册

610000－4018－0000019　經 035

宋葉文康公禮經會元四卷　(宋)葉時撰　(清)陸隴其評定　(清)席永恂等校　清乾隆刻本　四册

610000－4018－0000020　經 036

左氏春秋聚十八卷首四卷末二卷　(清)張用星撰　清嘉慶二十四年(1819)金沙官署刻本　十四册

610000－4018－0000021　經037
御纂詩義折中二十二卷首一卷　(清)傅恆等撰　清刻本　四册　存九卷(十二至二十)

610000－4018－0000022　經038
御纂詩義折中二十二卷首一卷　(清)傅恆等撰　清刻本　八册　存二十卷(一至二十)

610000－4018－0000023　經039
詩經集傳八卷　(宋)朱熹集傳　清同治十年(1871)刻本　四册

610000－4018－0000024　經040
禮記訓纂四十九卷　(清)朱彬輯　清道光十二年(1832)刻本　八册

610000－4018－0000025　經044
書古微十二卷首一卷　(清)魏源著　清光緒四年(1878)淮南書局刻本　四册

610000－4018－0000026　經045
四書訓義三十六卷稗疏二卷考異二卷　(宋)朱熹集註　(明)王夫之訓義　清光緒十三年(1887)潞河啖柘山房刻本　二十六册　存三十七卷(四書訓義一至十、十三至三十六,稗疏一至二,考異一)

610000－4018－0000027　經050
御纂周易折中二十二卷首一卷　(清)傅恆等撰　清康熙五十四年(1715)刻本　十一册　缺一卷(十一)

610000－4018－0000028　經051
御纂周易折中二十二卷首一卷　(清)傅恆等撰　清同治六年(1867)浙江馬新貽刻本　十册

610000－4018－0000029　經052
四書典林三十卷　(清)江永新編　(清)汪基參定　清嘉慶九年(1804)刻本　十一册　存二十七卷(一至二十、二十四至三十)

610000－4018－0000030　經053
四書古人典林十二卷　(清)江永新編　清刻本　四册　存九卷(三至十一)

610000－4018－0000031　經056
周易傳義音訓八卷首一卷末一卷　(宋)程頤傳　(宋)朱熹本義　(宋)吕祖謙音訓　清光緒十五年(1889)江南書局刻本　七册

610000－4018－0000032　經057
檀氏儀禮韻言塾課藏本二卷　(清)檀萃纂　(清)王守槐　(清)周公贇校　清嘉慶六年(1801)刻本　一册

610000－4018－0000033　經059
李氏易傳十七卷　(唐)李鼎祚集解　**易釋文一卷**　(唐)陸德明釋文　**鄭氏周易三卷**　(漢)鄭玄撰　(清)王應麟輯　(清)惠棟增補　**周易乾鑿度二卷**　(漢)鄭玄撰　清乾隆二十一年(1756)雅雨堂刻本　八册

610000－4018－0000034　經061
禮記約編五卷　(清)汪基鈔譔　(清)江永校纂　(清)叔熙閲訂　清光緒三十二年(1906)陝西學務公所鉛印本　一册　存一卷(一)

610000－4018－0000035　經062
大學衍義輯要六卷　(宋)眞德秀原本　(清)陳宏謀纂　清同治四年(1865)明德堂刻本　二册

610000－4018－0000036　經064
禮記集解六十一卷尚書顧命解一卷　(清)國史館纂修　(清)孫希旦集解　清同治十年(1871)里安孫氏盤谷艸堂刻本　十六册

610000－4018－0000037　經066
大學章句一卷中庸章句一卷　(宋)朱熹章句　清立本齋刻本　一册

610000－4018－0000038　經067
春秋公羊經傳解詁十二卷　(漢)何休撰　王闓運箋　清光緒十一年(1885)成都尊經書局刻本　一册　存二卷(一至二)

610000－4018－0000039　經069
易義别録十四卷　(清)張惠言輯　清刻本　二册

610000－4018－0000040　經072
爾雅易讀不分卷　(清)□□撰　清光緒八年

(1882)刻本　二册

610000－4018－0000041　經 075
論語集解義疏十卷　(三國魏)何晏集解　(南朝梁)皇侃義疏　清刻本　四册　存八卷(三至十)

610000－4018－0000042　經 077
四書摭餘說七卷　(清)曹之升撰　清嘉慶三年(1798)刻本　六册

610000－4018－0000043　經 078
孝經衍義一百卷首二卷　(清)葉方藹等撰　清康熙二十九年(1690)刻本　二十九册　存九十七卷(一至二十、二十五至一百,首一卷)

610000－4018－0000044　經 079
經義述聞三十二卷　(清)王引之撰　清刻本　三十一册　缺一卷(五)

610000－4018－0000045　經 081
孟子趙氏註十四卷音義二卷　(漢)趙岐註　清乾隆四十六年(1781)刻本　四册

610000－4018－0000046　經 083
駢雅訓纂十六卷首一卷序目一卷駢雅七卷　(明)朱謀㙔撰　(清)魏茂林訓纂　清光緒七年(1881)成都淪雅齋刻本　九册　存十四卷(一至十四)

610000－4018－0000047　經 084
書經六卷　(宋)蔡沈集傳　清同治十年(1871)刻本　六册

610000－4018－0000048　經 085
江漢書院課士題解一卷　(清)袁銑著　清同治十二年(1873)揚州書局刻本　一册

610000－4018－0000049　經 086
四書說略四卷教童子法一卷　(清)王筠撰　清刻本　二册

610000－4018－0000050　經 088
春秋集傳辨異十二卷　(清)趙培桂集辨　清同治五年(1866)明德堂刻本　三册　存四卷(九至十二)

610000－4018－0000051　經 090
十一經初學讀本　(清)萬廷蘭校刊　清光緒二年(1876)四川學院衙門刻本　一册

610000－4018－0000052　經 091
字典考證十二集　(清)奕繪等編　清道光十一年(1831)刻本　八册

610000－4018－0000053　經 095
尚書考異六卷　(明)梅鷟撰　清道光五年(1825)立本齋刻本　二册

610000－4018－0000054　經 097
公羊春秋經傳驗推補證十一卷　(清)廖平學　清光緒三十二年(1906)則柯軒刻本　二册　存四卷(一、六至八)

610000－4018－0000055　經 098
六藝綱目二卷附錄一卷　(元)舒天明述　(元)舒恭注　(明)趙宜中附注　清咸豐三年(1853)楊氏海源閣刻本　二册

610000－4018－0000056　經 099
十三經札記　(清)朱亦棟撰　清光緒四年(1878)武林竹簡齋刻本　六册

610000－4018－0000057　經 100
十三經類語十四卷　(明)羅萬藻輯類　(明)魯重民纂註　(清)潘育龍重訂　**十三經序論選一卷**　(明)何兆聖輯　清刻本　十三册　存十三卷(一至九、十一至十四)

610000－4018－0000058　經 101
十三經序選一卷　(□)□□撰　清刻本　一册

610000－4018－0000059　經 108
尚書因文六卷首一卷末一卷　(清)武士選學　清光緒十八年(1892)關中書院刻本　三册　存五卷(一至四、首一卷)

610000－4018－0000060　經 108－1
尚書因文六卷首一卷末一卷　(清)武士選學　清光緒十八年(1892)關中書院刻本　三册　存四卷(一至四)

610000－4018－0000061　經 109
尚書因文六卷首一卷末一卷　(清)武士選學

清約六家塾刻本　二册

610000－4018－0000062　經 110

詩毛氏傳疏三十卷　(清)陳奂學　清道光至咸豐間刻本　十二册

610000－4018－0000063　經 111

周禮折衷四卷　(宋)魏了翁撰　清同治十三年(1874)望三益齋刻本　一册

610000－4018－0000064　經 112

仿宋相臺五經附考證　(□)□□輯　清光緒二年(1876)江南書局刻本　十七册　存四種

610000－4018－0000065　經 115

康熙字典十二集檢字一卷辨似一卷等韻一卷總目一卷備考一卷補遺一卷　(清)張玉書等撰　清道光七年(1827)刻本　三十二册

610000－4018－0000066　經 116

張皋文儀禮圖六卷　(清)張惠言述　清同治九年(1870)楚北崇文書局刻本　三册

610000－4018－0000067　經 118

康熙字典十二集檢字一卷辨似一卷等韻一卷總目一卷備考一卷補遺一卷　(清)張玉書等撰　清康熙五十五年(1716)刻本　四十册

610000－4018－0000068　經 121

十三經注疏校勘記識語四卷　(清)汪文臺撰　清光緒三年(1877)江西書局刻本　二册

610000－4018－0000069　經 122

説文引經攷證七卷互異説一卷　(清)陳瑑學　(清)徐郙參校　清同治刻本　一册　存四卷(説文引經考證五至七、互異説一卷)

610000－4018－0000070　經 123

經典釋文三十卷　(唐)陸德明撰　**考證三十卷**　(清)盧文弨撰　清光緒十五年(1889)湘南書局刻本　二十册

610000－4018－0000071　經 124

欽定書經傳説彙纂二十一卷首二卷書序一卷　(清)王頊齡等撰　清同治七年(1868)閩浙總督馬新貽、浙江巡撫李瀚章刻本　十二册

610000－4018－0000072　經 166

毛詩名物圖説九卷　(清)徐鼎輯　清乾隆三十六年(1771)刻本　二册

610000－4018－0000073　經 167

毛詩稽古編三十卷附攷一卷　(清)陳啓源述　(清)龐佑清校　清嘉慶十八年(1813)龐佑清刻本　八册

610000－4018－0000074　經 168

康熙字典十二集檢字一卷辨似一卷等韻一卷總目一卷備考一卷補遺一卷　(清)張玉書等撰　清刻本　二册　存二卷(申集中、戌集中)

610000－4018－0000075　經 169

春秋公羊經傳解詁十二卷附音本校記一卷　(漢)何休學　清道光四年(1824)揚州汪氏問禮堂刻同治二年(1863)續刻本　二册

610000－4018－0000076　經 170

字學三書　(清)□□輯　清道光二十年至二十一年(1840－1841)刻本　五册

610000－4018－0000077　經 171

段氏説文注訂八卷　(清)鈕樹玉著　清同治十三年(1874)湖北崇文書局刻本　二册

610000－4018－0000078　經 172

段氏説文注訂八卷　(清)鈕樹玉著　清同治十三年(1874)湖北崇文書局刻本　二册

610000－4018－0000079　經 173

説文通檢十四卷首一卷末一卷　(清)黎永椿編　清光緒二年(1876)崇文書局刻本　二册

610000－4018－0000080　經 174

周易廓二十四卷　(清)陳世鎔學　清咸豐元年(1851)刻本　六册

610000－4018－0000081　經 175

春秋啖趙二先生集傳辯疑十卷　(唐)陸淳纂　清末刻本　一册　存五卷(六至十)

610000－4018－0000082　經 177

求古録禮説校勘記三卷　(清)王士駿輯　清光緒二年(1876)刻本　一册

610000－4018－0000083　經 178

四書集注三十一卷　(宋)朱熹章句　清同治十一年(1872)金陵書局刻本　六册

610000－4018－0000084　經 179
鄭氏禮記箋四十九卷　(清)郝懿行學　(清)趙汝翰校　清光緒八年(1882)東路廳刻本　十册

610000－4018－0000085　經 180
周禮六卷　(漢)鄭玄注　(唐)陸德明音義　清嘉慶十一年(1806)清芬閣刻本　六册

610000－4018－0000086　經 182
説文拈字七卷補遺一卷　(清)王玉樹箸　清嘉慶八年(1803)刻本　四册　存六卷(説文拈字一至六)

610000－4018－0000087　經 184
春秋左傳五十卷　(晉)杜預　(宋)林堯叟註釋　(唐)陸德明音義　(明)孫鑛等評點　清學源堂刻本　十二册

610000－4018－0000088　經 185
儀禮初學讀本十七卷　(清)萬廷蘭校刊　清光緒二年(1876)四川學院刻本　六册

610000－4018－0000089　經 187
四書經註集證十九卷　(宋)朱熹集註　清嘉慶三年(1798)刻本　十六册

610000－4018－0000090　經 188
分類字錦六十四卷　(清)張廷玉等編　清刻本　二十三册　存二十七卷(二十三、二十五至二十九、三十三至四十一、四十六、四十九至五十三、五十五至五十七、六十一至六十二、六十四)

610000－4018－0000091　經 190
尚書今文二十八篇解不分卷　(清)楊鍾泰撰　清道光十八年(1838)刻本　四册

610000－4018－0000092　經 192
春秋經傳集解三十卷　(晉)杜預原本　(唐)陸德明音釋　(宋)林堯叟附註　(清)馮李驊增訂　清刻本　十六册　存二十九卷(二至三十)

610000－4018－0000093　經 193
五經揭要　(清)周蕙田輯錄　清刻本　九册

610000－4018－0000094　經 196
四書五經義大全五十六卷首一卷　(清)雙璞齋主人輯　清光緒二十八年(1902)圖書集成局鉛印本　四册　存十二卷(三十至三十八、四十一至四十三)

610000－4018－0000095　經 197
增補四書精繡圖像人物備考十二卷圖一卷　(明)陳仁錫增訂　清乾隆四十二年(1777)四美堂刻本　四册　缺二卷(七至八)

610000－4018－0000096　經 199
左傳紺珠二卷　(清)王武沂輯　(清)蕭士麟補　清末刻本　一册

610000－4018－0000097　經 199－1
左氏蒙求註一卷　(元)吳化龍纂　(清)許乃濟　(清)王慶麟註　清刻本　一册

610000－4018－0000098　經 202
説文新坿攷六卷　(清)鄭珍記　清光緒七年(1881)刻本　二册　缺二卷(三至四)

610000－4018－0000099　經 203
説文新附攷六卷續攷一卷　(清)鈕樹玉撰　清同治十三年(1874)湖北崇文書局刻本　二册

610000－4018－0000100　經 204
説文通檢十四卷首一卷末一卷　(清)黎永椿編　清刻本　一册　存八卷(七至十四)

610000－4018－0000101　經 205
芸窗易草四卷　(清)閻斌註　清同治十二年(1873)刻本　四册

610000－4018－0000102　經 210
周易鄭氏義三卷　(清)張惠言述　清刻本　一册

610000－4018－0000103　經 212
禮記恆解四十九卷　(清)劉沅輯註　清道光八年(1828)刻本　八册　缺七卷(七至十三)

610000－4018－0000104　經 213

新增詩經補註附考備旨八卷　(清)鄒聖脉纂輯　清末刻本　一册　存二卷(三至四)

610000－4018－0000105　經 215
禹貢正字不分卷　(清)王筠撰　清刻本　一册

610000－4018－0000106　經 216
六書辨異二卷　(清)湯容焆輯　(清)吳應庚等編次　清刻本　二册

610000－4018－0000107　經 218
周易本義四卷　(宋)朱熹本義　清同治十年(1871)刻本　三册

610000－4018－0000108　經 219
一鐙精舍甲部藁五卷　(清)何秋濤撰　清末刻本　一册

610000－4018－0000109　經 220
四書釋地補一卷續補一卷又續補一卷三續補一卷　(清)閻若璩原本　(清)樊廷枚校補　清嘉慶二十一年(1816)梅陽海涵堂刻本　五册

610000－4018－0000110　經 221
爾雅義疏二十卷　(清)郝懿行學　清同治四年(1865)刻本　八册

610000－4018－0000111　經 223
爾雅初學讀本不分卷孝經初學讀本不分卷　(清)萬廷蘭校刊　清光緒二年(1876)四川學院衙門刻本　一册

610000－4018－0000112　經 226
小學鉤沈十九卷　(清)任大椿學　(清)王念孫校正　清嘉慶二十二年(1817)刻本　二册

610000－4018－0000113　經 227
周易集註八卷　(清)吳定學　清嘉慶九年(1804)刻本　四册

610000－4018－0000114　經 228
書經初學讀本四卷　(清)萬廷蘭校刊　清光緒二年(1876)四川學院衙門刻本　一册

610000－4018－0000115　經 230
虞氏易禮二卷　(清)張惠言述　清光緒九年(1883)刻本　一册

610000－4018－0000116　經 231
同文考證　(清)管受之輯　清道光二十二年(1842)刻本　一册

610000－4018－0000117　經 232
易經精華六卷首一卷末一卷　(清)薛嘉穎撰　清刻本　二册　存二卷(三至四)

610000－4018－0000118　經 233
爾雅貫珠一卷　(清)朱銓編　清刻本　一册

610000－4018－0000119　經 241
周易□□卷　(宋)朱熹本義　清慎詒堂刻本　一册　存一卷(一)

610000－4018－0000120　經 242
禮記二十卷　(漢)鄭玄註　清刻本　二册　存五卷(七至八、十八至二十)

610000－4018－0000121　經 243
禮記初學讀本不分卷　(清)萬廷蘭校刊　清刻本　二册

610000－4018－0000122　經 246
禮經十七卷　(漢)鄭玄注　王闓運箋　清刻本　三册　存八卷(五至六、十至十五)

610000－4018－0000123　經 247
讀詩知柄不分卷　(清)蔣紹宗著　清嘉慶刻本　二册

610000－4018－0000124　經 251
新增四書備旨靈捷解六卷　(清)張素存著　(清)鄒蒼崖輯　清刻本　三册　缺一卷(三)

610000－4018－0000125　經 252
四書通旨六卷　(元)朱公遷學　清同治七年(1868)刻本　六册

610000－4018－0000126　經 253
四書通旨六卷　(元)朱公遷學　清同治七年(1868)刻本　四册　存四卷(一至三、五)

610000－4018－0000127　經 254
欽定詩經傳説彙纂二十一卷首二卷詩序二卷　(清)王鴻緒等纂　清道光十八年(1838)刻

本　十八册

610000－4018－0000128　經 257
禮記十卷　（元）陳澔集説　清同治五年（1866）金陵書局刻本　十册

610000－4018－0000129　經 260
欽定詩經傳説彙纂二十一卷首二卷詩序二卷　（清）王鴻緒等纂　清雍正五年（1727）刻本　二十三册　缺二卷（十五至十六）

610000－4018－0000130　經 261
欽定詩經傳説彙纂二十一卷首二卷詩序二卷　（清）王鴻緒等纂　清同治七年（1868）刻本　十六册

610000－4018－0000131　經 262
欽定春秋傳説彙纂三十八卷首二卷　（清）王掞等撰　清道光十八年（1838）刻本　二十册

610000－4018－0000132　經 267
澄衷蒙學堂字課圖説四卷　（清）劉樹屏著　清光緒石印本　四册　存三卷（一至二、四）

610000－4018－0000133　經 268
欽定春秋傳説彙纂三十八卷首二卷　（清）王掞等撰　清刻本　十册　存二十一卷（十八至三十八）

610000－4018－0000134　經 269
經典釋文三十卷　（唐）陸德明撰　**考證三十卷**　（清）盧文弨撰　清同治八年（1869）湖北崇文書局刻本　十二册

610000－4018－0000135　經 271
來瞿唐先生易註十五卷首一卷末一卷　（明）來知德撰　（清）符永培重刊　清嘉慶十四年（1809）寧遠堂刻本　十五册

610000－4018－0000136　經 272
古經解鉤沉三十卷　（清）余蕭客輯　清刻本　十二册

610000－4018－0000137　經 274
朱子四書或問　（宋）朱熹撰　清刻本　十册

610000－4018－0000138　經 280
經韻集字析解二卷韻字一卷　（清）熊守謙參訂　（清）彭良敞集註　清道光十年（1830）刻本　二册

610000－4018－0000139　經 281
經傳攷證八卷　（清）朱彬撰　清道光十六年（1836）刻本　二册

610000－4018－0000140　經 283
詩經集傳八卷詩序辨説一卷　（宋）朱熹集傳　清同治五年（1866）刻本　四册

610000－4018－0000141　經 287
説文解字句讀三十卷　（清）祁春浦鑒定　（清）王筠撰集　（清）陳山嵋　（清）陳慶鏞訂正　（清）蔣其崘書篆　清同治四年（1865）刻本　十五册

610000－4018－0000142　經 288
春秋取義測十二卷　（清）法坤宏撰　清乾隆五十九年（1794）粵省西湖街六書齋刻本　四册

610000－4018－0000143　經 289
四書説苑十一卷首一卷補遺一卷續遺一卷　（清）孫應科輯　清道光刻本　四册

610000－4018－0000144　經 290
經籍籑詁一百六卷補遺一百六卷首一卷　（清）阮元撰　清同治十二年（1873）淮南書局刻本　六十三册

610000－4018－0000145　經 291
十三經注疏附考證　（三國魏）王弼注　（唐）陸德明音義　（唐）孔穎達疏　清同治十年（1871）廣東書局刻本　一百十七册

610000－4018－0000146　經 311
小學註解六卷　（明）陳選集註　清蓮花書院刻本　四册

610000－4018－0000147　經 312
儀禮正義四十卷　（漢）鄭玄注　（清）胡培翬學　清道光刻本　十册

610000－4018－0000148　經 313
春秋左傳杜注三十卷　（清）姚培謙學　清道光七年（1827）刻朱墨印本　十二册

610000－4018－0000149　經 315

小學弦歌節鈔四卷　(清)劉永亨撰　清光緒三十一年(1905)都門文德齋刻本　一册

610000－4018－0000150　經 323

制藝英聲不分卷　(清)顧元熙等撰　清嘉慶刻本　三册

610000－4018－0000151　經 341

說文解字繫傳校勘記三卷　(清)祁寯藻撰　清刻本　一册　存二卷(中、下)

610000－4018－0000152　經 344

春秋傳十二卷　(清)牛運震學　清空山堂刻本　四册

610000－4018－0000153　經 346

春秋穀梁經傳補注二十四卷首一卷末一卷　(清)鍾文烝撰　清光緒二年(1876)刻本　八册

610000－4018－0000154　經 347

大學古本質言一卷　(清)劉沅著　清咸豐二年(1852)刻本　一册

610000－4018－0000155　經 351

春秋屬辭辨例編六十卷首二卷　(清)張應昌學　清同治十二年(1873)刻本　三十二册

610000－4018－0000156　經 352

春秋經傳集解三十卷　(晉)杜預撰　清刻本　十册　存二十六卷(二至十六、二十至三十)

610000－4018－0000157　經 353

春秋經傳集解三十卷　(晉)杜預撰　清刻本　五册　存十卷(三至六、九至十、二十一至二十二、二十七至二十八)

610000－4018－0000158　經 354

春秋公羊經傳解詁十二卷　(漢)何休撰　王闓運箋　清刻本　三册　存六卷(四至六、九至十一)

610000－4018－0000159　經 356

禮記十卷　(元)陳澔集說　清同治十年(1871)刻本　四册　存四卷(一、七至八、十)

610000－4018－0000160　經 358

春秋穀梁傳集解十二卷　(晉)范甯集解　(唐)陸德明音義　清末刻本　二册　存七卷(六至十二)

610000－4018－0000161　經 359

春秋集傳辨異十二卷　(清)趙培桂集辨　清同治五年(1866)明德堂刻本　三册　存八卷(一至八)

610000－4018－0000162　經 360

周禮初學讀本六卷　(清)□□撰　清刻本　一册　存三卷(四至六)

610000－4018－0000163　經 363

十三經集字摹本不分卷　(清)彭玉雯纂　清光緒四年(1878)會稽章氏刻本　四册

610000－4018－0000164　經 366

孟子集註十四卷　(宋)朱熹集註　清立本齋刻本　三册　存七卷(一至七)

610000－4018－0000165　經 367

尚書今古文注三十卷　(清)孫星衍撰注　清光緒刻本　四册

610000－4018－0000166　經 368

尚書今古文注三十卷　(清)孫星衍撰注　清光緒刻本　一册　存十卷(四至十三)

610000－4018－0000167　經 372

論語集註十卷　(宋)朱熹集註　清立本齋刻本　二册

610000－4018－0000168　經 373

論語集註十卷　(宋)朱熹集註　清刻本　一册　存二卷(四至五)

610000－4018－0000169　經 374

爾雅經注三卷音釋一卷集證三卷　(晉)郭璞注　清光緒七年(1881)刻本　二册

610000－4018－0000170　經 376

尚書大傳四卷補遺一卷續補遺一卷　(漢)鄭玄注　**考異一卷**　(清)盧文弨撰　清嘉慶十七年(1812)刻本　一册

610000－4018－0000171　經 377

詩經初學讀本不分卷　（清）萬廷蘭校刊　清光緒二年(1876)四川學院衙門刻本　一冊

610000－4018－0000172　經379
中庸章句一卷　（宋）朱熹章句　清刻本　一冊

610000－4018－0000173　經380
求在我齋制藝不分卷　（清）毛樹棠著　（清）王輅編次　清光緒五年(1879)刻本　一冊

610000－4018－0000174　經383
中庸集編三卷　（宋）真德秀撰　（清）祝昌泰較刊　清嘉慶浦城祝氏留香室刻本　一冊

610000－4018－0000175　經384
四書恆解十一卷　（清）劉沅輯註　清光緒二十六年(1900)刻本　八冊　缺四卷(上論一，孟子一至二、四十四)

610000－4018－0000176　經385
四書恆解十一卷　（清）劉沅輯註　清光緒二十六年(1900)刻本　十二冊

610000－4018－0000177　經386
四書恆解十一卷　（清）劉沅輯註　清光緒二十六年(1900)刻本　十二冊

610000－4018－0000178　經387
四書恆解十一卷　（清）劉沅輯註　清道光十六年(1836)刻本　九冊　缺二卷(中庸一、孟子四)

610000－4018－0000179　經388
四書說叢十七卷　（明）沈守正輯　明萬曆四十三年(1615)刻本　五冊

610000－4018－0000180　經389
四書或問語類集解釋註大全□□卷　（清）朱良玉纂輯　清刻本　一冊　存一卷(孟子六)

610000－4018－0000181　經391
爾雅蒙求二卷　（清）李拔式撰　清同治八年(1869)刻本　二冊

610000－4018－0000182　經393
詩經恆解六卷　（清）劉沅輯註　清刻本　六冊

610000－4018－0000183　經394
春秋左傳補註六卷　（清）惠棟著　清乾隆潮陽縣衙刻本　二冊

610000－4018－0000184　經395
左傳選十四卷　（清）儲欣評　（清）董南紀等校訂　清刻本　二冊　存八卷(一至六、十至十一)

610000－4018－0000185　經396
詩經恆解六卷　（清）劉沅輯註　清刻本　五冊　存五卷(一至四、六)

610000－4018－0000186　經397
周易玩辭集解十卷首一卷　（清）查慎行撰　清刻本　五冊

610000－4018－0000187　經399
尚書埤傳十五卷補二卷首一卷附錄一卷書經考異一卷尚書考異補一卷　（清）朱鶴齡輯　（清）沈壽民　（清）顧炎武訂　清金閶養正堂刻本　三冊

610000－4018－0000188　經400
孝經古今文傳註輯論一卷　（清）吳大廷撰　清同治十二年(1873)金陵刻本　一冊

610000－4018－0000189　經401
詩經旁訓五卷　（□）□□撰　清光緒九年(1883)刻本　四冊　存三卷(一、三、五)

610000－4018－0000190　經404
羣經平議三十五卷　（清）俞樾撰　清同治刻本　一冊　存三卷(十八至二十)

610000－4018－0000191　經405
左傳評三卷　（清）李文淵撰　清乾隆五十四年(1789)刻本　一冊

610000－4018－0000192　經406
儀禮韻言二卷　（清）檀萃纂　清末刻本　一冊

610000－4018－0000193　經407
六書音均表五卷　（清）段玉裁撰　清刻本　一冊

610000－4018－0000194　經408

四書正本十九卷首一卷　(宋)朱熹章句　清光緒十六年(1890)刻本　十二册

610000－4018－0000195　經409
周易姚氏學十六卷首一卷　(清)姚配中撰　清光緒三年(1877)湖北崇文書局刻本　六册

610000－4018－0000196　經412
孟子集註七卷　(宋)朱熹集註　清光緒六年(1880)益興堂刻本　四册

610000－4018－0000197　經418
司馬氏書儀十卷　(宋)司馬光撰　清同治七年(1868)江蘇書局刻本　一册

610000－4018－0000198　經419
書傳音釋六卷首一卷末一卷　(宋)蔡沈集傳　(元)鄒季友音釋　清咸豐五年(1855)浦城祝氏與古齋刻本　四册

610000－4018－0000199　經422
毛詩二十卷　(漢)鄭玄箋　清刻本　一册　存五卷(十二至十六)

610000－4018－0000200　經423
爾雅三卷　(晉)郭璞注　(唐)陸德明音義　清光緒八年(1882)錦江書局刻本　三册

610000－4018－0000201　經425
經腴類纂二卷　(清)孫顏編輯　清小嫏嬛山館刻本　一册

610000－4018－0000202　經426
尚書離句六卷　(清)劉梅垞鑒定　(清)錢在培輯解　清光緒刻本　三册

610000－4018－0000203　經428
釋名疏證補八卷續一卷補遺一卷坿一卷　(漢)劉熙撰　王先謙譔集　清光緒二十二年(1896)刻本　三册

610000－4018－0000204　經431
經解牖四卷　(清)王瑬輯　清刻本　一册　存一卷(四)

610000－4018－0000205　經434
忘筌書十卷　(宋)潘殖撰　(清)祝昌泰較刊　清嘉慶浦城祝氏留香室刻浦城遺書本　二册

610000－4018－0000206　經435
書經講義會編十二卷　(明)申時行授　(明)徐銓等校訂　清光緒十八年(1892)關中書院刻本　十一册　存十一卷(一至二、四至十二)

610000－4018－0000207　經436
書經講義會編十二卷　(明)申時行授　(明)徐銓等校訂　清光緒十八年(1892)關中書院刻本　七册　存七卷(一、四、六至七、九至十一)

610000－4018－0000208　經437
經傳禘祀通考一卷　(清)崔述著　(清)陳履和校刊　清嘉慶二年(1797)刻東壁先生書鈔本　一册

610000－4018－0000209　經438
周易恆解五卷　(清)劉沅註釋　清刻本　二册　存一卷(五)

610000－4018－0000210　經439
六家詩名物疏五十五卷提要三卷　(明)馮復京輯著　明萬曆刻本　八册

610000－4018－0000211　經446
説文解字十五卷　(清)段玉裁注　清刻本　九册　存九卷(四至十一、十四)

610000－4018－0000212　經450
經學質疑四十卷　(清)狄子奇述　清道光十七年(1837)刻本　八册

610000－4018－0000213　經451
説文解字十五卷　(漢)許慎記　(宋)徐鉉等校定　清刻本　七册　存十三卷(三至十五)

610000－4018－0000214　經452
説文提要一卷　(清)陳建侯撰　清同治十二年(1873)湖北崇文書局刻本　一册

610000－4018－0000215　經454
説文解字十五卷　(清)段玉裁注　清刻本　四册　存四卷(十至十三)

610000－4018－0000216　經458

助字辨略五卷 （清）劉淇撰 清咸豐五年至六年（1855－1856）海源閣刻本 五冊

610000－4018－0000217 經460
禮記集説□□卷 （元）陳澔集説 清刻本 五冊 存五卷（六至十）

610000－4018－0000218 經461
皇清經解一千四百八卷 （清）阮元輯 清道光九年（1829）廣東學海堂刻咸豐十一年（1861）補刻本 三百四十三冊 缺九十三卷（九十至一百二十、一百三十一至一百三十七、六百四十一至六百四十六、七百三十五至七百八十三）

610000－4018－0000219 經462
十三經客難五十五卷附黄淮安瀾編二卷經學策一卷史學策一卷畏齋文集四卷 （清）龔元玠著 清道光二十六年（1846）刻本 十六冊 缺一卷（畏齋儀禮客難一）

610000－4018－0000220 經463
喬氏易俟二十卷 （清）喬萊述 清道光二十一年（1841）刻本 四冊

610000－4018－0000221 經464
明堂陰陽夏小正經傳攷釋十卷夏時等列説一卷 （清）莊述祖學 （清）劉翊宸校栞 清光緒九年（1883）刻本 四冊

610000－4018－0000222 經465
溉亭述古録二卷 （清）錢塘撰 （清）阮元敘録 清光緒刻本 一冊

610000－4018－0000223 經466
周易恆解五卷首一卷 （清）劉沅註釋 清同治三年（1864）刻本 六冊

610000－4018－0000224 經466－1
周易本義爻徵二卷 （清）吳日慎著 （清）李錫齡校刊 清刻本 二冊

610000－4018－0000225 經467
書經體註大全合叅六卷 （清）□□撰 清刻本 四冊

610000－4018－0000226 經467－1
説文逸字二卷 （清）鄭珍記 **附録一卷** （清）鄭知同撰 清同治、光緒間福山王氏刻天壤閣叢書本 二冊

610000－4018－0000227 經468
康熙字典十二集檢字一卷辨似一卷等韻一卷總目一卷備考一卷補遺一卷 （清）張玉書等撰 清光緒二十年（1894）上海點石齋石印本 五冊 缺二集（酉至戌）

610000－4018－0000228 經469
字彙十二集首一卷末一卷 （明）梅膺祚音釋 清道光五年（1825）裕德堂刻本 十三冊

610000－4018－0000229 經470
春秋大事表五十卷首一卷輿圖一卷附録一卷 （清）顧棟高輯 清乾隆萬卷樓刻本 二十冊

610000－4018－0000230 經474
求古録禮説十六卷補遺一卷 （清）金鶚撰 **校勘記三卷** （清）王士駿輯 清光緒二年（1876）刻本 九冊

610000－4018－0000231 經474（W）
詩聲類十二卷詩聲分例一卷 （清）孔廣森學 清謙益堂刻顨軒孔氏所著書本 一冊

610000－4018－0000232 經475
禹貢滙疏十二卷 （明）茅瑞徵纂并箋 明崇禎五年（1632）刻本 八冊

610000－4018－0000233 經475（W）
四書釋地補一卷續補一卷又續補一卷三續補一卷 （清）閻若璩原本 （清）樊廷枚校補 清嘉慶二十一年（1816）梅陽海涵堂刻本 六冊 存三卷（續補一、又續補一、三續補一）

610000－4018－0000234 經476
尚書集傳六卷 （宋）蔡沈集傳 清稻香齋刻本 一冊 存二卷（二至三）

610000－4018－0000235 經477
左通補釋三十二卷 （清）梁履繩學 清光緒元年（1875）補刻本 十二冊

610000－4018－0000236 經479

明文鈔六編國朝文鈔五編論文集鈔二卷嘉懿集初鈔四卷續鈔四卷　(清)高塘輯　清乾隆刻本　五十冊　缺二編(明文鈔四至五)

610000－4018－0000237　史001
東華錄四百二十四卷(天命朝至道光朝)　王先謙編　(清)周潤蕃　(清)周瀹蕃校　清光緒刻本　一百六十冊　存四百十三卷(東華錄天命一至四,天聰一至十,崇德一至八,雍正一至二十六,順治一至三十三,康熙一至六十四、七十三至一百十;東華續錄乾隆一至一百二十、嘉慶一至五十、道光一至六十)

610000－4018－0000238　史001－1
東華錄三十二卷(天命朝至雍正朝)　(清)蔣良騏撰　清刻本　五冊　存二十卷(一至十二、十八至二十五)

610000－4018－0000239　史002
東華錄四百二十四卷(天命朝至道光朝)　王先謙編　(清)周潤蕃　(清)周瀹蕃校　清光緒刻本　一百三十五冊　存三百五十六卷(東華錄康熙一至四十四、四十九至一百十,雍正二十六卷,東華續錄乾隆一百二十卷,嘉慶一至十六、二十三至五十,道光六十卷)

610000－4018－0000240　史004
東華錄三十二卷(天命朝至雍正朝)　(清)蔣良騏撰　清刻本　五冊　存二十八卷(一至二十八)

610000－4018－0000241　史005
文獻徵存錄十卷　(清)錢林輯　(清)王藻編　清咸豐八年(1858)有嘉樹軒刻本　十冊

610000－4018－0000242　史013
欽定宗室王公功績表傳十二卷首一卷　(清)國史館編　清刻本　五冊　存八卷(三至八、十一至十二)

610000－4018－0000243　史014
陝西諮議局第二屆常年會決議案報告不分卷　(□)□□撰　清末民初鉛印本　一冊

610000－4018－0000244　史015
草堂說史八卷　(清)劉應秋著　清刻本　二冊　存四卷(五至八)

610000－4018－0000245　史016
支那通史四卷　(日本)那珂通世編　清光緒二十五年(1899)東文學社石印本　五冊

610000－4018－0000246　史018
[嘉慶]長安縣志三十六卷　(清)張聰賢修　(清)董曾臣纂　清刻本　一冊　存三卷(七至九)

610000－4018－0000247　史019
書目答問不分卷附國朝著述諸家姓名略一卷輶軒語一卷　(清)張之洞編　清末刻本　二冊

610000－4018－0000248　史021
海國圖志一百卷　(清)魏源撰　清咸豐二年(1852)古微堂刻本　二十一冊　缺十四卷(七十至八十三)

610000－4018－0000249　史022
萬國通史前編十卷　(英國)李思倫白約翰輯譯　蔡爾康紀述　清光緒二十六年(1900)上海廣學會鉛印本　十冊

610000－4018－0000250　史023
補歷代史表五十九卷　(清)萬斯同輯　清康熙三十一年(1692)都門刻本　六冊

610000－4018－0000251　史024
尚友錄二十二卷　(明)廖用賢編纂　清康熙五年(1666)刻本　二十三冊

610000－4018－0000252　史025
[鹽課章程]一卷　(清)□□撰　清咸豐二年(1852)刻本　一冊

610000－4018－0000253　史027
朱子[熹]年譜四卷考異四卷附錄二卷　(清)王懋竑纂訂　清刻本　四冊

610000－4018－0000254　史028
得一錄十六卷　(清)余治輯　清同治十一年(1872)刻本　八冊

610000－4018－0000255　史030
東都事畧一百三十卷　(宋)王偁撰　清乾隆

六十年(1795)埽葉山房刻本　十二册

610000－4018－0000256　史031

天聖明道本國語二十一卷考異四卷　(清)汪遠孫撰　清同治八年(1869)湖北崇文書局刻本　五册

610000－4018－0000257　史032

唐鑑十二卷　(宋)范祖禹譔　(宋)吕祖謙註　清解梁書院刻本　四册

610000－4018－0000258　史033

東萊先生音註唐鑑二十四卷　(宋)范祖禹撰　(宋)吕祖謙註　清刻本　九册　存十八卷(一至十六、二十一至二十二)

610000－4018－0000259　史034

十六國春秋一百卷　(北魏)崔鴻撰　(清)汪日桂校刊　清乾隆仁和汪日桂欣託山房刻本　二十册

610000－4018－0000260　史035

十國春秋一百十四卷　(清)吴任臣譔　(清)牛奂閱　(清)周昂重校刊　**拾遺一卷備考一卷**　(清)周昂輯　清乾隆五十八年(1793)刻嘉慶四年(1799)昭文周氏補刻本　十六册

610000－4018－0000261　史036

滿洲名臣傳四十八卷漢名臣傳三十二卷　(清)國史館編　清京都琉璃廠榮錦書坊木活字印本　六十四册　存六十四卷(滿洲名臣傳一至二十七、二十九至三十二、三十四、三十六至四十一、四十三至四十四,漢名臣傳一至三、五至九、十一至二十、二十六至二十八、三十至三十二)

610000－4018－0000262　史038

文獻通考三百四十八卷　(元)馬端臨撰　清咸豐九年(1859)崇仁謝氏刻本　一百十九册　缺四卷(一百八十五至一百八十八)

610000－4018－0000263　史039

通志二百卷　(宋)鄭樵撰　清咸豐九年(1859)崇仁謝氏刻本　一百五十八册　缺二卷(十上、十一)

610000－4018－0000264　史040

通典二百卷　(唐)杜佑纂　清咸豐九年(1859)崇仁謝氏刻本　四十册

610000－4018－0000265　史042

戰國策十卷　(宋)鮑彪校注　(元)吴師道重校　清刻本　四册

610000－4018－0000266　史046

[同治]宜都縣志四卷首一卷末一卷　(清)崔培元等纂　清同治五年(1866)刻本　四册

610000－4018－0000267　史047

重訂路史全本前紀九卷後紀十四卷國名紀八卷發揮六卷餘論十卷　(宋)羅泌著　清乾隆元年(1736)刻本　十五册　缺三卷(餘論八至十)

610000－4018－0000268　史052

戰國策三十三卷　(漢)高誘注　(宋)姚宏校正　**重刻剡川姚氏本戰國策札記三卷**　(清)黄丕烈撰　清同治八年(1869)湖北崇文書局刻本　五册

610000－4018－0000269　史053

四史勦説十六卷　(清)史珥著　清乾隆刻本　十六册

610000－4018－0000270　史054

林文忠公政書甲集九卷乙集十七卷丙集十一卷　(清)林則徐撰　清刻本　十六册

610000－4018－0000271　史055

南北史補志十四卷　(清)汪士鐸撰　清光緒四年(1878)淮南書局刻本　六册

610000－4018－0000272　史060

鑑語經世編二十七卷　(清)魏裔介纂　(清)魏嘉孚等較　(清)魏世益等讀　清康熙刻本　十二册

610000－4018－0000273　史062

舊五代史一百五十卷　(宋)薛居正等撰　清同治十一年(1872)湖北崇文書局刻本　十六册

610000－4018－0000274　史063

讀史方輿紀要一百三十卷 (清)顧祖禹著 (清)彭元瑞定 清光緒五年(1879)蜀南桐華書屋薛氏家塾修補本 五十五册 存一百十二卷(一至一百十二)

610000－4018－0000275 史064
晋畧六十五卷序目一卷 (清)周濟譔 清光緒二年(1876)味雋齋刻本 十册

610000－4018－0000276 史065
讀史鏡古編三十二卷 (清)潘世恩輯 清同治十三年(1874)冶城飛霞閣刻本 六册

610000－4018－0000277 史066
欽定吏部文選司章程三十二卷 (清)吏部編 清同治十二年(1873)刻本 十二册

610000－4018－0000278 史067
水道提綱二十八卷 (清)齊召南編錄 清光緒五年(1879)宏達堂刻宏達堂叢書本 六册

610000－4018－0000279 史068
野獲編三十卷首一卷補遺四卷 (明)沈德符著 (清)錢枋輯 清道光七年(1827)錢塘姚氏扶荔山房刻本 二十四册

610000－4018－0000280 史069
綱鑑正史約三十六卷 (明)顧錫疇原編 (清)陳宏謀增訂 清同治八年(1869)浙江書局刻本 二十册

610000－4018－0000281 史070
[瀘州體仁堂]六種 (清)體仁堂編 清光緒十年(1884)體仁堂刻本 六册

610000－4018－0000282 史071
[瀘州體仁堂]六種 (清)體仁堂編 清光緒十年(1884)體仁堂刻本 六册

610000－4018－0000283 史072
後漢書九十卷 (南朝宋)范曄撰 (唐)李賢注 **續漢志三十卷** (南朝梁)劉昭注補 清同治八年(1869)金陵書局刻本 十六册

610000－4018－0000284 史073
晉書一百三十卷 (唐)房玄齡等撰 **音義三卷** (唐)何超撰 清同治十年(1871)金陵書局刻本 二十册

610000－4018－0000285 史074
魏書一百十四卷 (北齊)魏收撰 清同治十一年(1872)金陵書局刻本 二十册

610000－4018－0000286 史075
周書五十卷 (唐)令狐德棻等撰 清同治十三年(1874)金陵書局刻本 四册

610000－4018－0000287 史076
隋書八十五卷 (唐)魏徵等撰 清同治十年(1871)淮南書局刻本 十六册

610000－4018－0000288 史077
梁書五十六卷 (唐)姚思廉撰 清同治十三年(1874)金陵書局刻本 六册

610000－4018－0000289 史079
三續疑年錄十卷 (清)陸心源編 清光緒五年(1879)刻本 二册

610000－4018－0000290 史080
廿一史四譜五十四卷 (清)沈炳震鈔 清同治十年(1871)武林吳氏清來堂刻本 十六册

610000－4018－0000291 史082
三通序不分卷 (唐)杜佑著 清刻宏達堂叢書本 二册

610000－4018－0000292 史083
南北史識小錄二十八卷 (清)沈明蓀 (清)朱昆田原輯 (清)張應昌補正 清同治十年(1871)武林吳氏清來堂刻本 十一册 存十一卷(一至二、六至十四)

610000－4018－0000293 史084
北齊書五十卷 (唐)李百藥撰 清同治十三年(1874)金陵書局刻本 四册

610000－4018－0000294 史085
陳書三十六卷 (唐)姚思廉撰 清同治十一年(1872)金陵書局刻本 四册

610000－4018－0000295 史086
南齊書五十九卷 (南朝梁)蕭子顯撰 清同治十三年(1874)金陵書局刻本 六册

610000－4018－0000296　史 087
新釋地理備考全書十卷　（葡萄牙）瑪吉士輯譯　清道光二十七年(1847)刻本　三册　存六卷(二至三、五至八)

610000－4018－0000297　史 088
鳳臺祇謁筆記一卷　（清）董恂撰　清同治九年(1870)刻本　二册

610000－4018－0000298　史 088－1
永甯祇謁筆記一卷　（清）董恂撰　清同治十一年(1872)刻本　二册

610000－4018－0000299　史 090
惜抱軒漢書評點一卷　（清）姚鼐閲　清經德堂刻本　一册

610000－4018－0000300　史 092
金史一百三十五卷　（元）托克托等修　清同治十三年(1874)江蘇書局刻本　二十册

610000－4018－0000301　史 093
歷代地理沿革圖一卷　（清）六嚴撰　（清）馬徵麟增輯　清同治十年(1871)金陵刻本　一册

610000－4018－0000302　史 101
晉書地理志新補正五卷　（清）畢沅撰　清會稽章氏刻本　一册　存三卷(一至三)

610000－4018－0000303　史 104
[道光]留壩廳志十卷留壩廳足徵錄四卷　（清）賀仲瑊修　（清）蔣湘南纂　清道光二十二年(1842)漢中友義齋刻本　四册

610000－4018－0000304　史 106
隸辨八卷　（清）顧藹吉撰　清刻本　六册　存五卷(一至二、六至八)

610000－4018－0000305　史 108
增訂盛世危言新編十四卷　（清）鄭觀應纂箸　清末刻本　六册　存十一卷(四至十四)

610000－4018－0000306　史 112
直隸津局運售各省書籍總目不分卷　（清）天津海防支應局編　清光緒刻本　一册

610000－4018－0000307　史 113
稽古錄二十卷　（宋）司馬光著　清光緒九年(1883)解梁書院刻本　四册

610000－4018－0000308　史 114
林文忠公遺集　（清）林則徐撰　清光緒三山林氏刻本　三册　存三種

610000－4018－0000309　史 115
忠武祠墓志七卷首一卷末一卷　（清）李復心彙輯　清道光元年(1821)刻本　四册

610000－4018－0000310　史 116
[光緒]鳳縣志十卷首一卷　（清）朱子春修　（清）段澍霖纂　清光緒十八年(1892)刻本　二册　存三卷(一至二、十)

610000－4018－0000311　史 118
[嘉靖]高陵縣志七卷　（明）呂柟纂修　清嘉慶三年(1798)刻本　四册

610000－4018－0000312　史 119
帝京景物畧八卷　（明）方逢年訂　（明）劉侗　（明）于奕正修　明崇禎八年(1635)刻本　十六册

610000－4018－0000313　史 123
水經注釋四十卷首一卷附錄二卷水經注箋刊誤十二卷　（漢）桑欽撰　（北魏）酈道元注　（清）趙一清錄　**水經釋地八卷**　（清）孔繼涵撰　**水經注圖説殘稾四卷**　（清）董祐誠撰　**今水經一卷**　（清）黄宗羲學　清光緒六年(1880)會稽章氏刻本　十二册　缺三十九卷(水經注釋一至三十六、首一卷、附錄二卷)

610000－4018－0000314　史 127
金石萃編一百六十卷　（清）王昶譔　清嘉慶十年(1805)刻本　四十册

610000－4018－0000315　史 135
南遊記一卷　（清）孫嘉淦撰　清嘉慶刻本　一册

610000－4018－0000316　史 136
畿輔叢書已刻書目不分卷未刻書目不分卷　（清）王灝輯　清光緒刻本　一册

610000－4018－0000317　史 137

[正德]朝邑縣志二卷　(明)王道修　(明)韓邦靖纂　清刻本　一冊

610000-4018-0000318　史138
七略別錄一卷　(漢)劉向撰　清刻本　一冊

610000-4018-0000319　史139
樊山批判十四卷附一卷　樊增祥撰　清光緒刻本　一冊　存二卷(一至二)

610000-4018-0000320　史140
度隴記四卷　(清)董醇著　清咸豐元年(1851)刻本　四冊

610000-4018-0000321　史143
後漢紀三十卷　(晉)袁宏撰　明萬曆刻本　六冊

610000-4018-0000322　史144
古列女傳八卷　(漢)劉向著　(明)黃魯曾贊　清光緒三年(1877)湖北崇文書局刻本　二冊

610000-4018-0000323　史145
[乾隆]蔚州志補十二卷首一卷　(清)楊世昌修　(清)吳廷華　(清)楊大猷纂　清乾隆十年(1745)刻本　四冊　存九卷(四至十二)

610000-4018-0000324　史146
英興記二卷首一卷　(英國)慕理海著　(美國)林樂知　(清)任廷旭譯　清末廣學會鉛印本　一冊　存一卷(下)

610000-4018-0000325　史152
南北史捃華八卷　(清)周嘉猷輯　清同治四年(1865)刻本　三冊　存五卷(一至四、六)

610000-4018-0000326　史153
御批增補了凡綱鑑四十卷　(明)袁黃編纂　清光緒二十五年(1899)上海著易堂石印本　九冊　存三十七卷(四至四十)

610000-4018-0000327　史154
普法戰紀二十卷　(清)張宗良口譯　(清)王韜輯撰　清光緒鉛印本　六冊　存十四卷(三至十六)

610000-4018-0000328　史155
十七史商榷一百卷　(清)王鳴盛述　清乾隆五十二年(1787)刻本　二十冊

610000-4018-0000329　史156
月令粹編二十四卷圖說一卷　(清)秦嘉謨編　清嘉慶十七年(1812)刻本　七冊　存二十一卷(一至三、七至二十四)

610000-4018-0000330　史157
月令輯要二十四卷圖說一卷　(清)李光地等輯　清康熙五十四年(1715)内府刻本　十一冊　存二十三卷(月令輯要一至七、十至二十四,圖說一卷)

610000-4018-0000331　史159
牧令經驗方一卷　(清)方戊昌撰　清光緒十四年(1888)刻本　一冊

610000-4018-0000332　史161
四川鹽道計案官運鹽案彙輯十二卷　(清)計岸官運總局文案所纂輯　清光緒三十年(1904)計案官運總局刻本　八冊　存八卷(甲至己、壬至癸)

610000-4018-0000333　史163
孝肅奏議十卷　(宋)包拯撰　清同治二年(1863)省心閣刻本　四冊

610000-4018-0000334　史164
籌濟編三十二卷首一卷　(清)楊景仁輯　清光緒五年(1879)江蘇書局刻本　八冊

610000-4018-0000335　史166
公車上書記一卷　康有為著　(清)哀時老人記　清光緒二十一年(1895)上海石印書局石印本　一冊

610000-4018-0000336　史169
關中金石記八卷　(清)畢沅撰　清乾隆四十六年(1781)刻本　四冊

610000-4018-0000337　史170
遼金元三史語解　(清)高宗弘曆撰　清道光四年(1824)内府刻本　十六冊

610000-4018-0000338　史172
秦中書局彙報十九冊　(清)秦中書局編　清

光緒鉛印本　五冊　存五冊(三、六、十二、十六、十八)

610000－4018－0000339　史177
漢書西域傳補注二卷　(清)徐松學　清道光九年(1829)陽湖張琦刻本　一冊　存一卷(上)

610000－4018－0000340　史179
帝輿合覽三卷　(清)何炳纂述　(清)馮登府　(清)胡咸臨校訂　清道光十三年(1833)刻本　四冊

610000－4018－0000341　史180
咸豐十一年辛酉科選直隸拔貢同年全錄不分卷　(清)□□撰　清刻本　一冊

610000－4018－0000342　史182
竹書紀年統箋十二卷前編一卷雜述一卷　(清)徐文靖補箋　(清)馬陽　(清)崔萬烜校訂　清光緒三年(1877)浙江書局刻本　三冊　缺四卷(四至七)

610000－4018－0000343　史183
周書集訓校釋十卷逸文一卷　(清)朱右曾輯訓校釋　清道光二十六年(1846)刻本　二冊

610000－4018－0000344　史187
歷代地理志韻編今釋二十卷皇朝輿地韻編二卷　(清)李兆洛輯　清同治九年(1870)合肥李氏刻本　六冊　缺四卷(歷代地理志韻編今釋六至九)

610000－4018－0000345　史188
春融堂雜記　(清)王昶譔　清光緒鉛印本　四冊

610000－4018－0000346　史190
崇祀錄一卷　(清)□□撰　清刻本　一冊

610000－4018－0000347　史193
資治新書十四卷首一卷　(清)李漁蒐輯　清刻本　一冊　存二卷(五至六)

610000－4018－0000348　史194
申鳧盟[涵光]先生年譜略一卷　(清)申涵煜輯　**申鳧盟傳一卷**　(清)魏裔介撰　**處士鳧盟申君墓誌銘一卷**　(清)魏家樞撰　**崇祀鄉賢錄一卷**　(清)王懋竑撰　清康熙十六年(1677)刻本　一冊

610000－4018－0000349　史197
督捕則例二卷　(清)徐本等修　(清)唐紹祖等纂　清刻本　一冊

610000－4018－0000350　史198
紀元編三卷末一卷　(清)李兆洛撰　(清)六承如集錄　清同治十年(1871)合肥李氏刻本　一冊

610000－4018－0000351　史202
乾道臨安志十五卷首一卷　(宋)周淙撰　**劄記一卷**　(清)錢保塘撰　清光緒四年(1878)會稽章氏刻本　一冊　存五卷(一至三、首一卷、劄記一卷)

610000－4018－0000352　史204
東萊先生音註唐鑑二十四卷　(宋)范祖禹撰　(宋)呂祖謙注　清刻本　二冊　存六卷(十七至二十、二十三至二十四)

610000－4018－0000353　史205
天聖明道本國語二十一卷　(三國吳)韋昭解　**校刊明道本韋氏解國語札記一卷**　(清)黄丕烈撰　清嘉慶五年(1800)吳門黄氏讀未見書齋刻本　三冊

610000－4018－0000354　史206
歐羅巴通史四卷　(日本)箕作元八　(日本)峰岸米造纂　(清)胡景伊等譯　清光緒二十六年(1900)刻本　二冊

610000－4018－0000355　史207
疑年錄四卷　(清)錢大昕編　(清)吳修校　**續疑年錄四卷**　(清)錢椒編　清嘉慶刻本　二冊

610000－4018－0000356　史210
蒙古游牧記十六卷　(清)張穆撰　(清)何秋濤校　清同治六年(1867)壽陽祁氏刻本　四冊

610000－4018－0000357　史223

史鑑節要便讀六卷　(清)鮑東里編輯　清光緒刻本　六冊

610000－4018－0000358　史228
江南鄉試闈墨不分卷　(清)□□撰　清刻本　一冊

610000－4018－0000359　史230
鄂國金佗稡編二十八卷續編三十卷　(宋)岳珂編　清光緒九年(1883)浙江書局刻本　十二冊

610000－4018－0000360　史232
歷代名人年譜十卷附存疑及生年卒月無攷一卷　(清)吳榮光撰　(清)瞿樹辰　(清)吳彌光編校　清光緒二年(1876)京都賓經書坊刻本　十冊

610000－4018－0000361　史233
繹史一百六十卷世系圖一卷年表一卷　(清)馬驌撰　清康熙九年(1670)刻本　四十四冊　缺二卷(八十四至八十五)

610000－4018－0000362　史237
歷代名臣奏議三百五十卷　(明)張溥刪正　明東觀閣刻本　八十冊

610000－4018－0000363　史238
欽定日下舊聞考一百六十卷譯語總目一卷　(清)朱彝尊原輯　(清)于敏中等修　(清)竇光鼐等纂　清乾隆刻本　四十冊

610000－4018－0000364　史239
五代史記注七十四卷　(宋)歐陽脩撰　(宋)徐無黨原注　(清)彭元瑞注　(清)劉鳳誥排次　清道光八年(1828)刻本　四十冊

610000－4018－0000365　史240
欽定明鑑二十四卷首一卷　(清)托津等編　清同治九年(1870)湖北崇文書局刻本　十冊

610000－4018－0000366　史241
唐陸宣公集二十四卷　(清)陸贄撰　(清)耆英重訂　清道光二十七年(1847)刻本　八冊

610000－4018－0000367　史242
明史藁三百十卷目錄三卷　(清)王鴻緒編撰　清雍正敬慎堂刻本　八十冊　缺十六卷(二十二至二十三、九十四至九十六、九十八至九十九、一百一至一百二、一百四至一百八、三百九至三百十)

610000－4018－0000368　史243
水經注釋四十卷首一卷附錄二卷水經注箋刊誤十二卷　(漢)桑欽撰　(北魏)酈道元注　(清)趙一清錄　**水經釋地八卷**　(清)孔繼涵撰　**水經注圖說殘稾四卷**　(清)董祐誠撰　**今水經一卷**　(清)黃宗羲學　清光緒六年(1880)會稽章氏刻本　十二冊　存三十七卷(水經注釋一至三十六、首一卷)

610000－4018－0000369　史244
明紀六十卷　(清)陳鶴纂　(清)陳克家參訂　清同治十年(1871)江蘇書局刻本　二十冊

610000－4018－0000370　史245
大清律例三十九卷奏疏一卷督捕則例二卷　(清)三泰等纂　清刻本　十九冊　存四十一卷(大清律例一至三十九、奏疏一卷、督捕則例下)

610000－4018－0000371　史246
龔端毅公奏疏八卷附錄一卷定山堂古文小品二卷續集一卷雜序一卷　(清)龔鼎孳撰　清道光十四年(1834)龔永孚刻本　十冊

610000－4018－0000372　史249
史外八卷　(清)汪有典著　清同治三年(1864)廬陵尋樂山房刻本　八冊

610000－4018－0000373　史250
五代史七十四卷　(宋)歐陽修撰　(宋)徐無黨注　清同治十一年(1872)湖北崇文書局刻本　八冊

610000－4018－0000374　史251
三朝北盟會編二百五十卷首一卷　(宋)徐夢莘編集　**三朝北盟會編校勘記二卷補遺一卷**　(清)袁祖安撰　清光緒四年(1878)越東鉛印本　四十冊

610000－4018－0000375　史252
國朝先正事略六十卷　(清)李元度纂　清同

治五年(1866)循陔艸堂刻本　二十四册

610000－4018－0000376　史253

皇朝文獻通考三百卷　(清)嵇璜等纂　清光緒八年(1882)浙江書局刻本　一百四十五册　存十四卷(一百八十七至一百九十八、二百九十一至二百九十二)

610000－4018－0000377　史254

皇朝通典一百卷　(清)嵇璜等纂　清光緒八年(1882)浙江書局刻本　四十册

610000－4018－0000378　史255

皇朝通志一百二十六卷　(清)嵇璜等纂　清光緒八年(1882)浙江書局刻本　四十册

610000－4018－0000379　史257

新舊唐書合鈔二百六十卷首一卷唐書宰相世系表訂譌十二卷　(清)沈炳震撰　清刻本　七十九册

610000－4018－0000380　史258

舊唐書二百卷　(五代)劉昫等撰　清刻本　三十七册　缺十五卷(一至八、一百三十七至一百四十三)

610000－4018－0000381　史259

唐書二百二十五卷　(宋)歐陽修　(宋)宋祁等撰　清同治十二年(1873)浙江書局刻本　三十七册　缺二卷(七十四至七十五)

610000－4018－0000382　史260

史通通釋二十卷　(唐)劉知幾撰　(清)浦起龍釋　(清)方懋福等參釋　清乾隆梁溪浦氏求放心齋刻本　八册

610000－4018－0000383　史261

閻潛丘[若璩]先生年譜一卷　(清)張穆編　清道光二十七年(1847)壽陽祁氏刻本　一册

610000－4018－0000384　史262

東觀漢記二十四卷　(漢)劉珍等撰　清乾隆六十年(1795)掃葉山房刻本　二册

610000－4018－0000385　史263

太平經國之書十一卷首一卷　(宋)鄭伯謙撰　清刻本　二册

610000－4018－0000386　史268

[雍正]陝西通志一百卷首一卷　(清)劉於義修　(清)沈青崖纂　清刻本　八十九册　缺十一卷(一至十一)

610000－4018－0000387　史269

宋史紀事本末一百九卷　(明)陳邦瞻增訂　(明)馮琦原編　(明)張溥論正　清同治十三年(1874)江西書局刻本　十九册　缺四卷(三十四至三十七)

610000－4018－0000388　史270

遼史一百十六卷　(元)托克托等修　清刻本　八册　缺十九卷(一至十一、三十八至四十四、一百十六)

610000－4018－0000389　史272

歷代帝王年表十四卷　(清)齊召南編　清道光四年(1824)小琅嬛仙館刻本　四册

610000－4018－0000390　史273

[嘉靖]呂涇野先生高陵縣志七卷　(明)呂柟纂修　**[光緒]高陵縣續志八卷**　(清)程維雍修　(清)白遇道纂　清光緒十年(1884)刻本　四册

610000－4018－0000391　史275

遼史拾遺二十四卷　(清)厲鶚撰　清光緒元年(1875)江蘇書局刻本　八册

610000－4018－0000392　史276

聖諭廣訓直解一卷　(清)歐陽梁直解　清刻本　二册

610000－4018－0000393　史277

明大司馬盧公奏議十卷　(明)盧象昇著　(清)蔣攸銛鑒定　清道光九年(1829)盧氏祠堂刻本　十八册　缺三卷(一至三)

610000－4018－0000394　史278

新纂氏族箋釋八卷　(清)熊峻運著　(清)李正耀等衆　(清)王思訓　(清)李鍾僑鑒定　(清)楊煌義編次　清刻本　四册

610000－4018－0000395　史279

[嘉慶]咸寧縣志二十六卷首一卷　(清)高廷

法　(清)沈琮修　(清)陸耀遹　(清)董祐誠纂　清嘉慶二十四年(1819)刻本　三冊　存十一卷(五至十一、二十至二十三)

610000－4018－0000396　史 280
金史一百三十五卷　(元)托克托等修　清光緒十四年(1888)成都尊經書局刻本　十六冊　缺四十四卷(二十一至二十六、三十四至四十、五十三至六十一、七十九至九十、一百九至一百十二、一百三十至一百三十五)

610000－4018－0000397　史 281
歸震川評點史記一百三十卷　(明)歸有光評點　**方望溪評點史記四卷**　(清)方苞評點　清光緒二年(1876)武昌張氏刻本　二十冊

610000－4018－0000398　史 287
河東鹽法備覽十二卷　(清)蔣兆奎編輯　清乾隆五十五年(1790)刻本　八冊

610000－4018－0000399　史 288
列女傳補注八卷　(清)王照圓補注　**補注敘錄一卷**　(漢)劉向編撰　**列仙傳校正本二卷**　(清)王照圓撰　**列仙傳讚一卷夢書一卷**　(清)王照圓輯　清嘉慶十七年(1812)刻本　五冊

610000－4018－0000400　史 289
增修籌餉事例條款一卷籌餉事例一卷增修現行常例一卷　(清)戶部編　清刻本　四冊

610000－4018－0000401　史 293
國史儒林傳二卷文苑傳二卷循吏傳一卷賢良祠王大臣小傳二卷　(清)國史館編　清刻本　四冊

610000－4018－0000402　史 298
四裔編年表四卷　(美國)林樂知　(清)嚴良勳譯　(清)李鳳苞彙編　清末江南製造總局刻本　四冊

610000－4018－0000403　史 299
瀛環志畧十卷　(清)徐繼畬撰　清同治五年(1866)刻本　六冊

610000－4018－0000404　史 303
唐陸宣公奏議讀本四卷首一卷　(清)汪銘謙編輯　(清)馬傳庚評點　清光緒二十六年(1900)石印本　二冊

610000－4018－0000405　史 320
補上古考信録三卷　(清)崔述著　(清)陳履和校刊　清嘉慶二年(1797)刻東壁先生書鈔本　一冊

610000－4018－0000406　史 322
周季編略九卷　(清)黃式三纂　清同治十二年(1873)刻儆居遺書本　四冊

610000－4018－0000407　史 324
荊駝逸史　(清)陳湖逸士輯　清刻本　三十一冊　存四十四種

610000－4018－0000408　史 325
欽定四庫全書總目二百卷首一卷　(清)紀昀等撰　清刻本　一百十四冊　缺十一卷(十九、二十三至二十四、五十三至五十四、一百七、一百五十八至一百六十一,首一卷)

610000－4018－0000409　史 327
書儀十卷　(宋)司馬光撰　清光緒八年(1882)解梁書院刻本　一冊　存五卷(六至十)

610000－4018－0000410　史 328
廿二史策案十二卷首一卷　(清)王鎏彙輯　清刻本　三冊　存七卷(一至六、首一卷)

610000－4018－0000411　史 329
小腆紀年坿攷二十卷　(清)徐鼒譔　清咸豐十一年(1861)刻本　十二冊

610000－4018－0000412　史 330
漢書地理志二卷　(清)汪遠孫校　清同治胡鳳丹退補齋刻本　一冊

610000－4018－0000413　史 331
文廟通考六卷首一卷　(清)牛樹梅輯　清光緒十四年(1888)岐山學署刻本　一冊　存二卷(一、首一卷)

610000－4018－0000414　史 332
顧亭林[炎武]先生年譜一卷　(清)張穆撰

清道光二十四年(1844)刻本　一冊

610000－4018－0000415　史334
聖諭廣訓衍説不分卷　(清)吳鴻恩撰　清末刻本　一冊

610000－4018－0000416　史336
秦中官報　(清)陝西課吏館編　清光緒三十三年(1907)鉛印本　一冊　存六期(一至六)

610000－4018－0000417　史337
明季北略二十四卷南略十八卷　(清)計六奇編輯　清琉璃廠半松居士木活字印本　二十冊　存二十九卷(北略一至二十,南略一至七、十二至十三)

610000－4018－0000418　史340
[總署奏定京師大學堂暨直省學堂一律遵行章程]不分卷　(□)□□撰　清末刻本　一冊

610000－4018－0000419　史341
南唐書合刻　(清)劉晚榮輯　清光緒十六年(1890)新會劉氏藏脩書屋刻藏修堂叢書本　七冊

610000－4018－0000420　史343
南唐書十八卷　(宋)陸游撰　**音釋一卷**　(元)戚光音釋　明末清初毛氏汲古閣刻本　三冊

610000－4018－0000421　史344
洛學編五六卷　(清)湯斌輯　清光緒二年(1876)有不為齋刻本　二冊　存五卷(一至五)

610000－4018－0000422　史350
漢南中梁書院刊發定章不分卷　(□)□□撰　清刻本　一冊

610000－4018－0000423　史351
出使英法義比四國日記六卷　(清)薛福成撰　清光緒二十三年(1897)成都志古堂刻本　六冊

610000－4018－0000424　史353
[乾隆]循化志八卷　(清)龔景瀚纂修　清刻本　六冊　缺二卷(四至五)

610000－4018－0000425　史355
經圖彙考　(清)毛應觀述　清道光十九年(1839)刻本　一冊　存一種

610000－4018－0000426　史356
御撰資治通鑑綱目三編二十卷　(清)張廷玉等撰　清光緒二十五年(1899)上海著易堂石印本　二冊　存六卷(一至六)

610000－4018－0000427　史357
提牢備考四卷　(清)趙舒翹輯　清光緒刻本　二冊

610000－4018－0000428　史359
史腴二卷　(清)周金壇纂輯　(清)金弼大校訂　清刻本　二冊

610000－4018－0000429　史362
籌餉事例不分卷　(清)户部輯　清刻本　二冊

610000－4018－0000430　史363
籌餉現行新例不分卷　(清)戶部編　清刻本　二冊

610000－4018－0000431　史369
陝西鄉試題名錄一卷　(清)□□撰　清光緒刻本　一冊

610000－4018－0000432　史370
[康熙]隴州志八卷首一卷　(清)羅彰彝纂修　清康熙五十二年(1713)刻本　四冊

610000－4018－0000433　史371
[乾隆]隴州續志八卷首一卷末一卷　(清)吳炳纂修　清乾隆三十一年(1766)刻本　四冊

610000－4018－0000434　史372
歷代通鑑輯覽一百二十卷　(清)傅恒等撰　清末民初石印本　一冊　存二卷(八十四至八十五)

610000－4018－0000435　史373
校刊史記集解索引正義札記五卷　(清)張文虎編　清同治十一年(1872)金陵書局刻本　二冊

610000－4018－0000436　史 375

法訣啟明二卷　(清)張蘊清等編注　清光緒刻本　一冊　存一卷(上)

610000－4018－0000437　史 378

資治通鑑地理今釋十六卷　(清)吳熙載饌　清光緒八年(1882)江蘇書局刻本　三冊

610000－4018－0000438　史 380

御批歷代通鑑輯覽一百二十卷　(清)傅恆等撰　清刻本　二十冊　存四十二卷(一至三十四、七十一至七十六、九十五至九十六)

610000－4018－0000439　史 383

通鑑紀事本末二百三十九卷　(宋)袁樞編輯　(明)張溥論正　清同治十二年(1873)江西書局刻本　七十八冊　缺五十二卷(一百三十八至一百四十一、一百四十九至一百五十四、一百七十四、一百八十六、一百九十二、二百、二百十八至二百二十、二百三十八至二百四十八、二百五十五至二百七十三、二百八十七至二百九十一)

610000－4018－0000440　史 384

資治通鑑外紀十卷目錄五卷　(宋)劉恕編集　清刻本　五冊

610000－4018－0000441　史 385

資治通鑑外紀十卷目錄五卷　(宋)劉恕編集　清嘉慶十六年(1811)刻本　五冊

610000－4018－0000442　史 386

三流道里表不分卷　(清)徐本原纂　(清)刑部重修　清嘉慶十六年(1811)刻本　四冊

610000－4018－0000443　史 387

校刊資治通鑑全書　(清)胡元常輯　清光緒十四年(1888)長沙楊氏刻本　一百三冊　缺二種

610000－4018－0000444　史 388

資治通鑑二百九十四卷目録三十卷釋文辨誤十二卷　(宋)司馬光編集　清同治八年(1869)江蘇書局刻本　九十五冊　缺四十五卷(一至三十、一百三十六至一百五十)

610000－4018－0000445　史 389

續資治通鑑長編五百二十卷目錄二卷　(宋)李燾撰　清光緒七年(1881)浙江書局刻本　一百十七冊　缺十四卷(二百八十一至二百九十、二百九十七至三百)

610000－4018－0000446　史 390

御批歷代通鑑輯覽一百二十卷　(清)傅恆等撰　清刻本　六十冊

610000－4018－0000447　史 391

資治通鑑二百九十四卷目錄三十卷釋文辨誤十二卷問疑一卷釋例一卷　(宋)司馬光編集　清刻本　一百十冊　缺十五卷(一百十五至一百十八、一百六十八至一百七十三、一百九十七至一百九十九、二百六十四至二百六十五)

610000－4018－0000448　史 392

續資治通鑑二百二十卷　(清)畢沅編集　清光緒二十九年(1903)珠江同馨書局刻本　九十七冊　缺六卷(十一至十二、六十七至六十八、一百三十六至一百三十七)

610000－4018－0000449　史 393

續資治通鑑二百二十卷　(清)畢沅編集　清同治刻本　六十冊

610000－4018－0000450　史 394

續資治通鑑長編拾補六十卷　(清)黄以周等輯　清光緒九年(1883)浙江書局刻本　二十冊

610000－4018－0000451　史 395

新校資治通鑑敘錄三卷　(清)胡元常輯　清光緒十四年(1888)長沙楊氏刻本　一冊

610000－4018－0000452　史 396

國語正義二十一卷　(清)董增齡撰集　清光緒六年(1880)會稽章氏式訓堂刻本　八冊

610000－4018－0000453　史 397

史記集解索引正義合刻本一百三十卷　(漢)司馬遷撰　(南朝宋)裴駰集解　(唐)司馬貞索隱　(唐)張守節正義　**校刊史記集解索隱正義札記五卷**　(清)張文虎撰　清同治九年

至十一年(1870－1872)刻本　二十册

610000－4018－0000454　史 398
北史一百卷　(唐)李延壽撰　清同治十一年(1872)金陵書局刻本　十五册

610000－4018－0000455　史 400
朔方備乘六十八卷首十二卷　(清)何秋濤纂輯　清咸豐十年(1860)刻本　二十二册　缺六卷(三十八至四十三)

610000－4018－0000456　史 401
史記鈔四卷　(清)高梅亭集評　清乾隆五十三年(1788)刻本　四册

610000－4018－0000457　史 402
古史六十卷　(宋)蘇轍著　(清)掃葉山房校刊　清嘉慶元年(1796)刻本　三册

610000－4018－0000458　史 404
天下郡國利病書一百二十卷　(清)顧炎武輯　(清)龍萬育訂　清光緒五年(1879)蜀南桐華書屋薛氏家塾修補本　四十册

610000－4018－0000459　史 405
宋史四百九十六卷目録三卷　(元)脱脱等撰　清光緒元年(1875)浙江書局刻本　九十八册　缺九卷(十三至十七、四十八至五十一)

610000－4018－0000460　史 406
建炎以來繫年要録二百卷　(宋)李心傳撰　清光緒仁壽蕭氏刻本　四十八册

610000－4018－0000461　史 407
明史三百三十二卷　(清)張廷玉等修　清光緒三年(1877)湖北崇文書局刻本　八十册

610000－4018－0000462　史 408
聖武記十四卷　(清)魏源譔　清道光二十二年(1842)刻本　十二册

610000－4018－0000463　史 409
方輿紀要簡覽三十四卷　(清)顧祖禹原本　(清)潘鐸輯録　清咸豐八年(1858)刻本　十六册

610000－4018－0000464　史 410
廿二史劄記三十六卷補遺一卷　(清)趙翼撰　清嘉慶五年(1800)刻本　十册

610000－4018－0000465　史 412
[光緒]藍田縣志十六卷　(清)呂懋勳修　(清)袁廷俊纂　**重修輞川志六卷文徵録四卷**　(清)胡元煐纂　清光緒元年(1875)刻本　六册

610000－4018－0000466　史 414
國語校注本三種　(清)汪遠孫撰　清道光二十六年(1846)汪氏振綺堂汪氏刻本　六册

610000－4018－0000467　史 415
讀史四集四卷　(明)楊以任輯　清乾隆四十二年(1777)木活字印本　四册

610000－4018－0000468　史 416
大清通禮五十四卷　(清)來保等修　(清)李玉鳴等纂　(清)穆克登額等續修　(清)恒泰等續纂　清道光四年(1824)刻本　十二册

610000－4018－0000469　史 417
漢書一百卷　(漢)班固撰　(唐)顔師古注　清同治八年(1869)金陵書局刻本　十五册

610000－4018－0000470　史 418
欽定户部則例一百卷首一卷　(清)載齡等纂　清末刻本　七十一册

610000－4018－0000471　史 419
元史二百十卷　(明)宋濂等修　清同治十三年(1874)江蘇書局刻本　三十八册

610000－4018－0000472　史 420
南史八十卷　(唐)李延壽撰　清同治十一年(1872)金陵書局刻本　八册　存五十五卷(一至五十五)

610000－4018－0000473　史 421
文廟祀典考五十卷首一卷　(清)龐鍾璐編輯　清光緒四年(1878)刻本　八册

610000－4018－0000474　史 423
左傳紀事本末五十三卷　(清)高士奇撰　清同治十二年(1873)江西書局刻本　十二册

610000－4018－0000475　史 424
岣嶁鑑撮四卷　(清)曠敏本編　清嘉慶二十

三年(1818)刻本　四册

610000－4018－0000476　史425
七家後漢書二十卷　(清)汪文臺輯　清光緒八年(1882)刻本　六册

610000－4018－0000477　史426
宋名臣言行録前集十卷後集十四卷續集八卷別集二十六卷外集十七卷　(宋)朱熹撰　清道光元年(1821)洪氏歙績學堂刻本　十二册

610000－4018－0000478　史427
元史紀事本末二十七卷　(明)陳邦瞻編輯　(明)張溥論正　清同治十三年(1874)江西書局刻本　四册

610000－4018－0000479　史428
明史紀事本末八十卷　(清)谷應泰編輯　清同治十三年(1874)江西書局刻本　二十册

610000－4018－0000480　史429
宋書一百卷　(南朝梁)沈約撰　清同治十一年(1872)金陵書局刻本　十六册

610000－4018－0000481　史430
金石三例　(清)盧見曾輯　(清)王芑孫評　清光緒四年(1878)讀有用書齋刻朱墨印本　四册

610000－4018－0000482　史431
榆塞紀行録四卷　(清)潞河漁者纂　(清)青門萍社訂　清光緒十二年(1886)李氏代耕堂刻本　一册

610000－4018－0000483　史432
讀禮通考一百二十卷　(清)徐乾學撰　清康熙三十五年(1696)刻本　十六册

610000－4018－0000484　史437
史存三十卷　(清)劉沅輯　清道光二十七年(1847)刻本　十六册

610000－4018－0000485　史438
光緒乙巳年交涉要覽上篇二卷下篇三卷　(清)北洋洋務局纂輯　清光緒三十三年(1907)北洋官報局鉛印本　二册　存二卷(上篇二、下篇三)

610000－4018－0000486　史439
光緒丙午年交涉要覽上篇一卷中篇二卷下篇四卷　(清)北洋洋務局輯　清光緒三十四年(1908)北洋官報局鉛印本　三册　存三卷(中篇二,下篇二、四)

610000－4018－0000487　史440
史通削繁四卷　(清)紀昀撰　清道光十三年(1833)兩廣節署朱墨印本　四册

610000－4018－0000488　史441
碑版文廣例十卷　(清)王芑孫輯　清道光二十一年(1841)刻本　四册

610000－4018－0000489　史443
策海五十九卷　(清)黄倬輯　清光緒八年(1882)刻本　八册　存三十九卷(二十一至五十九)

610000－4018－0000490　史444
奏定學堂章程不分卷　(清)張之洞等撰　清光緒刻本　三册

610000－4018－0000491　史447
試策便覽十六卷　(清)王統　(清)王誥纂　清咸豐八年(1858)刻本　五册　缺三卷(五至七)

610000－4018－0000492　史448
皇朝武功紀盛四卷　(清)趙翼撰　清乾隆五十七年(1792)刻本　一册

610000－4018－0000493　史452
宸垣識畧十六卷　(清)吴長元輯　清刻本　一册　存二卷(一至二)

610000－4018－0000494　史454
貞觀政要十卷　(唐)吴兢輯　(元)戈直集論　(清)席世臣校訂　清嘉慶三年(1798)刻本　四册　存八卷(一至二、五至十)

610000－4018－0000495　史455
人壽金鑑二十二卷　(清)程得齡輯　清光緒元年(1875)湖北崇文書局刻本　六册

610000－4018－0000496　史456
新民叢報彙編不分卷　梁啟超等撰　清光緒

文會書社石印本　十一冊

610000－4018－0000497　史 457
古香齋鑒賞袖珍春明夢餘錄七十卷　(清)孫承澤著　清刻本　一冊　存一卷(四十五)

610000－4018－0000498　史 458
荒政輯要九卷首一卷　(清)汪志伊輯　清同治八年(1869)崇文書局刻本　四冊

610000－4018－0000499　史 461
洙泗考信錄六卷　(清)崔述著　(清)陳履和校刊　清嘉慶二年(1797)刻東壁先生書鈔本　三冊

610000－4018－0000500　史 462
兩漢刊誤補遺十卷　(宋)吳仁傑撰　清同治七年(1868)金陵書局木活字印本　二冊

610000－4018－0000501　史 463
六禮或問十二卷首一卷末一卷　(清)汪紱著　清光緒二十二年(1896)刻本　四冊

610000－4018－0000502　史 464
水利議不分卷　(清)張鵬飛撰　清刻本　一冊

610000－4018－0000503　史 464－1
泰泉鄉禮七卷　(明)黃佐撰　清道光二十三年(1843)刻本　一冊

610000－4018－0000504　史 465
經籍跋文一卷　(清)陳鱣著　清道光十七年(1837)刻本　一冊

610000－4018－0000505　史 465－1
五禮通考二百六十二卷總目二卷首四卷　(清)秦蕙田編輯　(清)方觀承訂　(清)吳鼎　(清)宋宗元參校　清光緒六年(1880)江蘇書局刻本　九十八冊　存二百六十四卷(一至一百四十五、一百五十至二百六十二,總目二卷,首四卷)

610000－4018－0000506　史 466
小學考五十卷　(清)謝啟昆錄　清咸豐二年(1852)刻本　十六冊

610000－4018－0000507　史 466－1
唐陸宣公翰苑集二十四卷　(唐)陸贄撰　(清)張佩芳注釋　(清)汪肇龍等條訂　清乾隆三十三年(1768)張氏希音堂刻本　六冊

610000－4018－0000508　史 467
四禮翼一卷　(明)呂坤撰　清同治六年(1867)刻本　一冊

610000－4018－0000509　史 468
四禮翼一卷　(明)呂坤撰　清光緒三十三年(1907)陝西學務公所石印本　一冊

610000－4018－0000510　史 469
四禮翼一卷　(明)呂坤撰　清同治六年(1867)刻本　一冊

610000－4018－0000511　史 470
四禮翼一卷　(明)呂坤撰　清同治二年(1863)刻本　一冊

610000－4018－0000512　史 471
水經注圖一卷附錄一卷　(清)汪士鐸撰　清咸豐十一年(1861)刻本　一冊

610000－4018－0000513　史 472
欽定大清會典一百卷　(清)允祹等撰　清刻本　十九冊　缺四卷(六十二至六十四、一百)

610000－4018－0000514　史 473
勝朝遺事初編六卷二編八卷　(清)吳彌光編　清道光二十二年(1842)南海吳氏芬陀羅館刻本　十冊　存九卷(初編一、四至六,二編一、四、六至八)

610000－4018－0000515　史 475
查匪警盜章程一卷　(清)陳寶箴編　清光緒八年(1882)河北道署刻本　一冊

610000－4018－0000516　史 476
經義考三百卷目錄二卷　(清)朱彝尊錄　(清)李濤校　清乾隆二十年(1755)刻本　五十冊　缺三卷(二百八十六、二百九十九至三百)

610000－4018－0000517　史 476(w)
華嶽圖經二卷　(清)蔣湘南著　清咸豐刻本

一册

610000－4018－0000518　史477
史記菁華錄六卷　(清)姚祖恩評選　清光緒二十二年(1896)上海埽葉山房石印本　六册

610000－4018－0000519　史478
欽定大清會典一百卷首一卷　(清)崑岡等修　(清)吳樹梅等纂　清宣統元年(1909)南洋官書局石印本　十二册

610000－4018－0000520　史479
隆平集二十卷　(宋)曾鞏編譔　清康熙四十年(1701)刻本　五册

610000－4018－0000521　史480
北夢瑣言二十卷　(五代)孫光憲纂集　清乾隆二十一年(1756)雅雨堂刻本　四册

610000－4018－0000522　史481
遼史一百十五卷　(元)托克托等修　清同治十二年(1873)江蘇書局刻本　十一册　缺二卷(六十九至七十)

610000－4018－0000523　子001
雙節堂庸訓一卷　(清)汪輝祖纂　清解梁書院刻本　一册

610000－4018－0000524　子002
太平廣記五百卷目錄十卷　(宋)李昉等編　清道光二十六年(1846)刻本　三十八册　缺二十六卷(一百四十一至一百五十三、三百六十二至三百七十四)

610000－4018－0000525　子003
御纂性理精義十二卷　(清)李光地等編　清康熙五十六年(1717)刻本　五册

610000－4018－0000526　子007
陸清獻公宰嘉訓俗一卷　(清)陸隴其著　清解梁書院刻本　一册

610000－4018－0000527　子008
陸清獻公宰嘉訓俗一卷　(清)陸隴其著　清解梁書院刻本　一册

610000－4018－0000528　子009
張楊園訓子語一卷　(清)張履祥著　清解梁書院刻本　一册

610000－4018－0000529　子009－1
味經課藝二卷　(清)□□撰　清末刻本　二册

610000－4018－0000530　子012
春秋繁露十七卷附錄一卷　(漢)董仲舒著　(明)孫鑛評　(明)沈鼎新　(明)朱養純叅評　(明)朱養和訂　清乾隆刻本　五册

610000－4018－0000531　子013
蒲編堂訓蒙草不分卷　(清)路德撰　清道光二十一年(1841)刻本　一册

610000－4018－0000532　子016
勵志錄二卷　(清)沈近思著　**沈端恪公[近思]年譜二卷**　(清)沈曰富簒　清同治十二年(1873)浙江書局刻本　二册

610000－4018－0000533　子018
性理大全書七十卷　(明)胡廣等撰　明永樂十三年(1415)内府刻本　十九册　存四十三卷(五至六、九至十五、十八至二十一、二十六至二十八、三十九至四十五、四十九至六十四、六十七至七十)

610000－4018－0000534　子019
讀書雜志八十二卷餘編二卷　(清)王念孫撰　清同治九年(1870)金陵書局刻本　二十三册

610000－4018－0000535　子020
大意尊聞一卷　(清)方東樹著　清光緒元年(1875)解梁書院刻本　一册

610000－4018－0000536　子022
文中子中說十卷　(隋)王通撰　(宋)阮逸註　清光緒刻本　二册

610000－4018－0000537　子024
家範十卷　(宋)司馬光著　清解梁書院刻本　二册

610000－4018－0000538　子025
弟子箴言二卷　(清)胡達源撰　清解梁書院刻本　二册

610000－4018－0000539　子026
弟子箴言二卷　（清）胡達源撰　清解梁書院刻本　一册　存一卷（下）

610000－4018－0000540　子027
弟子箴言十六卷　（清）胡達源撰　清刻本　二册　存八卷（五至八、十三至十六）

610000－4018－0000541　子031
寄蝸殘贅十六卷　（清）葵愚道人纂　清同治十一年（1872）刻本　八册

610000－4018－0000542　子032
慈溪黄氏日抄分類九十七卷古今紀要十九卷　（宋）黄震撰　清刻本　十七册　缺三十七卷（慈溪黄氏日抄分類一至五、二十五至五十六）

610000－4018－0000543　子033
吕氏春秋二十六卷附考一卷　（秦）吕不韋撰　（漢）高誘注　清光緒元年（1875）浙江書局刻本　五册　存二十卷（一至三、十至二十六）

610000－4018－0000544　子034
山洋指迷原本四卷　（明）周景一著　清咸豐七年（1857）經綸堂刻本　三册　缺一卷（四）

610000－4018－0000545　子036
補注黄帝内經素問二十四卷靈樞十二卷　（唐）王冰注　（宋）林億等校正　（宋）孫兆重改誤　**素問遺篇一卷**　（宋）劉溫舒原本　清光緒三年（1877）浙江書局刻本　十册

610000－4018－0000546　子038
槐軒雜著四卷　（清）劉沅撰　清道光二十一年（1841）刻本　四册

610000－4018－0000547　子042
捕蝗要説不分卷　（□）□□撰　清同治八年（1869）崇文書局刻本　一册

610000－4018－0000548　子043
戊笈談兵十卷首一卷　（清）汪紱録　清光緒二十一年（1895）刻本　八册　存十卷（一至九、首一卷）

610000－4018－0000549　子046
三聖寶訓襯解俗言一卷　（□）冰石山人衍述　清宣統元年（1909）刻本　一册

610000－4018－0000550　子047
格言聯璧二卷　（清）金纓輯　清末刻本　一册　存一卷（二）

610000－4018－0000551　子048
行軍測繪十卷首一卷　（英國）連提撰　（英國）傅蘭雅口譯　（清）趙元益筆述　清刻本　二册

610000－4018－0000552　子049
農桑輯要七卷　（元）司農司撰　清刻本　二册　存五卷（一至三、六至七）

610000－4018－0000553　子050
永寧通書天集三卷地集三卷人集三卷和集三卷　（清）王維德纂輯　（清）殷光世叅訂　（清）王其龍　（清）王其章較　清刻本　四册

610000－4018－0000554　子051
老子元翼二卷考異一卷附録一卷　（明）焦竑原輯　（清）郭乾泗重較　清乾隆五年（1740）刻本　二册　缺一卷（老子元翼上）

610000－4018－0000555　子053
求闕齋語摘録一卷　（清）曾國藩注　清解梁書院刻本　一册

610000－4018－0000556　子055
困學紀聞注二十卷　（清）翁元圻輯　清道光五年（1825）刻本　十四册

610000－4018－0000557　子056
養蒙書九種附二種　（清）賀瑞麟輯　清同治十二年（1873）刻本　一册

610000－4018－0000558　子058
點勘記二卷省堂筆記一卷　（清）歐陽泉撰　清光緒四年（1878）江蘇書局刻本　二册

610000－4018－0000559　子065
修眞祕訣二卷　（唐）呂洞賓著　清刻本　二册

610000－4018－0000560　子066

浮邱子十二卷　(明)湯鵬著　清宣統二年(1910)上海掃葉山房石印本　六冊

610000－4018－0000561　子 067

香祖筆記十二卷　(清)王士禎撰　清康熙刻本　四冊

610000－4018－0000562　子 069

羣書札記十六卷　(清)朱亦棟學　清光緒四年(1878)武林竹簡齋刻本　六冊

610000－4018－0000563　子 072

履園䕺話二十四卷　(清)錢泳輯　清同治九年(1870)刻本　九冊

610000－4018－0000564　子 074

過庭錄十六卷　(清)宋翔鳳輯　清光緒七年(1881)會稽章氏刻本　四冊

610000－4018－0000565　子 076

朱子原訂近思錄十四卷　(清)江永集注　(清)王鼎校次　清同治刻本　四冊

610000－4018－0000566　子 079

測圓海鏡細草十二卷　(元)李治撰　清光緒二年(1876)同文館鉛印本　四冊

610000－4018－0000567　子 080

蛾術編八十二卷　(清)王鳴盛原本　(清)迮鶴壽參校　清道光二十一年(1841)吳江沈楙悳世楷堂刻本　二十冊

610000－4018－0000568　子 087

洴澼百金方十四卷首一卷　(清)惠麓酒民編次　(清)玉扈居士重訂　清乾隆五十三年(1788)刻本　十冊

610000－4018－0000569　子 088

止園筆談八卷　(清)史夢蘭撰　清光緒四年(1878)刻本　四冊

610000－4018－0000570　子 089

養蒙金鑑二卷　(清)沈錫慶刪訂　(清)林之望編輯　(清)瞿廷韶校刊　清光緒元年(1875)鄂垣藩署刻本　二冊

610000－4018－0000571　子 090

程氏家塾讀書分年日程三卷綱領一卷　(元)程端禮述　清同治七年(1868)湖北崇文書局刻本　二冊

610000－4018－0000572　子 091

楹聯集錦八卷　(清)胡鳳丹輯　清光緒五年(1879)刻本　二冊

610000－4018－0000573　子 092

白虎通疏證十二卷　(清)陳立撰　清光緒元年(1875)淮南書局刻本　四冊

610000－4018－0000574　子 093

經絡彙編二卷　(清)林起龍鑒定　(□)翟良纂　清刻本　二冊

610000－4018－0000575　子 094

豳風廣義三卷　(清)楊屾編輯　清刻本　一冊　存一卷(中)

610000－4018－0000576　子 095

讀詩鈔說四卷　(清)張澍著　清光緒十三年(1887)刻本　一冊

610000－4018－0000577　子 096

擊磬錄不分卷　(□)□□撰　清同治七年(1868)刻本　一冊

610000－4018－0000578　子 097

游思泛言□□卷　(清)王汝梅撰　清光緒六年(1880)貴州銅仁府署刻本　一冊　存一卷(上)

610000－4018－0000579　子 098

二程先生全書五十一卷拾遺一卷　(宋)程顥　(宋)程頤撰　清康熙二十五年(1686)河南永甯程湛、程福亮刻本　十二冊

610000－4018－0000580　子 104

羣書疑辨十二卷　(清)萬斯同纂　清嘉慶二十一年(1816)刻本　六冊

610000－4018－0000581　子 106

容齋隨筆十六卷續筆十六卷三筆十六卷四筆十六卷五筆十卷　(宋)洪邁撰　清同治十一年(1872)刻本　十四冊

610000－4018－0000582　子 110

明德明道經不分卷　(□)明德堂鸞著　清光

緒十六年(1890)刻本　一冊

610000－4018－0000583　子111
劉氏家訓二卷　(清)劉輝山輯　清光緒四年(1878)刻本　一冊

610000－4018－0000584　子113
草廬經畧十二卷　(明)無名氏撰　清道光三十年(1850)刻本　四冊

610000－4018－0000585　子114
經餘必讀續編八卷　(清)雷琳等輯　清刻本　三冊　存四卷(三至六)

610000－4018－0000586　子118
律例館校正洗冤錄四卷　(宋)宋慈著　清刻本　二冊

610000－4018－0000587　子119
意林五卷　(唐)馬總撰　清光緒三年(1877)湖北崇文書局刻本　一冊　存二卷(一至二)

610000－4018－0000588　子120
濂學編六卷首一卷　(清)黄嗣東撰　清光緒二十二年(1896)漢中刻本　一冊　存一卷(一)

610000－4018－0000589　子122
關學編六卷　(清)王心敬纂述　(清)王承烈參訂　清嘉慶七年(1802)刻本　二冊

610000－4018－0000590　子123
關學編四卷首一卷續編一卷　(明)馮從吾著　(清)趙蒲重刻　清乾隆二十一年(1756)刻本　一冊　存二卷(一至二)

610000－4018－0000591　子124
關學原編四卷首一卷　(明)馮從吾著　**關學續編三卷**　(清)王心敬著　清光緒十七年(1891)灃西草堂刻本　四冊

610000－4018－0000592　子129
輶軒語一卷　(清)張之洞撰　清光緒八年(1882)江西書局鉛印本　一冊

610000－4018－0000593　子132
輶軒語一卷　(清)張之洞撰　清解梁書院刻本　一冊

610000－4018－0000594　子133
輶軒語一卷　(清)張之洞撰　清末刻本　一冊

610000－4018－0000595　子134
輶軒語一卷　(清)張之洞撰　(清)趙惟熙增訂　清光緒二十一年(1895)陝西學署刻本　一冊

610000－4018－0000596　子135
聰訓齋語一卷　(清)張英著　清光緒二年(1876)解梁書院刻本　一冊

610000－4018－0000597　子136
癸巳類稿十五卷　(清)俞正燮撰　清道光十三年(1833)求日益齋刻本　五冊

610000－4018－0000598　子137
牛痘新書濟世一卷　(清)邱熺原本　(清)王惇甫增補　(清)古風　(清)程培業校　清同治十一年(1872)刻本　一冊

610000－4018－0000599　子142
讀讀書錄二卷　(清)汪紱著　(清)盧葆辰等校　清光緒二十一年(1895)刻本　一冊　存一卷(上)

610000－4018－0000600　子143
四翼附編四卷　(清)戴彭述　清光緒二十一年(1895)皖江別墅刻本　一冊

610000－4018－0000601　子145
李氏蒙求補注六卷　(清)金三俊輯　清刻本　二冊

610000－4018－0000602　子148
課子隨筆二卷　(清)張師載輯　**續編一卷**　(清)徐桐輯　清同治十年(1871)解梁書院刻本　二冊

610000－4018－0000603　子149
課子隨筆二卷　(清)張師載輯　清同治十年(1871)解梁書院刻本　一冊　存一卷(上)

610000－4018－0000604　子151
新鐫元墨二宜一卷　(清)袁銑編　清道光刻本　一冊

610000－4018－0000605　子155
寶鑑編補註二卷　(清)升泰撰　清光緒六年(1880)刻本　二册

610000－4018－0000606　子156
課子隨筆鈔六卷　(清)張又渠輯　(清)夏錫疇鈔錄　清末刻本　一册　存三卷(四至六)

610000－4018－0000607　子158
淮南子二十一卷　(漢)高誘注　清光緒二年(1876)浙江書局刻本　六册

610000－4018－0000608　子159
陳太僕課孫草一卷　(清)陳兆崙撰　清光緒九年(1883)刻本　一册

610000－4018－0000609　子161
養正草一卷　(清)李元度輯　清光緒十年(1884)刻本　一册

610000－4018－0000610　子162
理瀹駢文一卷略言一卷續增略言三卷膏藥方一卷治心病方一卷　(清)吳師機撰　清同治刻本　二册　存五卷(理瀹駢文一卷、略言一卷、續增略言三卷)

610000－4018－0000611　子163
義門讀書記五十八卷　(清)何焯撰　清乾隆三十四年(1769)長洲蔣氏刻本　十一册　缺十一卷(四書六、前漢書六、后漢書一至五、五代史一、昌黎集五、河東集一至二)

610000－4018－0000612　子164
吹綱錄六卷　(清)葉廷琯撰　清同治八年(1869)刻本　三册

610000－4018－0000613　子166
學源堂古文□□卷　(清)吳留村鑒定　(清)吳乘權　(清)吳大職錄　清刻本　三册　存五卷(八至十二)

610000－4018－0000614　子167
日知錄三十二卷之餘四卷菰中隨筆一卷　(清)顧炎武著　(清)鄂山梓　清道光十二年(1832)刻本　十七册　缺四卷(六至九)

610000－4018－0000615　子169
困學紀聞二十卷首一卷　(宋)王應麟著　(清)鄂山梓　清道光十二年(1832)刻本　十册　缺四卷(十五至十七、二十)

610000－4018－0000616　子182
精一辨一卷　(清)高賡恩輯　清刻本　一册

610000－4018－0000617　子184
村學究語一卷　(清)稻香齋村學究撰　清光緒二十二年(1896)刻本　一册

610000－4018－0000618　子185
東塾讀書記二十五卷　(清)陳澧撰　清光緒二十四年(1898)紉蘭書館刻本　六册　缺四卷(二十二至二十五)

610000－4018－0000619　子192
增訂身世金箴一卷　(清)蘗崖老人輯　清光緒二十七年(1901)刻本　一册

610000－4018－0000620　子193
增訂身世金箴一卷　(清)蘗崖老人輯　清光緒十三年(1887)刻本　一册

610000－4018－0000621　子194
呻吟語節錄二卷　(明)吕坤著　(清)陳宏謀評輯　清光緒解梁書院刻本　二册

610000－4018－0000622　子196
池北偶談二十六卷　(清)王士禛著　清康熙四十年(1701)刻本　一册　存三卷(一至三)

610000－4018－0000623　子197
淨土資糧六卷前集一卷後集一卷　(明)釋袾宏校刊　清光緒刻本　一册　存一卷(四)

610000－4018－0000624　子199
思補齋筆記八卷　(清)潘世恩撰　清刻本　一册

610000－4018－0000625　子200
讀書雜識十二卷　(清)勞格著　(清)丁寶書述　清光緒四年(1878)吳興丁氏刻本　四册　缺四卷(五至六、十一至十二)

610000－4018－0000626　子202
淮南鴻烈解二十一卷　(漢)劉安撰　(漢)高誘注　清刻本　一册　存三卷(一至三)

610000－4018－0000627　子 204
欽定授時通考七十八卷　(清)鄂爾泰等撰　清同治江西書局刻本　二十三冊　缺四卷(二十四至二十七)

610000－4018－0000628　子 205
傷寒懸解十四卷首一卷末一卷　(清)黄元御著　清同治刻本　一冊　存三卷(十至十二)

610000－4018－0000629　子 206
新訂小兒科臍風驚風合編不分卷　(清)鮑雲韶輯　清光緒二十年(1894)南江公山書院刻本　一冊

610000－4018－0000630　子 207
玉歷鈔傳警世一卷　(□)□□撰　清同治七年(1868)刻本　一冊

610000－4018－0000631　子 208
太上刪正玉皇尊經善本三卷雜問一卷　(□)金華子註釋　清末刻本　一冊

610000－4018－0000632　子 209
陰陽寶海三元玉鏡奇書三卷　(明)釋幕講集　(明)江之棟輯　清刻本　一冊

610000－4018－0000633　子 210
春樹齋叢説一卷　(清)温葆琛撰　清光緒二年(1876)金陵溫氏刻本　二冊

610000－4018－0000634　子 211
風鑑易解一卷地理闡真一卷　(□)□□撰　清刻本　一冊

610000－4018－0000635　子 212
涑水記聞十六卷補遺一卷　(宋)司馬光撰　清光緒三年(1877)湖北崇文書局刻本　四冊

610000－4018－0000636　子 221
十駕齋養新錄二十卷　(清)錢大昕撰　**錢辛楣[大昕]先生年譜一卷**　(清)錢慶曾校注　**竹汀居士年譜續編一卷**　(清)錢慶曾撰　清光緒二年(1876)浙江書局刻本　八冊

610000－4018－0000637　子 223
棣懷堂隨筆十一卷　(清)李象鵾撰　清道光刻本　七冊

610000－4018－0000638　子 227
新刻輪迴寶傳一卷　(□)□□撰　清光緒三十二年(1906)刻本　一冊

610000－4018－0000639　子 23
復元新編四卷　(□)清和金仙著刪　(□)神光祖師校正　(□)明道真人鑒定　清刻本　三冊

610000－4018－0000640　子 230
太上無極總真文昌大洞仙經五卷　(清)劉沅註釋　清刻本　一冊　存三卷(一至三)

610000－4018－0000641　子 230－1
太上無極總真文昌大洞仙經三卷　(清)劉沅註釋　清同治三年(1864)刻本　一冊

610000－4018－0000642　子 231
呂祖八品經一卷　(□)□□撰　清光緒二十六年(1900)刻本　一冊

610000－4018－0000643　子 237
人譜正篇一卷續篇一卷三篇一卷類記六卷　(明)劉宗周著　清光緒三年(1877)湖北崇文書局刻本　三冊

610000－4018－0000644　子 241
陔餘叢考四十三卷　(清)趙翼撰　清刻本　十三冊　存二十卷(一、十四至十九、二十二至三十三、三十五)

610000－4018－0000645　子 243
地理前五十段二卷後五十段二卷　(清)李德貞著　清嘉慶元年(1796)詞源書屋刻本　二冊

610000－4018－0000646　子 245
傅氏家訓一卷　(清)傅越塵撰　清光緒元年(1875)刻本　一冊

610000－4018－0000647　子 253
潛邱劄記六卷　(清)閻若璩撰　**左汾近稾一卷**　(清)閻詠遺稾　清乾隆十年(1745)閻氏眷西堂刻本　六冊

610000－4018－0000648　子 255
山海經十八卷圖讚一卷　(晉)郭璞傳　**補注**

一卷　(明)楊慎撰　清光緒元年(1875)湖北崇文書局刻本　三冊

610000－4018－0000649　子 256
山海經十八卷　(晉)郭璞傳　清光緒三年(1877)淛江書局刻本　三冊

610000－4018－0000650　子 258
淵鑒齋御纂朱子全書六十六卷　(宋)朱熹撰　(清)李光地等纂　清光緒十年(1884)江西書局刻本　四十冊

610000－4018－0000651　子 261
呂祖指玄篇秘註不分卷　(唐)呂巖著　(□)桂嵒鑒定　(清)滄海老人註　清刻本　一冊

610000－4018－0000652　子 262
十供菩薩授註傕原登舟二卷　(□)□□撰　清光緒二十八年(1902)傕原齋刻本　一冊

610000－4018－0000653　子 264
太上感應篇圖說八卷　(清)黄正元撰　清刻本　三冊　存三卷(五、七至八)

610000－4018－0000654　子 266
時文略初集一卷二集一卷　(清)止唐編　清咸豐四年(1854)刻本　二冊

610000－4018－0000655　子 271
述記四卷　(清)任兆麟纂　清刻本　四冊

610000－4018－0000656　子 274
龍文鞭影二卷　(明)蕭良有著　(清)楊臣諍增訂　清刻本　四冊

610000－4018－0000657　子 278
張氏醫通十六卷　(清)張璐纂述　清刻本　六冊　存二卷(二、四)

610000－4018－0000658　子 279
熙朝新語十六卷　(清)余金輯　清嘉慶二十三年(1818)刻本　七冊　缺二卷(三至四)

610000－4018－0000659　子 280
拾餘四種　(清)劉沅撰　清光緒元年(1875)刻本　一冊　存三種

610000－4018－0000660　子 281
恥言一卷　(明)徐禎稷著　**荊園小語一卷進語一卷**　(清)申涵光著　清解梁書院刻本　一冊

610000－4018－0000661　子 283
恥言一卷　(明)徐禎稷著　清光緒七年(1881)刻本　一冊

610000－4018－0000662　子 285
張楊園訓子語二卷　(清)張履祥著　清解梁書院刻本　一冊

610000－4018－0000663　子 287
師友雅言一卷　(宋)魏了翁撰　清同治十三年(1874)刻本　一冊

610000－4018－0000664　子 288
菰中隨筆一卷　(清)顧炎武著　(清)鄂山梓　清刻本　一冊

610000－4018－0000665　子 289
大生要旨五卷　(清)唐千頃纂　(清)張鵬翂校梓　清同治七年(1868)刻本　一冊

610000－4018－0000666　子 290
久誦延年一卷　(清)澹園主人輯　清光緒七年(1881)澹園刻本　一冊

610000－4018－0000667　子 291
正譌八卷　(清)劉沅著　清咸豐四年(1854)清和月刻本　五冊

610000－4018－0000668　子 294
景岳全書六十四卷　(明)張介賓著　(清)余士仁訂　清刻本　五冊　存十三卷(二十至二十七、三十一至三十三、四十至四十一)

610000－4018－0000669　子 296
延平李先生師弟子荅問二卷　(宋)朱熹編　清光緒五年(1879)刻本　一冊　存一卷(上)

610000－4018－0000670　子 297
教諭語一卷　(清)謝金鑾撰　清解梁書院刻本　一冊

610000－4018－0000671　子 299
藝舟雙楫論書四卷　(清)包世臣著　清光緒十九年(1893)關中書院刻本　一冊

610000－4018－0000672　子 301
居易錄三十四卷　(清)王士禛著　清雍正刻本　八册

610000－4018－0000673　子 302
李石臺先生文稿不分卷　(清)李來泰撰　清嘉慶十八年(1813)刻本　一册

610000－4018－0000674　子 309
女兒語一卷　(清)潛齋居士撰　清光緒三十三年(1907)陝安道署刻本　一册

610000－4018－0000675　子 311
詒穀堂家書二卷　(清)王子堅撰　清光緒十年(1884)京都刻本　一册

610000－4018－0000676　子 312
人範六卷　(清)蔣元輯編　清末鉛印本　一册

610000－4018－0000677　子 313
普濟應驗良方八卷　(清)德軒輯　清光緒二十三年(1897)刻本　一册　存三卷(一至三)

610000－4018－0000678　子 314
陽宅統楷一卷　題(□)雲龕道祖撰　清光緒四年(1878)積善齋刻本　一册

610000－4018－0000679　子 315
商君書五卷　(清)嚴萬里校　清光緒二年(1876)浙江書局刻本　一册

610000－4018－0000680　子 317
拾餘四種　(清)劉沅撰　清道光二十五年(1845)刻本　三册　存三種

610000－4018－0000681　子 320
儒門法語不分卷　(清)彭定求原編　(清)湯金釗輯要　(清)廣厚重訂　清光緒二十二年(1896)刻本　一册

610000－4018－0000682　子 321
儒門法語不分卷　(清)彭定求原編　(清)湯金釗輯要　(清)廣厚重訂　清光緒二十二年(1896)刻本　一册

610000－4018－0000683　子 322
儒門法語不分卷　(清)彭定求原編　(清)湯金釗輯要　(清)廣厚重訂　清光緒二十二年(1896)刻本　一册

610000－4018－0000684　子 324
率性闡微一卷　(清)素陽子著　(清)自然子註解　清咸豐刻本　一册

610000－4018－0000685　子 325
魯齋心法約編一卷　(清)鄭士範輯錄　清同治十年(1871)刻本　一册

610000－4018－0000686　子 326
破迷宗旨一卷　(清)儒童老人著　清咸豐四年(1854)刻本　一册

610000－4018－0000687　子 327
制藝願學編二卷　(清)李大令撰　清光緒十九年(1893)關中書院刻本　一册　存一卷(上)

610000－4018－0000688　子 329
先正讀書訣一卷　(清)周永年輯　清光緒十一年(1885)刻本　一册

610000－4018－0000689　子 330
懷小編二十卷　(清)沈濂撰　清咸豐四年(1854)刻本　六册

610000－4018－0000690　子 331
繹志十九卷　(明)胡承諾譔　清同治十一年(1872)浙江書局刻本　八册

610000－4018－0000691　子 332
歷代帝王法帖釋文十卷　(清)徐朝弼集釋　清嘉慶刻本　二册

610000－4018－0000692　子 333
性命雙脩萬神圭旨四卷　(□)□□撰　明萬曆四十三年(1615)武陵胡虞潢刻本　四册

610000－4018－0000693　子 339
平三角舉要五卷　(清)梅文鼎著　清光緒十四年(1888)陝西求友齋刻本　一册

610000－4018－0000694　子 341
列子盧重元注八卷　(唐)盧重元解　清嘉慶八年(1803)江都秦氏石研齋刻本　二册

610000－4018－0000695　子 343

孔子家語十卷　（三國魏）王肅注　清乾隆四十六年(1781)刻本　三冊　缺二卷(六至七)

610000－4018－0000696　子 344

孔子家語十卷　（三國魏）王肅注　清同治八年(1869)刻本　三冊　缺三卷(六至八)

610000－4018－0000697　子 345

九數通考十一卷首一卷末一卷　(清)屈曾發輯　清刻本　八冊

610000－4018－0000698　子 349

槐軒約言一卷　(清)劉沅撰　清末刻本　一冊

610000－4018－0000699　子 350

玄宗直指二卷　(□)恬然子鑒定　清咸豐五年(1855)漢中府宏善堂刻本　二冊

610000－4018－0000700　子 352

簷曝雜記六卷　(清)趙翼撰　清刻本　一冊

610000－4018－0000701　子 353

六箴不分卷　(清)吳毓珍撰　清末刻本　一冊

610000－4018－0000702　子 358

不薄今齋時文不分卷　(清)戴錫鈞著　清光緒六年(1880)刻本　一冊

610000－4018－0000703　子 360

程氏家塾讀書分年日程三卷　(元)程端禮編次　清光緒元年(1875)刻本　一冊

610000－4018－0000704　子 361

福永堂彙鈔二卷　(清)賀瑞麟輯　清刻本　一冊　存一卷(下)

610000－4018－0000705　子 362

孟子閒詁十五卷目録一卷坿録一卷後語二卷　(清)孫詒讓撰　清光緒刻本　五冊　存十七卷(一至十三、目録一卷、坿録一卷、後語二卷)

610000－4018－0000706　子 366

日知録集釋三十二卷栞誤二卷續栞誤二卷　(清)顧炎武著　(清)黃汝成集釋　清刻本　十六冊　存三十六卷(集釋一至三十二、栞誤二卷、續栞誤二卷)

610000－4018－0000707　子 367

宋元學案一百卷首一卷　(清)黃宗羲原本　(清)黃百家纂輯　(清)全祖望修定　(清)王梓材等校刊　清光緒五年(1879)長沙寄廬刻本　三十六冊

610000－4018－0000708　子 370

韓非子集解二十卷首一卷　(清)王先慎撰　清光緒二十二年(1896)刻本　四冊　缺六卷(四至六、十八至二十)

610000－4018－0000709　子 371

制藝類學編二卷　(□)□□撰　清刻本　一冊　存一卷(上)

610000－4018－0000710　子 372

聊齋志異新評十六卷　(清)蒲松齡撰　(清)王士禛評　(清)但明倫新評　清刻本　一冊　存一卷(五)

610000－4018－0000711　子 374

三元尊經一卷太上火官寶誥尊經一卷太上元始天尊説三元寶懺一卷文昌訂正雷祖玉樞寶經一卷玉霄雷祖寶懺一卷　(清)劉沅註　清刻本　一冊

610000－4018－0000712　子 375

大學衍義補一百六十卷首一卷　(明)丘濬進呈　(明)陳仁錫評閲　明萬曆刻本　十五冊　缺四十九卷(三十六至八十四)

610000－4018－0000713　子 375(w)

新訂王氏羅經透解四卷　(清)李維寅等糸閲　(清)王道亨輯録　(清)王紹之校正　清同治刻本　二冊

610000－4018－0000714　子 376

大學衍義四十三卷　(宋)眞德秀彙輯　(明)陳仁錫評閲　明刻本　四冊　存三十九卷(五至四十三)

610000－4018－0000715　子 376(w)

經餘必讀八卷　(清)雷琳等輯　清嘉慶十年

(1805)刻本　二冊　存四卷(一至二、五至六)

610000－4018－0000716　子377

大學衍義補輯要十二卷首一卷　(明)邱濬原本　(清)陳宏謀纂　清明德堂刻本　六冊

610000－4018－0000717　子378

小學集解六卷　(清)張伯行輯註　(清)李蘭汀校訂　清刻本　四冊

610000－4018－0000718　子378(w)

欽定協紀辨方書三十六卷　(清)允祿等纂　清乾隆六年(1741)武英殿刻本　二十三冊　缺一卷(二)

610000－4018－0000719　子379

小學集解六卷　(清)陳選集註　(清)高愈纂註　(清)王炳瀛条訂　**為學大指一卷**　(清)倭仁輯　清同治四年(1865)刻本　三冊　缺一卷(五)

610000－4018－0000720　子379(w)

權衡一書四十一卷　(清)王植輯録　清刻本　十冊　存十二卷(五、七、九至十二、十八至十九、二十一、二十三至二十四、四十)

610000－4018－0000721　子380

下學梯航不分卷　(清)劉沅撰　清光緒十六年(1890)刻本　一冊

610000－4018－0000722　子380(w)

地理原本説四卷　(清)曹家甲著　清刻本　一冊　存三卷(二至四)

610000－4018－0000723　子381

丹鉛總錄二十七卷　(明)楊慎撰　清刻本　八冊　存二十一卷(三至十八、二十三至二十七)

610000－4018－0000724　子381(W)

地球韻言四卷　(清)張士瀛撰　清光緒二十四年(1898)鄂垣務急書館刻本　一冊　存二卷(一至二)

610000－4018－0000725　子382

讀史兵略四十六卷　(清)胡林翼纂　清光緒儷峯書屋刻本　八冊　存二十四卷(二十三至四十六)

610000－4018－0000726　子382(w)

漢學商兑三卷　(清)方東樹撰　清光緒八年(1882)花雨樓刻本　四冊

610000－4018－0000727　子383

讀史兵略四十六卷　(清)胡林翼纂　清咸豐十一年(1861)武昌節署刻本　十二冊　缺十卷(三十七至四十六)

610000－4018－0000728　子384

明儒學案六十二卷師説一卷　(清)黄宗羲著　清道光元年(1821)會稽莫氏刻本　十八冊　缺十六卷(三十五至五十)

610000－4018－0000729　子385

墨子七十一篇三卷　王闓運注　清光緒三十年(1904)江西官書局刻本　一冊

610000－4018－0000730　子386

南華眞經解六卷　(清)宣穎著　(清)王暉吉較　清刻本　三冊

610000－4018－0000731　集001

經韵樓集十二卷儀禮漢讀攷一卷　(清)段玉裁撰　清道光元年(1821)刻本　六冊

610000－4018－0000732　集002

甌北詩鈔二十卷　(清)趙翼撰　清乾隆刻本　八冊

610000－4018－0000733　集003

館律分韻初編五卷　(清)延清輯　清光緒十八年(1892)延氏錦官堂石印本　一冊　存一卷(四)

610000－4018－0000734　集004

明文明不分卷二集不分卷　(清)路德輯　清刻本　五冊

610000－4018－0000735　集006

宋四六選二十四卷　(清)曹振鏞編　清刻本　四冊　存十五卷(六至二十)

610000－4018－0000736　集007

雙冷齋文集六卷　(清)張九章撰　清光緒刻

本　五冊

610000－4018－0000737　集008

皇朝經世文編一百二十卷姓名總目二卷生存姓名一卷　(清)賀長齡輯　清道光七年(1827)刻本　四十八冊

610000－4018－0000738　集011

味經課藝初續不分卷　(清)□□撰　清末刻本　一冊

610000－4018－0000739　集012

許漸蓀先生存稿二卷　(清)許暉藻著　(清)賀雲甫鑒定　(清)李文敏編輯　清光緒七年(1881)江西撫署刻本　二冊

610000－4018－0000740　集017

韞山堂時文初集一卷二集二卷三集一卷　(清)管世銘撰　清道光三年(1823)刻本　四冊

610000－4018－0000741　集019

劍南詩鈔不分卷　(宋)陸遊著　(清)楊大鶴選　清刻本　七冊

610000－4018－0000742　集020

陸放翁全集　(宋)陸遊著　明海虞毛氏汲古閣刻本　六十四冊

610000－4018－0000743　集022

馮少墟集二十二卷續集六卷　(明)馮從吾著　清刻本　十一冊　存二十卷(二、四至二十,續集三、五)

610000－4018－0000744　集025

檉華館試帖彙鈔輯注十卷　(清)路德撰　清道光十四年(1834)刻本　六冊

610000－4018－0000745　集027

檉華館試帖彙鈔輯注十卷　(清)路德撰　清道光十四年(1834)刻本　五冊　存八卷(一至二、五至十)

610000－4018－0000746　集030

國朝二十四家文鈔二十四卷　(清)徐斐然輯評　(清)徐秉愿參訂　清刻本　十冊

610000－4018－0000747　集031

養一齋文集二十卷　(清)李兆洛著　清光緒四年(1878)刻本　八冊

610000－4018－0000748　集035

世經堂初集三十卷　(清)徐旭旦著　(清)仇兆鰲選　(清)余演輯　清康熙四十六年(1707)刻本　六冊　存十八卷(一至三、十三至二十七)

610000－4018－0000749　集036

歸愚文鈔十二卷　(清)沈德潛撰　清乾隆刻本　四冊

610000－4018－0000750　集037

四家賦鈔四卷　(清)景其濬編　清咸豐刻本　四冊

610000－4018－0000751　集039

慎盦文鈔二卷詩鈔二卷　(清)左宗植箸　清光緒元年(1875)刻本　四冊

610000－4018－0000752　集042

大雲山房文稾初集四卷二集四卷言事二卷　(清)惲敬撰　清同治二年(1863)刻本　八冊

610000－4018－0000753　集043

方正學先生遜志齋集二十四卷拾補一卷　(明)方孝孺撰　**外紀一卷**　(明)張紹謙纂　(明)盧演輯　(清)趙予信重纂　**年譜一卷**　(明)盧演　(明)翁明英撰　清同治十二年(1873)浙江省城刻本　十六冊

610000－4018－0000754　集044

宋王忠文公文集五十卷目錄四卷年譜一卷　(宋)王十朋撰　(清)唐傳鉎編　清雍正六年(1728)刻本　五冊　存二十五卷(一至二十五)

610000－4018－0000755　集045

飴山詩文集三十二卷　(清)趙執信撰　清乾隆刻本　十冊

610000－4018－0000756　集047

大小雅堂文鈔十卷　(清)邵堂撰　清道光十年(1830)刻本　一冊

610000－4018－0000757　集048

大小雅堂詩鈔十卷 (清)邵堂撰 清道光十年(1830)刻本 三册

610000－4018－0000758 集 049
姚伯山先生全集 (清)姚東之撰 清道光二十八年(1848)刻本 十二册

610000－4018－0000759 集 050
南豐先生元豐類藁五十一卷 (宋)曾鞏撰 明萬曆二十五年(1597)刻本 十二册

610000－4018－0000760 集 051
三蘇全集 (清)弓翊清校 清道光十二年(1832)眉州三蘇祠刻本 二十册 存二種

610000－4018－0000761 集 052
唐四家詩集 (清)胡鳳丹編 清同治九年(1870)退補齋刻本 六册

610000－4018－0000762 集 053
周子全書九卷首二卷末一卷 (宋)周敦頤撰 (清)鄧顯鶴編 清道光二十七年(1847)新化鄧氏濂溪精舍刻本 四册

610000－4018－0000763 集 054
葆淳閣集二十六卷 (清)王杰撰 **王文端公[傑]年譜一卷** (清)阮元撰 清嘉慶二十年(1815)刻本 十二册

610000－4018－0000764 集 055
白香山詩後集十七卷別集一卷補遺二卷 (唐)白居易撰 (清)汪立名編訂 清康熙四十二年(1703)一隅草堂刻本 四册

610000－4018－0000765 集 056
六朝四家全集 (清)胡鳳丹輯 清同治九年(1870)永康胡氏退補齋刻本 六册

610000－4018－0000766 集 059
同館律賦精萃六卷 (清)蔣攸銛輯 清道光七年(1827)刻本 六册

610000－4018－0000767 集 060
雕菰集二十四卷 (清)焦循著 **密梅花館詩錄一卷文錄一卷** (清)焦廷琥撰 清道光四年(1824)嶺南節署刻本 八册

610000－4018－0000768 集 061
靜斎文集四卷詩集六卷蔡傳正訛六卷 (清)左眉撰 清道光十八年(1838)刻本 六册

610000－4018－0000769 集 062
知足齋詩集二十卷詩續集四卷進呈文稿二卷文集六卷 (清)朱珪撰 **年譜三卷** (清)朱錫經撰 清嘉慶十年(1805)刻本 十册

610000－4018－0000770 集 063
黃漳浦集五十卷首一卷目錄二卷 (明)黃道周撰 (清)陳壽祺編 **漳浦黃[道周]先生年譜二卷** (清)莊起儔撰 清刻本 三十册

610000－4018－0000771 集 064
寒松堂全集十二卷年譜一卷 (清)魏象樞著 清嘉慶十六年(1811)刻本 十三册

610000－4018－0000772 集 065
艮齋先生薛常州浪語集三十五卷 (宋)薛季宣撰 清同治十年(1871)金陵書局刻本 六册

610000－4018－0000773 集 066
元遺山先生集四十卷首一卷附錄一卷補載一卷年譜三種四卷新樂府四卷續夷堅志四卷 (金)元好問撰 清光緒七年(1881)讀書山房刻本 十七册

610000－4018－0000774 集 067
重刻春明詩課彙選八卷 (清)陳研薌原選 (清)胡俊章 (清)胡多祺增輯 清光緒九年(1883)關中道署刻本 四册

610000－4018－0000775 集 068
重刻春明詩課彙選八卷 (清)陳研薌原選 (清)胡俊章 (清)胡多祺增輯 清光緒九年(1883)關中道署刻本 四册

610000－4018－0000776 集 069
重刻春明詩課彙選八卷 (清)陳研薌原選 (清)胡俊章 (清)胡多祺增輯 清光緒九年(1883)關中道署刻本 四册

610000－4018－0000777 集 070
重刻春明詩課彙選八卷 (清)陳研薌原選 (清)胡俊章 (清)胡多祺增輯 清光緒九年

(1883)關中道署刻本　四册

610000－4018－0000778　集 071
重刻春明詩課彙選八卷　(清)陳研薌原選　(清)胡俊章　(清)胡多祺增輯　清光緒九年(1883)關中道署刻本　二册　存四卷(三至六)

610000－4018－0000779　集 072
蘇文忠公詩集五十卷目錄二卷　(宋)蘇軾撰　清刻朱墨印本　六册　存三十卷(二十一至五十)

610000－4018－0000780　集 075
午亭文編五十卷　(清)陳廷敬撰　(清)林佶輯録　清康熙四十七年(1708)刻本　十六册

610000－4018－0000781　集 076
施愚山先生學餘文集二十八卷詩集五十卷　(清)施閏章撰　**施愚山[閏章]先生年譜四卷**　**施氏家風述畧一卷**　(清)施念曾撰　清刻本　十七册　缺五卷(學餘詩集一至五)

610000－4018－0000782　集 077
甲戌會墨一卷　(清)大總裁鑒定　清末刻本　一册

610000－4018－0000783　集 080
敦艮齋遺書　(清)徐潤第撰　清道光二十八年(1848)徐繼畬刻本　六册

610000－4018－0000784　集 081
夏峯先生集十四卷　(清)孫奇逢著　清康熙元年(1662)刻本　八册

610000－4018－0000785　集 082
敬業堂詩集五十卷　(清)查愼行撰　清康熙五十八年(1719)刻本　十六册

610000－4018－0000786　集 084
文選集腋二卷　(清)胥斌纂輯　清刻本　一册

610000－4018－0000787　集 085
重訂文選集評十五卷首一卷末一卷　(南朝梁)蕭統選　(清)于光華編次　清乾隆四十三年(1778)刻本　十六册

610000－4018－0000788　集 086
山南詩選四卷　(清)嚴如熤採輯　清道光五年(1825)刻本　二册　存二卷(一、四)

610000－4018－0000789　集 090
學海堂集十六卷二集二十二卷三集二十四卷四集二十八卷　(清)吳蘭修編　清道光五年至光緒十二年(1825－1886)啟秀山房刻本　二十四册　存六十二卷(學海堂集十六卷、二集二十二卷、三集二十四卷)

610000－4018－0000790　集 093
金忠節公文集八卷　(明)金聲撰　清道光七年(1827)刻本　四册

610000－4018－0000791　集 094
宋少保信國公文文山先生全集十六卷首一卷　(宋)文天祥撰　清道光二十五年(1845)刻本　十册

610000－4018－0000792　集 096
玉溪生詩意八卷　(清)屈復箋註　清道光十年(1830)刻本　五册

610000－4018－0000793　集 097
御選唐宋詩醇四十七卷目錄二卷　(清)高宗弘曆編　(清)梁詩正等校　清光緒七年(1881)浙江書局刻本　十五册　存三十二卷(一至八、二十四至四十七)

610000－4018－0000794　集 099
目耕齋二刻不分卷　(清)徐楷評　(清)沈叔眉選　清末刻本　一册

610000－4018－0000795　集 100
安陽集五十卷　(宋)韓琦著　**忠獻韓魏王家傳十卷**　(宋)韓忠彦撰　**忠獻韓魏王别錄三卷**　(宋)王巖叟撰　**忠獻韓魏王遺事一卷**　(宋)強至撰　清乾隆刻本　十册　存五十一卷(安陽集一至三十一、三十六至五十,忠獻韓魏王家傳六至十)

610000－4018－0000796　集 101
國朝三家文鈔　(清)宋犖　(清)許汝霖選　清康熙三十三年(1694)刻本　十册

610000－4018－0000797　集 103
廬陵歐陽文忠公全集　(宋)歐陽修撰　清嘉慶刻本　十六冊

610000－4018－0000798　集 104
欽定國朝詩別裁集三十二卷　(清)沈德潛纂評　清乾隆二十六年(1761)刻本　十冊

610000－4018－0000799　集 105
黃詩全集五十八卷　(宋)黃庭堅撰　清刻本　二十冊

610000－4018－0000800　集 106
賜葛堂文集六卷遺稿一卷　(清)岳震川撰　清光緒五年(1879)刻本　五冊

610000－4018－0000801　集 107
賜葛堂文集六卷遺稿一卷　(清)岳震川撰　清末刻本　二冊　存三卷(四至六)

610000－4018－0000802　集 109
紀文達公遺集三十二卷　(清)紀昀撰　(清)孫樹馨編校　清嘉慶十七年(1812)刻本　六冊

610000－4018－0000803　集 110
倭文端公遺書八卷首二卷末一卷　(清)倭仁撰　清光緒元年(1875)六安求我齋刻本　四冊

610000－4018－0000804　集 111
兼濟堂文集選二十卷　(清)魏裔介著　(清)魏荔彤編輯　清康熙龍江書院刻本　十六冊

610000－4018－0000805　集 114
駢體文鈔三十一卷　(清)李兆洛輯　清刻本　四冊　存十四卷(十三至十八、二十一至二十六、三十至三十一)

610000－4018－0000806　集 115
司馬文正公傳家集八十卷　(宋)司馬光撰　(清)陳弘謀等校　清光緒十二年(1886)解梁書院刻本　十六冊

610000－4018－0000807　集 119
看詩隨錄一百三十卷　(清)高靜選　(清)高棠恩　(清)高賡恩校刊　清光緒二十二年(1896)甯河高氏繼善堂刻本　四十一冊　缺四十四卷(五十八至五十九、八十九至一百三十)

610000－4018－0000808　集 121
文選六十卷　(南朝梁)蕭統撰　(唐)李善注　**考異十卷**　(清)胡克家撰　清同治八年(1869)湖北崇文書局刻本　二十三冊　缺三卷(三十六至三十八)

610000－4018－0000809　集 122
三蘇全集　(清)弓翊清校　清道光十二年(1832)眉州三蘇祠刻本　五十四冊　存二種

610000－4018－0000810　集 127
涼州剩草一卷　(清)蔡廷衡著　**瑤華仙館試帖詩選一卷**　(清)蔡振武著　清光緒五年(1879)環珮山房刻本　一冊

610000－4018－0000811　集 128
瀛奎律髓刊誤四十九卷　(元)方回原選　(清)紀昀批點　清嘉慶五年(1800)侯官李光垣刻本　十五冊　缺三卷(十三至十五)

610000－4018－0000812　集 129
成聖銘箴四卷　(□)玉山老人著　清樂善堂刻本　一冊　存三卷(二至四)

610000－4018－0000813　集 134
崇辨堂墨選不分卷　(□)□□撰　清刻本　三冊

610000－4018－0000814　集 135
初月樓四種　(清)吳德旋著　(清)康兆晉原編　清光緒九年(1883)刻本　六冊　存二種

610000－4018－0000815　集 136
曼志堂遺稿二卷　(清)曹壽銘撰　(清)孫德祖等校　清同治九年(1870)鐵耕齋刻本　二冊

610000－4018－0000816　集 139
漢魏六朝百三家集　(明)張溥編　清光緒五年(1879)彭懋謙信述堂刻本　九十九冊

610000－4018－0000817　集 141
陶文毅公全集六十四卷首一卷末一卷　(清)

陶澍撰　清光緒二十一年(1895)刻本　二十四冊

610000－4018－0000818　集142
胡文忠公遺集八十六卷首一卷　(清)鄭敦謹　(清)曾國荃纂輯　(清)胡鳳丹重編刊　清光緒元年(1875)湖北崇文書局刻本　三十二冊

610000－4018－0000819　集143
胡文忠公遺集八十六卷首一卷　(清)嚴樹森鑒定　(清)閻敬銘等編輯　清同治三年(1864)武昌節署刻本　八冊　存十一卷(一至十、首一卷)

610000－4018－0000820　集144
昌黎先生集四十卷外集十卷集傳一卷遺文一卷　(唐)韓愈撰　(宋)廖瑩中輯注　**韓集點勘四卷**　(清)陳景雲撰　清同治八年至九年(1869－1870)江蘇書局刻本　十一冊

610000－4018－0000821　集147
吳詩集覽二十卷　(清)吳偉業撰　(清)靳榮藩輯　清道光七年(1827)刻本　八冊　存八卷(一至八)

610000－4018－0000822　集149
鮚埼亭集三十八卷首一卷全謝山先生經史問答十卷外編五十卷　(清)全祖望譔　(清)史夢蛟校　清同治十一年(1872)餘姚史氏借樹山房刻本　二十七冊　缺三卷(外編三至五)

610000－4018－0000823　集152
鶴山文鈔三十二卷周禮折衷四卷師友雅言一卷　(宋)魏了翁撰　清同治十三年(1874)望三益齋刻本　十五冊

610000－4018－0000824　集153
鶴山文鈔三十二卷　(宋)魏了翁撰　清宣統二年(1910)官印刷局刻本　六冊　缺十四卷(四至十一、十九至二十一、三十至三十二)

610000－4018－0000825　集154
白沙子全集六卷首一卷　(明)陳獻章著　(清)顧嗣協校正　(清)何九疇重編　清康熙四十九年(1710)刻本　六冊

610000－4018－0000826　集155
笥河文集十六卷首一卷　(清)朱筠撰　清嘉慶二十年(1815)刻本　六冊

610000－4018－0000827　集156
西江文萃不分卷　(清)胡廷璜等撰　清同治十一年(1872)刻本　四冊

610000－4018－0000828　集157
明詩綜一百卷　(清)朱彝尊錄　(清)汪森緝評　清刻本　二十六冊

610000－4018－0000829　集158
四六叢話三十三卷選詩叢話一卷　(清)孫梅輯　清光緒七年(1881)吳下刻本　十二冊

610000－4018－0000830　集159
有正味齋駢文十六卷補注一卷　(清)吳錫麒著　(清)葉聯芬箋註　清同治七年(1868)慈谿葉氏刻本　六冊

610000－4018－0000831　集160
金源紀事詩八卷　(清)湯運泰著　(清)湯顯業　(清)湯顯榦註　清同治十二年(1873)淮南書局刻本　四冊

610000－4018－0000832　集161
新鐫紹聞堂精選古文覺斯廣集四刻八卷　(清)過珙評選　(清)過奕誥　(清)過奕讃編次　清康熙二十四年(1685)刻本　八冊

610000－4018－0000833　集163
壯悔堂文集十卷　(清)侯方域著　(清)賈開宗等評點　清嘉慶十九年(1814)刻本　四冊

610000－4018－0000834　集164
菽芬書屋文稾不分卷詩稾四卷試帖二卷賦稿一卷　(清)董恂撰　清咸豐八年(1858)刻本　六冊

610000－4018－0000835　集165
樊榭山房集十卷續集十卷文集八卷　(清)厲鶚撰　清光緒七年(1881)領南述軒刻本　六冊

610000－4018－0000836　集167
忠正德文集十卷附一卷　(宋)趙鼎撰　清道

光十一年(1831)會稽吳傑刻本　四冊

610000－4018－0000837　集168
復初齋文集三十五卷　(清)翁方綱撰　(清)李彥章校刊　清光緒三年(1877)刻本　八冊

610000－4018－0000838　集169
文選補遺四十卷首一卷　(宋)陳仁子輯誦　(宋)譚紹烈纂類　(清)唐岱高　(清)蔣恭鎰校訂　清道光二十五年(1845)刻本　十二冊

610000－4018－0000839　集172
庾子山集十六卷　(北周)庾信撰　(清)倪璠註釋　**庾子山[信]年譜一卷庾集總釋一卷**　(清)倪璠撰　清刻本　四冊　存六卷(一至六)

610000－4018－0000840　集173
紫竹山房詩集十二卷文集二十卷　(清)陳兆崙著　**年譜一卷**　(清)陳玉繩編次　清刻本　十二冊

610000－4018－0000841　集174
經德堂文集六卷別集二卷浣月山房詩集五卷漢南春柳詞鈔一卷　(清)龍啓瑞撰　清光緒四年(1878)京師刻本　七冊

610000－4018－0000842　集175
苑洛集二十二卷　(明)韓邦奇撰　清嘉慶七年(1802)刻本　十冊

610000－4018－0000843　集176
蘇文忠詩合註五十卷首一卷　(宋)蘇軾撰　(清)馮應榴輯訂　清同治九年(1870)刻本　二十三冊　缺二卷(三十五至三十六)

610000－4018－0000844　集177
許文正公遺書十二卷首一卷末一卷　(元)許衡撰　清乾隆五十五年(1790)刻本　七冊　存十三卷(一至十二、末一卷)

610000－4018－0000845　集178
漁洋山人精華録訓纂十卷總目二卷年譜註補二卷金氏精華録箋註辯訛一卷　(清)惠棟撰　清乾隆二十二年(1757)吳郡惠棟紅豆齋刻本　十二冊

610000－4018－0000846　集179
樂府詩集一百卷目録二卷　(宋)郭茂倩編次　清同治十三年(1874)湖北崇文書局刻本　十六冊

610000－4018－0000847　集180
楚辭十七卷　(戰國)屈原撰　(漢)王逸章句　清同治十一年(1872)金陵書局刻本　四冊

610000－4018－0000848　集182
帶經堂詩話三十卷首一卷　(清)王士禛撰　清同治十二年(1873)廣州藏脩堂刻本　三冊　存十卷(一至三、二十二至二十四、二十八至三十,首一卷)

610000－4018－0000849　集185
道古堂文集四十六卷　(清)杭世駿撰　清乾隆五十五年(1790)長沙府攸縣黃甲書院刻本　十冊

610000－4018－0000850　集186
新刻張太岳先生詩集四十七卷　(明)張居正著　(明)雷思霈　(明)馬啓圖校　(明)唐國達梓　清刻本　十五冊　缺二卷(三十二至三十三)

610000－4018－0000851　集187
新刻張太岳先生詩集四十七卷　(明)張居正著　(明)雷思霈　(明)馬啓圖校　(明)唐國達梓　清刻本　八冊　存二十四卷(一至二十四)

610000－4018－0000852　集188
石笥山房集二十三卷　(清)胡天游著　清咸豐二年(1852)刻本　十冊

610000－4018－0000853　集192
二曲集四十六卷　(清)李顒著　清光緒三年(1877)信述堂刻本　十五冊

610000－4018－0000854　集193
二曲集四十六卷　(清)李顒著　清光緒三年(1877)信述堂刻本　十二冊

610000－4018－0000855　集194

二曲集四十六卷　(清)李顒著　清光緒三年(1877)信述堂刻本　十二冊　缺二卷(四十五至四十六)

610000－4018－0000856　集195
二曲集四十六卷　(清)李顒著　清光緒三年(1877)信述堂刻本　十五冊　缺三卷(十九、二十九至三十)

610000－4018－0000857　集196
二曲集二十六卷　(清)李顒著　清康熙鄭重、高爾公刻本　八冊

610000－4018－0000858　集197
陶淵明文集十卷　(晉)陶潛撰　清刻本　三冊

610000－4018－0000859　集198
二曲集二十六卷　(清)李顒撰　清光緒刻本　四冊　存十三卷(八至十五、二十二至二十六)

610000－4018－0000860　集206
駱臨海集十卷　(唐)駱賓王撰　(清)黃之琦校訂　(清)黃廷對校字　(清)趙忠補編輯　清刻本　二冊

610000－4018－0000861　集209
樫華館試帖彙鈔輯注十卷　(清)路德撰　清刻本　二冊　存四卷(一至二、七至八)

610000－4018－0000862　集210
茗柯文初編一卷二編二卷三編一卷四編一卷　(清)張惠言著　清光緒八年(1882)蛟川張氏花雨樓刻本　二冊

610000－4018－0000863　集211
古文喈鳳新編八卷　(清)汪基編　清末民初石印本　一冊　存二卷(五至六)

610000－4018－0000864　集215
七言古詩聲調細論一卷　(清)魏景文著　(清)魏朝俊校　清光緒十年(1884)刻本　一冊

610000－4018－0000865　集216
鄂匏集二卷　(清)張開霽撰　清同治刻本　一冊

610000－4018－0000866　集217
馮少墟集二十二卷　(明)馮從吾著　清刻本　六冊　存五卷(三至五、二十一至二十二)

610000－4018－0000867　集218
曝書亭集二十三卷　(清)朱彝尊撰　(清)孫銀槎輯注　(清)黃河清較勘　清嘉慶五年(1800)刻本　十冊

610000－4018－0000868　集219
甌北詩話十卷續詩話二卷　(清)趙翼撰　清嘉慶七年(1802)刻本　二冊

610000－4018－0000869　集222
震川先生集三十卷別集十卷　(明)歸有光撰　清康熙十四年(1675)刻本　十二冊

610000－4018－0000870　集224
寄巢齋賦稿不分卷　(清)高萬鵬撰　清光緒十四年(1888)刻本　一冊

610000－4018－0000871　集225
徐孝穆全集六卷　(南朝陳)徐陵撰　(清)吳兆宜箋注　清善化經濟書堂刻本　六冊

610000－4018－0000872　集226
徐孝穆全集六卷　(南朝陳)徐陵撰　(清)吳兆宜箋注　清刻本　三冊

610000－4018－0000873　集228
下馬陵詩文集二卷　(漢)董國輔輯　清康熙二十八年(1689)董氏刻乾隆四十四年(1779)董國輔守醇堂補刻本　一冊

610000－4018－0000874　集229
鷗陂漁話六卷　(清)葉廷琯撰　清同治八年(1869)刻本　三冊

610000－4018－0000875　集230
杜律啓蒙十二卷年譜一卷　(清)邊連寶集註　清乾隆四十二年(1777)刻本　四冊　缺四卷(五至六、九至十)

610000－4018－0000876　集231
文選六十卷　(南朝梁)蕭統撰　(唐)李善注　(清)葉樹藩參訂　清乾隆三十七年(1772)

長洲葉氏海錄軒刻朱墨印本　十二冊

610000－4018－0000877　集232
袁文箋正十六卷補注一卷　（清）袁枚著　（清）石韞玉箋　清嘉慶十七年（1812）刻本　五冊　缺三卷（袁文箋正十五至十六、補注一卷）

610000－4018－0000878　集235
漁洋山人古詩選三十二卷　（清）王士禛選　清同治五年（1866）金陵書局刻本　五冊　存二十一卷（五言詩一至四、九至十七，七言詩歌行鈔一至八）

610000－4018－0000879　集236
止齋先生文集五十二卷附錄一卷　（宋）陳傅良撰　清末刻本　八冊

610000－4018－0000880　集237
施註蘇詩四十二卷總目二卷　（清）宋犖　（清）張榕端閱定　（清）顧嗣立等刪補　**續補遺二卷**　（清）馮景補注　**東坡［蘇軾］先生年譜一卷**　（宋）王宗稷撰　（清）邵長蘅重訂　**王註正譌一卷**　（清）邵長蘅撰　清刻本　十冊　缺二卷（續補遺二卷）

610000－4018－0000881　集240
精選八家讀本二卷　（清）劉大櫆選　清光緒十九年（1893）關中書院刻本　一冊　存一卷（上）

610000－4018－0000882　集241
三丰全集　（明）張君實撰　清刻本　二冊

610000－4018－0000883　集242
戴東原集十二卷　（清）戴震譔　清光緒十年（1884）刻本　四冊

610000－4018－0000884　集243
漆室吟八卷百柱堂詩藁八卷　（清）王柏心撰　清同治刻本　四冊　缺四卷（漆室吟五至八）

610000－4018－0000885　集244
蘋洲漁笛譜一卷　（宋）周密撰　清刻本　一冊

610000－4018－0000886　集245
唐宋八家文讀本三十卷　（清）沈德潛評點　清末民初石印本　四冊

610000－4018－0000887　集246
唐詩金粉十卷　（清）沈炳震纂輯　清光緒七年（1881）八杉齋刻本　一冊　存一卷（一）

610000－4018－0000888　集248
漁洋山人精華錄箋注十二卷補注一卷年譜一卷　（清）王士禛撰　（清）金榮箋注　（清）徐淮纂輯　清金氏鳳翽堂刻本　八冊

610000－4018－0000889　集250
隨村先生遺集六卷　（清）施瑮撰　清乾隆刻本　一冊

610000－4018－0000890　集251
願學堂課藝一卷　（□）□□撰　清末刻本　一冊

610000－4018－0000891　集251－1
文選課虛四卷　（清）杭世駿類次　清刻本　一冊

610000－4018－0000892　集253
河東先生集四十五卷外集二卷龍城錄二卷集傳一卷附錄二卷　（唐）柳宗元撰　（唐）劉禹錫纂　明東吳郭氏濟美堂刻本　十五冊　缺三卷（河東先生集三十八至四十）

610000－4018－0000893　集254
陶云詩鈔二十二卷　（清）張大緒撰　清康熙刻本　五冊

610000－4018－0000894　集255
弱水集二十二卷　（清）屈復著　（清）屈來泰錄　清乾隆刻本　四冊

610000－4018－0000895　集258
王文成公全書三十八卷　（明）王守仁撰　清刻本　二十四冊

610000－4018－0000896　集259
近光集二十八卷　（清）汪士鋐編纂　（清）徐修仁粂注　清康熙五十八年（1719）刻本　六冊

610000－4018－0000897　集 260
經訓書院文集十卷　(清)王棻編　清光緒九年(1883)刻本　一册　存二卷(三至四)

610000－4018－0000898　集 261
揅經室集一集十四卷二集八卷三集五卷四集二卷詩十一卷續集十一卷再續集六卷外集五卷　(清)阮元撰　清刻本　二十四册　缺二卷(四集二卷)

610000－4018－0000899　集 264
魯公文集十五卷　(唐)顔眞卿著　(明)顔胤祚重刊　明萬曆二十四年(1596)顔胤祚刻本　四册

610000－4018－0000900　集 265
王臨川全集一百卷目錄二卷　(宋)王安石著　清光緒九年(1883)刻本　十六册

610000－4018－0000901　集 268
適齋居士集四卷　(清)覺羅舒敏撰　清道光二十二年(1842)吳門臬署刻本　一册　存二卷(一至二)

610000－4018－0000902　集 273
關中書院課士賦一卷　(清)路德評選　清道光十八年(1838)刻本　一册

610000－4018－0000903　集 280
紀亂集□□卷　(清)周炳垣撰　清同治八年(1869)刻本　一册　存一册(序)

610000－4018－0000904　集 283
犢山文稿四卷　(清)周鎬撰　清光緒十九年(1893)刻本　三册　存三卷(一至三)

610000－4018－0000905　集 286
亭林文集六卷餘集一卷　(清)顧炎武著　清刻本　四册

610000－4018－0000906　集 289
述學内篇三卷補遺一卷外篇一卷別錄一卷附錄一卷校勘記一卷　(清)汪中撰　清同治八年(1869)揚州書局刻本　一册

610000－4018－0000907　集 290
定山堂古文小品二卷續集一卷補遺三卷　(清)龔鼎孳著　清道光十四年(1834)刻本　六册　存三卷(小品二卷、續集一卷)

610000－4018－0000908　集 292
樫華館全集十二卷　(清)路德撰　清光緒七年(1881)解梁書院刻本　十册

610000－4018－0000909　集 293
古詩箋三十二卷　(清)王士禛選　(清)聞人倓箋　清乾隆三十一年(1766)芷蘭堂刻本　十一册　缺二卷(七言詩歌行鈔四下至五)

610000－4018－0000910　集 294
心日齋詞集六卷　(清)周之琦撰　清刻本　二册

610000－4018－0000911　集 295
明詩別裁集十二卷　(清)沈德潛　(清)周準輯　清乾隆四年(1739)刻本　四册

610000－4018－0000912　集 296
陳檢討集二十卷　(清)陳維崧譔　(清)程師恭註　清刻本　四册

610000－4018－0000913　集 297
笥河詩集二十卷　(清)朱筠撰　清嘉慶八年(1803)刻本　八册

610000－4018－0000914　集 298
甘泉鄉人稿二十四卷　(清)錢泰吉撰　清同治十一年(1872)刻本　四册

610000－4018－0000915　集 299
李太白文集三十卷附錄六卷　(唐)李白撰　(清)王琦輯註　清乾隆二十四年(1759)刻本　十六册

610000－4018－0000916　集 300
古文詞畧讀本二十四卷　(清)梅曾亮輯　清光緒三十三年(1907)陝西學務公所圖書局鉛印本　二册　存十二卷(一至四、十一至十八)

610000－4018－0000917　集 301
古文詞畧讀本二十四卷　(清)梅曾亮輯　清光緒三十三年(1907)陝西學務公所圖書局鉛印本　一册　存八卷(十一至十八)

610000－4018－0000918　集302
南宋雜事詩七卷　（清）沈嘉轍撰　清同治十一年(1872)淮南書局刻本　四册

610000－4018－0000919　集303
八代詩選二十卷　王闓運撰　清光緒刻本　三册　存九卷（五至七、十一至十二、十七至二十）

610000－4018－0000920　集304
玉谿生詩詳註三卷年譜一卷　（唐）李商隱撰　（清）馮浩編訂　（清）胡重參校　清刻本　四册

610000－4018－0000921　集305
文選六十卷　（南朝梁）蕭統撰　清刻本　一册　存五卷（五十六至六十）

610000－4018－0000922　集307
批點唐宋八家鈔八卷　（清）高嵣集評　清刻本　八册

610000－4018－0000923　集307－1
唐宋八家鈔八卷　（清）高嵣集評　清乾隆五十三年(1788)刻本　八册

610000－4018－0000924　集310
御選唐宋文醇五十八卷　（清）高宗弘曆選　清光緒三年(1877)浙江書局刻本　二十册

610000－4018－0000925　集311
御選唐宋文醇五十八卷　（清）高宗弘曆選　清刻本　十册　缺二十八卷（一至十五、二十五至三十七）

610000－4018－0000926　集312
御定全唐詩錄一百卷　（清）徐倬　（清）徐元正校刊　清刻本　十四册　存七十四卷（二十二至六十八、七十四至一百）

610000－4018－0000927　集313
有正味齋集十六卷　（清）吳錫麒撰　清刻本　二册

610000－4018－0000928　集314
露澥園稿四卷　（清）龔鼎孳撰　清道光十四年(1834)刻本　四册

610000－4018－0000929　集316
惜抱軒全集　（清）姚鼐撰　清同治五年(1866)省心閣刻本　十六册

610000－4018－0000930　集317
存研樓文集十六卷　（清）儲大文著　（清）儲廷棻　（清）儲廷槐重校　清光緒元年(1875)刻本　八册

610000－4018－0000931　集318
制義叢話二十四卷　（清）梁章鉅撰　清咸豐九年(1859)刻本　六册

610000－4018－0000932　集319
古文眉詮七十九卷首一卷　（清）陳宏謀　（清）吳大受鑒定　（清）浦起龍論次　（清）程鍾　（清）方懋福彙条　清乾隆九年(1744)三吳書院刻本　二十九册　缺四卷（四十五至四十八）

610000－4018－0000933　集320
元詩選十二集首一卷　（清）顧嗣立集　清康熙秀野草堂刻本　三十九册

610000－4018－0000934　集322
陶淵明文集十卷　（晉）陶潛撰　清宣統元年(1909)著易堂石印本　四册

610000－4018－0000935　集323
宋詩紀事一百卷　（清）厲鶚　（清）馬曰琯輯　清乾隆十一年(1746)刻本　十八册

610000－4018－0000936　集325
陳文恭公手札節要三卷　（清）陳宏謀撰　清道光二十六年(1846)刻本　一册

610000－4018－0000937　集326
重訂唐詩別裁集二十卷　（清）沈德潛選　清乾隆二十八年(1763)教忠堂刻本　一册　存四卷（十七至二十）

610000－4018－0000938　集328
古文辭類纂七十四卷　（清）姚鼐纂　清刻本　六册　存四十一卷（一至五、三十一至六十六）

610000－4018－0000939　集330

皇明五先生文雋二百四卷目錄五卷　(明)蘇文韓選　(明)張玉成訂　明天啟四年(1624)刻本　七十八冊　缺三卷(一百六十三至一百六十五)

610000－4018－0000940　集334
古文詞畧二十卷　(清)梅曾亮輯　清光緒二十五年(1899)成都志古堂刻本　五冊

610000－4018－0000941　集335
古文詞畧二十卷　(清)梅曾亮輯　清光緒二十五年(1899)成都志古堂刻本　三冊　缺六卷(一至三、五至七)

610000－4018－0000942　集336
宋李忠定公奏議選十五卷文集選二十九卷首四卷　(宋)李綱著　(明)左光先選　(明)李春熙輯　(明)李嗣玄較正　明末清初刻本　十六冊

610000－4018－0000943　集337
樊川詩集四卷補遺一卷別集一卷外集一卷　(唐)杜牧撰　(清)馮集梧注　清光緒十六年(1890)湘南書局刻本　五冊　存五卷(詩集四卷、外集一卷)

610000－4018－0000944　集338
偶更堂文集二卷詩稿二卷　(清)徐作肅著　(清)徐世際　(清)徐世徵編　清康熙刻本　二冊

610000－4018－0000945　集339
庚辰集五卷唐人試律說一卷　(清)紀昀編　清刻本　六冊

610000－4018－0000946　集340
重訂文選集評十五卷首一卷末一卷　(南朝梁)蕭統輯　(清)于光華編　清咸豐九年(1859)刻本　十四冊　缺二卷(一、六)

610000－4018－0000947　集341
養一齋文集二十卷詩集四卷　(清)李兆洛撰　清光緒八年(1882)刻本　八冊　缺四卷(文集一至三、詩集四)

610000－4018－0000948　集343
王右丞集二十八卷首一卷末一卷　(唐)王維撰　(清)趙殿成箋註　清乾隆二年(1737)刻本　八冊

610000－4018－0000949　集344
李長吉歌詩四卷首一卷外集一卷　(唐)李賀撰　(清)王琦彙解　(清)王思謙較　清乾隆二十五年(1760)刻本　四冊

610000－4018－0000950　集346
宋詩鈔初集　(清)吳之振等選　清康熙十年(1671)吳氏鑑古堂刻本　四十八冊　缺一種

610000－4018－0000951　集347
文公朱先生感興詩不分卷　(宋)朱熹撰　(宋)蔡模學　清末刻本　一冊

610000－4018－0000952　集348
榕城詩話三卷　(清)杭世駿撰　清刻本　一冊

610000－4018－0000953　集350
昌黎先生詩集注十一卷　(清)顧嗣立刪補　(清)朱彝尊　(清)何焯評　清道光賡德堂刻朱墨印本　四冊

610000－4018－0000954　集351
歐陽修文集三十二卷　(宋)歐陽修撰　清刻本　一冊　存一卷(下)

610000－4018－0000955　集352
簡學齋詩存四卷詩刪四卷館課賦存一卷館課賦續抄一卷試律續抄一卷　(清)陳沆撰　清咸豐二年(1852)刻本　六冊

610000－4018－0000956　集355
諸葛忠武侯全集二十卷首三卷　(清)胡昇猷纂　清光緒十四年(1888)岐山縣署刻本　十二冊

610000－4018－0000957　集358
選注六朝唐賦二卷　(清)馬傳庚選註　清同治十三年(1874)京都玉燕書巢馬氏刻本　二冊

610000－4018－0000958　集359
諸葛忠忞侯文集四卷首一卷諸葛忠武侯故事

五卷補遺一卷　(三國蜀)諸葛亮撰　(清)張澍編輯　清道光元年(1821)刻本　四册

610000－4018－0000959　集360
歐陽文公圭齋集十六卷首一卷末一卷　(元)歐陽玄撰　(清)鄧顯鶴增訂　(清)彭洋中校刊　清道光二十六年(1846)南邨艸堂刻本　四册

610000－4018－0000960　集361
韓五泉詩四卷遺詩一卷附錄二卷　(明)韓邦靖撰　清嘉慶刻本　二册

610000－4018－0000961　集362
杜詩鏡銓二十卷杜工部[甫]年譜一卷　(清)楊倫編輯　**讀書堂杜工部文集註解二卷**　(清)張溍評註　清同治十一年(1872)望三益齋刻本　九册　缺三卷(十八至二十)

610000－4018－0000962　集363
杜詩鏡銓二十卷杜工部[甫]年譜一卷　(清)楊倫編輯　**讀書堂杜工部文集註解二卷**　(清)張溍評註　清同治十一年(1872)望三益齋刻本　十册

610000－4018－0000963　集367
詩法火傳十六卷　(清)馬上巘輯　(清)馬壽穀較　清順治刻本　八册

610000－4018－0000964　集369
榕村全集四十卷　(清)李光地撰　清刻本　二十二册　缺一卷(七)

610000－4018－0000965　集370
杜詩詳註二十五卷首一卷附編二卷　(唐)杜甫撰　(清)仇兆鰲輯註　清康熙三十二年(1693)刻本　三十五册

610000－4018－0000966　集372
庚辰集五卷唐人試律說一卷　(清)紀昀編　清乾隆二十七年(1762)刻本　六册

610000－4018－0000967　集373
賦鈔箋畧十五卷　(清)雷琳　(清)張杏濱箋　清乾隆三十一年(1766)刻本　六册

610000－4018－0000968　集374
切問齋集十六卷　(清)陸燿著　清乾隆五十七年(1792)刻本　八册

610000－4018－0000969　集375
山左闈墨一卷　(清)曹鍾鑒定　清光緒二年(1876)刻本　一册

610000－4018－0000970　集376
福建闈墨不分卷　(清)陳君耀等撰　清末刻本　一册

610000－4018－0000971　集377
河南闈墨不分卷　(□)□□撰　清刻本　一册

610000－4018－0000972　集378
八銘塾鈔初集不分卷二集不分卷　(清)吳懋政編次　清刻本　三册

610000－4018－0000973　集379
八銘塾鈔二集不分卷　(清)吳懋政編次　清刻本　二册

610000－4018－0000974　集380
評選直省闈藝大全八卷　(清)久敬齋主人編　清光緒三十年(1904)上海久敬齋石印本　六册　缺二卷(三至四)

610000－4018－0000975　集381
光緒元年乙亥恩科帯補壬戌恩科甘肅鄉試闈墨不分卷　(清)□□撰　清光緒衡鑑堂刻本　一册

610000－4018－0000976　集382
光緒癸卯恩科陝西鄉試闈墨不分卷　(清)□□撰　清光緒刻本　一册

610000－4018－0000977　集383
七十家賦鈔六卷　(清)張惠言輯　清道光元年(1821)合河康氏刻本　四册

610000－4018－0000978　集384
詞綜三十八卷　(清)朱彝尊輯　(清)汪森增定　(清)柯崇樸編次　**明詞綜十二卷國朝詞綜四十八卷二集八卷**　(清)王昶輯　清刻本　二十四册

610000－4018－0000979　集385

歷朝詩選要六卷古律賦要四卷　(清)李元春評選　清道光三十年(1850)刻本　十冊

610000－4018－0000980　集386
中晚唐詩叩彈集十二卷續集三卷　(清)杜詔(清)杜庭珠集　清實仁堂刻本　六冊

610000－4018－0000981　集387
仁在堂全集　(清)路德評選　清刻本　七冊　存三種

610000－4018－0000982　類001
佩文韻府一百六卷　(清)張玉書等撰　清刻本　一百九十三冊　存一百三卷(一至二、四至五十、五十二至六十三、六十五至一百六)

610000－4018－0000983　類002
巾經纂二十卷　(清)宋宗元著　清同治十年(1871)陸川李廷樟刻本　五冊

610000－4018－0000984　類003
詩學含英十四卷　(清)劉文蔚輯　清刻本　一冊　存七卷(一至七)

610000－4018－0000985　類004
王先生十七史蒙求十六卷　(宋)王令著　清光緒五年(1879)刻本　四冊

610000－4018－0000986　類005
古香齋新刻袖珍淵鑑類函四百五十卷目錄四卷　(清)張英等纂修　清同治十三年至光緒六年(1874－1880)刻本　二百五十冊　缺三十三卷(十八至二十三、一百六十七至一百七十二、一百七十四至一百七十九、二百三十五至二百三十七、三百七十五至三百七十七、四百至四百一、四百二十八至四百三十、四百四十四至四百四十七)

610000－4018－0000987　類006
子史精華一百六十卷　(清)允祿等纂　清光緒十二年(1886)上海同文書局石印本　八冊

610000－4018－0000988　類007
子史精華一百六十卷　(清)允祿等纂　清光緒十二年(1886)上海同文書局石印本　四冊　存八十卷(一至四十、一百二十一至一百六十)

610000－4018－0000989　類008
小知錄十二卷　(清)陸鳳藻輯　清同治十二年(1873)淮南書局刻本　六冊

610000－4018－0000990　類009
穀玉類編五十卷　(清)汪兆舒輯　清乾隆二十三年(1758)汪質資履堂刻本　十冊

610000－4018－0000991　類010
讀書紀數略五十四卷　(清)宮夢仁編纂(清)宋澤元校刊　清光緒刻本　六冊　缺三十卷(一至三十)

610000－4018－0000992　類011
藝文類聚一百卷　(唐)歐陽詢撰　(明)王元貞校　清光緒五年(1879)華陽宏達堂刻本　三十八冊　存九十六卷(一至二、五至五十四、五十七至一百)

610000－4018－0000993　類012
子史精华一百六十卷　(清)允祿等纂　清刻本　四十四冊　存一百四十卷(一、九至十四、二十二至二十四、二十八至二十九、三十一至一百三十八、一百四十至一百五十九)

610000－4018－0000994　類013
西陂類稿五十卷　(清)宋犖撰　清康熙五十年(1711)刻本　十六冊

610000－4018－0000995　類014
事物原會四十卷　(清)汪汲錄　清嘉慶三年(1798)刻本　四冊

610000－4018－0000996　類015
千金裘二十七卷　(清)蔣義彬纂　清刻本　一冊　存一卷(三)

610000－4018－0000997　類016
千金裘二集二十六卷　(清)蔣義彬　(清)徐元麟纂　清刻本　一冊　存一卷(九)

610000－4018－0000998　類017
五經類編二十八卷　(清)周世樟編輯　清雍正二年(1724)刻本　十冊

610000－4018－0000999　類018

五經類編二十八卷 (清)周世樟編輯 清刻本 一冊 存四卷(六至九)

610000－4018－0001000 類 019

格致鏡原一百卷 (清)陳元龍撰 清雍正十三年(1735)刻本 六冊 存三十八卷(一至十、二十一至四十八)

610000－4018－0001001 類 020

廣治平略四十四卷 (清)蔡方炳纂定 清刻本 二十冊

610000－4018－0001002 類 021

省軒考古類編十二卷 (清)柴紹炳纂 (清)姚培謙評 (清)汪琬等參 清雍正四年(1726)刻本 六冊

610000－4018－0001003 叢 001

澹靜齋全集 (清)龔景瀚箸 清道光六年(1826)刻本 十二冊

610000－4018－0001004 叢 002

四經精華 (清)魏朝俊輯 清光緒十六年(1890)宏道堂刻本 十五冊

610000－4018－0001005 叢 003

欽定三禮義疏 (清)允祿等撰 清同治七年(1868)浙江巡撫李瀚章刻本 七十九冊

610000－4018－0001006 叢 004

五經繹 (明)鄧元錫著 明崇禎刻本 八冊

610000－4018－0001007 叢 005

萬充宗先生經學五書 (清)萬斯大撰 清乾隆二十六年(1761)万福刻本 九冊

610000－4018－0001008 叢 006

貸園叢書初集 (清)周永年輯 清乾隆五十四年(1789)歷城周氏竹西書屋據益都李文藻刻版重編印本 十六冊

610000－4018－0001009 叢 007

先賢十五家年譜 (清)楊希閔撰 清光緒四年(1878)福州刻本 十四冊 存十種

610000－4018－0001010 叢 008

高梅亭讀書叢鈔 (清)高嵣集評 清乾隆五十三年(1788)廣郡永邑培元堂楊氏刻本 六冊

610000－4018－0001011 叢 009

文道十書 (清)陳景雲撰 清乾隆十九年(1754)樸茂齋刻本 四冊

610000－4018－0001012 叢 010

浙刻雙池遺書八種 (清)汪紱撰 清光緒二十一年至二十二年(1895－1896)刻本 六冊

610000－4018－0001013 叢 011

二十五子彙函 (清)鴻文書局輯 清光緒十九年(1893)上海鴻文書局石印本 十八冊 缺二種

610000－4018－0001014 叢 012

學津討原 (清)張海鵬輯 清嘉慶十年(1805)虞山張氏曠照閣刻本 二百八十二冊 缺二十二種

610000－4018－0001015 叢 013

金華叢書 (清)胡鳳丹輯 清同治、光緒間永康胡氏退補齋刻本 二百六十三冊

610000－4018－0001016 叢 014

洪北江全集 (清)洪亮吉撰 清光緒洪用懃授經堂刻本 六十四冊

610000－4018－0001017 叢 015

五種遺規 (清)陳宏謀編 清同治七年(1868)楚北崇文書局刻本 六冊 存四種

610000－4018－0001018 叢 016

五種遺規 (清)陳宏謀編輯 清同治三年(1864)刻本 十冊

610000－4018－0001019 叢 017

當歸艸堂叢書 (清)丁丙輯 清同治錢唐丁氏刻本 八冊

610000－4018－0001020 叢 018

紀慎齋先生全集 (清)紀大奎撰 清嘉慶至咸豐間刻本 四十四冊

610000－4018－0001021 叢 019

周孟侯先生全書 (明)周拱辰撰 清光緒元年(1875)刻本 十二冊

610000－4018－0001022　叢 020
十種古逸書　(清)茆泮林輯　清道光十四年(1834)梅瑞軒刻本　四冊

610000－4018－0001023　叢 021
增訂漢魏叢書八十六種　(清)王謨輯　清光緒二年(1876)紅杏山房刻本　七十五冊　缺三十五種

610000－4018－0001024　叢 022
江南製造局所刻書　(清)江南製造局編譯　清末江南機器製造總局刻本　十六冊　存八種

610000－4018－0001025　叢 023
靈峯草堂叢書　陳矩輯　清光緒貴陽陳氏刻本　三冊

610000－4018－0001026　叢 024
湖北叢書　(清)趙尚輔輯　清光緒十七年(1891)三餘艸堂刻本　九十二冊

610000－4018－0001027　叢 025
毛西河先生全集一百十七種　(清)毛奇齡稿　清嘉慶刻本　一百二十七冊　缺二種

610000－4018－0001028　叢 026
左海全集　(清)陳壽祺撰　清嘉慶至同治間刻本　八十冊　存二十種

610000－4018－0001029　叢 027
唐代叢書一百六十四種　(清)王文誥輯　清嘉慶十一年(1806)刻本　二十三冊　缺七十二種

610000－4018－0001030　叢 028
牧令全書　(清)丁日昌輯　清同治七年(1868)江蘇書局刻本　十四冊

610000－4018－0001031　叢 029
潛研堂全書　(清)錢大昕撰　清刻本　二十九冊　存十一種

610000－4018－0001032　叢 030
張皋文箋易詮全集十六種　(清)張惠言撰　清嘉慶、道光間刻本　八冊　存十五種

610000－4018－0001033　叢 031
呂子遺書　(明)呂坤著　清道光七年(1827)河南開封府署刻本　二十四冊

610000－4018－0001034　叢 032
竹柏山房十五種附刻四種　(清)林春溥撰　清嘉慶至咸豐間刻本　三十九冊　缺一種

610000－4018－0001035　叢 033
張楊園先生全集　(清)李文耕輯　清同治元年(1862)刻本　六冊

610000－4018－0001036　叢 034
昭代叢書　(清)張潮輯　清康熙刻本　十二冊　存五十種

610000－4018－0001037　叢 035
嶺南遺書　(清)伍元薇　(清)伍崇曜輯　清道光至同治間廣州南海伍氏粵雅堂刻本　八十八冊　缺一種

610000－4018－0001038　叢 036
正誼堂全書六十三種續刻五種　(清)張伯行輯　(清)楊浚重輯　清同治五年(1866)福州正誼書院刻八年至九年(1869－1870)續刻本　一百四十六冊　存四十九種

610000－4018－0001039　叢 037
春在堂全書　(清)俞樾撰　清同治十年(1871)刻本　四十九冊　存四種

610000－4018－0001040　叢 038
抗希堂十六種　(清)方苞撰　清康熙至嘉慶桐城方氏抗希堂刻本　二十七冊　存九種

610000－4018－0001041　叢 039
王鄂宰遺書　(清)王筠撰　清道光、咸豐間刻本　一冊　存二種

610000－4018－0001042　叢 040
新鐫經苑　(清)錢儀吉輯　清道光、咸豐間大梁書院刻同治七年(1868)王儒行等刻本　六十二冊　存二十二種

610000－4018－0001043　叢 041
欽定三禮義疏　(清)允祿等撰　清道光十八年(1838)刻本　九十三冊

610000－4018－0001044　叢 042

船山遺書 (清)王夫之撰 清同治四年(1865)湘鄉曾國荃金陵刻本 六十六册 存五十二種

610000－4018－0001045 叢043

海山仙館叢書 (清)潘仕成輯 清道光、咸豐間番禺潘氏刻光緒補刻本 八十三册 缺八種

610000－4018－0001046 叢044

知不足齋叢書 (清)鮑廷博輯 (清)鮑志祖續輯 清乾隆至道光間長塘鮑氏刻本 一百二十二册 存一百十七種

610000－4018－0001047 叢045

續知不足齋叢書 (清)高承勳輯 清渤海高氏刻本 十三册 存十四種

610000－4018－0001048 叢046

天壤閣叢書 (清)王懿榮輯 清同治、光緒間福山王氏刻本 一册 存二種

610000－4018－0001049 叢047

湖海樓叢書 (清)陳春輯 清刻本 三十二册

610000－4018－0001050 叢048

永年申氏遺書 (清)申居鄖輯 清光緒五年(1879)定州王氏謙德堂刻畿輔叢書本 五册 存四種

610000－4018－0001051 叢049

[柚堂彙刻書]六種 (明)盛萬年輯 清刻本 三册 存四種

610000－4018－0001052 叢050

鹿洲全集 (清)藍鼎元撰 清刻本 十六册 存五種

610000－4018－0001053 叢051

曾文正公全集 (清)曾國藩撰 清同治、光緒間傳忠書局刻本 一百十七册

610000－4018－0001054 叢052

郝氏遺書 (清)郝懿行撰 清嘉慶至光緒間刻本 四十二册 存十五種

610000－4018－0001055 叢053

徐位山六種 (清)徐文靖撰 清雍正、乾隆間志寧堂刻本 十二册 存三種

610000－4018－0001056 叢054

宜稼堂叢書 (清)郁松年輯 清道光上海郁氏刻本 五十八册 存六種

610000－4018－0001057 叢055

重訂汪子遺書 (清)汪紱撰 清刻本 三十一册 存四種

610000－4018－0001058 叢056

浦城宋元明儒遺書 (清)祝昌泰等輯 清嘉慶蒲城祝氏留香室刻本 二十七册 缺三種

610000－4018－0001059 叢057

明季稗史彙編 (清)留雲居士輯 清都城琉璃廠刻本 十二册

610000－4018－0001060 叢058

惜陰軒叢書三十四種續編一種 (清)李錫齡輯 清道光二十六年(1846)宏道書院刻咸豐八年(1858)續刻本 一百四册 存三十二種

610000－4018－0001061 叢059

明季稗史彙編 (清)留雲居士輯 清都城琉璃廠刻本 八册

610000－4018－0001062 叢060

增訂漢魏叢書 (清)王謨輯 清乾隆五十六年(1791)金谿王氏刻本 八十八册

610000－4018－0001063 叢061

古經解彙函十六種小學彙函十四種 (清)鍾謙鈞等輯 清同治十二年(1873)粵東書局刻本 五十四册

610000－4018－0001064 叢062

古經解彙函十六種小學彙函十四種 (清)鍾謙鈞等輯 清光緒十五年(1889)湘南書局刻本 八十一册 存二十七種

610000－4018－0001065 叢063

式訓堂叢書 (清)章壽康輯 清光緒會稽章氏刻本 三册 存二種

610000－4018－0001066 叢064

新刻諸葛宗岳史四公文集 (清)劉質慧輯

清同治十二年(1873)三原劉氏述荊堂刻本 六冊 存二種

610000－4018－0001067 叢 065

徐位山六種 (清)徐文靖撰 清雍正、乾隆間志寧堂刻本 十一冊 存四種

610000－4018－0001068 叢 066

道書 (清)劉一明撰 清嘉慶二十四年(1819)常郡護國庵刻本 十八冊 存二十種

陝西省安康市漢濱區少年兒童圖書館古籍普查登記目録

全國古籍普查登記目録

國家圖書館出版社
National Library of China Publishing House

610000－1017－0000001　1
詩集傳二十卷詩序辨說一卷詩傳綱領一卷詩圖一卷　（宋）朱熹撰　明正統十二年（1447）司禮監刻本　十冊　缺四卷（九至十、十五至十六）

610000－1017－0000002　3
御纂詩義折中二十卷　（清）傅恒等纂　清乾隆二十年（1755）刻本　九冊　缺二卷（三至四）

610000－1017－0000003　4
新刻來瞿唐先生易註十五卷首一卷末一卷　（明）來知德撰　（清）高奣映校讎　清康熙十六年（1677）朝爽堂刻本　九冊

610000－1017－0000004　5
周易四卷　（宋）朱熹本義　清同治十年（1871）刻本　一冊　存四卷（一）

610000－1017－0000005　6
周易闡真四卷首一卷　（清）劉一明註　清嘉慶刻本　五冊

610000－1017－0000006　7
周禮讀本六卷　（清）周樽眉輯　（清）王冀軒參閱　（清）賈聘侯校對　清咸豐三年（1853）刻本　一冊　存三卷（一至三）

610000－1017－0000007　8
春秋左傳讀本□□卷　（清）周樽輯　清刻本　二冊　存四卷（八至九、十七至十八）

610000－1017－0000008　9
孔易闡真二卷　（清）劉一明體述　清刻本　一冊

610000－1017－0000009　10
黔書二卷　（清）田雯編　清康熙刻本　二冊

610000－1017－0000010　11
石墨鐫華八卷　（明）趙崡著　明萬曆四十六年（1618）刻本　一冊　存三卷（一至三）

610000－1017－0000011　12
大清一統志四百二十四卷　（清）和珅等修　清光緒石印本　五十八冊　缺九卷（一至九）

610000－1017－0000012　13
［雍正］陝西通志一百卷首一卷　（清）劉於義修　（清）沈青崖纂　清雍正十三年（1735）刻本　一百冊　存九十八卷（一至七、十一至一百，首一卷）

610000－1017－0000013　14
華陽國志十二卷　（晉）常璩著　**江原常氏士女志一卷**　（明）張佳胤輯　明嘉靖四十三年（1564）張佳胤刻本　四冊

610000－1017－0000014　16
［乾隆］興安府志三十卷　（清）李國麒纂修　清乾隆五十三年（1788）刻本（卷十一至十二補配複印本）　十二冊

610000－1017－0000015　17
［乾隆］興安府志三十卷　（清）李國麒纂修　清乾隆五十三年（1788）刻本　一冊　存三卷（二至四）

610000－1017－0000016　18
［嘉慶］安康縣志二十卷　（清）鄭謙修　（清）王森文纂　清嘉慶二十年（1815）刻本　一冊　存六卷（一至六）

610000－1017－0000017　19
［嘉慶］漢陰廳志十卷首一卷　（清）錢鶴年修　（清）董詔纂　清嘉慶二十三年（1818）刻本（卷二至四、九至十配複印本）　六冊

610000－1017－0000018　20
［正德］武功縣志三卷首一卷　（明）康海纂　（清）孫景烈評註　清乾隆二十六年（1761）瑪星阿刻本　一冊

610000－1017－0000019　21
［正德］武功縣志三卷首一卷　（明）康海纂　（清）孫景烈評註　清光緒十三年（1887）張世英補刻嘉慶本　一冊

610000－1017－0000020　22
［宣統］鄠縣志十八卷首一卷　（清）李帶雙原本　（清）沈錫榮增補　清宣統二年（1910）陝西圖書館鉛印本　四冊

610000－1017－0000021　23
[乾隆]寶雞縣志十六卷　(清)鄧夢琴修　(清)董詔纂　清乾隆五十年(1785)刻本　三冊　存十二卷(五至十六)

610000－1017－0000022　24
[乾隆]永壽縣新志十卷首一卷　(清)蔣基修　(清)王開沃纂　清乾隆五十八年(1793)刻本　二冊　存六卷(一至六)

610000－1017－0000023　25
[同治]清江縣志十卷首一卷　(清)潘懿　(清)胡湛修　(清)朱孫詒等纂　清同治九年(1870)刻本　二冊　存二卷(二、九)

610000－1017－0000024　26
[同治]臨江府志三十二卷首一卷　(清)德馨　(清)鮑孝光修　(清)朱孫詒　(清)陳錫麟纂　清同治十年(1871)刻本　三冊　存十卷(一至二、三至七、八至十)

610000－1017－0000025　27
[光緒]米脂縣志十二卷　(清)高照煦纂　(清)高增融校訂　清光緒三十三年(1907)鉛印本　一冊　存二卷(十一至十二)

610000－1017－0000026　34
欽定四庫全書簡明目錄二十卷首一卷　(清)紀昀等撰　清刻本　十二冊

610000－1017－0000027　35
諸子彙函二十六卷首一卷　(明)歸有光蒐輯　(明)文震孟參訂　明天啟立達堂刻本　二十七冊

610000－1017－0000028　36
針灸大成十卷　(明)楊繼洲撰　清致和堂刻本　九冊　存九卷(一至九)

610000－1017－0000029　37
誠一堂琴譜六卷琴談二卷　(清)程允基選訂　(清)程允培參校　清康熙四十四年(1705)誠一堂刻本　八冊

610000－1017－0000030　38
二如亭群芳譜二十九卷　(明)王象晉纂　(明)陳繼儒等校　清刻本　二十冊

610000－1017－0000031　39
佐治藥言一卷續一卷　(清)王輝祖纂　清刻本　一冊

610000－1017－0000032　40
增補註釋故事白眉十卷　(明)許以忠集　(清)許國球校　清康熙八年(1669)聚錦堂刻本　八冊

610000－1017－0000033　41
九數通考十一卷首一卷末一卷　(清)屈曾發輯　清同治十一年(1872)刻本　六冊

610000－1017－0000034　42
古文淵鑒六十四卷　(清)徐乾學等編注　清康熙二十四年(1685)刻四色套印本　十八冊　存二十五卷(一至十八、二十八至三十四)

610000－1017－0000035　43
杜詩詳註二十五卷首一卷附編二卷　(唐)杜甫撰　(清)仇兆鰲輯註　清康熙三十二年(1693)刻本　二十四冊

610000－1017－0000036　44
東坡詩選十二卷年譜一卷本傳一卷　(宋)蘇軾撰　(明)譚元春選　明天啟元年(1621)刻本　六冊

610000－1017－0000037　45
施註蘇詩四十二卷王註正譌一卷墓誌銘一卷本傳一卷年譜一卷續補遺二卷目錄二卷　(宋)蘇軾撰　(宋)施元之註　(清)宋犖　(清)張榕瑞閱定　(清)邵長蘅等刪補　(清)馮景補註　清康熙三十九年(1700)刻本　十冊

610000－1017－0000038　46
新刊宋學士全集三十三卷　(明)宋濂撰　(明)韓叔陽彙輯　(明)張元中編次　(明)張孟昂校正　明嘉靖刻本(卷十一至十二配抄本)　三十二冊

610000－1017－0000039　47
陳檢討集二十卷　(清)陳維崧譔　(清)程師

恭註　清康熙三十二年(1693)刻本　四冊

610000－1017－0000040　48
丁辛老屋集十二卷　(清)王又曾撰　清乾隆五十二年(1787)鄖陵官舍刻本　二冊

610000－1017－0000041　49
守康錄不分卷　(清)周燦藁　清康熙二十四年(1685)刻本　二冊

610000－1017－0000042　50
桐閣雜著十種　(清)李元春撰　清刻本　七冊

610000－1017－0000043　51
衎石齋記事藁十卷續藁十卷　(清)錢儀吉撰　清光緒六年(1880)刻本　十三冊　存十三卷(五至六、九,續藁十卷)

610000－1017－0000044　53
齊張長史集一卷　(南朝齊)張融撰　清光緒十八年(1892)刻本　一冊

610000－1017－0000045　55
普天忠憤全集十四卷首一卷　(清)孔廣德編定　清光緒二十四年(1898)經濟書莊石印本　二冊　存四卷(一、七至八,首一卷)

610000－1017－0000046　56
胡文忠公遺集十卷首一卷　(清)鄭敦謹　(清)曾國荃編輯　清末刻本　一冊　存二卷(一、首一卷)

610000－1017－0000047　57
胡文忠公遺集八十六卷首一卷　(清)曾國荃　(清)鄭敦謹編輯　清同治六年(1867)黄鶴樓刻本　七冊　存二十一卷(一至二十一)

610000－1017－0000048　59
體微齋日記祿存七卷語錄一卷易說一卷　(清)祝塏著　(清)閻敬銘鑒定　清末刻本　五冊

610000－1017－0000049　60
咸豐辛酉科陝甘闈墨不分卷　(清)何唐鑒定　清咸豐十一年(1861)刻本　一冊

610000－1017－0000050　61
小倉山房詩集三十一卷補遺一卷附錄一卷　(清)袁枚撰　清英秀堂刻本　六冊

610000－1017－0000051　62
養素堂文集三十五卷首一卷　(清)張澍撰　清道光十七年(1837)刻本　十六冊

610000－1017－0000052　63
[康對山先生文集]□□卷　(明)康海撰　清刻本　十冊　存三十二卷(三至六、八至九、十一至十九、二十一至三十、三十四至三十五、四十一至四十五)

610000－1017－0000053　64
時齋文集初刻十卷續刻八卷又續六卷　(清)李元春撰　清刻本　九冊　存十三卷(初刻五至十、續刻七、又續六卷)

610000－1017－0000054　65
庾子山集十六卷　(北周)庾信撰　(清)倪璠注　清刻本　五冊

610000－1017－0000055　66
皇朝經世文編一百二十卷姓名總目二卷　(清)賀長齡輯　(清)魏源編次　(清)曹堉校勘　清道光七年(1827)刻本　六十四冊　缺二十三卷(二至三、二十一至二十三、三十一、六十一、六十三至六十四、六十七、六十九至七十、七十二至七十九、一百四、一百十至一百十一)

610000－1017－0000056　67
皇朝經世文編一百二十卷姓名總目二卷　(清)賀長齡輯　(清)魏源編次　(清)曹堉校勘　清道光六年(1826)刻本　六十冊　缺二十九卷(十三至十四、十七至十八、二十九至三十四、三十九、五十一至五十三、七十至八十二、八十八至八十九)

610000－1017－0000057　68
皇朝經世文編一百二十卷姓名總目二卷　(清)賀長齡輯　清刻本　七冊　存十卷(三十、三十三至三十八、四十、四十五至四十六)

610000－1017－0000058　69
皇朝經世文編一百二十卷姓名總目二卷

(清)賀長齡輯　清光緒十六年(1890)廣百宋齋鉛印本　二十三冊　缺五卷(七十九至八十三)

610000－1017－0000059　70
皇朝經世文編一百二十卷姓名總目二卷
(清)賀長齡輯　清光緒鉛印本　九冊　存九十一卷(三十至一百二十)

610000－1017－0000060　71
皇朝經世文編一百二十卷姓名總目二卷
(清)賀長齡輯　清石印本　二冊　存十卷(七十六至八十五)

610000－1017－0000061　72
皇朝經世文編補一百二十卷姓名總目二卷
(清)賀長齡輯　(清)張鵬飛評梓　清道光二十九年(1849)安康來鹿堂刻本　九十三冊　存一百十五卷(一、三至八、十至五十一、五十三至五十八、六十至六十六、六十八至一百二十)

610000－1017－0000062　73
皇朝經世文編補一百二十卷　(清)賀長齡輯　(清)張鵬飛評梓　(清)李懷庚編次　(清)汪彥昌校勘　清道光二十九年(1849)安康來鹿堂刻本　十冊　存十卷(一至十)

610000－1017－0000063　74
皇朝經世文編補一百二十卷　(清)賀長齡輯　(清)張鵬飛評梓　清安康來鹿堂刻本　四冊　存五卷(十四、二十一、五十三、六十六至六十七)

610000－1017－0000064　75
皇朝經世文四編五十二卷　(清)何良棟輯　清光緒二十八年(1902)上海書局石印本　十二冊

610000－1017－0000065　76
皇朝經世文新編三十二卷　(清)麥仲華輯　清光緒二十七年(1901)上海寶善書局石印本　十七冊　存二十三卷(一至二十三)

610000－1017－0000066　77
皇朝經世文新編續集二十一卷　(清)甘韓輯　(清)楊鳳藻校正　清光緒二十八年(1902)商絳雪齋書局石印本　十二冊　存十九卷(一、四至二十一)

610000－1017－0000067　78
皇朝經世文續編一百二十卷　(清)葛士濬輯　清光緒二十二年(1896)寶善書局石印本　七十八冊

610000－1017－0000068　79
來鹿堂文集八卷首一卷詩集三卷別集一卷
(清)張鵬飛撰　清光緒八年(1882)刻本　十二冊　存十二卷(文集一至二、四至八,首一卷,詩集三卷,別集一卷)

610000－1017－0000069　80
小學集注六卷　(宋)朱熹集注　清刻本　一冊

610000－1017－0000070　81
來鹿堂文集八卷首一卷詩集三卷　(清)張鵬飛撰　清刻本　七冊　存十卷(文集一至七、詩集三卷)

610000－1017－0000071　82
來鹿堂文集八卷首一卷　(清)張鵬飛撰　清刻本　二冊　存三卷(三至四、七)

610000－1017－0000072　83
來鹿堂詩集三卷　(清)張鵬飛撰　清刻本　一冊

610000－1017－0000073　84
七家詩選七卷　(清)張熙宇輯評　清刻朱墨套印本　一冊　存二卷(六至七)

610000－1017－0000074　85
七家詩選註釋七卷　(清)張熙宇輯評　清刻朱墨套印本　一冊　存二卷(六至七)

610000－1017－0000075　86
因難見巧四卷　(清)劉青燃編輯　清刻本　一冊　存一卷(二)

610000－1017－0000076　87
國朝名文約編詳註二卷　(清)陳詩編　清道光二十七年(1847)刻本　三冊

610000－1017－0000077　88
人譜類記二卷　(明)劉宗周撰　清刻本　一冊　存一卷(下)

610000－1017－0000078　89
國朝名文小題讀本不分卷　(□)□□撰　清刻本　一冊

610000－1017－0000079　90
聖清淵源錄三十卷　(清)黄嗣東輯　清光緒三十四年(1908)鳳山學舍刻本　九冊　缺四卷(十至十二、三十)

610000－1017－0000080　92
韻府約編二十四卷　(清)鄧愷輯　清刻本　四冊　存四卷(九至十、二十一、二十四)

610000－1017－0000081　93
上孟異同商不分卷　(清)黄鶴學　清末刻本　三冊

610000－1017－0000082　94
小學纂註六卷朱子[熹]年譜一卷　(清)高愈編訂　(清)陳弘謀重校刊　清乾隆元年(1736)刻本　二冊　存三卷(一至二、六)

610000－1017－0000083　95
小學纂註六卷　(清)高愈纂註　清咸豐七年(1857)刻本　一冊　存二卷(一至二)

610000－1017－0000084　96
孔子家語十卷　(三國魏)王肅注　明末清初汲古閣刻本　十冊

610000－1017－0000085　97
金剛般若波羅蜜經一卷　(後秦)釋鳩摩羅什譯　清抄本　一冊

610000－1017－0000086　98
傳家寶三集八卷　(清)石成金輯撰　清刻本　一冊　存二卷(五至六)

610000－1017－0000087　100
學庸異同商不分卷　(清)黄鶴學　清刻本　一冊

610000－1017－0000088　101
聖諭像解二十卷　(清)梁延年編輯　清光緒二十九年(1903)江蘇撫署石印本　二冊　存三卷(一至三)

610000－1017－0000089　103
姚江學辨二卷　(清)羅澤南撰　清刻本　一冊

610000－1017－0000090　104
關學續編三卷　(清)李元春等著　清刻本　一冊　存二卷(二至三)

610000－1017－0000091　106
欽定古今圖書集成一萬卷目錄四十卷　(清)陳夢雷　(清)蔣廷錫等編　清光緒十年(1884)上海圖書集成鉛版印書局鉛印本　一千四百十六冊　存八千七十四卷

610000－1017－0000092　112
經史百家雜鈔二十六卷　(清)曾國藩纂　(清)李鴻章校栞　清光緒二年(1876)傳忠書局刻本　二十五冊　存二十五卷(一至二十五)

610000－1017－0000093　113
經史百家簡編二卷　(清)曾國藩纂　(清)曾國荃審訂　清同治十三年(1874)傳忠書局刻本　二冊

610000－1017－0000094　114
經史百家簡編二卷　(清)曾國藩纂　(清)曾國荃審訂　清刻本　二冊

610000－1017－0000095　115
經史百家簡編二卷　(清)曾國藩纂　清刻本　一冊　存一卷(下)

610000－1017－0000096　116
性理體註補訓解六卷　(清)張道升纂輯　清刻本　一冊

610000－1017－0000097　117
上孟異同商不分卷　(清)黄鶴學　清末刻本　二冊

610000－1017－0000098　118
性理標題訓解八卷　(清)張道升纂輯　清乾隆二十八年(1763)懷德堂刻本　一冊　存二

卷(一至二)

610000－1017－0000099　119
地理參贊玄機仙婆集十三卷　(明)張鳴鳳等編集　清刻本　一冊　存一卷(八)

610000－1017－0000100　120
兩理略四卷　(明)王徵撰　清刻本　一冊　存一卷(二)

610000－1017－0000101　121
地理辨正疏五卷　(清)張心言著　清末上海廣益書局石印本　一冊　存一卷(四)

610000－1017－0000102　124
牙牌神數詳註不分卷　(清)何汝樫撰　清末刻本　一冊

610000－1017－0000103　126
丹桂籍□□卷　(清)顏正輯　清末來鹿堂刻本　一冊　存一卷(二十二)

610000－1017－0000104　128
太上道德真經集註六卷　(宋)彭耜纂集　清刻本　五冊　存五卷(一至五)

610000－1017－0000105　129
潛虛述義四卷考異一卷　(宋)司馬光撰　(清)蘇天木述　清道光南海粵雅堂刻嶺南遺書本　一冊　存二卷(二至三)

610000－1017－0000106　130
文帝全書三十八卷　(清)劉體恕著　清安康來鹿堂刻本　九冊　存十三卷(七至十二、十五至十八、二十三至二十四、三十七)

610000－1017－0000107　134
新刊萬病回春原本八卷　(明)龔廷賢編　(清)周亮登校　清刻本　一冊　存一卷(三)

610000－1017－0000108　135
醫方集解三卷　(清)汪昂撰　清刻本　二冊　存二卷(二至三)

610000－1017－0000109　136
□□醫林狀元壽世保元十卷　(明)龔廷賢編　清刻本　一冊　存一卷(十)

610000－1017－0000110　137
雲林別墅新輯酬世錦囊姓氏集成二集七卷　(清)鄒景揚　(清)鄒可庭輯　清刻本　二冊　存五卷(三至七)

610000－1017－0000111　138
醫方集解三卷　(清)汪昂著輯　(清)汪桓參閱　(清)汪端　(清)汪惟寵較　清刻本　一冊　存一卷(中)

610000－1017－0000112　139
時方妙用四卷　(清)陳念祖撰　清刻本　一冊　存二卷(一至二)

610000－1017－0000113　140
景岳新方砭四卷　(清)陳念祖撰　清光緒二年(1876)蜀東書局刻本　一冊

610000－1017－0000114　141
女科要旨四卷　(清)陳念祖撰　清刻本　一冊　存二卷(一至二)

610000－1017－0000115　142
景岳新方砭四卷　(清)陳念祖著　清刻本　一冊

610000－1017－0000116　143
增補萬寶全書二十卷　(明)陳繼儒纂輯　(清)毛煥文補輯　清刻本　二冊　存九卷(十二至二十)

610000－1017－0000117　144
壯悔堂文集十卷遺稿一卷　(清)侯方域著　(清)賈開宗等評點　清康熙三十四年(1695)刻本　十二冊

610000－1017－0000118　145
醫學實在易八卷　(清)陳念祖箸　(清)陳元犀參訂　清刻本　二冊　存四卷(一至二、五至六)

610000－1017－0000119　146
四憶堂詩集六卷遺稿一卷　(清)侯方域撰　(清)賈開宗等選注　清刻本　三冊　缺二卷(二至三)

610000－1017－0000120　147

切問齋集十六卷 （清）陸燿著 清刻本 八册

610000－1017－0000121 148
青照堂叢書八十五種 （清）李元春輯 清道光刻本 十九册 存八種

610000－1017－0000122 149
醫鏡四卷 （明）王肯堂撰 清刻本 一册

610000－1017－0000123 150
醫學從衆□□卷 （清）陳念祖著 （清）陳元犀參訂 清善成堂刻本 一册 存二卷（一至二）

610000－1017－0000124 151
圖注脉説□□卷 （□）□□撰 清刻本 一册 存二卷（三至四）

610000－1017－0000125 152
[古方襍録]□□卷 （□）□□撰 清抄本 一册

610000－1017－0000126 153
吴徵君蓮洋詩鈔不分卷 （清）吳雯著 （清）蘇爾詒 （清）劉摯參訂 清乾隆三十二年（1767）刻本 四册

610000－1017－0000127 154
六順齋文稿不分卷 （清）謝宜發撰 清道光九年（1829）刻本 一册

610000－1017－0000128 155
梁簡文帝集二卷 （南朝梁）簡文帝蕭綱撰 清刻本 一册 存一卷（一）

610000－1017－0000129 156
梁元帝集一卷 （南朝梁）元帝蕭繹撰 清刻本 一册

610000－1017－0000130 159
圖註八十一難經八卷 （戰國）秦越人述 （明）張世賢註 清刻本 一册 存二卷（一至二）

610000－1017－0000131 160
鼎鍥幼幼集成六卷 （清）陳復正撰 清石印本 一册 存一卷（三）

610000－1017－0000132 162
農桑輯要七卷 （元）司農司撰 清刻本 一册 存二卷（六至七）

610000－1017－0000133 163
瘟疫論類編五卷 （明）吳有性撰 （清）劉奎訂正 （清）劉秉錦編釋 清刻本 一册 存四卷（一至四）

610000－1017－0000134 164
石室秘籙六卷 （清）陳士鐸撰 清刻本 一册 存一卷（二）

610000－1017－0000135 166
金匱方歌括六卷 （清）陳念祖撰 清南雅堂刻本 一册 存三卷（一至三）

610000－1017－0000136 167
金襄因氣□□卷 （□）□□撰 清抄本 一册

610000－1017－0000137 168
金匱要畧淺註十卷 （漢）張仲景原文 （清）陳念祖集註 清上海掃葉山房刻本 三册 存六卷（五至十）

610000－1017－0000138 169
靈素集註節要十二卷 （清）陳念祖撰 清刻本 三册 存六卷（三至六、十一至十二）

610000－1017－0000139 170
金匱要畧淺註十卷 （漢）張仲景原文 （清）陳念祖集註 清學庫山房刻本 二册 存四卷（一至二、五至六）

610000－1017－0000140 171
金匱要畧淺註十卷 （漢）張仲景原文 （清）陳念祖集註 清道光十年（1830）掃葉山房石印本 三册 存四卷（一至四）

610000－1017－0000141 172
驗方新編十八卷 （清）鮑相敖撰 清刻本 二册

610000－1017－0000142 173
長沙方歌括六卷 （清）陳念祖著 清刻本 二册 存四卷（一至二、五至六）

610000－1017－0000143　174
黃帝内經素問二十四卷　(明)吳崐註　清刻本　五册　存五卷(一至四、七)

610000－1017－0000144　176
測繪淺說不分卷　(清)陜西布政使司編　清刻本　一册

610000－1017－0000145　177
周易闡真四卷首一卷　(清)劉一明撰　清嘉慶刻本　五册　存四卷(一至四)

610000－1017－0000146　179
文中子中說十卷　(隋)王通撰　(宋)阮逸注　清光緒二年(1876)浙江書局刻本　二册　存八卷(一至四、五至八)

610000－1017－0000147　180
疑耀七卷　(清)張萱撰　清刻本　三册　存四卷(三至六)

610000－1017－0000148　181
皇極經世書緒言九卷　(宋)邵雍著　(明)黄粤洲註釋　清刻本　二册　存五卷(五至九)

610000－1017－0000149　182
百子金丹十卷　(明)郭偉選注　清刻本　一册　存一卷(四)

610000－1017－0000150　183
百子金丹十卷　(明)郭偉選注　清刻本　一册　存一卷(四)

610000－1017－0000151　184
商君書五卷附考一卷　(清)嚴萬里校勘　清光緒二年(1876)浙江書局刻本　二册

610000－1017－0000152　188
閨居鏡語不分卷　(清)李元春著　清刻本　一册

610000－1017－0000153　189
子史精華一百六十卷　(清)允禄等監修　清刻本　三十一册　存一百四十九卷(一至四十九、五十一至六十五、七十一至一百五十、一百五十六至一百六十)

610000－1017－0000154　190
天禄閣外史八卷　(漢)黄憲撰　(明)鍾惺評　清刻本　二册　存六卷(三至八)

610000－1017－0000155　191
事類賦三十卷　(宋)吳淑撰註　(明)華麟祥校刊　清刻本　二册　存十卷(十一至十四、二十五至三十)

610000－1017－0000156　192
事類賦補遺十四卷　(清)張均撰　清刻本　三册　存六卷(七至八、十一至十四)

610000－1017－0000157　193
博物志十卷　(晉)張華撰　(清)汪士漢校　清刻本　一册

610000－1017－0000158　194
廣事類賦四十卷　(清)華希閔著　(清)鄒兆升彔　清刻本　十册　存三十三卷(二至十三、十七至三十七)

610000－1017－0000159　195
重訂廣事類賦四十卷　(清)華希閔著　(清)鄒升恒彔　(清)華希閔重訂　清刻本　五册　存二十三卷(一至十三、十八至二十一、二十五至三十)

610000－1017－0000160　196
續廣事類賦三十卷　(清)王鳳喈譔註　清刻本　三册　存六卷(三至五、二十至二十二)

610000－1017－0000161　197
重訂廣事類賦四十卷　(清)華希閔著　(清)鄒升恒彔　(清)華希閔重訂　清光緒二年(1876)經元堂刻本　三册　存十一卷(一至三、二十三至二十六、二十八至三十一)

610000－1017－0000162　198
文腋類賦十卷　(清)劉燕輯　清光緒三友書室鉛印本　六册

610000－1017－0000163　199
右台仙館筆記十六卷　(清)俞樾撰　清刻本　一册　存二卷(三至四)

610000－1017－0000164　200
桑蠶提要二卷　(清)方大湜撰　清光緒三十

四年(1908)刻本　一册

610000－1017－0000165　201
桑蠶初淺教科書不分卷　(□)□□撰　清刻本　一册

610000－1017－0000166　202
桑蠶提要二卷　(清)方大湜撰　清光緒三十四年(1908)刻本　二册

610000－1017－0000167　203
山蠶易簡不分卷　(清)茹朝政撰　清刻本　一册

610000－1017－0000168　204
齊民要術十卷　(北魏)賈思勰撰　清刻本　一册　存二卷(八至九)

610000－1017－0000169　205
山洋指迷原本四卷　(明)周景一著　清乾隆五十二年(1787)刻本　一册　存二卷(一至二)

610000－1017－0000170　206
策府統宗六十五卷　(清)劉昌齡輯　清光緒二十三年(1897)耕餘書屋石印本　十二册　存三十卷(三至九、十一至十六、三十二至四十四、五十一至五十四)

610000－1017－0000171　207
小嫏嬛山館彙刊類書十二種　(清)□□輯　清末刻本　五册　存二種

610000－1017－0000172　208
原富乙部　(英國)斯密亞丹原本　嚴復翻譯　清刻本　二册

610000－1017－0000173　210
增補註釋故事白眉十卷　(明)許以忠集　清康熙八年(1669)刻本　十册

610000－1017－0000174　212
袁柳莊神相全編□□卷　(□)煙霞野叟　(明)雲林子校正　清末兩儀堂刻本　一册　存一卷(上)

610000－1017－0000175　213
經腴類纂二卷　(清)孫顔編　清小嫏嬛山館刻本　二册

610000－1017－0000176　214
均藻五卷　(明)楊慎編輯　(清)李調元原校　清刻本　四册

610000－1017－0000177　215
二程子遺書纂二卷　(清)李光地撰　清刻本　二册

610000－1017－0000178　216
爾雅貫珠不分卷　(清)朱銓撰　清刻本　一册

610000－1017－0000179　217
二十二史感應錄二卷　(清)彭希涑輯　清宣統元年(1909)刻本　二册

610000－1017－0000180　219
東周列國志二十三卷　(明)馮夢龍撰　(清)蔡界評點　清乾隆十七年(1752)刻本　一册　存二卷(十至十一)

610000－1017－0000181　221
七家詩選詳註七卷　(清)張熙宇輯評　清刻本　三册　存二卷(五至六)

610000－1017－0000182　222
韓非子二十卷　(戰國)韓非撰　**識誤三卷**　(清)顧廣圻撰　清光緒元年(1875)浙江書局刻本　五册　存十一卷(三至十、十五至十七)

610000－1017－0000183　223
批點七家詩選註釋七卷　(清)張熙宇輯評　清光緒四年(1878)小西山房刻本　三册　存五卷(一至二、五至七)

610000－1017－0000184　224
硃批七家詩選箋註七卷　(清)張熙宇輯評　清大文堂刻本　二册　存三卷(一至二、五)

610000－1017－0000185　227
家寶集要□□卷　(□)□□撰　清刻本　二册　存三卷(一至三)

610000－1017－0000186　229
性理集論□□卷　(□)□□撰　清刻本　一

冊　存一卷(二)

610000－1017－0000187　231
七家詩詳註七卷　(清)張熙宇評選　清刻本　三冊　存三卷(五至七)

610000－1017－0000188　232
平平錄十卷　(清)楊芳撰　清刻本　二冊　存五卷(三至七)

610000－1017－0000189　233
續佐治藥言一卷　(清)汪輝祖撰　清刻本　一冊

610000－1017－0000190　234
崇正辟謬十四卷　(清)李奉來輯　清刻本　一冊　存三卷(五至七)

610000－1017－0000191　235
增訂本草備要四卷　(清)汪昂撰　清刻本　一冊　存一卷(四)

610000－1017－0000192　236
侯鯖錄八卷　(宋)趙德麟撰　清刻知不足齋叢書本　一冊　存四卷(五至八)

610000－1017－0000193　238
兩儀堂重訂古文釋義新編八卷　(清)余誠評註　清兩儀堂刻本　七冊　存七卷(一、三至八)

610000－1017－0000194　239
大文堂古文釋義新編八卷　(清)余誠評註　清大文堂刻本　四冊　存七卷(一、三至八)

610000－1017－0000195　240
時藝階不分卷　(清)路德輯　清道光二十二年(1842)安康來鹿堂刻本　七冊

610000－1017－0000196　241
刻楮集四卷　(清)錢儀吉撰　清道光刻本　一冊

610000－1017－0000197　242
䛐䡈亭集三十二卷後集六卷　(清)祁寯藻撰　清咸豐刻本　五冊　存二十六卷(一至十六、二十八至三十一,後集六卷)

610000－1017－0000198　243
關中書院課士詩不分卷　(清)路德輯　清咸豐元年(1851)安康來鹿堂刻本　一冊

610000－1017－0000199　244
增訂本草備要四卷　(清)汪昂撰　清刻本　一冊

610000－1017－0000200　245
本草備要八卷　(清)汪昂編　清刻本　一冊　存一卷(四)

610000－1017－0000201　246
二家詞鈔五卷　樊增祥輯　清光緒二十八年(1902)刻本　一冊　存二卷(一至二)

610000－1017－0000202　247
天崇百篇□□卷　(清)吳懋政評選　清刻本　二冊　存三卷(三至五)

610000－1017－0000203　248
浣花濯錦九卷　(清)朱雲煥輯　清嘉慶刻本　四冊

610000－1017－0000204　250
蘇詩續補遺二卷　(宋)蘇軾撰　(清)宋犖　(清)張榕端閱定　(清)馮景補註　清刻本　二冊

610000－1017－0000205　252
林青山先生文集十五卷　(清)林愈蕃撰　清刻本　一冊　存二卷(十二至十三)

610000－1017－0000206　253
竹素齋古文遺稿三卷　(清)姚學塽著　清刻本　一冊　存一卷(三)

610000－1017－0000207　254
王端毅公文集八卷續文集二卷　(明)王恕撰　清嘉慶十六年(1811)刻本　二冊　缺二卷(七至八)

610000－1017－0000208　255
望溪文粹不分卷　(清)方苞著　(清)徐德立選刊　清刻本　一冊

610000－1017－0000209　256
春在堂詩編二十三卷　(清)俞樾撰　清刻本

一册　存二卷(四至五)

610000－1017－0000210　257
本草原始十二卷　(明)李中立纂輯　清刻本　一册　存二卷(九至十)

610000－1017－0000211　258
震川文粹不分卷　(明)歸有光撰　清光緒三十二年(1906)長沙徐氏石耕山房刻本　一册

610000－1017－0000212　259
神農本草經讀四卷　(清)陳念祖著　清光緒十八年(1892)上海圖書集成印書局鉛印本　一册　存三卷(一至三)

610000－1017－0000213　260
本草綱目五十二卷　(明)李時珍撰　清刻本　五册　存五卷(一至五)

610000－1017－0000214　261
較正醫林狀元壽世保元十卷　(明)龔廷賢編　清刻本　三册　存四卷(四、六、九至十)

610000－1017－0000215　262
菜根草堂吟稿二卷　(清)黎申產撰　清光緒十一年(1885)桂林刻本　二册

610000－1017－0000216　263
惜陰軒叢書三十四種續編一種　(清)李錫齡輯　清刻本　十册　存四種

610000－1017－0000217　264
汪堯峰文鈔四十卷　(清)汪琬撰　清末民初石印本　二册　存二卷(三至四)

610000－1017－0000218　265
堯峯文粹一卷　(清)汪琬著　(清)徐德立選刊　清刻本　一册

610000－1017－0000219　266
亨甫詩選八卷　(清)張際亮撰　清刻本　三册　存三卷(四、六至七)

610000－1017－0000220　267
忠介公集十三卷首一卷末一卷附錄五卷　(明)楊爵著　清光緒張履誠堂刻本　四册　存四卷(四、八,附錄一、四)

610000－1017－0000221　268
數學上編十三卷附二卷　(清)曹汝英學　清光緒三十年(1904)武昌刻本　一册　存二卷(附二卷)

610000－1017－0000222　270
近世化學教科書一卷　(日本)大幸勇吉著　樊炳清譯　清刻本　一册

610000－1017－0000223　271
醫門法律六卷　(清)喻昌撰　清刻本　四册　存四卷(二至三、五至六)

610000－1017－0000224　272
離騷經一卷九歌一卷繪符經一卷參同契一卷　(清)李光地注　清刻本　一册

610000－1017－0000225　273
西漚試帖輯註二卷　(清)李惺著　(清)張熙宇輯評　(清)王植桂集註　清刻本　一册

610000－1017－0000226　274
知味軒啟事四卷　(清)陳毓靈撰　清咸豐五年(1855)刻本　四册

610000－1017－0000227　275
知味軒稟言三卷　(清)陳毓靈撰　清刻本　二册　存二卷(二至三)

610000－1017－0000228　276
國朝律賦麗則六卷　(清)鄒玉卺纂輯　(清)李起林攷注　(清)洪鐘条訂　清刻本　一册　存一卷(三)

610000－1017－0000229　277
皋蘭課業詩賦約編不分卷　(清)盛元珍撰　清刻本　一册

610000－1017－0000230　278
曆象本要一卷　(清)李光地撰　清刻本　一册

610000－1017－0000231　279
傷寒論十卷　(漢)張機著　(晉)王熙撰次　(金)成無己註　(明)張卿子条　清刻本　一册　存四卷(四至七)

610000－1017－0000232　280

驗方新編十六卷 (清)鮑相璈編　清刻本　三册　存三卷(九、十一、十五)

610000－1017－0000233　281
傷寒論類方一卷 (清)徐大椿編釋　清刻本　一册

610000－1017－0000234　282
傷寒集注 (□)□□撰　清刻本　二册　存七卷(四至六、十三至十六)

610000－1017－0000235　283
傷寒真方歌括六卷 (清)陳念祖著　清刻本　一册

610000－1017－0000236　284
傷寒懸解十四卷首一卷末一卷 (清)黄元御著　清末民初石印本　一册　存八卷(一至八)

610000－1017－0000237　285
傷寒論淺注六卷 (清)陳念祖注　清刻本　三册　存五卷(二至六)

610000－1017－0000238　286
傷寒醫訣串解六卷 (清)陳念祖撰　清刻本　一册

610000－1017－0000239　287
增訂解人頤廣集八卷 (清)錢德蒼重訂　清刻本　一册　存二卷(六至七)

610000－1017－0000240　288
竹嘯軒汲古新鈔□□卷 (清)楊致道輯　清道光六年(1826)刻本　三册　存三卷(一、三至四)

610000－1017－0000241　289
大學衍義□□卷 (清)陳弘謀撰　清明德堂刻本　七册　存十二卷(一至十二)

610000－1017－0000242　290
鑑略妥註五卷 (明)李廷機撰　清刻本　一册　存二卷(三至四)

610000－1017－0000243　291
[湖北武學]□□卷 (清)湖北武備學堂編　清刻本　一册

610000－1017－0000244　292
重鐫呂子呻吟語六卷 (明)呂坤著　清刻本　五册　存五卷(一至五)

610000－1017－0000245　293
古今同姓名錄二卷 (南朝梁)元帝蕭繹撰 (唐)陸善經續 (元)葉森補 (清)李調元校　清刻本　一册

610000－1017－0000246　294
新纂氏族箋釋八卷 (清)熊峻運著 (清)王思訓 (清)李鍾僑鑒定 (清)李正耀等衆 (清)楊煌義編次　清刻本　二册　存二卷(三、五)

610000－1017－0000247　295
舉辦密雲學務檔案不分卷勘誤表一卷 (清)陳少搏撰　清宣統元年(1909)北京北新書局鉛印本　一册

610000－1017－0000248　296
大學堂章程不分卷 梁啟超草擬　清末刻本　一册

610000－1017－0000249　299
女四書集註 (清)王相箋註 (清)鄭漢校梓　清嘉慶二十二年(1817)英秀堂刻本　二册

610000－1017－0000250　300
新書十卷 (漢)賈誼著 (清)盧文弨校　清乾隆盧文弨刻抱經堂叢書本　一册　存一卷(六)

610000－1017－0000251　301
正冡會稿四卷 (明)劉璣著 (清)李錫齡校刊　清刻本　一册　存一卷(二)

610000－1017－0000252　302
正蒙會稿四卷 (明)劉璣撰　清刻本　一册　存一卷(二)

610000－1017－0000253　303
養正遺規二卷 (清)陳宏謀原編　清同治七年(1868)楚北崇文書局刻本　一册

610000－1017－0000254　304
性理易讀一卷 (清)志遠堂主人輯　清刻本

一冊

610000－1017－0000255　305
江邨銷夏録三卷　(清)高士奇輯　清刻本　一冊　存一卷(三)

610000－1017－0000256　306
江漢書院講義十卷　(清)王心敬撰　清刻本　一冊

610000－1017－0000257　307
醫學三字經諸方分類不分卷　(清)陳念祖集　清抄本　一冊

610000－1017－0000258　308
誠一堂琴譜六卷琴談二卷　(清)程允基輯　(清)程允培校　清誠一堂刻本　八冊　存六卷(一至六)

610000－1017－0000259　309
狐語易語□卷　(□)□□撰　清刻本　一冊　存一卷(下)

610000－1017－0000260　310
九數通考十一卷首一卷末一卷　(清)屈曾發輯　清同治十一年(1872)刻本　七冊

610000－1017－0000261　311
公法便覽四卷續一卷　(美國)惠頓撰　(美國)丁韙良譯　清光緒五年(1879)粤東羊城森寶閣活字本　六冊

610000－1017－0000262　312
産科心法二卷　(清)汪喆撰　清刻本　一冊

610000－1017－0000263　313
萬國公法四卷　(美國)惠頓撰　(美國)丁韙良譯　清同治三年(1864)刻本　四冊

610000－1017－0000264　317
岳忠武王文集八卷首一卷末一卷　(宋)岳飛撰　(清)劉質慧重栞　清同治十二年(1873)述荊堂刻本　二冊　存五卷(一、六至八,首一卷)

610000－1017－0000265　318
曾文正公家書十卷　(清)曾國藩撰　清光緒二年(1876)上海申報館鉛印本　一冊

610000－1017－0000266　319
曾文正公家書十卷大事記四卷　(清)曾國藩撰　清末民初鉛印本　五冊　存十二卷(家書三至十、大事記四卷)

610000－1017－0000267　320
曾文正公家書十卷家訓二卷大事記三卷榮哀録一卷　(清)曾國藩撰　清末民初上海廣益書局石印本　一冊

610000－1017－0000268　321
韓子粹言不分卷　(唐)韓愈撰　(清)李光地編　清康熙五十二年(1713)刻本　二冊

610000－1017－0000269　322
板橋集六卷　(清)鄭燮著　清刻本　四冊

610000－1017－0000270　323
經史百家簡編二卷　(清)曾國藩纂　清刻本　一冊　存一卷(下)

610000－1017－0000271　326
二論講義養正編十卷　(清)史廷輝輯　清刻本　二冊　存九卷(一至九)

610000－1017－0000272　327
雞跖賦續刻三十卷　(清)應泰泉等輯　清同治十三年(1874)蘭言室刻本　七冊　缺一卷(二十四)

610000－1017－0000273　328
旅逸小稾二卷　(清)錢儀吉撰　清道光十三年(1833)刻本　一冊

610000－1017－0000274　329
朱子語類四纂五卷　(清)李光地輯　清刻本　二冊

610000－1017－0000275　330
藜照堂臨池新編□□卷　(清)劉昭旦選輯　清刻本　二冊

610000－1017－0000276　331
關學續編三卷　(清)王心敬著　清刻本　一冊　存一卷(一)

610000－1017－0000277　332
曠視山房小題不分卷　(清)丁守存撰　清同

治九年(1870)楚北二酉堂刻本　一册

610000－1017－0000278　333
如不及齋制藝四卷　(清)吳鴻恩擬作　清光緒十三年(1887)刻本　四册

610000－1017－0000279　334
關中道脉四種書　(清)李元春輯　清道光十年(1830)刻本　二册　存五卷(一至五)

610000－1017－0000280　335
丁心齋時文不分卷　(清)丁守存撰　清同治九年(1870)楚北二酉堂刻本　一册

610000－1017－0000281　336
丁心齋時文續不分卷　(清)丁守存撰　清刻本　一册

610000－1017－0000282　337
注釋文法狐白前集八卷首一卷　(清)臧括齋　(清)武克繩鑒定　(清)王賓評選　清刻本　七册

610000－1017－0000283　338
集古録跋尾十卷　(宋)歐陽修撰　清刻本　五册

610000－1017－0000284　339
陶隱居集不分卷　(南朝梁)陶弘景著　(明)張溥閲　清光緒十八年(1892)善化章經濟堂刻本　一册

610000－1017－0000285　340
管子二十四卷　(唐)房玄齡注　清刻本　三册　存九卷(一至八、二十四)

610000－1017－0000286　341
陶隱居集不分卷　(南朝梁)陶弘景著　(明)張溥閲　清光緒刻本　一册

610000－1017－0000287　342
補校袁文箋正七卷首一卷　(清)袁枚著　(清)石韞玉箋　清嶺南叢雅居刻本　三册　存三卷(一、三,首一卷)

610000－1017－0000288　344
關中課士賦不分卷　(清)谷逢鈞等撰　清刻本　一册

610000－1017－0000289　345
關中書院賦不分卷　(清)谷逢鈞等撰　清刻本　一册

610000－1017－0000290　346
三場程式不分卷　(清)監臨院為　清光緒元年(1875)刻本　一册

610000－1017－0000291　347
分類墨腋六卷　(□)□□撰　清刻本　一册　存二卷(一至二)

610000－1017－0000292　348
林青山文集十五卷　(清)林愈蕃撰　清刻本　一册　存二卷(十二至十三)

610000－1017－0000293　351
飲冰室壬寅文集十六卷癸卯文集四卷　梁啟超撰　清光緒二十九年(1903)石印本　十五册　存十五卷(壬寅文集四至七、九至十一、十三至十六,癸卯文集四卷)

610000－1017－0000294　352
正蒙二卷　(宋)張載撰　(清)李光地注　清刻本　一册　存一卷(二)

610000－1017－0000295　353
本朝文讀本四卷　(清)袁枚輯　清乾隆刻本　三册　存三卷(元至利)

610000－1017－0000296　354
古文觀止十二卷　(清)吳留村鑒定　(清)吳乘權　(清)吳調侯録　清末民初上海廣益書局石印本　十二册

610000－1017－0000297　355
宋百家詩存二十卷　(清)曹庭棟輯　清二六書堂刻本　十九册　存十九卷(一至十二、十四至二十)

610000－1017－0000298　356
御製詩五集一百卷目録十二卷　(清)高宗弘曆撰　清刻本　二十一册　存四十四卷(一至六、九至十六、十九至三十八,目録三至十二)

610000－1017－0000299　357

知不足齋叢書　(清)鮑廷博輯　(清)鮑志祖續輯　清刻本　二十一冊　存十六種

610000－1017－0000300　358
曾文正公全集十五種　(清)曾國藩撰　清光緒二年(1876)湖南傳忠書局刻本　六冊　存四種

610000－1017－0000301　359
庾子山集十六卷總釋一卷　(北周)庾信撰　(清)倪璠注　**庾子山[信]年譜一卷**　(清)倪璠編　清光緒二十年(1894)儒雅堂刻本　十冊　存十三卷(一至二、六至十六)

610000－1017－0000302　360
樊山時文不分卷　樊增祥撰　清光緒二十年(1894)渭南官舍刻本　一冊

610000－1017－0000303　361
樊山批判十四卷附判一卷　樊增祥撰　清末刻本　四冊　存十一卷(批判一至八、十三至十四,附判一卷)

610000－1017－0000304　362
樊山集二十八卷　樊增祥撰　清光緒十九年(1893)渭南縣署刻本　四冊　存二十三卷(一至二十三)

610000－1017－0000305　363
資治新書二集二十卷　(清)李漁輯　(清)沈心友訂　清光緒二十年(1894)上海圖書集成印書局鉛印本　六冊　缺二卷(七、十八)

610000－1017－0000306　364
資治新書十四卷首一卷　(清)李漁輯　清光緒二十年(1894)上海圖書集成印書局鉛印本　七冊　缺二卷(十五至十六)

610000－1017－0000307　365
樊山續集二十八卷　樊增祥撰　清光緒二十八年(1902)西安臬署刻本　二冊

610000－1017－0000308　367
資治新書十四卷首一卷　(清)李漁輯　清鉛印本　二冊　存八卷(七至十四)

610000－1017－0000309　368
資治新書二集二十卷　(清)李漁輯　(清)沈心友訂　清光緒二十年(1894)上海圖書集成印書局鉛印本　六冊　存十五卷(一至七、十一至十八)

610000－1017－0000310　369
佐治藥言一卷續一卷　(清)汪輝祖纂　清乾隆刻本　一冊

610000－1017－0000311　370
資治新書二集二十卷　(清)李漁輯　(清)沈心友訂　清光緒二十年(1894)上海圖書集成印書局鉛印本　二冊　存五卷(十四至十八)

610000－1017－0000312　371
正誼堂詩集□□卷　(清)董詔著　(清)謝玉珩編次　清刻本　三冊　存八卷(一至八)

610000－1017－0000313　372
正誼堂文集二十二卷　(清)董詔著　(清)謝玉珩編次　清刻本　六冊

610000－1017－0000314　374
豐川全集□□卷　(清)王心敬著　清刻本　三冊　存七卷(八至十、二十三至二十六)

610000－1017－0000315　375
粵詩搜逸四卷　(清)黃子高撰　清刻本　一冊　存一卷(三)

610000－1017－0000316　377
紅藕山莊尺牘十二卷首一卷　(清)冶垠散人定本　清嘉慶十八年(1813)刻本　四冊　存六卷(一至二、十至十二,首一卷)

610000－1017－0000317　378
紅藕山莊尺牘十二卷首一卷　(清)冶垠散人撰　清刻本　一冊　存二卷(九至十)

610000－1017－0000318　381
篤素堂詩集七卷文集十六卷　(清)張英撰　清刻本　四冊　存十三卷(詩集一至三,文集四至九、十三至十六)

610000－1017－0000319　382
蘭山課業松厓詩錄二卷　(清)吳鎮著　(清)楊芳燦選　(清)王祖武校　清乾隆五十七年

(1792)刻本　一冊

610000－1017－0000320　383
地理氽贊玄機僊婆集十三卷　(明)張鳴鳳編集　清刻本　四冊　存五卷(三、八至十一)

610000－1017－0000321　384
重刻身世金箴錄不分卷　(清)藥崖老人輯　清道光二十六年(1846)刻本　一冊

610000－1017－0000322　385
臙脂牡丹六卷　(清)韓不古撰　清咸豐八年(1858)刻本　五冊　缺一卷(四)

610000－1017－0000323　386
地理氽贊玄機僊婆集十三卷　(明)張鳴鳳編集　清文光堂刻本　六冊　存十卷(一至十)

610000－1017－0000324　387
本事詩十二卷　(清)徐釚編輯　清乾隆二十二年(1757)刻本　六冊　存七卷(一至七)

610000－1017－0000325　388
竹素齋遺稿十卷　(清)姚學塽著　清刻本　八冊　缺二卷(時文遺稿三、古今體詩外集一)

610000－1017－0000326　389
在官法戒錄摘抄四卷　(清)陳宏謀編輯　(清)葛正笏　(清)張鳳孫訂　(清)李安民參校　清同治七年(1868)楚北崇文書局刻本　一冊　存二卷(一至二)

610000－1017－0000327　390
二竹齋文集二卷　(清)張井撰　清刻本　一冊

610000－1017－0000328　391
涇野子内篇二十七卷　(明)呂柟撰　清刻本　三冊　存八卷(七至十、十七、二十一至二十三)

610000－1017－0000329　392
二竹齋詩鈔六卷　(清)張井撰　清刻本　三冊　存四卷(三至六)

610000－1017－0000330　393
寄嶽雲齋試體詩選詳註四卷　(清)張學蘇箋　(清)聶銑敏蘽　清刻本　一冊　存一卷(四)

610000－1017－0000331　394
程氏家塾讀書分年日程三卷綱領一卷　(元)程端禮編次　清末刻本　一冊

610000－1017－0000332　395
冬心先生集四卷　(清)金農撰　清刻本　一冊

610000－1017－0000333　397
李氏蒙求補注六卷　(清)金三俊輯　清刻本　二冊　存四卷(一至二、五至六)

610000－1017－0000334　398
榕村全集四十卷　(清)李光地撰　清刻本　十四冊

610000－1017－0000335　399
文子纘義十二卷　(宋)杜道堅撰　清末民初育文書局石印本　一冊　存十二卷(一至十二)

610000－1017－0000336　400
莊子十卷　(晉)郭象注　(唐)陸德明音義　清光緒三年(1877)浙江書局刻本　三冊　存四卷(一、七至九)

610000－1017－0000337　401
文中子中說十卷　(隋)王通撰　(宋)阮逸注　清刻本　一冊

610000－1017－0000338　402
莊子十卷　(晉)郭象注　(唐)陸德明音義　清刻本　一冊　存四卷(一至四)

610000－1017－0000339　403
道學淵源録一百卷首一卷　(清)黃嗣東輯　清光緒三十四年(1908)鳳山學舍刻本　十八冊

610000－1017－0000340　404
榕村語錄三十卷　(清)李光地撰　清刻本　十五冊　缺五卷(八、十九、二十三、二十六至二十七)

610000－1017－0000341　405

榕村别集五卷 (清)李光地撰 清刻本 一册

610000-1017-0000342 406
明宫雜詠二十卷 (清)饒智元撰 清刻本 三册 存十一卷(四至十一、十五至十七)

610000-1017-0000343 407
榕村講授中編 (清)李光地輯 清刻本 二册

610000-1017-0000344 408
榕村講授中編 (清)李光地輯 清刻本 二册

610000-1017-0000345 409
榕村講授上編 (清)李光地輯 清刻本 二册

610000-1017-0000346 412
志學錄四卷 (清)王玉樹撰 清刻本 一册 存二卷(三至四)

610000-1017-0000347 413
紀效新書十八卷首一卷 (明)戚繼光撰 清道光十年(1830)刻本 六册 存六卷(一至六)

610000-1017-0000348 414
事類賦三十卷 (宋)吴淑撰註 (明)華麟祥校刊 清刻本 五册 存二十一卷(四至二十四)

610000-1017-0000349 415
山海經十八卷 (晋)郭璞傳 (清)畢沅校正 清埽葉山房石印本 三册

610000-1017-0000350 416
山海經腴詞不分卷 (明)朱銓撰 清刻本 一册

610000-1017-0000351 417
蠡勺編四十卷 (清)凌揚藻撰 清同治二年(1863)南海伍氏粤雅堂刻嶺南遺書本 六册 缺十二卷(一至三、二十六至三十四)

610000-1017-0000352 418
唐陸宣公集二十二卷 (唐)陸贄撰 清雍正元年(1723)刻本 五册 存十二卷(三至九、十八至二十二)

610000-1017-0000353 419
河濱遺書抄六卷 (清)李楷著 (清)李元春輯 清刻本 三册 存三卷(一至二、六)

610000-1017-0000354 420
桐膲餘藁四卷桐閣拾遺二卷 (清)李元春撰 清刻本 五册 缺一卷(桐膲餘藁二)

610000-1017-0000355 422
飴山文集十二卷附録一卷聲調譜三卷 (清)趙執信撰 清乾隆刻本 三册 存九卷(五至十、十二,附録一卷,聲調譜一)

610000-1017-0000356 423
苑洛集二十二卷 (明)韓邦奇撰 清刻本 三册 存七卷(八至九、十至十二、二十一至二十二)

610000-1017-0000357 424
苑洛集二十二卷 (明)韓邦奇撰 清道光八年(1828)刻本 十册

610000-1017-0000358 426
楊忠烈公文集十卷首一卷末一卷 (明)楊漣撰 清道光十四年(1834)刻本 六册 存六卷(一至五)

610000-1017-0000359 428
文選六十卷 (南朝梁)蕭統選 (唐)李善注 (清)葉樹藩參訂 清乾隆三十七年(1772)刻本 十二册

610000-1017-0000360 429
重刻昭明文選李善註六十卷 (南朝梁)蕭統輯 (唐)李善注 清刻本 一册

610000-1017-0000361 431
古文辭類纂七十四卷 (清)姚鼐纂集 清光緒三十三年(1907)上海商務印書館鉛印本 五册

610000-1017-0000362 432
古文辭類纂七十四卷附一卷 (清)姚鼐編 清光緒二十五年(1899)秦中官書局鉛印本

八冊

610000－1017－0000363　434
二曲集四十六卷　（清）李顒撰　清光緒三年(1877)刻本　八冊　缺二十七卷(二至十五、十八至十九、二十四至三十三、三十六)

610000－1017－0000364　435
古文雅正十四卷　（清）蔡世遠撰　清刻本　四冊

610000－1017－0000365　436
策學備纂三十二卷首一卷　（清）陳同文　（清）吳熲炎輯　清光緒十三年(1887)上海點石齋石印本　二十四冊　存十八卷(一至三、六至八、十、十二至十五、十七、二十五至二十九、三十二)

610000－1017－0000366　437
策學備纂三十二卷目録三十二卷首一卷　（清）陳同文　（清）吳熲炎輯　清光緒十三年(1887)上海點石齋石印本　二冊　存一卷(十二)

610000－1017－0000367　438
文腋類編十卷　（清）劉燕　（清）劉慎樞訂　清光緒十四年(1888)三友書室鉛印本　六冊

610000－1017－0000368　439
古文精藻二卷　（清）李光地編　清刻本　二冊

610000－1017－0000369　440
寄園寄所寄十二卷　（清）趙吉士輯　清刻本　九冊　存九卷(一至六、九至十一)

610000－1017－0000370　441
寄園寄所寄十二卷　（清）趙吉士輯　清刻本　六冊　存七卷(一至二、四至六、九、十一)

610000－1017－0000371　445
寄園寄所寄十二卷　（清）趙吉士輯　清刻本　五冊　存五卷(一、三至四、六、九)

610000－1017－0000372　446
寄園寄所寄十二卷　（清）趙吉士輯　清刻本　一冊　存一卷(六)

610000－1017－0000373　447
古文詞略讀本二十四卷　（清）梅曾亮編　清光緒三十三年(1907)陝西學務公所圖書局鉛印本　三冊

610000－1017－0000374　448
馮少墟集二十二卷首一卷續集五卷　（明）馮從吾著　清康熙十二年(1673)刻本　十三冊　存二十二卷(一至二十、續集二至三)

610000－1017－0000375　449
馮恭定全書二十二卷首一卷續集五卷　（明）馮從吾著　清刻本　七冊　存十四卷(二至五、九至十二、十七至二十二)

610000－1017－0000376　450
歐洲族類源流畧五卷　王樹枏撰　清光緒二十八年(1902)中衛縣署刻本　二冊

610000－1017－0000377　451
秦中書局彙報十九冊　（清）秦中書局編　清光緒二十四年(1898)鉛印本　一冊　存一冊(十一)

610000－1017－0000378　452
八銘塾鈔初集六卷　（清）吳懋政編次　清刻本　一冊　存一卷(三)

610000－1017－0000379　453
增註八銘塾鈔初集五卷　（清）吳懋政編次　（清）李文山註釋　清乾隆刻本　四冊　存四卷(大學一、上論一、下論一、上孟一)

610000－1017－0000380　454
千金裘二十七卷　（清）蔣義彬纂　清道光十七年(1837)經元堂刻本　四冊　存二十六卷(一至二十六)

610000－1017－0000381　455
增註八銘塾鈔二集五卷　（清）吳懋政編次　（清）李文山註釋　清乾隆刻本　五冊

610000－1017－0000382　456
花樣集錦四卷　（清）張鵬翂輯　清刻本　三冊　存三卷(二至四)

610000－1017－0000383　457

花樣集錦四卷　（清）張鵬翂輯　清刻本　三冊　存三卷（一、三至四）

610000－1017－0000384　459
千金裘二十七卷　（清）蔣義彬纂　清刻本　三冊　存二十四卷（三至二十、二十二至二十七）

610000－1017－0000385　460
風俗通義十卷　（漢）應劭撰　清光緒元年（1875）湖北崇文書局刻本　二冊

610000－1017－0000386　462
潛確居類書一百二十卷　（明）陳仁錫纂輯　清刻本　十六冊　存二十九卷（六十一至六十八、七十至七十四、八十九至一百二、一百三十、一百四十）

610000－1017－0000387　463
練兵實紀九卷雜集六卷　（明）戚繼光撰　清刻本　六冊

610000－1017－0000388　464
呂氏春秋二十六卷　（漢）高誘撰　清光緒元年（1875）浙江書局刻本　六冊

610000－1017－0000389　465
四大奇書第一種五十一卷　（明）毛宗崗評（清）鄒梧岡叅訂　清刻本　五冊　存二十六卷（十六至二十二、三十至四十八）

610000－1017－0000390　466
親屬法六章　題（□）黄旭編輯　清抄本　一冊　存一章（一）

610000－1017－0000391　467
知本提綱十卷　（清）楊屾著　（清）鄭世鐸註解　清乾隆十二年（1747）刻本　八冊　缺二卷（六、十）

610000－1017－0000392　468
天下郡國利病書一百二十卷　（清）顧炎武輯（清）龍萬育訂　清刻本　一冊　存四卷（四十六至四十九）

610000－1017－0000393　469
山海經圖讃一卷　（晉）郭璞纂　清刻本　一冊

610000－1017－0000394　470
山海經十八卷　（晉）郭璞注　清刻本　二冊　存七卷（一至四、五至七）

610000－1017－0000395　471
達生編不分卷　（清）亟齋居士撰　清刻本　一冊

610000－1017－0000396　472
遵巖文粹不分卷　（明）王慎中著　（清）徐德立選刊　清長沙徐德立刻本　一冊

610000－1017－0000397　473
重鐫本草醫方合編六卷　（清）汪昂著　清刻本　一冊　存二卷（一至二）

610000－1017－0000398　474
荀子二十卷　（唐）楊倞注　清刻本　三冊　存三卷（五、七、十九）

610000－1017－0000399　475
金石録三十卷　（宋）趙明誠撰　清抄本　一冊　存七卷（十四至二十）

610000－1017－0000400　477
賡和録二卷　（清）何夢瑤撰　清道光三十年（1850）南海伍氏刻嶺南遺書本　一冊　存一卷（上）

610000－1017－0000401　478
重刊補註洗冤錄集證六卷　（宋）宋慈撰（清）王又槐增輯　（清）李觀瀾補輯　（清）阮其新補註　清刻本　一冊　缺二卷（一至二）

610000－1017－0000402　479
痢疾論四卷　（清）楊大仁叅閲　（清）孔毓禮著輯　（清）陳元校　清刻本　一冊

610000－1017－0000403　480
都是春齋文集八卷制義存稾二卷韻語一卷年譜一卷　（清）張佑撰　清吾學園刻本　四冊　存八卷（都是春齋文集八卷）

610000－1017－0000404　482
受祺堂文集四卷續刻四卷　（清）李因篤著

（清）馮雲杏編次　清道光十年（1830）刻本　五冊　缺三卷（文集三、續刻一至二）

610000－1017－0000405　483
傷寒集註十五卷　（清）舒詔著　清刻本　一冊　存四卷（十三至十六）

610000－1017－0000406　484
遂甯張文端公全集七卷首一卷　（清）張鵬翮撰　清光緒八年（1882）刻本　五冊　存五卷（一至三、五，首一卷）

610000－1017－0000407　485
再重訂傷寒集註十卷附五卷　（清）舒詔著　清刻本　一冊　存四卷（四至七）

610000－1017－0000408　486
諸葛忠武侯文集四卷首一卷　（三國蜀）諸葛亮撰　（清）張澍編輯　清刻本　二冊

610000－1017－0000409　488
桑蠶提要二卷　（清）方大湜撰　清光緒三十四年（1908）刻本　一冊

610000－1017－0000410　489
宋宗忠簡公文集四卷首一卷補遺一卷遺事二卷　（宋）宗澤撰　（清）劉質慧栞　清同治刻本　二冊　存四卷（文集一至四）

610000－1017－0000411　490
東漢崔亭伯集一卷附錄一卷　（漢）崔駰著　（明）張溥閱　清刻本　一冊

610000－1017－0000412　491
張河間集二卷附錄一卷　（漢）張衡著　（明）張溥校　清刻本　二冊

610000－1017－0000413　492
石墨鐫華八卷　（明）趙崡著　清刻本　一冊　存五卷（四至八）

610000－1017－0000414　493
古文觀止十二卷　（清）吳留村鑒定　（清）吳乘權　（清）吳調侯手錄　清刻本　四冊　存四卷（一至三、六）

610000－1017－0000415　494
傷寒醫訣串解六卷　（清）陳念祖著　清刻本　一冊

610000－1017－0000416　495
圖註脉訣辨眞四卷　（晉）王叔和譔　（明）張世賢註　清刻本　一冊　存二卷（三至四）

610000－1017－0000417　496
古文析義六卷　（清）林雲銘評註　清康熙刻本　六冊

610000－1017－0000418　497
明文明不分卷　（清）路德輯　清道光三十年（1850）來鹿堂刻本　四冊

610000－1017－0000419　498
石墨鐫華八卷　（明）趙崡著　清刻本　一冊　存三卷（六至八）

610000－1017－0000420　499
朱文公校昌黎先生文集四十卷　（唐）韓愈撰　（宋）朱熹考異　（宋）王伯大音釋　清刻本　一冊　存一卷（十二）

610000－1017－0000421　500
詩賦約編不分卷　（清）盛元珍撰　清刻本　一冊

610000－1017－0000422　501
江邨銷夏錄三卷　（清）高士奇輯　清刻本　一冊　存一卷（三）

610000－1017－0000423　502
詩賦準繩不分卷　（清）路德纂　清同治十二年（1873）刻本　一冊

610000－1017－0000424　503
關中兩朝文鈔補六卷　（清）李元春彙選　清刻本　五冊　存五卷（二至六）

610000－1017－0000425　504
御纂醫宗金鑑六十卷首一卷　（清）吳謙等纂修　清刻本　五冊　存七卷（四至六、十至十一、十五至十六）

610000－1017－0000426　506
奇門遁甲秘笈大全三十卷　（明）劉伯溫校訂　清刻本　十五冊　存二十九卷（一至十二、十五至三十，首一卷）

610000－1017－0000427　507
驗方新編十六卷　(清)鮑相璈編　清刻本　三册　存四卷(九、十一、十五至十六)

610000－1017－0000428　508
曆象本要一卷　(清)李光地撰　清刻本　一册

610000－1017－0000429　509
痘證慈航不分卷　(明)鷗陽調律撰　(清)郭士珩輯　清同治四年(1865)資陽刻本　一册

610000－1017－0000430　510
揚子法言學行十三卷　(晉)李軌注　清江都秦氏影宋刻本　一册　存一卷(一)

610000－1017－0000431　511
金匱要略淺註十卷　(漢)張仲景原文　(清)陳念祖集註　清末民初鉛印本　一册　存五卷(一至五)

610000－1017－0000432　512
鳴原堂論文二卷　(清)曾國荃審訂　清同治十二年(1873)勵志齋刻本　二册

610000－1017－0000433　513
古詩源十四卷　(清)沈德潛選　清光緒十七年(1891)湖南思賢書局刻本　四册

610000－1017－0000434　514
古詩源十四卷　(清)沈德潛選　清刻本　六册　缺三卷(一至二、十)

610000－1017－0000435　515
春在堂詩編二十三卷　(清)俞樾撰　清刻本　二册　存五卷(四至八)

610000－1017－0000436　516
古唐詩合解十二卷古歌四卷　(清)王堯衢註　(清)李模　(清)李桓校　清刻本　二册　缺四卷(古唐詩合解一至四)

610000－1017－0000437　517
古唐詩合解十二卷古歌四卷　(清)王堯衢註　(清)李模　(清)李桓校　清雍正十年(1732)刻本　六册

610000－1017－0000438　518
古唐詩合解十二卷古歌四卷　(清)王堯衢註　(清)李模　(清)李桓校　清刻本　五册　缺二卷(古唐詩合解一、古歌四)

610000－1017－0000439　519
古唐詩合解十二卷　(清)王堯衢註　(清)李模　(清)李桓校　清刻本　二册　存五卷(一至二、五至七)

610000－1017－0000440　520
古唐詩合解十二卷古歌四卷　(清)王堯衢註　(清)李模　(清)李桓校　清雍正十年(1732)刻本　六册

610000－1017－0000441　521
唐詩三百首註釋六卷　(清)蘅塘退士編　(清)章燮註　清光緒十六年(1890)石渠山房刻本　一册　存一卷(一)

610000－1017－0000442　524
分類文腋八卷　(清)李楨選　(清)李煒註釋　清光緒十三年(1887)刻本　四册　存四卷(一至四)

610000－1017－0000443　525
對牀夜語五卷　(宋)范晞文撰　清乾隆刻知不足齋叢書本　一册

610000－1017－0000444　526
古詩今解□□卷　(□)□□撰　清刻本　一册　存二卷(二至三)

610000－1017－0000445　527
彙纂詩法度鍼三十三卷首一卷　(清)徐文弼編輯　清乾隆聚錦堂刻本　三册　存七卷(一至二、六至七、十九至二十,首一卷)

610000－1017－0000446　528
樵隱詩話十三卷　(清)林鈞著　清光緒三年(1877)刻本　二册　存五卷(三至四、十一至十三)

610000－1017－0000447　529
陶庵集二十二卷首一卷末一卷　(明)黄淳燿撰　清光緒五年(1879)刻本　八册

610000－1017－0000448　530

文壇博鈔不分卷 (□)□□撰　清刻本　十冊

610000－1017－0000449　531

新訂崇正闢謬通書十四卷 (清)李奉來編輯　清末刻本　一冊　存三卷(五至七)

610000－1017－0000450　532

張仲景傷寒論原文淺註六卷 (清)陳念祖集註　清刻本　二冊　存五卷(二至六)

610000－1017－0000451　533

張仲景傷寒論原文淺註六卷 (清)陳念祖集註　清刻本　一冊　存二卷(五至六)

610000－1017－0000452　534

新訂解人頤廣集八卷 (清)錢德蒼重訂　清經綸堂刻本　一冊　存二卷(一至二)

610000－1017－0000453　535

御選唐宋詩醇四十七卷目錄二卷 (清)高宗弘曆選　清末刻本　三冊　存六卷(十二至十三、三十二至三十三、四十至四十一)

610000－1017－0000454　536

何記室集一卷本傳一卷 (南朝梁)何遜著　(明)張溥閱　清光緒十八年(1892)善化章經濟堂刻本　一冊

610000－1017－0000455　537

夏節愍全集十卷首一卷末一卷補遺二卷 (明)夏完淳撰　(清)王述庵鑒定　(清)莊師洛輯　(清)陳均　(清)何其偉編　清光緒二十九年(1903)刻本　一冊　存八卷(一至七、首一卷)

610000－1017－0000456　538

賜葛堂文集六卷 (清)岳震川撰　清嘉慶二十年(1815)刻本　三冊　存四卷(一、四至六)

610000－1017－0000457　539

切問齋文鈔三十卷 (清)陸燿輯　清刻本　一冊　存一卷(二十七)

610000－1017－0000458　540

僊屏書屋初集年記三十一卷 (清)黃爵滋撰　清道光二十九年(1849)刻本　四冊

610000－1017－0000459　541

搜珠集不分卷 (清)武尚仁撰　清刻本　一冊

610000－1017－0000460　542

訓俗遺規摘抄四卷 (清)陳宏謀原編　清同治七年(1868)楚北崇文書局刻本　二冊

610000－1017－0000461　543

訓俗遺規五卷 (清)陳宏謀原輯　(清)華希閔重編　清刻本　三冊

610000－1017－0000462　544

全人矩矱四卷 (清)孫念劬纂錄　清刻本　四冊

610000－1017－0000463　545

十藥神書註解全卷不分卷 (元)葛乾孫編　(清)陳念祖註　清刻本　一冊

610000－1017－0000464　546

平平錄十卷 (清)楊芳著　清刻本　二冊　存三卷(三、六至七)

610000－1017－0000465　547

增補萬病回春原本八卷 (明)龔廷賢編　(清)周亮登校　清刻本　三冊　存三卷(五至七)

610000－1017－0000466　548

新刻袁柳莊先生密傳相法二卷 (明)雲林子校正　清刻本　一冊　存一卷(下)

610000－1017－0000467　549

石室秘籙六卷 (清)陳士鐸撰　清刻本　一冊　存一卷(二)

610000－1017－0000468　550

靈素集註節要十二卷 (清)陳念祖集註　(清)陳元犀參訂　清刻本　三冊　存六卷(三至六、十一至十二)

610000－1017－0000469　551

地理正義鉛彈子砂水要訣六卷 (清)張鳳藻撰　清刻本　一冊　存一卷(四)

610000－1017－0000470　552
憑山閣增輯留青新集三十卷　(清)陳枚選　(清)陳德裕增輯　(清)張國泰訂　(清)朱從儀參閲　清刻本　十九冊　缺一卷(三十)

610000－1017－0000471　554
重編留青新集二十四卷　(清)陳維崧撰　清末鉛印本　四冊　存九卷(九至十二、十四、十七至二十)

610000－1017－0000472　555
重編留青新集二十四卷　(清)陳維崧撰　清光緒十四年(1888)鉛印本　十二冊

610000－1017－0000473　556
憑山閣增輯留青新集三十卷　(清)陳枚選　(清)陳德裕增輯　(清)陳從運訂　(清)朱從儀參閲　清刻本　八冊　存二十一卷(二至五、十二至十六、十九至三十)

610000－1017－0000474　557
憑山閣增輯留青新集三十卷　(清)陳枚選　(清)陳德裕增輯　(清)張國泰訂　(清)朱從儀參閲　清道光十五年(1835)刻本　十一冊　存十五卷(一、五至六、九至十、十三、十五至十九、二十五至二十六、二十八至二十九)

610000－1017－0000475　558
求闕齋日記類鈔二卷　(清)曾國藩撰　(清)王啟原校編　清光緒二年(1876)傳忠書局刻本　二冊

610000－1017－0000476　560
康對山先生集四十六卷　(明)康海撰　明萬曆十一年(1583)刻本　十冊　存三十三卷(三至六、八至十九、二十一至三十、三十四至三十五、四十一至四十五)

610000－1017－0000477　564
寄嶽雲齋試體詩選詳註四卷　(清)張學蘇箋　(清)聶銑敏藁　清嘉慶九年(1804)刻本　一冊　存二卷(一至二)

610000－1017－0000478　565
寄嶽雲齋試體詩選詳註四卷　(清)張學蘇箋　(清)聶銑敏藁　清刻本　一冊　存一卷(四)

610000－1017－0000479　566
時齋詩集又續六卷　(清)李元春撰　清刻本　一冊　存二卷(一至二)

610000－1017－0000480　567
陳書三十六卷　(唐)姚思廉撰　清同治十二年(1873)刻本　三冊　存二十六卷(一至十五、二十六至三十六)

610000－1017－0000481　570
樊山集二十八卷續集二十八卷　樊增祥撰　清光緒十九年(1893)渭南縣署刻本　七冊　存二十六卷(樊山集一至六、十九至二十四，續集二至三、十至十七、二十五至二十八)

610000－1017－0000482　571
東坡全集七十五卷　(宋)蘇軾撰　明末文盛堂刻本　二十八冊　缺七卷(五至七、十至十三)

610000－1017－0000483　574
晉書一百三十卷　(唐)太宗李世民撰　**音義三卷**　(唐)何超撰　清光緒二十九年(1903)五洲同文局石印本　六冊　存十七卷(一至五、十至十八、二十五至二十七)

610000－1017－0000484　575
正誼堂文集二十二卷詩集十卷　(清)董詔著　(清)謝玉珩編次　清道光三年(1823)刻本　七冊

610000－1017－0000485　577
二曲集四十六卷　(清)劉宗泗輯　清末民初鉛印本　二冊　存十四卷(二十三至二十八、三十九至四十六)

610000－1017－0000486　578
宋百家詩存　(清)曹庭棟輯　清乾隆五年至六年(1740－1741)嘉善曹氏二六書堂刻本　十九冊

610000－1017－0000487　579
榕村全書三十二種　(清)李光地撰　清李維

翰刻本　八册

610000－1017－0000488　580

古文觀止十二卷　(清)吳留村鑒定　(清)吳乘權　(清)吳調侯手錄　清刻本　二册　存四卷(三至四、九至十)

610000－1017－0000489　585

文選六十卷　(南朝梁)蕭統選　(唐)李善注　清同治八年(1869)尋陽萬氏刻本　二十册

610000－1017－0000490　586

古文析義二編八卷　(清)林雲銘評註　清康熙刻本　八册

610000－1017－0000491　587

紹聞堂增訂詳註六刻古文覺斯新本八卷　(清)過珙評選　(清)過奕誥　(清)過奕讚編次　清刻本　三册　存三卷(一至二、四)

610000－1017－0000492　588

八銘塾鈔二集六卷　(清)吳懋政編次　清刻本　四册　存四卷(二至三、五至六)

610000－1017－0000493　589

註釋八銘塾鈔二集五卷　(清)吳懋政編次　清乾隆刻本　五册

610000－1017－0000494　590

套板詳註八銘塾鈔初集四卷　(清)吳懋政輯　清乾隆五十一年(1786)刻本　四册

610000－1017－0000495　591

詩韻集成十卷　(清)余照輯　清刻本　一册　存四卷(五至八)

610000－1017－0000496　592

國朝律賦偶箋四卷　(清)沈豐岐箋　清乾隆二十三年(1758)刻本　一册　存一卷(一)

610000－1017－0000497　593

分類文腋八卷　(清)李楨選　清道光二十八年(1848)刻本　五册　存五卷(一、四至六、八)

610000－1017－0000498　594

增廣詩韻全璧五卷　(清)湯文潞輯　(清)惜陰主人增輯　清末民初石印本　四册　存四卷(二至五)

610000－1017－0000499　595

曠視山房制藝不分卷　(清)丁守存撰　清同治九年(1870)楚北二酉堂刻本　三册

610000－1017－0000500　596

套板詳註八銘塾鈔二集四卷　(清)吳懋政輯　清乾隆五十一年(1786)刻本　四册

610000－1017－0000501　597

初學檢韻袖珍十二集　(清)錢大昕鑒定　(清)姚文登輯　清末民初石印本　三册

610000－1017－0000502　598

詩韻合璧五卷　(清)湯文潞編　清鉛印本　一册　存一卷(五)

610000－1017－0000503　599

求闕齋讀書錄十卷　(清)曾國藩箸　(清)王啟原編輯　清光緒二年(1876)傳忠書局刻本　三册　存七卷(一至七)

610000－1017－0000504　600

補校袁文箋正十六卷　(清)袁枚著　(清)石韞玉箋　清刻本　六册　存五卷(四至八)

610000－1017－0000505　601

增廣試帖詩海三十二卷　(清)經訓堂主人選輯　清石印本　一册　存四卷(二十九至三十二)

610000－1017－0000506　602

皇朝經世文三編八十卷　(清)陳忠倚輯　清光緒二十七年(1901)上海書局石印本　十三册　存六十卷(一至四、八至十五、二十一至二十五、三十六至三十八、四十一至八十)

610000－1017－0000507　603

皇朝經世文三編八十卷　(清)陳忠倚輯　清光緒二十三年(1897)石印本　十三册　存七十五卷(一至六十、六十六至八十)

610000－1017－0000508　604

皇朝經世文三編八十卷　(清)陳忠倚輯　清光緒二十七年(1901)上海書局石印本　十册　存四十五卷(一、六至九、二十一至三十五、

四十一至五十五、七十一至八十)

610000－1017－0000509　605
皇朝經世文續編一百二十卷　(清)葛士濬輯　清光緒十四年(1888)上海圖書集成局鉛印本　八册　存三十一卷(一至三十一)

610000－1017－0000510　606
皇朝經世文續編一百二十卷　(清)葛士濬輯　清光緒二十四年(1898)慎記書莊石印本　十五册　存七十一卷(一至七、十二至二十四、五十至五十五、六十三至七十二、七十八至八十七、九十至一百十四)

610000－1017－0000511　607
皇朝經世文續編一百二十卷　(清)葛士濬輯　清光緒十七年(1891)廣百宋齋鉛印本　二十三册　缺四卷(四十八至五十一)

610000－1017－0000512　608
皇朝經世文續編一百二十卷　(清)葛士濬輯　清光緒十七年(1891)廣百宋齋鉛印本　二十三册

610000－1017－0000513　609
皇朝經世文續編一百二十卷　(清)葛士濬輯　清光緒十七年(1891)廣百宋齋鉛印本　二册　存十卷(七十四至八十三)

610000－1017－0000514　610
皇朝經世文新增時務續編四十卷洋務續編八卷　(清)葛士濬輯　清光緒二十三年(1897)埽葉山房石印本　六册　存三十二卷(時務一至十六、二十至二十二、二十七至二十九、三十六至四十,洋務四至八)

610000－1017－0000515　612
馮少墟集二十二卷首一卷續集五卷　(明)馮從吾著　清刻本　七册　存十二卷(一、三至八、十三至十五、十九至二十)

610000－1017－0000516　613
小倉山房詩集三十一卷尺牘十卷　(清)袁枚撰　清乾隆刻本　六册　存二十七卷(詩集八至三十一、尺牘一至三)

610000－1017－0000517　614
小倉山房外集八卷　(清)袁枚撰　清嘉慶刻本　一册　存一卷(一)

610000－1017－0000518　615
文選六十卷　(南朝梁)蕭統選　(唐)李善注　清刻本　十四册　存五十三卷(五至二十九、三十三至六十)

610000－1017－0000519　617
傅徵君霜紅龕詩鈔一卷附錄一卷　(清)傅山著　(清)蘇爾詒　(清)劉贊叅訂　清刻本　一册

610000－1017－0000520　618
日下舊聞四十二卷　(清)朱彝尊撰　清刻本　四册　存七卷(十五至二十、二十五)

610000－1017－0000521　619
三通序不分卷　(唐)杜佑著　清光緒十四年(1888)蔣氏求實齋刻本　二册

610000－1017－0000522　620
蘭山課業風騷補編二卷　(清)周樽纂輯　(清)丁珠校閱　(清)吳鎮叅訂　清刻本　一册

610000－1017－0000523　621
固本龜鑑□□卷　(清)楊憲斌訂　清光緒刻本　一册　存一卷(序跋)

610000－1017－0000524　623
二十四史　(清)張廷玉輯　清同治十年(1871)金陵書局刻本　六十二册　存五種

610000－1017－0000525　625
遼史一百十六卷　(元)脫脫等修　清末影印本　一册　存十三卷(二十九至四十一)

610000－1017－0000526　627
前漢書一百卷　(漢)班固撰　(唐)顔師古注　清刻本　二十五册　存八十四卷(一至三十、三十七至四十、四十五至八十六、九十三至一百)

610000－1017－0000527　628
宋書一百卷　(南朝梁)沈約撰　清光緒影印

本　七册　存三十二卷(五至十三、十六至十八、二十三至三十七、六十二至六十六)

610000－1017－0000528　629
晉書一百三十卷　(唐)太宗李世民撰　**音義三卷**　(唐)何超撰　清同治十年(1871)金陵書局刻本　五册　存二十六卷(一至六、十三至十七、四十二至四十八、六十三至六十八、一百二十九至一百三十)

610000－1017－0000529　630
重訂王鳳洲先生綱鑑會纂四十六卷　(明)王世貞纂　(明)陳仁錫訂　(明)吕一經校　清刻本　三十七册　存三十九卷(一、三、六至十、十二至三十五、三十八至四十四、四十六)

610000－1017－0000530　631
明史紀事本末八十卷　(清)谷應泰編輯　清同治十二年(1873)江西書局刻本　十九册　存七十五卷(一至十八、二十四至八十)

610000－1017－0000531　632
金史一百三十五卷　(元)托克托等修　清同治十三年(1874)江蘇書局刻本　十五册　存八十卷(一、六至九、十八至二十九、四十八至五十九、七十四至八十八、九十二至一百十九、一百二十八至一百三十五)

610000－1017－0000532　633
前漢書一百卷　(漢)班固撰　(唐)顔師古注　明崇禎十五年(1642)毛氏汲古閣刻本　二十四册　存九十四卷(一至八十六、九十三至一百)

610000－1017－0000533　634
後漢書一百二十卷　(南朝宋)范曄撰　(唐)李賢注　**續志三十卷**　(晉)司馬彪撰　(南朝梁)劉昭注　明崇禎十六年(1643)刻本　二十册　存八十六卷(一、七至十六、十九至二十一、二十八至九十,續志一至九)

610000－1017－0000534　635
後漢書一百二十卷　(南朝宋)范曄撰　(唐)李賢注　**續志三十卷**　(晉)司馬彪撰　(南朝梁)劉昭注　清同治八年(1869)金陵書局刻本　十二册　存一百十三卷(一至四十九、五十四至八十二、八十六至九十,續志三十卷)

610000－1017－0000535　636
王先生十七史蒙求十六卷　(宋)王令撰　清乾隆四十八年(1783)刻本　二册　存十一卷(一至十一)

610000－1017－0000536　637
元史紀事本末二十七卷　(明)陳邦瞻編輯　(明)張溥論正　清同治十二年(1873)江西書局刻本　四册

610000－1017－0000537　638
廣西官報　(清)撫部院署編　清宣統二年(1910)鉛印本　三册　存三期(六十至六十二)

610000－1017－0000538　639
魏書一百十四卷　(北齊)魏收撰　明崇禎九年(1636)毛氏汲古閣刻本　二十册　存一百十卷(一至七十五、八十至一百十四)

610000－1017－0000539　641
同菴史彙十卷　(清)蔣善選評　清思永堂刻本　八册

610000－1017－0000540　642
舊五代史一百五十卷　(宋)薛居正等撰　清刻本　二十册　存一百二十一卷(四至七十三、八十一至一百二十、一百三十九至一百四十九)

610000－1017－0000541　643
新疆道里表□□卷　(清)□□撰　清刻本　一册　存一卷(下)

610000－1017－0000542　644
史腴二卷　(清)周金壇纂輯　(清)金弼大校訂　清雍正三年(1725)刻本　四册

610000－1017－0000543　645
宋史四百九十六卷　(元)脱脱等修　清刻本　八十四册　存三百七十五卷(七至十二、三十二至三十九、四十二至九十七、一百六十一至一百七十二、一百七十七至二百十二、二百十七至二百十八、二百二十六至三百七十九、三百八十二、三百九十三至四百十二、四百十七至四百九十六)

610000－1017－0000544　647
南齊書五十九卷　(南朝梁)蕭子顯撰　清同治十三年(1874)金陵書局刻本　八册　存五十七卷(一至三十七、四十至五十九)

610000－1017－0000545　648
隋書八十五卷　(唐)魏徵等撰　清刻本　十二册

610000－1017－0000546　649
金史一百三十五卷　(元)托克托等修　清刻本　五册　存三十卷(二十五至三十、五十五至五十九、七十四至八十八、一百三至一百六)

610000－1017－0000547　650
五代史七十四卷　(宋)歐陽修撰　(宋)徐無黨注　清刻本　八册　存六十四卷(一至七、十三至三十三、三十九至七十四)

610000－1017－0000548　651
遼史一百十六卷　(元)托克托等修　清刻本　二册　存十九卷(十六至二十五、五十七至六十五)

610000－1017－0000549　652
曾文正公全集　(清)曾國藩撰　清同治、光緒間傳忠書局刻本　三十八册　存三種

610000－1017－0000550　653
舊唐書二百卷　(五代)劉昫等撰　清刻本　二十三册　存一百三十三卷(四十三至四十五、六十二至七十五、八十五至二百)

610000－1017－0000551　654
舊唐書二百卷　(五代)劉昫等撰　清刻本　一册　存七卷(八十三至八十九)

610000－1017－0000552　655
唐書二百二十五卷　(宋)歐陽修等撰　清同治十二年(1873)浙江書局刻本　三十四册　存一百九十三卷(一至二十八、三十四至六十、七十二至七十六、七十八至一百十四、一百三十至二百二十五)

610000－1017－0000553　656
大清文宗協天翊運執中垂謨懋德振武聖孝淵恭端仁寬敏顯皇帝聖訓一百十卷　(清)文宗奕詝撰　清末石印本　九册　存九十八卷(一至二十八、四十一至一百十)

610000－1017－0000554　657
大清世宗敬天昌運建中表正文武英明寬仁信毅大孝至誠憲皇帝聖訓三十六卷　(清)世宗胤禛撰　清末石印本　一册　存十一卷(十一至二十一)

610000－1017－0000555　658
唐書二百二十五卷　(宋)歐陽修等撰　清同治十一年(1872)金陵書局刻本　八册　存二十七卷(一至三、九至十五、二十七至二十九、五十六至六十、二百十至二百十四、二百十七至二百二十)

610000－1017－0000556　659
國朝先正事略六十卷　(清)李元度纂　清同治五年(1866)循陔艸堂刻本　十七册　存三十八卷(一至二十五、二十八至二十九、三十五至四十、五十四至五十八)

610000－1017－0000557　660
諸葛忠武侯故事五卷　(清)張澍纂輯　清刻本　二册

610000－1017－0000558　661
史通削繁四卷　(清)紀昀撰　清刻朱墨套印本　二册　存二卷(一、四)

610000－1017－0000559　662
元史二百十卷　(明)宋濂等修　清同治十三年(1874)江蘇書局刻本　二十二册　存一百五卷(一至四十七、九十二至一百五、一百十三至一百三十六、一百四十至一百五十二、一百七十三至一百七十六、二百六至二百八)

610000－1017－0000560　663
五洲各國政治攷八卷續編十四卷　(清)錢恂

輯　清末石印本　五冊　存十二卷(續編三至十四)

610000－1017－0000561　664
先德錄不分卷　(清)□□撰　清刻本　一冊

610000－1017－0000562　666
東周列國全志二十三卷　(明)馮夢龍撰　(清)蔡界評點　清刻本　二冊　存四卷(十至十一、二十至二十一)

610000－1017－0000563　667
東華錄三十二卷(天命朝至雍正朝)　(清)蔣良騏撰　清刻本　十冊　存二十七卷(五至三十一)

610000－1017－0000564　668
戰國策三十三卷　(漢)高誘注　**重刻剡川姚氏本戰國策札記三卷**　(清)黄丕烈撰　清光緒二十二年(1896)上海鴻寶齋石印本　二冊　存八卷(一至八)

610000－1017－0000565　669
奏摺條件輯覽四卷　(清)張守誠編　清光緒二十七年(1901)貴陽鉛字書局鉛印本　一冊　存三卷(一至三)

610000－1017－0000566　670
國語二十一卷　(三國吳)韋昭注　清光緒二十二年(1896)上海鴻寶叁石印本　三冊

610000－1017－0000567　671
聖訓纂輯□□卷　(□)□□撰　清安康來鹿堂刻本　二冊　存二卷(十三至十四)

610000－1017－0000568　674
廣東新語二十八卷　(清)屈大鈞譔　清刻本　九冊

610000－1017－0000569　675
明史三百三十二卷　(清)張廷玉等撰　清刻本　五十九冊　存二百四十三卷(一至二十五、二十九至七十七、八十九至一百十、一百四十一至一百八十二、一百八十七至二百六、二百二十至二百三十八、二百四十四至二百四十七、二百五十二至二百五十五、二百六十七至二百七十二、二百七十七至三百二十一、三百二十六至三百三十二)

610000－1017－0000570　676
岣嶁鑑撮四卷　(清)曠敏本輯　清嘉慶二十三年(1818)刻本　四冊

610000－1017－0000571　677
宋史紀事本末一百九卷　(明)陳邦瞻增訂　(明)馮琦原編　(明)張溥論正　清同治十三年(1874)江西書局刻本　十九冊　存一百三卷(一至五十五、六十一至一百八)

610000－1017－0000572　678
光緒丙午年交涉要覽下篇四卷　(清)北洋洋務局輯　清鉛印本　五冊

610000－1017－0000573　679
翰林記二十卷　(明)黄佐撰　清道光十一年(1831)南海伍氏粤雅堂文字歡娛室刻嶺南遺書本　一冊　存五卷(一至五)

610000－1017－0000574　680
東華錄擥要一百十四卷　(清)汪文安編　(清)汪翰章　(清)汪衡章校　清光緒二十九年(1903)上海商務印書館鉛印本　二十四冊　存九十三卷(六至四十二、四十七至八十五、九十至一百六)

610000－1017－0000575　682
御撰資治通鑑綱目三編二十卷　(清)張廷玉等撰　清光緒二十五年(1899)刻本　二冊　存十卷(一至五、十六至二十)

610000－1017－0000576　683
姓氏尋源四十五卷　(清)張澍篹　清刻本　十一冊　存四十一卷(五至四十五)

610000－1017－0000577　684
姓氏辯誤三十卷　(清)張澍篹　清刻本　六冊

610000－1017－0000578　685
尸子二卷存疑一卷　(戰國)尸佼撰　(清)汪繼培輯　清光緒三年(1877)浙江書局刻本　一冊　存二卷(尸子二卷)

610000－1017－0000579　686

穆宗毅皇帝聖訓一百六十卷　(清)穆宗載淳撰　清光緒五年(1879)石印本　十五冊　存一百三十八卷(一至九十四、一百六至一百十三、一百二十五至一百六十)

610000－1017－0000580　687

大清宣宗效天符運立中體正至文聖武智勇仁慈儉勤孝敏成皇帝聖訓一百三十卷　(清)宣宗旻寧撰　清石印本　十五冊　存九十六卷(一至五、十五至四十六、五十五至七十四、八十四至一百二十二)

610000－1017－0000581　688

大清聖祖合天弘運文武睿哲恭儉寬裕孝敬誠信中和功德大成仁皇帝聖訓六十卷　(清)聖祖玄燁撰　清末石印本　五冊　存四十八卷(一至十八、三十一至四十、四十一至六十)

610000－1017－0000582　689

安康縣興賢學倉志二卷　(清)張鵬飛撰　清道光二十五年(1845)刻本　二冊

610000－1017－0000583　690

大清高宗法天隆運至誠先覺體元立極敷文奮武孝慈神聖純皇帝聖訓三百卷首一卷　(清)高宗弘曆撰　清光緒石印本　六冊　存六十六卷(七十五至一百十、一百六十一至一百七十、二百一至二百二十)

610000－1017－0000584　691

廿二史綜編八卷　(清)陶有容編　清咸豐三年(1853)刻本　七冊　存七卷(一至七)

610000－1017－0000585　692

歷代名臣言行錄二十四卷　(清)朱桓編輯　清光緒十七年(1891)上海廣百宋齋鉛印本　五冊　存十卷(一至四、十一至十四、二十三至二十四)

610000－1017－0000586　693

路史前紀九卷後紀十三卷餘論十卷發揮六卷國名記七卷　(宋)羅泌著　(宋)羅苹註　清刻本　十二冊　存□□卷(後紀九,餘論一、七,發揮一、三、五至六,國名記□)

610000－1017－0000587　694

光緒丁酉科河南鄉試同年全錄不分卷　(清)□□輯　清光緒二十三年(1897)刻本　二冊

610000－1017－0000588　695

歷代名臣言行錄二十四卷首一卷　(清)朱桓編輯　(清)潘永季校定　(清)許時庚重訂　清光緒三十一年(1905)育文書局石印本　八冊

610000－1017－0000589　696

澹雅局增定課讀鑑略妥註善本五卷　(明)李廷機著　(明)鄒聖脈原訂　(明)張瑞圖校正　清光緒二十年(1894)澹雅局刻本　二冊

610000－1017－0000590　697

增廣尚友錄統編二十二卷　(清)應祖錫編　清石印本　十二冊　存二十卷(一至四、六至七、九至二十二)

610000－1017－0000591　698

紀元編三卷末一卷　(清)李兆洛撰　(清)六承如集　清光緒十八年(1892)金陵書局刻本　三冊

610000－1017－0000592　699

廣川書跋十卷　(宋)董逌著　(清)朱記榮校訂　清光緒十三年(1887)吳縣朱氏行素艸堂刻槐廬叢書本　二冊

610000－1017－0000593　700

大清仁宗受天興運敷化綏猷崇文經武孝恭勤儉端敏英哲睿皇帝聖訓一百十卷　(清)宣宗旻寧修　清末石印本　七冊　存五十二卷(一至六、二十一至四十五、五十五至六十二、八十七至九十四、一百四至一百八)

610000－1017－0000594　702

補後漢書藝文志四卷　(清)侯康撰　清道光三十年(1850)南海侯氏刻本　一冊

610000－1017－0000595　703

大清搢紳全書四卷　(□)榮祿堂輯　清宣統二年(1910)榮祿堂刻本　一冊　存一卷(元)

610000－1017－0000596　704

新唐書糾謬二十卷補遺一卷附錄一卷 （宋）吳縝纂 清刻本 一册 存九卷（十四至二十、補遺一卷、附錄一卷）

610000－1017－0000597 705
光緒三十三年丁未科直省舉貢考職齒錄不分卷 （清）□□撰 清光緒三十三年（1907）京都刻本 四册

610000－1017－0000598 706
李文忠公奏議二十卷 （清）李鴻章撰 （清）章洪鈞 （清）吳汝綸編輯 清末石印本 一册 存六卷（十、十三、十五、十七至十八、二十）

610000－1017－0000599 707
高宗純皇帝聖訓三百卷 （清）高宗弘曆撰 清嘉慶十二年（1807）石印本 十五册 存一百三十六卷（一至三十二、四十三至五十二、一百十三至一百五十八、一百六十九至一百七十八、一百九十至二百、二百三十一至二百三十八、二百八十二至三百）

610000－1017－0000600 708
出使日記續刻十卷 （清）薛福成撰 清末石印本 二册 存二卷（七、九）

610000－1017－0000601 709
國朝先正事略六十卷首一卷 （清）李元度纂 （清）許時庚重校 清末鉛印本 四册 存十九卷（十三至二十、三十一至三十六、四十八至五十二）

610000－1017－0000602 710
五洲述略四卷 （清）蕭應椿輯 清刻本 二册 存二卷（一、四）

610000－1017－0000603 711
御批歷代通鑑輯覽一百二十卷 （清）傅恒等撰 清光緒三十二年（1906）上海商務印書館鉛印本 三十八册 存一百十四卷（一至六十、六十四至六十六、七十至一百二十）

610000－1017－0000604 712
御撰資治通鑑綱目三編六卷 （清）張廷玉等撰 清光緒二十五年（1899）上海著易堂石印本 二册

610000－1017－0000605 713
御批歷代通鑑輯覽一百二十卷 （清）傅恒等撰 清末鉛印本 一册 存二卷（一百八至一百九）

610000－1017－0000606 715
御批歷代通鑑輯覽一百二十卷 （清）傅恒等撰 清同治十三年（1874）刻朱墨套印本 六十三册

610000－1017－0000607 717
讀通鑑論三十卷末一卷 （清）王夫之譔 清刻本 十五册 存二十九卷（三至三十、末一卷）

610000－1017－0000608 718
資治通鑑二百九十四卷目錄三十卷辨誤十二卷 （宋）司馬光編集 （元）胡三省音註 清刻本 五十一册 存一百三十五卷（三十一至八十五、八十九至九十五、一百二十五、一百六十四至一百六十七、一百九十七、二百十三至二百三十六、二百三十九至二百四十七、二百五十一至二百五十三、二百五十六至二百五十八、二百六十二至二百六十三、二百七十五至二百九十四，辨誤四至九）

610000－1017－0000609 719
鼎鍥趙田了九袁先生編纂古本歷史大方綱鑑補三十九卷首一卷 （明）袁黄撰 清刻本 二十八册 存三十卷（一至六、十至十一、十五至十六、十八至二十、二十一至二十七、二十九至三十、三十二至三十四、三十六至三十九，首一卷）

610000－1017－0000610 720
資治通鑑綱目前編二十五卷 （明）陳仁錫評閲 清嘉慶九年（1804）姑蘇聚文堂刻本 七册

610000－1017－0000611 721
續資治通鑑綱目二十七卷 （明）陳仁錫評閲 清刻本 二十九册 存二十二卷（二、六至二十一、二十三至二十七）

610000－1017－0000612　725

御批歷代通鑑輯覽一百二十卷　(清)傅恒等撰　清末鉛印本　三十七冊　存一百十一卷(四至四十一、四十五至五十九、六十三至一百二十)

610000－1017－0000613　726

御批歷代通鑑輯覽一百二十卷　(清)傅恒等撰　清末鉛印本　二冊　存六卷(六十一至六十三、六十七至六十九)

610000－1017－0000614　727

御撰資治通鑑綱目三編二十卷　(清)張廷玉等撰　清刻本　一冊　存二卷(十一至十二)

610000－1017－0000615　728

御批歷代通鑑輯覽一百二十卷　(清)傅恒等撰　清刻本　二十三冊　存一百七卷(十四至一百二十)

610000－1017－0000616　729

大文堂綱鑑易知録九十二卷　(清)吳乘權等輯　清刻本　二十三冊　存五十六卷(四至六、七至十六、二十六至三十六、三十九至四十、四十七至四十八、五十二至七十二、七十五至七十六、七十九至八十一、八十七至八十八)

610000－1017－0000617　730

御批增補了凡綱鑑四十卷首一卷　(宋)司馬光通鑑　(宋)朱熹綱目　(明)袁黄編纂　(明)李遜齋重校　清上海著易堂石印本　九冊　存三十一卷(三至十六、二十四至四十)

610000－1017－0000618　732

御撰資治通鑑綱目三編二十卷　(清)張廷玉等撰　清刻本　一冊　存四卷(七至十)

610000－1017－0000619　733

增評加批歷史綱鑑補三十九卷首一卷　(宋)司馬光通鑑　(宋)朱熹綱目　(明)王世貞　(明)袁黄編纂　清光緒二十八年(1902)上海富強齋石印本　九冊　存三十六卷(一至三、四至十五、二十至三十九,首一卷)

610000－1017－0000620　734

御批歷代通鑑輯覽一百二十卷　(清)傅恒等撰　清刻本　一冊　存三卷(七十一至七十三)

610000－1017－0000621　735

鼎鍥趙田了凡袁先生編纂古本歷史綱鑑補三十九卷首一卷　(明)袁黄撰　清刻本　一冊　存一卷(十三)

610000－1017－0000622　736

御撰資治通鑑綱目三編二十卷　(清)張廷玉等撰　清刻本　一冊　存六卷(十至十五)

610000－1017－0000623　737

御撰資治通鑑綱目三編二十卷　(清)張廷玉等撰　清刻本　六冊

610000－1017－0000624　738

御撰資治通鑑綱目三編二十卷　(清)張廷玉等撰　清益元堂刻本　五冊

610000－1017－0000625　739

御撰資治通鑑綱目三編二十卷　(清)張廷玉等撰　清乾隆十一年(1746)刻本　三冊

610000－1017－0000626　740

御批歷代通鑑輯覽一百二十卷　(清)傅恒等撰　清同治十三年(1874)湖南書局刻本　五十六冊　存一百十二卷(一至五十二、五十五至六十二、六十五至七十、七十三至一百十八)

610000－1017－0000627　741

資治通鑑綱目五十九卷　(明)陳仁錫評閱　清刻本　七十九冊

610000－1017－0000628　742

資治通鑑綱目五十九卷　(明)陳仁錫評閱　清嘉慶九年(1804)姑蘇聚文堂刻本　二十七冊　存十卷(一至二、六至九、二十四至二十五、四十四至四十五)

610000－1017－0000629　743

續資治通鑑綱目二十七卷　(明)陳仁錫評閱　清刻本　二十四冊　存二十四卷(一至四、七至八、十至二十七)

610000－1017－0000630　744

鼎鍥趙田了凡袁先生編纂古本歷史大方綱鑑補三十九卷首一卷　(宋)司馬光通鑑　(宋)朱熹綱目　(明)袁黄編纂　清刻本　二十八冊　存二十八卷(十一至二十四、二十六至三十三、三十五至四十)

610000－1017－0000631　745

續資治通鑑二百二十卷　(清)畢沅編集　清刻本　二十一冊　存七十七卷(二十四至二十七、五十五至六十五、一百七至一百九、一百四十九至一百六十五、一百六十九至二百六、二百十至二百十三)

610000－1017－0000632　746

鼎鍥趙田了凡袁先生編纂古本歷史綱鑑補三十九卷首一卷　(明)袁黄撰　清刻本　一冊　存一卷(十三)

610000－1017－0000633　747

新刊趙田了凡袁先生編纂古本歷史大方綱鑑補三十九卷　(明)袁黄編　清光緒二十一年(1895)文昌書局刻本　二十一冊　存二十三卷(一、三、五至八、十至十一、十四至十八、二十至二十二、二十四至二十六、二十八、三十至三十一、三十四)

610000－1017－0000634　748

新鍥趙田了凡袁先生編纂古本歷史大方綱鑑補三十九卷首一卷　(明)袁黄撰　清刻本　二冊　存三卷(八至九、二十二)

610000－1017－0000635　751

新鍥趙田了凡袁先生編纂古本歷史大方綱鑑補三十九卷首一卷　(明)袁黄撰　清刻本　一冊　存一卷(十四)

610000－1017－0000636　752

鼎鐫趙田袁先生了凡編纂古本歷史大方綱鑑補三十九卷首一卷　(元)陳桱通鑑　(明)商輅綱目　(明)袁黄編纂　清刻本　一冊　存二卷(二十八至二十九)

610000－1017－0000637　753

新鐫趙田歷朝袁先生編纂古本歷史大方綱鑑補三十九卷首一卷　(明)袁黄撰　清刻本　二冊　存二卷(十二、十四)

610000－1017－0000638　754

鼎鍥趙田了凡袁先生編纂古本歷史大方綱鑑補三十九卷首一卷　(明)袁黄撰　清刻本　一冊　存一卷(二十七)

610000－1017－0000639　755

鼎鍥趙田了凡袁先生編纂古本歷史大方綱鑑補三十九卷首一卷　(明)袁黄撰　清刻本　一冊　存一卷(二十七)

610000－1017－0000640　756

鼎鍥趙田了凡袁先生編纂古本歷史大方綱鑑補三十九卷首一卷　(明)袁黄撰　清刻本　五冊　存九卷(十八至十九、二十五至二十六、三十、三十二至三十三、三十五至三十六)

610000－1017－0000641　757

鼎鍥趙田了凡袁先生編纂古本歷史綱鑑補三十九卷首一卷　(明)袁黄撰　清刻本　一冊　存一卷(十三)

610000－1017－0000642　758

鼎鍥趙田了凡袁先生編纂古本歷史綱鑑補三十九卷首一卷　(明)袁黄撰　清刻本　一冊　存一卷(十三)

610000－1017－0000643　759

新鐫趙田了凡袁先生編纂古本歷史大方綱鑑補三十九卷首一卷　(明)袁黄撰　清刻本　二冊　存二卷(十二、二十七)

610000－1017－0000644　760

新刻趙田了凡袁先生編纂古本歷史大方綱鑑補三十九卷首一卷　(明)袁黄撰　清刻本　六冊　存六卷(二十、二十九、三十一、三十四、三十七、三十九)

610000－1017－0000645　761

資治通鑑綱目前編二十五卷　(明)陳仁錫評閲　清刻本　八冊　存二十四卷(一至二十四)

610000－1017－0000646　762

鼎鐫趙田了凡袁先生編纂古本歷史大方綱鑑補三十九卷首一卷 (明)袁黄撰　清刻本　四冊　存四卷(七、二十一、二十四、二十八)

610000－1017－0000647　763
鼎鍥趙田了凡袁先生編纂古本歷史大方綱鑑補三十九卷首一卷 (宋)司馬光通鑑　(宋)朱熹綱目　(明)袁黄編纂　清刻本　二十一冊　存二十七卷(二至六、八至十、十五至二十、二十三至二十六、二十九至三十五、三十八至三十九)

610000－1017－0000648　764
新鐫趙田歷朝袁先生編纂古本歷史大方綱鑑補三十九卷首一卷 (明)袁黄撰　清刻本　一冊　存一卷(十二)

610000－1017－0000649　765
御撰通鑑綱目三編二十卷末一卷 (清)張廷玉等撰　清末善成堂刻本　一冊　存五卷(十七至二十、末一卷)

610000－1017－0000650　766
增補綱鑑輯要四十卷首一卷 (明)袁黄編纂　清善成堂刻本　一冊　存一卷(二十五)

610000－1017－0000651　768
御撰資治通鑑綱目三編二十卷 (清)張廷玉等撰　清末石印本　一冊　存一卷(三)

610000－1017－0000652　769
鼎鐫趙田袁先生了凡編纂古本歷史大方綱鑑補三十九卷首一卷 (元)陳桱通鑑　(明)商輅綱目　(明)袁黄編纂　清刻本　一冊　存一卷(二十八)

610000－1017－0000653　770
重訂王鳳洲先生綱鑑會纂四十六卷 (明)王世貞纂　(明)陳仁錫訂　(明)呂一經校　清末上海章福記書局石印本　一冊　存四卷(四至七)

610000－1017－0000654　771
御批歷代通鑑輯覽一百二十卷 (清)傅恒等撰　清石印本　九冊　存五十五卷(六十三至八十一、八十五至一百二十)

610000－1017－0000655　772
鼎鐫趙田了凡袁先生編纂古本歷史大方綱鑑補三十九卷首一卷 (明)袁黄撰　清刻本　二冊　存二卷(十一、二十八)

610000－1017－0000656　773
鼎鍥趙田了凡袁先生編纂古本歷史大方綱鑑補三十九卷首一卷 (明)袁黄撰　清刻本　六冊　存九卷(十六至十八、二十、二十五至二十六、二十九、三十五至三十六)

610000－1017－0000657　774
讀史碎金註八十卷 (清)胡文炳編輯　清光緒元年(1875)刻本　二十五冊　存二十三卷(二、六至十八、二十、二十二、二十四、二十六至三十、六十六)

610000－1017－0000658　775
李氏五種合刊 (清)李兆洛輯　清光緒十八年(1892)金陵書局刻本　十冊　存二種

610000－1017－0000659　776
讀史方輿紀要一百三十卷方輿全圖總説四卷 (清)顧祖禹輯　(清)彭元瑞校訂　清光緒二十九年(1903)上海益吾齋石印本　二十一冊　存一百五卷(讀史方輿紀要一至九、十八至二十八、三十至五十一、六十二、六十六至九十四、九十六至一百十、一百十三至一百二十、一百二十四至一百三十,方與全圖總説一至三)

610000－1017－0000660　777
讀史碎金六卷 (清)胡文炳編輯　清光緒元年(1875)刻本　一冊　存二卷(一至二)

610000－1017－0000661　778
讀史碎金註八十卷 (清)胡文炳編輯　清光緒刻本　六十三冊　存六十五卷(三至四、六至十二、十四至十七、十九至二十九、三十一至四十、四十三、四十七至五十三、五十五至六十五、六十七至六十八、七十、七十二至八十)

610000－1017－0000662　779
讀史碎金註八十卷 (清)胡文炳編輯　清光

緒刻本　十八冊　存十七卷(三十一至三十二、三十六、四十、四十三、四十九至五十三、五十五至五十七、五十九至六十二)

610000－1017－0000663　781
文廟備考八卷　(清)趙映奎輯　(清)趙詢補刊　(清)李元春粂　(清)李來南重校　清道光二十七年(1847)刻本　四冊

610000－1017－0000664　782
從政遺規二卷　(清)陳宏謀輯　清刻本　一冊　存一卷(二)

610000－1017－0000665　784
中國地理學教科書三卷　(清)屠寄纂　清光緒鉛印本　一冊　存一卷(三)

610000－1017－0000666　785
瀛寰全志七編　(清)謝洪賚撰　清光緒鉛印本　一冊　存一編(三)

610000－1017－0000667　786
瀛環志略十卷　(清)徐繼畬撰　清末刻本　一冊　存一卷(一)

610000－1017－0000668　788
秣陵集六卷　(清)陳文述撰　清光緒十年(1884)淮南書局刻本　三冊

610000－1017－0000669　789
列國政要一百三十二卷首一卷　(清)戴鴻慈　(清)端方輯　清光緒三十三年(1907)石印本　三十冊　存一百十七卷(一至九、十一至三十二、三十六至四十三、四十九至五十七、五十九至八十四、八十六至九十四、一百至一百三十二,首一卷)

610000－1017－0000670　790
瀛環志畧十卷　(清)徐繼畬撰　清光緒十年(1884)刻本　六冊

610000－1017－0000671　791
列國政要一百三十二卷首一卷　(清)戴鴻慈　(清)端方輯　清光緒三十三年(1907)石印本　一冊　存四卷(一百二十至一百二十三)

610000－1017－0000672　792
大清律例集解四十卷　(清)沈之奇原註　(清)姚潤重輯　清道光九年(1829)刻本　十五冊　存二十二卷(二至四、六至十二、十六至二十三、二十六至二十七、三十二至三十三)

610000－1017－0000673　793
兩淮鹽法志□□卷　(□)□□撰　清刻本　一冊　存二卷(二十六至二十七)

610000－1017－0000674　794
[同治]衡陽縣志十二卷　(清)羅慶薌修　(清)彭玉麟等纂　清同治十三年(1874)刻本　七冊　存十卷(一至十)

610000－1017－0000675　795
歷代紀年便覽不分卷　(清)陳鍾珂輯　清道光刻本　一冊

610000－1017－0000676　796
新纂氏族箋釋八卷　(清)熊峻運著　(清)王思訓　(清)李鍾僑鑒定　(清)李正耀等粂　(清)楊煌義編次　清刻本　二冊　存四卷(三至六)

610000－1017－0000677　797
文獻通考詳節二十四卷　(元)馬端臨撰　(清)嚴虞惇録　清光緒二十八年(1902)石印本　二冊　存九卷(一至六、十七至十九)

610000－1017－0000678　798
文獻通考詳節二十四卷　(元)馬端臨撰　(清)嚴虞惇録　清光緒二十七年(1901)鴻寶齋書局石印本　六冊

610000－1017－0000679　799
欽定續文獻通考詳節二十六卷　(清)嚴虞惇録　清光緒二十七年(1901)鴻寶齋書局石印本　四冊　存十六卷(一至三、九至十七、二十三至二十六)

610000－1017－0000680　800
皇朝文獻通考詳節二十六卷　(清)嚴虞惇録　清光緒二十七年(1901)鴻寶齋書局石印本　七冊　缺二卷(二十五至二十六)

610000－1017－0000681　801
讀史方輿紀要一百三十卷　(清)顧祖禹輯　(清)彭元瑞校定　清嘉慶敷文閣刻本　三十八册　存七十二卷(一至四、七至十四、十六至十七、十九至二十五、二十八至三十、三十三至三十四、三十七、三十九至四十一、四十六至四十九、五十四、五十六、六十二至七十八、八十一、八十三至八十五、九十八至一百、一百八至一百九、一百十三至一百十九、一百二十七至一百二十九)

610000－1017－0000682　802
讀史方輿紀要一百三十卷　(清)顧祖禹輯　(清)彭元瑞校定　清嘉慶敷文閣刻本　二册　存二卷(一、三)

610000－1017－0000683　803
天下郡國利病書一百二十卷　(清)顧炎武輯　(清)龍萬育訂　清刻本　五十一册　存一百三卷(三至三十七、三十九至四十七、五十、五十五至七十七、七十九至八十八、九十一至一百六、一百九至一百十二、一百十五至一百十七、一百十九至一百二十)

610000－1017－0000684　804
皇朝一統輿地全圖不分卷　(清)李兆洛輯　清末石印本　一册

610000－1017－0000685　805
治平畧增定全書三十三卷　(明)朱健　(明)朱徽原著　(清)張鵬飛重梓　清道光二十九年(1849)刻本　二十册

610000－1017－0000686　806
地理叅贊玄機僊婆集十三卷　(明)張鳴鳳編集　清刻本　二册　存二卷(十一至十二)

610000－1017－0000687　807
大清律例全纂四十卷　(清)姚觀等編　清刻本　六册　存十卷(十六至二十一、二十八至三十一)

610000－1017－0000688　808
平津讀碑記八卷續記一卷　(清)洪頤煊撰　清光緒十一年(1885)刻本　一册　存三卷(七至八、續記一卷)

610000－1017－0000689　809
浙江衢州鎮嚴州協□□卷　(清)□□撰　清刻本　一册　存一卷(下)

610000－1017－0000690　810
詩韻合璧五卷　(清)湯文潞編　清末民初石印本　一册　存一卷(五)

610000－1017－0000691　811
欽定續文獻通考輯要二十六卷　湯壽潛輯　清通雅堂鉛印本　三册　存九卷(十六至十七、二十至二十六)

610000－1017－0000692　812
大清光緒三十一年歲次乙巳時憲書一卷　(清)欽天監編纂　清末刻本　一册

610000－1017－0000693　813
大清律例新增刑案彙纂集成不分卷　(清)□□撰　清抄本　一册

610000－1017－0000694　814
元史論一卷　(明)張溥論正　**明史論四卷**　(清)谷應泰論正　清刻朱墨套印本　一册

610000－1017－0000695　816
元史論一卷　(明)張溥論正　清刻本　一册

610000－1017－0000696　817
宋論十五卷　(清)王夫之譔　清光緒二十五年(1899)武昌刻本　四册　缺二卷(十一至十二)

610000－1017－0000697　818
地球韻言四卷　(清)張士瀛撰　清光緒二十四年(1898)鄂垣務急書館刻本　一册　存二卷(一至二)

610000－1017－0000698　819
地理辨正疏五卷首一卷末一卷　(清)張心言著　清同治十年(1871)刻本　四册　存六卷(一至二、四至五,首一卷,末一卷)

610000－1017－0000699　820
陝西境内漢江流域入境貨物表不分卷　(清)□□撰　清光緒三十二年(1906)鉛印本

一册

610000－1017－0000700　821
關帝聖蹟圖誌全集十卷　(清)王玉樹輯　清嘉慶十二年(1807)刻本　二册　存二卷(三至四)

610000－1017－0000701　822
碑版文廣例十卷　(清)王芑孫輯　清道光二十一年(1841)刻本　三册　存八卷(一至八)

610000－1017－0000702　823
奏定學堂章程不分卷　(清)張之洞等撰　清光緒三十年(1904)陝西藩署刻本　五册

610000－1017－0000703　824
欽定狀元策不分卷　(□)□□撰　清刻本　二册

610000－1017－0000704　825
刑部說帖各省通行成案摘要抄存十四卷　(清)清年輯　清道光十一年(1831)開封府署刻本　十四册

610000－1017－0000705　827
行素艸堂金石叢書　(清)朱記榮輯　清光緒吳縣朱記榮槐廬刻本　三十二册　存十五種

610000－1017－0000706　828
欽定戶部漕運全書九十六卷首一卷　(清)載齡等修　(清)福趾纂　清刻本　四十六册　存九十二卷(五至九十六)

610000－1017－0000707　829
新刻法筆驚天雷八卷　(□)□□撰　清光緒六年(1880)刻本　一册　存六卷(一至六)

610000－1017－0000708　831
華嶽志八卷首一卷　(清)李榕纂輯　清道光十一年(1831)刻光緒九年(1883)補刻本　四册

610000－1017－0000709　832
華嶽志八卷首一卷　(清)李榕纂輯　清刻本　四册　存七卷(一至六、首一卷)

610000－1017－0000710　834
大學衍義輯要六卷　(宋)眞德秀原本　(清)陳宏謀纂　**大學衍義補輯要十二卷首一卷**　(明)邱濬原本　(清)陳宏謀纂　清同治五年(1866)明德堂刻本　七册　存十六卷(輯要一至三、五至六,補輯要一至四、七至十二,首一卷)

610000－1017－0000711　835
黔史四卷　(清)猶法賢編　(清)熊湛英校刊　清光緒十四年(1888)刻本　一册

610000－1017－0000712　836
政法淺義二篇　何炬新編輯　清宣統元年(1909)陝西圖書館鉛印本　二册

610000－1017－0000713　837
宦鄉要則七卷　(清)張鑒瀛撰　清光緒刻本　一册　存一卷(四)

610000－1017－0000714　838
大清新法令十三類　商務印書館編　清末商務印書館鉛印本　三册　存三類(一至三)

610000－1017－0000715　840
庸書内篇二卷外篇二卷　(清)陳熾撰　清末鉛印本　二册

610000－1017－0000716　842
商律草案第二編商行為八章　(清)修訂法律館編　清末民初上海廣益書局鉛印本　一册

610000－1017－0000717　843
畿輔水利議一卷　(清)林則徐撰　清光緒二年(1876)三山林氏刻本　一册

610000－1017－0000718　845
皇朝政典挈要八卷　(日本)增田貢著　清光緒二十八年(1902)上海中西譯書會石印本　一册　存六卷(一至六)

610000－1017－0000719　846
大清現行刑律案語不分卷　沈家本等編　清末鉛印本　七册

610000－1017－0000720　847
大清律例輯要不分卷　(清)□□輯　清末法政學堂鉛印本　二册

610000－1017－0000721　848

漆沮通考不分卷　(清)鄭士範著　清光緒二十一年(1895)周正誼堂刻本　一册

610000－1017－0000722　849
大清律例集要新編三十九卷　(清)姚潤纂　清末刻本　一册　存二卷(十六至十七)

610000－1017－0000723　850
律例便覽八卷　(清)蔡嵩年　(清)蔡逢年編　清同治九年(1870)江蘇書局刻本　三册

610000－1017－0000724　851
華陽國志十二卷　(晉)常璩撰　(清)李調元校定　清刻本　四册

610000－1017－0000725　852
處分則例圖要六卷　(清)蔡逢年編　清同治九年(1870)江蘇書局刻本　二册

610000－1017－0000726　853
大清律講義四編　(清)徐象先編　清光緒三十三年(1907)京師京華印書局鉛印本　二册　存二編(一至二)

610000－1017－0000727　854
律例便覽八卷　(清)蔡嵩年　(清)蔡逢年編　清同治刻本　一册　存一卷(六)

610000－1017－0000728　855
棠陰比事一卷　(宋)桂萬榮撰　清同治十三年(1874)海昌陳氏刻本　一册

610000－1017－0000729　857
歷代史論十二卷　(明)張溥論正　清刻朱墨套印本　一册　存四卷(六至九)

610000－1017－0000730　858
歷代史論十二卷　(明)張溥論正　清光緒五年(1879)刻朱墨套印本　三册

610000－1017－0000731　860
審看擬式四卷首一卷末一卷　(清)剛毅輯　清光緒二十四年(1898)貴州課吏局刻本　二册

610000－1017－0000732　861
志學錄四卷　(清)王玉樹撰　清刻本　一册　存二卷(一至二)

610000－1017－0000733　862
審判廳試辦章程四編　袁世凱審定　無奈子簽　清末民初鉛印本　一册

610000－1017－0000734　863
函海四十函一百五十二種　(清)李調元編　清嘉慶十四年(1809)李鼎元重校印本　一册

610000－1017－0000735　864
滇軺紀程一卷荷戈紀程一卷　(清)林則徐撰　清光緒三年(1877)宣南寓齋刻本　一册

610000－1017－0000736　865
滇軺紀程一卷荷戈紀程一卷　(清)林則徐撰　清光緒三年(1877)宣南寓齋刻本　一册

610000－1017－0000737　866
積古齋鐘鼎彝器款識十卷　(清)阮元編錄　清嘉慶九年(1804)刻本　三册　存四卷(一、五至六、九)

610000－1017－0000738　869
廣治平畧正集三十六卷續集八卷　(清)蔡方炳定本　清末鉛印本　七册　存二十八卷(正集一至七、十至十七、三十二至三十六,續集八卷)

610000－1017－0000739　872
歷代史論十二卷　(明)張溥論正　清光緒鉛印本　三册　存六卷(一至六)

610000－1017－0000740　873
明史論四卷　(清)谷應泰論正　清末鉛印本　一册

610000－1017－0000741　874
政治論二卷　(清)馮濟忠審定　清末民初重慶廣益書局鉛印本　二册

610000－1017－0000742　875
萬國近政考略十六卷　(清)鄒弢編輯　清鉛印本　二册　存八卷(五至八、十三至十六)

610000－1017－0000743　876
濟荒必備三卷　(清)陳僅纂集　清道光二十九年(1849)潤堂刻本　一册

610000－1017－0000744　877

萬國近政考略十六卷 （清）鄒弢編輯 清鉛印本 一冊 存四卷（十三至十六）

610000－1017－0000745 878
荒政輯要九卷首一卷 （清）汪志伊纂 清道光五年（1825）刻本 二冊

610000－1017－0000746 879
［九州總圖］不分卷 （□）□□撰 清刻本 一冊

610000－1017－0000747 880
長江圖說十二卷首一卷 （清）馬徵麟撰 清同治十年（1871）湖北崇文書局刻本 四冊 存四卷（三、六、九至十）

610000－1017－0000748 881
時務通攷三十一卷首一卷 （清）杞廬主人撰 清光緒二十三年（1897）上海點石齋石印本 十冊 存十五卷（一至二、十二、十四至二十一、二十四、三十至三十一，首一卷）

610000－1017－0000749 882
時務通攷三十一卷首一卷 （清）杞廬主人撰 清末石印本 九冊 存十六卷（一至七、十二、二十二至二十九）

610000－1017－0000750 883
四書大全摘要二十卷 （清）李武纂輯 清刻本 四冊 存四卷（三、五至七）

610000－1017－0000751 884
經學輯要二十四卷首一卷 （清）吳穎炎輯 清光緒十三年（1887）點石齋石印本 十三冊 存十二卷（二至三、五、九至十一、十三至十七、二十四）

610000－1017－0000752 885
五經合纂大成 （清）同文書局編 清石印本 三冊

610000－1017－0000753 886
皇清經解一百七十三種 （清）阮元輯 清光緒石印本 二十三冊 存一百四十三種

610000－1017－0000754 887
經文戛造不分卷 （清）［藜光阁主人］輯 清末石印本 五冊

610000－1017－0000755 888
五經合纂大成 （清）同文書局編 清石印本 二冊 存二種

610000－1017－0000756 889
經訓約編 （清）盛元珍撰 清乾隆四十二年（1777）刻本 十一冊 存九種

610000－1017－0000757 890
小學節本二卷 （清）陝西學務公所編 清光緒三十二年（1906）陝西學務公所鉛印本 一冊

610000－1017－0000758 891
皐蘭課業經訓約編十四種 （清）盛元珍撰 清刻本 七冊 存六種

610000－1017－0000759 892
經餘必讀八卷 （清）錢樹棠等輯 清嘉慶十一年（1806）刻本 四冊 存二卷（五至六）

610000－1017－0000760 893
經餘必讀續編八卷 （清）錢樹棠等輯 清嘉慶刻本 四冊

610000－1017－0000761 894
經餘必讀三集四卷 （清）錢樹棠等輯 清經術堂刻本 二冊

610000－1017－0000762 895
增補四書精繡圖像人物備考十二卷 （明）陳仁錫增定 （清）薛方山彙輯 清乾隆四十九年（1784）二南堂刻本 六冊

610000－1017－0000763 896
小學辨正訓略一卷 （清）陳僅編 清咸豐四年（1854）刻本 一冊

610000－1017－0000764 897
增訂四書通典人物備考十二卷 （明）陳仁錫增定 （明）陳禮錫等參訂 清乾隆五十五年（1790）刻本 三冊 存五卷（一至二、四至五、十一）

610000－1017－0000765 898
四書通典人物備考十二卷 （明）陳仁錫增定

清刻本　一册　存一卷(六)

610000－1017－0000766　899
小學韻語一卷　(清)羅澤南著　清光緒十七年(1891)刻本　一册

610000－1017－0000767　900
大學古本一卷中庸章段一卷中庸餘論一卷　(清)李光地撰　清康熙刻本　一册

610000－1017－0000768　901
四書地理攷十五卷　(清)王瑬著　清刻本　四册

610000－1017－0000769　902
説文解字韻譜十卷　(五代)徐鍇撰　清刻本　二册　存二卷(一、三)

610000－1017－0000770　903
小學集注六卷　(宋)朱熹撰　(明)陳選集注　清同治二年(1863)刻本　二册　存三卷(四至六)

610000－1017－0000771　904
鄉黨圖考十卷　(清)江永著　清道光五年(1825)刻本　四册　存七卷(一至三、五至六、九至十)

610000－1017－0000772　905
説文古籀補十四卷補遺一卷附録一卷　(清)吴大澂撰　清光緒七年(1881)刻本　二册　存二卷(一、十一)

610000－1017－0000773　906
四書恆解十一卷　(清)劉沅輯註　清光緒十年(1884)刻本　三册　存二卷(大學一卷、下論一卷)

610000－1017－0000774　907
四書讀本十九卷　(宋)朱熹集註　清刻本　二册　存五卷(一至五)

610000－1017－0000775　908
四書引解二十六卷　(清)鄧柱瀾纂輯　清刻本　十一册　存十三卷(二至四、六至十、十二、二十三至二十六)

610000－1017－0000776　909
新增説文韻府羣玉二十卷　(元)陰時夫編輯　(元)陰中夫編註　(明)王元貞校正　明萬曆十八年(1590)刻本　十四册　存十四卷(一至四、十至十三、十五至十九、三十)

610000－1017－0000777　910
字彙十二集首一卷末一卷韻法直圖一卷韻法横圖一卷　(明)梅膺祚音釋　清刻本　十一册　存十三卷(字彙丑至寅、辰至亥,末一卷,韻法直圖一卷,韻法横圖一卷)

610000－1017－0000778　911
史記一百三十卷首一卷　(明)徐孚遠　(明)陳子龍測議　明崇禎十三年(1640)刻本　二十八册　存一百二十三卷(一至四十一、四十四至一百十一、一百十八至一百三十,首一卷)

610000－1017－0000779　912
廣韻五卷　(宋)陳彭年修　清刻本　一册　存一卷(三)

610000－1017－0000780　913
史記論文一百三十卷　(清)吴見思評點　(清)吴興祚參訂　清康熙二十六年(1687)刻本　二十四册

610000－1017－0000781　914
六經蒙求一卷　(清)黄本驥輯　清刻本　一册

610000－1017－0000782　915
大文堂合纂四書體註十九卷　(清)范翔糸訂　清刻本　三册　存七卷(大學一、中庸一、孟子一至五)

610000－1017－0000783　916
四書異同商補訂七卷　(清)黄鶴撰　清光緒刻本　一册　存三卷(孟子三卷)

610000－1017－0000784　917
日鋤齋律吕新書初解二卷　(宋)蔡季通撰　(清)張琛注　清刻本　二册

610000－1017－0000785　918
四書通旨六卷　(元)朱公遷撰　清刻本

六冊

610000－1017－0000786　919

百家姓考略不分卷　(清)王相撰　清光緒二十二年(1896)桂垣書局刻本　一冊

610000－1017－0000787　920

百家姓考略不分卷　(清)王相撰　清歙西徐士業刻本　一冊

610000－1017－0000788　921

四書古註群義彙解　(清)□□編　清光緒三十年(1904)上海同文升記書局鉛印本　四冊　存八種

610000－1017－0000789　922

四書反身錄八卷　(明)李顒口授　(清)王心敬錄　(清)李因篤　(清)許孫荃校　清光緒十一年(1885)刻本　四冊

610000－1017－0000790　923

古樂經傳五卷　(清)李光地註　清刻本　二冊

610000－1017－0000791　924

四書疏註撮言大全三十七卷　(清)胡蓉芝輯　清刻本　十六冊　存十七卷(中庸一,論語二至八、十一、十四,孟子二至三、六、八、十至十二)

610000－1017－0000792　925

重刻恭簡公志樂二十卷　(明)韓邦奇圖解　清刻本　十一冊　存十九卷(一至十九)

610000－1017－0000793　926

寄傲山房塾課新增幼學故事瓊林四卷首一卷　(清)程允升原本　(清)鄒聖脉增補　清乾隆二十五年(1760)安康來鹿堂刻本　四冊

610000－1017－0000794　927

四書典制類聯音註三十三卷　(清)閻其淵編輯　清刻本　一冊　存一卷(十八)

610000－1017－0000795　928

四書典制類聯音註三十三卷　(清)閻其淵編輯　(清)方春池鑒訂　清光緒二年(1876)黽山草堂刻本　二冊　存六卷(一至三、十八至二十)

610000－1017－0000796　929

四書典制類聯音註三十三卷　(清)閻其淵編輯　(清)方春池鑒訂　清光緒二年(1876)黽山草堂刻本　七冊　存二十一卷(一至二、四、十一至二十四、三十至三十三)

610000－1017－0000797　930

皇極經世緒言九卷首二卷　(宋)邵雍著　(明)黄粵洲註釋　清嘉慶四年(1799)錢塘徐樹堂刻本　三冊　存三卷(一至三)

610000－1017－0000798　931

御撰資治通鑑綱目三編六卷　(清)張廷玉等撰　清上海富強齋石印本　一冊　存三卷(一至三)

610000－1017－0000799　932

歷代史論十二卷　(明)張溥論正　清光緒九年(1883)都城蒼松山房刻朱墨套印本　二冊　存九卷(一至六、十至十二)

610000－1017－0000800　933

御撰資治通鑑綱目三編六卷　(清)張廷玉等撰　清上海富強齋石印本　二冊

610000－1017－0000801　934

綱鑑總論二卷　(清)顧祖禹撰　清光緒二十年(1894)刻本　二冊

610000－1017－0000802　935

御批續資治通鑑綱目二十七卷　(明)商輅等撰　(明)周禮發明　(明)張時泰廣義　(清)聖祖玄燁批　清石印本　一冊　存四卷(十九至二十二)

610000－1017－0000803　936

增補四書類典賦二十四卷　(清)謝逢泰　(清)周揚熙条　(清)甘紱著　(清)甘仁溥校　清乾隆十一年(1746)刻本　四冊　存七卷(一至五、十至十一)

610000－1017－0000804　937

康熙字典十二集總目一卷檢字一卷辨似一卷等韻一卷備考一卷補遺一卷　(清)張玉書等

編　清末久敬齋石印本　五册　存九集（寅至戌）

610000－1017－0000805　938
環地福分類字課圖説八卷　（清）趙金壽編（清）儲丙鶉校　清光緒三十二年（1906）上海萃珍石印本　六册　存六卷（一至四、六、八）

610000－1017－0000806　939
字説一卷　（清）吴大澂撰　清刻本　一册

610000－1017－0000807　941
四書疏註撮言大全三十七卷　（清）胡蓉芝輯　清刻本　三册　存三卷（論語二，孟子四、十三）

610000－1017－0000808　943
字學舉隅不分卷　（清）龍啟瑞撰　清同治九年（1870）刻本　一册

610000－1017－0000809　946
四書述要十九卷　（清）張尹鑒定　（清）楊玉緒著　清道光二十一年（1841）刻本　六册　存十五卷（大學一卷、中庸一卷、孟子七卷、論語一至六）

610000－1017－0000810　947
四書句辨詳訂□□卷　（□）□□撰　清咸豐六年（1856）來鹿堂刻本　一册　存二卷（大學一、中庸一）

610000－1017－0000811　948
四書味根錄三十九卷　（清）金澄纂　清刻本　十五册　存三十一卷（中庸二卷，論語一至七、九至十、十二至十五、十七至十九，首一卷，孟子一至二、五至十四）

610000－1017－0000812　949
四書味根錄三十九卷　（清）金澄纂　清石印本　四册　存二十九卷（論語一至十八，孟子一至六、十至十四）

610000－1017－0000813　950
四書疏註撮言三十七卷　（清）紀昀鑒定（清）吴冠山校正　（清）胡蓉芝輯　清刻本七册　存十四卷（論語七至十二、十五至十七，孟子五至六、十一至十三）

610000－1017－0000814　951
愼詒堂四書旁訓發註　（宋）朱熹集註　清雍正元年（1723）刻本　五册　存四種

610000－1017－0000815　952
康熙字典十二集　（清）張玉書等編　清刻本　十六册　存八集（寅至午、酉至亥）

610000－1017－0000816　953
康熙字典十二集等韻一卷備考一卷補遺一卷　（清）張玉書等編　清刻本　三十八册

610000－1017－0000817　954
康熙字典十二集　（清）張玉書等編　清末石印本　一册　存二集（巳至午）

610000－1017－0000818　955
康熙字典十二集检字一卷等韻一卷　（清）張玉書等編　清刻本　十册　存六卷（未至酉、亥，检字一卷，等韻一卷）

610000－1017－0000819　956
康熙字典十二集　（清）張玉書等編　清末石印本　一册　存二集（酉至戌）

610000－1017－0000820　957
五經集解三十卷附錄三卷　（清）馮世瀛撰　清刻本　四册　存五卷（十二至十六）

610000－1017－0000821　958
字彙十二集首一卷末一卷韻法直圖一卷韻法横圖一卷　（明）梅膺祚音釋　清乾隆七年（1742）刻本　一册　存一卷（首一卷）

610000－1017－0000822　959
康熙字典十二集檢字一卷等韻一卷　（清）張玉書等編　清刻本　五册　存□□卷

610000－1017－0000823　960
康熙字典十二集檢字一卷備考一卷補遺一卷　（清）張玉書等編　清啟元堂刻本　三十九册

610000－1017－0000824　961
易經不分卷　（□）□□撰　清刻本　一册

610000－1017－0000825　962
說文解字三十二卷　(漢)許慎撰　(清)段玉裁注　清刻本　四冊　存四卷(九、十一、十四至十五)

610000－1017－0000826　963
綱鑑擇語十卷　(清)司徒修輯　清道光三十年(1850)來鹿堂刻本　五冊　存八卷(一至八)

610000－1017－0000827　964
康熙字典十二集檢字一卷備考一卷補遺一卷　(清)張玉書等編　清刻本　十八冊　存十一卷(子至丑、辰至巳、申至亥,检字一卷,備考一卷,補遺一卷)

610000－1017－0000828　965
史記校勘札記一百三十卷論例一卷補一卷　(清)劉光蕡等撰　清刻本　六冊　存一百二十六卷(一至一百、一百五至一百三十)

610000－1017－0000829　966
史記一百三十卷　(漢)司馬遷撰　(南朝宋)裴駰集解　(唐)司馬貞索隱　(唐)張守節正義　清刻本　十八冊　存七十七卷(二至六、十九至二十、二十三至三十九、四十三至四十九、五十二至五十七、八十一至一百一、一百八至一百二十二、一百二十五至一百二十八)

610000－1017－0000830　967
史記選六卷　(清)儲欣評　(清)儲芝糸述　清刻本　四冊

610000－1017－0000831　968
尺木堂綱鑑易知錄九十二卷　(清)吳乘權等輯　清康熙五十年(1711)刻本　一冊　存二卷(一至二)

610000－1017－0000832　969
增刪四書大全精言四十一卷　(清)周大璋編輯　清刻本　一冊　存二卷(論語二至三)

610000－1017－0000833　970
四書疏註撮言三十七卷　(清)紀昀鑒定　(清)吳冠山校正　(清)胡蓉芝輯　清文光堂刻本　二十冊　存三十一卷(中庸二,論語一至十、十三至二十,孟子一至四、七至十四)

610000－1017－0000834　971
四書疏註撮言大全三十七卷　(清)胡蓉芝輯　清刻本　八冊　存十四卷(中庸二卷,論語三至六、十三至十四、十八至二十,孟子三至四、十四)

610000－1017－0000835　972
四書題鏡三十六卷　(清)汪鯉翔纂述　(清)張昂等校　清乾隆九年(1744)刻本　十二冊　存十三卷(大學一卷,中庸一卷,上論一至三、下論二至四,上孟一至二、下孟二至四)

610000－1017－0000836　973
四書題鏡三十六卷　(清)汪鯉翔纂述　(清)張昂等校　清乾隆九年(1744)刻本　五冊　存五卷(大學一卷、中庸一卷、下論三至四、上孟一)

610000－1017－0000837　974
綱鑑擇語十卷　(清)司徒修輯　清道光三十年(1850)安康來鹿堂刻本　一冊　存二卷(一至二)

610000－1017－0000838　975
增補四書經史摘證四卷　(清)宋繼種輯著　清末鉛印本　一冊　存一卷(四)

610000－1017－0000839　976
四書改錯二十二卷　(清)毛奇齡稿　(清)陳元龍　(清)張希良較　清鉛印本　一冊　存七卷(一至七)

610000－1017－0000840　977
四書日記不分卷　(清)王巡泰著　(清)張鵬翂校刊　清刻本　一冊

610000－1017－0000841　978
四書味根錄三十九卷　(清)金澄輯　清刻本　四冊　存五卷(中庸二,論語九至十,孟子二、五)

610000－1017－0000842　979
四書左國輯要四卷　(清)周龍官輯　清刻本　三冊　存三卷(一至二、四)

610000－1017－0000843　980

四書味根錄三十九卷　(清)金澄輯　清光緒八年(1882)刻本　十七册　存三十卷(大學一卷;中庸一;論語一至六、十一至十八,首一卷;孟子一、三至四、六至十二、十九至二十,首一卷)

610000－1017－0000844　981

增删四書朱子大全精言四十一卷　(清)周大璋編輯　清刻本　五册　存五卷(論語一、四、六至七、九)

610000－1017－0000845　982

康熙字典十二集等韻一卷　(清)張玉書等編　清刻本　十六册　存十卷(子至寅、巳至酉、亥,等韻一卷)

610000－1017－0000846　983

四書味根錄三十九卷　(清)金澄輯　清刻本　十册　存二十八卷(中庸二卷;論語一至四、九至十九,首一卷;孟子一至六、九至十、十三至十四)

610000－1017－0000847　984

四書味根錄三十九卷　(清)金澄輯　清光緒玉尺山房刻本　十五册　存三十七卷(大學一卷;中庸二卷;論語二十一卷;孟子一至六、九至十四,首一卷)

610000－1017－0000848　985

四音釋義十二集　(清)鄭長庚輯　清嘉慶二十五年(1820)刻本　五册　存五集(子至丑、卯、巳、未)

610000－1017－0000849　986

四書人物類典串珠四十卷　(清)臧志仁編輯　清嘉慶四年(1799)刻本　八册　存二十卷(一至二、五至十一、二十一至二十四、三十至三十六)

610000－1017－0000850　988

新訂四書補註備旨十卷　(明)鄧林著　(清)鄧煜編次　(清)祁文友重校　(清)杜定基增訂　清經綸堂刻本　六册

610000－1017－0000851　989

史記菁華錄六卷　(清)姚祖恩撰　清鉛印本　一册　存二卷(五至六)

610000－1017－0000852　990

新訂四書補註備旨十卷　(明)鄧林著　(清)鄧煜編次　(清)祁文友重校　(清)杜定基增訂　清刻本　一册　存二卷(上孟一至二)

610000－1017－0000853　991

綱鑑擇語十卷　(清)司徒修輯　清安康來鹿堂刻本　四册　存八卷(三至十)

610000－1017－0000854　992

綱鑑擇語十卷　(清)司徒修輯　清安康來鹿堂刻本　八册　存八卷(二至六、八至十)

610000－1017－0000855　993

新訂四書補註備旨十卷　(明)鄧林著　(清)鄧煜編次　(清)祁文友重校　(清)杜定基增訂　清乾隆四十四年(1779)刻本　五册　缺二卷(上孟一至二)

610000－1017－0000856　994

新增四書備旨靈捷解八卷　(清)張素存著　(清)鄒蒼崖增補　清刻本　二册　存二卷(上論三、下孟八)

610000－1017－0000857　995

新增四書備旨靈捷解八卷　(清)張素存著　(清)鄒蒼崖增補　清大文堂刻本　三册　存四卷(大學一、中庸一、下論四、下孟七)

610000－1017－0000858　996

欽定禮記義疏八十二卷首一卷　(清)鄂爾泰等纂修　清同治十年(1871)湖北崇文書局刻本　四十八册　缺一卷(七十九)

610000－1017－0000859　997

新增四書備旨靈捷解八卷　(清)張素存著　(清)鄒蒼崖增補　清刻本　四册　存五卷(上論三、下論四、上孟五至六、下孟七)

610000－1017－0000860　998

新增四書備旨靈捷解八卷　(清)張素存著　(清)鄒蒼崖增補　清大文堂刻本　五册　存七卷(大學一、中庸一、下論四、上孟五至六、

下孟七至八)

610000－1017－0000861　999

欽定禮記義疏八十二卷首一卷　(清)鄂爾泰等纂修　清刻本　三十五册　缺二十七卷(六至七、十四至十五、十八至三十三、三十六至三十八、四十至四十一、四十八、七十九)

610000－1017－0000862　1000

漱芳軒合纂禮記體註四卷　(清)范翔粂訂　清康熙五十二年(1713)刻本　四册

610000－1017－0000863　1001

漱芳軒合纂禮記體註四卷　(清)范翔粂訂　清康熙五十二年(1713)刻本　二册　存二卷(一、三)

610000－1017－0000864　1002

孟子正義三十卷　(清)焦循課集　清末鉛印本　四册　存十八卷(六至二十、二十六至二十八)

610000－1017－0000865　1003

禮記約編五卷　(清)汪基鈔課　(清)江永校纂　清光緒三十二年(1906)陝西學務公所鉛印本　五册

610000－1017－0000866　1004

禮記約編五卷　(清)汪基鈔課　(清)江永校纂　清光緒三十二年(1906)陝西學務公所鉛印本　五册

610000－1017－0000867　1005

禮記約編五卷　(清)汪基鈔課　(清)江永校纂　清光緒三十二年(1906)陝西學務公所鉛印本　五册

610000－1017－0000868　1006

禮記約編五卷　(清)汪基鈔課　(清)江永校纂　清光緒三十二年(1906)陝西學務公所鉛印本　五册

610000－1017－0000869　1007

禮記約編五卷　(清)汪基鈔課　清光緒三十二年(1906)鉛印本　三册　存三卷(二、四至五)

610000－1017－0000870　1008

禮記約編五卷　(清)汪基鈔課　(清)江永校纂　清光緒三十二年(1906)陝西學務公所鉛印本　三册　存三卷(二至三、五)

610000－1017－0000871　1009

禮記圖說五卷　(清)汪基鈔撰　(清)江永校　清光緒三十三年(1907)陝西學務公所鉛印本　一册　存一卷(一)

610000－1017－0000872　1010

春秋大事表五十卷輿圖一卷附錄一卷　(清)顧棟高輯　清光緒十四年(1888)陝西求友齋刻本　二册　存三卷(七至九)

610000－1017－0000873　1011

禮記十卷　(元)陳澔集傳　清同治十年(1871)刻本　八册　存八卷(一至二、四至七、九至十)

610000－1017－0000874　1012

十一經音訓　(清)楊國楨編輯　清道光十年(1830)刻本　七册　存三種

610000－1017－0000875　1013

禮記十卷　(元)陳澔集傳　清刻本　一册　存一卷(四)

610000－1017－0000876　1014

十一經音訓　(清)楊國楨編輯　清道光十年(1830)刻本　十册　存六種

610000－1017－0000877　1015

儀禮約編二卷　(清)江基撰鈔　(清)江永較纂　清光緒三十二年(1906)陝西學務公所鉛印本　二册

610000－1017－0000878　1016

周禮約編六卷　(清)汪基鈔課　(清)汪永校纂　(清)陳士謙參訂　清光緒三十二年(1906)陝西學務公所鉛印本　三册

610000－1017－0000879　1017

周禮約編六卷　(清)汪基鈔課　清末鉛印本　二册　存四卷(三至六)

610000－1017－0000880　1018

禮記易讀二卷　(清)志遠堂主人輯　清道光三十年(1850)刻本　四冊

610000－1017－0000881　1019
周禮政要四卷　(清)孫詒讓著　清光緒二十八年(1902)瑞安普通學堂刻本　四冊

610000－1017－0000882　1020
周禮易讀六卷　(清)司徒修輯　清咸豐六年(1856)刻本　二冊　存四卷(一至四)

610000－1017－0000883　1021
欽定春秋傳說彙纂三十八卷首二卷　(清)王掞等撰　清同治十年(1871)湖北崇文書局刻本　二十冊

610000－1017－0000884　1022
春秋三傳十六卷首一卷　(晉)杜預注　清刻本　十一冊　存十二卷(一、三至十一、十四至十五)

610000－1017－0000885　1023
禮記注疏六十三卷　(漢)鄭玄注　(唐)孔穎達疏　(唐)陸德明音義　清刻本　九冊　存二十八卷(二十三至二十五、三十四至三十七、四十一至五十四、五十七至六十三)

610000－1017－0000886　1024
公羊傳選不分卷　(清)儲欣評　(清)徐永等校訂　清刻本　一冊

610000－1017－0000887　1025
漱芳軒合纂禮記體註四卷　(清)范翔叅訂　清道光二十年(1840)刻本　二冊　存二卷(一、四)

610000－1017－0000888　1026
周禮約編六卷　(清)汪基鈔譔　清末鉛印本　二冊　存二卷(三、五)

610000－1017－0000889　1027
禮記易讀二卷　(清)志遠堂主人輯　清末刻本　一冊

610000－1017－0000890　1028
禮記易讀二卷　(清)志遠堂主人輯　清末安康來鹿堂刻本　二冊

610000－1017－0000891　1029
禮記易讀二卷　(清)志遠堂主人輯　清道光二十一年(1841)崇順堂刻本　二冊

610000－1017－0000892　1030
批點禮記易讀旁訓四卷　(□)□□撰　清末刻本　一冊　存一卷(一)

610000－1017－0000893　1031
左傳易讀六卷　(清)司徒修輯　清咸豐四年(1854)安康來鹿堂刻本　四冊　存四卷(一、三、五至六)

610000－1017－0000894　1032
春秋左傳五十卷　(晉)杜預　(宋)林堯叟註釋　(唐)陸德明音義　(明)鍾惺等評點　**綱目一卷**　(宋)林堯叟著　清刻本　八冊　存四十一卷(一至十五、二十至三十四、三十八至四十四、四十七至五十)

610000－1017－0000895　1033
周禮註疏刪翼三十卷　(明)葉培恕定　(明)王志長輯　清刻本　六冊　存十卷(二、五至七、九至十二、十四、十九)

610000－1017－0000896　1034
附釋音周禮注疏四十二卷　(漢)鄭玄注　(唐)賈公彥疏　清刻本　一冊　存三卷(三十六至三十八)

610000－1017－0000897　1035
周禮精義六卷首一卷　(清)黄淦纂　清刻本　一冊　存二卷(三至四)

610000－1017－0000898　1036
批點春秋左傳綱目句解彙雋六卷　(清)韓菼撰　清刻本　一冊　存一卷(二)

610000－1017－0000899　1037
寄傲山房塾課纂輯禮記全文備旨十一卷　(清)鄒聖脉纂輯　(清)鄒廷猷編次　(清)鄒景揚等校訂　清刻本　一冊　存三卷(四至六)

610000－1017－0000900　1038
禮文滙十四卷　(清)愚谷居士撰　清刻本

一冊　存一卷(一)

610000－1017－0000901　1039

春秋左傳五十卷　(晉)杜預　(宋)林堯叟註釋　(唐)陸德明音義　(明)鍾惺等評點　清刻本　十二冊　存三十七卷(二至十八、三十一至五十)

610000－1017－0000902　1040

春秋左傳五十卷　(晉)杜預集解　(宋)林堯叟句解　(唐)陸德明釋文　**春秋左傳宋林氏堯叟綱目一卷**　(宋)林堯叟撰　清光緒八年(1882)關中荺署刻本　十五冊　存四十七卷(一至二、七至五十,綱目一卷)

610000－1017－0000903　1041

周禮節釋十二卷　(清)鮑梁纂輯　清刻本　二冊　存四卷(五至八)

610000－1017－0000904　1042

左傳易讀六卷　(清)司徒修輯　清上海廣益書局石印本　五冊　缺一卷(四)

610000－1017－0000905　1043

左氏蒙求註不分卷　(元)吳化龍纂　(清)許乃濟　(清)王慶麟註　清嘉慶五年(1800)刻本　一冊

610000－1017－0000906　1044

關中書院志學齋藏書總目一卷　(清)關中書院編　清光緒十七年(1891)關中書院刻本　一冊

610000－1017－0000907　1045

春秋經傳集解三十卷首一卷　(晉)杜預原本　(唐)陸德明音釋　(宋)林堯叟附註　(清)馮李驊增訂　清刻本　十五冊　存二十九卷(二至三十)

610000－1017－0000908　1046

春秋經傳集解三十卷首一卷　(晉)杜預原本　(唐)陸德明音釋　(宋)林堯叟附註　(清)馮李驊增訂　清嘉慶二十年(1815)刻本　十三冊　存二十五卷(一、三、五至七、十至十五、十八至三十,首一卷)

610000－1017－0000909　1048

春秋經傳集解三十卷首一卷　(晉)杜預原本　(唐)陸德明音釋　(宋)林堯叟附註　(清)馮李驊增訂　清康熙五十九年(1720)刻本　七冊　存十五卷(一至四、八至九、十六至二十三,首一卷)

610000－1017－0000910　1049

前任興安郡守童公紹甫公牘□□卷　(清)□□撰　清光緒刻本　五冊　存五卷(二至六)

610000－1017－0000911　1050

左傳選十四卷　(清)儲欣評　(清)儲芝條述　(清)徐永等校訂　清明新堂刻本　五冊

610000－1017－0000912　1051

左傳選十四卷　(清)儲欣評　(清)儲芝條述　(清)徐永等校訂　清刻本　三冊　存九卷(五至九、十一至十四)

610000－1017－0000913　1052

嶺南遺書六集五十九種　(清)伍元薇　(清)伍元曜輯　清道光至同治間南海伍氏粵雅堂文字歡娛室刻本　七冊　存二種

610000－1017－0000914　1053

春秋左傳五十卷　(晉)杜預　(宋)林堯叟註釋　(唐)陸德明音義　(明)鍾惺等評點　**綱目一卷**　(宋)林堯叟著　清道光二十年(1840)古香書屋刻本　四冊　存四十卷(一至九、十一至二十八、三十九至五十,綱目一卷)

610000－1017－0000915　1054

春秋左傳五十卷　(晉)杜預　(宋)林堯叟註釋　(唐)陸德明音義　(明)鍾惺等評點　清刻本　二冊　存三十二卷(十九至二十八、二十九至五十)

610000－1017－0000916　1055

天下郡國利病書一百二十卷　(清)顧炎武輯　清光緒二十九年(1903)上海益吾齋石印本　二十三冊　存一百十四卷(一至二十三、二十八至一百十二、一百十五至一百二十)

610000－1017－0000917　1056

春秋恆解八卷　(清)劉沅輯註　清末致福樓刻本　八册

610000－1017－0000918　1057

增補左傳易讀六卷　(清)司徒修輯　清刻本　二册　存二卷(三、六)

610000－1017－0000919　1058

春秋經傳集解三十卷首一卷　(晉)杜預原本　(唐)陸德明音釋　(宋)林堯叟附註　(清)馮李驊增訂　清光緒八年(1882)刻本　一册　存一卷(一)

610000－1017－0000920　1059

增補春秋左傳易讀六卷左傳輯論一卷　(清)司徒修輯　清光緒十五年(1889)槐陰堂刻本　一册　存一卷(易讀一)

610000－1017－0000921　1060

禮記易讀四卷輯論一卷　(清)志遠堂主人輯　清光緒十八年(1892)關中樹德堂刻本　一册　存二卷(禮記易讀一、輯論一卷)

610000－1017－0000922　1061

觀象居易傳箋十二卷　(清)汪師韓撰　清刻本　四册

610000－1017－0000923　1062

東萊博議四卷　(宋)呂祖謙撰　清光緒七年(1881)鳳城官舍刻本　四册

610000－1017－0000924　1063

東萊博議四卷　(宋)呂祖謙撰　清刻本　三册　存三卷(二至四)

610000－1017－0000925　1064

左傳句解六卷　(清)韓菼重訂　清末刻本　一册　存一卷(三)

610000－1017－0000926　1065

左傳易讀六卷　(清)司徒修輯　清刻本　二册　存二卷(五至六)

610000－1017－0000927　1066

東萊博議四卷　(宋)呂祖謙撰　清刻本　四册

610000－1017－0000928　1067

左傳易讀六卷　(清)司徒修輯　清咸豐四年(1854)安康來鹿堂刻本　三册　存三卷(一至三)

610000－1017－0000929　1068

春秋精義四卷首一卷　(清)黄淦纂　清嘉慶九年(1804)刻本　二册

610000－1017－0000930　1069

左傳史論二卷　(清)高士奇論正　清刻本　一册

610000－1017－0000931　1070

初學辨體不分卷　(清)徐與喬述　清刻本　四册

610000－1017－0000932　1071

左傳易讀六卷　(清)司徒修輯　清刻本　四册　存四卷(二、四至六)

610000－1017－0000933　1072

欽定春秋傳說彙纂三十八卷首二卷　(清)王掞等撰　清康熙六十年(1721)刻本　二十一册

610000－1017－0000934　1073

評點春秋綱目左傳句解彙雋六卷　(清)韓菼重訂　清同治八年(1869)刻本　四册　存四卷(一至二、五至六)

610000－1017－0000935　1074

增訂二論詳解四卷　(清)劉忠輯　清乾隆四十一年(1776)刻本　二册

610000－1017－0000936　1075

評點春秋綱目左傳句解彙雋六卷　(清)韓菼校訂　清光緒五年(1879)刻本　六册

610000－1017－0000937　1076

評點春秋綱目左傳句解彙雋六卷　(清)韓菼重訂　清刻本　四册　存四卷(二、四至六)

610000－1017－0000938　1077

評點春秋綱目左傳句解彙雋六卷　(清)韓菼重訂　清刻本　五册　存五卷(一至三、五至六)

610000－1017－0000939　1078

評點春秋綱目左傳句解彙雋六卷　(清)韓菼重訂　清刻本　六冊

610000－1017－0000940　1079

春秋左傳注疏六十卷　(晉)杜預注　(唐)孔穎達疏　(唐)陸德明　音義　清同治十三年(1874)湖南書局刻本　十二冊　存三十五卷(一至二十、四十二至五十三、五十八至六十)

610000－1017－0000941　1080

春秋左傳綱目杜林詳註十四卷首一卷　(明)張岐然輯　清刻本　八冊　存八卷(三、五至六、八至十二)

610000－1017－0000942　1081

增訂二論詳解四卷　(清)劉忠輯　清乾隆四十一年(1776)刻本　二冊

610000－1017－0000943　1082

欽定春秋傳說彙纂三十八卷首二卷　(清)王掞等撰　清同治十年(1871)湖北崇文書局刻本　二十冊

610000－1017－0000944　1084

春秋左傳五十卷　(晉)杜預　(宋)林堯叟註釋　(唐)陸德明音義　(明)鍾惺等評點　清刻本　三冊　存八卷(八至十、三十四至三十五、四十二至四十四)

610000－1017－0000945　1085

四書朱子本義匯糸四十三卷首四卷　(清)王步青輯　(清)王士釐編　清敦復堂刻本　十二冊　存二十四卷(大學一、首一卷;論语一至十五、十八,首一卷;孟子二、四、十一至十三)

610000－1017－0000946　1086

欽定詩經傳說彙纂二十一卷首二卷詩序二卷　(清)王鴻緒等纂　清雍正五年(1727)刻本　十七冊

610000－1017－0000947　1087

欽定詩經傳說彙纂二十一卷首二卷詩序二卷　(清)王鴻緒等纂　清刻本　六冊　存六卷(十、十七至二十一)

610000－1017－0000948　1088

書經精義四卷首一卷末一卷　(清)黃淦纂　清嘉慶九年(1804)刻本　二冊　存四卷(一至四)

610000－1017－0000949　1089

孟子七卷　(宋)朱熹集註　清刻本　一冊　存二卷(一至二)

610000－1017－0000950　1090

大學中庸講義五卷　(清)史廷輝輯　清刻本　二冊

610000－1017－0000951　1091

詩經體註大全合糸八卷　(清)高朝瓔定　(清)沈世楷輯　清末刻本　一冊　存三卷(六至八)

610000－1017－0000952　1092

詩經融註大全體要八卷　(清)高朝瓔定　(清)沈世楷輯　清道光二十年(1840)刻本　二冊　存五卷(一至五)

610000－1017－0000953　1093

孟子講義十二卷　(清)史廷輝輯　清刻本　三冊　存七卷(四至八、十一至十二)

610000－1017－0000954　1094

詩經體註大全合糸八卷　(清)高朝瓔定　(清)沈世楷輯　清末刻本　一冊　存三卷(六至八)

610000－1017－0000955　1095

論語正義二十四卷　(清)劉寶楠學　清末鉛印本　二冊　存九卷(七至十、十三至十七)

610000－1017－0000956　1096

詩經體註大全合糸八卷　(清)高朝瓔定　(清)沈世楷輯　清康熙五十年(1711)刻本　四冊　存六卷(一至六)

610000－1017－0000957　1097

詩經八卷　(宋)朱熹集傳　清光緒二十九年(1903)寶慶尚德書舍刻本　二冊　存三卷(一至二、五)

610000－1017－0000958　1098

詩經八卷 (宋)朱熹集傳 清光緒十三年(1887)善成堂刻本 三冊 存七卷(一至二、四至八)

610000－1017－0000959 1099
詩經八卷 (宋)朱熹集傳 清道光十年(1830)刻本 二冊 存五卷(一至五)

610000－1017－0000960 1100
詩經八卷首一卷 (宋)朱熹集傳 清光緒三十四年(1908)陝西學務公所圖書局鉛印本 三冊 缺一卷(三)

610000－1017－0000961 1101
詩經八卷 (宋)朱熹集傳 清道光十年(1830)刻本 二冊 存五卷(一至五)

610000－1017－0000962 1102
詩八卷 (宋)朱熹集傳 清慎詒堂刻本 二冊 存四卷(三、六至八)

610000－1017－0000963 1103
詩八卷 (宋)朱熹集傳 清刻本 二冊 存四卷(四至五、七至八)

610000－1017－0000964 1104
詩經八卷 (宋)朱熹集傳 清光緒二十一年(1895)湖北官書處刻本 五冊 存五卷(一至四、七)

610000－1017－0000965 1105
詩經體註大全合參八卷 (清)高朝瓔定 (清)沈世楷輯 清末刻本 二冊 存五卷(四至八)

610000－1017－0000966 1106
詩經八卷圖說一卷 (宋)朱熹集傳 清刻本 六冊 存七卷(一至六、圖說一卷)

610000－1017－0000967 1107
孟子七卷 (宋)朱熹集註 清刻本 三冊

610000－1017－0000968 1108
欽定詩經傳說彙纂二十一卷首二卷詩序二卷 (清)王鴻緒等纂 清同治十年(1871)湖北崇文書局刻本 十八冊

610000－1017－0000969 1109
孟子日記不分卷 (清)王巡泰著 清末安康來鹿堂刻本 一冊

610000－1017－0000970 1110
孟子七卷 (宋)朱熹集註 清末安康來鹿堂刻本 三冊

610000－1017－0000971 1111
欽定詩經傳說彙纂二十一卷首二卷詩序二卷 (清)王鴻緒等纂 清同治十年(1871)湖北崇文書局刻本 十八冊

610000－1017－0000972 1112
讀孟子劄記二卷 (清)李光地撰 清刻本 一冊

610000－1017－0000973 1113
欽定儀禮義疏四十八卷首二卷 (清)允祿等撰 清同治十年(1871)湖北崇文書局刻本 三十二冊 存四十九卷(一至四、六至四十八,首二卷)

610000－1017－0000974 1114
欽定儀禮義疏四十八卷首二卷 (清)允祿等撰 清同治十年(1871)湖北崇文書局刻本 二十二冊 存十四卷(三至八、十至十三、二十五、二十八,首二卷)

610000－1017－0000975 1115
欽定儀禮義疏四十八卷首二卷 (清)允祿等撰 清刻本 二十四冊 存四十三卷(一至七、九至十一、十三至二十二、二十五至三十五、三十七至四十二、四十五至四十八,首二卷)

610000－1017－0000976 1116
詩經八卷 (宋)朱熹集傳 清刻本 二冊 存五卷(三至四、六至八)

610000－1017－0000977 1117
詩八卷 (宋)朱熹集傳 清咸豐三年(1853)刻本 一冊 存三卷(一至三)

610000－1017－0000978 1118
欽定周官義疏四十八卷首一卷 (清)鄂爾泰等撰 清同治十年(1871)湖北崇文書局刻本

三十册

610000－1017－0000979　1119
欽定周官義疏四十八卷首一卷　(清)鄂爾泰等撰　清同治十年(1871)湖北崇文書局刻本　十八册　存三十卷(一至十二、十五至二十、二十五至二十六、四十至四十八,首一卷)

610000－1017－0000980　1120
詩經八卷　(宋)朱熹集傳　清末京都隆福寺路南聚珍堂書坊刻本　三册　存六卷(一至二、五至八)

610000－1017－0000981　1121
欽定周官義疏四十八卷首一卷　(清)鄂爾泰等撰　清乾隆十三年(1748)刻本　二十一册　存四十四卷(一至十六、二十至二十七、三十至四十八,首一卷)

610000－1017－0000982　1122
詩經繹傳八卷　(清)陳抒孝纂錄　清末刻本　一册　存二卷(四至五)

610000－1017－0000983　1123
詩經八卷　(宋)朱熹集傳　清石印本　二册　存三卷(三至五)

610000－1017－0000984　1124
詩經八卷　(宋)朱熹集傳　清石印本　三册　存六卷(三至八)

610000－1017－0000985　1125
御案詩經備旨八卷　(清)鄒聖脉纂輯　(清)鄒廷猷篇次　(清)鄒景揚等訂　清乾隆二十八年(1763)刻本　四册

610000－1017－0000986　1126
御案詩經備旨八卷　(清)鄒聖脉纂輯　(清)鄒廷猷篇次　(清)鄒景揚等訂　清乾隆二十八年(1763)刻本　四册

610000－1017－0000987　1127
詩經八卷　(宋)朱熹集傳　清宣統三年(1911)章福記石印本　一册　存三卷(六至八)

610000－1017－0000988　1128
新增詩經補註附考備旨八卷　(清)鄒聖脉纂輯　(清)鄒廷猷篇次　(清)鄒景揚訂　清乾隆二十八年(1763)刻本　六册　存七卷(一至六、八)

610000－1017－0000989　1129
詩經精義四卷首一卷末一卷　(清)黄淦纂　清嘉慶七年(1802)刻本　一册　存二卷(一、首一卷)

610000－1017－0000990　1130
詩八卷　(宋)朱熹集傳　清刻本　二册　存三卷(四至六)

610000－1017－0000991　1131
增補詩經衍義體註合叅大全八卷圖考一卷　(清)顧豹文鑒定　(清)沈李龍增訂　清康熙四十三年(1704)富春堂刻本　一册　存三卷(一至二、圖考一卷)

610000－1017－0000992　1133
詩所八卷　(清)李光地註　清雍正六年(1728)刻本　五册

610000－1017－0000993　1134
詩經體註大全合叅八卷　(清)高朝瓔定　(清)沈世楷輯　清康熙五十年(1711)刻本　四册　存五卷(一至四、六)

610000－1017－0000994　1135
五經文漪不分卷　(清)路德輯　清嘉慶二十一年(1816)刻本　一册

610000－1017－0000995　1136
欽定詩經傳說彙纂二十一卷首二卷詩序二卷　(清)王鴻緒等纂　清刻本　一册　存二卷(八至九)

610000－1017－0000996　1137
論語日記不分卷　(清)王巡泰著　清安康來鹿堂刻本　二册

610000－1017－0000997　1138
論語十卷　(宋)朱熹集註　清刻本　一册　存二卷(七至八)

610000－1017－0000998　1139

論語十卷 (宋)朱熹集註 清刻本 一冊 存五卷(一至五)

610000－1017－0000999 1140
孝經全註一卷 (清)李光地註 清嘉慶六年(1801)刻本 一冊

610000－1017－0001000 1141
中庸章句本義匯参六卷首一卷 (清)王步青輯 (清)王士竜編 清敦復堂刻本 二冊 存六卷(一至六)

610000－1017－0001001 1142
漱芳軒合纂四書體註十九卷 (清)范翔参訂 清刻本 一冊 存四卷(論語一至四)

610000－1017－0001002 1143
孝經不分卷 (唐)玄宗李隆基註 (唐)陸德明音義 清同治十一年(1872)刻本 一冊

610000－1017－0001003 1144
論語十卷 (宋)朱熹集註 清安康來鹿堂刻本 一冊 存五卷(一至五)

610000－1017－0001004 1145
論語十卷 (宋)朱熹集註 清安康來鹿堂刻本 一冊 存五卷(六至十)

610000－1017－0001005 1146
易藝舉隅六卷 (清)陳本淦纂 清道光十九年(1839)刻本 三冊 存五卷(一至五)

610000－1017－0001006 1148
周易象義集成三卷 (清)陳洪冠纂輯 清刻本 一冊 存一卷(二)

610000－1017－0001007 1149
易經大全會解四卷 (清)來爾繩纂輯 (清)朱采治 (清)朱之澄編訂 清光緒元年(1875)刻本 二冊 存二卷(一、三)

610000－1017－0001008 1150
尚書注疏二十卷 (唐)孔穎達疏 (唐)陸德明音義 清同治十三年(1874)湖南書局刻本 八冊

610000－1017－0001009 1151
寄傲山房塾課纂輯御案易經備旨七卷 (宋)朱熹本義 (清)鄒聖脉纂輯 (清)鄒廷猷編次 清刻本 二冊 存三卷(二至四)

610000－1017－0001010 1152
周易廣義四卷 (宋)程頤著傳 (宋)朱熹本義 (明)鄭敷教廣義 (清)張鵬飛重梓 清康熙刻本 六冊

610000－1017－0001011 1153
書經六卷 (宋)蔡沈集傳 清刻本 六冊

610000－1017－0001012 1154
新刻來瞿唐先生易註十五卷首一卷末一卷 (明)來知德撰 (清)高奣映鑒定 清同治十年(1871)刻本 十冊 缺一卷(十三)

610000－1017－0001013 1155
書□□卷 (宋)蔡沈集傳 清刻本 四冊 存四卷(一、三、五至六)

610000－1017－0001014 1156
洪範說二卷 (清)李光地註 清康熙四十七年(1708)刻本 一冊

610000－1017－0001015 1157
新刻書經備旨善本輯要六卷 (清)汪右衡鑒定 (清)馬大猷輯 清刻本 二冊 存二卷(一、六)

610000－1017－0001016 1158
周易詳說十八卷 (清)劉紹攽註 清刻本 一冊 存二卷(八至九)

610000－1017－0001017 1159
書經體註六卷 (清)錢希祥纂輯 清刻本 二冊 存二卷(五至六)

610000－1017－0001018 1160
書經六卷 (宋)蔡沈集傳 清同治十年(1871)刻本 四冊

610000－1017－0001019 1161
御纂周易折中二十二卷首一卷 (清)李光地等撰 清同治十年(1871)湖北崇文書局刻本 十二冊

610000－1017－0001020 1162
易經音訓不分卷 (清)楊國楨撰 清道光十

年(1830)大梁書院刻十一經音訓本　一册

610000－1017－0001021　1163
御纂周易折中二十二卷首一卷　(清)李光地等撰　清同治十年(1871)刻本　三册　存六卷(十二至十七)

610000－1017－0001022　1164
御纂周易折中二十二卷首一卷　(清)李光地等撰　清刻本　十一册　存二十一卷(一至十二、十五至二十二,首一卷)

610000－1017－0001023　1165
讀論語劄記二卷　(清)李光地撰　清刻本　一册

610000－1017－0001024　1166
書經體註大全合叅六卷　(清)范翔鑒定　(清)張聖度訂　(清)錢希祥叅　清雍正三年(1725)刻本　一册　存三卷(一至三)

610000－1017－0001025　1167
來瞿唐先生易註十五卷首一卷末一卷　(明)來知德註　清刻本　八册　存十二卷(一至十、首一卷、末一卷)

610000－1017－0001026　1168
書經體註大全合叅六卷　(清)范翔鑒定　(清)張聖度訂　(清)錢希祥叅　清刻本　五册　存五卷(一至三、五至六)

610000－1017－0001027　1169
書經體註大全合叅六卷　(清)范翔鑒定　(清)張聖度訂　(清)錢希祥叅　清刻本　五册

610000－1017－0001028　1170
書經體註六卷　(清)錢希祥纂輯　清刻本　五册　存五卷(二至六)

610000－1017－0001029　1171
周易注疏九卷音義一卷　(三國魏)王弼注　(唐)孔穎達正義　清同治十三年(1874)湖南書局刻本　五册

610000－1017－0001030　1172
童溫處公遺書六卷首一卷　(清)童兆蓉撰　清末刻本　一册　存二卷(一、首一卷)

610000－1017－0001031　1173
欽定書經傳說彙纂二十一卷首二卷書序一卷　(清)王頊齡等纂　清刻本　九册　存十八卷(三至二十)

610000－1017－0001032　1174
欽定書經傳說彙纂二十一卷首二卷書序一卷　(清)王頊齡等纂　清刻本　十册　存二十卷(三至二十一、書序一卷)

610000－1017－0001033　1175
尚書因文六卷首一卷　(清)武士選學　清光緒十八年(1892)關中書院刻本　四册

610000－1017－0001034　1176
忠武祠墓志七卷首一卷末一卷　(清)李復心彙輯　清刻本　一册　存三卷(六至七、末一卷)

610000－1017－0001035　1177
忠武祠墓志七卷首一卷末一卷　(清)李復心彙輯　清刻本　三册　存七卷(二至七、末一卷)

610000－1017－0001036　1178
書經六卷　(宋)蔡沈集傳　清道光八年(1828)慎詒堂刻本　五册　缺一卷(六)

610000－1017－0001037　1179
書經六卷　(宋)蔡沈集傳　清末刻本　三册　存三卷(二至三、五)

610000－1017－0001038　1180
書經六卷　(宋)蔡沈集傳　清末刻本　一册　存一卷(四)

610000－1017－0001039　1181
尚書離句六卷　(清)劉梅垞鑒定　(清)芸香閣主人重訂　(清)錢在培輯解　清刻本　一册　存二卷(一至二)

610000－1017－0001040　1182
寄傲山房塾課纂輯書經備旨蔡註撮錄七卷　(清)鄒聖脉纂輯　(清)鄒廷猷編次　(清)鄒景揚等訂　清雍正八年(1730)大文堂刻本

六冊

610000－1017－0001041　1183
寄傲山房塾課纂輯書經備旨蔡傳捷録七卷　(清)鄒聖脉纂輯　(清)鄒廷猷編次　(清)鄒景揚等訂　清末刻本　一冊　存一卷(五)

610000－1017－0001042　1184
普天忠憤全集十四卷首一卷　(清)孔廣德編定　清光緒二十四年(1898)經濟書莊石印本　二冊　存四卷(一、七至八,首一卷)

610000－1017－0001043　1185
日下舊聞四十二卷　(清)朱彝尊撰　清刻本　十四冊　存二十八卷(一至十四、二十七至二十八、三十一至四十二)

610000－1017－0001044　1186
國朝名文約編不分卷　(清)陳詩編次　清道光二十七年(1847)刻本　四冊

610000－1017－0001045　1187
新刻書經備旨輯要六卷　(清)汪右衡鑒定　(清)馬大猷輯　清末刻本　四冊　存四卷(二至五)

610000－1017－0001046　1188
欽定書經傳説彙纂二十一卷首二卷書序一卷　(清)王頊齡等纂　清雍正八年(1730)刻本　十一冊　存二十二卷(一至十一、十四至二十一,首二卷,書序一卷)

610000－1017－0001047　1189
聖諭像解二十卷　(清)梁延年編輯　清光緒二十九年(1903)江蘇撫署石印本　八冊　存十七卷(四至二十)

610000－1017－0001048　1190
國朝名文小題讀本不分卷　(□)□□撰　清刻本　二冊

610000－1017－0001049　1191
齊張長史集不分卷　(南朝齊)張融著　(明)張溥閲　清光緒十八年(1892)刻本　二冊

610000－1017－0001050　1192
廣事類賦四十卷　(清)華希閔著　(清)鄒兆升叅　清刻本　一冊　存三卷(三十八至四十)

610000－1017－0001051　1193
衎石齋記事槀十卷　(清)錢儀吉撰　清道光十四年(1834)刻本　七冊　存七卷(一至四、七至八、十)

610000－1017－0001052　1194
周書五十卷　(唐)令狐德棻等撰　清同治十三年(1874)金陵書局刻本　六冊　存三十卷(一至二十一、三十二至四十)

610000－1017－0001053　1195
警務規則不分卷　(□)□□撰　清末民初陝西官書局鉛印本　一冊

610000－1017－0001054　1196
欽定書經傳説彙纂二十一卷首二卷書序一卷　(清)王頊齡等纂　清同治十年(1871)湖北崇文書局刻本　三冊　存六卷(一至二、二十一,首二卷,書序一卷)

610000－1017－0001055　1198
欽定書經傳説彙纂二十一卷首二卷書序一卷　(清)王頊齡等纂　清同治十年(1871)湖北崇文書局刻本　二冊　存四卷(一至二、首二卷)

610000－1017－0001056　1199
中孟異同商不分卷　(清)黄鶴學　清刻本　一冊

610000－1017－0001057　1200
書經體註六卷　(清)錢希祥纂輯　清刻本　四冊　存四卷(三至六)

610000－1017－0001058　1201
書經體註大全合叅六卷　(清)范翔鑒定　(清)張聖度訂　(清)錢希祥叅　清道光二十年(1840)古香書屋刻本　一冊　存一卷(一)

610000－1017－0001059　1202
四書引解二十六卷　(清)鄧柱瀾纂輯　清刻本　三冊　存三卷(七至九)

610000－1017－0001060　1203

書經體註六卷　(清)錢希祥纂輯　清刻本　三冊　存三卷(三至五)

610000－1017－0001061　1204
書經體註六卷　(清)錢希祥纂輯　清刻本　三冊　存三卷(四至六)

610000－1017－0001062　1205
書經體註大全合參六卷　(清)范翔鑒定　(清)張聖度訂　(清)錢希祥參　清道光二十年(1840)古香書屋刻本　一冊　存一卷(一)

610000－1017－0001063　1206
書經六卷　(宋)蔡沈集傳　清道光十年(1830)刻本　一冊

610000－1017－0001064　1207
書經六卷　(宋)蔡沈集傳　清道光十年(1830)刻本　一冊

610000－1017－0001065　1208
周易精義四卷首一卷　(清)黃淦纂　清嘉慶十二年(1807)令德堂刻本　二冊　存三卷(一至二、首一卷)

610000－1017－0001066　1209
書□□卷　(宋)蔡沈集傳　清大文堂刻本　一冊　存五卷(一至五)

610000－1017－0001067　1210
周易四卷　(宋)朱熹本義　清同治十年(1871)刻本　二冊　存三卷(一至三)

610000－1017－0001068　1211
新刻袁柳莊先生密傳相法二卷　(明)雲林子校正　清刻本　一冊　存一卷(上)

610000－1017－0001069　1212
尚書離句六卷　(清)劉梅坨鑒定　(清)錢在培輯解　清咸豐三年(1853)安康來鹿堂刻本　五冊　缺一卷(二)

610000－1017－0001070　1213
增補萬寶全書二十卷　(明)陳繼儒纂輯　(清)毛煥文補輯　清刻本　一冊　存四卷(十七至二十)

610000－1017－0001071　1214
書□□卷　(宋)蔡沈集傳　清刻本　一冊　存一卷(六)

610000－1017－0001072　1215
體微齋遺編不分卷　(清)祝塏著　(清)閻敬銘鑒定　清刻本　一冊

610000－1017－0001073　1216
易經大全會解四卷　(清)來爾繩纂輯　(清)朱采治　(清)朱之澄編訂　清咸豐十一年(1861)刻本　一冊　存一卷(一)

610000－1017－0001074　1217
尚書離句六卷　(清)劉梅坨鑒定　(清)錢在培輯解　清刻本　三冊　存三卷(三至四、六)

610000－1017－0001075　1218
易經精華六卷末一卷　(清)薛嘉穎撰　清光韙堂刻本　一冊　存三卷(五至六、末一卷)

610000－1017－0001076　1219
周易圖說述四卷首一卷　(清)王宏撰學　清道光二年(1822)刻本　四冊　存四卷(一至三、首一卷)

610000－1017－0001077　1220
尚書離句六卷　(清)劉梅坨鑒定　(清)錢在培輯解　清刻本　五冊　缺一卷(二)

610000－1017－0001078　1221
周易通論四卷　(清)李光地撰　清刻本　二冊

610000－1017－0001079　1222
周易觀象十二卷　(清)李光地註　清刻本　二冊　存六卷(一至六)

610000－1017－0001080　1223
岳忠武王文集八卷首一卷末一卷　(宋)岳飛撰　(清)劉質慧重梓　清同治十二年(1873)述荊堂刻本　一冊　存一卷(末一卷)

610000－1017－0001081　1224
新鐫增補周易備旨一見能解六卷　(明)黃淳耀原本　(清)嚴而寬增補　清經文堂刻本　四冊　存四卷(一至二、四至五)

610000－1017－0001082　1225
尚書離句六卷　(清)劉梅垞鑒定　(清)錢在培輯解　清末刻本　一册　存一卷(二)

610000－1017－0001083　1226
尚書離句六卷　(清)劉梅垞鑒定　(清)錢在培輯解　清末安康來鹿堂刻本　一册　存二卷(五至六)

610000－1017－0001084　1228
尚書離句六卷　(清)劉梅垞鑒定　(清)錢在培輯解　清刻本　一册　存一卷(四)

610000－1017－0001085　1229
易經大全會解四卷　(清)來爾繩纂輯　(清)朱采治　(清)朱之澄編訂　清末刻本　一册　存二卷(三至四)

610000－1017－0001086　1230
新鐫補註周易備旨一見能解六卷　(明)黄淳耀原本　(清)嚴而寬增補　清刻本　一册　存一卷(一)

610000－1017－0001087　1231
易經音訓不分卷　(清)楊國楨撰　清道光十年(1830)大梁書院刻十一經音訓本　二册

610000－1017－0001088　1232
新鐫周易補註備旨一見能解□□卷　(明)黄淳耀原本　(清)嚴而寬增補　清刻本　一册　存一卷(一)

610000－1017－0001089　1233
新鐫增註周易備旨一見能解六卷　(明)黄淳耀原本　(清)嚴而寬增補　清刻本　一册　存一卷(三)

610000－1017－0001090　1234
周易四卷　(宋)朱熹本義　清安康來鹿堂刻本　一册　存一卷(三)

610000－1017－0001091　1235
四書小題題鏡二十卷　(清)汪鯉翔撰　清末刻本　一册　存四卷(十七至二十)

610000－1017－0001092　1236
新鐫增註周易備旨一見能解六卷　(明)黄淳耀原本　(清)嚴而寬增補　清刻本　三册　存三卷(二至四)

610000－1017－0001093　1237
周易四卷　(宋)朱熹本義　清安康來鹿堂刻本　一册　存一卷(二)

610000－1017－0001094　1238
周易四卷　(宋)朱熹本義　清刻本　一册　存一卷(一)

610000－1017－0001095　1239
周易觀象大指二卷　(清)李光地撰　清刻本　一册

610000－1017－0001096　1240
三元堂新訂增刪易經彙纂詳解下經□□卷　(□)□□撰　清刻本　二册　存二卷(二、四)

610000－1017－0001097　1241
後漢書一百二十卷　(南朝宋)范曄撰　(唐)李賢注　**續志三十卷**　(晉)司馬彪撰　(南朝梁)劉昭注　明末清初刻本　一册　存四卷(四十三至四十六)

610000－1017－0001098　1243
孟塗文集十卷駢體文二卷　(清)劉開撰　清刻本　一册　存四卷(七至十)

610000－1017－0001099　1244
琅嬛山館類書十一種　(□)□□撰　清刻本　八册　存三種

610000－1017－0001100　1245
新增故事瓊林四卷首一卷　(清)程允升撰　(清)鄒聖脈增補　清末安康來鹿堂刻本　一册　存一卷(四)

610000－1017－0001101　1246
小題正鵠初集不分卷　(清)李元度編輯　清道光二十六年(1846)刻本　二册

610000－1017－0001102　1247
小題正鵠二集二卷　(清)李元度編輯　清刻本　二册

610000－1017－0001103　1248

小題正鵠三集不分卷 （清）李元度編輯 清道光二十七年(1847)刻本 三冊

610000－1017－0001104 1249
小題正鵠二集二卷 （清）李元度編輯 清刻本 二冊

610000－1017－0001105 1250
小題正鵠二集不分卷 （清）李元度編輯 清道光二十六年(1846)刻本 二冊

610000－1017－0001106 1251
小題正鵠三集不分卷 （清）李元度編輯 清道光二十七年(1847)刻本 三冊

610000－1017－0001107 1252
小題正鵠初集不分卷訓蒙草不分卷 （清）李元度編輯 清光緒十四年(1888)文昌書局刻本 三冊

610000－1017－0001108 1253
小題正鵠初集不分卷 （清）李元度編輯 清道光二十六年(1846)刻本 二冊

610000－1017－0001109 1254
小題正鵠四集不分卷 （清）李元度編輯 清道光二十七年(1847)刻本 一冊

610000－1017－0001110 1255
小題正鵠初集不分卷 （清）李元度編輯 清光緒八年(1882)文昌書局刻本 二冊

610000－1017－0001111 1256
小題正鵠三集不分卷 （清）李元度編輯 清道光二十七年(1847)刻本 二冊

610000－1017－0001112 1257
小題正鵠三集不分卷 （清）李元度編輯 清道光二十七年(1847)刻本 二冊